새로운 도서,
다양한 자료
동양북스
홈페이지에서
만나보세요!

www.dongyangbooks.com
m.dongyangbooks.com

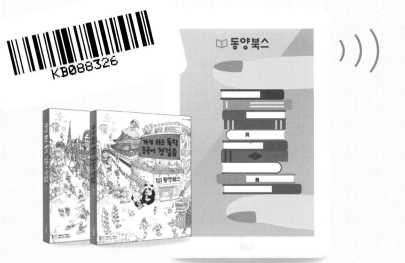

홈페이지 도서 자료실에서 학습자료 및 MP3 무료 다운로드

PC

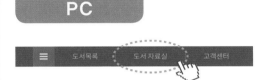

❶ 홈페이지 접속 후 도서 자료실 클릭
❷ 하단 검색 창에 검색어 입력
❸ MP3, 정답과 해설, 부가자료 등 첨부파일 다운로드
* 원하는 자료가 없는 경우 '요청하기' 클릭!

MOBILE

* 반드시 '인터넷, Safari, Chrome' App을 이용하여 홈페이지에 접속해주세요. (네이버, 다음 App 이용 시 첨부파일의 확장자명이 변경되어 저장되는 오류가 발생할 수 있습니다.)

❶ 홈페이지 접속 후 ☰ 터치

❷ 도서 자료실 터치

❸ 하단 검색창에 검색어 입력
❹ MP3, 정답과 해설, 부가자료 등 첨부파일 다운로드
* 압축 해제 방법은 '다운로드 Tip' 참고

미래와 통하는 책

가장 쉬운 독학
일본어 첫걸음
14,000원

버전업! 굿모닝
독학 일본어 첫걸음
14,500원

일단 합격하고 오겠습니다
JLPT 일본어능력시험 N3
26,000원

일본어 100문장 암기하고
왕초보 탈출하기
13,500원

가장 쉬운 독학
중국어 첫걸음
14,000원

가장 쉬운 중국어
첫걸음의 모든 것
14,500원

일단 합격 新HSK
한 권이면 끝! 4급
24,000원

중국어
지금 시작해
14,500원

영어를 해석하지 않고
읽는 법
15,500원

미국식
영작문 수업
14,500원

세상에서 제일 쉬운
10문장 영어회화
13,500원

영어회화
순간패턴 200
14,500원

가장 쉬운 독학
베트남어 첫걸음
15,000원

가장 쉬운 독학
프랑스어 첫걸음
16,500원

가장 쉬운 독학
스페인어 첫걸음
15,000원

가장 쉬운 독학
독일어 첫걸음
17,000원

동양북스 베스트 도서

THE
GOAL 1
22,000원

인스타
브레인
15,000원

직장인, 100만 원으로
주식투자 하기
17,500원

당신의 어린 시절이
울고 있다
13,800원

놀면서 스마트해지는 두뇌 자극
플레이북 딴짓거리 EASY
12,500원

죽기 전까지
병원 갈 일 없는 스트레칭
13,500원

가장 쉬운 독학
이세돌 바둑 첫걸음
16,500원

누가 봐도 괜찮은 손글씨 쓰는
법을 하나씩 하나씩 알기 쉽게
13,500원

가장 쉬운 초등 필수 파닉스
하루 한 장의 기적
14,000원

가장 쉬운 알파벳 쓰기
하루 한 장의 기적
12,000원

가장 쉬운 영어 발음기호
하루 한 장의 기적
12,500원

가장 쉬운 초등한자 따라쓰기
하루 한 장의 기적
9,500원

세상에서 제일 쉬운
엄마표 생활영어
12,500원

세상에서 제일 쉬운
엄마표 영어놀이
13,500원

창의쑥쑥 환이맘의
엄마표 놀이육아
14,500원

동양북스
www.dongyangbooks.com
m.dongyangbooks.com

YouTube 동양북스 🔍 를 검색하세요

https://www.youtube.com/channel/UC3VPg0Hbtxz7squ78S16i1g

JLPT

HSK

제2
외국어

동양북스는 모든 외국어 강의영상을 무료로 제공하고 있습니다.
동양북스를 구독하시고 여러가지 강의 영상 혜택을 받으세요.

https://m.post.naver.com/my.nhn?memberNo=856655

NAVER 동양북스 포스트 🔍

를 팔로잉하세요

동양북스 포스트에서 다양한 도서 이벤트와
흥미로운 콘텐츠를 독자분들에게 제공합니다.

최 | 신 | 개 | 정

일단 합격

新HSK

한 권이면 ──끝!

진윤영 지음

비법서

3급

동양북스

일단 합격

新HSK 3급

한 권이면——끝! 비법서

개정 2쇄 발행 | 2021년 11월 5일

지은이 | 진윤영
발행인 | 김태웅
기획 편집 | 신효정, 양수아
디자인 | 남은혜, 신효선
마케팅 | 나재승
제 작 | 현대순

발행처 | (주)동양북스
등 록 | 제 2014-000055호
주 소 | 서울시 마포구 동교로22길 14 (04030)
구입 문의 | 전화 (02)337-1737 팩스 (02)334-6624
내용 문의 | 전화 (02)337-1762 dybooks2@gmail.com

ISBN 979-11-5768-623-0   13720

이 도서의 국립중앙도서관 출판예정도서목록(CIP)은 서지정보유통지원시스템 홈페이지(http://seoji.nl.go.kr)와
국가자료공동목록시스템(http://www.nl.go.kr/kolisnet)에서 이용하실 수 있습니다.
(CIP제어번호:CIP2020019474)

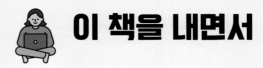

이 책을 내면서

"3급 자격증 취득하려면 얼마나 공부해야 하나요?"

3급에 관련하여 필자가 항상 받는 질문입니다. 질문에 대한 답을 먼저 하자면 HSK 3급은 독학으로 가능하며, 사람마다 다르겠지만 3급 자격증을 취득하는 데는 그리 오랜 시간이 걸리지 않습니다.

중국어는 어형 변화가 없고 문법적 관계가 어순에 의해서 나타내는 언어입니다. 따라서 단어를 외우고 기본적인 문법만 익힌다면 다른 언어에 비해 어렵지 않게 중국어를 공부할 수 있습니다.

『일단 합격 新HSK 3급 한 권이면 끝!』에는 12년 넘게 HSK를 강의하면서 쌓은 필자의 노하우가 고스란히 담겨 있습니다. 매번 시험에 직접 참여하여 기출문제를 연구하고 분석했고, 이를 바탕으로 교재를 집필했습니다. 최근 책 한 권으로 HSK 3급을 독학하는 분들이 늘어나는 추세라 최대한 쉽고 자세하게 설명하도록 노력하였고, 학습자들이 따로 단어를 찾아볼 필요가 없도록 단어까지 꼼꼼하게 신경 써서 집필하였습니다. 이 책 한 권으로 공부하시면서 수월하게 HSK 3급을 취득하셨으면 좋겠습니다.

모든 일은 시작이 반이며, 한 번에 되지 않습니다. 중국어 공부도 마찬가지입니다. 이 책을 구매하신 순간부터 반은 시작되었으니 나머지 반도 조금씩 꾸준히 공부하셔서 HSK 3급 시험에 합격하시길 바랍니다.

책이 나오기까지 저보다 더 고생하신 동양북스 편집팀 모든 분들에게 감사드립니다. 또한 책 나오는 과정 내내 응원해준 가족들에게도 감사의 마음을 전합니다.

저자 진윤영

영역별 노하우

1 듣기 听力

구성	문제 형식	문항 수		배점	시간
제1부분	대화 듣고 일치하는 사진 고르기	10			
제2부분	단문 듣고 주어진 문장의 옳고 그름 판단하기	10	40	100점	약 35분
제3부분	한 번씩 주고 받는 대화 듣고 질문에 알맞은 답 고르기	10			
제4부분	두 번씩 주고 받는 대화 듣고 질문에 알맞은 답 고르기	10			
듣기 영역 답안 작성 시간					5분

문제 풀이
노하우

1. 단어가 핵심이다!

3급 듣기에서 가장 핵심은 단어이다. 핵심 단어만 잘 들어도 문제의 80% 이상은 풀 수 있다. 평소에 공부하면서 단어, 즉 어휘량을 꾸준히 늘리는 것이 듣기 실력 향상의 지름길이다.

2. 보기를 최대한 활용해라!

제2부분은 보기의 문장만 활용해도 답을 금방 파악할 수 있으며 제3, 4부분의 보기 속에도 당연히 답이 있다. 그러므로 보기를 미리 보고 있다가 녹음에 어떤 내용이 나오는지 메모하면서 들어야 한다.

3. 무엇에 대해 이야기하는지 주제를 파악해라!

듣기의 관건은 녹음을 100% 다 알아듣는 것도 아니고 모든 단어를 100% 파악해야 하는 것도 아니다. 중요한 건 무엇에 대해 이야기하는지, 즉 대화의 주제와 핵심 내용을 파악해야 한다는 점이다. 성우가 어떤 주제와 어떤 상황, 인물에 대해서 이야기하는지 전반적인 흐름을 파악해야 한다.

4. 받아쓰기 연습은 필수이다!

듣기 공부를 할 때 한 번 듣고 답을 체크한 뒤 그냥 넘어가는 학습자들이 많다. 먼저 문제를 듣고 답을 체크한 뒤, 구간 반복을 통해 전체 문장을 받아쓰기 해보자. 쓰지 못하는 단어는 바로 외우고, 문장을 통째로 외운다면 듣기 실력은 물론 쓰기 실력까지 덤으로 향상된다.

5. 듣기는 독해가 아닌 듣기다!

듣기를 독해처럼, 녹음 지문을 옆에 펴두고 보면서 듣는 사람들이 꽤 많다. 그렇게 백날 해봤자 성적은 절대 안 오른다. 듣기는 귀로 듣는 것이지 눈으로 하는 것이 아니다. 녹음 지문은 받아쓰기를 한 뒤 참고로만 사용하자.

2 독해 阅读

구성	문제 형식	문항 수	배점	시간	
제1부분	문제와 상응하는 문장을 보기에서 고르기	10			
제2부분	문장과 대화 속 빈칸에 알맞은 단어 고르기	10	30	100점	30분
제3부분	단문 독해: 질문에 알맞은 답 고르기	10			

문제 풀이
노하우

1. 시간 조절을 잘 해야 한다!

독해 문제를 천천히 앞부분부터 풀어나가다 보면 제3부분은 시간이 없어서 지문도 제대로 읽지 못하고 허둥지둥 답만 체크하는 경우가 허다하다. 그러므로 평소에 시간을 체크해 가면서 제한된 시간 내에 문제를 푸는 연습을 해야 한다.

2. 문제를 먼저 보자!

독해는 천천히 공들여 지문 보고 문제 보고 다시 올라가서 보기와 지문을 들여다 볼 시간이 없다. 독해는 시간 조절이 관건이기 때문에 반드시 문제를 먼저 보고 문제가 무엇을 얘기하고 있는지 파악한 뒤 보기에서 적절한 답을 골라야 시간 안에 문제를 완벽히 풀 수 있다.

3. 제1부분 응시 대책!

문제를 먼저 보고 문장의 화제가 무엇인지를 파악하자. 문제와 상응하는 문장을 고르는 만큼 답이 되는 문장에는 문제와 공통된 단어와 주제가 반드시 나와 있기 마련이다. 내 자신이 직접 문제에 대답을 한다는 생각으로 접근하면 문제는 금방 풀린다.

4. 제2부분 응시 대책!

빈칸의 품사를 파악하자. 설령 보기의 단어가 무슨 뜻인지 몰라도 빈칸에 들어갈 단어의 품사만 잘 파악한다면 문제를 풀 수 있다. 어법적으로 먼저 접근한 뒤, 의미적으로 접근하자. 또한 확실히 아는 문제는 푼 뒤 사선으로(／) 보기에 표시해두면 남은 문제를 풀 때 좀 더 쉽고 정확하게 풀 수 있다.

5. 제3부분 응시 대책!

문제를 먼저 보고 문제의 키워드를 보기에서 찾아 그 키워드가 들어간 문장을 읽어주자. 90% 이상은 키워드가 들어간 문장에서 답을 찾을 수 있다. 또한 지문의 주제는 맨 처음 문장에 나오는 경우가 많으므로, 첫 문장을 살펴두면 어떤 내용에 대해서 이야기하고 있는지 지문의 내용을 쉽게 파악할 수 있다.

3 쓰기 书写

구성	문제 형식	문항 수	배점	시간
제1부분	주어진 단어를 올바른 순서대로 배열하여 문장 만들기	5			
제2부분	빈칸에 알맞은 한자 써 넣기	5	10	100점	15분

문제 풀이
노하우

1. 기본적인 어법 실력을 갖추어 놓자!

중국어의 기본 문장 구조를 파악해 두자. 제1부분은 학습자의 기본적인 어법 실력을 파악하려는 의도로 출제하는 만큼 '주어+술어+목적어'의 기본 뼈대에 부사, 전치사 등을 적절히 끼워 넣는 연습을 많이 해야 한다.

2. 문장의 의미를 파악하자!

쓰기 제1부분에서 무조건 제시된 한자만 보고 바로 답을 쓰는 사람들이 많다. 그러지 말고 먼저 단어들을 본 뒤 어떤 내용을 완성해야 하는지 의미를 파악한 뒤 문장을 만들도록 하자. 특히 부사는 문장의 의미에 따라서 쓰는 위치가 다르므로 주의해야 한다.

3. 한자는 병음, 성조까지 다 외우자!

한자를 외울 때 한자만 외우고 병음, 성조는 신경 쓰지 않는 사람들이 많다. 하지만 잘못된 병음과 성조가 듣기에도 나쁜 영향을 미친다는 사실! 한자 자체만 외우지 말고 병음, 성조까지 모조리 다 외우자.

4. 한자는 눈이 아닌 손으로 정확하게 외우는 것이다!

한자를 눈으로 외우는 사람들이 있다. 하지만 눈으로 외운 한자는 하루도 안 돼서 다 까먹는다. 반드시 직접 쓰면서 정확하게 외우도록 하자. 그래야 시험장에서도 감이 살아나 쉽게 쓸 수 있다. 또한 한자가 외우기 어렵다고 획이든 뜻이든 확실하게 외우지 않고 두루뭉술하게 외우는 사람들이 있는데, 뜻 글자인 한자를 자신의 마음대로 창조하면 어찌 되겠는가? 오답 처리될 수밖에 없다. 한자는 손으로 한 획 한 획 정확하게, 뜻도 정확하게 외우도록 하자.

5. 하나의 한자를 가지고 여러 개의 단어를 같이 외워라!

한자는 뜻을 가진 글자이므로 한자 하나의 뜻을 알면 그 뜻과 연관된 많은 한자들을 외울 수 있다. 예를 들어 电의 뜻이 '전기'인 것을 알면 전기와 관련된 단어들은 대부분 电이 들어간다는 것을 알 수 있을 것이다. 이렇게 하나의 한자와 연관된 단어를 모조리 같이 외우면 좋다.

나에게 꼭 맞는 독학서 선택 비법

✔ **단어가 자세히 설명되어 있는가?**

3급의 기본은 바로 단어 설명입니다. 단어가 각각 품사별로 쓰임새에 맞게 정리되어 있는지 체크해야 합니다. 이 책은 HSK에 처음 입문하는 초보자들도 쉽게 공부할 수 있도록 실제 문제에서 다뤄진 모든 단어를 총망라하여 사전이 필요 없을 정도로 친절하게 정리했습니다.

✔ **기본기를 잘 다질 수 있게 해놓았는가?**

시중에 나와 있는 수험서 중에는 기본기에 충실했다기보다는 무난하게, 보편적으로 매번 이야기하는 것들만 그대로 풀어놓은 책들이 많습니다. 심지어 어법 설명 예문조차도 초보자들에게 맞지 않는 어려운 단어들을 사용하여 기본기를 다질 수 있기는커녕 오히려 중국어가 어렵다는 생각만 심어놓는 경우가 많습니다. 이 책은 예문 하나하나까지도 입문자들에게 딱 맞는 수준으로 설명해 놓았습니다. 기본기 정리, 이 책 하나로 해결하세요.

✔ **출제 경향을 얼마나 반영했는가?**

HSK 문제를 공부하는 데 있어서 가장 중요한 것이 바로 기출 문제입니다. 이 책은 제가 매회 시험에 참가하고, 모든 기출 문제를 다 철저히 분석하여 출제 경향을 최대한 완벽하게 반영했습니다.

✔ **해설서의 설명은 보기 쉽게 되어 있는가?**

해설서에는 저자의 강의 노하우와 비법이 고스란히 담겨 있습니다. 누구나 다 할 수 있는 뻔한 해설이 아니라 꼭 필요한 내용만 골라 학습자의 눈높이에 맞춰 알기 쉽게 설명했습니다. 시험 성적을 넘어 중국어의 기본기를 탄탄하게 만들어줄 해설지, 꼭 확인해 보세요.

✔ **비법은 얼마나 들어 있는가?**

수험서를 사서 공부하는 이유는 시험에서 가장 좋은 성적을 얻기 위해서입니다. 빠른 시간 안에, 좀 더 쉽고 재미있게 공부하기 위해서는 저자의 비법이 소개되어야 합니다. 이 책에서는 십수 년 베테랑 HSK 강사의 노하우와 비법을 숨김없이 공개했습니다.

✔ **좋은 책, 좋은 저자, 좋은 출판사인가?**

보기 좋은 책이 공부하기도 좋습니다. 이 책은 학습 의욕을 높여주고 효과를 극대화할 수 있도록 일목요연하게 디자인 및 구성되었을 뿐만 아니라, 오랜 강의 경력을 갖춘 열정적이고 실력 있는 저자와 좋은 책에 아낌없이 투자하는 역사와 전통을 갖춘 어학 전문 출판사의 경험을 통해 학습자에게 최적화될 수 있도록 만들어졌습니다.

✔ **본인에게 맞는 책인가?**

인터넷의 판매 순위나 정보에만 의존하여 책을 고르기보다는 서점에서 직접 펼쳐 보고 확인해보는 것이 중요합니다. 다른 사람의 평가보다는 자신의 기준으로, 자신의 수준에 잘 맞는 책인지, 공부하고 싶어지는 책인지, 그 첫 설렘을 느껴보세요.

이 책의 구성

비법서 + 해설서

🔍 비법서

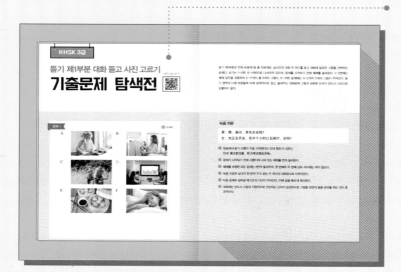

기출문제 탐색전

각 영역별, 부분별 문제 유형을 예제문제를 통해 설명하고 공략 방향을 보여줍니다. 듣기 부분은 QR을 이용하여 바로 들을 수 있습니다.

시크릿 요점정리

문제 해결에 가장 중요한 학습 내용을 모아 정리해 줍니다.

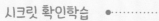

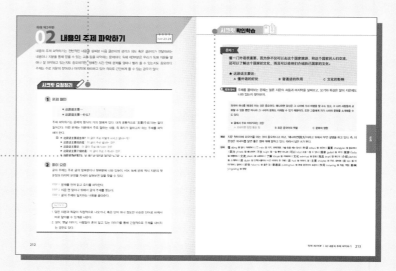

시크릿 확인학습

각 장에서 배운 비법을 예제에 적용해 풀어봅니다. 각 문제 분석을 통해 좀 더 집중해야 할 포인트를 알 수 있습니다.

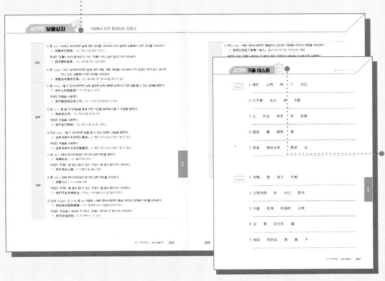

시크릿 보물상자

필수 어휘와 표현 등을 제시하여 문제 해결에 도움을 줍니다.

시크릿 기출테스트

기출문제를 100% 복원하여 만든 문제 들을 풀어보며 각 부분의 유형을 확실 히 익힙니다.

영역별 실전 모의고사

듣기, 독해, 쓰기 각 영역의 학습이 끝 나면 영역별 실전 모의고사를 풀어보 면서 그동안 갈고 닦은 실력을 체크할 수 있습니다.

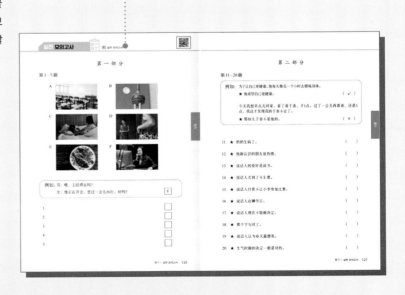

답안지 작성법

성적표

정답

시크릿 기출 테스트, 영역별 실전 모의고사의 정답을 확인할 수 있습니다.

📖 해설서

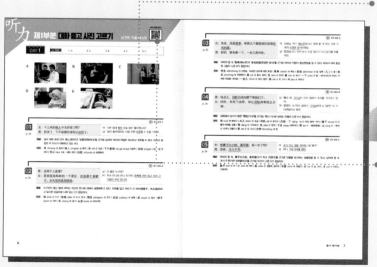

시크릿 기출 테스트와 실전 모의고사 문제에 대한 우리말 해석과 단어 해석, 문제 풀이 설명이 별책 해설집에 수록되어 있습니다.

👍 해설서 전용 MP3 음원 제공!

해설서 버전은 문제 별로 잘려 있어, 다시 듣고 싶은 문제만 골라 들을 수 있습니다.

부록

📖 단어장

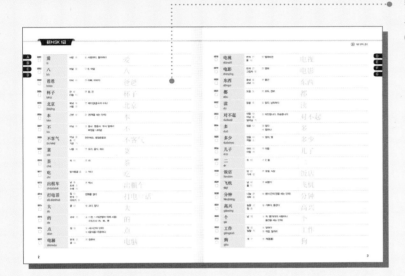

新HSK 3급 단어를 모았습니다. 눈으로 보고, 귀로 듣고 따라 쓰다 보면 600개의 필수 단어를 자연스레 익히게 됩니다.

🔊 MP3

방법 ❶ QR 코드 스캔하여 바로 듣기

비법서(탐색전 페이지)와 해설서 듣기 파트의 QR을 스캔하면 바로 듣기가 가능합니다.

방법 ❷ 동양북스 홈페이지(www.dongyangbooks.com) 도서 자료실에서 다운로드

新HSK 3급 맞춤형 학습 플랜

듣기, 독해, 쓰기의 각 영역은 15개 장으로 구성되어 있고, 한 장에는 약 10개가 들어 있습니다.
이 편성을 바탕으로 15일, 30일, 40일 학습 플랜을 세울 수 있습니다.

혼자서 학습하기에 부담스럽지도 않고 적지도 않은 학습량입니다. 꾸준히 공부한다면 누구나 '30일의 기적'을 이룰 수 있습니다.

첫째 날: 듣기, 독해, 쓰기를 영역별로 1장씩 공부한 다음, 홀수 day에 해당하는 문제를 풉니다.
다음 날: 전날 공부한 내용을 복습한 다음, 짝수 day에 해당하는 문제를 풉니다.

☐ **DAY 1** ___월 ___일
듣기
• 제1부분 01 비법 학습
• DAY 1 기출 테스트
독해
• 제1부분 01 비법 학습
• DAY 1 기출 테스트
쓰기
• 제1부분 01 비법 학습
• DAY 1 기출 테스트

☐ **DAY 2** ___월 ___일
듣기
• 제1부분 01 복습
• DAY 2 기출 테스트
독해
• 제1부분 01 복습
• DAY 2 기출 테스트
쓰기
• 제1부분 01 복습
• DAY 2 기출 테스트

☐ **DAY 3** ___월 ___일
듣기
• 제2부분 01 비법 학습
• DAY 11 기출 테스트
독해
• 제2부분 01 비법 학습
• DAY 11 기출 테스트
쓰기
• 제1부분 02 비법 학습
• DAY 3 기출 테스트

☐ **DAY 4** ___월 ___일
듣기
• 제2부분 01 복습
• DAY 12 기출 테스트
독해
• 제2부분 01 복습
• DAY 12 기출 테스트
쓰기
• 제1부분 02 복습
• DAY 4 기출 테스트

☐ **DAY 5** ___월 ___일
듣기
• 제3·4부분 01 비법 학습
• DAY 21 기출 테스트
독해
• 제3부분 01 비법 학습
• DAY 21 기출 테스트
쓰기
• 제1부분 03 비법 학습
• DAY 5 기출 테스트

☐ **DAY 6** ___월 ___일
듣기
• 제3·4부분 01 복습
• DAY 22 기출 테스트
독해
• 제3부분 01 복습
• DAY 22 기출 테스트
쓰기
• 제1부분 03 복습
• DAY 6 기출 테스트

☐ **DAY 7** ___월 ___일
듣기
• 제1부분 02 비법 학습
• DAY 3 기출 테스트
독해
• 제1부분 02 비법 학습
• DAY 3 기출 테스트
쓰기
• 제1부분 04 비법 학습
• DAY 7 기출 테스트

☐ **DAY 8** ___월 ___일
듣기
• 제1부분 02 복습
• DAY 4 기출 테스트
독해
• 제1부분 02 복습
• DAY 4 기출 테스트
쓰기
• 제1부분 04 복습
• DAY 8 기출 테스트

☐ **DAY 9** ___월 ___일
듣기
• 제2부분 02 비법 학습
• DAY 13 기출 테스트
독해
• 제2부분 02 비법 학습
• DAY 13 기출 테스트
쓰기
• 제1부분 05 비법 학습
• DAY 9 기출 테스트

☐ **DAY 10** ___월 ___일
듣기
• 제2부분 02 복습
• DAY 14 기출 테스트
독해
• 제2부분 02 복습
• DAY 14 기출 테스트
쓰기
• 제1부분 05 복습
• DAY 10 기출 테스트

☐ **DAY 11** ___월 ___일
듣기
• 제3·4부분 02 비법 학습
• DAY 23 기출 테스트
독해
• 제3부분 02 비법 학습
• DAY 23 기출 테스트
쓰기
• 제1부분 06 비법 학습
• DAY 11 기출 테스트

☐ **DAY 12** ___월 ___일
듣기
• 제3·4부분 02 복습
• DAY 24 기출 테스트
독해
• 제3부분 02 복습
• DAY 24 기출 테스트
쓰기
• 제1부분 06 복습
• DAY 12 기출 테스트

☐ **DAY 13** ___월 ___일
듣기
• 제1부분 03 비법 학습
• DAY 5 기출 테스트
독해
• 제1부분 03 비법 학습
• DAY 5 기출 테스트
쓰기
• 제1부분 07 비법 학습
• DAY 13 기출 테스트

☐ **DAY 14** ___월 ___일
듣기
• 제1부분 03 복습
• DAY 6 기출 테스트
독해
• 제1부분 03 복습
• DAY 6 기출 테스트
쓰기
• 제1부분 07 복습
• DAY 14 기출 테스트

☐ **DAY 15** ___월 ___일
듣기
• 제2부분 03 비법 학습
• DAY 15 기출 테스트
독해
• 제2부분 03 비법 학습
• DAY 15 기출 테스트
쓰기
• 제1부분 08 비법 학습
• DAY 15 기출 테스트

✓ 30일 플랜을 기준으로 하루에 day2씩 공부하면 15일 플랜이 됩니다.

✓ 15일 플랜 대학교 수업 일수에 적절한 학습 플랜으로, 한 학기 15회에 걸쳐 완성할 수 있습니다.

✓ 홀수 day에 해당하는 문제를 수업 시간에 풀고, 짝수 day에 해당하는 문제를 과제로 풀 수 있습니다.

DAY 16 ___월 ___일	DAY 17 ___월 ___일	DAY 18 ___월 ___일	DAY 19 ___월 ___일	DAY 20 ___월 ___일
듣기	듣기	듣기	듣기	듣기
• 제2부분 03 복습	• 제3·4부분 03 비법 학습	• 제3·4부분 03 복습	• 제1부분 04 비법 학습	• 제1부분 04 복습
• DAY 16 기출 테스트	• DAY 25 기출 테스트	• DAY 26 기출 테스트	• DAY 7 기출 테스트	• DAY 8 기출 테스트
독해	독해	독해	독해	독해
• 제2부분 03 복습	• 제3부분 03 비법 학습	• 제3부분 03 복습	• 제1부분 04 비법 학습	• 제1부분 04 복습
• DAY 16 기출 테스트	• DAY 25 기출 테스트	• DAY 26 기출 테스트	• DAY 7 기출 테스트	• DAY 8 기출 테스트
쓰기	쓰기	쓰기	쓰기	쓰기
• 제1부분 08 복습	• 제1부분 09 비법 학습	• 제1부분 09 복습	• 제1부분 10 비법 학습	• 제1부분 10 복습
• DAY 16기출 테스트	• DAY 17 기출 테스트	• DAY 18 기출 테스트	• DAY 19 기출 테스트	• DAY 20 기출 테스트

DAY 21 ___월 ___일	DAY 22 ___월 ___일	DAY 23 ___월 ___일	DAY 24 ___월 ___일	DAY 25 ___월 ___일
듣기	듣기	듣기	듣기	듣기
• 제2부분 04 비법 학습	• 제2부분 04 복습	• 제3·4부분 04 비법 학습	• 제3·4부분 04 복습	• 제1부분 05 비법 학습
• DAY 17 기출 테스트	• DAY 18 기출 테스트	• DAY 27 기출 테스트	• DAY 28 기출 테스트	• DAY 9 기출 테스트
독해	독해	독해	독해	독해
• 제2부분 04 비법 학습	• 제2부분 04 복습	• 제3부분 04 비법 학습	• 제3부분 04 복습	• 제1부분 05 비법 학습
• DAY 17 기출 테스트	• DAY 18 기출 테스트	• DAY 27 기출 테스트	• DAY 28 기출 테스트	• DAY 9 기출 테스트
쓰기	쓰기	쓰기	쓰기	쓰기
• 제2부분 01 비법 학습	• 제2부분 01 복습	• 제2부분 02 비법 학습	• 제2부분 02 복습	• 제2부분 03 비법 학습
• DAY 21 기출 테스트	• DAY 22 기출 테스트	• DAY 23 기출 테스트	• DAY 24 기출 테스트	• DAY 25 기출 테스트

DAY 26 ___월 ___일	DAY 27 ___월 ___일	DAY 28 ___월 ___일	DAY 29 ___월 ___일	DAY 30 ___월 ___일
듣기	듣기	듣기	듣기	듣기
• 제1부분 05 복습	• 제2부분 05 비법 학습	• 제2부분 05 복습	• 제3·4부분 05 비법 학습	• 제3·4부분 05 복습
• DAY 10 기출 테스트	• DAY 19 기출 테스트	• DAY 20 기출 테스트	• DAY 29 기출 테스트	• DAY 30 기출 테스트
독해	독해	독해	독해	독해
• 제1부분 05 복습	• 제2부분 05 비법 학습	• 제2부분 05 복습	• 제3부분 05 비법 학습	• 제3부분 05 복습
• DAY 10 기출 테스트	• DAY 19 기출 테스트	• DAY 20 기출 테스트	• DAY 29 기출 테스트	• DAY 30 기출 테스트
쓰기	쓰기	쓰기	쓰기	쓰기
• 제2부분 03 복습	• 제2부분 04 비법 학습	• 제2부분 04 복습	• 제2부분 05 비법 학습	• 제2부분 05 복습
• DAY 26 기출 테스트	• DAY 27 기출 테스트	• DAY 28 기출 테스트	• DAY 29 기출 테스트	• DAY 30 기출 테스트

40일 **플랜**

학원 수업에 적합한 학습 플랜으로, 개강일에는 수업 방식과 강의 개요를 설명하는 등의 워밍업을 하고 진도는 점차 빨리 나갈 수 있습니다.

첫째 달 20일

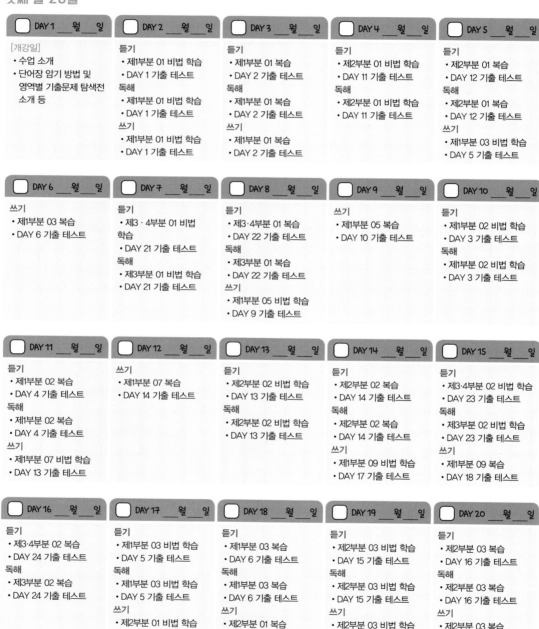

☐ DAY 1 ___월___일

[개강일]
• 수업 소개
• 단어장 암기 방법 및 영역별 기출문제 탐색전 소개 등

☐ DAY 2 ___월___일

듣기
• 제1부분 01 비법 학습
• DAY 1 기출 테스트
독해
• 제1부분 01 비법 학습
• DAY 1 기출 테스트
쓰기
• 제1부분 01 비법 학습
• DAY 1 기출 테스트

☐ DAY 3 ___월___일

듣기
• 제1부분 01 복습
• DAY 2 기출 테스트
독해
• 제1부분 01 복습
• DAY 2 기출 테스트
쓰기
• 제1부분 01 복습
• DAY 2 기출 테스트

☐ DAY 4 ___월___일

듣기
• 제2부분 01 비법 학습
• DAY 11 기출 테스트
독해
• 제2부분 01 비법 학습
• DAY 11 기출 테스트

☐ DAY 5 ___월___일

듣기
• 제2부분 01 복습
• DAY 12 기출 테스트
독해
• 제2부분 01 복습
• DAY 12 기출 테스트
쓰기
• 제1부분 03 비법 학습
• DAY 5 기출 테스트

☐ DAY 6 ___월___일

쓰기
• 제1부분 03 복습
• DAY 6 기출 테스트

☐ DAY 7 ___월___일

듣기
• 제3·4부분 01 비법 학습
• DAY 21 기출 테스트
독해
• 제3부분 01 비법 학습
• DAY 21 기출 테스트

☐ DAY 8 ___월___일

듣기
• 제3·4부분 01 복습
• DAY 22 기출 테스트
독해
• 제3부분 01 복습
• DAY 22 기출 테스트
쓰기
• 제1부분 05 비법 학습
• DAY 9 기출 테스트

☐ DAY 9 ___월___일

쓰기
• 제1부분 05 복습
• DAY 10 기출 테스트

☐ DAY 10 ___월___일

듣기
• 제1부분 02 비법 학습
• DAY 3 기출 테스트
독해
• 제1부분 02 비법 학습
• DAY 3 기출 테스트

☐ DAY 11 ___월___일

듣기
• 제1부분 02 복습
• DAY 4 기출 테스트
독해
• 제1부분 02 복습
• DAY 4 기출 테스트
쓰기
• 제1부분 07 비법 학습
• DAY 13 기출 테스트

☐ DAY 12 ___월___일

쓰기
• 제1부분 07 복습
• DAY 14 기출 테스트

☐ DAY 13 ___월___일

듣기
• 제2부분 02 비법 학습
• DAY 13 기출 테스트
독해
• 제2부분 02 비법 학습
• DAY 13 기출 테스트

☐ DAY 14 ___월___일

듣기
• 제2부분 02 복습
• DAY 14 기출 테스트
독해
• 제2부분 02 복습
• DAY 14 기출 테스트
쓰기
• 제1부분 09 비법 학습
• DAY 17 기출 테스트

☐ DAY 15 ___월___일

듣기
• 제3·4부분 02 비법 학습
• DAY 23 기출 테스트
독해
• 제3부분 02 비법 학습
• DAY 23 기출 테스트
쓰기
• 제1부분 09 복습
• DAY 18 기출 테스트

☐ DAY 16 ___월___일

듣기
• 제3·4부분 02 복습
• DAY 24 기출 테스트
독해
• 제3부분 02 복습
• DAY 24 기출 테스트

☐ DAY 17 ___월___일

듣기
• 제1부분 03 비법 학습
• DAY 5 기출 테스트
독해
• 제1부분 03 비법 학습
• DAY 5 기출 테스트
쓰기
• 제2부분 01 비법 학습
• DAY 21 기출 테스트

☐ DAY 18 ___월___일

듣기
• 제1부분 03 복습
• DAY 6 기출 테스트
독해
• 제1부분 03 복습
• DAY 6 기출 테스트
쓰기
• 제2부분 01 복습
• DAY 22 기출 테스트

☐ DAY 19 ___월___일

듣기
• 제2부분 03 비법 학습
• DAY 15 기출 테스트
독해
• 제2부분 03 비법 학습
• DAY 15 기출 테스트
쓰기
• 제2부분 03 비법 학습
• DAY 25 기출 테스트

☐ DAY 20 ___월___일

듣기
• 제2부분 03 복습
• DAY 16 기출 테스트
독해
• 제2부분 03 복습
• DAY 16 기출 테스트
쓰기
• 제2부분 03 복습
• DAY 26 기출 테스트

둘째 달 20일

DAY 21 ___월___일

[개강일]
- 수업 소개
- 단어장 암기 방법 및
  영역별 기출문제 탐색전
  소개 등

DAY 22 ___월___일

듣기
- 제3·4부분 03 비법
  학습
- DAY 25 기출 테스트
독해
- 제3부분 03 비법 학습
- DAY 25 기출 테스트

DAY 23 ___월___일

듣기
- 제3·4부분 03 복습
- DAY 26 기출 테스트
독해
- 제3부분 03 복습
- DAY 26 기출 테스트
쓰기
- 제1부분 02 비법 학습
- DAY 3 기출 테스트

DAY 24 ___월___일

쓰기
- 제1부분 02 복습
- DAY 4 기출 테스트

DAY 25 ___월___일

듣기
- 제1부분 04 비법 학습
- DAY 7 기출 테스트
독해
- 제1부분 04 비법 학습
- DAY 7 기출 테스트
쓰기
- 제1부분 04 비법 학습
- DAY 7 기출 테스트

DAY 26 ___월___일

듣기
- 제1부분 04 복습
- DAY 8 기출 테스트
독해
- 제1부분 04 복습
- DAY 8 기출 테스트
쓰기
- 제1부분 04 복습
- DAY 8 기출 테스트

DAY 27 ___월___일

쓰기
- 제1부분 06 비법 학습
- DAY 11 기출 테스트

DAY 28 ___월___일

듣기
- 제2부분 04 비법 학습
- DAY 17 기출 테스트
독해
- 제2부분 04 비법 학습
- DAY 17 기출 테스트
쓰기
- 제1부분 06 복습
- DAY 12 기출 테스트

DAY 29 ___월___일

듣기
- 제2부분 04 복습
- DAY 18 기출 테스트
독해
- 제2부분 04 복습
- DAY 18 기출 테스트
쓰기
- 제1부분 08 비법 학습
- DAY 15 기출 테스트

DAY 30 ___월___일

쓰기
- 제1부분 08 복습
- DAY 16 기출 테스트

DAY 31 ___월___일

듣기
- 제3·4부분 04 비법 학습
- DAY 27 기출 테스트
독해
- 제3부분 04 비법 학습
- DAY 27 기출 테스트
쓰기
- 제1부분 10 비법 학습
- DAY 19 기출 테스트

DAY 32 ___월___일

듣기
- 제3·4부분 04 복습
- DAY 28 기출 테스트
독해
- 제3부분 04 복습
- DAY 28 기출 테스트
쓰기
- 제1부분 10 복습
- DAY 20 기출 테스트

DAY 33 ___월___일

밀린 공부하기
틀린 문제 재점검

DAY 34 ___월___일

듣기
- 제1부분 05 비법 학습
- DAY 9 기출 테스트
독해
- 제1부분 05 비법 학습
- DAY 9 기출 테스트
쓰기
- 제2부분 02 비법 학습
- DAY 23 기출 테스트

DAY 35 ___월___일

듣기
- 제1부분 05 복습
- DAY 10 기출 테스트
독해
- 제1부분 05 복습
- DAY 10 기출 테스트
쓰기
- 제2부분 02 복습
- DAY 24 기출 테스트

DAY 36 ___월___일

쓰기
- 제2부분 04 비법 학습
- DAY 27 기출 테스트

DAY 37 ___월___일

듣기
- 제2부분 05 비법 학습
- DAY 19 기출 테스트
독해
- 제2부분 05 비법 학습
- DAY 19 기출 테스트
쓰기
- 제2부분 04 복습
- DAY 28 기출 테스트

DAY 38 ___월___일

듣기
- 제2부분 05 복습
- DAY 20 기출 테스트
독해
- 제2부분 05 복습
- DAY 20 기출 테스트
쓰기
- 제2부분 05 비법 학습
- DAY 29 기출 테스트

DAY 39 ___월___일

듣기
- 제3·4부분 05 비법 학습
- DAY 29 기출 테스트
독해
- 제3부분 05 비법 학습
- DAY 29 기출 테스트
쓰기
- 제2부분 05 복습
- DAY 30 기출 테스트

DAY 40 ___월___일

듣기
- 제3·4부분 05 복습
- DAY 30 기출 테스트
독해
- 제3부분 05 복습
- DAY 30 기출 테스트

목차

이 책을 내면서 • 3
영역별 노하우 • 4
나에게 꼭 맞는 독학서 선택 비법 • 7
이 책의 구성 • 8
新HSK 3급 맞춤형 학습 플랜 • 12

듣기 听力

제1부분 대화 듣고 사진 고르기

DAY 1-2   **01.** 인물 ⋯⋯⋯⋯⋯⋯⋯⋯⋯⋯⋯⋯⋯⋯⋯⋯⋯⋯⋯ 22
DAY 3-4   **02.** 동작 1 ⋯⋯⋯⋯⋯⋯⋯⋯⋯⋯⋯⋯⋯⋯⋯⋯⋯ 28
DAY 5-6   **03.** 동작 2 ⋯⋯⋯⋯⋯⋯⋯⋯⋯⋯⋯⋯⋯⋯⋯⋯⋯ 36
DAY 7-8   **04.** 사물 ⋯⋯⋯⋯⋯⋯⋯⋯⋯⋯⋯⋯⋯⋯⋯⋯⋯⋯⋯ 44
DAY 9-10   **05.** 배경 ⋯⋯⋯⋯⋯⋯⋯⋯⋯⋯⋯⋯⋯⋯⋯⋯⋯⋯⋯ 52

제2부분 단문 듣기

DAY 11-12   **01.** 서술어 부분 옳고 그름 판단하기 ⋯⋯⋯⋯ 62
DAY 13-14   **02.** 대상의 옳고 그름 판단하기 ⋯⋯⋯⋯⋯⋯ 67
DAY 15-16   **03.** 시간명사와 부사의 옳고 그름 판단하기 ⋯ 71
DAY 17-18   **04.** 종합하여 판단하기 ⋯⋯⋯⋯⋯⋯⋯⋯⋯⋯ 76
DAY 19-20   **05.** 다양한 화법 ⋯⋯⋯⋯⋯⋯⋯⋯⋯⋯⋯⋯⋯ 81

제3·4부분 단문 • 장문 대화 듣기

DAY 21-22   **01.** 직업, 관계, 신분 ⋯⋯⋯⋯⋯⋯⋯⋯⋯⋯⋯ 90
DAY 23-24   **02.** 숫자와 장소 ⋯⋯⋯⋯⋯⋯⋯⋯⋯⋯⋯⋯⋯ 97
DAY 25-26   **03.** 상태와 원인 ⋯⋯⋯⋯⋯⋯⋯⋯⋯⋯⋯⋯ 107
DAY 27-28   **04.** 행동과 대상 ⋯⋯⋯⋯⋯⋯⋯⋯⋯⋯⋯⋯ 112
DAY 29-30   **05.** 의미파악 & 종합판단 ⋯⋯⋯⋯⋯⋯⋯ 119

실전 모의고사 • 125

독해 阅读

제1부분 보기에서 답 고르기

DAY 1-2   **01.** 의문문과 제안문 ⋯⋯⋯⋯⋯⋯⋯⋯⋯⋯ 134
DAY 3-4   **02.** 공통된 화제 파악하기 ⋯⋯⋯⋯⋯⋯⋯ 141
DAY 5-6   **03.** 의견 제시와 이유 설명 ⋯⋯⋯⋯⋯⋯⋯ 145
DAY 7-8   **04.** 금지, 명령, 요청 ⋯⋯⋯⋯⋯⋯⋯⋯⋯⋯ 152
DAY 9-10   **05.** 유추 ⋯⋯⋯⋯⋯⋯⋯⋯⋯⋯⋯⋯⋯⋯⋯⋯⋯ 158

제2부분 빈칸 채우기

DAY 11-12	**01.** 명사	164
DAY 13-14	**02.** 동사, 형용사	170
DAY 15-16	**03.** 양사	180
DAY 17-18	**04.** 전치사, 부사	186
DAY 19-20	**05.** 접속사	197

제3부분 단문 독해

DAY 21-22	**01.** 키워드를 찾아 문제 바로 풀기	204
DAY 23-24	**02.** 내용의 주제 파악하기	210
DAY 25-26	**03.** 내용 파악 및 유추하기	215
DAY 27-28	**04.** 동작의 방식, 원인, 목적	221
DAY 29-30	**05.** 동작과 주체, 동작의 대상	226

실전 모의고사 • 232

쓰기 书写

제1부분 단어 배열하기

DAY 1-2	**01.** 중국어의 4가지 술어문	242
DAY 3-4	**02.** 연동문과 존현문	248
DAY 5-6	**03.** 동작의 상태	254
DAY 7-8	**04.** 조동사	262
DAY 9-10	**05.** 부사어와 보어	268
DAY 11-12	**06.** 是⋯⋯的 구문	277
DAY 13-14	**07.** 비교문	281
DAY 15-16	**08.** 겸어문	286
DAY 17-18	**09.** '把'구문	290
DAY 19-20	**10.** '被'자 피동문	295

제2부분 한자 쓰기

DAY 21-22	**01.** 한자의 부수와 의미	302
DAY 23-24	**02.** 발음이 비슷한 한자들	310
DAY 25-26	**03.** 발음이 여러 가지인 한자들: 다음자(多音字)	315
DAY 27-28	**04.** 모양이 비슷한 한자들	320
DAY 29-30	**05.** 같은 글자가 들어간 단어들	328

실전 모의고사 • 332

新HSK 3급 답안지 작성법 • 334
新HSK 3급 성적표 • 335
정답 • 338

듣기

제1부분　대화 듣고 사진 고르기

기출문제 탐색전

DAY 1-2	01. 인물
DAY 3-4	02. 동작 1
DAY 5-6	03. 동작 2
DAY 7-8	04. 사물
DAY 9-10	05. 배경

제2부분　단문 듣기

기출문제 탐색전

DAY 11-12	01. 서술어 부분 옳고 그름 판단하기
DAY 13-14	02. 대상의 옳고 그름 판단하기
DAY 15-16	03. 시간명사와 부사의 옳고 그름 판단하기
DAY 17-18	04. 종합하여 판단하기
DAY 19-20	05. 다양한 화법

제3·4부분　단문·장문 대화 듣기

기출문제 탐색전

DAY 21-22	01. 직업, 관계, 신분
DAY 23-24	02. 숫자와 장소
DAY 25-26	03. 상태와 원인
DAY 27-28	04. 행동과 대상
DAY 29-30	05. 의미 파악 & 종합 판단

실전 모의고사

新HSK 3급

듣기 제1부분 대화 듣고 사진 고르기

기출문제 탐색전

MP3 바로 듣기

문제 1

▶ 01-00

A

B

C

D

E

F

듣기 제1부분은 전체 40문제 중 총 10문제로, 남녀간의 대화 두 마디를 듣고 대화에 알맞은 그림을 선택하는 문제다. 보기는 1~5번, 6~10번으로 나뉘어져 있으며, 문제를 시작하기 전에 예제를 들려준다. 1~5번에는 예제 답안을 포함하여 A~F까지 총 6개의 그림이, 6~10번 문제에는 A~E까지 5개의 그림이 주어진다. 듣기 영역의 다른 부분들에 비해 상대적으로 쉽고, 들려주는 대화문에 그림과 관련된 단어가 반드시 나오므로 당황하지 말자.

녹음 지문

男: 喂，请问，李先生在吗?
女: 他正在开会，您半个小时以后再打，好吗?

❶ 방송에서 듣기 시험이 지금 시작된다는 안내 멘트가 나온다.
안내: 请大家注意，听力考试现在开始。

❷ 문제가 시작되기 전에 시험지에 나와 있는 예제를 먼저 들려준다.

❸ 예제를 포함한 모든 문제는 2번씩 들려주며, 첫 번째와 두 번째 낭독 사이에는 쉬지 않는다.

❹ 녹음 지문은 남녀가 한 번씩 주고 받는 두 마디의 대화문으로 이루어진다.

❺ 다음 문제로 넘어갈 때 5초의 시간이 주어진다. 이때 답을 빠르게 체크한다.

❻ 대화에는 반드시 그림과 직접적으로 연관되는 단어가 등장하므로 그림을 보면서 들을 준비를 하는 것이 효과적이다.

01 인물

듣기 제1부분에서 가장 많이 출제되는 유형 중의 하나로 대화를 듣고 대화 속 인물이 누구인지를 고르는 문제이다. 주로 직업과 관련된 내용이나 어떤 인물을 묘사하는 내용이 출제된다.

시크릿 요점정리

▶ 01-01

1 직업 묘사

[그림 유형] 그림 속에 있는 인물을 통해 어떤 직업을 나타내는지 확실히 알 수 있으며, 인물의 직업을 유추할 수도 있다.

[녹음 내용] 대화 속에서 직업과 관련된 직접적인 호칭이 나오거나, 관련 직업을 연상할 수 있는 내용의 대화가 이루어진다.

예시

예1

女: 大夫，我的病严重吗?
　　의사 선생님, 제 병이 심각한가요?

男: 不用担心，不那么严重，吃点药就可以。
　　걱정하실 필요 없어요, 그렇게 심각하지 않아요, 약 좀 드시면 돼요.

→ 상대를 부르는 호칭을 통해서 직업이 의사인 것을 바로 알 수 있다. 대화의 전체 내용을 파악하지 못해도 이런 직업 명칭을 알고 있으면 쉽게 답을 찾을 수 있다.

단어 大夫 dàifu 몡 의사 | 病 bìng 몡 병 | 严重 yánzhòng 혱 (상황 등이) 심각하다, 위급하다 | 不用 búyòng ~할 필요가 없다 | 担心 dānxīn 됭 걱정하다, 염려하다 | 那么 nàme 떼 그렇게 | 药 yào 몡 약 | 就 jiù 뮈 바로, 곧 | 可以 kěyǐ 혱 좋다, 괜찮다

예2

女: 我真的不用吃药吗?
　　저 정말 약을 먹지 않아도 되나요?

男: 不要，回去多喝水，休息两天就好了。
　　필요 없습니다. 돌아가셔서 물 많이 드시고 이틀 쉬시면 괜찮을 거예요.

→ 호칭이나 명칭은 없었지만, 대화 내용을 통해 남자의 직업이 의사라는 것을 유추할 수 있다.

단어 真的 zhēnde 정말로, 진짜로 | 回去 huíqù 됭 돌아가다 | 喝 hē 됭 마시다 | 休息 xiūxi 됭 휴식하다, 쉬다

2 💬 인물 묘사

[그림 유형] 직업과 관련이 없는 인물이 등장하며 그림 속 인물은 어떤 동작을 나타내지는 않는다.

[녹음 내용] 대화에서 그림 속 인물을 설명하거나 묘사하는 내용이 등장하며 인물의 동작을 설명하지 않는다. 주로 어떤 인물을 묻는 내용이 나온다.

> **예시**
>
>
>
> **예**
>
> 男: 我们是去年秋天结婚的，你看，这是我的爱人。
> 　 우리는 작년 가을에 결혼했어요. 보세요, 이게 제 아내예요.
> 女: 你的爱人真漂亮！她做什么工作？
> 　 아내 분이 정말 예쁘네요! 무슨 일 하세요?
> → 대화 내용의 주제는 남자의 아내로, 인물에 관한 주제로 대화가 진행되고 있음을 알 수 있다.
>
> **단어** 是…的 shì…de ~이다(이미 발생한 동작의 시간·장소·방식 등을 강조) | 去年 qùnián 몡 작년 | 秋天 qiūtiān 몡 가을 | 结婚 jiéhūn 통 결혼하다 | 爱人 àiren 몡 남편 또는 아내 | 漂亮 piàoliang 혱 아름답다, 예쁘다 | 工作 gōngzuò 몡 일

3 💬 인물의 상태 및 감정 묘사

[그림 유형] 인물의 상태나 감정을 묘사하는 그림이 등장한다.

[녹음 내용] 감정 관련 단어가 등장하거나 신체 부위나 현재 상태를 나타낼 수 있는 직접적인 단어가 등장한다. 단어의 뜻만 파악하면 바로 그림을 고를 수 있을 만큼 대화 내용은 어렵지 않다.

> **예시**
>
>
>
> **예**
>
> 女: 你要吃块儿蛋糕吗？很好吃。
> 　 케이크 한 조각 먹을래? 맛있어.
> 男: 不，我最近牙疼，不敢再吃甜的东西了。
> 　 아니야, 나 요즘 이가 아파서 단것을 더는 못 먹겠어.
> → 그림 속 인물의 상태를 묘사하는 '牙疼(이가 아프다)'만 알아두면 바로 답을 고를 수 있다.
>
> **단어** 要 yào 조통 ~하려 하다 | 块儿 kuàir 몡 덩이, 조각 | 蛋糕 dàngāo 몡 케이크 | 好吃 hǎochī 혱 맛있다 | 最近 zuìjìn 몡 최근 | 牙 yá 몡 치아 | 疼 téng 혱 아프다 | 不敢 bù gǎn 통 감히 ~하지 못하다, ~할 용기가 없다 | 甜 tián 혱 달다

관련 단어

직업 및 관계

服务员 fúwùyuán 명 종업원

老师 lǎoshī 명 선생님

司机 sījī 명 운전사

校长 xiàozhǎng 명 교장

大夫 dàifu 명 의사

医生 yīshēng 명 의사

护士 hùshi 명 간호사

记者 jìzhě 명 기자

律师 lǜshī 명 변호사

经理 jīnglǐ 명 사장, 팀장

邻居 línjū 명 이웃

妻子 qīzi 명 아내

丈夫 zhàngfu 명 남편

叔叔 shūshu 명 삼촌

阿姨 āyí 명 이모, 아주머니

谁 shéi, shuí 대 누구

认识 rènshi 명 알다

漂亮 piàoliang 형 예쁘다

감정 및 태도

放心 fàngxīn 마음을 놓다, 안심하다

高兴 gāoxìng 기쁘다, 즐겁다

害怕 hàipà 무서워하다

快乐 kuàilè 즐겁다, 유쾌하다

累 lèi 피곤하다, 힘들다

满意 mǎnyì 만족스럽다

难过 nánguò 괴롭다, 슬프다

奇怪 qíguài 이상하다

认真 rènzhēn 진지하다, 열심히 하다

生气 shēngqì 화내다

喜欢 xǐhuan 좋아하다

相信 xiāngxìn 믿다

谢谢 xièxie 감사하다

不好意思 bùhǎoyìsi 미안하다, 부끄럽다

愿意 yuànyì 원하다

着急 zháojí 급하다, 조급해하다

热情 rèqíng 친절하다, 열정적이다

了解 liǎojiě 알다, 이해하다

忘记 wàngjì 잊어버리다

没关系 méiguānxi 괜찮다, 상관없다

有意思 yǒu yìsi 재미있다

笑 xiào 웃다

哭 kū 울다

难 nán 어렵다

担心 dānxīn 걱정하다

非常 fēicháng 부 매우, 대단히

其实 qíshí 부 사실은

特别 tèbié 부 매우, 특히

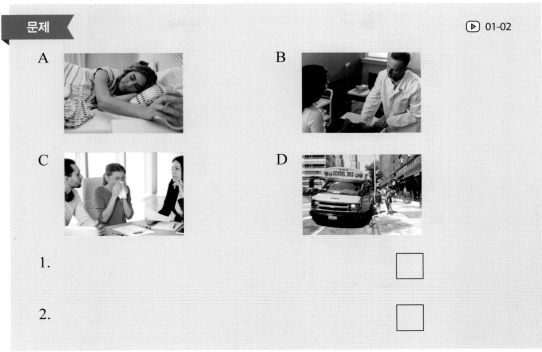

문제

A

B

C

D

1.

2.

🔍 **문제 분석** 그림을 보면서 대화 내용을 상상해보고, 연관된 핵심 단어가 나오는지 주의해서 들어보자.

1. 男: 你的脸色不太好，又感冒了?

　 女: 是，我感冒都快一个星期了，还没好呢。

남: 너 안색이 안 좋아. 또 감기 걸렸어?

여: 응, 나 감기 걸린 지 벌써 일주일이야, 아직도 안 나았어.

(C)

해설 남자와 여자의 대화 속 '感冒(감기에 걸리다)'를 근거로 여자의 감기 걸린 상태를 묘사하고 있는 C가 정답이다.

단어 脸色 liǎnsè 圐 안색 | 不太 bútài 囝 그다지, 별로 | 又 yòu 囝 또 | 感冒 gǎnmào 통 감기에 걸리다 | 快⋯了 kuài⋯le 囝 곧 ~하다 | 星期 xīngqī 圐 주, 요일 | 还没 hái méi 아직 ~하지 않았다

2. 女: 医生，我的右腿最近一直很疼。

　 男: 来，我先帮你检查一下，是这个地方疼吗?

여: 의사 선생님, 제 오른쪽 다리가 요즘 계속 아파요.

남: 자, 제가 먼저 검사를 도와드릴게요. 여기가 아픈 건가요?

(B)

해설 상대방을 '医生(의사)'이라고 호칭한 것을 근거로 의사라는 직업을 묘사한 그림 B가 정답임을 알 수 있다. 직업을 나타내는 명칭을 듣지 못했더라도 '检查(검사하다)', '疼(아프다)'과 같은 단어를 듣고도 답을 선택할 수 있다.

단어 医生 yīshēng 圐 의사 | 右 yòu 圐 오른쪽 | 腿 tuǐ 圐 다리 | 最近 zuìjìn 圐 최근 | 一直 yìzhí 囝 줄곧, 계속해서 | 疼 téng 혱 아프다 | 帮 bāng 통 돕다 | 检查 jiǎnchá 통 검사하다 | 地方 dìfang 圐 곳, 부분

DAY **1**

▶ 01-03

A

B

C

D

E

1. ☐

2. ☐

3. ☐

4. ☐

5. ☐

DAY **2**

▶ 01-04

A

B

C

D

E

1. ☐

2. ☐

3. ☐

4. ☐

5. ☐

02 동작 1

듣기 1부분에서 가장 많이 등장하는 유형으로 대화는 주로 집, 회사, 학교를 배경으로 일상생활과 관련된 내용으로 이루어진다. 그림에는 인물의 동작이 나와있고 녹음에서는 인물의 동작을 직접적으로 언급한다. 동작을 나타내는 단어만 알아도 쉽게 답을 고를 수 있으므로 관련 단어를 미리 숙지하는 것이 좋다.

시크릿 요점정리

▶ 01-05

1 회사 관련 동작

[그림 유형] 주로 남녀 두 인물이 등장하며 회사 생활과 관련된 동작을 나타낸다.

[녹음 내용] 회사 생활과 관련된 업무를 지시하거나, 전화, 회의 내용, 업무 관련 내용 등이 다양하게 등장한다.

예시

예1

女: 小王，你能不能帮我打印一下这个文件？
샤오왕, 자네 나를 도와서 이 문서 출력 좀 해줄 수 있나?

男: 没问题，您要几份？
문제없어요. 몇 부 필요하세요?

→ 문서 출력을 지시하는 것으로 회사 생활과 관련된 내용이다.

단어 王 Wáng 몡 왕[성(姓)] | 帮 bāng 동 돕다 | 打印 dǎyìn 동 인쇄하다 | 一下 yíxià 양 좀 ~하다 | 文件 wénjiàn 몡 서류, 문건 | 没问题 méi wèntí 문제없다 | 要 yào 동 원하다, 필요하다 | 份 fèn 양 부(문건)

예2

男: 喂，请问张经理在吗？
여보세요. 장 사장님 계십니까?

女: 他去上海出差了，如果您有急事，可以打他的手机。
상하이로 출장 가셨어요. 만약 급한 일이 있으시면 휴대전화로 거셔도 돼요.

→ '经理(사장님)'와 같은 회사 관련 직함이 등장하며, 주로 전화로 관련 인물을 찾는 내용이다.

단어 喂 wéi 갑 여보세요 | 请问 qǐngwèn 말씀 좀 여쭙겠습니다 | 张 Zhāng 몡 장[성(姓)] | 经理 jīnglǐ 몡 사장, 팀장 | 上海 Shànghǎi 지몡 상하이 | 出差 chūchāi 동 출장 가다 | 如果 rúguǒ 젭 만약 | 急事 jíshì 몡 급한 일 | 可以 kěyǐ 조동 ~해도 된다 | 手机 shǒujī 몡 휴대전화

관련 단어

上班 shàngbān 출근하다

下班 xiàbān 퇴근하다

工作 gōngzuò 일하다

加班 jiābān 초과 근무하다

出差 chūchāi 출장 가다

开会议 kāi huìyì 회의를 열다, 하다

打印 dǎyìn 인쇄하다, 출력하다

复印 fùyìn 복사하다

打电话 dǎ diànhuà 전화 걸다

发 fā 보내다, 발송하다

电子邮件 diànzǐ yóujiàn 이메일

传真 chuánzhēn 팩스

公司 gōngsī 회사

办公室 bàngōngshì 사무실

电脑 diànnǎo 컴퓨터

材料 cáiliào 자료

职员 zhíyuán 직원

经理 jīnglǐ 사장, 지배인, 책임자

同事 tóngshì (직장) 동료

张 zhāng 장[종이를 세는 양사]

份 fèn 부, 벌, 세트[신문, 문건 등을 세는 양사]

2 집 관련 동작

[그림 유형] 집안일, 자고 있는 모습, 부모가 아이에게 책을 읽어주는 모습 등 집에서 이루어지는 일상적인 동작이 그림에 나타나 있다.

[녹음 내용] 그림과 연관된 동작이 직접적으로 언급되며, 집에서 있을 법한 동작이 나오므로 단어의 수준은 많이 높지 않다.

예시

예

女: 都几点了? 快点儿起来吧。

도대체 몇 시니? 빨리 일어나.

男: 周末嘛！妈，你让我多睡一会儿。

주말이잖아요! 엄마, 저 좀 더 자게 해주세요.

→ 기상과 관련된 대화문으로 호칭(妈), '起来(일어나다)', '多睡一会儿(더 자다)'과 같이 집에서 일어날 수 있는 동작이 대화 내용에 등장한다.

단어 都 dōu 튄 이미, 벌써 | 点 diǎn 양 시[시간] | 点儿 diǎnr 양 약간, 조금 | 起来 qǐlái 통 일어나다 | 周末 zhōumò 명 주말 | 嘛 ma 조 문장 끝에서 뚜렷한 사실을 강조하는 어기를 나타냄 | 让 ràng 통 ~하게 만들다 | 睡 shuì 통 자다 | 一会儿 yíhuìr 양 잠시, 잠깐 동안

관련 단어

인물 & 일과	
爸爸 bàba 아빠	穿 chuān 입다
妈妈 māma 엄마	衣服 yīfu 옷
丈夫 zhàngfu 남편	洗衣服 xǐ yīfu 옷을 빨다, 빨래하다
妻子 qīzi 아내	打扫 dǎsǎo 청소하다
哥哥 gēge 형, 오빠	房间 fángjiān 방
弟弟 dìdi 남동생	电视 diànshì 텔레비전
姐姐 jiějie 누나, 언니	看书 kàn shū 책을 보다
妹妹 mèimei 여동생	做 zuò 하다
叔叔 shūshu 숙부, 삼촌	作业 zuòyè 숙제
阿姨 āyí 아주머니, 이모	玩(儿)游戏 wán(r) yóuxì 놀이하다, 게임하다
爷爷 yéye 할아버지	困 kùn 졸리다
奶奶 nǎinai 할머니	累 lèi 피곤하다
起床 qǐchuáng 일어나다, 기상하다	休息 xiūxi 휴식하다
洗 xǐ 씻다	睡觉 shuìjiào 잠을 자다
洗脸 xǐliǎn 세수하다	周末 zhōumò 주말
刷牙 shuāyá 이를 닦다	打开 dǎkāi 열다
洗澡 xǐzǎo 샤워하다	窗户 chuānghu 창문

식사 & 맛	
包子 bāozi 빠오즈	牛奶 niúnǎi 우유
米饭 mǐfàn 밥	果汁 guǒzhī 주스
面条 miàntiáo 국수	茶 chá 차
面包 miànbāo 빵	咖啡 kāfēi 커피
蛋糕 dàngāo 케이크	酸 suān 시다
水果 shuǐguǒ 과일	甜 tián 달다
苹果 píngguǒ 사과	苦 kǔ 쓰다
葡萄 pútáo 포도	辣 là 맵다
西瓜 xīguā 수박	咸 xián 짜다
香蕉 xiāngjiāo 바나나	好吃 hǎochī 맛있다
早饭 zǎofàn 아침밥	吃 chī 먹다
晚饭 wǎnfàn 저녁밥	喝 hē 마시다
饭馆 fànguǎn 식당, 음식점	饿 è 배고프다
厨房 chúfáng 주방	饱 bǎo 배부르다

3 학교 관련 동작

[그림 유형] 친구들끼리 대화를 하는 모습, 선생님께 질문하는 동작, 시험을 치고 있는 동작 등 학교 생활과 관련된 동작이 그림에 나타나 있다.

[녹음 내용] 수업 및 시험 관련, 공부의 상태, 방과후 일정, 졸업 후 계획, 선생님과 학생간의 대화 등이 대화 내용으로 등장한다.

예시

예)
男: 今天考试考得怎么样? 什么时候能知道成绩?
　　오늘 시험 어떻게 봤어? 성적은 언제 알 수 있지?
女: 这次考得不太好。5号出成绩, 到时候就知道了。
　　이번에는 그다지 잘 보지 못했어. 5일에 성적이 나오니 그때 되면 알겠지.
→ '考试(시험)', '成绩(성적)' 등과 같이 학교 생활과 관련된 어휘를 알아듣고 바로 답을 고를 수 있다.

단어　考试 kǎoshì 몡 시험 | 考 kǎo 동 시험을 보다 | 怎么样 zěnmeyàng 어떠하다 | 什么时候 shénme shíhou 언제 | 能 néng 조동 ~할 수 있다 | 知道 zhīdào 동 알다 | 成绩 chéngjì 몡 성적 | 到时候 dàoshíhou 그때 가서

관련 단어

学生 xuésheng 학생	报名 bàomíng 신청하다, 등록하다
老师 lǎoshī 선생님	上课 shàngkè 수업하다
教授 jiàoshòu 교수	下课 xiàkè 수업을 마치다
校长 xiàozhǎng 교장	学习 xuéxí 공부하다
家长 jiāzhǎng 학부모	复习 fùxí 복습하다
同学 tóngxué (학교) 친구	预习 yùxí 예습하다
学校 xuéxiào 학교	作业 zuòyè 숙제
图书馆 túshūguǎn 도서관	考试 kǎoshì 시험을 보다
宿舍 sùshè 기숙사	成绩 chéngjì 성적
放假 fàngjià 방학하다	及格 jígé 합격하다
暑假 shǔjià 여름방학	远 yuǎn 멀다
寒假 hánjià 겨울방학	毕业 bìyè 졸업하다
离 lí ~로부터	留学 liúxué 유학하다

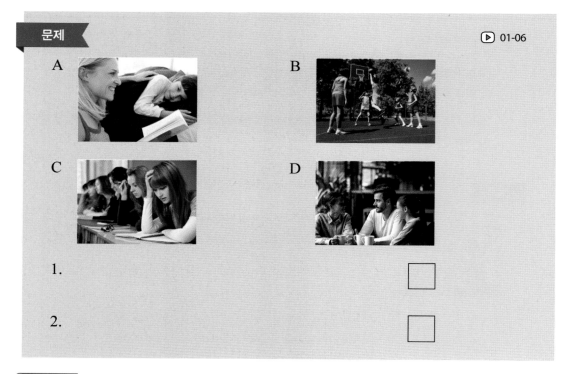

문제   ▶ 01-06

A   B

C   D

1.   ☐

2.   ☐

🔍 **문제 분석** 그림을 보면서 대화 내용을 상상해보고, 연관된 핵심 단어가 나오는지 주의해서 들어보자.

1. 男 : 再给我讲一个故事吧。   남 : 이야기 하나만 더 해 주세요.
   女 : 好，但这是最后一个，听完必须睡觉   여 : 알겠어, 하지만 이게 마지막이니 다 듣고 나면 꼭 자
   了。   야 해.

                                                      (A)

해설 여자의 말 속 '听完必须睡觉了(다 듣고 나면 반드시 자야 해)'를 근거로 엄마가 잠자기 전에 아이에게 이야기를 들
     려주는 상황임을 유추할 수 있다. 따라서 정답은 A다.

단어 再 zài 閉 또, 다시 | 给 gěi 젠 ~에게 | 讲 jiǎng 동 말하다, 이야기하다 | 故事 gùshi 몡 이야기 | 最后 zuìhòu 몡 마지막 | 必须
     bìxū 閉 반드시 | 睡觉 shuìjiào 동 자다

2. 女: 教室里真安静啊！

　　男: 明天就要考试了，大家都在复习呢。

여: 교실이 정말 조용하네!

남: 내일 곧 시험이어서 모두 복습하고 있는 중이야.

(C)

해설　'大家都在复习呢(모두 복습하고 있는 중이야)'라는 말을 근거로 교실에서 공부를 하고 있는 동작을 나타내는 그림 C가 정답이다.

단어　教室 jiàoshì 몡 교실 | 真 zhēn 뷔 확실히, 참으로 | 安静 ānjìng 혱 조용하다 | 就要 jiù yào 뷔 곧, 머지않아 ~하려고 한다(문장 끝에 '了'가 붙음) | 考试 kǎoshì 몡 시험 | 在 zài 뷔 ~하고 있는 중이다 | 复习 fùxí 통 복습하다

DAY 3

01-07

A

B

C

D

E

1.

2.

3.

4.

5.

01-08

A

B

C

D

E

1. ☐

2. ☐

3. ☐

4. ☐

5. ☐

03 동작 2

상황에 따른 내용과 관련 동작이 나오는 문제로, 주로 길 묻기, 여가, 오락, 구매 관련 내용이 등장한다. 동작 1 문제와 마찬가지로 핵심 단어만 파악한다면 어렵지 않게 답을 고를 수 있는 문제이다.

시크릿 요점정리

▶ 01-09

1 길 묻기

[그림 유형] 두 명 혹은 세 명의 인물이 등장하며, 지도를 보고 있거나 같은 방향을 보며 길을 안내하는 동작 등이 그림으로 등장한다.

[녹음 내용] 길을 묻는 내용이므로 대화에 대부분 '怎么走(어떻게 갑니까?)'가 등장하며 방향, 위치 안내 등과 관련한 어휘가 등장한다.

예시

예

男: 你好，请问国家体育馆怎么走?
　안녕하세요, 국가체육관에는 어떻게 가나요?

女: 看见前面那个车站了吗? 在那儿坐五零二路汽车，四站就到了。
　앞에 저 정류장 보이시죠? 거기에서 502번 버스를 타고 네 정거장이면 도착해요.

→ 국가체육관에 가는 방법을 알려주고 있으므로 길 안내 관련 내용이라는 것을 알 수 있다.

관련 단어

怎么走 zěnme zǒu 어떻게 가나요	拐 guǎi 图 꺾다, 돌다
怎么去 zěnme qù 어떻게 가나요	车站 chēzhàn 图 정거장, 역
向 xiàng 전 ~을 향해서	路 lù 명 버스 등의 노선
一直 yìzhí 부 줄곧, 계속해서	公共汽车 gōnggòng qìchē 명 버스
到 dào 동 도착하다	地铁 dìtiě 명 지하철
红绿灯 hónglǜdēng 명 신호등	坐 zuò 동 (교통수단을) 타다
右边 yòubian 명 오른쪽	过马路 guò mǎlù 길을 건너다
左边 zuǒbian 명 왼쪽	十字路(口) shízìlù(kǒu) 사거리(의 모퉁이)

② 쇼핑

[그림 유형] 옷이나 신발 등을 착용하는 동작, 점원과 대화하는 모습, 마트에서 장을 보거나 돈을 계산하고 지불하는 동작 등과 같이 쇼핑과 관련된 다양한 동작이 등장한다. 간혹 쇼핑 관련 사물이 등장하기도 하지만 대부분 쇼핑과 관련된 동작들이 주로 등장한다.

[녹음 내용] 주로 상대방에게 쇼핑을 제안하거나 자신이 고른 물건에 대해 상대방에게 의견을 묻는 내용이 등장한다. 또한 물건의 가격을 계산하는 내용이나 할인 관련 정보를 알려주는 내용이 등장한다.

예시

예1

女: 你说我穿这条裙子怎么样? 好不好看?
　　이 치마 입으면 어떨 것 같아? 예쁠까?

男: 我觉得那条更适合你。
　　나는 저 치마가 너한테 더 어울리는 것 같아.

→ 상대방에게 쇼핑 관련 의견을 구하는 내용이 가장 많이 출제된다.

단어 说 shuō 图 ~라고 생각하다 | 穿 chuān 图 입다 | 条 tiáo 窗 벌[치마를 세는 양사] | 裙子 qúnzi 圀 치마 | 怎么样 zěnmeyàng 떼 어떠한가 | 好看 hǎokàn 圀 예쁘다, 보기 좋다 | 觉得 juéde 图 ~라고 느끼다 | 更 gèng 뷔 더욱 | 适合 shìhé 图 적합하다, 어울리다

예2

女: 你要买什么? 想去哪儿买?
　　너 뭐 사려고? 어디 가서 사고 싶어?

男: 我想买个帽子，你陪我去商店吧。
　　난 모자를 하나 사고 싶어, 나랑 같이 백화점 가자.

→ 상대방에게 쇼핑을 가자고 제안하는 내용이 등장한다.

단어 要 yào 조图 ~하려고 하다, ~할 것이다 | 买 mǎi 图 사다 | 什么 shénme 떼 무엇 | 想 xiǎng 조图 ~하고 싶다, ~할 생각이다 | 哪儿 nǎr 떼 어디 | 帽子 màozi 圀 모자 | 陪 péi 图 동반하다, 모시다 | 商店 shāngdiàn 圀 상점

관련 단어

품목	
衬衫 chènshān 몡 셔츠, 와이셔츠	冰箱 bīngxiāng 몡 냉장고
裤子 kùzi 몡 바지	电脑 diànnǎo 몡 컴퓨터
帽子 màozi 몡 모자	电视 diànshì 몡 텔레비전
裙子 qúnzi 몡 치마	手机 shǒujī 몡 휴대전화
鞋 xié 몡 신발	手表 shǒubiǎo 몡 손목시계
衣服 yīfu 몡 옷	照相机 zhàoxiàngjī 몡 사진기
行李箱 xínglǐxiāng 몡 트렁크, 짐 가방	鸡蛋 jīdàn 몡 계란
字典 zìdiǎn 몡 자전[글자의 뜻을 풀이한 사전]	水果 shuǐguǒ 몡 과일

기타	
买 mǎi 동 사다, 구입하다	认为 rènwéi 동 ~라고 여기다, 생각하다
卖 mài 동 팔다, 판매하다	漂亮 piàoliang 형 예쁘다, 아름답다
地方 dìfang 몡 장소	见面 jiànmiàn 동 만나다
超市 chāoshì 몡 슈퍼마켓	礼物 lǐwù 몡 선물
商店 shāngdiàn 몡 상점	元 yuán 양 위안[중국의 화폐 단위]
层 céng 양 층	= 块 kuài
电梯 diàntī 몡 엘리베이터, 에스컬레이터	角 jiǎo 양 쟈오[중국의 화폐 단위]
附近 fùjìn 몡 부근, 근처	= 毛 máo
觉得 juéde 동 ~라고 생각하다	双 shuāng 양 짝, 쌍, 켤레

3 오락

[그림 유형] 각종 취미 활동이나 여가를 즐기는 모습이 그림에 나타나 있다. 스포츠도 빼놓을 수 없는데, 특히 축구 경기를 시청하는 것이 자주 출제되며 중국의 종합예술인 경극도 자주 출제되는 편이다.

[녹음 내용] 취미에 대해 묻고 답하기, 여가를 즐기는 방법, 주말에 만날 약속을 정하는 내용, 축구 경기 시청에 관한 내용 등이 등장한다.

예시

男: 你快点儿, 电影马上就要开始了。
　　서둘러, 영화가 곧 시작된단 말이야.

女: 好的, 不用买饮料吗?
　　알겠어. 음료수는 안 사도 돼?

→ 영화 시청에 관련된 대화가 등장한다.

단어 电影 diànyǐng 몡 영화 | 马上 mǎshàng 틘 곧 | 就要 jiù yào 틘 곧, 머지
않아 ~하려고 한다(문장 끝에 '了'가 붙음) | 开始 kāishǐ 동 시작하다 | 不用 búyòng
~할 필요가 없다 | 买 mǎi 동 사다 | 饮料 yǐnliào 몡 음료

그림 유형	주요 화제
– 영화·경극 등을 보는 그림 – 책 읽는 그림 – 꽃꽂이 하는 그림	– 취미를 묻고 답하는 내용 – 함께 취미 생활을 할 것을 제안하는 내용 – 주말·여가 시간의 약속을 잡는 내용
– TV 시청하는 그림	– 축구 경기 시청에 관한 내용(경기 일정, 　내용, 결과 등)
– 게임을 하는 그림	– 게임에 관한 내용 – 게임 방법을 알려주는 내용

관련 단어

爱好 àihào 몡 취미	节目 jiémù 몡 프로그램
经常 jīngcháng 틘 자주, 항상	电脑 diànnǎo 몡 컴퓨터
上网 shàngwǎng 동 인터넷을 하다	电影 diànyǐng 몡 영화
唱歌 chànggē 동 노래 부르다	体育 tǐyù 몡 스포츠
跳舞 tiàowǔ 동 춤을 추다	新闻 xīnwén 몡 뉴스
跑步 pǎobù 동 달리기하다	音乐 yīnyuè 몡 음악
爬山 páshān 동 등산하다	游戏 yóuxì 몡 오락, 게임
踢足球 tī zúqiú 동 축구를 하다	公园 gōngyuán 몡 공원
打篮球 dǎ lánqiú 동 농구를 하다	花园 huāyuán 몡 화원
游泳 yóuyǒng 동 수영하다	比赛 bǐsài 몡 경기, 시합
表演 biǎoyǎn 동 공연하다	京剧 jīngjù 몡 경극

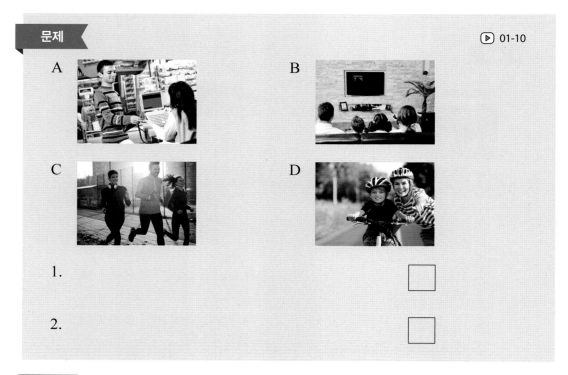

▶ 01-10

A

B

C

D

1.

2.

🔍 **문제 분석** 그림을 보면서 대화 내용을 상상해보고, 연관된 핵심 단어가 나오는지 주의해서 들어보자.

1. 女: 您好，这是您的东西，一共三百四十块八角。 男: 好的，给你钱。	여: 안녕하세요. 물건 여기 있습니다. 모두 340.8위안이에요. 남: 네, 여기 돈이요. (A)

해설 물건의 금액을 알려주자 남자가 돈을 지불하고 있으므로 계산과 관련된 그림인 A가 정답이다.

단어 一共 yígòng 뷔 전부, 합계 | 块 kuài 양 위안[중국 화폐를 세는 단위] | 角 jiǎo 양 쟈오[중국 화폐를 세는 단위] | 给 gěi 통 주다 | 钱 qián 명 돈

2. 男：妈，我害怕，你别走，我一个人不敢
   　　骑。
   女：别害怕，眼睛看前面，慢慢地骑。

남: 엄마, 무서워요, 가지 말아요. 저 혼자서는 못 타겠어
　　요.
여: 무서워하지 마, 눈은 앞을 보고 천천히 타.

(D)

해설 남자의 말 속 '我一个人不敢骑(저 혼자서는 못 타요)'와 여자의 말 속 '慢慢地骑(천천히 타라)'라는 말을 근거로 그림 속 인물은 현재 자전거를 타고 있다는 것을 알 수 있다. 따라서 정답은 D다.

단어 害怕 hàipà 동 무서워하다 | 别 bié 부 ~ 하지 마라 | 一个人 yí ge rén 혼자 | 不敢 bù gǎn 동 감히 ~하지 못하다. ~할 용기가 없다 | 骑 qí 동 (동물이나 자전거 등에 다리를 벌리고) 타다 | 眼睛 yǎnjing 명 눈 | 前面 qiánmiàn 명 앞, 앞쪽 | 慢 màn 형 느리다 | 地 de (형용사 혹은 일부 양사 뒤에 놓여) ~하게

01-11

A

B

C

D

E

1. ☐

2. ☐

3. ☐

4. ☐

5. ☐

DAY **6**

01-12

A

B

C

D

E

1.

2.

3.

4.

5.

04 사물

대화에서 핵심이 되는 사물 하나가 등장하는 문제로, 사물의 명칭, 즉 명사만 알고 있다면 쉽게 풀 수 있다. 그림에는 주로 일상생활에서 자주 볼 수 있는 물건이나 동물이 등장하며, 그림 속 사물을 근거로 대화 내용을 유추할 수 있다.

시크릿 요점정리

▶ 01-13

1 일상생활 관련 사물

[그림 유형] 문구, 가전제품, 의류, 신발, 우산 등 일상생활에서 쉽게 접할 수 있는 물건이 등장하며, 때로는 동물도 등장한다.

[녹음 내용] 일상생활 관련 사물을 찾거나, 물건의 구매 혹은 그 물건이 누구의 것인지를 묻는 내용이 자주 등장한다. 이때 주의해야 할 점은 물건을 지칭하는 명사를 대신해 양사로만 대화가 이루어지는 경우도 있으므로 주의해야 한다.

예시

예1 물건 찾기

男: 奇怪，我的护照怎么找不到了？我记得放在钱包里了。
　　이상하네. 내 여권이 왜 안 보이지? 내가 지갑 안에 둔 걸로 기억하는데.

女: 你再找找，别着急，你会不会放教室里了？
　　다시 찾아봐, 서두르지 말고, 교실에 둔 거 아니야?

→ 여권을 찾고 있는 내용으로 사물의 명칭만 알아듣는다면 쉽게 풀 수 있다.

단어　奇怪 qíguài 혱 기이하다, 이상하다 | 护照 hùzhào 몡 여권 | 找不到 zhǎobudào 찾을 수 없다 | 记得 jìde 동 기억하다 | 放 fàng 동 놓다 | 钱包 qiánbāo 몡 지갑 | 找 zhǎo 동 찾다 | 别 bié 분 ~하지 마라 | 着急 zháojí 동 조급해하다 | 教室 jiàoshì 몡 교실

예2 물건 구매

男: 你看，这条蓝色的怎么样？
　　봐봐, 이 파란색 어때?

女: 不错，我觉得比那条黑色的更好看，买这条吧。
　　좋아. 검은색인 저것보다 더 좋은 것 같아. 이걸로 사자.

→ 구매 관련한 사물은 넥타이다. 그러나 대화에서는 넥타이라는 명사 대신에 넥타이를 나타내는 단위인 '条'만 사용하고 있다.

단어　条 tiáo 양 벌, 갈래[폭이 좁고 긴 것을 세는 단위] | 蓝色 lánsè 명 파란색 | 不错 búcuò 형 좋다, 괜찮다 | 觉得 juéde 동 느끼다, 생각하다 | 比 bǐ 전 ~보다 | 黑色 hēisè 명 검은색 | 好看 hǎokàn 형 예쁘다, 보기 좋다 | 吧 ba 조 ~하자(제의의 어기를 나타냄)

관련 단어

本子 běnzi 명 공책

书 shū 명 책

词典 cídiǎn 명 사전

字典 zìdiǎn 명 자전

本 běn 양 권(책을 세는 양사)

铅笔 qiānbǐ 명 연필

伞 sǎn 명 우산

衣服 yīfu 명 옷

裤子 kùzi 명 바지

领带 lǐngdài 명 넥타이

条 tiáo 양 벌(옷, 하의와 넥타이를 세는 양사)

衬衫 chènshān 명 셔츠, 블라우스

件 jiàn 양 벌(옷을 세는 양사)

鞋 xié 명 신발

筷子 kuàizi 명 젓가락

双 shuāng 양 짝, 쌍

眼镜 yǎnjìng 명 안경

帽子 màozi 명 모자

电脑 diànnǎo 명 컴퓨터

笔记本电脑 bǐjìběn diànnǎo 명 노트북 컴퓨터

台 tái 양 대(기계나 전자제품을 세는 단위)

照相机 zhàoxiàngjī 명 사진기

手机 shǒujī 명 휴대전화

部 bù 양 휴대전화를 세는 단위

护照 hùzhào 명 여권

行李箱 xínglǐxiāng 명 트렁크, 짐 가방

箱子 xiāngzi 명 상자

狗 gǒu 명 개, 강아지

猫 māo 명 고양이

鸟 niǎo 명 새

马 mǎ 명 말

熊猫 xióngmāo 명 판다

只 zhī 양 마리(동물을 세는 단위)

花 huā 명 꽃

2 음식과 음료

[그림 유형] 음식과 음료 관련 그림은 비교적 간단하며 명확하다. 그림을 보고 대화의 내용이 무엇인지를 바로 유추할 수 있다.

[녹음 내용] 상대방에게 먹고 싶은 음식이 무엇인지 묻거나, 식사로 먹은 음식, 또는 주문할 음식과 관련된 대화가 이루어진다.

예시

예

男 : 你早饭一般吃什么?
　　 넌 아침에 보통 뭘 먹어?

女 : 鸡蛋、面包，再喝一杯牛奶。你呢?
　　 계란, 빵, 또 우유 한 잔 마셔. 너는?

→ 그림 속에 있는 사물 모두 대화의 내용에 등장한다는 것을 알 수 있다.

단어 **早饭** zǎofàn 명 아침밥 | **一般** yìbān 형 보통이다, 일반적이다 | **鸡蛋** jīdàn 명 계란 | **面包** miànbāo 명 빵 | **喝** hē 통 마시다 | **杯** bēi 양 잔 | **牛奶** niúnǎi 형 우유

3 교통수단

[그림 유형] 교통수단을 직접적으로 나타내는 그림, 혹은 교통수단과 관련된 장소(공항, 기차역 등)이 등장한다.

[녹음 내용] 현재의 교통 상황이 어떠한지, 이용할 교통수단이 무엇인지 혹은 그림에 나온 교통수단에 관해 장단점을 이야기하거나, 배웅 또는 마중하는 내용 등이 주로 나온다. 간혹 교통수단을 간접적으로 암시하는 내용이 나오기도 한다.

예시

예1

男 : 你怎么去北京啊?
　　 너 어떻게 베이징에 가?

女 : 我想坐飞机去，坐火车去太远了。
　　 나 비행기 타고 가려고, 기차 타면 너무 멀어.

→ 교통수단인 비행기를 직접적으로 언급하였다.

단어　怎么 zěnme 때 어떻게 | 北京 Běijīng 지명 베이징 | 啊 a 죄 문장 끝에 쓰여 의문을 나타냄 | 坐 zuò 통 타다 | 飞机 fēijī 명 비행기 | 火车 huǒchē 명 기차 | 太 tài 부 너무 | 远 yuǎn 형 멀다

예시

예2

女：师傅，您开快一点儿，我是九点的飞机啊！
　　기사님, 빨리 좀 가주세요, 저 9시 비행기예요!
男：你看，这么堵车，我怎么能开快呢？
　　보세요, 이렇게 차가 막히는데 제가 어떻게 빨리 운전할 수 있겠어요?
→ '师傅(기사님)', '堵车(차 막히다)'를 통해 현재 이용하는 교통수단이 자동차인 것을 알 수 있다.

단어　师傅 shīfu 명 기사님 | 开 kāi 통 운전하다 | 一点儿 yìdiǎnr 양 조금 | 飞机 fēijī 명 비행기 | 这么 zhème 때 이렇게 | 堵车 dǔchē 통 차가 막히다 | 能 néng 조통 ~할 수 있다 | 呢 ne 죄 의문문 끝에 쓰여 의문의 어기를 강조함

관련 단어

自行车 zìxíngchē 명 자전거

公共汽车 gōnggòngqìchē 명 버스

出租车 chūzūchē 명 택시

地铁 dìtiě 명 지하철

火车 huǒchē 명 기차

飞机 fēijī 명 비행기

船 chuán 명 배

打车 dǎchē 통 택시를 타다

堵车 dǔchē 통 차가 막히다, 교통 체증이 되다

骑 qí 통 (말·자전거·오토바이 등을) 타다

坐 zuò 통 타다

怎么 zěnme 부 어떻게[수단·방법을 묻는 말]

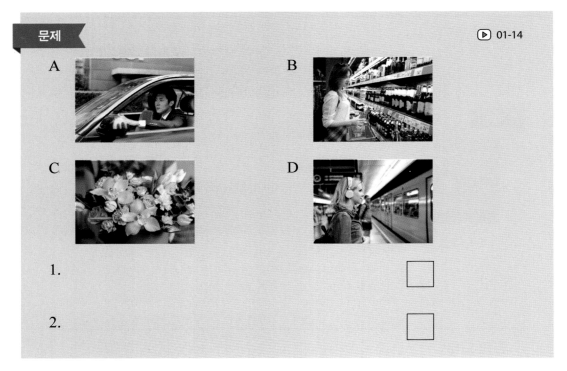

> ▶ 01-14

문제

A

B

C

D

1. ☐

2. ☐

🔍 **문제 분석** 그림을 보면서 대화 내용을 상상해보고, 연관된 핵심 단어가 나오는지 주의해서 들어보자.

1. 女：好漂亮的花儿啊！谁送的？ 男：这是我为李老师准备的教师节礼物。	여: 정말 예쁜 꽃이네! 누가 준 거야? 남: 이거 내가 리 선생님을 위해서 준비한 스승의 날 선물이야. (C)

해설 여자의 말 속 '花儿(꽃)'을 근거로 C가 정답이라는 것을 금방 찾을 수 있다.

단어 漂亮 piàoliang 혱 예쁘다 | 花儿 huār 몡 꽃 | 送 sòng 동 주다, 선물하다 | 为 wèi 전 ~을 위하여 | 准备 zhǔnbèi 동 준비하다 | 教师节 jiàoshījié 몡 스승의 날 | 礼物 lǐwù 몡 선물

2. 女: 你每天都怎么上班?

　　男: 我一般都是自己开车去。

여: 넌 매일 어떻게 출근해?

남: 난 보통 내가 운전해서 가.

(A)

해설 여자가 어떻게 출근하냐고 물었으므로 남자가 어떤 교통수단을 언급하는지에 귀를 기울이면 된다. 开车는 '운전하다'라는 뜻이므로, 운전하고 있는 남자의 그림인 A를 답으로 골라주면 된다.

단어 每天 měitiān 몡 매일 ┃ 都 dōu 뷔 모두 ┃ 怎么 zěnme 때 어떻게 ┃ 上班 shàngbān 동 출근하다 ┃ 一般 yìbān 혱 일반적이다 ┃ 自己 zìjǐ 때 스스로, 자신 ┃ 开车 kāichē 동 차를 몰다, 운전하다

DAY **7**

▶ 01-15

A

B

C

D

E

1. ☐

2. ☐

3. ☐

4. ☐

5. ☐

DAY **8**

▶ 01-16

A

B

C

D

E

1. ☐

2. ☐

3. ☐

4. ☐

5. ☐

05 배경

여행의 배경, 사진 속 풍경, 날씨 관련 그림, 건물 사진 등이 등장하는 문제 유형이다. 배경에 관련된 직접적인 단어보다는 전체 대화의 내용을 듣고 상황을 파악한 뒤 풀어야 하는 문제들이 등장한다.

시크릿 요점정리

▶ 01-17

1 여행지와 사진 속 풍경

[그림 유형] 산, 바다, 도시, 중국의 유명한 관광지 등이 등장하거나 남녀가 어떤 배경을 사진을 찍은 그림이 등장한다.

[녹음 내용] 여행 계획이나 여행 소감에 대해 묻는 내용이 가장 많으며 사진을 보면서 사진 속 풍경이 어떤지에 대해 이야기하는 내용도 등장한다. 그 밖에도 여행 전 조언을 구하는 내용, 사진 촬영을 제안하거나 부탁하는 내용이 등장하기도 한다.

예시

예1 여행 계획

女: **这次放假你打算去哪儿玩儿?**
　　이번 방학 때 넌 어디로 놀러 갈 계획이야?

男: **我想去云南看看, 听说那里的风景不错。**
　　난 윈난에 가보고 싶어. 듣자 하니 그곳 경치가 매우 좋대.

→ 여행 계획에 대해서 묻고 있으며, 윈난이라는 여행지가 대화 속에 직접적으로 언급되고 있다.

단어 次 cì 양 번, 차례 | 放假 fàngjià 통 방학하다, 쉬다 | 打算 dǎsuàn 통 ~할 계획이다 | 玩儿 wánr 통 놀다 | 想 xiǎng 조동 ~할 생각이다, ~하고 싶다 | 云南 Yúnnán 지명 윈난, 운남성 | 听说 tīngshuō 듣자 하니 ~라고 한다 | 风景 fēngjǐng 명 경치, 풍경 | 不错 búcuò 형 괜찮다, 좋다

예2 사진 촬영 부탁

男: **您好, 能帮我们照张照片吗?**
　　안녕하세요, 저희 사진 좀 찍어 주시겠어요?

女: **好的, 看我这儿, 准备好了吗?**
　　좋습니다. 여기를 보세요. 준비 다 되었나요?

→ 녹음에서 사진 촬영을 부탁하는 내용이 나오고, 그림에는 사진 촬영 배경이 등장한다.

단어 帮 bāng 통 돕다 | 照 zhào 통 (사진·영화를) 찍다 | 张 zhāng 양 장(종이, 책상 등 넓은 표면을 가진 것을 세는 단위) | 照片 zhàopiàn 명 사진 | 准备 zhǔnbèi 통 준비하다

관련 단어

世界 shìjiè 세계	时候 shíhou 때, 무렵, 시기
城市 chéngshì 도시	旅游 lǚyóu 여행하다
地方 dìfang 장소	介绍 jièshào 소개하다
宾馆 bīnguǎn 호텔	选择 xuǎnzé 고르다
火车站 huǒchēzhàn 기차역	快乐 kuàilè 즐겁다
机场 jīchǎng 공항	希望 xīwàng 희망하다, 바라다
地图 dìtú 지도	打算 dǎsuàn ～할 계획이다
护照 hùzhào 여권	新鲜 xīnxiān 신선하다, 새롭다
照相机 zhàoxiàngjī 사진기	除了 chúle ～을 제외하고
节日 jiérì 명절, 기념일	玩(儿) wán(r) 놀다
周末 zhōumò 주말	文化 wénhuà 문화

② 날씨

[그림 유형] 바람이 많이 불거나, 눈·비가 오는 그림, 화창한 날씨에 사람들이 풀밭에 앉아 있는 그림, 계절 관련 그림 등이 등장한다.

[녹음 내용] 날씨에 대해 이야기를 나누거나, 기후나 계절의 특징에 관한 내용이 등장한다.

예시

예

男: 刚才还是晴天，这会儿天就阴了，不知道会不会下雨。
방금까지는 맑았는데 지금은 날이 흐려졌네. 비가 오는 거 아닌지 모르겠어.
女: 没关系，我带伞了。
괜찮아. 나 우산 가져왔어.
→ 현재 날씨에 대해 언급하고 있으며 구체적인 날씨 표현이 대화에 등장한다.

단어 刚才 gāngcái 몡 방금 | 还是 háishi 뮈 여전히, 그래도 | 晴天 qíngtiān 날씨가 맑다 | 这会儿 zhèhuìr 몡 이때, 지금 | 阴 yīn 혱 흐리다 | 会 huì 조됭 ～일 것이다 | 下雨 xiàyǔ 됭 비가 오다 | 带 dài 됭 가져가다, 지니다 | 伞 sǎn 몡 우산

관련 단어

天气 tiānqì 날씨

暖和 nuǎnhuo 따뜻하다

热 rè 덥다

凉快 liángkuai 시원하다

冷 lěng 춥다

气温 qìwēn 기온

下雪 xiàxuě 눈이 내리다

下雨 xiàyǔ 비가 오다

蓝天 lántiān 푸른 하늘

阴天 yīntiān 날씨가 흐리다

晴天 qíngtiān 날씨가 맑다

刮风 guāfēng 바람이 불다

阳光 yángguāng 햇빛

季节 jìjié 계절

春天 chūntiān 봄

夏天 xiàtiān 여름

秋天 qiūtiān 가을

冬天 dōngtiān 겨울

---

3 장소

[그림 유형] 일상생활에서 자주 볼 수 있는 장소, 예를 들어 은행, 우체국, 도서관, 상점 등이 등장한다.

[녹음 내용] 말하는 사람 혹은 상대방이 현재 위치한 곳에 대해서나 동작이 일어난 장소에 대해 묻는 내용이 주를 이룬다.

예시

예

女: 你的银行卡是在哪儿办的?
너 은행 카드 어디에서 발급했어?

男: 学校南门那家北京银行。
학교 남문의 베이징 은행이야.

→ 동작이 일어난 장소가 어디인지 구체적으로 언급한다.

단어 银行卡 yínhángkǎ 몡 은행 카드 | 办 bàn 통 처리하다 | 学校 xuéxiào 몡 학교 | 家 jiā 양 가정, 가게, 기업 따위를 세는 단위

관련 단어

公司 gōngsī 회사	学校 xuéxiào 학교
办公室 bàngōngshì 사무실	教室 jiàoshì 교실
宾馆 bīnguǎn 호텔	宿舍 sùshè 기숙사
饭店(酒店) fàndiàn(jiǔdiàn) 호텔	图书馆 túshūguǎn 도서관
洗手间 xǐshǒujiān 화장실	书店 shūdiàn 서점
房间 fángjiān 방	医院 yīyuàn 병원
厨房 chúfáng 주방	银行 yínháng 은행
客厅 kètīng 거실	邮局 yóujú 우체국
餐厅 cāntīng 레스토랑, 식당	机场 jīchǎng 공항
饭馆 fànguǎn 레스토랑, 식당	火车站 huǒchēzhàn 기차역
超市 chāoshì 슈퍼마켓	地铁站 dìtiězhàn 지하철역
商店 shāngdiàn 상점	公园 gōngyuán 공원

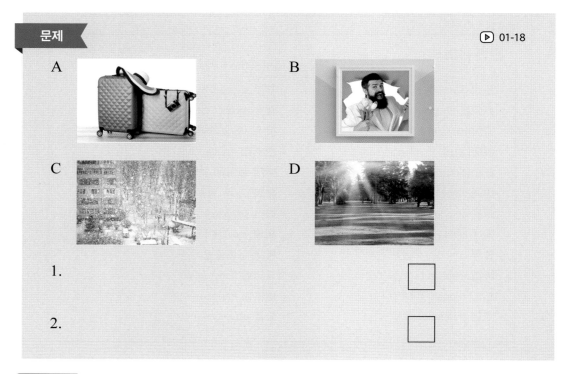

문제

▶ 01-18

A

B

C

D

1. ☐

2. ☐

🔍 **문제 분석** 그림을 보면서 대화 내용을 상상해보고, 연관된 핵심 단어가 나오는지 주의해서 들어보자.

1. 女: 雪下得越来越大了，我们回去吧。　　여: 눈이 갈수록 많이 와. 우리 돌아가자.
　 男: 再玩儿一会儿吧。　　　　　　　　　남: 조금만 더 놀자.

(C)

해설　여자의 말 속 '雪下得越来越大了(눈이 갈수록 많이 온다)'를 근거로 눈이 오는 배경의 그림인 C가 정답이다.

단어　雪 xuě 명 눈 | 得 de 조 ~하는 정도가(술어 뒤에 쓰여 술어의 정도를 나타냄) | 越来越 yuèláiyuè 부 갈수록 | 回去 huíqù 동 돌아가다 | 玩儿 wánr 동 놀다 | 一会儿 yíhuìr 양 잠시, 잠깐

2. 男：爸爸年轻的时候真有意思，这是真的吗？

女：当然是真的，他那时候还特别喜欢送花。

남: 아빠가 젊었을 때 정말 재미있었다고 하던데 그게 사실이에요?

여: 당연히 진짜지. 아빠가 그때는 꽃을 주는 걸 굉장히 좋아했어.

(B)

해설 대화 속 남녀는 젊었을 때의 아빠에 대해 이야기하고 있다. 이 대화에 어울리는 그림은 사진을 보면서 추억할 수 있는 모습이 연상되는 B가 가장 적절하다.

단어 年轻 niánqīng 형 젊다 | 时候 shíhou 명 때, 무렵 | 真 zhēn 분 확실히, 참으로 형 사실이다, 참되다 | 有意思 yǒu yìsi 형 재미있다 | 当然 dāngrán 분 당연히, 물론 | 那时候 nà shíhou 그때 | 特别 tèbié 분 특히, 매우 | 送 sòng 동 주다 | 花 huā 명 꽃

DAY **9**

▶ 01-19

A

B

C

D

E

1. ☐

2. ☐

3. ☐

4. ☐

5. ☐

A

B

C

D

E

1. ☐

2. ☐

3. ☐

4. ☐

5. ☐

듣기 제2부분 단문 듣기
기출문제 탐색전

MP3 바로 듣기

▶ 02-00

문제 1

★ 小李个子比较矮。　　　　　　　　　　　　　　　(X)

❶ 시험지에는 문제마다 ★표 부분에 10자 내외의 문장이 하나씩 제시된다.

❷ 먼저 시험지에 있는 ★표 문장을 잘 읽어보고, 녹음 지문과 관련된 내용인지 파악하자. ★표 문장을 잘 활용하는 것이 듣기 제2부분의 관건이라고 할 수 있다.

❸ ★표 문장의 명제를 상식적으로 판단해서 옳은 내용이면 답도 √라는 것을 눈치채라. 예를 들어 '★ 人需要休息。'로 제시되면 '사람은 휴식이 필요하다'라는 것은 일반적이고 상식적인 내용이므로 답이 √가 되는 것을 바로 알 수 있다.

듣기 제2부분은 11~20번까지 총 10문제로, 녹음 내용을 듣고 시험지에 제시된 문장과 일치하면 √, 일치하지 않으면 X를 표시하는 문제다. 듣기 영역에서 난도가 가장 높다고 할 수 있는 부분인데, 일상적인 대화를 주고받는 것이 아니라, 어떤 동작이나 상황을 묘사하거나 설명하는 내용 또는 교훈을 주는 이야기 등이 지문으로 나오기 때문이다. 그러나 제시된 ★표 문장을 잘 활용해서 듣는다면 어렵지 않게 풀 수 있다.

녹음 지문

小李，你和姐姐长得很像，都是高高瘦瘦的，而且都爱穿白色的衣服。
★ 小李个子比较矮。

❶ 문제가 시작되기 전에 제2부분의 시작을 알려주며, 먼저 예제 2개를 두 번씩 들려준다.
❷ 모든 문제는 두 번씩 들려주며, 첫 번째와 두 번째 낭독 사이에 쉬지 않는다. 녹음 지문은 모두 남자가, 시험지에 제시된 ★표 문장은 여자가 읽어준다.
❸ 지문을 읽어주는 속도는 빠르지 않으니, 처음에 못 들었다고 당황하지 말고 두 번째 낭독 때까지 집중하여 귀를 기울이자.
❹ 다음 문제로 넘어갈 때 8초간의 시간이 주어진다. 이때 답을 빠르게 표시한다.

01 서술어 부분 옳고 그름 판단하기

DAY 11-12

듣기 2부분에서 가장 많이 차지하는 유형으로 서술어 부분(주로 동사, 형용사)이 대본과 일치하는지를 판단하는 문제이다. 서술어 부분의 어휘 난도가 그리 높지 않으므로 ★표 문장을 보면서 녹음만 잘 듣는다면 그렇게 어렵지 않게 답을 찾을 수 있다.

시크릿 요점정리

▶ 02-01

1 ★표 문장 파악하기

서술어 부분 옳고 그름 판단하기의 관건은 ★표 문장을 파악하는 데 있다.

(1) 동작, 행위 부분의 옳고 그름 판단하기

주어는 대부분 '说话人(화자, 말하는 사람)'으로 등장하므로 신경 쓰지 말고 동작, 행위 부분이 녹음 지문의 내용과 일치하는지를 체크하도록 하자.

> **예시**
>
> ★ 说话人骑车回家。
> 화자는 자전거를 타고 집에 간다.

→ ★표 문장의 '骑车回家'는 녹음 지문의 '坐地铁回家'와 일치하지 않는다.

> 在办公室里坐了一天，下班坐地铁回家时，我更愿意站着。
> 사무실에서 온종일 앉아 있다가 퇴근해서 지하철을 타고 집에 돌아갈 때는 나는 서서 가는 것을 더 선호한다.
>
> (X)

→ ★표 문장에서 핵심은 '骑车(자전거 타고)'와 '回家(집에 가다)'다. 따라서 녹음을 들을 때 체크해야 할 부분은 첫째, '무엇을 타고 집에 가는지', 둘째, '어디로 가는지'이다.

(2) 묘사의 옳고 그름 판단하기

인물이나 특정 장소 혹은 사물에 관한 묘사가 ★표 문장에 나와 있다면 묘사한 내용을 주목해서 들어야 한다.

★ 二楼洗手间不太干净。

2층의 화장실은 <u>그다지 깨끗하지 않다.</u>

→ ★표 문장에서 핵심은 서술어 부분인 '不太干净(그다지 깨끗하지 않다)'이다.

先生，对不起，这个洗手间的灯坏了。请您去一层的洗手间，从前面电梯下去，出
电梯后右手边就是。

선생님, 죄송합니다. 이 화장실의 형광등이 고장 났어요. 1층 화장실로 가세요. 앞에 엘리베이터를 타
고 내려가신 뒤, 엘리베이터에서 내리시면 오른쪽에 바로 있습니다.

(X)

→ ★표 문장의 '不太干净'은 녹음 지문의 서술어 부분 '灯坏了'와 일치하지 않는다.

(3) 주어의 옳고 그름 판단하기

드물게 출제되는 유형으로 서술어 부분은 일치하지만 주어 부분이 일치하지 않아 답이 X가
되는 경우도 있다.

예시

★ 米饭坏了。

밥이 상했다.

→ ★표 문장에서 서술어 부분은 일치하지만 주어가 일치하지 않는다.

我昨天买了面包和牛奶，但是回家后忘记把它们放进冰箱里了。今天早上想起来的
时候，发现牛奶已经坏了。

나는 어제 빵과 우유를 샀는데 집에 와서 이것들을 냉장고에 넣는 것을 잊어버렸다. 오늘 아침 생각
이 났을 때 우유가 이미 상했다는 것을 알았다.

(X)

→ ★표 문장과 녹음 지문의 서술어는 '坏了'로 일치하지만 주어가 일치하지 않는다.

2 의미 일치 파악하기

★표 문장의 서술어 부분 어휘와 다르게 녹음에서 다른 단어를 사용했더라도 의미상 일치한다면 정답일 수 있으니 주의해야 한다.

★ **说话人去过很多地方。**
말하는 사람은 많은 곳을 가보았다.

我去过很多国家，在很多城市旅游过，但是如果有人问我"世界上最好的地方是哪儿？"，我一定会回答"是我的家"。
나는 많은 나라를 가보았고 많은 도시를 여행했다. 그러나 만약 어떤 사람이 나에게 "세상에서 가장 좋은 곳은 어디입니까?"라고 묻는다면 나는 반드시 "저의 집이요"라고 대답할 것이다.

(✓)

→ 녹음의 '国家(나라)'와 '城市(도시)'는 ★표 문장의 '地方(장소)'을 말하는 것으로 의미하는 바가 같기 때문에 서로 일치한다.

3 혼동 어휘 조심하기

★표 문장과 녹음 지문의 술어는 일치하는데, 반어문(反语句)이나 접속사로 인해 혼동될 수 있다. 따라서 녹음의 술어 부분에서 ★표 문장에는 없는 다른 단어가 들린다면 주의해야 한다.

★ **快乐很简单。**
즐거움은 단순하다.

快乐不就是很简单的吗？结束一天的工作以后，和家人一起吃晚饭，说说白天遇到的事情，这就是快乐。
즐거움은 아주 단순한 거 아니야? 하루의 일을 마치고 가족과 함께 저녁을 먹고 낮에 있었던 일을 이야기하는 것이 바로 즐거움이지.

(✓)

→ 반어문으로 시작해 혼동될 수 있지만, 술어(很简单)를 강조한 것이며 전체 의미도 ★표 문장과 일치한다.

문제 1

★ 那个超市离得很远。（　　）

🔍 **문제 분석** '그 슈퍼'가 멀리 떨어져 있는지 술어 부분에 주의하면서 듣자.

那个超市离这儿很近，你往前一直走，看到一个红绿灯路口，再往右走两三百米就到了。	그 슈퍼는 여기에서 가까워. 앞으로 쭉 간 뒤 신호등 길목이 보이면 오른쪽으로 2, 3백 미터 가면 바로 도착해.
★ 那个超市离得很远。（　　）	★ 그 슈퍼는 멀리 떨어져 있다. (X)

해설 주어 부분(那个超市)에 대해 ★표 문장은 '很远(멀다)'으로 서술했지만 녹음에서는 '很近(가깝다)'이라고 하였으므로 일치하지 않는다. 따라서 정답은 X다.

단어 超市 chāoshì 몡 슈퍼마켓 | 离 lí 동 떨어지다 젠 ~로부터 | 得 de 조 ~한 정도(술어 뒤에 쓰여 정도를 나타내는 보어를 연결) | 远 yuǎn 혱 멀다 | 近 jìn 혱 가깝다 | 往 wǎng 젠 ~을 향하여 | 一直 yìzhí 녯 줄곧, 계속해서 | 红绿灯 hónglǜdēng 몡 신호등 | 路口 lùkǒu 몡 갈림길, 길목 | 右 yòu 몡 오른쪽 | 米 mǐ 양 미터(m)

문제 2

★ 王奶奶说话很快。（　　）

🔍 **문제 분석** 술어 부분 '快(빠르다)' 앞의 혼동 어휘에 주의하며 들어보자.

邻居王奶奶说话不但快，而且声音特别小，不认真听的话可能会听不明白。	이웃 왕 할머니의 말씀은 빠를 뿐만 아니라 게다가 소리도 매우 작아서, 집중해서 듣지 않으면 아마도 못 알아들을 것이다.
★ 王奶奶说话很快。（　　）	★ 왕 할머니의 말씀은 빠르다. (√)

해설 녹음에서 '王奶奶说话'라는 주어 뒤에 쓴 접속사 '不但(~일 뿐만 아니라)'은 뒤의 접속사 '而且(게다가)'와 호응하여 왕 할머니의 말씀이 어떠한지를 점층의 방법으로 묘사한다. 비록 접속사가 들어가 혼동 어휘로 작용했지만, 서술어 의미는 ★표 문장의 의미와 상통하므로 정답은 √다.

단어 说话 shuōhuà 동 말하다 | 快 kuài 혱 빠르다 | 邻居 línjū 몡 이웃 | 不但…而且… búdàn…érqiě… 접 ~일 뿐만 아니라 게다가 ~하다 | 声音 shēngyīn 몡 소리 | 特别 tèbié 녯 특히, 특별히 | 认真 rènzhēn 혱 진지하다, 성실하다 | 的话 dehuà 만약에, ~라고 한다면 | 可能 kěnéng 녯 아마도 | 会 huì 조동 ~일 것이다 | 明白 míngbai 동 이해하다, 알다

DAY 11

▶ 02-04

1. ★ 他们现在用的空调坏了。 (　　)

2. ★ 王阿姨很热情。 (　　)

3. ★ 花园不大。 (　　)

4. ★ 去中国留学可以提高汉语水平。 (　　)

5. ★ 那只狗老了。 (　　)

DAY 12

▶ 02-05

1. ★ 那个行李箱不贵。 (　　)

2. ★ 那只猫大了很多。 (　　)

3. ★ 那个题不难。 (　　)

4. ★ 女儿害怕大熊猫。 (　　)

5. ★ 哥哥对说话人的影响最大。 (　　)

02 대상의 옳고 그름 판단하기

DAY 13-14

★표 문장의 서술어 대상과 전치사의 대상이 녹음 지문에서 말하는 대상과 일치하는지를 판단하는 문제로 명사에 유의해서 녹음을 들어야 한다.

시크릿 요점정리

▶ 02-06

1 서술어 대상의 옳고 그름 판단하기

서술어(동사)의 대상이 핵심으로 행위, 동작의 대상이 녹음 지문에서 나온 내용과 일치하는 지를 묻는 문제이다. 이때 서술어(동사) 어휘는 ★표 문장과 녹음 지문이 일치하므로 대상 (명사)만 주의해서 들으면 된다. 따라서 ★표 문장이 만약 '서술어(동사)+목적어(명사)' 구조로 되어 있다면 목적어 부분에 주의하도록 하자.

예시

> ★ 说话人去送护照。
> 화자는 여권을 주러 간다.

> 喂，你别着急，我已经坐上出租车了，马上就把护照给你送过来，等我十五分钟。
> 이봐, 조급해하지 마, 나 벌써 택시를 탔어. 곧 여권을 너에게 가져다 줄게. 15분만 기다려.
>
> (✓)

→ 녹음 지문과 ★표 문장의 '술어+목적어' 부분인 '送护照'가 서로 일치하므로 옳은 문장이다.

2 전치사 대상의 옳고 그름 판단하기

전치사의 대상이 옳고 그른지를 판단하는 문제로 주로 동작이 진행된 장소가 일치하는지, 동작을 함께 하는 대상이 일치하는지, 언급한 대상이 일치하는지를 묻는다. 따라서 전치사 '在(~에서)' 혹은 '跟(~와)', '和(~와)', '对(~에 대하여)'가 있다면 주의하도록 하자.

예시

> ★ 说话人希望大家对别人要求更高。
> 말하는 사람은 모두가 다른 사람에게 요구가 더 높길 바란다.

新的一年就要到了，同学们又长大了一岁，祝你们新的一年里对自己有更高的要求，学习能更上一层楼。

새로운 한 해가 다가오니, 친구들은 또 한 살 더 먹네요. 새로운 한 해에는 자신에 대해 더 높은 요구가 있길 바라고 공부도 한 단계 더 발전하길 바랍니다.

(X)

→ ★표 문장의 대상은 '别人'이지만 녹음 지문의 전치사 대상은 '自己'이므로 서로 일치하지 않는다.

3 방위사의 옳고 그름 판단하기

목적어 부분의 방위사가 옳고 그른지도 잘 파악해야 한다. 방위사를 알고 있어야만 문제를 풀 수 있으므로 방위사를 미리 익혀두도록 하자.

예시

★ 超市在银行对面。
슈퍼마켓은 은행 맞은편에 있다.

你到了吗？我也马上要到了，那个超市就在银行后边，咱们在超市门口见吧。
너 도착했어? 나도 곧 도착해. 그 슈퍼마켓은 은행 바로 뒤에 있어. 우리 슈퍼마켓 입구에서 만나자.

(X)

→ 녹음 지문에서는 슈퍼마켓이 은행 '뒤(后边)'에 있다고 했지만, ★표 문장에는 '맞은편(对面)'이라고 나와 있으므로 서로 일치하지 않는다.

NOTICE! **방위사**: 방향이나 위치를 나타내는 명사의 부류

左边 zuǒbian 왼쪽	右边 yòubian 오른쪽
上边 shàngbian 위쪽	下边 xiàbian 아래쪽
前边 qiánbian 앞쪽	后边 hòubian 뒤쪽
里边 lǐbian 안쪽	外边 wàibian 바깥쪽
对面 duìmiàn 맞은편	旁边 pángbiān 옆
东边 dōngbian 동쪽	西边 xībian 서쪽
南边 nánbian 남쪽	北边 běibian 북쪽

문제 1 ▶ 02-07

★ 奶奶爱看体育节目。（　　）

🔍 **문제 분석** 이야기하는 주제, 즉 대상이 무엇인지 주의해서 들어보자.

人们现在越来越关心健康问题，电视上这样的节目也越来越多。奶奶在家没事就爱看这些节目。	현재 사람들이 건강 문제에 점점 더 관심을 가지면서 텔레비전의 이러한 프로그램도 점점 많아지고 있다. 할머니께서는 집에서 할 일이 없으시면 이런 프로그램들을 즐겨 보신다.
★ 奶奶爱看体育节目。（　　）	★ 할머니는 스포츠 프로그램들을 즐겨 보신다. (X)

해설 사람들이 건강 문제에 관심을 갖자 TV에서도 이러한 프로그램이 많아지고, 할머니가 이러한 프로그램을 보길 좋아하신다고 하였으므로 할머니가 좋아하는 프로그램은 건강 관련 프로그램이다. ★표 문장의 대상과 녹음 지문의 대상이 일치하지 않으므로 답은 X라는 것을 알 수 있다.

해설 体育 tǐyù 몡 체육, 스포츠｜节目 jiémù 몡 프로그램｜越来越 yuèláiyuè 뿐 점점, 갈수록｜关心 guānxīn 됭 관심을 기울이다｜健康 jiànkāng 몡 건강

문제 2 ▶ 02-08

★ 他在黑板上画熊猫。（　　）

🔍 **문제 분석** 그가 어디에다 그림을 그리고 있는지 파악하자.

把桌子上的铅笔给我，谢谢。耳朵、鼻子都画完了，现在该画这只熊猫的脚了。	책상 위의 연필을 나에게 줘. 고마워. 귀, 코 모두 다 그렸어. 이제 이 판다의 발을 그려야 해.
★ 他在黑板上画熊猫。（　　）	★ 그는 칠판에 판다를 그리고 있다. (X)

해설 그림을 그리는 대상이 판다는 맞지만, 녹음 지문에서는 그림을 '어디에다' 그리는지는 알 수 없다. 따라서 ★표 문장에 나온 전치사의 대상(黑板)은 녹음을 통해 판단할 수 없으므로 답은 X다.

단어 黑板 hēibǎn 몡 칠판｜画 huà 됭 그리다｜熊猫 xióngmāo 몡 판다｜桌子 zhuōzi 몡 탁자｜铅笔 qiānbǐ 몡 연필｜耳朵 ěrduo 몡 귀｜鼻子 bízi 몡 코｜该 gāi 됭 ~해야 한다｜只 zhī 얭 마리(동물을 세는 단위)｜脚 jiǎo 몡 발

DAY 13
▶ 02-09

1. ★ 说话人的猫有时候会在包里睡觉。 (　　　)

2. ★ 他爱画小动物。 (　　　)

3. ★ 说话人家在公园附近。 (　　　)

4. ★ 他喜欢喝牛奶。 (　　　)

5. ★ 妈妈晚上在家吃饭。 (　　　)

DAY 14
▶ 02-10

1. ★ 说话人在银行工作。 (　　　)

2. ★ 他们在买空调。 (　　　)

3. ★ 叔叔在饭店工作。 (　　　)

4. ★ 说话人给大家发邮件了。 (　　　)

5. ★ 小夏下午要去北京。 (　　　)

03 시간명사와 부사의 옳고 그름 판단하기

DAY 15-16

시간명사와 부사 때문에 술어나 술어의 대상 부분은 같아도 녹음 지문과 ★표 문장이 일치하지 않는 경우가 많다. 녹음 지문에서 말하는 시점이 언제인지, ★표 문장의 부사와 녹음 지문에서 말하는 부사가 일치하는지 정확하게 판단해야 한다.

시크릿 요점정리

▷ 02-11

1 시간명사의 옳고 그름 판단하기

★표 문장에 등장한 시간명사가 녹음 지문에서 들려주는 시간명사와 일치하는지를 살펴야 한다. 이런 유형의 경우 서술어 부분은 일치하지만 시간명사의 불일치로 인해 답이 X가 되는 경우가 있으므로 주의해야 한다.

예시

> ★ 小丽现在在上海。
> 샤오리는 지금 상하이에 있다.

> 我听说小丽昨天从上海回来了，你给她打电话吧。如果她有时间的话，咱们三个今天一起吃饭吧。
> 듣자 하니 샤오리가 어제 상하이에서 돌아왔대. 너 걔한테 전화 한번 해봐. 만약 걔가 시간이 있다고 하면, 우리 셋이서 오늘 같이 밥 먹자.
>
> (X)

→ 녹음 지문에 들린 시간명사는 '어제(昨天)'이며 어제 상하이에서 돌아왔다고 했으므로 '지금(现在)'은 상하이에 있지 않다는 것을 알 수 있다. 따라서 녹음 지문과 ★표 문장이 일치하지 않는다.

2 부사의 옳고 그름 파악하기

(1) 시간 관련 부사
듣기 2부분의 ★표 문장에서 가장 많이 나오는 부사는 시간 관련 부사로, 이 부사에 근거하여 동작의 완성 여부, 발생 여부를 파악해야 한다.

★ 他们正在看电影。
그들은 영화를 보고 있다.

真对不起！我下午突然有点儿事，我们下星期再一起去看电影好吗?
정말 미안해, 내가 오후에 갑자기 일이 좀 생겼는데, 우리 다음주에 같이 영화 보는 게 어때?

(X)

→ ★표 문장의 부사를 통해 현재 발생 중인 동작임을 알 수 있는데, 녹음 지문에서는 '다음주(下星期)'라는 시간명사가 등장했다. ★표 문장과 녹음 지문의 술어 부분은 일치하지만 동작 발생의 시점이 다르므로 전체 내용은 일치하지 않는다.

(2) 부정부사

부정부사의 사용 여부로 녹음 지문의 내용과 일치 혹은 불일치가 될 수 있으며, 동작의 발생 여부 또한 달라지기 때문에 부정부사가 녹음 지문에서 들리는지 주의해야 한다.

★ 他早上不吃鸡蛋。
그는 아침에 계란을 먹지 않는다.

他早上吃得很简单，一般只吃一个鸡蛋，一个苹果，喝一杯咖啡，有时候是一杯牛奶。
그는 아침을 간단하게 먹는다. 보통 계란 하나, 사과 하나만 먹고, 커피 한 잔을 마시는데, 어떨 땐 우유 한 잔이다.

(X)

→ 녹음 지문에서 '계란을 먹다' 앞에 쓴 부사는 '只'로 '그저', '단지 ~만'을 나타내지만, ★표 문장의 부사는 '不'로 먹는 것을 부정하고 있으므로 녹음 지문과 ★표 문장은 일치하지 않는다.

(3) 의미가 같은 부사어

다른 부사 어휘를 사용하지만 같은 의미를 나타내는 경우가 있으므로 주의해야 한다.

★ 他终于明白了。

그는 마침내 이해했다.

黑板上的那个句子有好几个词我都不认识，所以刚开始没看懂，老师又给我讲了一次，我才明白了。

칠판의 그 문장에는 내가 모르는 단어가 여러 개 있었다. 그래서 처음에는 이해를 못 했는데 선생님께서 나에게 다시 한번 설명해주시고 나서야 이해했다.

(✓)

→ 녹음 지문과 ★표 문장의 부사는 서로 다르지만 '终于'와 '才' 모두 '결국', '비로소' 이해했다는 내용을 말하고 있으므로 녹음 지문과 ★표 문장은 서로 일치한다.

感动日记

오늘 새롭게 알게 된 내용, 가장 중요한 핵심내용, 학습 소감과 각오 등을 적어보세요.

문제 1　　　　　　　　　　　　　　　　　　　　　　　　　▶ 02-12

★ 考试十点半结束。（　　）

🔍 **문제 분석**　이야기하는 주제, 즉 대상이 무엇인지 주의해서 들어보자.

考试不是十点结束吗？现在都十点一刻了，小李怎么还没出来？其他人都出来了。	시험 10시에 끝나는 거 아니었어? 벌써 10시 15분인데 샤오리는 왜 안 나오는 거지? 다른 사람들은 다 나왔는데.
★ 考试十点半结束。（　　）	★ 시험은 10시 반에 끝난다. (X)

해설　녹음 지문 속 시험이 끝나는 시간은 10시이지만 ★표 문장의 시간명사는 10시 반이므로 서로 일치하지 않아 정답은 X다.

단어　考试 kǎoshì 몡 시험 | 半 bàn 준 반, 30분(시각) | 结束 jiéshù 통 끝나다 | 一刻 yíkè 몡 15분 | 其他 qítā 때 기타, 그 외

문제 2　　　　　　　　　　　　　　　　　　　　　　　　　▶ 02-13

★ 马明没参加考试。（　　）

🔍 **문제 분석**　부정부사를 통해 의미의 일치 여부를 확인하며 들어보자.

这次的英语考试，我们班除了马明没来，其他同学们都参加了。听李老师说，八号就可以知道成绩了。	이번 영어 시험에서 우리 반은 마밍이 오지 않은 것을 제외하고 다른 친구들은 모두 참가했어. 리 선생님께 듣자 하니 8일이면 바로 성적을 알 수 있는데.
★ 马明没参加考试。（　　）	★ 마밍은 시험에 참가하지 않았다. (✓)

해설　이번 영어 시험에 마밍이 오지 않았다는 것은 마밍은 시험에 참가하지 않았음을 알 수 있다. 따라서 ★표 문장의 의미와 녹음 지문이 일치하므로 정답은 ✓다.

단어　参加 cānjiā 통 참가하다 | 考试 kǎoshì 몡 시험 | 这次 zhècì 때 이번 | 英语 Yīngyǔ 몡 영어 | 除了 chúle 젠 ~을 제외하고 | 其他 qítā 때 기타, 그 외 | 成绩 chéngjì 몡 성적

DAY **15**

▶ 02-14

1. ★ 明天晚上有客人来。 ( )

2. ★ 会议已经结束了。 ( )

3. ★ 张先生还没写名字。 ( )

4. ★ 姐姐现在没有工作。 ( )

5. ★ 说话人没参加会议。 ( )

DAY **16**

▶ 02-15

1. ★ 说话人想周日去爬山。 ( )

2. ★ 图书馆已经关门了。 ( )

3. ★ 昨天晚上没下大雨。 ( )

4. ★ 说话人明天早上要开会。 ( )

5. ★ 说话人已经把书还了。 ( )

04 종합하여 판단하기

DAY 17-18

이 유형의 문제는 녹음에서 들리는 대로 답이 보이는 것이 아니라 들은 내용을 바탕으로 한 단계 더 생각하고 유추해야지만 답을 찾을 수 있다. 이런 유형의 문제에서는 들리는 단어에만 집착하지 말고 전반적인 내용을 머릿속에 그리면서 전체 상황을 파악해야 한다.

시크릿 요점정리

▶ 02-16

1 의미 일치 파악하기

종합적으로 내용을 판단해야 하는 문제들은 녹음 지문에서 ★표 문장과 똑같은 단어가 안 들린다고 무조건 오답이라고 생각하면 안 된다. 단어를 똑같이 쓰지 않아도 서로 같은 의미를 나타낼 수도 있기 때문이다.

예시

★ 他在准备吃饭。
  그는 밥 먹을 준비를 하고 있다.

帮我从冰箱里拿几个鸡蛋，今天晚上我们多做几个菜。
냉장고에서 계란 몇 개 좀 꺼내 줘. 오늘 저녁에 우리 요리 몇 개를 더 만들자.

(✓)

→ 요리 몇 개를 더 만들자는 말은 ★표 문장의 '밥 먹을 준비를 한다'는 뜻으로 볼 수 있으므로 서로 일치한다.

2 논리적으로 유추하기

이 유형의 문제는 주변 상황이나 관련 상황에 대한 설명을 근거로 답을 유추하게 만든다. 또한 논리 관계가 명확하지 않아 헷갈리는 내용이 나오는데, 녹음 지문을 바탕으로 논리적으로 유추할 수 없는 내용이라면 답은 대부분 X이다.

예시

★ 他丢了黄大夫的电话号码。

그는 닥터 황 선생님의 전화번호를 잃어버렸다.

麻烦你帮我查一下黄大夫的手机号码，我有事情要找他，但是我现在没有他的电话号码。

미안한데 닥터 황 선생님의 휴대전화 번호 찾는 것 좀 도와줘. 내가 일이 있어서 선생님을 찾아야 하는데 지금 선생님의 전화번호가 없어.

(X)

→ ★표 문장과 녹음 지문이 공통적으로 선생님의 번호가 없다는 말이어서 혼동할 수 있지만, 선생님의 번호가 어떻게 없는지에 대해서는 알 수 없으므로 정답은 X다.

3 감정 일치 판단하기

녹음 지문과 ★표 문장이 나타내는 감정이 일치하는지를 판단하는 문제로, 이때 감정을 나타내는 어휘는 종종 녹음 지문과 ★표 문장에서 다르게 나타난다.

예시

★ 他女儿很喜欢下雪。

그의 딸은 눈 오는 것을 좋아한다.

今天的雪下得真大，我女儿第一次看到这么大的雪，所以高兴地在外边儿玩了五个小时，结果就感冒了。

오늘은 눈이 정말 많이 왔다. 내 딸은 처음으로 이렇게 많은 눈을 보아서 밖에서 신나게 5시간을 놀았고, 그 결과 바로 감기에 걸렸다.

(√)

→ 눈을 좋아한다는 말은 녹음 지문 어디에서도 언급하지 않았지만, 밖에서 한참 동안 신나게 놀았다고 했으므로 눈을 좋아한다는 것을 알 수 있다.

4 견해의 일치 판단하기

★표 문장에 '觉得(~라고 생각한다)', '认为(~라고 여기다)', '想(~라고 생각한다)'과 같이 견해를 밝힐 때 쓰는 동사들이 주로 등장한다. 녹음 지문의 내용을 듣고 화자의 견해가 무엇인지 유추해야 한다.

예시

★ 医生认为爸爸的耳朵没问题。

의사는 아빠의 귀가 괜찮다고 생각한다.

最近，爸爸一直说耳朵疼。我带他去医院，但是医生说他的耳朵不用吃药，多喝一些水就可以了。

최근 아빠가 계속 귀가 아프다고 하셨다. 나는 아빠를 모시고 병원에 갔지만 의사 선생님은 아빠의 귀는 약을 먹을 필요가 없고, 물을 많이 마시면 된다고 하셨다.

(✓)

→ 의사의 말을 근거로 답을 유추해야 한다. 아빠의 귀는 약을 먹을 필요가 없고 물을 많이 마시면 된다고 하였으므로 귀에 문제가 없다고 여기는 것을 알 수 있다. 따라서 녹음 지문과 ★표 문장의 의미는 서로 일치한다.

感动日记

오늘 새롭게 알게 된 내용, 가장 중요한 핵심내용, 학습 소감과 각오 등을 적어보세요.

문제 1   ▶ 02-17

★ 路是人走出来的。（　　）

문제 분석 녹음 지문의 전반적인 의미를 파악해 보자.

开始的时候，世界上没有路，走的人多了，也就有了路。	처음에는 세상에 길이 없었다. 걷는 사람들이 많아지면 길도 생기는 것이다.
★ 路是人走出来的。（　　）	★ 길은 사람이 걸어서 만들어지는 것이다. （ ✓ ）

해설 걷는 사람이 많아지면 길이 생긴다는 의미는, 길은 결국 사람이 걸어서 만들어지는 것이라는 것이므로 녹음 지문과 ★표 문장의 의미가 서로 일치함을 알 수 있다.

단어 开始 kāishǐ 명 처음, 시초 동 시작하다 | 时候 shíhou 명 때, 무렵 | 世界 shìjiè 명 세계 | 路 lù 명 길 | 就 jiù 부 바로

문제 2   ▶ 02-18

★ 说话人没带照相机。（　　）

문제 분석 가정문이 나타내는 의미가 무엇인지 생각해보자.

春天来了，公园里的花儿都开了，如果带上照相机就好了。	봄이 왔고, 공원 안의 꽃이 모두 피었다. 만약 사진기를 가져 왔으면 좋았을 텐데.
★ 说话人没带照相机。（　　）	★ 화자는 사진기를 가져오지 않았다. （ ✓ ）

해설 '사진기를 가져 왔으면 좋았을 텐데'라는 말의 숨은 의미는 사진기를 가져 오지 않아 아쉽다는 의미이므로 녹음 지문과 ★표 문장의 의미가 서로 일치함을 알 수 있다.

단어 带 dài 동 가져가다, 지니다 | 照相机 zhàoxiàngjī 명 사진기 | 春天 chūntiān 명 봄 | 公园 gōngyuán 명 공원 | 花儿 huār 명 꽃 | 开 kāi 동 열다, (꽃 등이) 피다 | 如果 rúguǒ 접 만약

듣기

DAY 17

▶ 02-19

1. ★ 说话人决定以后往前坐。 　　　　　　　　　　　（　　　）

2. ★ 有些看足球赛的人不懂足球。 　　　　　　　（　　　）

3. ★ 说话人认为可以坐地铁去。 　　　　　　　　　（　　　）

4. ★ 说话人和小青关系很好。 　　　　　　　　　　（　　　）

5. ★ 说话人正在上课。 　　　　　　　　　　　　　（　　　）

DAY 18

▶ 02-20

1. ★ 说话人的成绩不错。 　　　　　　　　　　　　（　　　）

2. ★ 比赛要求有变化。 　　　　　　　　　　　　　（　　　）

3. ★ 这个题很难。 　　　　　　　　　　　　　　　（　　　）

4. ★ 说话人不喜欢小狗。 　　　　　　　　　　　　（　　　）

5. ★ 小孩子爱吃蛋糕。 　　　　　　　　　　　　　（　　　）

05 다양한 화법

DAY 19-20

듣기 2부분의 녹음 지문에서는 다양한 화법이 등장한다. 통지, 안내, 명령, 부탁, 제안 등 다양한 화법이 등장하는데, 이러한 다양한 화법을 잘 듣고 ★표 문장이 나타내는 의미와 일치하는지를 파악하면 된다.

시크릿 요점정리

▶ 02-21

❶ 안내(통지)와 소개

녹음 지문에는 대중교통의 안내 방송, 길 안내, 여행 가이드가 어떤 상황을 통지하는 내용, 화자가 자신을 소개하는 내용 등이 등장하며, ★표 문장은 말하는 사람의 직업이나 녹음의 세부 내용에 관한 것이 나온다.

예시

> ★ 说话人是记者。
> 말하는 사람은 기자이다.

> 大家请注意，虽然我们的车出了点儿问题，但是我们八点就可以出发了，所以七点半在宾馆门口见吧。
> 모두 주목해주세요. 비록 우리 차에 문제가 좀 생겼지만, 우리는 8시에 바로 출발할 수 있습니다. 그러니 7시 30분에 호텔 입구에서 만납시다.
>
> (X)

→ 상황을 설명하고 일정을 통지하고 있는 것으로 보아, 말하는 사람은 여행 가이드임을 유추할 수 있다. 그러나 ★표 문장에서 화자는 '기자'라고 했으므로 일치하지 않는다.

예시

> ★ 说话人是教数学的。
> 말하는 사람은 수학을 가르친다.

同学们好！我叫马明，是你们的音乐老师，以后大家在学习中有什么不懂的可以问我，有什么要求也可以跟我说。

여러분, 안녕하세요! 제 이름은 마밍이고, 여러분의 음악 선생님입니다. 앞으로 다들 공부하는 중에 모르는 것이 있다면 저에게 물어봐도 됩니다. 어떤 요구가 있으면 역시 저에게 말해도 돼요.

(X)

→ 선생님이 자신을 소개하는 내용으로, 본인이 음악 선생님이라고 했다. ★표 문장에는 음악이 아닌 수학을 가르친다고 하였으므로 녹음 내용과 일치하지 않는다.

❷ 부탁·제안

녹음 지문은 인물의 상황이 어떠한지에 대한 설명이 반드시 있고, ★표 문장에서는 부탁하거나 제안하는 상황, 또는 그 이유나 세부 내용에 관한 서술이 나온다.

예시

★ 他们在开会。

그들은 회의를 하고 있다.

我们明天上午九点有个会议，请您给我们安排一下会议室好吗？

우리는 내일 오전 9시에 회의가 있어요. 저희에게 회의실을 배정해주시겠어요?

(X)

→ 녹음에서는 내일 오전에 회의가 있을 상황이라고 말했고, ★표 문장은 현재 회의 중인 것으로 서술하므로 일치하지 않는다.

예시

★ 那位小姐还要了杯牛奶。

그 아가씨는 우유 한 잔을 더 달라고 했다.

对不起，小姐，让您久等了，这是您要的咖啡。请问您还需要别的什么吗?

죄송합니다. 손님. 오래 기다리시게 했네요. 주문하신 커피 여기 있습니다. 더 필요한 것이 있으신가요?

(X)

→ 손님이 주문한 커피를 건네주면서 더 필요한 것이 있는지 물었다. ★표 문장의 내용은 녹음 지문을 통해 알 수 없으므로 정답은 X다.

3 금지와 명령

녹음 지문으로는 일상생활에서 상대방에게 주의를 줄 수 있는 내용이 나오며, ★표 문장은 그 주의 내용에 관한 문장으로 나온다.

예시

> ★ **说话人的爸爸还没睡觉。**
> 말하는 사람의 아빠는 아직 안 잔다.

> **爸，您别看电视了，早点儿睡吧。明天早上您不是要和叔叔去爬山吗?**
> 아빠, TV 보지 마시고 일찍 주무셔요. 내일 아침에 삼촌과 등산 가시는 거 아니에요?
>
> (✓)

→ 아빠에게 텔레비전을 보지 말고 일찍 주무실 것을 당부했고, ★표 문장은 그 주의에 관한 내용의 사실을 서술하고 있으므로 정답은 ✓다.

4 사물 · 인물 설명

녹음은 사물이나 인물이 어떠한지 설명하는 내용이 나오며 ★표 문장은 사물·인물에 대한 판단문으로 나온다.

예시

> ★ **夏天西瓜很贵。**
> 여름 수박은 비싸다.

西瓜是夏天最常见的水果，这个季节的西瓜又大又甜，而且很便宜，一斤只要一块多。

수박은 여름에 가장 흔한 과일이다. 이 계절의 수박은 크고 달며, 게다가 매우 싸서 한 근에 1위안 남짓밖에 안 한다.

(X)

→ 녹음은 수박에 관해 설명하는 내용이고, ★표 문장은 수박에 관한 사실을 판단하는 내용이다. 여름에 수박은 매우 싸다고 하였으므로 ★표 문장의 내용은 녹음과 일치하지 않는다.

感动日记

오늘 새롭게 알게 된 내용, 가장 중요한 핵심내용, 학습 소감과 각오 등을 적어보세요.

▶ 02-22

1 안내(통지) 관련

(1) 大家请注意。 모두들 주목해주세요.
(2) 向 + '방향' + 走 : '방향'으로 가다
　　예 向右(左)走。 오른쪽(왼쪽)으로 가라.

(3) 然后就能看到 + '장소' + 了 : 그러면 '장소'가 보일 것이다
　　예 然后就能看到图书馆了。 그러면 도서관이 보일 것이다.

2 부탁(제안) 관련

(1) 能不能…? ～할 수 있나요 없나요? (= ～해도 되나요?)
　　예 你能不能跟我一起去? 너 나랑 같이 갈수 있어 없어?

(2) 请… ～해주세요
　　예 请帮帮我吧。 저 좀 도와주세요.

(3) 那么…吧 그럼 ～해주세요/합시다
　　예 那么明天吧。 그럼 내일로 합시다.

(4) …好吗/好不好? ～하는 것 괜찮겠니/어때? (= ～해주세요.)
　　예 请你给我安排一下一个会议室好吗? 회의실 하나만 배정해주시겠어요?

(5) …怎么样? ～하는 것이 어떨까요?
　　예 你来解决这个问题怎么样? 당신이 이 문제를 해결하는 것이 어떨까요?

3 명령(금지) 관련

(1) 千万别…: 절대로 ～하지 마라
(2) 不要…: ～하지 마라
　　예 你不要大声说话。 큰소리로 이야기하지 마.

(3) 别…: ～하지 마라
　　예 别迟到了。 지각하지 말아라.

4 사물 및 인물 설명

(1) 주어 + 是…: 주어는 ～이다
　　예 西瓜是最常见的水果。 수박은 가장 흔한 과일이다.

(2) 주어 + 형용사: '주어'는 '형용사'하다
　　예 那儿的房子虽然便宜，但是环境不好。 그곳의 집은 비록 싸지만 환경이 좋지 않다.

문제 1 ▶ 02-23

★ 说话人想介绍叔叔跟小高认识。（　　）

🔍 **문제 분석** 제안의 내용이 무엇인지 생각해보자.

小高，我叔叔对你说的事情很有兴趣，什么时候有时间我介绍你们认识一下？	샤오가오, 우리 삼촌이 네가 말한 일에 대해 관심이 있으셔. 내가 삼촌이랑 너 소개해주려고 하는데 언제 시간 돼?
★ 说话人想介绍叔叔跟小高认识。（　　）	★ 화자 삼촌을 샤오가오에게 소개하려 한다. （ ✓ ）

해설 말하는 사람은 샤오가오에게 삼촌을 소개할 시간이 언제 되는지 묻고 있으므로 서로 소개시켜주고 싶어 한다는 것을 알 수 있다. 따라서 정답은 √다.

단어 介绍 jièshào 통 소개하다 | 叔叔 shūshu 명 삼촌 | 认识 rènshi 통 알다 | 对 duì 전 ~에 대하여 | 事情 shìqing 명 일 | 兴趣 xìngqù 명 흥미 | 什么时候 shénme shíhou 대 언제

문제 2 ▶ 02-24

★ 手机的作用很大。（　　）

🔍 **문제 분석** 휴대전화에 대한 녹음 지문의 설명을 잘 들어보자.

手机的作用越来越多，除了打电话，我们还可以用手机上网看地图，这样，出去玩儿的时候就不用担心找不到东西南北了。	휴대전화의 역할은 갈수록 많아진다. 전화하는 것 외에도 우리는 휴대전화를 사용해서 인터넷으로 지도를 볼 수 있는데, 이렇게 하면 나가서 놀 때 방향을 찾지 못하는 것을 걱정하지 않아도 된다.
★ 手机的作用很大。（　　）	★ 휴대전화의 역할은 크다. （ ✓ ）

해설 휴대전화의 역할이 갈수록 많아진다는 것은 그 역할이 크다는 것이므로 정답은 √다.

단어 手机 shǒujī 명 휴대전화 | 作用 zuòyòng 명 작용, 역할 | 越来越 yuèláiyuè 부 점점, 갈수록 | 除了 chúle 전 ~을 제외하고 | 用 yòng 통 사용하다 | 上网 shàngwǎng 통 인터넷을 하다 | 地图 dìtú 명 지도 | 不用 búyòng ~할 필요 없다 | 担心 dānxīn 통 걱정하다 | 找不到 zhǎobudào 찾을 수 없다

DAY **19**

▶ 02-25

1. ★ 张先生锻炼得太少了。 （　　　）

2. ★ 手机对生活的影响非常大。 （　　　）

3. ★ 黄河只经过一个城市。 （　　　）

4. ★ 他们还要点菜。 （　　　）

5. ★ 考试时要带铅笔。 （　　　）

DAY **20**

▶ 02-26

1. ★ 要认真听老师说的话。 （　　　）

2. ★ 他现在还不能打篮球。 （　　　）

3. ★ 房间里很冷。 （　　　）

4. ★ 弟弟正在看电视。 （　　　）

5. ★ 司机已经到了。 （　　　）

듣기 제3·4부분 단문·장문 대화 듣기
기출문제 탐색전

MP3 바로 듣기

▶ 03-00

문제 1

A 再点菜　　　　B 买东西　　　　C 拿走饮料瓶

문제 2

A 想减肥　　　　B 不吃羊肉　　　　C 在机场

---

❶ 보기는 A, B, C 3개이며, 명사면 명사, 동사구면 동사구로 형태에 통일성이 있다.

❷ 보기가 중요한 힌트가 되므로 보기를 먼저 보고 문제를 풀어야 한다.

❸ 숫자를 나타내는 단어는 대개 아라비아 숫자로 쓰여 있다.

❹ 녹음 지문에서 보기에 나온 단어가 들리면 옆에 간단한 메모를 해두자!
3급 듣기는 절대 어렵지 않다. 대화문에서 들리는 단어가 그대로 답이 되는 경우가 약 85% 정도다. 그러므로 보기 옆에 들은 내용을 표시해두면서 문제를 풀자.

❺ 보기 A, B, C 중에 녹음 지문과 관련이 없는 단어들이 나와 있을 수 있다. 이러한 보기들은 절대로 답이 되지 않는다.

듣기 제3부분과 제4부분은 남녀 대화문을 듣고 푸는 문제로서 대화를 잘 듣고 이어서 들려주는 질문에 대한 알맞은 답을 보기에서 고르면 된다.
제3부분: 21번부터 30번까지로 남녀의 짧은 대화(2마디)를 듣고 질문에 답한다.
제4부분: 31번부터 40번까지로 남녀의 긴 대화(4마디)를 듣고 질문에 답한다.

녹음 지문 1 - 단문 대화

女：先生，喝完的饮料瓶不要放在这里。
男：不好意思，我马上拿走。

问：男的接下来会怎么做？

녹음 지문 2 - 장문 대화

女：先生，您好，您的座位在这儿。
男：谢谢，请把菜单给我。
女：给您，这个是今天的特价菜。
男：我不吃羊肉，我先看看别的菜吧。

问：关于男的可以知道什么？

❶ 각 부분의 문제가 시작되기 전에 예제를 먼저 들려준다.

❷ 녹음 지문과 문제는 2번씩 들려주며, 첫 번째와 두 번째 낭독 사이에 쉬지 않는다.

❸ 다음 문제로 넘어갈 때 12초의 시간이 주어진다. 이때 답을 빠르게 체크한다.

❹ 질문이 남자에 관한 것인지, 여자에 관한 것인지를 잘 파악하자!
남녀 두 사람의 대화이므로 질문에서 남자, 혹은 여자에 관한 사항을 구체적으로 묻는 경우가 많으므로 질문에 주의하자.

직업, 관계, 신분

 DAY 21-22

직업과 관계를 묻는 문제는 매회 적어도 한 문제씩은 출제되는 유형으로, 대화문의 기본이라고 할 수 있다. 녹음을 듣고 특정 인물의 직업이나 신분, 두 사람의 관계를 추측해서 풀어야 하는 경우가 대부분이며 녹음 내용에 이러한 것들을 유추할 수 있는 단어들이 나온다. 보기도 직업, 관계, 신분을 묻는 문제인 것을 한눈에 알아챌 수 있게 나온다. 따라서 여기에 초점을 맞추고 듣는다면 그다지 어렵지 않게 풀 수 있다.

시크릿 요점정리

▶ 03-01

1 보기 형태

보기 A, B, C에 모두 직업·관계·신분에 해당하는 단어만 나와 있다.

예시

A 医生 의사   B 老师 선생   C 运动员 운동선수

→ 직업을 묻는 문제

A 夫妻 부부   B 师生 선생님과 제자   C 朋友 친구

→ 관계를 묻는 문제

2 지문 속의 힌트

보기를 보고 직업·관계·신분에 관련된 단어가 있다면 녹음 속의 호칭을 주의해서 듣도록 하자. 대개 호칭은 한 사람의 직업이나 신분, 말하는 사람과의 관계를 나타내는 직접적인 힌트가 되며, 대화의 첫마디에 단 한 번만 나온다. 직업 앞에 성(姓)을 붙여서 부르기도 하므로 주의한다.

예시

男: 王老师, 我昨天已经把您的材料放在桌子上了。
　　왕 선생님, 제가 어제 이미 선생님의 자료를 책상 위에 두었어요.
女: 辛苦你了, 如果有问题, 我给你打电话吧。
　　수고했어요. 만약 문제가 있으면 내가 전화할게요.

→ 남자가 여자를 '왕 선생님(王老师)'이라고 불렀으므로 여자의 직업이 선생님이라는 것을 알 수 있다.

3 단어 힌트

녹음 지문에 직업이나 관계가 직접적으로 언급되지 않는다면, 직업이나 신분, 관계를 유추할 수 있는 명사와 동사에 귀를 기울여서 답을 골라야 한다.

> 女: 我的感冒严重吗? 要不要打针?
>
> 제 감기는 심한가요? 주사를 맞아야 하나요?
>
> 男: 不用打针, 你吃点儿药, 好好休息就可以了。
>
> 주사 맞을 필요 없어요. 약 좀 드시고 잘 쉬시면 됩니다.
>
> → '감기(感冒)', '주사(打针)', '약을 먹다(吃点儿药)'라는 단어에서 의사라는 직업을 유추할
>   수 있다.

4 질문 대상

대화문뿐만 아니라 질문에서 대상이 남자인지 여자인지도 잘 들어야 한다. 특히 신분을 물어보는 문제에서는 대화 속에 등장한 제3의 인물이 누구인지를 물어보기도 한다.

> 女 : 中间的这个人是谁? 중간에 이 사람 누구야?
>
> 男 : 你不认识? 他是我大学同学。 너 몰라? 내 대학 동창이야.
>
> 女 : 是吗? 我怎么觉得他是我认识的人啊?
>
> 그래? 왜 나는 그가 내가 아는 사람 같지?
>
> 男 : 你以前见过他, 是在小李的婚礼上。
>
> 너 예전에 본 적이 있어. 샤오리의 결혼식에서.
>
> 问 : 他们在谈谁? 그들은 누구에 대해 이야기하고 있는가?
>
> → 남자와 여자는 남자의 친구(제3의 인물)에 대해서 이야기하고 있다.

5 문제 형식

직업·관계·신분을 묻는 문제로 주로 다음과 같은 형식으로 질문한다.

(1) 직업 문제

男的/女的最可能是干/做什么的? 남자/여자는 무엇을 하는 사람일 가능성이 큰가?

男的/女的是做什么工作的? 남자/여자는 무슨 일을 하는가?

男的/女的在哪儿工作? 남자/여자는 어디에서 일하는가?

(2) 관계 문제

他们是什么关系? 그들은 무슨 관계인가?

他们最可能是什么关系? 그들은 무슨 관계일 가능성이 큰가?

(3) 신분, 대상을 묻는 문제

那个人是谁? 그 사람은 누구인가?

照片上的人是谁? 사진 속의 사람은 누구인가?

他们在谈谁? 그들은 누구에 대해서 이야기하고 있는가?

1 자주 출제되는 여러 가지 직업

▶ 03-02

직업	관련 단어 & 표현
职业 zhíyè 직업	工作 gōngzuò 일하다 参加面试 cānjiā miànshì 면접에 참가하다 找工作 zhǎo gōngzuò 일자리를 찾다, 구직하다
医生 yīshēng 의사 (= 大夫 dàifu) 护士 hùshi 간호사	休息 xiūxi 휴식하다 发烧 fāshāo 열이 나다 感冒 gǎnmào 감기(에 걸리다) 头疼 tóu téng 머리가 아프다 脚疼 jiǎo téng 발이 아프다 腿疼 tuǐ téng 다리가 아프다 眼睛疼 yǎnjing téng 눈이 아프다
运动员 yùndòngyuán 운동선수	参加比赛 cānjiā bǐsài 경기에 참가하다 运动 yùndòng 운동(하다) 打篮球 dǎ lánqiú 농구하다 游泳 yóuyǒng 수영하다 踢足球 tī zúqiú 축구를 하다
售货员 shòuhuòyuán 판매원 服务员 fúwùyuán 종업원	一共30块钱。모두 30위안입니다. 你要买什么? 무엇을 사려고 하세요? 你点什么? 무엇을 주문하시겠어요? 热情 rèqíng 친절하다 菜单 càidān 메뉴
校长 xiàozhǎng 교장 教授 jiàoshòu 교수 老师 lǎoshī 선생님 研究生 yánjiūshēng 대학원생 学生 xuésheng 학생	学校 xuéxiào 학교 做作业 zuò zuòyè 숙제를 하다 考试 kǎoshì 시험을 치다 上课 shàngkè 수업하다 下课 xiàkè 수업이 끝나다 报名 bàomíng 등록하다 放假 fàngjià 방학하다
司机 sījī 기사	你要去哪儿? 어디 가시려고 하나요? 师傅 shīfu 기사님

	公司 gōngsī 회사
	复印 fùyìn 복사하다
	打印 dǎyìn 출력하다, 인쇄하다
职员 zhíyuán 직원	材料 cáiliào 자료
经理 jīnglǐ 사장, 팀장	开会 kāihuì 회의를 열다, 회의하다
老板 lǎobǎn 사장	出差 chūchāi 출장 가다
秘书 mìshū 비서	请假 qǐngjià 휴가를 신청하다
	迟到 chídào 지각하다
	同事 tóngshì 동료
	办公室 bàngōngshì 사무실

2 관계 및 신분과 관련된 단어

爷爷 yéye 할아버지	妻子 qīzi 아내
奶奶 nǎinai 할머니	爱人 àiren 남편 또는 아내
爸爸 bàba 아빠	夫妻 fūqī 부부
妈妈 māma 엄마	孩子 háizi 아이
哥哥 gēge 형, 오빠	女儿 nǚ'ér 딸
弟弟 dìdi 남동생	儿子 érzi 아들
姐姐 jiějie 누나, 언니	邻居 línjū 이웃
妹妹 mèimei 여동생	客人 kèrén 손님
阿姨 āyí 이모, 아주머니	同事 tóngshì 동료
叔叔 shūshu 삼촌	同学 tóngxué 학우, 동창
丈夫 zhàngfu 남편	师生 shīshēng 선생과 학생

문제 1 03-03

| A 夫妻 | B 朋友 | C 同事 |

問제 분석 보기를 보고 관계를 묻는 문제임을 알 수 있다. 관계를 유추할 만한 단어에 주의해서 들어보자.

A 夫妻　　　B 朋友　　　C 同事	A 부부　　　B 친구　　　C 동료
女: 你明天几点下班? 能不能帮我去学校接一下孩子?	여: 당신 내일 몇 시에 퇴근해요? 대신 학교에 가서 아이 좀 데려올 수 있어요?
男: 没问题。你几点回家? 我和孩子等你吃饭。	남: 문제없어요. 당신은 몇 시에 집에 와요? 나랑 아이는 당신 기다렸다가 밥을 먹을게요.
问: 他们俩最可能是什么关系?	질문: 그들은 무슨 관계일 가능성이 가장 큰가?

해설 보기를 먼저 보면 대화는 관계를 알 수 있는 내용임을 추측할 수 있다. 대화에서 '아이(孩子)'를 언급하고 있으므로 답은 A 夫妻(부부)이다.

단어 夫妻 fūqī 몡 부부ㅣ朋友 péngyou 몡 친구ㅣ同事 tóngshì 몡 동료ㅣ明天 míngtiān 몡 내일ㅣ下班 xiàbān 동 퇴근하다ㅣ能 néng 조동 ~할 수 있다ㅣ帮 bāng 동 돕다ㅣ学校 xuéxiào 몡 학교ㅣ接 jiē 동 마중하다ㅣ孩子 háizi 몡 아이ㅣ回家 huíjiā 집에 돌아가다ㅣ和 hé 접 ~과(와)ㅣ等 děng 동 기다리다ㅣ可能 kěnéng 분 아마도ㅣ关系 guānxi 몡 관계

A 大夫　　　　　　B 司机　　　　　　C 老师

🔍 **문제 분석** 보기를 보고 직업을 묻는 문제임을 파악하고 직업을 유추할 수 있는 단어에 주의해서 듣도록 하자.

A 大夫　　　B 司机　　　C 老师	A 의사　　　　B 운전사　　　C 선생님
女: 你钱包里照片上那个女孩儿是谁呀?	여: 네 지갑 안에 있는 사진 속의 여자아이는 누구야?
男: 当然是我女朋友了。	남: 당연히 내 여자친구지.
女: 她是做什么的?	여: 그녀는 무슨 일을 하니?
男: 她在医院当医生。	남: 그녀는 병원에서 의사 하고 있어.
问: 他女朋友是做什么的?	질문: 그의 여자친구는 무슨 일을 하는가?

해설 사진 속의 여자친구에 관해 말하고 있다. 병원에서 의사로 있다고 하였으므로 여자친구의 직업은 의사다. 녹음 지문에서는 医生이라고 했지만 보기에는 大夫로 나와 있는데, 두 단어 모두 의사라는 뜻이므로 답은 A 大夫(의사)이다.

단어 大夫 dàifu 몡 의사 | 司机 sījī 몡 운전사 | 老师 lǎoshī 몡 선생님 | 钱包 qiánbāo 몡 지갑 | 照片 zhàopiàn 몡 사진 | 在 zài 전 ~에서 | 医院 yīyuàn 몡 병원 | 当 dāng 통 ~이 되다, 맡다 | 医生 yīshēng 몡 의사

해설서 42, 43p

DAY **21**

▶ 03-05

1. A 叔叔　　　　B 丈夫　　　　C 爷爷

2. A 父母　　　　B 客人　　　　C 老师

3. A 服务员　　　B 李教授　　　C 马经理

4. A 医生　　　　B 银行职员　　C 运动员

5. A 同事　　　　B 同学　　　　C 同屋

DAY **22**

▶ 03-06

1. A 夫妻　　　　B 男女朋友　　C 师生

2. A 同事　　　　B 夫妻　　　　C 邻居

3. A 老师　　　　B 朋友　　　　C. 邻居

4. A 夫妻　　　　B 同学　　　　C 师生

5. A 服务员　　　B 售货员　　　C 护士

02 숫자와 장소

DAY **23-24**

숫자와 장소에 관한 문제는 듣기 제3·4부분에서 빠지지 않고 출제되는 유형이다. 숫자 관련 문제는 시간, 날짜, 가격 등에 관한 것을 묻고, 장소 관련 문제는 대화 속 인물이 있는 장소 혹은 가고자 하는 장소가 어디인지를 묻는다. 관련 명사들을 알아야만 풀 수 있는 문제이므로 반드시 관련 명사들을 익혀두자.

시크릿 요점정리

▶ 03-07

1 보기 형태
보기 A, B, C에 모두 시간명사나 숫자(가격, 시간, 날짜), 장소명사가 나와 있다.

예시

| A 30元 30원 | B 50元 50원 | C 90元 90원 |

→ 가격을 물어보는 문제

| A 12:00 12시 | B 11:55 11시 55분 | C 12:10 12시 10분 |

→ 시간을 물어보는 문제

| A 8月17号 8월 17일 | B 7月8号 7월 8일 | C 8月7号 8월 7일 |

→ 날짜를 물어보는 문제

| A 教室 교실 | B 医院 병원 | C 图书馆 도서관 |

→ 장소를 물어보는 문제

2 숫자 문제 풀이 요령
듣기 문제를 풀 때 만약 메모를 해놓지 않으면 실수가 많아져 문제를 많이 틀릴 수 있다. 특히 시간·숫자 문제는 보기에 나오는 내용들이 대부분 녹음에서 모두 언급되기 때문에 녹음이 끝난 후 기억력에만 의존하여 풀려면 혼동하기 쉽다. 그러므로 녹음에서 숫자가 나오면 반드시 꼭 메모하는 습관을 기르도록 하자.

1) 보기를 보고 어떤 문제가 나올지 먼저 예상하자.
2) 지문에서 들리는 숫자와 보기가 일치한다면 보기 옆에 표시해두자.
3) 두 번째 들려주는 녹음에서도 처음에 표기해둔 숫자가 맞는다면 답으로 선택하면 된다.

3 **장소 문제 풀이 요령**

장소를 묻는 문제는 직접 장소를 언급하기보다는 응시자로 하여금 남녀 대화를 통해 대화 속의 장소 혹은 가고자 하는 장소가 어디인지 유추하게 만든다.

> **예시**
>
> 女: 你好，我想借这本书。
> 안녕하세요, 저는 이 책을 빌리고 싶은데요.
> 男: 好的。
> 알겠습니다.
> 女: 一个月可以借几本书？
> 한 달에 몇 권을 빌릴 수 있나요?
> 男: 三本。
> 3권이요.
> → 장소를 직접 언급하지는 않았지만, '책을 빌린다(借书)'는 말을 통해 장소는 도서관임을 알 수 있다.

4 **문제 형식**

숫자와 장소를 물어보는 문제는 주로 다음과 같은 형식으로 질문한다.

(1) 시간·날짜를 묻는 문제

现在几点了? 지금은 몇 시인가?

他们几点 + [동작]? 그들은 몇 시에 [동작]하는가?

他们什么时候 + [동작]? 그들은 언제 [동작]하는가?

(2) 가격을 묻는 문제

男的/女的花了多少钱? 남자/여자는 얼마를 썼는가?

一共多少钱? 모두 얼마인가?

(3) 장소를 물어보는 문제

他们在哪儿说话? 그들은 어디에서 이야기하고 있는가?

他们最可能在什么地方? 그들은 어디에 있을 가능성이 가장 큰가?

他们在哪儿? 그들은 어디에 있는가?

男的/女的应该往哪边走? 남자/여자는 어느 쪽으로 가야 하는가?

他们很可能在哪儿? 그들은 아마도 어디에 있는가?

▶ 03-08

1 날짜와 시간 관련 표현

(1) 연도: 年 nián 년

기본 표현 今年是二零二零年。올해는 2020년입니다.

前年 qiánnián 재작년	去年 qùnián 작년	今年 jīnnián 올해	明年 míngnián 내년	后年 hòunián 내후년

(2) 달: 月 yuè 월

기본 표현 你什么时候回中国? 너 언제 중국에 돌아가?
我下个月回中国。 나 다음 달에 중국으로 돌아가.

上个月 shàng ge yuè 저번 달	这个月 zhè ge yuè 이번 달	下个月 xià ge yuè 다음 달

(3) 날짜: 号 hào = 日 rì 일

기본 표현 今天几月几号? 오늘은 몇 월 며칠입니까?
今天三月十四号。 오늘은 3월 14일입니다.

前天 qiántiān 그제	昨天 zuótiān 어제	今天 jīntiān 오늘	明天 míngtiān 내일	后天 hòutiān 모레

(4) 요일, 주: 星期 xīngqī 주, 요일

기본 표현 1 今天星期几? 오늘 무슨 요일이야?
今天星期六。 오늘 토요일이야.

星期一 xīngqīyī 월요일	星期二 xīngqī'èr 화요일	星期三 xīngqīsān 수요일	星期四 xīngqīsì 목요일	星期五 xīngqīwǔ 금요일	星期六 xīngqīliù 토요일	星期天 xīngqītiān 星期日 xīngqīrì 일요일

기본 표현 2 下星期天是几月几号? 다음 주 일요일은 몇 월 며칠이야?
下星期天是八月一号。 다음 주 일요일은 8월 1일이야.

上个星期 저번 주	这个星期 이번 주	下个星期 다음 주

(5) 시간

01 两点 liǎng diǎn : 2시
2点은 二点이 아니라 **两点**으로 읽는다. 다른 시간들은 숫자 읽는 법대로 읽어주면 된다.

02 **一刻** yíkè : 15분

15분은 十五分보다 一刻라고 훨씬 많이 읽는다.

📷 **两点一刻** 2시 15분

03 **半** bàn : 30분

30분은 三十分이라고도 하지만, 대부분 半을 더 많이 쓴다.

📷 **两点半** 2시 반 (= 2시 30분)

04 **差** chà : ~ 전

差는 원래 '부족하다, 모자라다'라는 뜻이지만, 시간을 나타낼 때는 '~전'이라고 해석된다. 모자라는 분은 시간 앞에 쓴다.

📷 **差五分两点** 2시 (되기) 5분 전 (= 1시 55분)

差一刻两点 2시 (되기) 15분 전 (= 1시 45분)

2 숫자 관련 표현

(1) 화폐 단위

01 **块** kuài 위안(= **元** yuán)	우리말의 '원'에 해당하며, 돈을 세는 단위 중 가장 크다.
02 **毛** máo 마오(= **角** jiǎo)	块보다 작은 단위이다. (10毛 = 1块)
03 **分** fēn 펀	가장 작은 단위이다. (10分 = 1毛)

→ 중국의 화폐 단위는 우리나라와 마찬가지로 10진법을 쓰며, 10分이 1毛, 10毛가 1块가 된다.

→ 회화에서는 모두 块, 毛, 分을 쓰지만, 시험에서는 元, 角로 더 많이 나온다.

(2) 숫자 읽기

$$39.45 → 三十九块四毛五分$$ 39위안 4마오 5펀

↓ ↓↓

块 毛分

소수점을 기준으로, 소수점 앞의 수는 块(元), 소수점 첫 번째 자리는 毛(角), 소수점 두 번째 자리는 分으로 읽는다. 또한 구어(입말)에서 제일 마지막 단위의 毛나 分은 생략할 수 있다.

(3) 二과 两(liǎng)

01 1元 = **一块**	
02 2元 = **两块**	→ 二块라고 하지 않고 两块라고 한다.
03 20元 = **二十块**	→ 십 단위에서는 二로만 읽는다.
04 200元 = **二百块 / 两百块**	→ 백 단위에서는 二과 两 둘 다 가능하다.
05 2000元 = **两千块**	→ 천 단위 이상부터는 两이라고 읽는다.

(4) 0 (零 líng)이 있을 경우

01 105元 = **一百零五块**	→ 중간의 0은 꼭 읽는다.
02 1005元 = **一千零五块**	→ 중간에 0이 몇 개이든 한 번만 읽는다.
03 1050元 = **一千零五十块**	→ 중간과 끝에 모두 0이 있을 때는 다 읽는다. (끝 자리 읽기)
04 150元 = **一百五十块 / 一百五**	→ 끝에 있는 0은 제자리까지 읽는다. 생략할 경우 화폐 단위를 붙이지 않는다.
05 1500元 = **一千五百块 / 一千五**	→ 끝에 0이 몇 개이든 모두 생략 가능하다. 단, 화폐 단위를 붙이지 않는다.

3 장소 관련 표현

장소	관련 단어 & 표현
银行 yínháng 은행	**换钱** huànqián 환전하다
商店 shāngdiàn 상점 **超市** chāoshì 슈퍼마켓	**买东西** mǎi dōngxi 물건을 사다 **打折** dǎzhé 세일하다 **售货员** shòuhuòyuán 판매원 **服务员** fúwùyuán 종업원 **价格** jiàgé 가격 **西瓜** xīguā 수박 **苹果** píngguǒ 사과 **香蕉** xiāngjiāo 바나나
公司 gōngsī 회사 **办公室** bàngōngshì 사무실	**职员** zhíyuán 직원 **经理** jīnglǐ 사장, 팀장 **老板** lǎobǎn 사장 **秘书** mìshū 비서 **复印** fùyìn 복사하다 **打印** dǎyìn 인쇄하다 **材料** cáiliào 자료 **开会** kāihuì 회의를 열다 **出差** chūchāi 출장 가다 **请假** qǐngjià 휴가를 신청하다 **迟到** chídào 지각하다 **同事** tóngshì 동료 **电梯** diàntī 엘리베이터

饭馆 fànguǎn 식당 **咖啡馆** kāfēiguǎn 커피숍 **饭店** fàndiàn 호텔 **宾馆** bīnguǎn 호텔	**味道** wèidào 맛 **包子** bāozi (소가 든) 만두, 빠오즈 **新鲜** xīnxiān 신선하다 **客人** kèrén 손님 **服务员** fúwùyuán 종업원 **住** zhù 묵다, 머무르다 (예:**住两天** 이틀 묵다) **房间** fángjiān 방, 객실 **双人间** shuāngrénjiān 트윈룸 **单人间** dānrénjiān 1인실 **间** jiān 國 칸(방을 세는 양사)
图书馆 túshūguǎn 도서관 **书店** shūdiàn 서점 **教室** jiàoshì 교실	**买书** mǎi shū 책을 사다 **借书** jiè shū 책을 빌리다 **还书** huán shū 책을 돌려주다, 책을 반납하다 **安静** ānjìng 조용하다
家里 jiālǐ 집 **厨房** chúfáng 주방	**睡觉** shuìjiào 잠을 자다 **休息** xiūxi 쉬다 **玩(儿)游戏** wán(r) yóuxì 게임을 하다 **看电视** kàn diànshì TV 보다 **做饭** zuòfàn 밥을 하다
医院 yīyuàn 병원	**医生** yīshēng (= **大夫** dàifu) 의사 **护士** hùshi 간호사 **打针** dǎzhēn 주사를 놓다 **吃药** chīyào 약을 먹다 **休息** xiūxi 휴식하다 **发烧** fāshāo 열이 나다 **感冒** gǎnmào 감기(에 걸리다) **住院** zhùyuàn 입원하다 **出院** chūyuàn 퇴원하다
公园 gōngyuán 공원 **操场** cāochǎng 운동장	**散步** sànbù 산책하다 **打网球** dǎ wǎngqiú 테니스를 하다 **打羽毛球** dǎ yǔmáoqiú 배드민턴을 하다 **打篮球** dǎ lánqiú 농구를 하다 **踢足球** tī zúqiú 축구를 하다

102

电影院 diànyǐngyuàn 영화관	**电影** diànyǐng 영화
	饮料 yǐnliào 음료수
	电影票 diànyǐngpiào 영화표
	有意思 yǒu yìsi 재미있다
机场 jīchǎng 공항 **公共汽车站** gōnggòngqìchēzhàn 버스정류장 **火车站** huǒchēzhàn 기차역 **地铁站** dìtiězhàn 지하철역	**师傅** shīfù 기사님
	飞机 fēijī 비행기
	坐反了 zuò fǎn le 반대 방향으로 탔다
	到 dào 도착하다
	公共汽车 gōnggòng qìchē 버스
	火车 huǒchē 기차
	起飞 qǐfēi 이륙하다
	机票 jīpiào 비행기표
	下一站 xià yí zhàn 다음 정류장
	趟 tàng 번, 차례
	行李箱 xínglǐxiāng 트렁크, 짐 가방

문제 1   ▶ 03-09

A 今年夏天	B 上个星期	C 去年冬天

🔍 **문제 분석** 녹음 지문에서 들리는 시간에 주의하자.

A 今年夏天　　B 上个星期　　C 去年冬天	A 올해 여름　　　　B 저번 주　　　C 작년 겨울
男：我也有一辆这样的自行车，颜色都一样，也是绿的。 女：是吗? 这是我今年夏天买的。 问：那辆自行车是什么时候买的?	남: 나도 이런 자전거 있는데, 색깔도 같아. 역시 녹색이야. 여: 그래? 이건 내가 올해 여름에 산 거야. 질문: 그 자전거는 언제 산 것인가?

해설 자전거에 대한 대화를 나누면서 여자는 올해 여름에 산 것이라고 하였으므로 녹음 지문과 일치하는 A가 정답이다. B와 C는 모두 답을 선택하는 데 혼동을 일으키도록 나온 보기이므로 주의하자.

단어 今年 jīnnián 몡 올해 | 夏天 xiàtiān 몡 여름 | 上个星期 shàng ge xīngqī 지난주 | 去年 qùnián 몡 작년 | 冬天 dōngtiān 몡 겨울 | 辆 liàng 양 대(차량 등을 세는 단위) | 自行车 zìxíngchē 몡 자전거 | 颜色 yánsè 몡 색깔 | 一样 yíyàng 혱 같다 | 夏天 xiàtiān 몡 여름 | 什么时候 shénme shíhou 언제

⏵ 03-10

A 七块	B 两块	C 两块五

🔍 **문제 분석** 사과 가격이 얼마인지 주의해서 들어보자.

A 七块	B 两块	C 两块五	B 7위안	B 2위안	C 2.5위안

女: 苹果一斤多少钱?

男: **两块五一斤**，你要几斤?

女: 我要三斤，便宜点儿吧。

男: 那给我七块吧。

问: 苹果一斤多少钱?

여: 사과 한 근에 얼마예요?

남: 한 근에 2.5위안이에요. 몇 근 원하세요?

여: 3근 주세요. 조금 싸게 해주세요.

남: 그럼 7위안 주세요.

질문: 사과는 한 근에 얼마인가?

해설 남녀 대화에서 가격으로 나온 단어는 2.5위안과 7위안이다. 그러나 질문은 사과 한 근의 가격을 묻고 있으므로 정답은 C다. 세 근의 값으로 지불한 마지막의 7위안을 듣고 A로 답하지 않도록 주의하자.

단어 苹果 píngguǒ 몡 사과 | 斤 jīn 양 근[500g에 상당함] | 多少钱 duōshao qián 얼마예요 | 要 yào 통 원하다, 필요하다 | 便宜 piányi 통 값을 깎다 | 给 gěi 통 주다

DAY 23

▶ 03-11

1. A 星期一　　　B 星期五　　　C 星期日

2. A 东边　　　　B 西边　　　　C 南边

3. A 29元　　　　B 39元　　　　C 59元

4. A 医院里　　　B 街道上　　　C 教室里

5. A 9点45分　　B 10点15分　　C 10点30分

DAY 24

▶ 03-12

1. A 商店　　　　B 飞机上　　　C 火车里

2. A 宾馆　　　　B 图书馆　　　C 办公室

3. A 明天中午　　B 后天晚上　　C 下个星期

4. A 七点　　　　B 七点半　　　C 八点半

5. A 上午两点半　B 东门　　　　C 下午两点半

03 상태와 원인

DAY 25-26

상황의 원인이 무엇인지, 남자 혹은 여자의 상태가 어떠한지, 사물의 상태가 어떠한지를 묻는 문제로 녹음 내용을 자세히 들어야 풀 수 있다. 보기의 형태는 동사구 혹은 형용사구로 고정되어 있다.

시크릿 요점정리

▶ 03-13

1 보기 형태

상태와 원인은 단순히 명사로만 설명할 수 없으므로 보기는 주로 동사구 혹은 형용사구로 등장한다.

예시

> A 太热了 너무 더워서   B 买行李箱 여행 가방을 사야 해서   C 喜欢秋天 가을을 좋아해서

→ 보기가 동사구 혹은 형용사구로 나와 있다.

2 지문 속의 힌트

상태와 원인을 묻는 문제는 대부분 유의어나 관련 단어로 힌트를 주기보다는 바로 답으로 고를 수 있는 직접적인 말이 등장한다.

예시

> A 很渴 목이 마르다   B 很生气 화가 났다   C 发烧了 열이 난다

> 男: 打了一下午的篮球，真渴，家里有什么喝的吗?
> 오후 내내 농구를 했더니 진짜 목이 마르네. 집에 마실 거 있어?
> 女: 冰箱里有水和饮料，你自己去拿吧。
> 냉장고 안에 물과 음료가 있으니 직접 가져가.
>
> 问: 男的怎么了?
> 남자는 왜 그런가?
> → 녹음 지문에서 들린 A를 제외하고는 나머지는 언급되지 않았다.

3 **주의해야 할 점**

질문이 남자에 관한 것인지, 여자에 관한 것인지를 잘 들어야 한다. 이유는 대화에서 남녀가 각각 자신이 한 동작에 대해서 다 언급하기 때문이다. 그러므로 어떤 사람의 동작의 원인을 묻고 있는지 잘 파악해야 한다.

예시

A 太累了 너무 피곤하다   B 睡了 잤다   C 打电话了 전화를 했다

男 : 昨天晚上我给你打电话为什么没接?
어제저녁에 내가 너한테 전화했었는데 왜 안 받았어?

女 : 对不起，我睡着了。怎么？你有什么事吗?
미안해, 나 잠들어버렸어. 왜? 무슨 일 있어?

问 : 女的为什么没接电话?
여자는 왜 전화를 받지 않나?

→ 여자의 행동에 대한 원인을 묻고 있음

→ B는 여자의 동작, C는 남자의 동작이며 여자의 행동에 대한 원인은 B이다.

4 **문제 형식**

상태와 원인을 묻는 문제의 질문 형식은 다른 유형에 비해 주로 의문대명사 为什么나 怎么를 사용하여 물어본다.

男的/女的为什么 + [동작/심리동사] 남자/여자는 왜 [동작/심리동사]하는가?

男的/女的怎么了? 남자/여자는 어떠한가?

男的/女的现在怎么样? 남자/여자는 현재 어떠한가?

문제 1　　　　　　　　　　　　　　　　　　　　　　　　　　 ▶ 03-14

A 肚子疼	B 很高兴	C 没事了

🔍 **문제 분석**　남자의 현재 상태가 어떠한지 주의해서 들어보자.

A 肚子疼　　B 很高兴　　C 没事了	A 배가 아프다　　B 즐겁다　　C 괜찮아졌다
女：我听说你身体不舒服，怎么了？ 男：前几天有点儿发烧，现在已经没事了。 问：男的现在怎么样？	여: 듣자 하니 너 몸이 좋지 않다던데, 왜 그래? 남: 며칠 전에 열이 조금 났는데 지금은 이미 괜찮아졌어. 질문: 남자는 지금 어떠한가?

해설　여자가 남자의 상태를 묻자 남자는 며칠 전에는 열이 좀 났지만 지금은 괜찮아졌다(现在已经没事了)라고 하였으므로 정답은 C다. A와 B는 언급된 내용이 아니므로 답이 될 수 없다.

단어　肚子 dùzi 몡 배 | 疼 téng 혱 아프다 | 高兴 gāoxìng 혱 기쁘다, 즐겁다 | 没事 méishì 통 별일 없다. 탈 없다. 괜찮다 | 听说 tīngshuō 통 듣자 하니 | 身体 shēntǐ 몡 신체 | 舒服 shūfu 혱 편안하다 | 前几天 qián jǐ tiān 며칠 전 | 有点儿 yǒudiǎnr 児 조금 | 发烧 fāshāo 통 열이 나다 | 已经 yǐjīng 児 이미

A 上网慢	B 不能照相	C 旧电脑不见了

🔍 **문제 분석** 여자가 컴퓨터를 바꾸려는 원인이 무엇인지 파악하자.

A 上网慢　　B 不能照相　　C 旧电脑不见了	A 인터넷이 느려서　　B 사진을 찍을 수 없어서 C 옛날 컴퓨터가 없어져서
女: 我想换个电脑。 男: 你现在的电脑不是没用多久吗? 女: 这个电脑上网越来越慢了。 男: 那你能去店里找人检查一下，看哪儿出了 　　问题。 问: 女的为什么想换电脑?	여: 나 컴퓨터 바꾸고 싶어. 남: 너 지금 컴퓨터 얼마 안 쓰지 않았어? 여: 이 컴퓨터 인터넷이 갈수록 느려져. 남: 그럼 가게에 가서 검사 좀 해달라고 해. 어디가 문제 　　가 생긴 건지. 질문: 여자는 왜 컴퓨터를 바꾸고 싶어하나?

해설 여자가 컴퓨터를 바꾸고 싶어하는 원인이 인터넷이 갈수록 느려져서(上网越来越慢了)이므로 정답은 A다. B, C 모
두 녹음 지문에서 언급되지 않았으므로 답이 될 수 없다.

단어 上网 shàngwǎng ⑧ 인터넷을 하다 | 慢 màn ⑱ 느리다 | 照相 zhàoxiàng ⑧ 사진을 찍다 | 旧 jiù ⑱ 낡다, 오래되다 | 电脑
diànnǎo ⑲ 컴퓨터 | 换 huàn ⑧ 바꾸다 | 用 yòng ⑧ 사용하다 | 多 duō ⑭ 얼마나 | 久 jiǔ ⑱ 오래되다 | 越来越 yuèláiyuè ⑭ 갈
수록 | 检查 jiǎnchá ⑧ 검사하다

DAY 25

▶ 03-16

1. A 害怕了　　　B 加班了　　　C 发烧了

2. A 很渴　　　　B 哭了　　　　C 感冒了

3. A 车门没开　　B 在等妹妹　　C 手机不见了

4. A 票不见了　　B 要离开那儿了　C 腿不舒服

5. A 第一次游泳　B 没吃药　　　C 最近很忙

DAY 26

▶ 03-17

1. A 耳朵进水了　B 感冒了　　　C 想去医院了

2. A 起晚了　　　B 对历史没兴趣　C 没好好复习

3. A 下雪了　　　B 下雨了　　　C 在刮风

4. A 想喝果汁　　B 不爱喝甜的　　C 觉得太贵

5. A 没带伞　　　B 鼻子不舒服　　C 没坐出租车

04 행동과 대상

행동 문제는 말하는 사람이 어떤 행동을 하고 있는지, 혹은 앞으로 어떤 행동을 할 것인지에 대해서 물어보는 문제이고, 대상 문제는 어떤 행동의 목적어에 해당하는 '무엇'을 파악하는 문제다. 듣기 제3·4부분 총 20문제 중 25% 내외의 비율로 출제되는 유형이다.

시크릿 요점정리

▶ 03-18

1 보기 형태

보기는 동사구(동사+명사)로 나와 있으며, 녹음 지문에서 들리는 말이 정답인 경우가 많다.

(1) 행동 문제

> 예시
>
> A 复习 복습   B 看比赛 경기 관람   C 学习画画儿 그림 배우기

→ 보기가 동사구로 이루어져 있다.

> 男: 我们周末去爬山吧。
> 　　우리 주말에 등산 가자.
> 女: 我很想去，但是下周一有考试，我要在家复习。
> 　　나도 매우 가고 싶은데 다음 주 월요일에 시험이 있어. 집에서 복습해야 해.
> 问: 女的周末要做什么?
> 　　여자는 주말에 무엇을 하려고 하나?
> → 남자의 등산 제안에 여자는 시험 때문에 집에서 복습을 한다고 하였으므로 녹음 내용과 일치하는
> 　 A가 정답이다.

(2) 대상 문제

'무엇'이라는 대상을 물어보기에 보기는 명사들로 이루어진다. 녹음 지문에서 나오는 명사가 곧 정답이 되며, 보기를 통해 녹음 지문이 어떤 내용인지 대략적으로 유추할 수 있다.

> 예시
>
> A 羊肉 양고기   B 鸡蛋面 계란 국수   C 米饭和鱼 밥과 생선

→ 보기 명사들을 통해 먹는 것에 대해 이야기할 것임을 알 수 있다.

女: 中午吃什么?

　　점심에 뭐 먹지?

男: 昨天我买了一条鱼，在冰箱里呢，我们做鱼吃吧。

　　내가 어제 생선 한 마리 샀는데 냉장고에 있어. 우리 생선 해먹자.

女: 好啊，那你想吃米饭还是面条?

　　좋아. 그럼 밥 먹고 싶어 아니면 국수 먹고 싶어?

男: 米饭吧。

　　밥으로 하자.

问: 他们中午要吃什么?

　　그들은 점심에 무엇을 먹나?

→ 점심에 먹는 음식으로 생선과 밥이 나왔으므로 정답은 C다. A와 B는 모두 녹음에서 언급하지 않았으므로 답이 될 수 없다.

② 행동 문제 풀이 요령: 동작의 시점에 주의한다.

질문 속에 시점이 다른 행동들이 같이 나오는 경우가 있으므로 과거에 행해진 동작인지, 현재 진행 중인 동작인지, 미래에 발생할 동작인지를 잘 파악해야 한다.

예시

A 请假 휴가를 낸다　　　　B 买家具 가구를 산다　　　　C 去医院 병원에 간다

女: 经理，打扰您一下，我明天要去趟医院。我想请一天假可以吗?

　　팀장님, 죄송한데 제가 내일 병원에 좀 가야 해서요. 하루 휴가를 쓰고 싶은데, 괜찮을까요?

男: 当然可以，怎么了? 身体不舒服?

　　당연히 되죠. 왜 그래요? 몸이 안 좋아요?

问: 女的明天要做什么?

　　여자는 내일 무엇을 하려고 하는가?

→ 녹음 지문에서는 병원에 가는 것과 휴가를 신청하는 것, 두 가지 행동이 언급됐지만 문제는 앞으로 발생할 동작에 대해 묻고 있다.

3 대상 문제 풀이 요령: 양사와 명사에 주의하자.

동작의 대상에 관한 문제는 녹음 지문에서 답이 되는 명사를 단 한 번만 들려주거나, 혹은 앞에서 명사를 언급하고 뒤에서는 명사를 생략하고 해당 명사에 쓰는 양사로만 언급하기에 양사와 명사를 주의해서 들어야 한다.

(1) 답이 되는 명사를 한 번만 언급하는 경우

> **예시**
>
> A 衬衫 셔츠　　　B 冰箱 냉장고　　　B 空调 에어컨

> 女: 咱们家这个冰箱太旧了。
> 　　우리 집 이 냉장고는 너무 오래됐어.
> 男: 是，我也这么想的。
> 　　맞아. 나도 그렇게 생각했어.
> 女: 那咱们星期六去商店看看，怎么样?
> 　　그럼 우리 토요일에 상점에 가서 보는 게 어때?
> 男: 行。
> 　　좋아.
>
> 问: 他们打算买什么?
> 　　그들은 무엇을 사려고 하는가?
> → 대화가 시작되자마자 冰箱(냉장고)이라는 말이 한 번 나오고, 그 뒤로는 언급되지 않는다.

(2) 양사로 명사를 대신하는 경우

> **예시**
>
> A 记者 기자　　　B 服务员 종업원　　　B 司机 기사

> 男: 我昨天遇到了一个很好的司机。
> 　　나 어제 좋은 기사님을 만났어.
> 女: 怎么了?
> 　　무슨 일인데?
> 男: 我不小心把钱包忘在出租车上了，可那位给我送了回来。
> 　　내가 실수로 지갑을 택시에 빠트렸는데 그분이 나에게 돌려주었어.
> 女: 以后你一定要小心啊。
> 　　앞으로는 꼭 조심해.

4 문제 형식

(1) 행동 문제

① 이미 발생한 동작을 물을 때

男的/女的做(干)什么了? 남자/여자는 무엇을 했는가?

男的/女的刚才做什么了? 남자/여자는 방금 무엇을 했는가?

② 진행중인 동작을 물을 때

男的/女的正在做什么呢? 남자/여자는 무엇을 하고 있는가?

男的/女的现在在做什么呢? 남자/여자는 지금 무엇을 하고 있는가?

③ 앞으로 발생할 동작을 물을 때

男的/女的要做什么? 남자/여자는 무엇을 하려고 하는가?

男的/女的最可能要做什么? 남자/여자는 무엇을 할 가능성이 가장 큰가?

男的/女的打算做什么? 남자/여자는 무엇을 할 계획인가?

④ 기타

男的/女的让女的/男的做什么? 남자/여자는 여자/남자에게 무엇을 하라고 하는가?

(2) 대상 문제

女的/男的想 + [동사] + 什么? 여자/남자는 무엇을 [동사]하려고 하나?

他们在谈什么/谁? 그들은 무엇/누구에 대해 이야기하고 있나?

▶ 03-19

A 冰箱	B 电脑	C 桌子

🔍 **문제 분석** 여자가 사려고 하는 대상이 무엇인지 잘 들어보자.

A 冰箱　　B 电脑　　C 桌子	A 냉장고　　B 컴퓨터　　C 책상
男：您好，想买点儿什么？需要我给您介绍一下吗？ 女：好的。我想买个冰箱，有白色的吗？ 问：女的想买什么？	남: 안녕하세요. 무엇을 사시려고 하나요? 제가 추천을 해드릴까요? 여: 네. 저는 냉장고를 사고 싶어요. 흰색 있어요? 질문: 여자는 무엇을 사고 싶은가?

해설 보기가 명사로 나와 있는 것으로 보아 대상을 묻는 문제라는 것을 파악할 수 있다. 추천이 필요하냐는 남자의 말에 여자는 냉장고를 사고 싶다고 했으므로 정답은 A다.

단어 冰箱 bīngxiāng 명 냉장고 | 电脑 diànnǎo 명 컴퓨터 | 桌子 zhuōzi 명 탁자, 책상 | 想 xiǎng 조동 ~하려고 한다, ~하고 싶다 | 买 mǎi 동 사다 | 需要 xūyào 동 필요하다 | 介绍 jièshào 동 소개하다, 추천하다

▶ 03-20

A 接电话　　　　　　B 点菜　　　　　　C 买手机

🔍 **문제 분석** 보기가 '동사 + 명사(동사구)'로 되어 있는 것으로 보아, 어떤 동작인지를 묻는 문제일 가능성이 크다.

A 接电话　　　B 点菜　　　C 买手机

男: 这是什么声音? 是你的手机?
女: 对不起, 是我的手机。王先生您先看看菜
　　单, 我去接个电话。
男: 好的。
女: 对不起, 我马上回来。

问: 女的要去做什么?

A 전화를 받는다　　　B 음식을 주문한다
C 휴대전화를 산다

남: 이게 무슨 소리죠? 당신 휴대전화인가요?
여: 죄송합니다. 제 전화예요. 왕 선생님 우선 메뉴 좀 보
　　세요. 저 전화 좀 받으러 가겠습니다.
남: 알겠어요.
여: 죄송합니다. 금방 올게요.

질문: 여자는 무엇을 하러 가나?

해설 질문은 여자가 하려고 하는 행동을 묻고 있다. 여자가 남자에게 먼저 메뉴를 보라고 하며 자신은 전화를 받으러 가겠다(我去接个电话)고 하였으므로 정답은 A다.

단어 接电话 jiē diànhuà 전화를 받다 | 点菜 diǎncài 음식을 주문하다 | 手机 shǒujī 몡 휴대전화 | 声音 shēngyīn 몡 소리 | 菜单 càidān 몡 메뉴 | 马上 mǎshàng 뷘 곧, 바로

DAY 27
▶ 03-21

1. A 超市　　　　B 眼镜店　　　　C 加油站

2. A 嘴　　　　　B 鼻子　　　　　C 眼睛

3. A 节目单　　　B 电脑　　　　　C 电子邮箱

4. A 借书　　　　B 查词典　　　　C 看报纸

5. A 带护照　　　B 检查一下　　　C 用小行李箱

DAY 28
▶ 03-22

1. A 买衣服　　　B 去医院检查　　C 出去旅游

2. A 啤酒　　　　B 绿茶　　　　　C 牛肉

3. A 羊肉　　　　B 面条　　　　　C 饺子

4. A 洗盘子　　　B 看菜单　　　　C 去洗手间

5. A 去跳舞　　　B 多照照片　　　C 帮忙搬家

05 의미 파악 & 종합 판단

DAY 29-30

이 유형의 문제는 대화문을 통해 남자 혹은 여자의 말 뜻을 유추하는 것으로 듣기 제3·4부분에서 가장 많이 출제되는 유형이자, 난도가 가장 높은 문제라고 할 수 있다. 종합적인 듣기 이해 능력이 요구되며, 들리는 그대로 답을 고르기보다는 대화의 내용을 이해해야만 풀 수 있는 문제가 많다.

시크릿 요점정리

▶ 03-23

1 보기 형태

주로 말 뜻이나 상황을 물어보기 때문에 보기가 동사구(동사+명사), 형용사, 심리동사의 형태로 나온다. 명사는 대부분 나오지 않는다.

예시

| A 爱好音乐 음악을 좋아한다 | B 不抽烟 담배를 피우지 않는다 | C 喜欢京剧 경극을 좋아한다 | → 동사구 |

| A 满意 만족한다 | B 生气 화를 낸다 | C 失望 실망했다 | → 심리동사 |

| A 太辣 너무 맵다 | B 不甜 달지 않다 | C 太酸 너무 시다 | → 형용사 |

2 속뜻 파악하기

겉으로 드러나는 의미가 아닌 화자가 전달하고자 하는 진짜 의미가 무엇인지 파악해야 한다.

예시

| A 很饱 배가 부르다 | B 口渴 목이 마르다 | C 吃些葡萄 포도를 좀 먹는다 |

女 : 我买了几斤葡萄，来吃点儿吧，特别新鲜。
내가 포도 몇 근을 샀는데 와서 먹어봐. 매우 신선해.
男 : 谢谢你，那我就不客气了。
고마워. 그럼 사양하지 않을게.

问 : 男的是什么意思?
남자의 말 뜻은?
→ 포도를 먹으라는 여자의 말에 '사양하지 않겠다'라는 대답은 포도를 먹겠다는 말이므로 정답은 C다.

③ 종합적으로 판단하기

(1) 혼동 어휘 및 문장 배제하기

종합적인 판단을 요구하므로 대화문을 통해 앞으로 발생할 일, 대화의 발생 시점, 화자의 현재 상태 등 전반적인 상황을 파악하며 녹음 내용을 들어야 한다.

A 复习得不太好 복습을 잘 하지 않았다
B 考试不太难 시험이 그다지 어렵지 않았다
C 明天有考试 내일 시험이 있다

男: 明天考试，复习得怎么样了? 내일 시험 있는데, 복습은 어때?
女: 还可以，希望考试不要太难。 그냥 그래, 시험이 너무 어렵지 않았으면 좋겠어.

问: 关于女的，可以知道什么?
　　여자에 관해서 알 수 있는 것은?
→ 복습이 어떠냐는 말에 그럭저럭했다(还可以)고 답했으므로 A는 맞지 않다. 남자의 첫마디인 明天考试로 C가 정답임을 판단할 수 있다. 여자의 '希望考试不要太难(시험이 너무 어렵지 않길 바란다)'는 말 그대로 여자의 희망이지 일어난 사실이 아니므로 답으로 혼동할 수 있는 함정이다.

(2) 핵심 문장 듣고 답 파악하기

지문과 보기에 공통으로 나오는 단어가 없어도 핵심 문장 하나가 답을 판가름하는 데 결정적인 역할을 하는 경우가 많다.

A 晚上 저녁　　　　B 下午 오후　　　　C 中午 점심

女: 都累一天了，早点儿休息吧。
　　온종일 힘들었을 텐데 일찍 쉬어.
男: 没关系，我想把这个节目看完，你先去睡吧，不用等我。
　　괜찮아. 나 이 프로그램 다 볼 거야. 너 먼저 자. 나 기다리지 말고.

问: 现在最可能是什么时候?
　　지금은 언제일 가능성이 가장 큰가?
→ 온종일 힘들었다는 여자의 말과 먼저 자라는 남자의 말로 미루어 지금은 저녁이라는 것을 유추할 수 있다.

4 **어투 파악하기**

긍정이나 부정을 나타내는 어투를 알아두면 대화의 전반적인 상황을 쉽게 파악할 수 있다.

(1) 긍정을 나타내는 어투

没问题 méi wèntí	문제없어요
没关系 méi guānxi	괜찮아요
放心 fàngxīn / 别担心 bié dānxīn	마음 놓으세요/걱정하지 마세요
当然可以 dāngrán kěyǐ	당연히 되죠
同意 tóngyì	동의합니다
挺好 tǐng hǎo / 很不错 hěn búcuò	매우 좋아요
我帮你 + 동사 wǒ bāng nǐ + 동사	제가 당신이 [동사]하는 것을 도와드릴게요
我也喜欢 + 동사/명사 wǒ yě xǐhuan + 동사/명사	저도 [동사/명사]를 좋아해요
一定会 + 동사/형용사 yídìng huì + 동사/형용사	반드시 [동사/형용사]할 거예요

(2) 부정을 나타내는 어투

不行 bùxíng	안 돼요
不可以 bùkěyǐ	~할 수 없어요/~해서는 안 됩니다
不要 + 동사 + 好不好? búyào ~ hǎo bu hǎo?	[동사]하지 않는 게 어때요?
别~ bié	~하지 마세요
真奇怪 zhēn qíguài	진짜 이상하네요
不同意 bù tóngyì = 反对 fǎnduì	동의하지 않아요 = 반대해요
你是在开玩笑吧? Nǐ shì kāi wánxiào ba?	너 농담하는 거지?

5 **문제 형식**

의미를 파악하는 문제는 주로 다음과 같은 형식으로 질문한다.

根据对话，可以知道什么? 대화에 근거해서 알 수 있는 것은?

根据对话，下列哪个正确? 대화에 의하면 다음 중 옳은 것은?

男的/女的是什么意思? 남자/여자의 말은 무슨 뜻인가?

关于男的/女的可以知道什么? 남자/여자에 관하여 알 수 있는 것은?

男的/女的觉得 + 명사 + 怎么样? 남자/여자는 [명사]가 어떻다고 생각하는가?

男的/女的怎么了? 남자/여자는 어떠한가?

문제 1 ▶ 03-24

A 住得远   B 头发长   C 不愿意出去

🔍 **문제 분석** 내용을 잘 듣고 화자의 속뜻을 파악하자.

A 住得远 B 头发长 C 不愿意出去	A 멀리 산다 B 머리가 길다 C 나가고 싶지 않다
男：我们周末出去玩儿吧。 女：外面这么热，我哪儿都不想去，还是家里最舒服。 问：女的是什么意思？	남: 우리 주말에 나가서 놀자. 여: 밖이 이렇게나 더우니 나는 어디도 가고 싶지 않아. 집이 가장 편해. 질문: 여자의 말 뜻은?

해설 나가서 놀자는 남자의 제안에 여자는 '어디도 가고 싶지 않고(哪儿都不想去)' 집이 가장 편하다고 하였으므로 밖에 나가고 싶어하지 않는다는 것을 알 수 있다. 따라서 정답은 C다.

단어 住 zhù 통 살다 | 得 de 조 ~하는 정도가(술어 뒤에 쓰여 정도를 나타내는 보어를 연결) | 远 yuǎn 형 멀다 | 头发 tóufa 명 머리카락 | 愿意 yuànyì 조동 ~하길 원하다 | 这么 zhème 대 이렇게, 이처럼 | 热 rè 형 덥다 | 舒服 shūfu 형 편안하다 | 意思 yìsi 명 의미, 뜻

▶ 03-25

A 快结婚了　　　　B 要过生日了　　　　C 考上大学了

🔍 **문제 분석**　전반적인 녹음 내용을 파악하자.

A 快结婚了　B 要过生日了　C 考上大学了	A 곧 결혼한다　B 곧 생일이다　C 대학에 합격했다
女: 你在网上看什么?	여: 인터넷에서 뭐 보고 있어?
男: 妹妹考上大学了，我想送她个礼物。	남: 여동생이 대학에 합격해서 선물을 주려고.
女: 你想好送什么了?	여: 뭐 줄지 생각했어?
男: 还没决定，你觉得笔记本电脑怎么样?	남: 아직 결정하지 못했어. 노트북은 어떤 것 같아?
问: 关于妹妹，可以知道什么?	질문: 여동생에 관하여 알 수 있는 것은?

해설　대화의 전반적인 내용은 여동생이 대학에 합격해서 남자가 여동생에게 선물을 주려고 하는 내용이므로 정답은 C다. A와 B는 녹음 지문에서 들리지 않았으므로 답이 될 수 없다.

단어　**快…了** kuài…le 곧 ~하다 | **结婚** jiéhūn 통 결혼하다 | **要…了** yào…le 곧 ~이다 | **考上大学** kǎoshàng dàxué 대학에 합격하다 | **送** sòng 통 주다 | **礼物** lǐwù 명 선물 | **决定** juédìng 통 결정하다 | **笔记本电脑** bǐjìběn diànnǎo 명 노트북 컴퓨터

DAY 29
03-26

1. A 去出差了　　B 已经上班了　　C 还没来

2. A 要去锻炼　　B 打算请假　　C 找到工作了

3. A 别开灯　　B 先写作业　　C 查字典

4. A 生病了　　B 不爱读书　　C 休息时间少了

5. A 没吃饱　　B 想看电影　　C 不想去公园

DAY 30
03-27

1. A 呀疼　　B 参加面试了　　C 找邻居帮忙

2. A 太旧了　　B 容易坏　　C 有点儿小

3. A 腿疼　　B 在问路　　C 想坐船

4. A 教历史　　B 变化很大　　C 在买筷子

5. A 住在五层　　B 西瓜不新鲜　　C 已经搬家了

第 一 部 分

第1-5题

A

B

C

D

E

F

例如：男：喂，王经理在吗？

女：他正在开会，您过一会儿再打，好吗？　　　F

1. ☐

2. ☐

3. ☐

4. ☐

5. ☐

第6-10题

A

B

C

D

E

6. ☐

7. ☐

8. ☐

9. ☐

10. ☐

第 11 - 20 题

例如： 为了让自己更健康,他每天都花一个小时去锻炼身体。

★ 他希望自己很健康。 (✓)

今天我想早点儿回家。看了看手表,才5点。过了一会儿再看表,还是5点,我这才发现我的手表不走了。

★ 那块儿手表不是他的。 (✗)

11. ★ 奶奶生病了。 ( )

12. ★ 他新认识的朋友很热情。 ( )

13. ★ 说话人的爱好是读书。 ( )

14. ★ 说话人买到了火车票。 ( )

15. ★ 说话人打算不让小李参加比赛。 ( )

16. ★ 说话人在聊名字。 ( )

17. ★ 说话人现在不能做决定。 ( )

18. ★ 那个字写对了。 ( )

19. ★ 说话人认为春天最漂亮。 ( )

20. ★ 生气时做的决定一般是对的。 ( )

第 三 部 分

第 21-30 题

例如：女：小王，帮我开一下门，好吗？谢谢！

男：没问题。您去哪儿了？买这么多东西。

问：男的想让小王做什么？

A 开门 ✓　　　B 拿东西　　　C 去超市买东西

21. A 不想吃蛋糕　　　B 蛋糕不好吃　　　C 想吃包子

22. A 筷子　　　B 盘子　　　C 杯子

23. A 留学　　　B 睡觉　　　C 学汉语

24. A 电影院　　　B 商店　　　C 公司

25. A 7:40　　　B 9:30　　　C 10:15

26. A 想搬家　　　B 结婚了　　　C 爱吃面包

27. A 校长　　　B 医生　　　C 司机

28. A 努力学习　　　B 认真看题　　　C 经常锻炼

29. A 手机　　　B 笔记本电脑　　　C 故事书

30. A 发烧了　　　B 声音很少　　　C 牙疼

第 四 部 分

第 31 - 40 题

例如： 女：晚饭做好了，准备吃饭了。

男：等一会儿，比赛还有几分钟就结束了。

女：快点儿吧，一起吃，菜凉了。

男：你先吃，我马上就看完了。

问：男的在做什么？

A 洗澡　　　　 B 吃饭　　　　 C 看电视 ✓

31. A 腿疼　　　　 B 有点儿渴　　　 C 很累

32. A 银行　　　　 B 邮局　　　　 C 宾馆

33. A 是男的送给女的　 B 女的自己做的　 C 不太好看

34. A 买蛋糕　　　 B 订飞机票　　　 C 坐船

35. A 加班了　　　 B 同学来了　　　 C 害怕迟到

36. A 回答错了　　 B 认错人了　　　 C 忘带手机了

37. A 没带钱了　　 B 客人要来了　　 C 小狗不见了

38. A 没几个人参加　 B 太长了　　　 C 非常好

39. A 天阴了　　　 B 天晴了　　　 C 下雪了

40. A 很老　　　　 B 很奇怪　　　　 C 更可爱

독해

제1부분 보기에서 답 고르기

기출문제 탐색전

DAY 1-2	01. 의문문과 제안문
DAY 3-4	02. 공통된 화제 파악하기
DAY 5-6	03. 의견 제시와 이유 설명
DAY 7-8	04. 금지, 명령, 요청
DAY 9-10	05. 유추

제2부분 빈칸 채우기

기출문제 탐색전

DAY 11-12	01. 명사
DAY 13-14	02. 동사, 형용사
DAY 15-16	03. 양사
DAY 17-18	04. 전치사, 부사
DAY 19-20	05. 접속사

제3부분 단문 독해

기출문제 탐색전

DAY 21-22	01. 키워드를 찾아 문제 바로 풀기
DAY 23-24	02. 내용의 주제 파악하기
DAY 25-26	03. 내용 파악 및 유추하기
DAY 27-28	04. 동작의 방식, 원인, 목적
DAY 29-30	05. 동작과 주체, 동작의 대상

실전 모의고사

독해 제1부분 보기에서 답 고르기
기출문제 탐색전

문제 1

A 小李和小王都是热情的人。

B 爷爷，明明的眼睛为什么是蓝色的?

C 跑步太累了！你跑，我走。

D 当然去了！我觉得公司非常相信你。

E 你能不能别让我担心！

F 辛苦了，我先走了。明天见。

41. 所以你一天比一天胖。　　　　（　C　）

독해 제1부분은 전체 30문제 중 41~50번까지로 총 10문제다. 문제를 읽고 보기 A~F 중에서 문제와 연관된 문장을 고르는 것이다. 이 유형은 자연스러운 대화 완성을 통해 응시자가 문장을 얼마나 이해하고, 상황에 맞게 대답·질문·부연 설명을 할 수 있는지를 파악하기 위함이다. 따라서 독해 1부분에서는 의문문, 청유문, 반어문 및 사실에 대한 부연 설명 등 일상생활에서 쓰이는 다양한 언어 표현들이 등장한다.

🔍 유형 분석

❶ 문제는 41~45번, 46~50번으로 나누어져 있으며, 41~45번에는 A~F까지 6개의 보기가 있고, 46~50번에는 A~E 5개의 보기가 주어진다.

❷ 시험지에는 예제가 제시되어 있으며, 41~45번의 6개의 보기에는 문제 이외에 예제에 대한 답이 포함되어 있다. 그러므로 혼동하지 말자.

❸ 예제의 답이 되거나 이미 답으로 선택한 단어를 사선(/)으로 표시하여 삭제해두면, 문제 푸는 시간도 단축되고 혼동을 일으키지 않아서 정답 확률도 높아진다.

❹ 독해 제1부분은 상황에 적절한 대답 혹은 질문을 찾는 것이므로 문장 속에 반드시 공통으로 들어가는 단어, 또는 연관된 단어가 있다. 해석이 안 된다고 당황하지 말고 문제와 보기 사이에 서로 관련된 단어나 어구가 있는지 찾아보도록 하자.

❺ 대화문이 주를 이루기 때문에 듣기 3·4부분의 대화문을 주의 깊게 공부해두면 더 확실한 효과를 얻을 수 있다.

❻ 문장의 끝을 잘 살펴보자. 상대방의 의견을 물어보는 문장이나 허락·허가를 구하는 문장에 대한 답은 '된다/안 된다', '좋다/안 좋다'라는 식으로 나와 있을 수 있다.

❼ 시간 관리에 주의하자. 독해는 1~3부분 30문제를 모두 푸는 데 30분이 주어지는데, 답안지 마킹 시간까지 생각한다면 40초당 하나씩 풀어주는 것이 좋다. 실제로 시험을 볼 때 응시자들이 시간을 제대로 분배하지 못해서 마지막 독해 제3부분을 거의 찍다시피 푸는 경우가 부지기수이다. 그러므로 문제를 풀 때는 아는 문제부터 풀고, 모르는 문제는 일단 표시해두었다가 모든 문제를 풀고 나서 다시 보는 것이 좋다.

의문문과 제안문

독해 1부분에서 반드시 2~3문제 정도는 출제되며 질문의 뜻만 제대로 이해한다면 답을 쉽게 고를 수 있다. 독해 1부분에 문장의 끝이 '?'로 나와있다면 의문문과 제안문일 가능성이 높으므로 먼저 풀어서 시간을 단축 시키도록 하자.

 시크릿 요점정리

1 의문문

(1) 문제 파악

의문문은 단순히 물음표를 붙이거나 의문문을 만드는 대표적인 단어 吗를 사용한 것 이외에도, 의문을 나타내는 여러 가지 의문대명사를 사용하여 출제된다. 따라서 의문문에 쓰이는 의문대명사 및 의문문을 나타내는 표현 형식에 주의하고 그와 연관된 답이 있는 문장을 찾아야 한다.

(2) 독해 1부분에 출제되는 의문문 형식 파악하기

① 의문대명사를 사용한 경우

　[문제] 你最喜欢哪个季节? 당신은 어느 계절을 가장 좋아하나요?
　[정답] 夏天。因为可以吃到甜甜的西瓜。 여름이요. 왜냐하면 달콤한 수박을 먹을 수 있으니까요.
　→ 의문대명사를 사용한 의문문의 답변은 보통 질문에 매칭되는 단어가 단독으로 나온다.

② 의문조사를 사용한 경우

　[문제] 你在北方还习惯吗? 너 북방에서 지내는 건 익숙해졌어?
　[정답] 还可以，就是吃的跟我们不太一样。我现在一般自己做饭吃。 그럭저럭. 그런데 먹는 것이 우리와 별로 같지 않아. 이제는 보통 스스로 밥해서 먹어.
　→ 의문조사 '吗'를 사용한 전형적인 의문문이다. '吗'를 사용한 문장은 대부분 간결하며 질문의 전반적인 의미를 알아야 답을 고를 수 있다.

③ 생략의문문의 형식을 사용한 경우

　[문제] 右边那个碗里的牛奶是给猫喝的。 오른쪽의 그 그릇의 우유는 고양이에게 줄 거야.
　[정답] 对不起，我差点儿拿错了。左边的呢? 미안해. 나 하마터면 잘못 가져갈 뻔했어. 왼쪽 것은?
　→ 위의 예는 문제가 아닌 보기의 생략의문문 左边的呢(술어는 생략하고 呢를 이용한 의문문)에서 답이 되는 근거를 찾을 수 있다. 즉 문제 문장의 서술 부분(是给猫喝的)을 미루어 볼 때, 보기의 左边的呢?는 문제의 右边…的에 대응한 의문(왼쪽 것의 용도 혹은 가져가도 되는지에 대한 물음)이 내포되어 있음을 알 수 있다.

2 **제안문**

(1) 문제 파악

제안문은 조사 '吧(~하자)', 의문대명사 '怎么样(어때)' 혹은 조동사를 사용하여 상대방에게 제안을 하는 문장이다. 제안문에 대한 답변은 간단히 긍정이나 부정의 어투로만 답하는 경우도 있고, 공통된 단어나 상황이 다시 언급되지 않는 경우도 있다.

(2) 독해 1부분에 출제되는 제안문 형식 파악하기

① 조사를 사용한 경우

[문제] 菜单呢? 我们再点一个羊肉吧? 메뉴판은? 우리 양고기 하나 더 시킬까?

[정답] 不要了, 这碗米饭我都吃不完了。 됐어. 이 밥도 나 다 못 먹어.

　→ 제의를 나타내는 어기조사 '吧'를 쓴 전형적인 제안문으로, 제안에 대한 답은 간단히 긍정이나 부정의 어투로 나오며, 그 뒤에 제안의 상황과 매칭되는 부연 설명이 등장한다.

② 의문대명사를 사용한 경우

[문제] 买这辆小汽车给乐乐做生日礼物怎么样?

　　　이 장난감 자동차를 사서 러러에게 생일 선물로 주는 건 어때?

[정답] 好啊, 我觉得他一定会很喜欢的。 좋아. 러러가 분명 좋아할 거야.

　→ 의문대명사 怎么样을 사용하여 상대방에게 의견을 제안하며, 제안에 대한 답은 먼저 '好啊(좋아)'라고 동의를 나타낸 다음 부연 설명을 할 수 있다.

3 **제3의 대답 표현**

의문문과 제안문은 질문 및 제안에 대해 보통 직접적으로 대답을 하는 것이 일반적이지만, 때로는 전혀 다른 제3의 대답을 할 수도 있다. 그럴 때는 말 속에 숨은 뜻을 파악할 수 있어야 하며, 답을 찾기 어렵다면 당황하지 말고 다른 문제를 먼저 푼 다음 남은 보기 중에서 어느 것이 답으로 적합할지 상황을 연상해보거나 추측해본다.

(1) 의문문

[문제] 行李多吗? 要不要我开车去接你? 짐 많아? 내가 차로 너 데리러 갈까?

[정답] 你今天不忙吗? 너 오늘 안 바빠?

　→ '차로 데리러 갈까?'라는 물음에 오늘 안 바쁘냐는 말은 아무런 상관이 없어 보이지만, 나를 데리러 올 시간이 있는지에 대해 우회적으로 묻는 표현이므로 두 문장은 서로 적절한 관련이 있다고 볼 수 있다.

(2) 제안문

[문제] 太好了, 我要穿新买的运动鞋。 잘됐다. 나는 새로 산 운동화를 신을 거야.

[정답] 下午打篮球怎么样? 오후에 농구하는 거 어때?

　→ '잘됐다. ~ 운동화를 신을 거야'라는 말은 '농구를 하자'는 제안에 대한 직접적인 수락도 거절도 아니다. '새로 산 운동화'와 '농구'는 언뜻 관련이 없어 보이지만, 농구를 하려면 운동화를 신어야 하므로, 농구를 하자는 상대의 제안을 듣고 우회적으로 동의하는 표현이라고 볼 수 있다.

1 여러 가지 의문문

의문문은 물어보는 문장으로 문장 끝에 물음표(?)를 쓰거나 끝을 살짝 올려서 읽는다.

(1) 吗/吧/呢를 사용한 의문문

01 ···吗?	这是你的吗? 이것은 당신 것입니까? [의문]
02 ···吧?	她是中国人吧? 그녀는 중국인이죠? [확인]
03 ···呢?	我爸爸是老师，你爸爸呢? 우리 아빠는 선생님이야, 너희 아빠는? [술어 생략]

(2) 의문대명사를 사용한 의문문

01 **谁** 누구	他是谁? 그는 누구입니까?
02 **哪** 어느	哪个是你的? 어느 것이 당신 것입니까?
03 **哪儿** 어디	你在哪儿? 너 어디야?
04 **什么** 무엇	这是什么? 이것은 무엇입니까?
05 **多少** 얼마	你们班里有多少学生? 너희 반에는 몇 명의 학생이 있니?
06 **几** 몇	你要几个? (당신은) 몇 개 필요해요?
07 **怎么** 어떻게	你怎么去? 당신은 어떻게 가나요?
08 **怎么样** 어떠하다	这件衣服怎么样? 이 옷 어때요?
09 **为什么** 왜	你为什么不说话? 너 왜 말을 안 해?
10 **多** 얼마나	从这儿到那儿有多远? 여기서 저기까지 얼마나 먼가요?

(3) 是吗/对吗를 사용한 의문문

···是吗?	你不去，是吗? 당신은 안 가는 거죠?
···对吗?	你喝绿茶，对吗? (당신은) 녹차 마시죠? 맞나요?

(4) 선택의문문

···还是···?	你喝咖啡还是果汁儿? (당신은) 커피 마셔요, 아니면 주스 마셔요?

(5) 정반의문문

동사 + 不 + 동사	你到底去不去? 너 도대체 가, 안 가?
형용사 + 不 + 형용사	这个苹果贵不贵? 이 사과는 비싸요, 안 비싸요?

(6) 반어문

不是…吗?	你不是说早点儿来吗? 너 일찍 온다고 하지 않았어? (일찍 온다고 했잖아)

2 여러 가지 제안문

제안은 '～합시다/하자'라고 권하는 문장으로 문장 끝에 '吧'를 쓰거나 격식을 갖춰서 말할 때는 문장 맨 앞에 请을 사용한다. 또한 의문문의 형식처럼 보이지만 사실상 제안을 할 때 쓰이는 말들도 있다.

…吧。	咱们吃烤鸭吧。 우리 오리구이 먹읍시다. [제안, 권유]
请…	请坐! 앉으세요. [제안, 권유]
…, 好吗 (好不好)?	我们一起去, 好吗? 우리 같이 가요. 좋아요?
…, 可以吗 (可不可以)?	一杯绿茶, 可以吗? 녹차 한 잔 주시겠어요?
…, 怎么样?	先看这个, 怎么样? 먼저 이걸 보는 게 어때요?

문제

A 这里是公司公园吧?
B 有点儿贵，是朋友送的生日礼物。
C 说吧，你想吃什么，我请！
D 我也不认识小王，去那儿干什么?
E 我是小王的女朋友，你呢?

1. 你的皮包多少钱? ( )
2. 是的，中午我们常常来这里休息休息。 ( )
3. 我是他的姐姐。 ( )
4. 周末小王结婚，你也来吧。 ( )
5. 真的? 我要吃这里最贵的菜。 ( )

🔍 **문제 분석** 의문문과 제안문에서 각각 어떤 표현을 쓰는지 파악하고, 적절한 대응 표현을 찾아보자.

A 여기는 회사 공원이지?
B 조금 비싸. 친구가 준 생일선물이야.
C 말해봐. 무엇을 먹고 싶은지. 내가 낼게.
D 나는 샤오왕을 알지도 못하는데 거기 가서 뭐해?
E 저는 샤오왕의 여자친구예요. 당신은요?

1. 네 (가죽) 가방은 얼마야? (B)
2. 응, 점심에 우리는 자주 여기에 와서 쉬어. (A)
3. 나는 그의 누나야. (E)
4. 주말에 샤오왕이 결혼한대. 너도 와. (D)
5. 정말? 나 여기서 제일 비싼 음식을 먹을 거야. (C)

보기 단어 这里 zhèlǐ 때 이곳, 여기 | 公司 gōngsī 명 회사 | 公园 gōngyuán 명 공원 | 吧 ba 조 ~이지?[가능·추측을 나타냄] | 有点儿 yǒudiǎnr 위 약간 | 贵 guì 혱 높다. 비싸다 | 朋友 péngyou 명 친구 | 送 sòng 동 주다. 보내다 | 礼物 lǐwù 명 선물 | 说 shuō 동 말하다 | 想 xiǎng 조동 ~하고 싶다 | 吃 chī 동 먹다 | 什么 shénme 때 무엇, 무슨 | 请 qǐng 동 한턱내다. 초청하다 | 认识 rènshi 동 알다 | 那儿 nàr 때 거기 | 干 gàn 동 하다 | 女朋友 nǚpéngyou 명 여자친구, 애인 | 呢 ne 조 의문의 어기를 나타냄

문제 단어 皮包 píbāo 명 가죽 가방 | 多少钱 duōshao qián 얼마예요 | 中午 zhōngwǔ 명 정오, 점심 | 常常 chángcháng 명 자주, 항상 | 休息 xiūxi 동 휴식하다 | 姐姐 jiějie 명 언니, 누나 | 周末 zhōumò 명 주말 | 结婚 jiéhūn 동 결혼하다 | 要 yào 조동 ~할 것이다 | 最 zuì 명 가장, 최고 | 菜 cài 명 음식. 요리

1. 你的皮包多少钱? 네 (가죽) 가방은 얼마야? (B)

해설 '多少钱(얼마야?)'은 가격을 물어보는 표현이므로 가격과 관련된 문장을 정답으로 골라야 한다. 구체적인 숫자를 언급하지는 않았지만, 贵(비싸다)라는 표현이 가격과 관련된 말이므로 답은 B가 된다.

2. 是的，中午我们常常来这里休息休息。 응. 점심에 우리는 자주 여기에 와서 쉬어. (A)

해설 첫마디를 是的(맞아, 응)라고 한 것으로 보아 어떤 질문에 대한 대답임을 알 수 있으므로 답으로 매칭되는 문장은 의문문을 찾아야 한다. '这里(여기)'가 어디인지를 말해주는 문장을 찾으면 '公园(공원)'이라는 장소가 있는 A가 정답이 된다.

3. 我是他的姐姐。 나는 그의 누나야. (E)

해설 문제에서 자신이 누구인지 소개하고 있으므로 정답으로 매칭되는 문장은 신분이나 관계를 묻는 문장을 골라야 한다. E의 '你呢(당신은요)'라는 말은 자신을 소개한 뒤 상대방에게 누구인지를 묻는 '누구세요(是谁)？'라는 말이 생략된 문장이므로 정답은 E다.

4. 周末小王结婚，你也来吧。 주말에 샤오왕이 결혼한대. 너도 와. (D)

해설 '너도 와(你也来吧)'라고 제안하는 문장이므로, 그 제안에 대한 대답이 될만한 말을 찾는다. 이어지는 대답으로 가장 자연스러운 것은 공통의 키워드 '小王(샤오왕)'이 나와있고, 제안에 대해 우회적으로 거절하는 내용인 D가 답이 된다.

5. 真的? 我要吃这里最贵的菜。 정말? 난 여기서 제일 비싼 음식을 먹을 거야. (C)

해설 문제의 '吃这里最贵的菜(여기의 가장 비싼 음식을 먹는다)와 공통된 키워드 吃(먹는다)를 포함한 문장의 답을 찾으면 C가 정답임을 알 수 있다. 또한 C의 '我请' 역시 '내가 (밥을) 사겠다'는 뜻이므로 답을 선택하는데 힌트가 된다.

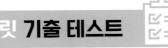
DAY **1**

A 姐姐，这个词是什么意思？

B 我穿这双皮鞋怎么样？

C 那是叔叔去年送给我的生日礼物。

D 他们的中文怎么样？

E 我要带我女儿去公园，她想看熊猫。

1. 我还是觉得刚才试的那双好。 （　　）

2. 除了丽丽以外，其他人都很好。 （　　）

3. 我也不知道，你去查一下字典吧。 （　　）

4. 你打算这个周末做什么？ （　　）

5. 你的帽子是在哪儿买的？真漂亮。 （　　）

DAY **2**

A 是工作还是读书，我真不知道应该选择什么。

B 太甜了，我害怕长胖。

C 这个面包好吃极了，你是在哪儿买的？

D 你妹妹也爱看体育节目？

E 是我们邻居家的小孩子。

1. 你在想什么呢？ （　　）

2. 是我自己做的，从电视上学的。 （　　）

3. 外面是谁在唱歌啊？你认识吗？ （　　）

4. 是啊，特别是足球比赛，她喜欢踢足球。 （　　）

5. 你怎么吃得这么少？ （　　）

02 공통된 화제 파악하기

문제와 보기가 의미상 상통하는 문장을 찾는 것으로, 사용된 단어가 서로 관련이 있거나 공통된 화제에 대해 이야기하는 문장을 찾으면 된다. 문제와 보기가 서로 묻고 답하는 대화문으로 짝을 이룰 수도 있고 또는 문답 이외의 형태로 하나의 대화를 이루는 경우도 있다.

시크릿 요점정리

1 동의어 파악하기

[문제] 这个句子的意思你懂了吗? 너는 이 문장의 의미를 이해했니?

[정답] 我也不是很明白，你再问问其他人吧。

나도 분명하게 이해한 것은 아니야. 다른 사람에게 한번 물어봐.

→ '懂(이해하다, 알다)'과 '明白(이해하다, 알다)'는 같은 의미를 가진 동의어 관계이다. 이처럼 동의어는 문제를 풀 수 있는 키워드로서 서로 공통된 화제를 말하고 있음을 알 수 있어 문제를 더욱 쉽고 빠르게 풀 수 있다.

2 지칭하는 대상 파악하기

[문제] 两斤香蕉，三斤苹果，还有一个西瓜。 바나나 두 근, 사과 세 근, 그리고 수박 하나요.

[정답] 您买的这些一共是35块钱。 당신이 구매하신 이것들은 모두 35위안입니다.

→ '香蕉(바나나)', '苹果(사과)', '西瓜(수박)'을 보기에서는 '这些(이것들)'로 지칭하여 나타내는 것을 알 수 있다. 이처럼 문제나 보기에 지시대명사가 있다면, 지칭하는 대상(대부분 명사)이 의미상 무엇과 올바르게 매칭되는지 파악하도록 하자.

3 의미상 공통된 화제를 말하고 있는 경우

[문제] 那我去商店买点儿果汁吧，一会儿看球的时候喝。

그럼 내가 상점에 가서 주스 좀 살게. 이따 축구 볼 때 마시자.

[정답] 现在7:05，比赛一个小时以后才开始。

지금 7시 5분이야. 시합은 한 시간 뒤에야 시작해.

→ 看球(축구 보기)와 比赛(시합)는 의미상 하나의 공통된 화제를 이야기하는 것이다.

4 생략된 목적어 파악하기

[문제] 厨房里有面包、蛋糕。 주방에 빵과 케이크가 있어.

[정답] 如果你饿了，就自己拿。 너 배고프면 직접 가져가.

→ 주방에 있는 '面包(빵)'와 '蛋糕(케이크)'는 보기의 문장 속 동사 '拿(쥐다, 가지다)'의 대상, 즉 목적어가 될 수 있다. 이처럼 문제와 보기가 묻고 답하는 대화형은 아니지만, 술어 부분을 보고 생략된 목적어를 파악해 하나의 대화를 찾을 수도 있다.

문제

A 中国地图和韩国地图哪个大?

B 怎么到现在还开着呢?

C 你了解他了吗? 怎么这么快就结婚了!

D 好的，我洗完澡再穿。

E 希望中国运动员这次有个好成绩。

1. 我第一次见面就爱上他了。 　　　　　　　　　(　)

2. 这还用问? 两张地图一样大。 　　　　　　　(　)

3. 衬衫、裤子和帽子我都给你放床上了。 　　　(　)

4. 我记得下班时，把空调关了。 　　　　　　　(　)

5. 篮球比赛马上要开始了。 　　　　　　　　　(　)

🔍 **문제 분석** 공통적으로 연관되는 화제가 무엇인지 찾아보자.

A 중국 지도와 한국 지도는 어느 것이 더 크지?

B 어째서 지금까지 켜져 있는 거지?

C 너 그 사람 잘 알아? 어떻게 이렇게나 빨리 결혼을 했어!

D 알겠어, 샤워 다 하고 입을게.

E 중국 운동선수들이 이번에 좋은 성적이 있길 바란다.

1. 나는 첫눈에 그를 사랑하게 되었어. (C)

2. 물어볼 필요가 있어? 두 장의 지도가 똑같이 크지. (A)

3. 셔츠, 바지 그리고 모자 모두 침대 위에 두었어. (D)

4. 내 기억에 퇴근할 때 에어컨 껐는데. (B)

5. 농구 시합이 곧 시작하려고 해. (E)

보기 단어 地图 dìtú 몡 지도 | 哪 nǎ 団 어느 | 怎么 zěnme 団 어떻게 | 开 kāi 통 열다, 켜다 | 着 zhe 죄 ~해 있다(동작이나 상태의 진행, 지속) | 了解 liǎojiě 통 알다, 이해하다 | 这么 zhème 団 이렇게 | 结婚 jiéhūn 통 결혼하다 | 洗澡 xǐzǎo 통 샤워하다 | 穿 chuān 통 입다, 신다 | 希望 xīwàng 통 희망하다 | 运动员 yùndòngyuán 몡 운동선수 | 成绩 chéngjì 몡 성적

문제 단어 第一次 dìyīcì 첫 번째, 맨 처음 | 见面 jiànmiàn 통 만나다 | 爱上 àishang 통 사랑하게 되다, 좋아하게 되다 | 一样 yíyàng 혱 같다 | 衬衫 chènshān 몡 셔츠, 블라우스 | 裤子 kùzi 몡 바지 | 帽子 màozi 몡 모자 | 放 fàng 통 놓다 | 床 chuáng 몡 침대 | 记得 jìde 통 기억하다 | 下班 xiàbān 통 퇴근하다 | 把 bǎ 젠 ~을(를) | 空调 kōngtiáo 몡 에어컨 | 关 guān 통 닫다, 끄다 | 篮球 lánqiú 몡 농구 | 马上 mǎshàng 뷔 곧, 바로 | 要…了 yào…le 뷔 곧 ~하려고 하다 | 开始 kāishǐ 통 시작하다

1. 我第一次见面就爱上他了。 나는 첫눈에 그를 사랑하게 되었어. (C)

해설 　'他(그)'가 지칭하는 말을 보기에서 찾으면 C의 '他(그)'와 같다는 것을 알 수 있고, 또한 '爱上他(그를 사랑하게 되다)'와 '结婚(결혼하다)'은 서로 관련 있는 내용이므로 정답은 C다.

2. 这还用问？两张地图一样大。 물어볼 필요가 있어? 두 장의 지도가 똑같이 크지. (A)

해설 　문장의 핵심 키워드 '地图(지도)'가 똑같이 쓰인 A가 답이라는 것을 쉽게 알 수 있으며, 질문 문장인 A에 2번 문제가 대답하는 문장이라는 것을 알 수 있다.

3. 衬衫、裤子和帽子我都给你放床上了。 셔츠, 바지 그리고 모자 모두 침대 위에 두었어. (D)

해설 　'衬衫(셔츠)', '裤子(바지)', '帽子(모자)'는 모두 입고 착용하는 것으로 D의 '穿(입다)'의 대상이 되므로 정답은 D다.

4. 我记得下班时，把空调关了。 내 기억에 퇴근할 때 에어컨 껐는데. (B)

해설 　'空调(에어컨)'는 B의 '开着(켜져 있다)'의 생략된 목적어로 볼 수 있다. '关(끄다)'은 '开(켜다)'의 반의어이며, 서로 같은 대상 '空调'를 목적어로 취한다. 또한 '下班时(퇴근할 때)'와 '现在(현재)'는 시간상으로도 동작의 선후 관계를 나타내주고 있으므로 정답은 B다.

5. 篮球比赛马上要开始了。 농구 시합이 곧 시작하려고 해. (E)

해설 　'篮球比赛(농구 시합)'는 E의 '运动员(운동선수)', '成绩(성적)'와 연관된 내용이므로, 5번 문제 뒤에 올 문장으로는 E가 가장 적절하다.

DAY 3

A 我先来吧，我叫谢阳，爱好是踢足球，很高兴认识大家。

B 你看，几百年前的一个盘子、花瓶，卖几千块钱。

C 是，她笑的时候特别可爱，眼睛像月牙一样。

D 我做面条了，这碗给你。

E 谢谢你把我送到机场。

1. 今天第一次见面，每个同学都介绍一下自己。　　（　　　）

2. 看起来很好吃，那我先尝尝。　　（　　　）

3. 刚才回答问题的那个女孩儿真漂亮。　　（　　　）

4. 不客气，欢迎下次再来北京。　　（　　　）

5. 是啊，越旧的东西越贵。　　（　　　）

DAY 4

A 这种苹果真甜啊！

B 你以前来过这个城市吗?

C 你的舞跳得真好，学了多久了?

D 好的，但我只有这一张100块的了，给您。

E 上海银行刚才打电话过来，让我下周去上班。

1. 对，去年秋天我和妻子一起来过这儿。　　（　　　）

2. 水果一共是17元8角，您拿好。　　（　　　）

3. 能找到那么好的工作，真为你高兴。　　（　　　）

4. 这么好吃，下次多买几个。　　（　　　）

5. 我从7岁就开始学，一直到现在。　　（　　　）

03 의견 제시와 이유 설명

독해 1부분에는 상대방의 질문이나 말에 자신의 의견을 제시하거나 어떤 이유를 설명하는 내용이 등장한다. 때에 따라서는 의견을 제시하거나 이유를 설명할 때 흔히 쓰는 표현인 '我认为(나는~라고 생각한다)', '我觉得(나는 ~라고 생각한다)', 또는 '因为(왜냐하면)' 같은 단어들이 생략되고 생각이나 이유를 직접 서술하는 방식으로 출제되기도 한다.

시크릿 요점정리

1 의견 제시

의견 제시는 어떤 화제나 제안에 대해 두 사람이 서로 의견을 교환하는 유형과 일반적인 진술이나 질문에 대해 한 사람이 의견을 제시하는 유형으로 나눌 수 있다.

(1) 서로 의견을 교환하는 유형

서로 의견을 교환하는 경우, 상대의 말에 동의를 할 수도 있고, 이견을 제시할 수도 있다. 또한 공통 화제가 문제와 답 문장에 각각 언급될 수도 있지만 한 번만 언급되는 경우도 있다.

예 상대방의 의견에 동의하는 경우

    [문제] **你有钱吗? 我也**想吃。 너 돈 있어? 나도 먹고 싶다.

    [정답] **哥哥，我想吃蛋糕。** 형. 나 케이크 먹고 싶다.

    → 문제에서 '나도' 먹고 싶다는 말을 한 것으로 보아 상대방이 먼저 '무엇'을 먹고 싶다는 말을 했을 것이다. 즉 문제는 '케이크'를 먹고 싶다는 의견에 동의하는 내용이다. 공통 화제인 '케이크(蛋糕)'는 동의하는 대답의 문장에서는 생략되어 있다.

예 상대방의 의견에 이견을 표하는 경우

    [문제] **熊猫多么可爱呀!** 판다가 얼마나 귀여운데!

    [정답] **可是太胖了。** 그렇지만 너무 뚱뚱해.

    → 판다가 귀엽다는 의견에 대해 답으로 호응하는 문장은 다른 견해를 보이고 있으며, 공통 화제인 '판다(熊猫)'는 생략되어 있다.

(2) 일반적인 진술이나 질문에 대해 의견을 제시하는 유형

의견을 공유하는 것 외에 단순히 어떤 상황에 관한 진술 혹은 질문에 대해 의견을 제시할 수도 있다. 이런 경우 공통되는 핵심 단어를 찾는 것도 좋지만, 대부분 답으로 호응하는 문장에는 출현하지 않거나, 전혀 관련이 없는 말로 의견을 나타내는 경우가 많다. 따라서 의미상 유추나 추론을 통해 맞는 답을 찾아야 한다.

예 목적어가 답에는 생략되어 있는 경우

    [문제] **突然想吃羊肉了。** 갑자기 양고기가 먹고 싶어.

[정답] **你来我家吧，我妈做了很多。** 우리 집에 와. 우리 엄마가 많이 만들어두셨어.

→ 양고기가 먹고 싶다는 말에 '만들었다'며 집에 오라고 제안을 하고 있다. 두 문장에 공통되는 단어는 나와있지 않지만 '我妈做了很多' 뒤에 올 수 있는 목적어로 의미상 '羊肉(양고기)'가 적합함을 알 수 있다.

예 전혀 관련이 없는 말로 의견을 제시하는 경우

[문제] **夏天真热。** 여름은 정말 더워.
[정답] **我们去游泳吧。** 우리 수영하러 가자.

→ 여름과 수영은 언뜻 보기에 관련이 없어 보이지만 맥락을 유추해보면 서로 연관성을 갖고 있음을 알 수 있으므로 답이 될 수 있다. 이처럼 전혀 관련이 없는 말로 의견을 제시하는 경우도 있다.

(3) 의견을 제시하는 표현을 쓰는 경우

의견을 제시하는 대표적인 표현으로 된 문장이 나온다. 이런 문장은 유형을 쉽게 파악할 수 있으며 답 또한 빨리 고를 수 있다.

[문제] **还没有，但我相信她会同意的。** 아니, 아직. 하지만 난 할머니께서 동의하실 거라고 믿어.
[정답] **你决定了？你告诉奶奶了吗？** 너 결정했어? 할머니께 알려드렸어?

→ 我相信(나는 ~일 것이라고 믿는다)은 자신의 의견을 제시하는 대표적인 표현이다.

2 이유 설명

이유 설명은 크게 질문에 이유를 설명하는 것과 어떤 사실이나 화제에 대해 이유를 설명하는 것으로 나눌 수 있다. 이유 설명은 문제와 답으로 호응하는 문장 사이에 반드시 공통의 화제가 있어서 앞에서 설명한 의견 제시보다 더 쉽게 풀 수 있다.

(1) 질문에 이유를 설명하는 경우

이유 설명의 가장 대표적인 유형으로 질문에 대답을 하는 형식이다.

[문제] **他有点儿不舒服，今天没来上班。** 그는 몸이 안 좋아서 오늘 출근하지 않았습니다.
[정답] **你有没有看见小黄？这是他的信。** 샤오황 보셨나요? 이건 그의 편지인데요.

→ 문제에서 어떤 이유와 사실을 말하고, 공통되는 키워드인 '샤오황'에 관해 질문하는 문장이 답으로 호응한다.

(2) 어떤 사실이나 화제에 대해 이유를 설명하는 경우

이런 경우 의견 제시는 전혀 관련이 없는 말로 호응할 수도 있지만, 이유를 설명할 땐 반드시 공통되는 키워드를 언급한다.

[문제] **因为这儿的水果新鲜，所以会贵一点儿。** 왜냐하면 여기 과일이 신선해서 조금 비싸.
[정답] **这儿的水果真贵。** 여기 과일 정말 비싸다.

→ 문제는 과일이 비싼 이유에 대해서 설명하고 있고, 이에 호응하는 문장에서는 공통 키워드인 '여기 과일'이 비싼 사실에 대해 이야기하고 있다.

(3) 이유를 나타내는 대표적 표현 유무

이유를 나타내는 대표적인 표현(접속사, 부사, 전치사 등)을 보고 문제를 풀 수도 있고, 반대로 이러한 표현 없이 의미에 근거해 문제를 풀어야 할 수도 있다.

예 대표적인 표현을 쓴 경우

[문제] 你为什么**还在**工作? 너 왜 아직도 일하고 있어?

[정답] **因为**工作太多，没有人愿意办，**所以**不能下班。
왜냐면 일은 많고 처리하려고 하는 사람은 없어서 퇴근을 할 수가 없어.

→ 이유를 나타내는 대표적인 표현 为什么(왜), 因为~所以(왜냐하면~ 그래서)를 써서 이유를 나타내는 문장이라는 것을 쉽게 파악할 수 있다.

예 의미에 근거해야 하는 경우

[문제] 你的脸怎么这么红? 发烧了? 너 왜 얼굴이 이렇게 빨개? 열나?

[정답] 不是，我刚才喝了点儿葡萄酒。 아니야. 방금 포도주를 좀 마셨어.

→ 이유를 묻는 질문에 대표적인 표현을 쓰지 않았지만, 답으로 호응하는 보기의 의미가 문제에 대한 이유라는 것을 알 수 있다.

感动日记

오늘 새롭게 알게 된 내용, 가장 중요한 핵심내용, 학습 소감과 각오 등을 적어보세요.

문제 1

> A 我晚上一般十点半就上床。
>
> B 你是怎么认识我同事的?
>
> C 被三班的同学借走了,说是做游戏要用。
>
> D 我也认为黑的比白的更漂亮。
>
> E 主要是希望它能离地铁站近一些,方便上下班坐车。

1. 这双运动鞋不但穿着很舒服,颜色也更好看。　　　　　　　　　(　)

2. 但最近因为在准备考试,所以睡得比较晚。　　　　　　　　　(　)

3. 您对房子有什么要求?　　　　　　　　　　　　　　　　　(　)

4. 我们都是北大的,虽然不在一个年级,但都是学文学的。　　　(　)

5. 真奇怪,教室里怎么少了好几张桌子?　　　　　　　　　　(　)

🔍 **문제 분석** 　의견 제시와 이유 설명의 표현을 파악하고, 공통의 화제와 키워드를 찾아 적절한 대응 표현을 찾아보자.

> A 나는 밤에 보통 10시 반에 잠자리에 들어.
>
> B 당신 어떻게 내 동료를 알아요?
>
> C 3반 친구들이 빌려 갔어. 게임 할 때 사용한다고 했어.
>
> D 나도 검은색이 하얀색보다 더 예쁜 것 같아.
>
> E 지하철역에서 좀 가까우면 가장 좋겠어요. 출퇴근할 때 차 타기 편하게요.

1. 이 운동화가 신었을 때 편할 뿐만 아니라 색깔도 더 예쁜 것 같아. (D)

2. 그런데 요즘은 시험을 준비하고 있어서 좀 늦게 자. (A)

3. 집에 어떤 요구 조건이 있나요? (E)

4. 저희 모두 베이징대학 출신이에요. 비록 같은 학년은 아니지만 둘 다 문학 전공이에요. (B)

5. 정말 이상하네. 교실에 책상 여러 개가 어째서 없어졌지? (C)

보기 단어　一般 yìbān 혱 일반적이다 | 上床 shàngchuáng 통 침대에 오르다. 잠자리에 들다 | 怎么 zěnme 때 왜, 어째서 | 认识 rènshi 통 알다 | 同事 tóngshì 몡 직장 동료 | 被 bèi 젠 ~에 의하여(피동을 나타냄) | 班 bān 몡 반, 학급 | 借 jiè 통 빌리다 | 游戏 yóuxì 몡 오락, 게임 | 用 yòng 통 사용하다 | 认为 rènwéi 통 여기다, ~라고 생각하다 | 黑 hēi 혱 검다 | 白 bái 혱 희다 | 主要 zhǔyào 뷔 주로, 대부분 | 希望 xīwàng 통 희망하다 | 离 lí 젠 ~로부터 | 地铁站 dìtiězhàn 몡 지하철역 | 近 jìn 혱 가깝다 | 一些 yìxiē 양 약간, 조금 | 方便 fāngbiàn 혱 편리하다 | 上下班 shàngxiàbān 출퇴근하다

문제 단어　双 shuāng 양 짝, 쌍 | 运动鞋 yùndòngxié 몡 운동화 | 不但 búdàn 접 ~뿐만 아니라 | 穿 chuān 통 입다, 신다 | 着 zhe 조 ~한 채로(동작이나 상태의 진행, 지속) | 舒服 shūfu 혱 편안하다 | 颜色 yánsè 몡 색깔 | 好看 hǎokàn 혱 예쁘다 | 但 dàn 접 그러나, 그렇지만 | 最近 zuìjìn 몡 최근 | 因为 yīnwèi 접 왜냐하면 | 在 zài 뷔 (마침) ~하고 있다 | 准备 zhǔnbèi 통 준비하다 | 考试 kǎoshì 몡 시험 | 所以 suǒyǐ 접 그리하여 | 睡 shuì 통 자다 | 得 de 조 ~하는 정도개(술어 뒤에 쓰여 정도를 나타내는 보어

148

를 연결시킴) | **比较** bǐjiào 및 비교적 | **对** duì 전 ~에 대하여 | **房子** fángzi 명 집 | **要求** yāoqiú 명 요구 | **北大** Běi Dà 北京大学(베이징대학)의 약칭 | **虽然…但是…** suīrán… dànshì… 접 비록 ~할지라도 그러나 ~하다 | **年级** niánjí 명 학년 | **文学** wénxué 명 문학 | **奇怪** qíguài 형 기이하다, 이상하다 | **教室** jiàoshì 명 교실 | **少** shǎo 형 적다 | **好几** hǎojǐ 수 여러, 몇 | **张** zhāng 양 넓고 평평한 것을 세는 단위 | **桌子** zhuōzi 명 책상

---

1. **这双运动鞋不但穿着很舒服，颜色也更好看。**
   이 운동화가 신었을 때 편할 뿐만 아니라 색깔도 더 예쁜 것 같아. (D)

   해설　운동화에 대한 자신의 느낌을 말하고 있으며, '颜色(색깔)'라는 단어와 매칭되는 문장을 찾으면 구체적인 색깔을 말한 D가 정답임을 알 수 있다. D 역시 운동화에 대한 자신의 의견을 제시하고 있는 문장임을 알 수 있다.

2. **但最近因为在准备考试，所以睡得比较晚。** 그런데 요즘은 시험을 준비하고 있어서 좀 늦게 자. (A)

   해설　'睡(자다)'는 A의 '上床(잠자리에 들다)'과 유의어 관계고, 요즘 특별히 늦게 자는 까닭을 말하고 있는데 바로 A에서 보통 10시 반이면 잔다(一般十点半就上床)고 했다. 보통 때를 이야기한 다음 역접의 접속사 '但'과 함께 '최근'을 말하는 것이 자연스러우므로 A가 2번 문제의 앞에 오는 말이 된다.

3. **您对房子有什么要求?** 집에 어떤 요구 조건이 있나요? (E)

   해설　상대방에게 집에 대한 요구 조건이 있는지 묻고 있으므로 '希望它能离地铁站近一些(지하철역에서 가깝길 바란다)'라고 자신의 의견을 제시하는 E가 적절한 대답이 된다. '希望(희망하다, 바라다)'은 자신의 견해를 제시할 때 사용할 수 있는 동사이다.

4. **我们都是北大的，虽然不在一个年级，但都是学文学的。**
   저희 모두 베이징대학 출신이에요. 비록 같은 학년은 아니지만 둘 다 문학 전공이에요. (B)

   해설　'我们'이라는 주어에 대해 서술하고 있으므로, 인물의 신분이나 관계를 묻는 문장이 답으로 호응할 수 있다. 구체적인 사람인 '同事(동료)'가 언급된 B가 정답의 후보가 되며, 또한 B의 '怎么认识(어떻게 알다)'에 대한 이유에는 '我们都是北大的(저희 모두 베이징대학 출신이에요)'가 의미상 적절하게 매칭됨을 알 수 있다.

5. **真奇怪，教室里怎么少了好几张桌子?** 정말 이상하네, 교실에 책상 여러 개가 어째서 없어졌지? (C)

   해설　교실에 책상 여러 개가 없어진 것에 대한 이유는 C의 '被三班的同学借走了(3반 친구들이 빌려갔다)'가 되므로 정답은 C다. '怎么(어째서, 왜)'는 '어떻게'라는 뜻 외에도 이유를 물어볼 때 자주 쓰이는 표현이다.

의견을 제시하는 방법과 이유를 설명하는 대표적인 표현을 알아두면 유형을 판단하기가 훨씬 쉬워진다. 어떠한 것들이 있는지 알아보도록 하자.

1 자신의 의견을 표현하는 방법

我觉得… wǒ juéde …	내 생각에는 ~
我想… wǒ xiǎng …	내 생각에는 ~
我认为… wǒ rènwéi …	나는 ~라고 생각한다
我以为… wǒ yǐwéi …	나는 ~라고 잘못 생각했다/~인 줄 알았다
我看… wǒ kàn …	내가 보기에는 ~
我希望… wǒ xīwàng …	나는 ~하기를 희망한다/바란다
我相信 wǒ xiāngxìn	나는 ~일 것이라고 믿는다
对我来说 duì wǒ lái shuō	나로 말할 것 같으면, 나에게 있어서
其实 qíshí	사실은
还是…吧 háishi … ba	그래도 ~하는 편이 낫다, 그래도 ~합시다 * 이 형태의 의견 제시에 대한 대답도 의문문과 똑같이 긍정/부정으로 한다.
知道了。Zhīdào le.	알겠다
明白了。Míngbái le.	이해했다(알겠다)
好的。Hǎode.	좋다
我同意… wǒ tóngyì …	나는 ~하는 것에 동의한다
我不同意 wǒ bù tóngyì = 反对 fǎnduì	나는 ~하는 것에 동의하지 않는다 = 나는 ~하는 것에 반대한다
没问题 méiwèntí = 行 xíng	문제없다, 된다

2 원인을 나타내는 방법

为什么 wèishénme 왜	小王家的客人为什么总是很多? 샤오왕네 가게의 손님은 왜 항상 많아?
怎么 zěnme 어째서, 왜	你怎么还不起床啊? 너 어째서 아직도 일어나지 않는 거야?
因为 yīnwèi ~ 때문에	那是因为他家的咖啡非常有名。 그건 그 사람 가게의 커피가 매우 유명하기 때문이야.
为 wèi ~을 위해서	我为了明天的考试，正在努力复习。 나는 내일의 시험을 위해 열심히 복습을 하고 있다.

해설서 86, 87p

DAY 5

A 对，明天第一天上班，要早点儿睡，明天一定不能迟到。

B 你的脸怎么这么红啊？是生病了？

C 所以很多年轻人选择离开家去那儿工作。

D 我也不知道为什么，我从小就害怕这种小动物。

E 小李怎么突然决定学音乐了？

1. 大城市一般机会比较多。 （　　　）

2. 你不喜欢猫？它们多么可爱啊！ （　　　）

3. 现在才9点，你要睡了？ （　　　）

4. 这一点都不奇怪，唱歌一直是他最大的爱好。 （　　　）

5. 没有，我刚才喝了一点儿啤酒。 （　　　）

DAY 6

A 不好说，都十年多了，你的变化太大了。

B 这个办法听上去很简单。

C 好的，如果我没什么事，我一定去。

D 好的，其实我不那么累，就是有点儿渴。

E 因为我喜欢出国旅游，每到一个国家都会买一张。

1. 你觉得王阿姨还能认出我吗？ （　　　）

2. 我们爬了一个小时的山了，休息一下吧。 （　　　）

3. 你怎么有这么多地图？ （　　　）

4. 我同意，咱们试试吧。 （　　　）

5. 这个周末大家都去看电影，你和我们一起去？ （　　　）

04 금지, 명령, 요청

금지, 명령, 요청 표현은 독해 제1부분은 물론 듣기 영역에서도 빈번히 출제되는 내용으로 대답 또한 이에 맞게 의사 표현을 해야 할 경우가 많다. 의사 표현은 시험뿐만 아니라 일상 회화에서도 자주 쓰이므로 이번 장을 잘 공부한다면 회화 수준도 함께 향상시킬 수 있다.

시크릿 요점정리

1 금지와 명령

금지와 명령을 나타내는 표현은 정해져 있다. '~하지 마라(别/不要)', '~을 하게 만들다(让/使)' 등의 자주 쓰는 표현을 알아두면 문제 유형을 빨리 파악할 수 있다. 명령이나 금지에 대한 대답에도 금지 또는 명령하는 동작이 나온다.

> [문제] **别看电视了，你明天有数学考试。** TV 그만 봐. 너 내일 수학 시험 있잖니.
> [정답] **知道了，妈妈。我看完这个节目就开始学习吧。**
> 　　　　알겠어요. 엄마. 저 이 프로그램만 보고 바로 공부 시작할게요.
> → 금지의 표현 别(~하지 마라)에 대해 知道了(알았다)라고 대답했다. 금지를 나타내는 문장과 대답하는 문장에 'TV를 보다(看电视)'와 '프로그램을 보다(看节目)', '시험(考试)'과 '공부하다(学习)' 등의 연관 키워드가 나와 있다.

2 요청

상대방에게 무언가를 요청할 때는 조동사가 자주 등장한다. 조동사는 동사 앞에 등장하거나 문장 맨 뒤에 나와 상대방에게 요청하는 뉘앙스를 더욱 강조한다.

> [문제] **好的，我一定注意！** 알겠어. 내가 반드시 주의할게.
> [정답] **你能不能别让我担心！** 너 나 걱정 좀 안 시킬 수 없니?
> → 문제가 '주의하겠다'는 의사를 표현한 문장이므로 답은 요청을 나타내는 문장이다. '~하지 않을 수 없니'라고 완곡히 요청하는 문장에 '알겠다/싫다' 등으로 대답할 수 있다.

> [문제] **可以啊，我有很多铅笔。** 되지. 나 연필 많아.
> [정답] **我用你的铅笔，可以吗?** 내가 네 연필을 빌려 써도 될까?
> → 문제에 可以(~해도 된다)라는 조동사가 나와 있으므로 요청에 대해 허락하는 표현으로 볼 수 있다. 따라서 답으로 적합한 문장은 '~해도 되는지' 물으며 요청하는 문장이 된다.

금지와 명령, 요청의 의사 표현에 있어서 반드시 알아야 할 표현 방법과 자주 쓰이는 조동사(능원동사)의 종류에 대해 알아보자.

1 금지 · 명령 관련

금지와 명령은 행동을 금하거나 요구하는 내용으로, '~하지 마라/해라'라고 해석된다. 대개 别/不要 같은 말이 문장 첫머리에 나오는데, 명령문은 대부분 주어를 생략해서 말하기 때문이다.

别… bié … ~하지 마라	别抽烟! 담배 피우지 마세요! [금지]
不要… bú yào … ~하지 마라, ~하면 안 된다	不要迟到! 지각하지 마세요! [금지]
不可以… bù kěyǐ … ~하면 안 된다	你不可以来这儿。 너는 여기에 오면 안 돼. [금지]
快… kuài … 빨리 ~해라	快做作业! 빨리 숙제 해! [명령]
让… ràng …	他让我先回宿舍。 그는 나보고 먼저 기숙사로 돌아가라고 했다. [행동 요구]
不让 búràng	学校不让我参加比赛。 학교는 내가 시합에 참가하지 못하게 했다. [금지]

2 요청 관련 조동사

조동사는 능력을 나타내는 것 이외에도 허가(금지문), 필요(명령문), 소망(의사 표현)을 나타내기도 한다. (일반적인 조동사에 관한 내용은 쓰기 1부분 p.263 참조)

조동사의 종류	쓰임
能 néng	① 허가(금지문): ~해도 된다/안 된다 在这儿你不能抽烟。 여기서 담배 피우시면 안 됩니다. ② 소망(의사 표현): ~할 수 있다/없다 我能帮你。 내가 너를 도와줄 수 있어.
可以 kěyǐ	① 허가(금지문): ~해서는 된다/안 된다 你不可以进来。 당신은 들어와서는 안 된다. ② 소망(의사 표현): ~할 수 있다/없다 我可以帮你。 내가 너를 도와줄 수 있어.

要 yào	① 허가(금지문): ~해서는 된다/안 된다 **你不要这样说好不好?** 너 그렇게 말하지 않으면 안 되겠니? ② 필요(명령문): ~해야 한다 **你要跟他商量商量。** 너는 그와 상의를 해야 한다. ③ 소망(의사 표현): ~하고 싶다 **我要喝果汁。** 나는 주스를 마시고 싶다. ④ 부정형 → 不想: ~하고 싶지 않다 **我不想喝咖啡。** 나는 커피를 마시고 싶지 않다.
应该 yīnggāi	① 허가(금지문): ~해서는 된다/안 된다 **你不应该来这儿。** 너는 여기에 와서는 안 된다. ② 필요(명령문) **你应该去。** 너는 반드시 가야 한다.
得 děi	① 필요(명령문) **你得做作业。** 너는 숙제를 해야 한다. ② 부정형 → 不用 **你不用做作业。** 너는 숙제를 할 필요가 없다.
想 xiǎng	① 소망(의사 표현): ~하고 싶다 **我想去中国旅游。** 나는 중국으로 여행 가고 싶다.
愿意 yuànyì	① 소망(의사 표현): ~하고 싶다 **我愿意参加这次比赛。** 나는 이번 시합에 참가하기를 원한다.

문제

A 你别担心，我包里带伞了。

B 来中国都一个月了，我还是不会用筷子吃饭。

C 知道知道了，妈妈，我就看这个节目吧。

D 好的，我这就去关。

E 你选的歌是有点儿难，你再试试吧。

1. 刚才还是晴天，这会儿天就阴了，好像要下雨。 （   ）
2. 不要一边看电视一边做作业，好不好？ （   ）
3. 妹妹有点儿感冒，别开空调了。 （   ）
4. 不用着急，再多花点儿时间练习练习就会好的。 （   ）
5. 不好意思，我刚才唱错了，能再给我一次机会吗？ （   ）

🔍 **문제 분석** 금지, 명령, 요청하는 행위가 문제와 보기에 공통적으로 나와 있는지 찾아보고, 조동사를 사용하여 어떻게 요청 표현을 했는지 살펴보자.

A 걱정하지 마, 내가 가방에 우산 가져왔어.

B 중국에 온지 한 달이 되었는데 난 아직도 젓가락으로 밥을 못 먹어.

C 알겠어요, 엄마, 이 프로그램만 볼게요.

D 알겠어, 지금 바로 가서 끌게.

E 네가 고른 노래는 조금 어려워. 다시 해봐.

1. 방금까지는 맑더니 지금은 또 흐리네, 아무래도 비가 올 것 같아. (A)
2. 텔레비전 보면서 숙제하지 마, 알겠니? (C)
3. 여동생이 감기에 걸렸으니 에어컨 켜지 마. (D)
4. 조급해할 필요 없어, 다시 시간을 갖고 연습하면 좋아질 거야. (B)
5. 미안해, 내가 방금 틀리게 불렀는데 다시 한번 기회를 줄 수 있어? (E)

보기 단어 别 bié 뷔 ~ 하지 마라 | 担心 dānxīn 통 걱정하다 | 包 bāo 몡 가방 | 带 dài 통 가져가다, 지니다 | 伞 sǎn 몡 우산 | 会 huì 조통 (배워서)~할 수 있다 | 用 yòng 통 사용하다 | 筷子 kuàizi 몡 젓가락 | 节目 jiémù 몡 프로그램 | 关 guān 통 닫다, 끄다 | 选 xuǎn 통 고르다 | 歌 gē 몡 노래 | 有点儿 yǒudiǎnr 뷔 조금 | 难 nán 혱 어렵다 | 再 zài 뷔 또, 다시 | 试 shì 통 시도하다

문제 단어 刚才 gāngcái 뷔 방금 | 还是 háishi 뷔 여전히, 그래도 | 晴天 qíngtiān 날씨가 맑다 | 这会儿 zhèhuìr 몡 이때, 지금 | 阴 yīn 혱 흐리다 | 好像 hǎoxiàng 뷔 마치 ~과 같다 | 下雨 xiàyǔ 통 비가 오다 | 不要 búyào ~하지 마라 | 一边…一边… yìbiān…yìbiān… ~하면서 ~하다 | 电视 diànshì 몡 텔레비전 | 作业 zuòyè 몡 숙제 | 有点儿 yǒudiǎnr 조금 | 感冒 gǎnmào 통 감기에 걸리다 | 开 kāi 통 열다, 켜다 | 空调 kōngtiáo 몡 에어컨 | 不用 búyòng ~할 필요 없다 | 着急 zháojí 통 조급하다 | 再 zài 뷔 또, 다시 | 花 huā 통 (시간, 돈을) 쓰다 | 点儿 diǎnr 양 조금 | 时间 shíjiān 몡 시간 | 练习 liànxí 통 연습하다 | 唱 chàng 통 노래 부르다 | 错 cuò 혱 틀리다, 맞지 않다 | 能 néng 통 ~할 수 있다 | 次 cì 양 번, 차례 | 机会 jīhuì 몡 기회

1. 刚才还是晴天，这会儿天就阴了，好像要下雨。
   방금까지는 맑더니 지금은 또 흐리네. 아무래도 비가 올 것 같아. (A)

   해설 날씨를 보고 비가 올 것 같다고(好像要下雨) 걱정하고 있으므로 날씨와 관련된 키워드를 찾아야 한다. 상대방에게 '우산을 가져 왔으니(带伞) 걱정하지 말라(别担心)'는 문장인 A가 정답이다.

2. 不要一边看电视一边做作业，好不好? 텔레비전 보면서 숙제하지 마, 알겠니? (C)

   해설 不要는 '~하지 마라'라는 금지의 표현이다. 문제의 '텔레비전 보면서 숙제하지 말라'는 말에 알겠다고 대답하고, 동시에 공통된 행위가 포함된 문장은 C다. 즉 '看这个节目(이 프로그램을 보다)'에서 TV를 보는 동작임을 알 수 있는 것이다. 문제 문장의 뜻만 보고 D의 '(전원을) 끄다'라는 뜻의 동사 关을 'TV를 끄다'로 쓴 것이라 여겨 답이라고 생각할 수도 있다. 하지만 이 문제에는 설명한 바와 같이 C가 가장 적절한 답이며, D는 3번 문제의 답만 된다.

3. 妹妹有点儿感冒，别开空调了。 여동생이 감기에 걸렸으니 에어컨 켜지 마. (D)

   해설 상대방에게 '에어컨을 켜지 말라(别开空调了)'고 금지를 하고 있으므로 이에 대한 대답은 '끄다'의 의미인 동사 '关'이 나온 D가 정답이다.

4. 不用着急，再多花点儿时间练习练习就会好的。 조급해할 필요 없어. 다시 시간을 갖고 연습하면 좋아질 거야. (B)

   해설 상대방에게 '조급해할 필요 없다(不用着急)'고 이야기하고 있으므로 매칭될 문장은 어떤 어려운 상황이 전제되어야 한다. '练习(연습하다)'와 의미상 매칭되는 문장은 B의 '用筷子吃饭(젓가락으로 밥먹다)'이며 이것이 바로 연습으로 좋아질 상황에 해당하므로 정답은 B다.

5. 不好意思，我刚才唱错了，能再给我一次机会吗?
   미안해, 내가 방금 틀리게 불렀는데 다시 한번 기회를 줄 수 있어? (E)

   해설 상대방에게 '能再给我一次机会吗?(다시 한번 기회를 줄 수 있어?)'라고 요청하고 있으므로 이에 어울릴 수 있는 적절한 대답을 찾으면 된다. E의 '试试(해보다)'는 바로 노래를 다시 한번 불러보는 것을 의미하므로 정답은 E다.

DAY 7

A 别担心，我每半个小时就会休息一下。
B 你到底去不去？快决定吧。
C 没关系，但我希望下次不会遇到这样的事情。
D 我刚才在电梯门口见了王经理。
E 我可以和你们一起聊天儿吗？

1. 再给我几分钟让我想想。 （　　　）
2. 别玩儿电脑了，时间太长对眼睛不好。 （　　　）
3. 欢迎，我们在说20号去哪里春游。 （　　　）
4. 他让我告诉你，两点半在公司的会议室开会。 （　　　）
5. 对不起，是我的错，你别生气了。 （　　　）

DAY 8

A 你别担心了。
B 奶奶带了很多东西，你去楼下帮她拿一下。
C 我可以去吗？我已经一个星期没打篮球了。
D 我知道你最近很忙，可是你能不能帮我一个忙？
E 我的作业早就完成了。

1. 好的，我马上下去接她。 （　　　）
2. 你最好再检查一下，看还有没有问题。 （　　　）
3. 孩子已经18岁了，知道怎么照顾自己。 （　　　）
4. 你可以去，不过只能打一个小时。 （　　　）
5. 你忘了？我们是好朋友，不用那么客气，说吧。 （　　　）

05 유추

유추 문제는 전반적인 내용을 파악해야만 매칭되는 문장을 찾을 수 있는 문제로 비교적 난도가 높은 편에 속한다. 10문제 중 1~2문제 정도는 출제되고 있으며, 매칭되는 문장 사이에 공통적으로 들어가는 키워드가 없어 고르기 힘든 문제일 수 있으나, 전반적인 문장 해석이 된다면 올바른 답을 바로 찾을 수 있을 것이다.

시크릿 요점정리

1 문장의 화제를 파악하자.

비록 공통된 키워드는 없지만, 문제와 문제의 답으로 매칭되는 문장은 반드시 하나의 화제를 논하고 있으므로 문장의 화제가 무엇인지를 먼저 파악하도록 하자.

[문제] 虽然你在哭，但我不能相信你。비록 네가 울고 있지만 그래도 나는 너를 믿을 수 없어.
[정답] 我说的都是真的。내가 말한 것은 모두 진짜야.
→ '我不能相信你(나는 너를 믿을 수 없어)'라는 말을 근거로 이 문장의 화제는 상대방, 혹은 상대방을 믿을 수 없다는 것이다. 이에 대해 답으로 매칭되는 문장은 자신의 말이 '都是真的(모두 진짜이다)'라고 하며 믿을 수 없다고 말하는 상대방에게 반박하는 문장이어야 함을 유추할 수 있다.

2 답으로 매칭되는 문장이 유추 문장일 수도 있다.

유추 문제에서 답으로 매칭되는 문장은 문제에 대해 반드시 답변을 하거나 질문하는 문장이 아닐 수 있고, 문제로 나온 문장을 근거로 어떤 상황을 유추하는 내용의 문장이 답일 수도 있다.

[문제] 服务员，拿一下菜单，我们一会儿点菜。
　　　여기요, 메뉴판 좀 주세요, 음식은 조금 있다 시킬게요.
[정답] 他们在饭馆。그들은 식당에 있다.
→ '服务员(종업원)', '菜单(메뉴판)', '点菜 (음식을 주문하다)'라는 말을 근거로 이 문장은 식당에서 쓰일 수 있다는 것을 알 수 있다. 이에 대해 답으로 매칭되는 문장은 답변이나 질문이 아닌, 화자가 어디에 있는지를 유추하는 문장이다.

3 부연 설명을 찾아라.

문제와 답으로 매칭되는 문장이 서로 연결되어 있는 경우로, 주어진 문제가 보기 문장 앞에 나와 선행 사실을 설명을 하는 경우도 있고, 보기 문장 뒤에 나와 부연 설명을 하는 경우도 있다. 이런 경우 이 문제의 앞 혹은 뒤에 나올 수 있는 설명 문장을 보기에서 찾아보자.

[문제] 那时候她比较瘦，还不到50公斤。그 당시 그녀는 비교적 말랐고 50kg도 되지 않았다.
[정답] 照片上这个短头发的就是我妻子。사진 속의 이 짧은 머리의 사람은 내 아내이다.
→ 문제는 '她(그녀)'에 대해 설명하는 문장이다. 이 문장에 답으로 매칭되는 문장은 문제의 앞에 놓여 이 여자가 누구인지를 부연 설명하는 문장이다.

문제

A 你发给我的电子邮件我还没看呢。

B 奇怪！早上太阳都出来了，还能看见月亮。

C 上午我突然觉得不舒服，是一位阿姨送我去医院的。

D 最近天气真不好，不是刮风，就是下雨。

E 你的作业我帮你检查过了。

1. 其实这很常见，可能是你以前没注意过。　　　　　　　　　(　)

2. 好久没见到太阳了，希望明天是个晴天。　　　　　　　　　(　)

3. 错的地方我都用铅笔画出来了。　　　　　　　　　　　　　(　)

4. 我这几天一直在外面，没办法上网。有急事吗?　　　　　　(　)

5. 我想去谢谢她，但是忘记问她的姓名了。　　　　　　　　　(　)

🔍 **문제 분석** 의미상 매칭되는 문장을 유추를 통해 찾아보자.

A 당신이 보낸 이메일을 제가 아직 못 봤어요.

B 이상하네! 아침에 해가 떴는데도 달을 볼 수가 있네.

C 오전에 나는 갑자기 몸이 안 좋은 것 같았는데, 한 아주머니가 나를 병원에 데려다주셨다.

D 요즘 날씨가 정말 좋지 않다. 바람이 불거나 비가 온다.

E 네 숙제를 내가 검사했어.

1. 사실 이것은 매우 흔해. 아마도 네가 예전에 주의 깊게 살핀 적이 없었을 거야. (B)

2. 오랫동안 해를 보지 못해서 내일은 맑은 날씨였으면 좋겠다. (D)

3. 잘못된 곳은 내가 연필로 표시해두었어. (E)

4. 요즘 줄곧 밖에 있어서 인터넷을 할 수가 없어요. 급한 일이 있나요? (A)

5. 아주머니께 감사 인사를 하고 싶었지만, 아주머니 성함을 여쭙는다는 것을 잊었다. (C)

보기 단어 发 fā 통 보내다 | 电子邮件 diànzǐ yóujiàn 명 이메일 | 还没 hái méi 아직 ~하지 않았다 | 奇怪 qíguài 형 기이하다, 이상하다 | 太阳 tàiyáng 명 태양 | 能 néng 조동 ~할 수 있다 | 看见 kànjiàn 통 보(이)다 | 月亮 yuèliang 명 달 | 上午 shàngwǔ 명 오전 | 突然 tūrán 부 갑자기, 돌연히 | 觉得 juéde 통 느끼다, 생각하다 | 舒服 shūfu 형 편안하다 | 位 wèi 양 분(사람을 세는 단위) | 阿姨 āyí 명 이모, 아주머니 | 送 sòng 통 보내다 | 医院 yīyuàn 명 병원 | 最近 zuìjìn 명 최근 | 天气 tiānqì 명 날씨 | 不是…就是… búshì … jiùshì … 접 ~이 아니면 ~이다 | 刮风 guāfēng 바람이 불다 | 下雨 xiàyǔ 비가 오다 | 作业 zuòyè 명 숙제 | 帮 bāng 통 돕다 | 检查 jiǎnchá 통 검사하다 | 过了 guò le ~했다(동작의 완료)

문제 단어 其实 qíshí 부 사실은 | 常见 chángjiàn 형 흔히 보는, 흔한 | 可能 kěnéng 부 아마도 | 以前 yǐqián 명 이전, 예전 | 注意 zhùyì 통 주의하다 | 过 guo 조 ~한 적이 있다 | 希望 xīwàng 통 희망하다 | 晴天 qíngtiān 날씨가 맑다 | 错 cuò 형 틀리다, 맞지 않다 | 地方 dìfang 명 장소, 곳 | 用 yòng 통 사용하다 | 铅笔 qiānbǐ 명 연필 | 画 huà 통 그리다, 긋다 | 这几天 zhèjǐtiān 요즘, 요며칠 | 一直 yìzhí 부 줄곧, 계속해서 | 办法 bànfǎ 명 방법 | 上网 shàngwǎng 통 인터넷을 하다 | 急事 jíshì 명 급한 일 | 但是 dànshì 접 그러나, 그렇지만 | 忘记 wàngjì 통 잊어버리다 | 姓名 xìngmíng 명 성명, 이름

1. 其实这很常见，可能是你以前没注意过。
   사실 이것은 매우 흔해. 아마도 네가 예전에 주의 깊게 살핀 적이 없었을 거야. (B)

   해설 '这(이것)'가 가리키는 것이 무엇인지를 유추해야 한다. '其实(사실)'라고 발화를 시작하는 것으로 보아 몰랐던 사실을 설명하고 있으므로 답으로 매칭될 수 있는 문장은 B다. B의 '奇怪(이상하다)'로 서술한 현상은 바로 '太阳都出来了，还能看见月亮(해가 나왔는데도 달을 볼 수 있다)'이며, 문제에서 이 현상은 '常见(흔하다)'이라고도 서술하므로 답으로 매칭될 수 있다.

2. 好久没见到太阳了，希望明天是个晴天。 오랫동안 해를 보지 못해서 내일은 맑은 날씨였으면 좋겠다. (D)

   해설 '오랫동안 해를 보지 못했다(好久没见到太阳了)'를 근거로 날씨와 관련된 화제를 찾으면 D의 '最近天气真不好(최근 날씨가 정말 좋지 않다)'와 의미상 매칭되므로 정답은 D다.

3. 错的地方我都用铅笔画出来了。 잘못된 곳은 내가 연필로 표시해두었어. (E)

   해설 '错的地方(잘못된 곳)'이 무엇을 말하는지, 또 왜 '用铅笔画出来(연필로 표시해두다)'라고 했는지 등을 유추해야 한다. E의 '作业(숙제)'는 문제의 '错的地方(잘못된 곳)'과 의미상 연관성이 있고, '用铅笔画出来(연필로 표시해두다)'는 '检查(검사하다)'한 뒤에 행한 동작임을 알 수 있으므로 정답은 E다.

4. 我这几天一直在外面。没办法上网。有急事吗?
   요즘 줄곧 밖에 있어서 인터넷을 할 수가 없어요. 급한 일이 있나요? (A)

   해설 '没办法上网(인터넷을 할 수 없다)'을 근거로 인터넷으로 할 수 있는 행위나 동작을 유추해보면 A의 '发电子邮件(이메일을 보내다)'이라는 것을 알 수 있다.

5. 我想去谢谢她，但是忘记问她的姓名了。
   아주머니께 감사 인사를 하고 싶었지만, 아주머니 성함을 여쭙는다는 것을 잊었다. (C)

   해설 문제 속의 '她(그녀)'가 누구인지, 왜 '谢谢(감사 인사를 하다)'를 하려고 하는지 유추해야 한다. C의 '阿姨送我去医院的(아주머니가 나를 병원에 데려다주셨다)'에서 감사 인사를 하려고 하는 이유와 대상이 모두 나와 있으므로 정답은 C가 된다. C는 문제의 앞에 위치하여 문제 문장과 함께 하나의 사건을 서술하는 문장이다.

DAY 9

A 那个出租车司机服务真好。

B 小李不喝啤酒，我们要几瓶饮料吧。

C 这是他搬走以后我们第一次见面。

D 这附近有家饭馆儿，羊肉做得很不错。

E 妈妈，生日快乐！这是我送给您的礼物。

1. 好，我让服务员把菜单拿过来。　　　　　（　　）

2. 谢谢，你快来吃蛋糕吧，我给你大一块儿。　（　　）

3. 我昨天晚上在街上遇到以前的邻居老张了。　（　　）

4. 小李总是先帮助、关心别人。　　　　　　（　　）

5. 我相信你一定会喜欢吃的。　　　　　　　（　　）

DAY 10

A 大家都向我这儿看，来，笑一笑，一二三。

B 那也不用着急，你先拿着用。

C 关老师要说一下明天考试的事情。

D 同学们，我在黑板上画了个世界地图。

E 每天晚上，哥哥都会在楼下的公园里教我。

1. 中国有句话叫"有借有还，再借不难"。　　（　　）

2. 最近我学习打网球。　　　　　　　　　　（　　）

3. 他在给别人照相呢。　　　　　　　　　　（　　）

4. 你们看，我们国家在这儿，中国在我们东边。（　　）

5. 同学们注意一下，运动会结束以后，请大家先回教室。（　　）

독해 제2부분 빈칸 채우기

기출문제 탐색전

문제 1

A 买　　　B 护照　　　C 适合　　　D 爱好　　　E 解决　　　F 健康

这件衣服很（ C 适合 ）你，而且正在打折，你就买吧。

문제 2

A 迟到　　　B 年轻　　　C 毕业　　　D 温度　　　E 双　　　F 音乐

A: 你刚才去哪儿了?

B: 去超市了，我买了两（ E 双 ）袜子，你看，怎么样?

독해 제2부분은 51~60번이며, 총 10문제로 각각의 빈칸 안에 알맞은 단어를 보기에서 고르면 된다. 51번부터 55번까지의 문제는 각 한 문장으로 되어있고, 56~60번은 A와 B의 대화문이다. 빈칸에 들어갈 단어의 품사는 각각 다르며, 단어의 뜻을 생각하면서 문제를 풀거나, 단어의 뜻을 모를 경우에는 빈칸의 품사를 보고 문제를 풀어도 된다.

🔍 유형 분석

❶ 문제는 51~55번 5문제, 56~60번 5문제로 나뉘어져 있으며, 51~55번, 56~60번 각각 6개의 보기가 주어진다.

❷ 시험지에는 예제가 제시되어 있으며, 6개의 보기에는 예제에 대한 답이 포함되어 있다.

❸ 답은 빈칸에 하나씩만 들어가므로 아는 문제부터 풀자. 이미 확실한 답은 사선(/)으로 표시를 해두면 다른 문제를 풀 때 혼동하지 않을 수 있다.

❹ 문제를 풀 때는 먼저 빈칸 앞 뒤를 보고 빈칸에 들어갈 답의 품사를 유추해보자.

❺ 빈칸에 들어가는 답의 품사는 명사, 동사, 형용사 외에도 전치사, 부사, 양사 등 다양하게 출제된다.

❻ 답안지 작성 시간을 감안하여 문제 푸는 시간은 1분 미만이 좋다.

01 명사

명사는 독해 2부분에서 가장 많이 출제되는 품사이다. 주로 주어와 목적어 자리에 놓이는 명사가 출제되므로 빈칸이 문장 맨 앞, 혹은 마지막에 놓여있다면 빈칸에 들어갈 단어의 품사는 명사일 가능성이 높다. 독해 2부분에 출제되는 명사는 주로 1음절보다는 2음절 명사가 더 많이 출제된다.

시크릿 요점정리

1 명사란?

사람, 사물, 시간 장소 등을 나타내는 단어를 명사라 한다.

2 명사의 기능

(1) 명사는 문장에서 주로 주어, 목적어, 관형어 역할을 한다.

예 这件 [衬衫] 不太贵。이 셔츠는 그다지 비싸지 않다.
　　　주어

我买了一件 [衬衫]。나는 셔츠 한 벌을 샀다.
　　　　　　목적어

这是 [汉语] 书。이것은 중국어 책이다.
　　　관형어

(2) 시간, 날짜, 날씨, 가격, 국적, 나이 등을 나타내는 단어는 문장에서 술어 역할을 한다.

예 现在 [两点]。지금은 2시다.
　　　술어

今天 [三月五号]。오늘은 3월 5일이다.
　　　술어

一斤西瓜 [三块八毛]。수박 한 근은 3.8위안이다.
　　　　　술어

他 [北京人]。그는 베이징 사람이다.
　　술어

我今年 [三十六岁]。나는 올해 36세이다.
　　　　술어

(3) 명사는 전치사와 결합하여 전치사구를 이룬다. (전치사에 관련된 내용은 p.186 참조)

예 你快把 [房间] 收拾一下。너 빨리 방 치워.
　　전치사 + 명사

你再往 [中间] 站一点。너 좀 더 가운데로 서.
　　전치사 + 명사

3 명사의 특징

(1) 명사는 '수사 + 양사(단위사)', '지시대명사 + 양사(단위사)'의 수식을 받는다.

(양사에 관련된 내용은 p.180 참조)

> 예 春天来了，我想去买几件 [衣服]。봄이 왔다. 나는 옷을 몇 벌 사러 갈 생각이다.
> 　　　　　　　　　수사 + 양사 + 명사

> 　这本 [书] 的内容不错，真让人感动。이 책의 내용은 매우 좋아 정말 사람을 감동시킨다.
> 지시대명사 + 양사 + 명사

(2) 명사는 '관형어 + 的'의 수식을 받는다.

> 예 这孩子的 [眼睛] 特别像他妈妈。이 아이의 눈은 아이 엄마와 무척 닮았다.
> 　　관형어 + 명사
> 他给我留下了非常好的 [印象]。그는 나에게 매우 좋은 인상을 남겼다.
> 　　　　　　　관형어 + 명사

(3) 명사는 일반적으로 부사의 수식을 받을 수 없다.

> 예 不中国（x）/ 都老师（x）

(4) 양사의 성질을 갖는 일부 1음절 명사는 중첩하여 '매, ~마다, 모든~'이라는 뜻을 나타낸다.

> 예 你怎么 [天天] 迟到? 넌 왜 맨날 지각이야?
> [人人] 都不同。사람마다 다르다.

★ 자주 출제되는 명사

→ 독해 2부분은 얼마나 많은 단어를 아는지, 빈칸에 들어갈 단어의 품사를 정확하게 파악하고 있는지를 묻는 부분인 만큼 단어를 많이 알아두면
문제를 푸는 데도 유리하다. 독해 2부분에서 자주 출제되는 명사들은 반드시 외우자.

爱好 àihào	취미	办法 bànfǎ	방법
办公室 bàngōngshì	사무실	报纸 bàozhǐ	신문
北方 běifāng	북방, 북쪽	鼻子 bízi	코
比赛 bǐsài	경기, 시합	笔记本 bǐjìběn	노트, 수첩
冰箱 bīngxiāng	냉장고	菜单 càidān	메뉴
超市 chāoshì	슈퍼마켓	衬衫 chènshān	셔츠
词典 cídiǎn	사전	地方 dìfang	장소
地图 dìtú	지도	电脑 diànnǎo	컴퓨터
电梯 diàntī	엘리베이터	电子邮件 diànzǐ yóujiàn	이메일
动物 dòngwù	동물	房间 fángjiān	방
服务员 fúwùyuán	종업원	附近 fùjìn	부근, 근처
刚才 gāngcái	방금	个子 gèzi	키
公司 gōngsī	회사	故事 gùshi	이야기
国家 guójiā	국가	黑板 hēibǎn	칠판
护照 hùzhào	여권	环境 huánjìng	환경
会议 huìyì	회의	机会 jīhuì	기회
季节 jìjié	계절	脚 jiǎo	발
节目 jiémù	프로그램	节日 jiérì	명절
经理 jīnglǐ	사장, 팀장	空调 kōngtiáo	에어컨
裤子 kùzi	바지	筷子 kuàizi	젓가락
历史 lìshǐ	역사	邻居 línjū	이웃
猫 māo	고양이	盘子 pánzi	쟁반, 접시
旁边 pángbiān	옆, 옆쪽	啤酒 píjiǔ	맥주

票 piào	표, 티켓	瓶子 píngzi	병
铅笔 qiānbǐ	연필	裙子 qúnzi	치마
商店 shāngdiàn	상점	声音 shēngyīn	소리
世界 shìjiè	세계	事情 shìqing	일
手表 shǒubiǎo	손목시계	手机 shǒujī	휴대전화
数学 shùxué	수학	水果 shuǐguǒ	과일
水平 shuǐpíng	수준	司机 sījī	운전사
太阳 tàiyáng	태양	体育 tǐyù	체육, 스포츠
天气 tiānqì	날씨	同事 tóngshì	동료
同学 tóngxué	학우, 동창	图书馆 túshūguǎn	도서관
腿 tuǐ	다리	文化 wénhuà	문화
西瓜 xīguā	수박	洗手间 xǐshǒujiān	화장실
香蕉 xiāngjiāo	바나나	小时 xiǎoshí	시간
校长 xiàozhǎng	교장	新闻 xīnwén	뉴스
信用卡 xìnyòngkǎ	신용카드	行李箱 xínglǐxiāng	트렁크, 짐 가방
兴趣 xìngqù	흥미	熊猫 xióngmāo	판다
颜色 yánsè	색깔	眼镜 yǎnjìng	안경
眼睛 yǎnjing	눈	羊肉 yángròu	양고기
衣服 yīfu	옷	医生 yīshēng	의사
医院 yīyuàn	병원	椅子 yǐzi	의자
音乐 yīnyuè	음악	饮料 yǐnliào	음료수
影响 yǐngxiǎng	영향	游戏 yóuxì	오락, 게임
鱼 yú	물고기, 생선	照片 zhàopiàn	사진
照相机 zhàoxiàngjī	사진기	中间 zhōngjiān	가운데, 중간
自行车 zìxíngchē	자전거	嘴 zuǐ	입

문제 1

A 兴趣	B 自行车	C 医生	D 比赛	E 声音	F 筷子

为了这次的一万米长跑（　　），她天天都去跑步。

🔍 **문제 분석** 빈칸 안에 어떠한 품사가 들어갈지 생각하고 빈칸 앞의 단어와 어울리는 단어를 찾아보자.

A 흥미	B 자전거	C 의사	D 시합	E 소리	F 젓가락

이번의 만 미터 장거리 달리기 (D 시합)을 위하여, 그녀는 매일 뛴다.

해설 빈칸에 들어갈 단어의 품사는 관형어 '这次的(이번의)'와 '一万米长跑(만 미터 장거리 달리기)'의 수식을 받을 수 있는 명사이다. 관형어와 의미상 어울리는 명사를 찾으면 정답은 D다.

단어 兴趣 xìngqù 몡 흥미 | 自行车 zìxíngchē 몡 자전거 | 医生 yīshēng 몡 의사 | 比赛 bǐsài 몡 경기, 시합 | 声音 shēngyīn 몡 소리 | 筷子 kuàizi 몡 젓가락 | 为了 wèile 젠 ~을 위해서 | 次 cì 양 번, 차례 | 万 wàn 주 10000, 만 | 米 mǐ 양 미터 | 长跑 chángpǎo 몡 장거리 달리기 | 天天 tiāntiān 몡 매일, 날마다 | 跑步 pǎobù 동 달리다

문제 2

A 数学	B 天气	C 城市	D 瓶子	E 飞机	F 空调

A: 这次（　　）成绩怎么样?
B: 不太好，75分，比上次还差。

🔍 **문제 분석** 빈칸 뒤의 명사 '成绩(성적)'를 수식할 수 있는 알맞은 명사를 고르자.

A 수학	B 날씨	C 도시	D 병	E 비행기	F 에어컨

A: 이번 (A 수학) 성적은 어때?
B: 별로 좋지 않아, 75점이야. 저번보다 더 나빠.

해설 명사 '成绩(성적)'를 수식할 수 있는 명사 중 의미상 적절한 것은 A밖에 없다.

단어 数学 shùxué 몡 수학 | 天气 tiānqì 몡 날씨 | 城市 chéngshì 몡 도시 | 瓶子 píngzi 몡 병 | 飞机 fēijī 몡 비행기 | 空调 kōngtiáo 몡 에어컨 | 成绩 chéngjì 몡 성적 | 分 fēn 몡 점수 | 比 bǐ 젠 ~보다 | 上次 shàngcì 몡 지난번, 저번 | 还 hái 뷔 더욱 | 差 chà 혱 나쁘다, 좋지 않다

DAY 11

A 文化　　B 环境　　C 国家　　D 礼物　　E 电梯

1. 这是我为你准备的生日(　　　)，希望你喜欢。

2. 我非常喜欢新公司的工作(　　　)。

3. 这个节目主要是讲中国茶(　　　)的。

4. (　　　)坏了，我是爬楼梯上来的，走得脚都疼了。

5. 你想去哪个(　　　)旅游?

DAY 12

A 附近　　B 自行车　　C 旁边　　D 脸　　E 超市

1. A: 新闻说过两年我们家的(　　　)有地铁要经过。
   B: 那到时候出门方便多了。

2. A: 站在你妹妹(　　　)的人是谁?
   B: 是她的男朋友，他们这个月28号就结婚。

3. A: 是这个人吗?
   B: 不太像，(　　　)要再长点儿，眼睛再小点儿。

4. A: 你什么时候学会骑(　　　)了?
   B: 8岁的时候。那时同学们都会骑自行车，我也跟着他们学会了。

5. A: 去火车站的路上有(　　　)吗? 我想买点儿饮料。
   B: 火车站附近有一家，去那儿买吧。

02 동사, 형용사

동사, 형용사도 명사만큼 많이 출제되는 품사이다. 3급에 등장하는 동사는 대부분 목적어를 수반할 수 있는 타동사를 묻고, 형용사는 정도부사의 수식을 받아 술어 자리에 오는 것 또는 명사를 수식하는 형용사(관형어)를 주로 묻는다.

시크릿 요점정리

1 동사란?

동사란 사람이나 사물의 동작, 행위 혹은 심리 활동과 상태, 존재, 발전, 변화와 소실을 나타내는 단어이다.

2 동사의 종류

(1) 타동사: 목적어를 수반하는 동사

① 일반 타동사: 看(보다), 听(듣다), 吃(먹다) 등

② 이중목적어 타동사: 借(~에게 ~을 빌리다), 还(~에게 ~을 돌려주다), 给(~에게 ~을 주다) 등

(2) 자동사: 목적어를 수반하지 않는 동사

① 일반 자동사: 躺(눕다), 站(서다), 休息(쉬다) 등

② 이합동사: 见面(만나다:~의 얼굴을 보다), 睡觉(자다:잠을 자다), 结婚(결혼하다:혼인을 맺다) 등

　*이합동사란?
　동사+목적어 형태의 동사로 합쳐서는 단어처럼 사용되고 분리되어 있을 때는 구(句)처럼 사용되는 동사

(3) 조동사: 동사 앞에 쓰여 의지, 능력, 의무, 허가, 추측 등의 의미를 더하는 동사

　예 想, 能, 会, 应该 등

　　조동사 관련 내용은 p.264 참조

3 동사의 기능

(1) 동사는 문장에서 주로 서술어로 사용된다. 때로는 주어, 관형어, 목적어, 보어, 부사어로 사용되기도 한다.

① 서술어

　예 我　吃　蛋糕。 나는 케이크를 먹는다.
　　　주어　술어　목적어

　예 他　是　中国人。 그는 중국 사람이다.
　　　주어　술어　목적어

② 주어

예 讨论　很　重要。토론하는 것은 중요하다.
　　주어　부사어　술어

예 笑　让　人　感觉　幸福。웃는 것은 사람으로 하여금 행복하게 만든다.
　　주어1　술어1　목적어1/주어2　술어2　목적어2

③ 관형어

예 这　是　我买的　饮料。이것은 내가 산 음료이다.
　　주어　술어　관형어　목적어

예 下班的时候　请　关　电脑。퇴근할 때 컴퓨터를 꺼 주세요.
　　관형어　　　술어　술어　목적어

④ 목적어

또 다른 동사의 목적어가 되거나 전치사의 목적어가 된다.

예 我　最　爱　吃苹果。나는 사과 먹는 것을 가장 좋아한다.
　　주어　부사어　술어　　목적어

예 赢　比　输　好。이기는 것은 지는 것보다 낫다.
　　주어　전치사 목적어　술어
　　　　부사어

전치사 관련 내용은 p.186 참조

⑤ 부사어

예 她　不停地　哭。그녀는 계속 운다.
　　주어　부사어　술어

예 他　抱歉地　笑了笑。그는 미안한 듯 웃었다.
　　주어　부사어　　술어

부사어 관련 내용은 p.186 참조

⑥ 보어

예 我　没　听　懂。나는 알아듣지 못했다.
　　주어　부사어　술어　보어

예 你　看　得　见　吗? 당신은 보이나요?
　　주어　술어　조사　보어　조사

보어 관련 내용은 p.269 참조

4 동사의 특징

(1) 동사는 뒤에 목적어를 수반할 수 있다.

예 我遇到了问题。나는 문제에 부딪혔다.
　　동사　목적어

他骑自行车。그는 자전거를 탄다.
　동사+목적어

(2) 대부분의 동사는 상조사(동태조사) 了, 着, 过를 수반한다.

　예 我昨天 [买] 了两本书。나는 어제 책 두 권을 샀다. [동작의 완료]
　　　　　　동사
　　我 [躺] 着看电视。나는 누워서 TV를 본다. [동작의 지속]
　　　　동사
　　我 [去] 过中国。나는 중국에 가본 적이 있다. [동작의 경험]
　　　　동사

(3) 감정과 심리는 나타내는 동사는 정도부사의 수식을 받을 수 있다.

일반적으로 동사는 앞에 정도를 나타내는 정도부사가 오지 않지만, 감정과 심리를 나타내는 동사는 정도부사(很, 非常, 太)의 수식을 받을 수 있다.

　예 我很 [喜欢] 打篮球。나는 농구하는 것을 매우 좋아한다.
　정도부사 + 동사 + 목적어

　　我妈妈很 [希望] 我成为一名医生。엄마는 내가 의사가 되는 것을 매우 희망한다.
　　정도부사 + 동사 + 목적어

(4) 보어를 수반할 수 있다.

　예 你 [吃] 完了吗? 너 다 먹었어?
　　　동사 + 보어
　　你 [准备] 好了吗? 너 준비 다 됐어?
　　　동사 + 보어

(5) 대부분의 동사는 중첩할 수 있다.

동사 중첩 형식은 시도, 동작 행위가 지속된 시간이 짧고 횟수가 적음을, 그리고 문장 전체의 느낌을 부드럽게 해준다.

　예 你尝尝吧。너 먹어봐.
　　你休息休息吧。너 좀 쉬어.

[동사 중첩 형식]

① 1음절: AA/A一A/A了A/A了一A

　예 看看 / 看一看 / 看了看 / 看了一看

② 2음절: ABAB/AB了AB (＊'一'를 부가할 수 없음)

　예 打听打听 / 打听了打听

③ AAB/A一AB/A了AB

　예 散散步 / 散一散步 / 散了散步

5 💬 **형용사란?**

사람, 사물의 성질이나 모습을 나타내는 단어를 말한다.

6 💬 **형용사의 종류**

(1) 성질 형용사: 사람, 사물의 성질이나 모습을 나타내는 단어로, 주로 관형어나 서술어로 사용한다. 정도부사의 수식을 받을 수 있다.

> 예 大(크다), 小(작다), 长(길다), 短(짧다) 등

(2) 비술어성 형용사: 관형어 기능만 있고 서술어로 사용할 수 없는 형용사로 정도부사의 수식을 받을 수 없다.

> 예 男(남성의), 女(여성의) 등

7 💬 **형용사의 기능**

(1) 형용사는 문장에서 주로 관형어, 서술어, 부사어, 보어로 사용된다.

① 관형어

> 예 他是一个聪明的孩子。그는 똑똑한 아이이다.
> 　　　　　관형어
> 예 小王是我最好的朋友。샤오왕은 나의 가장 친한 친구다.
> 　　　　　　관형어

② 서술어

> 예 我住的地方很安静。내가 사는 곳은 조용하다.
> 　　　　　　　서술어
> 예 今天很冷。오늘은 춥다.
> 　　　　서술어

③ 부사어

> 예 快来! 빨리 와!
> 　부사어
> 예 慢慢吃! 천천히 먹어!
> 　부사어

④ 보어

> 예 我没看清楚。나는 똑똑히 보지 못했다.
> 　　　　보어
> 예 准备好了吗? 준비 다 됐어?
> 　　　보어

8 형용사의 특징

(1) 서술어로 사용될 경우 很, 非常과 같은 정도부사의 수식을 받는다.

> 예 他很年轻，也很热情。 그는 젊고도 친절하다.
> 정도부사 + 형용사 정도부사 + 형용사

> 예 大熊猫特别可爱。 판다는 무척 귀엽다.
> 정도부사 + 형용사

> 정도부사 관련 내용은 p.191 참조

(2) 주로 不를 사용해서 부정하며 没로 부정한 것은 '형용사 + 了'의 부정 형식이다.

> 예 我最近不忙。 나는 요즘 바쁘지 않다.
> 不 + 형용사

> 예 我准备好了，他还没准备好。 나는 준비가 다 되었고, 그는 아직 준비되지 않았다.
> 没 + 형용사

(3) 보어를 수반할 수 있다.

> 예 这个菜好吃极了。 이 음식은 매우 맛있다.
> 형용사 + 보어

> 예 今天热得很。 오늘은 매우 덥다.
> 형용사 + 보어

(4) 일부 형용사는 중첩이 가능하며 중첩 후에는 '매우 ~하다'의 의미를 나타낸다.

> 예 她胖胖的，矮矮的。 그녀는 뚱뚱하고 (키가)작다.

[형용사 중첩 형식]

① 1음절: AA

> 예 慢慢
> 好好

② 2음절: AABB

> 예 高高兴兴
> 干干净净

★ 시험에 자주 출제되는 동사

搬 bān	옮기다, 이사하다	帮助 bāngzhù	돕다
参加 cānjiā	참가하다	尝 cháng	맛보다, 시식하다
迟到 chídào	지각하다	穿 chuān	입다, 신다
打扫 dǎsǎo	청소하다	打算 dǎsuàn	~할 생각이다(작정이다)
担心 dānxīn	걱정하다	锻炼 duànliàn	단련하다
发现 fāxiàn	발견하다	放 fàng	놓다
复习 fùxí	복습하다	感冒 gǎnmào	감기에 걸리다
告诉 gàosu	알려주다	关心 guānxīn	관심을 기울이다
害怕 hàipà	무서워하다	花 huā	(시간, 돈을) 쓰다
还 huán	돌려주다	回答 huídá	대답하다
记得 jìde	기억하다	检查 jiǎnchá	검사하다
讲 jiǎng	말하다, 연설하다	教 jiāo	가르치다
接 jiē	받다, 마중하다	结束 jiéshù	끝나다
解决 jiějué	해결하다	经过 jīngguò	지나가다, 경유하다
觉得 juéde	느끼다, 생각하다	决定 juédìng	결정하다
哭 kū	울다	离开 líkāi	떠나다
练习 liànxí	연습하다	了解 liǎojiě	알다, 이해하다
认识 rènshi	인식하다, 알다	认为 rènwéi	여기다, ~라고 생각하다
同意 tóngyì	동의하다	完成 wánchéng	완성하다
玩 wán	놀다	忘记 wàngjì	잊어버리다
希望 xīwàng	희망하다	习惯 xíguàn	습관이 되다
喜欢 xǐhuan	좋아하다	相信 xiāngxìn	믿다
像 xiàng	닮다, 비슷하다	笑 xiào	웃다
休息 xiūxi	휴식하다, 쉬다	需要 xūyào	필요하다
选择 xuǎnzé	선택하다	要求 yāoqiú	요구하다

影响 yǐngxiǎng	영향을 미치다	**遇到** yùdào	만나다
愿意 yuànyì	~하길 원하다	**运动** yùndòng	운동하다
站 zhàn	서다	**着急** zháojí	조급해하다
照顾 zhàogù	돌보다	**知道** zhīdào	알다
注意 zhùyì	주의하다	**准备** zhǔnbèi	준비하다

★ 시험에 자주 출제되는 이합동사

帮忙 bāngmáng	도와주다	**毕业** bìyè	졸업하다
打折 dǎzhé	할인하다	**发烧** fāshāo	열이 나다
放假 fàngjià	방학하다	**放心** fàngxīn	마음을 놓다
刮风 guāfēng	바람이 불다	**见面** jiànmiàn	만나다
结婚 jiéhūn	결혼하다	**考试** kǎoshì	시험 보다
聊天 liáotiān	이야기하다	**旅游** lǚyóu	여행하다
爬山 páshān	등산하다	**跑步** pǎobù	달리다
起床 qǐchuáng	일어나다	**请假** qǐngjià	휴가를 내다
散步 sànbù	산책하다	**刷牙** shuāyá	이를 닦다
上班 shàngbān	출근하다	**上网** shàngwǎng	인터넷을 하다
生病 shēngbìng	병이 나다	**生气** shēngqì	화내다
上课 shàngkè	수업하다	**睡觉** shuìjiào	잠을 자다
说话 shuōhuà	말하다	**跳舞** tiàowǔ	춤을 추다
洗澡 xǐzǎo	샤워하다	**游泳** yóuyǒng	수영하다

★ 시험에 자주 출제되는 형용사

安静 ānjìng	조용하다	饱 bǎo	배부르다
差 chà	나쁘다, 모자라다	聪明 cōngming	똑똑하다, 총명하다
饿 è	배고프다	方便 fāngbiàn	편리하다
干净 gānjìng	깨끗하다	高兴 gāoxìng	기쁘다, 즐겁다
贵 guì	비싸다	好吃 hǎochī	맛있다
坏 huài	나쁘다, 고장 나다	简单 jiǎndān	간단하다
健康 jiànkāng	건강하다	近 jìn	가깝다
久 jiǔ	(시간이) 오래되다	旧 jiù	낡다
渴 kě	목마르다	可爱 kě'ài	귀엽다
快乐 kuàilè	즐겁다, 유쾌하다	累 lèi	피곤하다, 힘들다
冷 lěng	춥다	满意 mǎnyì	만족하다
慢 màn	느리다	难过 nánguò	괴롭다, 슬프다
年轻 niánqīng	젊다	努力 nǔlì	열심이다
胖 pàng	뚱뚱하다	漂亮 piàoliang	아름답다
奇怪 qíguài	이상하다	清楚 qīngchu	분명하다
晴 qíng	맑다	热情 rèqíng	친절하다, 열정적이다
认真 rènzhēn	진지하다, 열심히 하다	容易 róngyì	쉽다
舒服 shūfu	편안하다	瘦 shòu	마르다, 여위다
疼 téng	아프다	甜 tián	달콤하다
突然 tūrán	갑작스럽다	新鲜 xīnxiān	신선하다, 싱싱하다
一般 yìbān	보통이다, 일반적이다	一样 yíyàng	같다
阴 yīn	흐리다	有名 yǒumíng	유명하다
远 yuǎn	멀다	重要 zhòngyào	중요하다

문제 1

> A 迟到　　B 结婚　　C 打针　　D 完成　　E 见面　　F 希望

我们在一起总是很快乐，所以就决定（　　）。

🔍 **문제 분석** 동사 '决定(결정하다)'의 목적어로 올 수 있는 동사가 무엇인지 생각해보자.

> A 지각하다　　B 결혼하다　　C 주사 맞다　　D 완성하다　　E 만나다　　F 희망하다

우리는 같이 있으면 항상 즐거워서 (B 결혼하기)로 결정했다.

해설 동사 '决定(결정하다)'의 목적어는 동사이다. 빈칸 앞의 내용을 근거로 우리(我们)가 결정한 것은 '결혼하는' 것이 알맞다. 따라서 정답은 B다.

단어 迟到 chídào 통 지각하다 | 结婚 jiéhūn 통 결혼하다 | 打针 dǎzhēn 통 주사를 놓다 | 完成 wánchéng 통 완성하다 | 见面 jiànmiàn 통 만나다 | 希望 xīwàng 통 희망하다 | 总是 zǒngshì 부 항상, 늘 | 快乐 kuàilè 형 즐겁다, 유쾌하다 | 所以 suǒyǐ 접 그리하여 | 就 jiù 부 바로 | 决定 juédìng 통 결정하다

문제 2

> A 难过　　B 清楚　　C 瘦　　D 突然　　E 近　　F 简单

A: 这周末你有时间吗？教我骑自行车吧。
B: 好的，没问题，很（　　）的。

🔍 **문제 분석** 빈칸 앞의 很을 보고 빈칸에 들어갈 품사를 유추해보자.

> A 속상하다　　B 분명하다　　C 마르다　　D 갑작스럽다　　E 가깝다　　F 간단하다

A: 이번 주말에 너 시간 있어? 나 자전거 타는 것 좀 가르쳐줘.
B: 좋아, 문제없어, 매우 (F 간단해).

해설 빈칸 앞 很과 뒤에 목적어가 없다는 것을 근거로 빈칸에 들어갈 단어의 품사는 형용사라는 것을 알 수 있다. A의 자전거 타는 것을 가르치는 것(教骑自行车)이 어떠한지 생각하면 의미상 알맞은 형용사는 F다.

단어 难过 nánguò 형 속상하다, 슬프다 | 清楚 qīngchu 형 분명하다 | 瘦 shòu 형 마르다 | 突然 tūrán 형 갑작스럽다 | 近 jìn 형 가깝다 | 简单 jiǎndān 형 간단하다 | 周末 zhōumò 명 주말 | 时间 shíjiān 명 시간 | 教 jiāo 통 가르치다 | 骑 qí 통 타다 | 自行车 zìxíngchē 명 자전거

DAY 13

A 满意	B 了解	C 拿	D 有名	E 难过

1. 晚上我看到关于交通事故的新闻时，我非常(　　　)。

2. 如果您对这个房子不太(　　　)，我可以带您去看其他的。

3. 我把香蕉放在冰箱里了，你要吃的话自己(　　　)。

4. 这家奶茶店非常(　　　)，但上午不开门，我们只能下午去。

5. 我们做同事已经十年多了，我很(　　　)他。

DAY 14

A 担心	B 热情	C 一样	D 画	E 重要

1. A: 爸，您别(　　　)了，我们老师也一起去。
   B: 那我就放心了，到了记得给我打电话。

2. A: 你(　　　)的是什么?
   B: 大熊猫，它在爬山，你看不懂?

3. A: 你跟同事们的关系怎么样?
   B: 关系很好，他们都很(　　　)，也很关心我。

4. A: 你怎么走来走去的?
   B: 我有一件很(　　　)的事情要告诉你，但不知道应该怎么跟你说。

5. A: 妈妈，太阳和月亮(　　　)大吗?
   B: 当然不是，太阳比月亮更大。

03 양사

양사는 출제 비중이 높은 편은 아니지만 독해 2부분에서 반드시 알아야 하는 품사이다. 주로 지시대명사 뒤의 빈칸(주어 수식), 수량사 뒤의 빈칸(목적어 수식)으로 등장하며 보어 기능을 하는 동량사도 간혹 출제된다.

시크릿 요점정리

1 양사란?

양사란 사람, 사물 또는 동작의 수량 단위를 나타내는 단어로 단위사, 혹은 단위 명사라고 한다.

2 양사의 종류

(1) 명량사

사람이나 사물의 단위를 나타내는 단어로 수사와 결합하여 관형어로 사용된다.

예 本(권), 双(쌍), 杯(컵, 잔), 公斤(킬로그램) 등

(2) 동량사

동작이나 행위의 단위를 나타내는 단어로 수사와 결합하여 동사 뒤에 놓인다.

예 次(번), 趟(번, 차례)

3 양사의 기능

(1) 관형어

예 我买了一 [双] 袜子。 나는 양말 한 켤레를 샀다.
　　　　관형어 + 명사

我认识这 [个] 人。 나는 이 사람을 안다.
　　　　관형어 + 명사

(2) 보어(동량보어)

예 我去过三 [次]。 나는 세 번 가본 적이 있다.
　　　동사 + 동량사

我去了一 [趟] 超市。 나는 슈퍼에 한 차례 다녀왔다.
　　　동사 + 동량사

(3) 주어

예 一 [斤] 苹果多少钱? 사과 한 근에 얼마인가요?
수사 + 양사 + 명사

(4) 부사어

예 这件事一 [次] 也讲不完。 이 일은 한번에 다 이야기할 수 없다.
　　수사 + 양사

4 양사의 특징

(1) 단독으로 문장 성분을 담당할 수 없다.

(2) 수사, 지시대명사, 의문대명사 **哪**와 함께 수량구를 이룬다.

예 一个 한 개
　수사 + 양사

　　哪个 어느 것
의문대명사 + 양사

　　这次 이번
지시대명사 + 양사

(3) 중첩할 수 있으며 '∼마다'의 의미를 갖는다.

예 天天(매일마다)
　个个(하나하나)
　件件(가지가지, 모두)

感动日记

오늘 새롭게 알게 된 내용, 가장 중요한 핵심내용, 학습 소감과 각오 등을 적어보세요.

1 명량사

个 gè 개, 명(사람, 사물 등을 셀 때 가장 보편적으로 쓰이는 양사)	一个问题 하나의 문제 三个人 세 명의 사람
层 céng = **楼** lóu 층	一层 = 一楼 일층
条 tiáo 개, 벌, 줄기, 갈래(가늘고 긴 것을 세는 양사)	这条路 이 길 那条河 저 강 一条裤子 바지 하나
台 tái 대(기계, 전자제품 등을 세는 양사)	一台电脑 컴퓨터 한 대 一台电视 TV 한 대
本 běn 권(책, 잡지 등을 세는 양사)	一本书 책 한 권 一本杂志 잡지 한 권
位 wèi 분(사람을 세는 양사)	你们几位? 모두 몇 분입니까?
块 kuài 덩이, 조각(덩어리, 조각을 세는 양사)	一块蛋糕 케이크 한 조각 一块肉 고기 한 덩이
只 zhī ① 마리(동물을 세는 양사) ② 쪽, 짝, 개(쌍을 이루는 것 중 하나를 세는 양사)	一只猫 고양이 한 마리 一只狗 강아지 한 마리 一只眼睛 눈 한 쪽
辆 liàng 대(자동차, 자전거 등 차량을 세는 양사)	一辆汽车 자동차 한 대 一辆自行车 자전거 한 대
场 chǎng 번, 차례(시합, 기후 조건 등을 세는 양사)	一场比赛 한 번의 시합 下了一场雨 비가 한바탕 내렸다
双 shuāng 쌍, 켤레(짝을 이룬 물건을 세는 양사)	一双袜子 양말 한 켤레 一双鞋 신발 한 켤레
碗 wǎn 그릇, 사발	一碗米饭 밥 한 그릇 一碗汤 국 한 그릇
份 fèn 부, 벌(업무, 일, 문건 등을 세는 양사)	一份材料 자료 한 부 一份工作 일 하나
张 zhāng 장, 개(종이, 가죽, 책상, 탁자 등 넓은 표면을 가진 것을 세는 양사)	一张地图 지도 한 장 两张电影票 영화표 두 장 一张床 침대 한 개
种 zhǒng 종(종류를 세는 양사)	这种问题 이런 종류의 문제 那种人 저런 사람
件 jiàn 벌, 건(옷, 서류 일 등을 세는 양사)	一件衣服 옷 한 벌 这件事 이 일
口 kǒu 식구(사람을 세는 양사)	你家有几口人? 너희 집은 모두 몇 식구이니?
段 duàn 동안, 단락, 구간(사물이나 시간 따위의 한 구분을 나타냄)	这段话 이 단락
家 jiā 가정, 가게, 기업 등을 세는 단위	一家公司 회사 한 곳
瓶 píng 병(병으로 된 것을 세는 양사)	一瓶啤酒 맥주 한 병

2 동량사

次 cì 동작의 횟수	**去过一次** 한 번 가본 적이 있다
	说过一次 한 번 말한 적이 있다
趟 tàng 번(왕복)	**去了一趟** 한 번 다녀왔다
下 xià 비교적 짧고 가벼운 동작	**你来一下** 너 좀 와봐
遍 biàn 번(처음부터 끝까지)	**看了一遍** 한 번 봤다
	读了一遍 한 번 읽었다

3 시간 단위

点 diǎn 시(시각)	**小时** xiǎoshí 시간(시간의 양)
分 fēn 분(시각)	**分钟** fēnzhōng 분(시간의 양)
号(日) hào(rì) 일(날짜)	**天(日)** tiān(rì) 날, 일(시간의 양)
年 nián 년	**星期** xīngqī 주
刻 kè 15분	**秒** miǎo 초

4 화폐 단위

글말	입말
元 yuán 위안	**块** kuài
角 jiǎo 0.1위안(10전)	**毛** máo
分 fēn 0.01위안(1전)	**分** fēn

5 도량형 단위

公斤 gōngjīn 킬로그램	**十公斤** 10kg
斤 jīn 근(약 500그램)	**一斤** 한 근
米 mǐ 미터	**一百米** 100미터

6 부정량 단위

些 xiē 조금, 약간	**一些人** 어떤 사람들
点儿 diǎnr 조금, 약간	**吃点儿东西** 무언가를 조금 먹다

문제 1

| A 位 | B 双 | C 些 | D 块 | E 趟 | F 碗 |

您好，您预订了吗? 一共几 (   )?

🔍 **문제 분석** 수사 '几(몇)'와 함께 사용하며 '预订(예약)'과 관련하여 의미상 알맞은 양사를 고르자.

| A 분, 명 | B 켤레 | C 조금 | D 덩어리 | E 번 | F 그릇 |

안녕하세요, 예약하셨나요? 모두 몇 (A 분)이신가요?

해설 '预订(예약)'과 관련되어 인원수를 물어보고 있으므로 정답은 A다.

단어 位 wèi 양 분(사람을 세는 단위) | 双 shuāng 양 켤레 | 些 xiē 양 조금. 약간 | 块 kuài 양 덩어리 | 趟 tàng 양 번(왕복) | 碗 wǎn 양 그릇을 세는 양사 | 预订 yùdìng 동 예약하다 | 一共 yígòng 부 전부, 합계

문제 2

| A 张 | B 次 | C 本 | D 层 | E 毛 | F 遍 |

A: 你买什么了?
B: 白菜，今天的白菜真便宜，一公斤才五 (   )。

🔍 **문제 분석** 가격과 관련된 양사를 생각해보자.

| A 장 | B 번(횟수) | C 권 | D 층 | E 마오(0.1위안) | F 번(처음부터 끝까지) |

A: 너 뭐 샀어?
B: 배추. 오늘 배추가 정말 싸. 1kg에 겨우 5 (E 마오) 야.

해설 앞의 문장 '便宜(싸다)'를 근거로 돈과 관련된 양사가 답이라는 것을 알 수 있다. 따라서 정답은 E다.

단어 张 zhāng 양 장 | 次 cì 양 번, 차례 | 本 běn 양 권(책을 세는 양사) | 层 céng 명 층 | 毛 máo 양 마오(0.1위안) | 遍 biàn 양 번, 차례, 회 | 买 mǎi 동 사다 | 什么 shénme 대 무엇 | 白菜 báicài 명 배추 | 便宜 piányi 형 싸다 | 公斤 gōngjīn 양 킬로그램 | 才 cái 부 비로소, 그제서야

DAY 15

A 台   B 件   C 遍   D 段   E 块

1. 我不太饿，出门前吃了(   )巧克力蛋糕。

2. 这(   )笔记本电脑的价格是2500元。

3. 写完作业要检查一(   )，注意别写错字。

4. 经过这(   )时间的努力，她的汉语水平终于提高了。

5. 去年春天打折的时候我给他买了几(   )衣服。

DAY 16

A 位   B 些   C 本   D 趟   E 只

1. A: 小红，这是一(   )姓李的先生让我给你的。
   B: 好的，谢谢你。

2. A: 树上那(   )鸟真漂亮啊！
   B: 它的嘴和腿怎么都是红色的? 我还是第一次见。

3. A: 这(   )小说很有意思，你也看看吧。
   B: 我不太喜欢看爱情小说。

4. A: 怎么这么晚了? 银行人多吗?
   B: 不是，我们刚才去了(   )超市，买鱼了。

5. A: 咱们这(   )家具都旧了，这次我们换新的吧。
   B: 只用了两年了嘛，还是下次再换吧。

04 전치사, 부사

DAY 17-18

전치사는 독해 2부분에서는 문장 맨 앞에 놓이는 전치사, 술어 앞에 놓이는 전치사 모두 출제된다. 부사는 정도부사보다는 범위·시간·어기부사 등이 자주 출제된다. 전치사와 부사는 단어를 모르면 정답을 고르기 어려우므로 평소 전치사와 부사 단어를 익히는 것이 좋다.

시크릿 요점정리

1 전치사란?

전치사는 명사, 대명사, 혹은 명사성 구와 결합하여 전치사구를 이루는 단어를 가리킨다.
해석이 '~에서, ~을, ~와'처럼 불완전하므로 전치사는 단독으로 쓰이지 못한다.

2 전치사의 기능

(1) 부사어

전치사는 동사 술어나 문장 앞에 위치하여 서술어를 수식한다.

→ 주어 + [전치사 + 명사/대명사] + 동사/형용사
　　　　　　　　　부사어

예 我上午 [在] 图书馆 借了一本书。 나는 오전에 도서관에서 책 한 권을 빌렸다.
　　　　　　전치사 + 명사 + 동사(술어)
　　　　　　전치사구(부사어)

예 [关于] 这个问题，我们再商量一下吧。 이 문제에 관해서 우리 다시 상의해 보자.
　　전치사　+　명사．　주어

(2) 관형어

일부 전치사구는 '的'를 수반한 후 관형어로 사용할 수 있다.

예 他是 [从] 日本来的老师。 그는 일본에서 온 선생님이다.
　　　　　동사 + 관형어 + 的 명사

(3) 보어

일부 전치사들은 동사 술어 뒤에 쓰여 보어로 사용된다.

예 请你把名字写 [在] 黑板上。 이름을 칠판에 쓰세요.
　　　　　　　동사 + 전치사 + 장소

我把你的作业交 [给] 老师了。 내가 네 숙제를 선생님께 제출했다.
　　　　　동사 + 전치사 + 대상

3 **전치사의 특징**

(1) 전치사는 단독으로 사용하지 못하고 명사 또는 대명사와 결합하여 술어 앞에 위치한다.

예 我 [给] 你们 介绍一下这里的情况。 내가 너희들에게 여기의 상황을 소개시켜줄게.
　　전치사 + 대명사 + 동사(술어)
　　전치사구(부사어)

(2) 일부 전치사는 문장 맨 앞에 놓인다.

예 [随着] 科学的发展，人们的生活水平提高了。
　　전치사 + 명사 + 주어
　　과학의 발전에 따라 사람들의 생활 수준이 향상되었다.

4 **부사란?**

부사란 주로 동사, 형용사, 부사 또는 문장 앞에서 수식이나 한정 역할을 하는 단어를 가리킨다. 주로 정도, 범위, 시간, 빈도, 부정, 상태 등에서 문장의 의미를 분명하게 나타내주는 역할을 한다.

5 **부사의 기능**

(1) 서술어 수식

동사, 형용사(서술어)를 수식한다.

주어 + [부사] + 동사/형용사(서술어)

예 他 [马上] 来。 그는 금방 온다.
　　부사 + 동사(서술어)

예 这个电脑上网 [越来越] 慢了。 이 컴퓨터는 인터넷이 갈수록 느려졌다.
　　　　　　　　부사 + 형용사(서술어)

(2) 보어 역할

예 今天热得 [很]。 오늘은 매우 덥다.
　　술어 + 부사

예 这个菜的味道好 [极了]。 음식의 맛은 지극히 좋다.
　　술어 + 부사

6 부사의 특징

(1) 대부분의 부사는 서술어 앞에 위치하나 일부 부사는 문장 맨 앞에 쓸 수 있다.

> 예 [刚才] 他出去了。 그는 방금 나갔다.
>   부사 + 주어

(2) 일부 부사들은 수량사, 시간사도 수식할 수 있다.

> 예 [已经] 九点了，你怎么还不起床? 벌써 9시인데, 너 왜 아직도 안 일어나?
>   부사 + 시간사

(3) 대부분의 부사는 일반적으로 중첩할 수 없지만, 일부 부사는 중첩 형식을 가지고 있다.

> 예 刚刚(방금), 仅仅(단지, 오로지), 常常(종종)

感动日记

오늘 새롭게 알게 된 내용, 가장 중요한 핵심내용, 학습 소감과 각오 등을 적어보세요.

1 3급에 출제되는 전치사

(1) 시간, 공간(장소, 방향)를 나타내는 전치사

① 从 cóng + 시간, 장소: ~서부터

从去年秋天开始我每星期都去跑两三次。 작년 가을부터 나는 매주 두세 번 달리기를 한다. [시간-시점]

从这儿一直走就会看见天安门。 여기서부터 쭉 가면 천안문이 보일 것이다. [장소-출발점]

② 在 zài + 장소, 시간: ~에서

奶奶在超市买水果。 할머니께서는 슈퍼에서 과일을 사신다. [장소]

我在小的时候去过中国。 나는 어렸을 때 중국에 가본 적이 있다. [시간]

③ 离 lí + 시간, 장소: ~로부터, ~까지(공간적, 시간적 거리를 나타냄)

那个超市离这儿很近。 그 슈퍼는 여기에서 가깝다. [공간]

离下课还有一个多小时呢。 수업이 끝날 때까지 한 시간 넘게 남았다. [시간]

④ 到 dào + 시간, 장소: ~까지

从北京到上海需要多长时间？ 베이징에서 상하이까지 얼마나 걸리나요? [장소-도착점]

我们从十点到十二点上课。 우리는 열 시부터 열두 시까지 수업한다. [시간]

⑤ 往 wǎng : ~을 향해서

你往前一直走。 앞으로 쭉 가세요.

这趟火车开往上海。 이 열차는 상하이행이다.

⑥ 向 xiàng : ~을 향해서

我们要向东走，走500米就到了。 우리는 동쪽을 향해 가야 해요. 500미터만 가면 바로 도착해요.

走向世界。 세계로 나아가다.

(2) 대상을 나타내는 전치사

① 跟 gēn / 和 hé + 사람: ~과(와)

我跟朋友一边喝茶一边聊天儿。 나는 친구와 차 마시면서 이야기한다.

② 给 gěi + 사람: ~에게

以后有什么事情可以给我打电话。 앞으로 무슨 일 있으면 저에게 전화해도 돼요.

③ 对 duì + 사람, 사물: ~에 대해

我对数学不太感兴趣。 나는 수학에 별로 흥미가 없다. [사물]

经理对他不太满意。 팀장님은 그를 마음에 들어하지 않는다. [사람]

④ 把 bǎ : ~을, ~를(대상) (把 관련 내용은 p.290 참조)

我把空调打开了。나는 에어컨을 켰다.

⑤ 被 bèi : ~에 의하여(행위자) (被 관련 내용은 p.295 참조)

鱼被小猫吃了。생선은 고양이가 먹었다.

⑥ 除了 chúle : ~을 제외하고

除了···以外，还/也: ~을 제외하고 또 무엇이 있다 [첨가]

除了咖啡和茶，你们还有什么饮料？ 커피와 차 이외에 또 어떤 음료가 있나요?

除了···以外，都: ~을 제외하고 모두 ~하다 [배제]

除了我以外，别的人都不会说汉语。 나를 제외하고 다른 사람들 모두 중국어를 할 줄 모른다.

(3) 근거를 나타내는 전치사

① **根据**

根据这段话，可以知道什么？ 이 말에 근거하여 알 수 있는 것은?

(4) 범위를 나타내는 전치사

① 关于 guānyú + 범위, 내용, 방면: ~에 관하여

关于这个方面，我什么都不知道。 이 방면에 관하여 나는 아무것도 모른다.

(5) 목적을 나타내는 전치사

① 为 wèi : ~ 때문에, ~을 위하여

我在为上午的事情生气呢。 나는 오전의 일 때문에 화가 난다.

② 为了 wèile : ~ 때문에, ~을 위하여

为了欢迎新来的几位同事，经理决定今天下午请大家吃饭。
새로 온 동료들을 환영하기 위하여 팀장님은 오늘 오후에 모두에게 밥을 사기로 결정했다.

(6) 비교를 나타내는 전치사

① 比 bǐ : ~보다 (비교문 관련 내용은 p.281 참조)

我比他高。 내가 그보다 크다.

2 헷갈리는 전치사 비교하기

(1) 从 / 离 비교하기

둘 다 '~부터'라고 해석이 되지만 차이가 있다.

从은 '~서부터'라는 뜻으로 출발점을 말하는 것이다.

> 从学校到我家很远。 학교에서 우리 집까지는 멀다.
> 학교(출발점) - 우리 집(목적지)

离는 '~서부터'라는 뜻으로 출발지와 목적지 사이의 거리를 나타낸다.

> 学校离你家远吗? 학교는 너희 집에서 머니?

(2) 对 / 关于 비교하기

对는 '~에 대하여'라는 뜻으로 대상을 나타낸다. (뒤에 오는 명사가 사람, 사물을 나타냄)

> 我对打篮球很感兴趣。 나는 농구하는 것에 매우 관심이 있다.

关于는 '~에 관하여'라는 뜻으로 범위, 내용을 나타내며 주로 문장 맨 앞에 위치한다.

> 关于篮球，我什么都不知道。 농구에 관하여 나는 아무것도 모른다.

(3) 为 / 给 비교하기

为는 '~을 위해서'라는 뜻으로 목적을 나타낸다.

> 我为你准备了一些礼物。 나는 너를 위해 약간의 선물을 준비했다.

给는 '~에게'라는 뜻으로 관련 대상을 나타낸다.

> 我给你准备了一些礼物。 나는 너를 위해 약간의 선물을 준비했다. (이득을 봄)
> 我给你打电话。 내가 너에게 전화할게. (동작을 받음)

3 3급에 출제되는 부사

(1) 정도부사

① 很 hěn 매우

> 今天很暖和。 오늘은 매우 따뜻하다.

② 非常 fēicháng 매우

> 我也非常喜欢。 나도 매우 좋아한다.

③ 太 tài 너무

> 太好了! 너무 좋아!

④ 最 zuì 가장

> 我最喜欢喝可乐。 나는 콜라 마시는 것을 가장 좋아한다.

⑤ 更 gèng 더욱 (비교문에서 자주 쓰임)

> 今天比昨天更累。 오늘은 어제보다 더 피곤하다.

⑥ 越 yuè 점점, 더욱더

　　예 雪越下越大。눈이 점점 더 많이 온다.

⑦ 特别 tèbié 매우, 특별히

　　예 这里的风景特别好。이곳의 풍경은 특히 아름답다.

⑧ 多(么) duōme 얼마나(감탄문을 나타냄)

　　예 这个小孩子多么聪明啊！이 아이는 얼마나 똑똑한지!

⑨ 有点儿 yǒudiǎr 조금(부정적 뉘앙스)

　　예 我觉得写汉字有点儿难。나는 한자 쓰는 것이 조금 어렵다고 생각한다.

⑩ 多么 duōme 얼마나

　　예 你看，这只熊猫多么可爱！봐봐, 이 판다가 얼마나 귀여운지!

⑪ 极 jí 극히, 매우

　　예 她高兴极了。그녀는 무척 기뻤다.

(2) 부정부사

① 不 bù ～가 아니다(과거, 현재, 미래 모두 쓰임)

　　예 我不是中国人。나는 중국 사람이 아니다.

　　예 今天我不工作，明天也不工作。오늘 나는 일을 하지 않는다. 내일도 안 한다.

② 没(有) méiyǒu ～않았다(과거, 현재에 쓰임)

　　예 她没(有)去图书馆。그녀는 도서관에 가지 않았다.

　　예 他还没(有)起床。그는 아직 일어나지 않았다.

③ 别 bié ～하지 말아라(금지)

　　예 你别去那儿了。너 거기 가지 마.

④ 不用 búyòng ～할 필요 없다

　　예 你不用着急，练习练习就好了。조급해하지 마, 연습하면 좋아질 거야.

(3) 시간부사

① 在 zài ～하고 있는 중이다

　　예 外面是谁在唱歌啊? 밖에 누가 노래를 부르고 있는 거야?

② 正在 zhèngzài 지금 ～하고 있는 중이다

　　예 我正在看电影呢。나는 지금 영화를 보고 있는 중이다.

③ 已经 yǐjīng 이미(주로 뒤에 了를 씀)

　　예 我在这儿工作已经三年了。나는 여기서 일한 지 이미 3년이 되었다.

④ 才 cái 그제서야, 겨우

　　예 爸爸10点多才回来。아빠는 10시가 넘어서야 집에 왔다.

⑤ 马上 mǎshàng 금방, 곧

　　예 他马上过来。그는 금방 온다.

⑥ 从来 cónglái (과거부터 현재까지) 여태껏 (주로 뒤에 不, 没가 옴)

　　예 我从来没去过日本。 나는 여태껏 일본에 가 본 적이 없다.

　　예 我从来不喝酒。 나는 술을 먹지 않는다.

⑦ 先 xiān 먼저

　　예 你先来吧。 너 먼저 와.

⑧ 一直 yìzhí 줄곧, 계속

　　예 大学毕业以后，我们一直没见过。 대학 졸업 이후, 우리는 줄곧 보지 못했다.

⑨ 经常 jīngcháng 늘, 언제나, 항상

　　예 经常生气容易会变老。 자주 화내면 쉽게 늙는다.

⑩ 终于 zhōngyú 결국, 마침내

　　예 他终于有了自己的房子。 그는 마침내 자신의 집이 생겼다.

(4) 빈도부사

① 总是 zǒngshì 늘, 항상

　　예 她总是迟到。 그녀는 항상 지각한다.

② 又 yòu 또, 다시

　　예 你怎么又吃巧克力？ 너 왜 또 초콜릿을 먹는 거야?

③ 再 zài 또, 다시

　　예 做完了，你再检查一下。 다 했으면 다시 검사해봐.

(5) 양상부사: 화자의 태도를 나타내는 부사

① 一定 yídìng 반드시

　　예 我明年一定要去北京。 나는 내년에 반드시 베이징에 갈 것이다.

② 几乎 jīhū 거의

　　예 这本书我几乎都看不懂。 나는 이 책을 거의 이해하지 못했다.

③ 当然 dāngrán 당연히, 물론

　　예 这当然没问题！ 이것은 당연히 문제없어!

④ 其实 qíshí 사실은

　　예 要想把菜做好其实没那么容易。 음식을 잘하기는 사실 그렇게 쉽지 않다.

⑤ 必须 bìxū 반드시, 꼭

　　예 你必须做完今天的作业。 너는 반드시 오늘의 숙제를 다 해야 한다.

(6) 범위부사

① 都 dōu 모두

　　예 我们都是学生。 우리는 모두 학생이 아니다.

② 一起 yìqǐ 함께, 같이

　　例 咱们一起去吧。 우리 같이 가자.

③ 一共 yígòng 모두

　　例 一共多少钱? 모두 얼마예요?

④ 只 zhǐ 단지

　　例 我只看过一次。 나는 단지 한 번 본 적이 있다.

4 헷갈리는 부사 비교하기

(1) 有点儿 / 一点儿 비교하기

둘 다 '조금'이라는 뜻이지만 품사와 뉘앙스는 완전히 다르다.

① 有点儿: '조금'이라는 뜻으로 형용사와 심리 동사 앞에 놓이는 부사이다. 부정적인 뉘앙스를 나타낸다.

　　例 我有点儿后悔了。 나는 조금 후회했다.

② 一点儿: '조금'이라는 뜻으로 동사와 형용사 뒤에 쓰이거나 명사 앞에 놓여 양을 나타내는 양사이다.

　　例 你吃一点儿吧。 너 좀 먹어. ('먹다'의 양을 나타냄)

　　例 我瘦了一点儿。 나는 살이 좀 빠졌다. (살이 빠진 양을 나타냄)

(2) 再 / 又 비교하기

① 再: '또, 다시'라는 뜻으로 아직 실현되지 않은 동작에 사용하며 조동사 뒤에 온다.

　　例 再见。 또 봅시다.

　　例 你可以再来吗? 너 또 올 수 있어?

② 又: '또, 다시'라는 뜻으로 이미 실현된 동작에 사용하며 조동사 앞에 온다.

　　例 他昨天来过，今天又来了。 그는 어제도 왔는데 오늘 또 왔다.

　　例 我又可以参加比赛了。 나는 다시 시합에 참가할 수 있게 되었다.

(3) 又 / 也 비교하기

① 又: 일반적으로 주어가 같으며 이전 동작이 반복됨을 말해준다.

　　例 他昨天来过，今天又来了。 그는 어제도 왔는데 오늘 또 왔다.

② 也: 일반적으로 주어가 다르며 다른 사람의 동작과 같은 동작을 반복할 때 쓰인다.

　　例 小王来了，小黄也来了。 샤오왕이 왔고, 샤오황도 왔다.

(4) 都 / 一共 비교하기

① 都: '모두'라는 뜻으로 범위를 나타낸다.

　　例 学生们都去爬长城了。 학생들은 모두 만리장성에 갔다.

② 一共: '모두'라는 뜻으로 대부분 수량의 합을 나타낸다.

　　例 去爬长城的人一共多少? 만리장성에 간 사람은 모두 몇 명인가요?

문제 1

| A 除了 | B 在 | C 离 | D 关于 | E 对 | F 根据 |

（　　）猫和狗，你还喜欢什么动物?

🔍 **문제 분석** 대상을 나타내는 것으로 '还'와 같이 쓸 수 있는 전치사를 찾아보자.

| A 을 제외하고 | B ~에서 | C ~로부터 | D ~에 관하여 | E ~에 대하여 | F ~에 근거하여 |

고양이와 강아지(A 를 제외하고) 넌 또 어떤 동물을 좋아해?

해설 빈칸 뒤의 '고양이와 강아지(猫和狗)'는 대상을 나타낸다. 대상인 고양이와 강아지는 동물이며 뒤에서 또 어떤 동물을 좋아하는지 물었으므로 정답은 A다.

단어 除了 chúle 젠 ~을 제외하고 | 在 zài 젠 ~에서 | 离 lí 젠 ~로부터, ~에서 | 关于 guānyú 젠 ~에 관해서 | 对 duì 젠 ~에 대해서 | 根据 gēnjù 젠 ~에 근거하여 | 猫 māo 몡 고양이 | 狗 gǒu 몡 개, 강아지 | 还 hái 凰 그리고, 또 | 喜欢 xǐhuan 동 좋아하다 | 动物 dòngwù 몡 동물

문제 2

| A 非常 | B 从来 | C 越 | D 终于 | E 已经 | F 马上 |

A: 这个会议（　　）重要，你去听一下吧。
B: 好的，谢谢。

🔍 **문제 분석** 형용사 앞에 놓여서 쓸 수 있는 정도부사를 찾아보자.

| A 조금 | B 여태껏 | C 더욱 | D 마침내 | E 이미 | F 곧, 바로 |

A: 이 회의는 (A 매우) 중요하니 가서 들어보세요.
B: 알겠어요, 감사합니다.

해설 빈칸이 주어 뒤, 형용사 앞이므로 빈칸에 들어갈 단어의 품사는 부사이다. 형용사 '중요하다(重要)'를 수식하는 정도부사를 찾으면 정답은 A다.

단어 非常 fēicháng 凰 매우 | 从来 cónglái 凰 지금까지 | 越 yuè 凰 점점, 더욱 | 终于 zhōngyú 凰 마침내 | 已经 yǐjīng 凰 이미 | 马上 mǎshàng 凰 곧 | 会议 huìyì 몡 회의 | 重要 zhòngyào 혱 중요하다

DAY 17

A 总是　　B 对　　C 真　　D 已经　　E 在

1. 同学们(　　　)超市进行了调查。

2. 走路的时候注意脚下，别(　　　)玩手机。

3. 我(　　　)适应了这里的气候。

4. 老师(　　　)我们要求非常严格。

5. 奶奶做的饺子(　　　)香。

DAY 18

A 终于　　B 关于　　C 被　　D 才　　E 一定

1. A：如果你的成绩提高了，我给你买照相机。
   B：那我(　　　)努力啊！

2. A：等刘阿姨回来了，你把机票给她。
   B：她去外地了，下个星期(　　　)回来。

3. A：(　　　)把厨房打扫得干净了，累吧?
   B：没有，不过我得去洗个澡。

4. A：这个电视节目是(　　　)什么的?
   B：主要是讲中国文化的。

5. A：怎么这么早就起来了?
   B：我(　　　)外面的声音吵醒了。

05 접속사

접속사는 자주 등장하는 문제는 아니지만 시험에 꾸준히 나오고 있는 품사로, 독해 3부분의 성적까지 영향을 주는 품사이다. 3급에 등장하는 접속사는 많지 않으나 그 뜻과 쓰임을 정확히 아는 것이 중요하다.

시크릿 요점정리

1 접속사란?

단어와 단어, 구와 구, 절과 절을 서로 연결하면서 두 연결 성분간의 문법적 관계를 나타내는 단어를 가리킨다.

2 접속사의 기능 및 특징

(1) 단어, 구, 혹은 절을 연결하여 두 연결 성분간의 문법적 관계를 나타낸다.

> 예 这双皮鞋不但穿着舒服，颜色也更好看。
>   ‾‾‾‾ 접속사 (절을 연결)
> 이 신발은 신었을 때 편안할 뿐만 아니라 색상도 더 예쁘다.

(2) 다른 품사처럼 수식 기능은 없고 오로지 접속 기능만 가진다.

(3) 단독으로 사용할 수 없고, 중첩 형식도 없다.

3 접속사 종류

(1) 병렬 관계

접속되는 두 절은 서로 대등한 관계로 주로 어떤 상황에 대해 묘사한다.

① A 和(跟) B : A와 B(단어나 구 연결)
  A hé (gēn) B

> 예 我和他一起去百货商场买东西。나는 그와 함께 백화점에 가서 물건을 산다.

② 既(又)A 又B : A이기도 하고 B이기도 하다(두 가지 동작, 상태가 동시에 존재)
  jì(yòu)A yòu B

> 예 这个照相机既便宜又好。이 사진기는 싸면서도 좋다.

③ 一边 A 一边 B : A하면서 B하다(두 가지 동작이 동시 진행되고 있음)
  yìbiān A yìbiān B

> 예 他一边吃饭，一边看报纸。그는 밥을 먹으면서 신문을 본다.

(2) 점층 관계

뒤에 오는 절은 앞에 놓인 절이 나타내는 의미보다 더 심화된 내용이다.

① 不但(不仅) A 而且(并且/甚至/还/也) B : A일 뿐만 아니라 게다가 B하다
búdàn(bùjǐn) A érqiě(bìngqiě/shènzhì/hái/yě) B

> 他不但会说英语，而且会说汉语。
> 그는 영어를 할 뿐만 아니라 중국어도 할 줄 안다.
> 不但他会说英语，而且他妈妈也会说英语。
> 그가 영어를 할 뿐만 아니라 그의 엄마도 영어를 할 줄 안다.
> → 각기 다른 주어가 2개 나올 때는 不但을 맨 앞에 써야 한다.

(3) 인과 관계

앞에 놓인 절은 원인을 나타내고 뒤에 놓인 절은 결과를 나타낸다.

① 因为 A 所以 B : A하기 때문에 B하다
yīnwèi A suǒyǐ B

> 因为天安门很有名，所以外国人很多。천안문은 유명해서 외국인들이 많다.
> → 因为와 所以는 둘 중 하나를 생략하기도 한다.

(4) 가정 관계

앞에 놓인 절은 가설을 나타내고, 뒤에 놓인 절은 결과를 나타낸다.

① 如果(要是) A 就(那么) B : 만약 A하면 바로 B하다
rúguǒ(yàoshi) A jiù(nàme) B

> 如果我不在，你就上八楼，到803会议室找我。
> 만약 내가 없으면 8층으로 올라와서 803회의실에서 저를 찾으세요.

(5) 전환 관계

앞에 놓인 절은 어떠한 사실을 나타내고 뒤에 놓인 절은 이와 상반된 사실을 나타낸다.

① 虽然 A 但是(然而、却) B : 비록 A하지만 그러나 B하다
suīrán A dànshì(rán'ér, què) B

> 房子虽然旧了，但是很干净。방은 비록 낡았지만 그래도 깨끗하다.

(6) 선택 관계

두 절 중의 하나를 선택하는 것을 말한다.

① A 或者 B : A 혹은 B이다 (평서문)
A huòzhě B

> 你给我打电话或者发电子邮件都可以。
> 당신은 나에게 전화를 하거나 혹은 이메일을 보내도 괜찮아요.

② A 还是 B : A입니까 아니면 B입니까? (의문문)

A háishi B

例 你要喝茶还是咖啡? 당신 차 마실래요, 아니면 커피 마실래요?

③ 不是 A 就是 B : A아니면 B이다.

búshì A jiùshì B

例 这几天不是刮风就是下雨，今天终于晴了。
요 며칠 바람이 불거나 아니면 비가 왔는데 오늘은 마침내 날이 개었다.

(7) 순차 관계

선후 순서에 따라 동작이나 사건이 발생함을 나타낸다.

① 先 A 然后 B : 먼저 A하고 그런 뒤에 B하다

xiān A ránhòu B

例 我们先坐公共汽车，然后换地铁。
우리는 먼저 버스를 타고 그런 다음에 지하철로 환승한다.

(8) 조건 관계

앞에 놓인 절은 조건을 나타내고 뒤에 놓인 절은 결과를 나타낸다.

① 只有 A 才 B : A해야만 겨우 B하다

zhǐyǒu A cái B

例 这个地方经常下雨，一年中只有两三个月才能见到太阳。
이곳은 자주 비가 오는데, 일 년 중 두세 달만 겨우 해를 볼 수 있다.

② 只要 A 就 B : A이기만 하면 B하다

zhǐyào A jiù B

例 只要有信心，就没有解决不了的难题。 자신감만 있으면 해결 못할 어려운 문제는 없다.

문제 1

| A 所以 | B 还是 | C 如果 | D 一边 | E 或者 | F 既 |

西瓜（　　）香蕉，哪种都可以。

🔍 **문제 분석** 단어와 단어를 연결하는 접속사 중 선택 관계를 나타내는 접속사를 생각해보자.

| A 그리하여 | B ~아니면 | C 만약 | D ~하면서 | E 혹은 | F ~일 뿐만 아니라 |

수박 (E 혹은) 바나나, 어떤 종류이든 다 돼요.

해설 선택 관계 접속사 중 평서문에 사용되는 접속사를 고르면 정답은 E다. B는 의문문에 사용되므로 답이 될 수 없다.

단어 所以 suǒyǐ 젭 그리하여 | 还是 háishi 젭 ~아니면 | 如果 rúguǒ 젭 만약 | 一边 yìbiān 젭 ~하면서 | 或者 huòzhě 젭 혹은, 또는 | 既 jì 젭 ~일 뿐만 아니라 | 西瓜 xīguā 몡 수박 | 香蕉 xiāngjiāo 몡 바나나 | 可以 kěyǐ 혱 괜찮다, 좋다

문제 2

| A 因为 | B 虽然 | C 然后 | D 只有 | E 和 | F 而且 |

A: 周末了，我们一起出去吃个饭吧。
B: 好啊，先去吃饭，（　　）去看个电影，怎么样?

🔍 **문제 분석** 빈칸 앞의 접속사 '先(먼저)'과 호응할 수 있는 접속사를 생각해보자.

| A 왜냐하면 | B 비록 | C 그런 다음 | D 단지 ~해야지만 | E ~와 | F 게다가 |

A: 주말이야, 우리 같이 나가서 밥 먹자.
B: 좋아, 먼저 밥 먹고 (C 그런 다음) 영화 보러 가는 건 어때?

해설 빈칸 앞의 접속사 '先(먼저)'과 호응하면서 동작의 선후 관계를 나타낼 수 있는 접속사를 찾으면 정답은 C다.

단어 因为 yīnwèi 젭 ~때문에 | 虽然 suīrán 젭 비록 | 然后 ránhòu 젭 그런 후에 | 只有 zhǐyǒu 젭 단지 ~해야지만 | 和 hé 젭 ~과(와) | 而且 érqiě 젭 게다가, 뿐만 아니라 | 周末 zhōumò 몡 주말 | 先 xiān 젭 먼저 | 看 kàn 통 보다 | 电影 diànyǐng 몡 영화 | 怎么样 zěnmeyàng 때 어떠하다

DAY 19

A 不但   B 虽然   C 还是   D 所以   E 只有

1. 今天的苹果(   )很便宜，而且买一斤送一斤。

2. 图书馆里(   )人很多，但是很安静。

3. 有些药(   )医院才有，在药店买不到。

4. 因为爷爷身体不好，(   )我们不放心他一个人在家里。

5. 你想吃米饭(   )面条？

DAY 20

A 然后   B 又   C 而且   D 或者   E 如果

1. A：请问，这附近有公共汽车站吗？
   B：有，你先一直往南走，(   )再经过一个路口就到了。

2. A：我想明年去北京玩儿，哪个季节去比较好呢？
   B：秋天吧，那时候不仅不冷也不热，(   )晴天多。

3. A：我妈妈过生日了，我送她什么礼物好呢？
   B：给她买件衬衫，(   )买个帽吧。

4. A：这个季节的西瓜(   )大又甜。
   B：是啊，而且很便宜。

5. A：这个周六大家都去唱歌，你要不要和我们一起去？
   B：好的，(   )我没什么事情，我一定去。

독해 제3부분 단문 독해

기출문제 탐색전

문제 1

61. 妻子最近比较忙，也没时间去运动，所以又胖了几斤。她打算等忙完这段
   时间，就去跑步和游泳。

   ★ 妻子最近：

   A 变瘦了　　　　　　B 吃得很多　　　　　　C 很少锻炼

독해 제3부분은 61~70번 문제로 총 10문제이며 1~3줄의 단문을 읽고 ★표로 시작되는 문제에 알맞은 답을 고르는 것이다. 지문은 대부분 3줄을 넘지 않으며 일상생활, 문화, 상식, 교훈, 날씨 등 다양한 방면이 출제된다. 주의해야 할 점은 반드시 문제와 보기를 먼저 보고 지문을 읽는 것이 효과적이라는 것이다. 이유인즉 문제의 키워드만 보고 바로 찾아서 풀 수 있는 문제들이 많기 때문이다. 또한 문제를 풀고 난 뒤에는 답만 체크하지 말고 반드시 지문에 나온 단어들을 외우는 것이 좋다. 혹 마음이 너무 급하다면 3급 필수단어 600개를 적당한 분량으로 나누어서 외우는 것도 좋다.

🔍 유형 분석

① 독해 제3부분은 짧은 지문 읽고 답하기로 지문은 아무리 길어도 3줄을 넘지 않는다. 문제는 61~70번으로 총 10문제다. 전체 독해 영역의 3분의 1을 차지하며 A, B, C 3개의 보기 중 하나의 답을 골라야 한다.

② 문제는 ★표로 시작되며 복잡하지 않고 대부분 간단하다. 문제를 정확히 파악하고, 문제에서 나온 단어만 정확히 지문에서 찾는다면 답을 더 쉽게 찾을 수 있다.

③ 지문을 읽은 뒤 문제를 읽고 다시 또 지문을 읽으면서 답을 찾으려면 시간이 너무 많이 지체되므로 반드시 문제와 보기부터 읽고 시작하도록 하자. 문제 속에 정답을 빠르게 맞출 수 있는 키워드가 거의 나와 있기 때문이다.

④ 독해는 시간 싸움이므로 모르는 단어는 과감히 무시하는 것이 좋다. 출제자들도 전반적인 독해 능력을 보는 것이므로 단어 하나하나를 다 해석해야만 풀 수 있는 문제를 출제하지는 않는다.

⑤ 지문으로는 일상생활, 상식, 교훈을 주는 내용 등이 나오며 독해 제3부분에 나오는 단어를 많이 외워두면 쓰기 제2부분을 어렵지 않게 풀 수 있다.

01 키워드를 찾아 문제 바로 풀기

독해 제3부분에서 출제 비율이 가장 높은 유형이며, 문제에 나와 있는 키워드를 지문에서 찾아 문제를 푸는 것이다. 10문제 중 많게는 4문제까지 나오는 만큼 출제 빈도가 높은 문제이다.

시크릿 요점정리

1 문제 유형

(1) 명사의 동작, 성격, 특징을 묻는 문제

★ (관형어) + 명사:

문제에 '수식어(꾸며주는 말) + 명사'는 지문에 반드시 나온다. 문제에 나와 있는 명사를 지문에서 바로 찾아 그 뒤의 문장만 살펴보면 간단히 풀 수 있는 문제이다.

예 ★ 新来的同事: 새로 온 동료는:
★ 北京的秋天: 베이징의 가을은:
★ 我的行李箱: 나의 짐 가방은:

수식어 없이 바로 명사만 단독으로 나와서 그 명사가 어떠한 동작을 하는지, 혹은 무엇인지를 묻기도 한다.

예 ★ 同事们: 동료들은:
★ 自行车: 자전거는:
★ 黄山: 황산은:

(2) 명사에 관한 동작 혹은 올바른 설명을 물어보는 문제

★ 关于 + 명사:
★ 关于 + 명사, 我们可以知道什么?

'关于(~에 관하여)'를 사용하여 명사(주어)에 관한 올바른 설명, 혹은 명사에 관해 알 수 있는 내용을 묻기도 한다.

예 ★ 关于京剧, 可以知道什么? 경극에 관하여 알 수 있는 것은?
★ 关于北京的交通: 베이징의 교통에 관하여:
★ 关于成功: 성공에 관하여:

② 풀이 요령

키워드를 찾아서 푸는 문제 유형은 독해 제3부분에서 가장 쉽고도 빠르게 풀 수 있는 문제이다. 일단 핵심 단어를 찾은 뒤 그 핵심 단어, 즉 키워드가 있는 문장을 꼼꼼히 살펴 답을 골라주면 된다. 지문도 그렇게 어렵게 나오지 않으니 자신 있게 문제를 풀어주면 된다.

STEP 1 문제에서 핵심 단어를 재빨리 찾는다.

STEP 2 지문에서 핵심 단어가 들어간 문장을 꼼꼼히 살펴본다.

STEP 3 보기에서 핵심 단어가 들어간 문장과 일치하는 내용을 골라준다.

感动日记

오늘 새롭게 알게 된 내용, 가장 중요한 핵심내용, 학습 소감과 각오 등을 적어보세요.

문제 1

这个笔记本电脑是我上大学时买的，已经用了十多年了，虽然有点儿旧，但还很好用。所以我不打算换新的。

★ 那个电脑：
A 非常便宜   B 已经坏了   C 用了十多年了

🔍 **문제 분석** 키워드를 찾자. 지문에서 '电脑(컴퓨터)'가 들어간 문장을 잘 살펴보고 주어진 보기들과 일치하는지 확인하자.

이 노트북(컴퓨터)은 내가 대학교 때 구매한 것으로 이미 10여 년 넘게 사용하였다. 비록 조금 낡았지만, 여전히 사용하기 좋다. 그래서 나는 새것으로 바꿀 계획이 없다.

★ 그 컴퓨터는:
A 매우 저렴하다   B 이미 고장 났다   C 10여 년 넘게 사용했다

해설 키워드 '컴퓨터(电脑)'가 들어간 문장을 살펴보면 '이미 사용한지 10여 년이 되었다(已经用了十多年了)'라고 서술하고 있다. 이것은 C와 완벽하게 일치하므로 정답은 C다.

🔵Tip 지문에서 언급하지도 않은 내용은 절대로 답이 될 수 없다. 예를 들어 A, B는 지문 어디에서도 나오지 않는데, 이런 것들은 절대로 답이 될 수 없다는 것을 명심하자.

단어 笔记本电脑 bǐjìběn diànnǎo 圀 노트북 컴퓨터 | 上大学 shàng dàxué 대학에 다니다 | 已经 yǐjīng 凰 이미 | 用 yòng 图 사용하다 | 虽然…但… suīrán … dàn … 웹 비록 ~할지라도 그러나 ~하다 | 有点儿 yǒudiǎnr 凰 조금 | 旧 jiù 휑 낡다. 오래되다 | 还 hái 凰 아직도, 여전히 | 好用 hǎoyòng 휑 사용하기 좋다 | 所以 suǒyǐ 웹 그리하여 | 打算 dǎsuàn 图 ~할 계획이다. 생각이다 | 换 huàn 图 바꾸다 | 便宜 piányi 휑 싸다 | 坏 huài 휑 고장 나다

这个地方一到冬天，游客就慢慢变少了，很多商店、酒店也会关门休息一段时间。除了周末，街道上都安安静静的。

★ 那里冬天的时候：

　A 游客会变少　　　　　　B 经常下雪　　　　　　C 商店最忙

문제 분석 키워드는 那里(그곳)이라기보다는 '겨울(冬天)'이라는 것을 알 수 있다. 지문에서 '겨울(冬天)'을 찾아 보기와 일치하는 내용이 있는지 찾아보자.

이곳은 겨울만 되면 여행객이 천천히 줄어든다. 많은 상점, 호텔도 문을 닫고 한동안 쉰다. 주말을 제외하고 거리는 모두 매우 조용하다.

★ 그곳의 겨울에는：

　A 여행객이 줄어든다　　　　　B 자주 눈이 온다　　　　C 상점이 가장 바쁘다

해설 키워드인 '겨울(冬天)'에 대해서 '여행객이 천천히 줄어든다(游客就慢慢变少了)'라고 서술하고 있는데 이는 보기 A의 '여행객이 줄어든다(游客就变少)'와 일치하므로 정답은 A다. B는 언급되지 않은 내용이므로 답이 될 수 없고, 상점은 문을 닫고 쉰다고 하였으므로 C 또한 지문과 상반되므로 답이 될 수 없다.

단어 地方 dìfang 몡 장소, 곳 | 一…就… yī … jiù… ~하자마자 바로 ~하다 | 冬天 dōngtiān 몡 겨울 | 游客 yóukè 몡 여행객, 관광객 | 变 biàn 동 변하다, 바뀌다 | 少 shǎo 혱 적다 | 商店 shāngdiàn 몡 상점 | 酒店 jiǔdiàn 몡 호텔 | 关门 guānmén 동 문을 닫다 | 休息 xiūxi 동 휴식하다, 쉬다 | 段 duàn 양 동안(사물이나 시간 따위의 한 구분) | 时间 shíjiān 몡 시간 | 除了 chúle 전 ~을 제외하고 | 周末 zhōumò 몡 주말 | 街道 jiēdào 몡 거리 | 安静 ānjìng 혱 조용하다 | 时候 shíhou 몡 때, 무렵 | 经常 jīngcháng 부 항상 | 下雪 xià xuě 동 눈이 오다

DAY 21

1. 我和丈夫很少一起看电视，因为我喜欢看一些文化节目，但我丈夫说这个没有意思，他只对体育感兴趣。

   ★ 她丈夫：

   A 只喜欢体育节目　　　B 经常上网　　　C 不喜欢看电视

2. 我从来没有看过这种花草，但我朋友说这种花草在南方是很常见的，只有北方很少见。

   ★ 那种花草：

   A 在南方很多　　　B 颜色很漂亮　　　C 只有在北方

3. 酒店"试睡员"是一个新鲜的工作。试睡员需要住进一家酒店，认真了解那里的服务和环境，然后写出来发到网上，方便其他人选择酒店。

   ★ "试睡员"工作：

   A 比较新鲜　　　B 要求很高　　　C 很不容易

4. 弟弟上午去参加比赛了，现在才回来。他正在洗澡，叫我们先吃饭，不用等他。

   ★ 关于弟弟，可以知道：

   A 要参加比赛　　　B 头有点儿疼　　　C 在洗澡

5. 奶奶，您要讲的故事我知道，是一只小鸟没见过妈妈鸟，所以很努力去找妈妈……，这个故事您已经讲过好几次了。

   ★ 奶奶要讲的故事：

   A 没意思　　　B 以前也讲过　　　C 关于成功的

DAY 22

1. 张律师，这个问题能这么快就被解决，主要是有你的帮助，非常感谢您。

　　★ 这个问题：

　　　　A 张律师不懂　　　　　B 已经解决了　　　C 很麻烦

2. 我家的猫和这只特别像，也是咖啡色的，很漂亮，但我家的猫的鼻子是黑的。

　　★ 说话人的猫：

　　　　A 很胖了　　　　　　　B 鼻子是黑色的　　C 不爱吃鱼

3. 我自己很喜欢音乐，所以在女儿很小的时候就让她学习音乐。她在这样的环境中长大，对唱歌、跳舞也都很感兴趣。

　　★ 关于他的女儿，可以知道：

　　　　A 很聪明　　　　　　　B 爱好唱歌　　　　C 是教历史的

4. 奶奶的家有很多花花草草，天气好的时候奶奶把它们搬到外面，刮风下大雨时把它们放到屋里去。

　　★ 关于奶奶的家，可以知道：

　　　　A 旁边有一条道路　　　B 有很多花草　　　C 离我家很近

5. 这本书跟一般的书不一样，因为它是一本有"声音"的书。孩子们可以一边看一边听，只需要用手点一下书里面的画儿，它就会开始讲故事。

　　★ 那本书：

　　　　A 能发出声音　　　　　B 可以画画儿　　　C 不便宜

02 내용의 주제 파악하기

DAY 23-24

내용의 주제 파악하기는 전반적인 내용을 살펴본 다음 글쓴이의 생각과 의도 혹은 글쓴이가 전달하려는 내용이나 지문을 통해 얻을 수 있는 교훈 등을 파악하는 문제이다. 독해 제3부분은 우리가 독해 지문을 얼마나 잘 파악하고 있는지도 중요하지만, 정해진 시간 안에 문제를 얼마나 빨리 풀 수 있는지도 중요하다. 주제는 주로 지문의 첫머리나 마지막에 자리하고 있어 의외로 간단하게 풀 수 있는 경우가 많다.

시크릿 요점정리

1 문제 패턴

> ★ 这段话主要…
> ★ 这段话主要…什么?

주제 파악하기는 문제의 형식이 거의 정해져 있다. 대개 공통적으로 '主要(주로)'라는 말이 들어간다. 이런 문제는 지문에서 주로 말하는 내용, 즉 화자가 말하고자 하는 주제를 파악해야 한다.

예
- ★ 这段话主要说怎样? 이 글은 주로 어떻게 하자고 말하는가?
- ★ 这段话主要说的是: 이 글이 주로 말하는 것은:
- ★ 这段话主要谈: 이 글이 주로 얘기하는 것은:
- ★ 这段话主要介绍的是: 이 글이 주로 소개하는 것은:
- ★ 这段话告诉我们: 이 글이 우리에게 알려주는 것은:

2 풀이 요령

글의 주제는 주로 글의 앞부분이나 뒷부분에 나와 있듯이, HSK 독해 문제 역시 지문의 첫 문장과 마지막 문장을 자세히 살펴보면 답을 찾을 수 있다.

STEP 1 문제를 먼저 읽고 요지를 파악한다.
STEP 2 지문 맨 앞이나 뒤에서 글의 주제를 찾는다.
STEP 3 글의 주제와 일치하는 내용을 골라준다.

NOTICE!
1. 답은 지문과 똑같이 직접적으로 나오거나, 혹은 단어 하나 정도만 비슷한 단어로 바꿔서 바로 알아볼 수 있게끔 나온다.
2. 성어, 옛날 이야기, 사람들이 흔히 알고 있는 이야기를 통해 간접적으로 주제를 내비치는 경우도 있다.

문제 1

懂一门外语很重要，因为你不仅可以去这个国家旅游，和这个国家的人们交流，还可以了解这个国家的文化，而且可以给他们介绍自己国家的文化。

★ 这段话主要谈：

　　A 懂外语的好处　　　　　　B 普通话的作用　　　　　　C 文化的影响

문제 분석 주제를 물어보는 문제는 얼른 지문의 처음과 마지막을 살펴보고, 보기와 똑같은 말이 지문에도 나와 있는지 찾아보자.

> 외국어 하나를 제대로 아는 것은 중요하다. 왜냐하면 당신은 그 나라에 가서 여행을 할 수도 있고, 그 나라 사람들과 교류할 수 있을 뿐만 아니라 그 나라의 문화도 이해할 수 있기 때문이다. 또한 그들에게 자기 나라의 문화를 소개해줄 수도 있다.
>
> ★ 글에서 주로 이야기하는 것은:
>
> 　A 외국어를 알면 좋은 점　　　　B 표준 중국어의 역할　　　　C 문화의 영향

해설 지문 첫머리에 외국어를 아는 것이 중요하다고 하고, '왜냐하면(因为)'이라고 뒤에서 부연 설명을 하고 있다. 즉, 이 문장은 외국어를 알면 좋은 점에 대해 말하고 있다. 따라서 답은 A가 된다.

단어 懂 dǒng 통 알다, 이해하다 | 门 mén 양 가지, 과목(학문, 기술 등을 세는 양사) | 外语 wàiyǔ 명 외국어 | 重要 zhòngyào 형 중요하다 | 因为 yīnwèi 접 왜냐하면 | 不仅 bùjǐn 접 ~일 뿐만 아니라 | 可以 kěyǐ 조동 ~할 수 있다 | 国家 guójiā 명 국가 | 旅游 lǚyóu 통 여행하다 | 交流 jiāoliú 통 교류하다 | 了解 liǎojiě 통 이해하다 | 文化 wénhuà 명 문화 | 而且 érqiě 접 게다가 | 介绍 jièshào 통 소개하다 | 段 duàn 양 단락(사물이나 시간 따위의 한 구분) | 话 huà 명 이야기, 말 | 主要 zhǔyào 형 주로, 대부분 | 谈 tán 통 이야기하다, 말하다 | 好处 hǎochù 명 좋은 점 | 普通话 pǔtōnghuà 명 현대 중국어의 표준어 | 作用 zuòyòng 명 작용, 역할 | 影响 yǐngxiǎng 명 영향

"面包会有的，牛奶也会有的，一切都会变好的。"所以，不要太伤心，不要太担心，不用怕失败，因为雨后才是晴天。

★ 这段话想告诉我们：

A 要按时吃饭　　　　　　　B 明天会更好　　　　　　　C 不要迟到

🔍 **문제 분석** 글쓴이가 하고자 하는 말, 즉 주제를 파악하면 된다. 주제가 직접적으로 드러나 있는지 간접적으로 보여지는지 살펴보자.

"빵도 있을 것이고, 우유도 있을 것이다. 모든 것이 다 좋아질 것이다." 그러므로 너무 속상해 하지 말고, 너무 걱정하지도 말며 실패를 두려워하지 않아도 된다. 왜냐하면 비가 온 뒤에야 날씨가 맑기 때문이다.

★ 이 글이 우리에게 알려주는 것은:

A 제때 밥을 먹어야 한다　　　B 내일은 더 좋을 것이다　　　C 지각하지 마라

해설 이 문제는 직접적으로 주제를 드러내지 않고, 격언을 통해서 주제를 간접적으로 보여주는 지문이다. '모든 것이 다 좋아질 것이다', '비가 온 뒤에야 날씨가 맑다'라는 것은 '시련 뒤에 좋은 날이 온다'는 비유적인 표현으로, B의 '내일은 더 좋을 것이다'라는 말이 가장 적절한 주제라고 볼 수 있다.

단어 面包 miànbāo 몡 빵 | 会…的 huì… de ~일 것이다 | 牛奶 niúnǎi 몡 우유 | 一切 yíqiè 몡 모든 것 | 变 biàn 통 변하다 | 所以 suǒyǐ 젭 그러므로 | 不要 búyào 조통 ~하지 말아라 | 太 tài 闾 너무 | 伤心 shāngxīn 통 상심하다 | 担心 dānxīn 통 걱정하다 | 怕 pà 통 무서워하다 | 失败 shībài 몡 실패 | 晴 qíng 혱 맑다 | 按时 ànshí 闾 제때에 | 迟到 chídào 통 지각하다

1. 烦恼时，可以给朋友打电话，和朋友一边喝咖啡一边聊聊天。可以写日记，可以散散步，也可以去旅游。

   ★ 这段话主要说什么?

   A 人有很多烦恼　　　B 人烦恼时怎么办　　　C 我很爱旅游

2. 有些人说迟到是一件很小事，晚几分钟也没什么影响，但迟到是一个很不好的习惯。如果你经常迟到，那么你周围的人慢慢地会认为你是一个不认真的人。

   ★ 这段话主要想告诉我们:

   A 不要经常迟到　　　B 要早睡早起　　　C 要认真学习

3. 如果一个人自己也不能相信自己，怎么能让别人相信他呢?

   ★ 这段话主要说的是:

   A 别担心　　　　B 经常去旅行　　　C 要相信自己

4. 有时候，不要对自己要求太高，很多事情我们没办法做到让每个人都满意，所以最重要的是做好自己应该做的。

   ★ 这段话告诉我们:

   A 做事应努力　　　B 要多关心别人　　　C 要做好该做的

5. 你眼睛看到的、耳朵听到的有时不一定是真的。所以，除了多看、多听外，更重要的是还要多想一想。

   ★ 这段话告诉我们:

   A 遇事要多想想　　　B 快乐其实很简单　　　C 不要经常生气

DAY 24

1. 人们常说"生命在于运动"。我们应该按时锻炼身体，游泳、打网球、爬山等。运动都很不错。

★ 这段话主要谈：

A 游泳的好处　　　B 要多吃水果　　　C 应该按时运动

2. 人一生只有三天：昨天、今天和明天。昨天已经过去了，没法改变，明天还没有来，谁也不清楚。所以，我们只有在今天努力生活才不会后悔。

★ 这段话主要想告诉我们：

A 今天最重要　　　B 要有理想　　　C 不要经常后悔

3. 你从哪里来不重要，重要的是你要到哪里去。要认真工作，看清方向。如果方向不对，做多少努力都没用。

★ 这段话主要想告诉我们：

A 要有信心　　　B 要重视方向　　　C 不要粗心

4. 如果三分钟看一页，那么半个小时可以看10页。每天看半个小时的书，一个月可以看300多页，这可是一本书呀。

★ 这段话主要说：

A 坚持读书　　　B 好书不太多　　　C 身边的图书越来越多

5. 咖啡是一种很受年轻人欢迎的饮料，也是除了啤酒和茶以外，人们喝得最多的饮料。

★ 这段话主要介绍的是：

A 季节　　　B 环境　　　C 咖啡

03 내용 파악 및 유추하기

DAY 25-26

내용 파악 및 유추하기는 독해 제3부분에서 가장 난도 높은 유형이라고 할 수 있다. 전반적인 내용을 파악해야지만 문제를 풀 수 있기 때문이다. 10문제 중 3~4문제가 나오는 만큼 독해 제3부분에서 비중 있는 문제이기도 하다.

 시크릿 요점정리

1 문제 패턴

> ★ 根据这段话，可以知道:
> ★ 说话人(他)觉得:
> ★ 根据这段话，명사 + 可能是 + 동작
> ★ 说话人是什么意思?

(1) 내용 파악하기

내용 파악하기는 지문의 전반적인 내용을 파악하는 것이 중요하다. 따라서 단어 하나하나의 해석에 집착하기보다는 전체적인 내용을 이해하는 데 초점을 맞추어야 한다.

> 예 ★ 根据这句话，可以知道: 이 말에 근거하여 알 수 있는 것은:
> ★ 说话人觉得: 화자가 생각하는 바는:
> ★ 怎样理解"……"? "……"를 어떻게 이해해야 하나?

(2) 내용 유추하기

내용 유추하기는 지문을 읽고 내용을 논리적으로 유추하여 문제를 푸는 것으로 지문을 읽고 한번 더 생각해서 답을 골라야 한다.

> 예 ★ 说话人是什意思? 화자의 말 뜻은?
> ★ 주어(사람, 사물) + 以前 / 现在怎么样? 주어는 예전/현재 어떠한가?

2 풀이 요령

① 이 유형의 문제는 같은 뜻을 가진 다른 단어로 답을 바꿔 제시하는 경우가 있다. 예를 들어 지문에서는 '가끔'이라는 단어로 '有时候'를 사용했다면 답(보기)은 '偶尔'로 제시될 수 있다.

② 이 유형의 문제는 간혹 키워드 찾기 유형처럼 '관형어 + 명사'로 나오는 경우가 있는데, 키워드 찾기 문제와는 다르게 지문에 답이 바로 나와 있지 않고 전반적인 내용을 파악해야만 풀 수 있다.

③ 이 유형의 문제는 시점이 중요하다. 현재 상태를 물어보는 것인지 과거의 상태를 물어보는 것인지 문제를 먼저 보고 지문 속 시점을 기준으로 과거에는 어땠고 지금은 어떤 상태인지를 파악해야 한다.

STEP 1 문제를 보고 내용 파악, 유추 문제인지 판단한다.
STEP 2 보기를 읽고 대략적인 내용을 기억한다.
STEP 3 질문의 시점도 유의해서 파악해야 한다.

感动日记

오늘 새롭게 알게 된 내용, 가장 중요한 핵심내용, 학습 소감과 각오 등을 적어보세요.

你放心，我刚才上网查过了，每天都有很多火车去上海，所以我们不用着急订票。

★ 根据这段话，可以知道我们：

A 在找钥匙　　　　　　B 在看杂志　　　　　　C 还没订票

문제 분석 보기 A~C 모두 동작을 나타내므로 그들이 어떤 동작을 하고 있는지 유추해 보자.

걱정 마. 내가 방금 인터넷에서 찾아보았는데, 매일 상하이로 가는 기차가 많아. 그러니 우리 급하게 표를 예매할 필요가 없어.

★ 이 문장에 근거하여 우리에 대해 알 수 있는 것은:

A 열쇠를 찾고 있다　　　　B 잡지를 보고 있다　　　　C 아직 표를 예매하지 않았다

해설 우리가 급하게 표를 예매할 필요가 없다(我们不用着急订票)는 말을 근거로 정답이 C임을 알 수 있다. A와 B는 모두 언급되지 않은 내용이므로 답이 될 수 없다.

단어 放心 fàngxīn 图 마음을 놓다 | 刚才 gāngcái 图 방금 | 上网 shàngwǎng 图 인터넷을 하다 | 查 chá 图 찾아보다, 검색하다 | 过了 guò le ~했다(동작의 완료) | 火车 huǒchē 阅 기차 | 所以 suǒyǐ 凰 그리하여 | 不用 búyòng ~할 필요 없다 | 着急 zháojí 图 조급해하다 | 订 dìng 图 예약하다 | 票 piào 阅 표, 티켓 | 根据 gēnjù 凰 ~에 근거하여 | 段 duàn 窗 단락(사물이나 시간 따위의 한 구분) | 话 huà 阅 이야기, 말 | 在 zài 图 ~하고 있는 중이다 | 找 zhǎo 图 찾다 | 钥匙 yàoshi 阅 열쇠 | 杂志 zázhì 阅 잡지

如果您要出去一段时间，请让我们来照顾您的小狗吧。在这里，它会有自己的房间，我们还会经常给它洗澡，和它一起玩儿。

★ 根据这段话，小狗在那里会怎么样？

　A 被照顾得很好　　　　　　　B 觉得不舒服　　　　　　　C 变胖

🔍 **문제 분석** 강아지가 있을 환경이 어떠한지 유추해보자.

만약 한동안 나가야 한다면 우리가 당신의 강아지를 돌봐줄게요. 여기에 있으면 강아지 자기만의 방도 있고 우리가 자주 씻겨줄 수도 있고 강아지와 함께 놀아줄 수도 있어요.

★ 이 단락에 근거하면 강아지는 그곳에서 어떠할까?

　A 돌봄을 잘 받을 것이다　　　　　B 불편하다고 느낄 것이다　　　　　C 뚱뚱해질 것이다

해설 그곳에서는 강아지에게 '자신만의 방도 있고(有自己的房间)', '씻겨주고 놀아줄 수 있는 사람도 있다(我们还会经常给它洗澡，和它一起玩儿)고 했으므로 정답은 A라는 것을 알 수 있다.

단어 如果 rúguǒ 접 만약 | 出去 chūqù 동 나가다 | 段 duàn 양 동안(사물이나 시간 따위의 한 구분) | 时间 shíjiān 명 시간 | 让 ràng 동 ~하라고 시키다, 만들다 | 照顾 zhàogù 동 돌보다 | 小狗 xiǎogǒu 명 강아지 | 会 huì 조동 ~일 것이다 | 自己 zìjǐ 대 자신 | 房间 fángjiān 명 방 | 经常 jīngcháng 부 항상 | 洗澡 xǐzǎo 동 샤워하다 | 一起 yìqǐ 부 같이, 더불어 | 玩儿 wánr 동 놀다 | 被 bèi 전 ~에 의하여(피동을 나타냄) | 觉得 juéde 동 느끼다, 생각하다 | 舒服 shūfu 형 편안하다 | 变 biàn 동 변하다, 바뀌다 | 胖 pàng 형 뚱뚱하다

DAY 25

1. 李老师，我是菲菲的妈妈。今天我要给孩子请一天假，她早上起来，突然牙疼，所以我们想带她去医院看看。

★ 说话人正在：

A 请假 　　　　　 B 找人聊天儿 　　　　　 C 看电影

2. 这种蛋糕是用新鲜的牛奶和鸡蛋做的，里面还放了很多水果。我刚才吃了一口，特别好吃，大家过来尝尝吧。

★ 根据这段话，可以知道蛋糕：

A 像月亮 　　　　　 B 好吃 　　　　　 C 太甜了

3. 有些女孩儿为了能瘦一点儿，不怎么吃饭，只吃点儿苹果或者香蕉。其实这样不但不一定能瘦下来，而且对身体也不好，很不健康。

★ 根据这段话，可以知道：

A 要多吃水果 　　　 B 面条不好吃 　　　 C 只吃水果不健康

4. 如果一个汉字的左边是"口"，那么这个字可能和"嘴"有关系，像"吃"、"喝"、"唱"等等；如果它左边是"月"，就可能和身体有关系，像"脸"、"腿"、"脚"等等。

★ 下列哪个汉字可能和"嘴"有关系？

A 叫 　　　　　 B 爱 　　　　　 C 站

5. 这本书我找了很久。可能是因为太老了，书店里找不到，网上也没有卖的。没想到你这里有，能借我看看吗？

★ 说话人是什么意思？

A 想借书 　　　　　 B 上会儿网 　　　　　 C 想去图书馆

1. 这块地过去都是草，现在有了树和花儿，夏天一到漂亮极了，有很多人拿着照相机来这里照相。

★ 那个地方以前：

   A 楼很高   B 草很多   C 很干净

2. 老包是东北人，爱吃米饭。他总是对办公室里的人说，哪个地方的大米没有东北的好吃。

★ 老包认为：

   A 东北水很甜   B 东北大米最好吃   C 东北大米不新鲜

3. 北京和南京是中国两个特别有名的大城市。像它们的名字中第一个字一样，一个在北方，一个在南方。

★ 关于南京，可以知道：

   A 在南方   B 不太有名   C 人口少

4. 你怎么又忘记了？这药要饭前吃，不能饭后吃，饭后吃会影响药的作用，下次一定要记住。

★ 说话人是什么意思？

   A 吃饱了   B 不想刷牙   C 要饭前吃药

5. 汉语里有句话叫"太阳从西边出来了"，意思是出现了让人觉得不太可能的事情。如果一个人上班总是迟到，但是有一天突然来得很早，你就可以对他说这句话。

★ 怎样理解"太阳从西边出来了"的意思？

   A 生气了   B 出现了不太可能的事   C 可能要下雨

DAY 26

04 동작의 방식, 원인, 목적

이 유형의 문제는 동작 주체가 사건이나 사물의 처리(怎么 + 동사)에 대해서 묻거나 그 동작을 하는 이유 (为什么)나 목적(为了)에 대해서 묻는 문제이다. 내용은 주로 일상생활과 관련된 내용이 나오기 때문에 지문과 보기를 해석하는 데 큰 어려움이 없다.

시크릿 요점정리

1 문제 패턴

> ★ ……怎么/怎样……?
> ★ 为什么……?
> ★ ……原因是 / 是因为 / 是为了:

(1) 동작의 방식을 묻는 문제

동작을 어떻게 처리했는지 혹은 해야 하는지에 대해 묻는 문제로 이미 발생했거나, 현재 진행 중이거나, 앞으로 일어날 일에 대해서 묻는다. 동작의 방식을 묻는 문제이기에 보기에는 동사구가 나온다.

예
★ 他/我/사물 + 怎么/怎样 + 동사?　　그/나/[사물]은 어떻게 [동사]하는가?
★ 他/她怎样 + 동사?　　그(그녀)는 어떻게 [동사]하려고 하나?

※ 주어는 사람이 아니라 사물이 될 수도 있다.

(2) 원인, 목적을 묻는 문제

주로 '为什么(왜)', '怎么(어떻게)'와 같은 의문대명사가 많이 나온다. '原因是(이유는 ~ 이다)'나 '为了(~을 위하여)' 등을 사용하여 문장 후반부가 생략된 형태로 묻기도 한다.

예
★ 他/我/사물 + 为什么 + 동사?　　그/나/[사물]은 왜 [동사]하는가?
★ 他/我/사물 + 동사 + 原因是什么?　그/나/[사물]이 [동사]하는 원인은 무엇인가?
★ 他/我/사물 + 동사 + 为了:　　그/나/[사물]이 [동사]하는 것은… (무엇을 위해서인가)

2 풀이 요령

대부분 질문이 '주어 + 왜/무엇을/어떻게'라는 형식으로 나오기에 앞에서 배운 키워드 찾기와 비슷하다. 그러나 주어에 관한 정보가 '왜/무엇을/어떻게'라는 의문대명사로 인해 구체적으로 제한되므로, 일단 키워드(대개는 주어)에 해당하는 명사를 지문에서 찾은 다음, 의문대명사의 답이 되거나, 생략된 부분에 들어갈 만한 정보를 살펴보도록 하자.

STEP 1 문제에서 주체의 무엇에 관해 묻는지 파악한다.

STEP 2 지문에서 의문사, 또는 생략된 부분에 해당하는 정보를 찾는다.

STEP 3 지문 내용과 일치하는 보기를 고른다.

문제 1

很多人想学游泳，但是又害怕下水，到了河边也只是站着别人游泳，不敢下去，这样是学不会游泳的。其实只有敢做，才能学会。

★ 根据这段话，怎样才能学会游泳？

　A 要敢下水　　　　　　　B 找老师教　　　　　　　C 天天练习

🔍 **문제 분석** 수영을 배울 수 있는 방법이 무엇인지 생각해보자.

많은 사람들이 수영을 배우고 싶어하지만 물에 들어가는 것이 무서워서 강가에 가면 그저 서서 다른 사람들이 수영하는 것을 볼 뿐 들어가지 못한다. 이렇게 하면 수영을 배울 수 없다. 사실 용감하게 할 수 있어야만 배울 수 있다.

★ 이 글에 근거하면 어떻게 해야 수영을 배울 수 있나?

　A 용감하게 물에 들어가야 한다　　　　　B 가르쳐줄 선생님을 찾는다　　　　　C 매일 연습한다

해설 물에 들어가는 것을 무서워하고(害怕下水), 들어가지 못하면(不敢下去) 수영을 배울 수 없으며, '용감하게 할 수 있어야만 배울 수 있다(其实只有敢做，才能学会)'고 하였으므로 정답은 A다.

단어 游泳 yóuyǒng 통 수영하다 | 但是 dànshì 접 그러나, 그렇지만 | 又 yòu 부 또 | 害怕 hàipà 통 무서워하다 | 下水 xiàshuǐ 물에 들어가다 | 到 dào 통 도착하다 | 河边 hébiān 명 강가, 강변 | 只是 zhǐshì 부 다만, 오직, 오로지 | 站 zhàn 통 서다 | 着 zhe 조 ~한 채로 (동작이나 상태의 진행, 지속) | 别人 biéren 대 남, 타인 | 敢 gǎn 조동 감히 ~하다 | 这样 zhèyàng 대 이와 같다, 이렇게 | 其实 qíshí 부 사실은 | 只有…才能… zhǐyǒu… cái néng… 접 단지 ~해야지만 그제서야 ~할 수 있다 | 学会 xuéhuì 통 배워서 ~할 줄 알다 | 找 zhǎo 통 찾다 | 教 jiāo 통 가르치다 | 练习 liànxí 통 연습하다

222

经理决定今天下午请大家吃饭。一是为了欢迎新来的几位同事，二是这个月大家工作完成得很好，他想借这个机会感谢大家。

★ 经理请大家吃饭是为了：

A 欢迎新同事　　　　　　B 去唱歌　　　　　　C 跟同事们聊天

🔍 **문제 분석** 팀장님이 모두에게 밥을 사주는 이유가 무엇인지 찾아보자.

팀장님은 오늘 오후에 모두에게 밥을 사주기로 하셨다. 첫째는 새로 온 동료 몇 명을 환영하기 위함이고, 둘째는 이번 달에 모두가 업무를 잘 완성해서 이번 기회를 빌어 모두에게 감사드리고 싶어서이다.

★ 팀장이 모두에게 밥을 사는 목적은:

A 새로운 동료를 환영하기 위하여　　　　B 노래 부르러 가려고　　　　C 동료들과 이야기하려고

해설 팀장님이 밥을 사주는 첫째 이유가 '새로 온 동료 몇 명을 환영하기 위해서(为了欢迎新来的几位同事)'라고 하였으므로 정답은 A다.

단어 经理 jīnglǐ 몡 사장, 팀장 | 决定 juédìng 통 결정하다 | 下午 xiàwǔ 몡 오후 | 请 qǐng 통 청하다, 초청하다 | 吃饭 chīfàn 통 밥 먹다 | 为了 wèile 전 ~을 위해서 | 欢迎 huānyíng 통 환영하다 | 位 wèi 양 분(사람을 세는 단위) | 同事 tóngshì 몡 직장 동료 | 工作 gōngzuò 몡 일, 업무 | 完成 wánchéng 통 완성하다 | 得 de 조 ~하는 정도가(술어 뒤에 쓰여 정도를 나타내는 보어를 연결) | 借 jiè 통 빌리다 | 机会 jīhuì 몡 기회 | 感谢 gǎnxiè 통 감사하다 | 唱歌 chànggē 통 노래 부르다 | 聊天 liáotiān 통 수다를 떨다, 잡담하다

DAY 27

1. 我虽然大学学的是数学，但一直都对历史很感兴趣，经常去图书馆看一些历史书，所以我知道很多历史故事。

   ★ 他为什么知道很多历史故事？

   A 选过历史课　　　　B 经常读历史书　　　　C 经常看历史节目

2. 对不起，我可能会迟到几分钟，走到半路我才发现照相机没带，现在回去拿，你如果先到了，就去公园旁边的那个咖啡馆儿等我一会儿。

   ★ 说话人为什么又回去了？

   A 来客人了　　　　B 忘记带相机　　　　C 一分钱没拿

3. 要想提高汉语水平，其实不难，我认为主要有两点：一是课上要多说多写，不要害怕说错、写错；二是课后多练习，可以多看中文电影，多和中国朋友聊天儿，慢慢地就会越说越好了。

   ★ 他认为怎样学好汉语？

   A 多说多练　　　　B 注意查词典　　　　C 去中国留学

4. 我昨天晚上加班，困了就喝了一杯咖啡，后来太兴奋了，一个晚上都没睡觉。

   ★ 他为什么太兴奋了？

   A 喝了咖啡　　　　B 换了工作　　　　C 加班了

5. 难过的时候可以听听音乐或者找人聊聊天儿，这样可能会让我们忘记那些不快乐的事情。

   ★ 怎样可以忘记不快乐的事情？

   A 听听音乐　　　　B 喝啤酒　　　　C 出去散步

DAY 28

1. 王阿姨不放心16岁的女儿一个人出国留学，所以决定放下工作，跟女儿一起出国。

   ★ 王阿姨去国外是为了：

   A 工作　　　　　　　B 照顾女儿　　　　　C 读两年书

2. 我妻子虽然已经学会了开车，但她害怕自己开车上路，所以现在每天上下班还是我接送她。

   ★ 我每天上下班送妻子，是因为妻子：

   A 想坐地铁　　　　　B 最近没有时间　　　C 害怕开车

3. 西瓜的汁儿多，吃的时候小心点儿，要低下头，不要吃得脸上、衣服上都是。还有，不要一边吃一边说话。

   ★ 说话人认为怎样吃西瓜？

   A 站着　　　　　　　B 低着头　　　　　　C 跟牛奶一起吃

4. 王夏在外地上学，所以我们不能经常见面。但每个周末我们都会发电子邮件或者上网聊聊天儿。

   ★ 他们俩怎么联系？

   A 上网聊天儿　　　　B 写信　　　　　　　C 打电话

5. 没关系，她哭是因为刚才听到一个孩子在唱《月亮船》，这使她突然想起了很多过去的事情。

   ★ 她为什么哭？

   A 想起了过去　　　　B 鼻子不舒服　　　　C 不想离开家

05 동작과 주체, 동작의 대상

이 유형의 문제는 난도가 그렇게 높지 않은 문제로, 시킨 동작이 무엇인지를 묻거나 주체나 동작의 대상이 무엇인지 물으며, 질문에 '什么(무엇)' 또는 '让(~하게 시키다, 만들다)'이 등장한다. 동작을 묻는 문제는 내용 파악을 해야 답을 고를 수 있는 문제지만, 주체와 동작의 대상을 묻는 문제는 질문에서 동작을 찾아, 그 동작의 대상이 무엇인지 바로 찾아서 풀 수 있다.

시크릿 요점정리

1 문제 패턴

> ★ 주어 + 是 + 什么?
> ★ 주어 + 让 + 인칭대명사:
> ★ 주어 + 동사:
> ★ 주어 + 表示:

(1) 동작을 묻는 문제

질문은 겸어문의 형태로 등장하며, 주어가 겸어(주로 인칭대명사)에게 시킨 동작이 무엇인지를 묻는 문제이다. 문제의 형태는 매우 간단하며, 두 번째 주어인 겸어가 해야 할 동작이 보기에 동사구로 나와 있다.

예 ★ 주어 + 让 + [인칭대명사]: 주어가 [인칭대명사]에게 시킨 것은:

(2) 주체, 동작의 대상을 묻는 문제

주체와 동작의 대상을 묻는 문제는 주체가 무엇을 말하는 것인지, 동작의 대상은 목적어가 무엇인지를 묻는 문제이다. 두 유형 모두 질문이 무척 간단하며, 질문에 나온 주체와 동작을 지문에서 찾아 보기 중에서 일치하는 것이 있는지 찾으면 쉽게 풀 수 있다. 보기 A, B, C는 주로 명사 혹은 동사구이다.

예 ★ 주어 + 是 + 什么? 주어는 무엇인가?
　★ 주어 + 表示?　　　 주어가 나타내는 것은?
　★ 동사 + 什么?　　　 동사의 대상은?

2 풀이 요령

① 겸어문 형식으로 동작을 묻는 유형의 문제는 지문에 '让(~하게 만들다, 시키다)'이 등장하는 것이 아니라 조동사 '要'를 써서 해야 하는 동작이 무엇인지를 나타내거나, 상대방에게 당부, 부탁하는 내용이 나오므로 당부와 부탁하는 내용이 무엇인지를 알아야 답을 고를 수 있다.

② 주체, 동작의 대상을 묻는 문제의 경우 다른 내용을 읽을 필요 없이 바로 정답을 찾을 수 있기에 문제 푸는 시간을 단축할 수 있는 문제이다. 앞에서 배운 키워드 찾기와 비슷하게, 문제의 주어와 동사를 찾아 지문에서 찾아준 후, 보기 중에서 일치하는 내용이 있는지 찾으면 된다.

STEP 1 겸어문 형식으로 동작을 묻는 유형의 문제는 화자가 당부, 부탁하는 내용이 무엇인지 파악하자.

STEP 2 주체와 동작의 대상은 먼저 질문에서 주어와 동사를 골라낸다.

STEP 3 주어와 동사를 골라냈다면 지문에서 문제와 일치하는 주어, 동사를 찾아 그 뒤의 내용이 보기 중에 나와 있는지 체크하여 지문 내용과 일치하는 보기를 고르면 된다.

感动日记

오늘 새롭게 알게 된 내용, 가장 중요한 핵심내용, 학습 소감과 각오 등을 적어보세요.

문제 1

这是这次会议的要求，有不明白的可以跟我说。一定要在八号前完成准备工作，如果做不完，会影响接下来的工作。

★ 说话人让他：

A 要经常运动　　　　　B 每天写日记　　　　　C 必须八号前完成

🔍 **문제 분석** 겸어문의 형식으로 그에게 시킨 동작이 무엇인지 찾아보자.

이것은 이번 회의의 요청 사항이에요. 모르는 것이 있으면 저에게 말씀하시면 돼요. 반드시 8일 전에 준비 업무를 끝내야 해요. 만약 끝내지 못하면 다음 업무에 영향을 끼치게 될 거예요.

★ 화자는 그에게：

A 자주 운동하라고 하였다　　　B 매일 일기를 쓰라고 하였다　　　C 반드시 8일 전에 완성하라고 하였다

해설 '一定要(반드시 ~해야 한다)'는 상대방에게 어떤 동작을 해야 한다는 필요성에 대해 이야기하고 있으므로 이 부사와 조동사가 들어간 지문을 잘 살펴야 한다. 8일 전에 준비 업무를 끝내라고 요구하고 있으므로 정답은 C다.

단어 这次 zhècì 때 이번 | 会议 huìyì 명 회의 | 要求 yāoqiú 명 요구, 요청, 요망 | 明白 míngbai 동 이해하다, 알다 | 一定 yídìng 부 꼭, 반드시 | 要 yào 조동 ~해야 한다 | 完成 wánchéng 동 완성하다 | 准备 zhǔnbèi 동 준비하다 | 工作 gōngzuò 명 일 | 如果 rúguǒ 접 만약 | 完 wán 동 (동사 뒤에 쓰여) 완료를 나타냄 | 会 huì 조동 ~일 것이다 | 影响 yǐngxiǎng 동 영향을 미치다 | 接下来 jiēxiàlái 동 다음으로 이어지다, 뒤잇다 | 让 ràng 동 ~하라고 시키다, 만들다 | 经常 jīngcháng 부 자주, 종종 | 运动 yùndòng 동 운동하다 | 写 xiě 동 쓰다 | 日记 rìjì 명 일기 | 必须 bìxū 부 반드시

现在我们公司遇到了一个很大的问题，这关系到我们以后的工作能不能完成，所以现在最重要的是找到解决它的办法。

★ 现在最重要的事情是什么?

A 多复习　　　　　　B 相信自己　　　　　　C 找到解决办法

문제 분석 주어를 지문에서 찾아 주어의 대상이 무엇인지 살펴보자.

현재 우리 회사는 큰 문제에 부딪혔다. 이것은 우리가 앞으로의 업무를 완성할 수 있을지 없을지와 관계된다. 따라서 현재 가장 중요한 것은 이것을 해결하는 방법을 찾는 것이다.

★ 현재 가장 중요한 일은 무엇인가?

A 많이 연습하는 것　　　　　B 자신을 믿는 것　　　　　C 해결 방법을 찾는 것

해설 지문에서 '현재 가장 중요한 것(现在最重要的)'을 찾으면 마지막에 '이것을 해결할 방법을 찾는 것(找到解决它的办法)'이라고 하였으므로 정답은 C다.

단어 公司 gōngsī 뗑 회사 | 遇到 yùdào 툉 만나다 | 问题 wèntí 뗑 문제 | 关系 guānxi 툉 관련되다 | 以后 yǐhòu 뗑 이후 | 完成 wánchéng 툉 완성하다 | 所以 suǒyǐ 젭 그리하여 | 重要 zhòngyào 톙 중요하다 | 找到 zhǎodào 툉 찾아내다 | 解决 jiějué 툉 해결하다 | 办法 bànfǎ 뗑 방법 | 事情 shìqing 뗑 일 | 复习 fùxí 툉 복습하다 | 相信 xiāngxìn 툉 믿다 | 自己 zìjǐ 떼 자신

DAY 29

1. 离开自己习惯的环境，人更容易生病，所以外出旅游时我们要多注意
   身体，带上一些常用的药。

   ★ 旅游时，要：

   A 注意身体   B 少喝饮料   C 多带衣服

2. 孩子，别这么难过了。成绩不是最重要的，妈妈更关心的是你从这次
   比赛中学到了什么。

   ★ 妈妈让孩子：

   A 不要生气   B 别难过   C 快完成作业

3. 每年中国都有几十万人出国留学，我希望自己以后也能有机会去留
   学，这样可以多了解一些国外的文化和特点。

   ★ 他希望：

   A 回家过年   B 有留学的机会   C 提高中文水平

4. 姐，花瓶里的水好几天没换了，你打扫房间的时候记得换一下。

   ★ 他让姐姐：

   A 忘记过去   B 试试新衬衫   C 给花瓶换水

5. 这儿一楼卖鞋，二楼卖衣服，三楼的东西比较多，但那儿主要是卖旅
   游用的东西，有包也有行李箱。你想买皮鞋的话应该去一楼。

   ★ 在二楼可以买到：

   A 裤子   B 行李箱   C 羊肉

1. 不同的季节可以用不同的颜色来表示，我们用白色表示冬天，那夏天呢?

　★ 白色常被用来表示:

　　A 春天　　　　　　　B 夏天　　　　　　　C 冬天

2. 孩子在学会说话以前，就已经懂得哭和笑，他们借这样的办法来告诉别人自己饿了、生气了、不舒服或者很高兴、很满意。慢慢大一点以后，他们就开始用一些简单的词语来表示自己的意思了。

　★ 孩子哭可以表示:

　　A 很难过　　　　　　B 很好吃　　　　　　C 不想玩了

3. 我是一个小学老师，教学生数学。每次下课前，我会把下次学生要带的东西写在黑板上，但每次上课时，总会有学生忘了拿本子。

　★ 学生会忘记拿什么?

　　A 画儿　　　　　　　B 铅笔　　　　　　　C 本子

4. 遇到问题时，聪明的人总是会先看看别人过去是怎么做的。这样不但能学习到别人好的地方，还可以发现需要注意的问题，然后更好地解决它。

　★ 遇到问题时，聪明的人总是:

　　A 了解情况　　　　　B 不害怕出错　　　　C 向别人学习

5. 你看过《百家姓》这本书吗? 它主要介绍了中国人的姓。虽然叫'百家姓'，但其实中国人的姓比书中介绍的更多。

　★《百家姓》介绍了:

　　A 中国文化　　　　　B 中国人的姓　　　　C 哪个姓最多

第 一 部 分

第41–45题：

A 很简单，你一定拿错了。

B 是啊，我发现大家现在出门都很少带钱了。

C 人越多越有意思。

D 这主要原因是那里的学习环境不错。

E 当然，先坐地铁，再换出租车。

F 你对什么比较感兴趣？

例如： 你知道怎么去那儿吗？　　　　（ E ）

41. 很多人选择去图书馆学习。　　　　　　　　　　　（　　）

42. 我的一个邻居星期天也想和我们一起骑车。　　　　（　　）

43. 回家后，我发现行李箱里的一件白衬衫不是我的。　（　　）

44. 还是信用卡方便，商店、宾馆哪儿都能用。　　　　（　　）

45. 我喜欢唱歌和跳舞。　　　　　　　　　　　　　　（　　）

第 46 – 50 题：

A 是啊，老师也跟我说过他在学习上的变化。

B 昨天我向小王借了辆自行车。

C 里面有个词我也不明白，我先查查词典。

D 夏天白天是时间长，8点天才会黑。

E 你回来的时候楼下的超市关门了吗？

46. 我上午记得还给他，他中午要骑。　　　　　　　　　　（　　　）

47. 你发现没有？儿子最近学习比以前认真多了。　　　　　（　　　）

48. 都7点了，太阳还没下山。　　　　　　　　　　　　　（　　　）

49. 我没注意，你要买什么东西吗？　　　　　　　　　　　（　　　）

50. 这个句子是什么意思？你能给我讲讲吗？　　　　　　　（　　　）

第 二 部 分

第 51－55 题：

A 半　　　B 聪明　　　C 哭　　　D 其他　　　E 声音　　　F 关

例如：他说话的（ E ）多好听啊！

51. 我们一边喝咖啡一边聊天儿，（　　）个小时很快就过去了。

52. 你昨天走的时候是不是忘了（　　）空调？

53. 她突然难过得（　　）了起来。

54. 研究发现，多吃鱼让人变得更（　　）。

55. 这个包只能放个手机，放不下（　　）东西。

234

第 56 – 60 题：

A 跟　　　　B 满意　　　　C 突然　　　　D 爱好　　　　E 然后　　　　F 要求

例如： A: 你有什么（ D ）？

　　　B: 我喜欢运动。

56. A: 他回答得怎么样？

　　B: 很不错，我对他很（　　　）。

57. A: 我这次考试考得一般，不太满意。

　　B: 你对自己的（　　　）太高了，考试当天还发高烧了嘛。

58. A: 我是不是影响你工作了？

　　B: 没有，我在为上午的事情生气呢，（　　　）你没关系。

59. A: 工作终于结束了，我们一起出去吃个饭吧。

　　B: 好啊，先去吃饭，（　　　）去看个电影，怎么样？

60. A: 车怎么（　　　）不走了？

　　B: 路中间跑来一只猫，我们让它先过去吧。

第 三 部 分

第61-70题：

> 例如： 您是来参加今天会议的吗？您来早了一点儿，现在才八点半。您先进来坐吧。
>
> ★ 会议最可能几点开始？
>
> A 8点　　　　　B 8点半　　　　　C 9点 ✓

61. 每次经过他家门口的时候，我几乎都能看到他的那只小猫在树上睡觉。

    ★ 那只猫经常在哪儿睡觉？

    A 树上　　　　　B 椅子上　　　　　C 办公室

62. 熊猫电影院是我们市非常有名的一家电影院，很多人都喜欢来这里看电影，周末经常买不到票。

    ★ 那家电影院：

    A 比较大　　　　　B 里面住着三只熊猫　　　　　C 周末买票不容易

63. 刷牙看起来是一件小事，但其实也是一件影响健康的"大事"，所以我们每天都应该好好刷牙。

    ★ 这段话主要想告诉我们：

    A 饭后要散步　　　　　B 刷牙很重要　　　　　C 刷牙其实很简单

64. 我的生日是2月29号，虽然每4年只能过一次，但我还是很高兴。因为每次我的生日那天朋友们都过来为我过生日。

    ★ 说话人的生日有什么特别的？

    A 和妈妈是一天　　　　　B 每4年只有一次　　　　　C 能收到一份特别的礼物

65. 你去北京可以看到街道上有很多黄色的自行车，这被人们叫做"小黄车"。这些自行车是公共的，不但方便而且很便宜，一骑才一元钱。

★ "小黄车"：

A 比较便宜　　　　　B 容易坏　　　　　C 是红色的

66. 今天葡萄一公斤9.50块。左边的9意思是9块，中间的5是五角，右边的0是零分。

★ 这段话最可能发生在：

A 图书馆　　　　　B 商店　　　　　C 公园

67. 如果你经常坐公共汽车或地铁，那你办一张交通卡比较方便。因为只要有这张卡，上下公共汽车或地铁时，刷一次卡就可以了，不用每次购买车票。

★ 办交通卡：

A 不用看手表　　　　　B 不便宜　　　　　C 比较方便

68. 大家注意，你们把黑板上的7个词汇中选择5个写一段话，最少要写200字，我明天上课之前要检查你们的作业。

★ 说话人打算明天做什么？

A 擦黑板　　　　　B 参加考试　　　　　C 检查作业

69. 我姐和她的男朋友谈了8年的恋爱，他们关系一直非常好。他们打算今年结婚，我为她真高兴。

★ 关于说话人的姐姐，可以知道什么？

A 还没结婚　　　　　B 在银行工作　　　　　C 跟男朋友的关系不太好

70. 姐，你站到中间去，爸，我看不见您的脸，您站在妈妈的右边，好，我准备照一下，大家笑一笑。

★ 说话人正在做什么？

A 照相　　　　　B 喝茶　　　　　C 看报纸

쓰기

제1부분 단어 배열하기

기출문제 탐색전

DAY 1-2	01. 중국어의 4가지 술어문
DAY 3-4	02. 연동문과 존현문
DAY 5-6	03. 동작의 상태
DAY 7-8	04. 조동사
DAY 9-10	05. 부사어와 보어
DAY 11-12	06. 是……的 구문
DAY 13-14	07. 비교문
DAY 15-16	08. 겸어문
DAY 17-18	09. '把'구문
DAY 19-20	10. '被'자 피동문

제2부분 한자 쓰기

기출문제 탐색전

DAY 21-22	01. 한자의 부수와 의미
DAY 23-24	02. 발음이 비슷한 한자들
DAY 25-26	03. 발음이 여러 가지인 한자들: 다음자(多音字)
DAY 27-28	04. 모양이 비슷한 한자들
DAY 29-30	05. 같은 글자가 들어간 단어들

실전 모의고사

쓰기 제1부분 단어 배열하기
기출문제 탐색전

문제 1

更　　我　　苹果　　喜欢　　吃

_____

❶ 시험지에는 예제가 제시되어 있다.

❷ 총 5문제로, 단어나 구(句)가 무작위로 섞여 있다.

❸ 한 문제당 제시되는 단어나 구(句)는 최대 7개를 넘지 않는다.

❹ 어순을 배열할 때 제시된 단어나 구(句)를 누락시키지 않도록 사선(/)으로 표시해가며 문제를 푼다.

❺ 답안지에 옮겨 적을 때는 문장부호까지 적어야 한다. 평서문이면 마침표(。)를 의문문이면 물음표(?)를 쓴다.

쓰기 제1부분은 전체 쓰기 영역 10문제 중 71~75번까지로 총 5문제다. 각 문제당 단어나 구(句)가 무작위 순서로 배열되어 있으며 이 단어들을 올바른 순서로 배열해야 한다. 한 문제에 제시어는 최대 7개를 넘지 않으며 기본적인 단어 실력 외에, 어법 실력을 체크해볼 수 있는 부분인만큼 평소에 주의해서 공부를 해야 한다. 즉 자주 나오는 단어는 평소에 외워두고, 품사에 따라 문장 성분을 나눠보는 연습을 해보는 것이 좋다.

我更喜欢吃苹果。

❻ 쓰기 영역은 제1부분과 제2부분 10문제를 모두 15분 안에 풀어야 하므로 제1부분을 풀 때 최대 8분을 넘기지 않는다. 쓰기 제2부분도 문장을 읽고 빈칸에 한자를 써 넣는 문제여서 한자를 쓰는 데 (더 정확히 말하면 한자를 떠올리는 데) 시간이 걸리기 때문이다.

❼ 한자를 잘못 쓰거나, 단어 하나라도 순서를 잘못 쓰면 오답이 되므로 주의하자. 조금이라도 틀리면 한 문제가 감점되며 부분 점수는 없다.

01 중국어의 4가지 술어문

쓰기 제1부분의 기본적인 출제 의도는 중국어의 기본 어순을 제대로 파악하고 있는지 알아보는 것이다. 중국어 시험을 준비하면서 의외로 이 기본 어순조차 제대로 파악하지 못하고 있는 경우가 많다. 기본적으로 '주어 + 술어 + 목적어' 구조라는 것만 알고, 그 외에 자세한 것은 잘 알지 못한다면 쓰기 제1부분은 어려울 수밖에 없다. 가장 기본이 되는 4가지 술어문을 통해 기본 어순을 차근차근 익히고, 그 위에 나머지 문장 성분을 끼워 넣으면 쉽게 하나의 올바른 문장을 만들 수 있다.

시크릿 요점정리

① 동사술어문

동사가 서술어를 담당하는 문장으로, 목적어나 보어가 있는 문장도 동사술어문에 포함된다.

(1) 구조1 : 주어 + 술어(동사) + 목적어(명사)

동사가 술어로 쓰일 때는 대개 뒤에 목적어(명사)가 온다.

[문제] 西瓜　我　吃

[정답] 我　吃　西瓜。나는 수박을 먹는다.

　　　인칭대명사　동사　명사

　　　　주어　　술어　목적어

(2) 구조2: 주어 + 술어(동사) + 목적어(동사구)

심리를 나타내는 동사와 일부 동사들은 동사구를 목적어로 쓸 수 있으며, 심리동사는 부사의 수식을 받을 수 있다.

[문제] 最　爱　我　吃　苹果

[정답] 我　最　爱　吃　苹果。나는 사과 먹는 것을 가장 좋아한다.

　　　인칭대명사　정도부사　심리동사　동사　명사

　　　　주어　　부사어　　술어　　목적어(동사구)

[문제] 他　去　北京　决定　留学

[정답] 他　决定　去　北京　留学。그는 베이징에 유학 가기로 결정했다.

　　　인칭대명사　동사　동사　명사　동사

　　　　주어　　술어　　목적어(동사구)

심리동사	爱 ài (좋아하다), 喜欢 xǐhuan (좋아하다), 希望 xīwàng (희망하다)	+ 동사/동사구
기타 동사	决定 juédìng (결정하다), 开始 kāishǐ (시작하다), 发现 fāxiàn (발견하다), 欢迎 huānyíng (환영하다), 觉得 juéde (생각하다), 认为 rènwéi (생각하다), 同意 tóngyì (동의하다), 要求 yāoqiú (요구하다), 知道 zhīdào (알다), 准备 zhǔnbèi (준비하다)	

(3) 부정문

동사 앞에 부정부사 '不'나 '没(有)'를 사용하여 나타낸다.

[문제] 我　　意思　不　　这句话的　　明白
[정답] 我　　不　明白　　这句话的　　意思。 난 이 말의 뜻을 이해하지 못하겠다.

　　인칭대명사　부정부사　동사　지시대명사+양사+명사+조사　명사
　　　　주어　　　부사어　술어　　　　　　　　　목적어

2 형용사술어문

형용사가 서술어를 담당하는 문장으로 주로 부사어의 수식을 받는다.

(1) 구조: 주어 + 정도부사 + 형용사

형용사술어문의 긍정문일 경우 일반적으로 형용사 앞에 정도부사 '很'을 쓰는데, 이때 '很'은 형용사를 강조하는 의미는 없다.

[문제] 很　　今天　　冷
[정답] 今天　　很　　冷。 오늘은 춥다.

　　　명사　정도부사　형용사
　　　주어　부사어　　술어

(2) 부정문

형용사 앞에 부정부사 '不'를 사용하여 나타낸다.

[문제] 我对　　满意　　这个地方　　不
[정답] 我对　　这个地方　　不　　满意。 나는 이곳이 마음에 들지 않는다.

　인칭대명사+전치사　지시대명사+양사+명사　부사　형용사
　　　주어+　　　　　부사어　　　　　　술어

3 **명사술어문**

명사가 서술어를 담당하는 문장으로 주로 '시간, 날짜, 가격, 나이, 국적' 등을 표현할 때 사용된다.

(1) 구조: 주어 + (是) + 명사

[문제] 五点　　　现在　　　差　　　一刻

[정답] 现在　　　差　　　一刻　　　五点。지금은 5시 15분 전이다.

　　　　명사　　　동사　　시간명사　시간**명사**

　　　　주어　　　　　　술어

(2) 부정문

서술어 앞에 부정부사 '不'와 동사 '是'를 사용하여 나타낸다.

[문제] 不是　　　他　　　上海人

[정답] 他　　　不是　　　上海人。그는 상하이 사람이 아니다.

　　인칭대명사　부사+동사　　명사+명사

　　주어　　부사어+술어　　목적어

!Tip 위 문장의 긍정문은 명사술어문 '他上海人。(그는 상하이 사람이다)'으로 출신이나 국적을 나타낼 때 是는 생략되고 명사 上海人 자체가 술어를 담당한다.

4 **주술서술어문**

주어와 서술어가 함께 서술어를 담당하는 문장을 말한다.

(1) 구조: 주어 + 서술어(주어 + 서술어)

[문제] 工作　　　我爸爸　　　忙　　　很

[정답] 我爸爸　　　工作　　　很　　　忙。우리 아버지는 업무가 바쁘다.

　　인칭대명사+명사　　명사　　부사　　형용사

　　　주어　　　술어(주어+서술어)

(2) 부정문

서술어 부분의 동사나 형용사 앞에 부정부사 '不'나 没(有)'를 사용하여 나타낸다.

[문제] 地铁站　　　不　　　人　　　多

[정답] 地铁站　　　人　　　不　　　多。지하철역은 사람이 많지 않다.

　　　명사　　　명사　　부사　　형용사

　　　주어　　　술어(주어+서술어)

244

문제 1

那个	有点儿	矮	椅子

_____

🔍 **문제 분석** 주어로 쓰이는 지시대명사와 형용사술어문의 특징에 주의하자.

그	조금	낮다	의자

那个椅子有点儿矮。그 의자는 좀 낮다.

단어 椅子 yǐzi 몡의자 | 有点儿 yǒudiǎnr 뷘조금 | 矮 ǎi 혱 (키가) 작다

해설 STEP 1 주어: 지시대명사는 양사, 명사와 결합하여 주어로 쓰일 수 있다.
· 那个(지시대명사 + 양사) + 椅子(명사) → 그 의자

STEP 2 술어: 형용사가 문장에서 술어 역할을 할 때 반드시 앞에 정도부사를 쓴다.
· 有点儿(정도부사) + 矮(형용사) → 조금 낮다

STEP 3

那个 椅子	有点儿	矮。
지시대명사+양사+명사	정도부사	형용사
주어	부사어	술어

更好看　　　我发现　　　你　　　穿裙子

_____

🔍 **문제 분석** 　주어와 동사구를 목적어로 쓸 수 있는 술어 동사를 찾자.

더 예쁘다　　　나는 발견했다　　　너　　　치마를 입다

我发现你穿裙子更好看。 나는 네가 치마를 입는 것이 더 예쁘다는 것을 알았어.

단어　发现 fāxiàn 통 발견하다, 알아차리다 | 穿 chuān 통 입다, 신다 | 裙子 qúnzi 명 치마 | 更 gèng 부 더욱 | 好看 hǎokàn 형 예쁘다

해설　STEP 1　주어 + 서술어: '我发现(나는 발견했다)'는 '주어 + 술어(동사)' 구조로 문장 맨 앞에 둔다. 술어 '发现(발견하다)'의 목적어 자리에 동사구가 온다.
　　　　　　　　· 我(나) + 发现(발견하다) → 나는 발견했다

　　　　STEP 2　목적어: 인칭대명사 '你(너)'는 '穿裙子(치마를 입다)'의 주체이다.
　　　　　　　　· 你(너) + 穿裙子(치마를 입다) → 너는 치마를 입는다

　　　　STEP 3　목적어: '更好看(더 예쁘다)'이 의미상 '你穿裙子(네가 치마를 입는 것이)'의 술어가 되므로 뒤에 배열한다.
　　　　　　　　· 你穿裙子(네가 치마를 입는 것이) + 更好看(더 예쁘다) → 네가 치마를 입는 것이 더 예쁘다

　　　　STEP 4　我发现　　　　　你　　　穿裙子　　　更好看。
　　　　　　　　인칭대명사+동사　인칭대명사　동사+목적어　부사+형용사
　　　　　　　　　주어+서술어　　　　　　　목적어(주술식)

DAY 1

1. 生日礼物　　我打算　　一个　　送她

   _____

2. 花了　　11000块　　我家的空调

   _____

3. 这个城市的　　很　　变化　　大

   _____

4. 那本　　桌子上的　　很旧　　历史书

   _____

5. 那个　　工作　　年轻人　　很努力

   _____

DAY 2

1. 这条　　长　　了　　白裤子　　太

   _____

2. 这是　　锻炼机会　　一个　　很好的

   _____

3. 她　　带　　忘了　　护照

   _____

4. 花了　　叔叔的　　800块钱　　太阳镜

   _____

5. 她　　用铅笔写字　　不　　喜欢

   _____

02 연동문과 존현문

연동문과 존현문은 동사술어문과 관련된 특수 문형으로 시험에서 빠지지 않고 등장하는 문형이다. 문장에서 주어 자리에 인칭대명사나 지시대명사가 아닌 장소 혹은 시간이 올 수도 있다는 것(존현문)과 중국어는 시제가 발달되지 않았지만 문장 안에 시간의 순서가 반영된다는 것(연동문)을 기억한다면 이번 장을 어렵지 않게 공부할 수 있을 것이다.

시크릿 요점정리

1 연동문

연동문이란 하나의 주어에 둘 이상의 동사(구)가 서술어를 담당하는 동사서술어문을 말한다.

(1) 기본 구조

① 긍정문: 주어 + 동사1 + 목적어1 + 동사2 + 목적어2 + [동사3 + 목적어3 + ……]

> 예 我　騎　自行车　去　公园。나는 자전거를 타고 공원에 간다.
> 　주어　동사1　목적어1　동사2　목적어 2

> **Tip** 자전거를 먼저 타야 공원에 가므로 骑를 앞에 써주어야 한다.

② 부정문: 주어 + 不/没 + 동사1 + 목적어1 + 동사2 + 목적어2 + [동사3 + 목적어3 + ……]

> 예 我　不　去　图书馆　学习。나는 도서관에서 가서 공부하지 않는다.
> 　주어　부사　동사1　목적어2　동사2

> 예 他　没　来　检查　身体。그는 (신체)검사하러 오지 않았다.
> 　주어　부사　동사1　동사2　목적어2

(2) 부사, 조동사의 위치

부사와 조동사의 위치는 첫 번째 동사 앞에 위치한다.

[문제] 常常　爸爸　坐　去　中国　飞机
[정답] 爸爸　常常　坐　飞机　去　中国。아빠는 자주 비행기를 타고 중국에 간다.
　　　주어　부사　동사1　목적어1　동사2　목적어2

[문제] 我　去　买　要　水果　超市
[정답] 我　要　去　超市　买　水果。나는 과일을 사러 슈퍼에 가려고 한다.
　　　주어　조동사　동사1　목적어1　동사2　목적어2

(3) 상조사(了/着/过)의 위치

了, 着, 过는 모두 동사 뒤에 붙어 상(aspect)을 나타내는 조사(동태조사)다. 연동문에서 이 조사들은 쓰이는 위치가 다른데, 지속을 나타내는 着는 첫 번째 동사 뒤, 완료와 경험을 나타내는 了와 过는 두 번째 동사 뒤에 위치한다.

> 예 你　站　着　干　什么呢? 너 서서 뭐해?
> 　동사1+着　동사2 → '동사1(서다)'한 채로 '동사2(하다)'하다

我	去	北京	学习	过	汉语。나는 베이징에서 중국어를 배운 적이 있다.

동사1 　　　　　동사2+过 → '동사1(가다)'해서 '동사2(배우다)'한 적 있다

她	去	上海	出差	了。그녀는 상하이로 출장을 갔다.

동사1 　　　　　동사2+了 → '동사1(가다)'해서 '동사2(출장가다)'했다

(4) 연동문의 종류

① 방식

첫 번째 동사가 두 번째 동사의 방식임을 나타낸다.

예 我用铅笔写字。나는 연필로 글씨를 쓴다.

② 목적

두 번째 동사가 첫 번째 동사의 목적임을 나타낸다.

예 我去图书馆借书。나는 책을 빌리러 도서관에 간다.

③ 연속

첫 번째 동사와 두 번째 동사가 연속해서 발생함을 나타낸다.

예 我们开个会来讨论一下吧。우리 회의를 열어서 토론합시다.

④ 결과

두 번째 동사가 첫 번째 동사의 결과임을 나타낸다.

예 我们班参加篮球比赛拿了第一。우리 반은 농구 시합에 참가해서 1등을 했다.

⑤ 유무

첫 번째 동사가 有/没有인 연동문으로 [동사2 + 목적어2]할 목적어1이 있음(없음)을 나타낸다.

예 我有东西给你。나 너에게 줄 것이 있어.
　　我没有时间吃饭。나는 밥 먹을 시간이 없다.

2 존현문

어떤 장소에 확실히 알지 못하는 어떤 사람 혹은 사물이 존재함을 나타낸다.

(1) 구조: 장소 + 동사 有(술어) + 사람/사물(목적어)

예 这儿　有　咖啡。여기에 커피가 있다.
　　장소　술어　목적어

(2) 특징

① 주어: 장소와 시간이 주어가 된다. 의미상 '~에(서)'라고 해석되지만 전치사 '在(~에서),
'从(~부터)'을 사용할 수 없다.

예 **桌子上　　有　　一杯　　咖啡。** 책상 위에 커피 한 잔이 있다.
　　명사+방위사　동사　<u>수량사+명사</u>
　　(장소)주어　　술어　　　목적어

　　教室里　　坐着　　一个人。 교실에 한 사람이 앉아 있다.
　　명사+방위사　동사+조사　<u>수량사+명사</u>
　　(장소)주어　　술어　　　목적어

예 **那边跑来一个小孩儿。** 저쪽에서 한 아이가 뛰어왔다. (O)
　　从那边跑来一个小孩儿。 (X)

② 술어: 동사로 주로 有, 是, 혹은 [동사 + 着], [동사 + (보어) + 了]를 사용한다. 술어는
　　어떤 사람이나 사물이 존재, 출현 또는 사라짐을 나타낸다.

예 **桌子上　　有　　一本书。** 책상 위에 책 한 권이 있다. [존재]
　　장소　　　동사　수량사+명사

예 **墙上　　挂着　　一张画儿。** 벽에 그림이 한 장 걸려있다. [존재]
　　장소　동사+着　수량사+명사

예 **昨天　　来了　　一个人。** 어제 한 사람이 왔다. [출현]
　　시간　동사+了　수량사+명사

> **Tip** 존현문에 출현하는 일반동사
>
> 사람, 사물이 **존재**하는 방식을 나타내는 동사
>
> 坐 zuò 앉다　　　　　睡 shuì 자다　　　　　站 zhàn 서다
> 躺 tǎng 눕다　　　　　停 tíng 멈추다　　　　住 zhù 살다
> 放 fàng 놓다　　　　　搬 bān 옮기다　　　　挂 guà 걸다
>
> 동작의 **출현 · 소실**을 나타내는 동사
>
> 来 lái 오다　　　　　　跑 pǎo 뛰다　　　　　出 chū 나다
> 上(来) shàng(lai) 올라오다　下(来) xià 내려오다　进(去) jìn 들어가다
> 出(来) chū 나오다　　起(来) qǐ 일어나다　　过(来) guò 건너오다
> 开(过来) kāi (운전해서 이쪽으로) 오다

③ 목적어: 존현문의 목적어는 일반적으로 특정한 사람이나 사물이 아니므로 그 앞에 수량
　　사가 온다. 존현문의 중점은 '비한정적 대상(특정한 것이거나 구체적이지 않은)'
　　의 존재와 출현을 표현하는 데 있다.

예 **房间里走出了一个人。** 방에서 한 사람이 나왔다. (O)
　　房间里走出了这个人。 (X)

문제 1

接男朋友　　她　　去　　要　　机场

_____

🔍 **문제 분석** 동작이 발생한 순서대로 나열해 보자.

남자친구를 마중하다	그녀	가다	~하려고 하다	공항

她要去机场接男朋友。 그녀는 남자친구를 마중하러 공항에 가려 한다.

단어 要 yào 조동 ~하려고 하다 | 机场 jīchǎng 명 공항 | 接 jiē 동 마중하다

해설

STEP 1　　주어: 인칭대명사 '她(그녀)'를 문장 맨 앞에 놓자.

STEP 2　　술어1 + 목적어1: 시간의 순서에 따라 먼저 해야 할 동작은 '공항에 가는 것'이다.
　　　　　· 去(가다) + 机场(공항) → 공항에 가서

STEP 3　　술어2 + 목적어2: 공항에 가서 하는 동작은 '남자친구를 마중하는 것'이다.
　　　　　· 接男朋友(마중하다 + 남자친구) → 남자친구를 마중하다

STEP 4　　조동사: 연동문에서 조동사는 첫 번째 동사 앞에 배열한다.
　　　　　· 要(~하려고 하다) + 去(가다) → ~에 가서 ~하려 하다

STEP 5

她	要	去	机场	接男朋友。
인칭대명사	조동사	동사1	목적어1	동사2+목적어2
주어	부사어	술어1	목적어1	술어2+목적어2

一	开	路口	过来	辆	车

🔍 **문제 분석** 출현을 나타내는 존현문을 만들어보자.

하나의	운전하다	길목	(건너)오다	(차) 대	차

路口开过来一辆车。길목에서 차 한 대가 온다.

단어 路口 lùkǒu 몡 길목. 길의 입구 | 开 kāi 통 운전하다 | 过来 guòlái 통 오다(동사 뒤에 쓰여 자기가 있는 곳으로 옴을 나타냄) | 辆 liàng 양 대(차량을 셀 때 쓰는 양사) | 车 chē 몡 자동차

해설 **STEP 1** 주어: 존현문은 장소를 나타내는 단어가 주어로 온다.
· 路口(명사) → 길 입구

STEP 2 술어: 술어는 출현을 나타내는 '동사 + 방향보어'다.
· 开(동사) + 过来(방향보어) → 운전해서 오다

STEP 3 목적어: [수사 + 양사 + 명사]가 목적어가 된다.
· 一(수사) + 辆(양사) + 车(명사) → 한 대의 차

STEP 4

路口	开	过来	一 辆 车。
장소	동사+방향보어		수사+양사+명사
주어	술어		불특정 목적어

DAY 3

1. 写着　　他的　　黑板上　　名字

_____

2. 矮一点儿的　请拿个　　椅子　　过来

_____

3. 盘子上　　有　　鱼　　一条

_____

4. 这儿　　一双　　有　　筷子

_____

5. 带　　妈妈　　小狗　　每天　　散步　　去公园

_____

DAY 4

1. 超市里　　走　　老人　　一位　　出来

_____

2. 用铅笔　　我　　错的地方　　画出来了

_____

3. 你　　借我　　看看　　能　　地图　　吗?

_____

4. 你来　　做客　　欢迎　　我们家

_____

5. 一瓶　　冰箱里　　可乐　　放着

_____

03 동작의 상태

DAY 5-6

중국어에는 시제는 없고, 동사가 나타내는 사건, 상황이 어떤 상태인지를 나타내는 동태(상, aspect)가 있다. 중국어의 전형적인 상으로는 '완료, 경험, 진행, 지속, 임박' 등이 있다.

1 동작의 완료 1

동작의 완료 또는 실현을 나타낸다.

(1) 기본 구조: 주어 + 술어(동사) + 了 + 목적어

[문제] 他　一　斤　了　买　苹果

[정답] 他　　买了　　一斤　　苹果。그는 한 근의 사과를 샀다.
　　　　인칭대명사　동사+了　　수량사 + 명사
　　　　주어　　　술어　　　목적어

(2) 부정문: 주어 + 没(有) + 술어(동사) + 목적어

[문제] 会议　　结束　　没有

[정답] 会议　　没有　　结束。회의는 끝나지 않았다.
　　　　명사　　부사　　동사
　　　　주어　　부사어　술어

(3) 특징

① 과거, 현재, 미래 중 어느 때 일어난 동작이든 모두 다 쓸 수 있다.

> 📖 我昨天看了一本书。나는 어제 책 한 권을 봤다. [과거]
> 📖 前面来了一辆自行车。앞에 자전거 한 대가 왔다. [현재]
> 📖 明天我下了班就去你家吧。내일 퇴근하고 바로 너희 집으로 갈게. [미래]

② 동사 + 了 뒤에 출현하는 목적어 앞에는 반드시 수식성분(지시대명사, 수량사 등)이 있어야 한다.

[문제] 买了　　蓝色的　　我　　一件　　衬衫

[정답] 我　　买了　　一件　　蓝色的　　衬衫。나는 파란색 셔츠 한 벌을 샀다.
　　　　인칭대명사　동사+了　수사+양사　명사+조사　　명사
　　　　주어　　　술어　　　수식성분 + 목적어

③ 동작·행위를 나타내지 않는 동사, 조동사 뒤에 동사구나 절이 목적어로 출현할 경우 또는 동사 앞에 습관적이거나 지속적임을 나타내는 부사가 출현할 경우에는 了를 쓰지 않는다.

> 📖 我喜欢喝茶。나는 차 마시는 것을 좋아한다. (동작·행위를 나타내지 않는 동사)

!Tip 동작, 행위를 나타내지 않는 동사

是(~이다), 像(닮다), 在(~에 있다), 觉得(~라고 생각하다), 喜欢(좋아하다), 知道(알다) 등

예 我想去中国。 나는 중국에 가고 싶다. (조동사 뒤)

我已经决定去中国留学。 나는 이미 중국에 유학을 가기로 결정했다. (동사구 목적어)

我每天吃一个苹果。 나는 매일 사과 한 개를 먹는다. (지속을 나타내는 부사)

!Tip 지속을 나타내는 부사

每天(매일), 常常(자주), 经常(항상), 一直(줄곧), 总是(항상) 등등

2 동작의 완료 2

문장 맨 마지막에 놓여 시간이나 상황의 변화, 발생을 나타낸다. 동사 뿐만 아니라 형용사, 명사와도 결합한다.

(1) 기본 구조

① 주어 + 술어(동사) + 목적어 + 了

[문제] 他 　　中国地图 　　了 　　买
[정답] 他 　　买 　　中国地图 　　了。 그는 중국 지도를 샀다.
　　　 인칭대명사 　동사 　　명사+명사 　　조사
　　　　 주어 　　술어 　　 목적어 　　 조사

② 주어 + 형용사 + 了

[문제] 老 　　那只 　　了 　　狗
[정답] 那只 　　狗 　　老 　　了。 그 강아지는 늙었다.
　　　 지시대명사+양사 　명사 　형용사 조사
　　　　　 주어 　　　 술어 조사

③ 주어 + 명사 + 了

[문제] 今年 　　她 　　了 　　三十七岁
[정답] 她 　　今年 　　三十七岁 　　了。 그녀는 올해 37살이다.
　　　 인칭대명사 　명사 　　수사+명사 　　조사
　　　　 주어 　　부사어 　　 술어 　　 조사

(2) 부정문: 주어 + 没(有) + 술어(동사) + 목적어

[문제] 我 　　买 　　没有 　　杂志
[정답] 我 　　没有 　　买 　　杂志。 나는 잡지를 사지 않았다.
　　　 인칭대명사 　부사 　동사 　명사
　　　　 주어 　　부사어 　술어 　목적어

(3) 특징

① 문장 종결

동사 뒤 수식 성분이 없는 목적어가 올 때 문장 끝에 了를 사용하여 문장을 종결한다.

예 我已经完成工作了。 나는 이미 업무를 끝냈다.

② 상황의 지속

동사 + 了 + 수량사 + 목적어 + 了는 이미 완료되었음을 나타내거나, 동작이 현재 시점까지 지속된 시간을 나타낸다.

예 我喝了两瓶啤酒了。 나는 맥주 두 병을 마셨다.(두 병째 마시고 있음)

예 他等了一个小时了。 그는 이미 한 시간째 기다리고 있다. (한 시간 동안 기다리고 있음)

3 동작의 경험

과거에 동작이 발생했거나 어떤 상태였던 적이 있었으며, 지금은 그러한 동작이 더 이상 일어나지 않거나 그런 상태가 아님을 나타낸다.

(1) 기본 구조

① 경험: 주어 + 술어(동사) + 过 + 목적어

동작이 발생한 적이 있음을 나타낸다.

[문제] 看　这本　过　书　我
[정답] 我　看过　这本　书。 나는 이 책을 본 적이 있다.
　　　인칭대명사　동사+过　수사+양사　명사
　　　주어　　술어　　목적어

② 완료: 주어 + 술어(동사) + 过 + (了) + 목적어 + (了)

동사 뒤에 了와 함께 쓰이기도 한다. 과거는 물론 미래의 일에도 쓸 수 있으며 의미는 결과보어 '完(동작의 완성)'에 가깝다.

예 我已经吃过饭了。 나는 이미 밥을 먹었다. [과거]
我们喝过了咖啡就去上课了。 우리는 차를 마시고 나서 바로 수업에 갔다. [과거]
我们吃过饭再去吧。 우리 밥 먹고 나서 가자. [미래]

(2) 부정문: 주어 + 没(有) + 술어(동사) + 过 +목적어

[문제] 我　去过　没　北京
[정답] 我　没　去过　北京。 나는 베이징에 가본 적이 없다.
　　　인칭대명사　부사　동사+过　명사
　　　주어　부사어　술어　목적어

4 동작의 진행

동작이나 행위가 진행되고 있음을 나타낸다.

(1) 在

동작이 진행 중에 있으며 아직 끝나지 않았음을 나타낸다. 문장 마지막에 '呢'를 함께 쓸 수 있다. 부사 '一直(줄곧)', '总是(항상)', '每天(매일)' 등과 함께 사용할 수 있다.

Tip 어기조사 '呢'
'在', '正', '正在'와 함께 사용하여 진행을 나타내며 어떤 동작이 진행되고 있는지 알려준다. 단독으로 동사 뒤에 출현할 수 있으며 생략 가능하다.

기본 구조: 주어 + 在 + 술어(동사) + 목적어

[문제] 在　　看　　呢　　他们　　电影
[정답] 他们　　在　　看　　电影　　呢。그들은 영화를 보고 있는 중이다.
　　　　인칭대명사　(진행)　동사　　명사　　(진행)
　　　　　주어　　부사　　술어　목적어　어기조사

(2) 正

동작의 진행 시점을 강조하며 '바로', '딱 마침'이라는 의미를 드러내고자 할 때 사용한다. 일반적으로 '正'은 단독으로 사용할 수 없으며 전후 문맥이 있거나 어기조사 '呢'를 함께 써야 한다.

기본 구조: 주어 + 正 + 술어(동사) + 목적어

[문제] 正　　开会　　呢　　他们
[정답] 他们　　正　　开会　　呢。그들은 회의를 하고 있는 중이다.
　　　　인칭대명사　(진행)　동사+명사　(진행)
　　　　　주어　　부사　술어+목적어　어기조사

(3) 正在

동작이 진행 중에 있음과 동시에 진행 시점도 강조하고자 할 때 사용한다. 부사 '一直(줄곧)', '总是(항상)', '每天(매일)' 등과 함께 사용할 수 없다.

기본 구조: 주어 + 正在 + 술어(동사) + 목적어

[문제] 正在　　她　　身体　　锻炼　　呢
[정답] 她　　正在　　锻炼　　身体　　呢。그녀는 운동 중이다.
　　　인칭대명사　(진행)　　동사　　명사　　(진행)
　　　　주어　　부사　　술어　　목적어　어기조사

(4) 부정문: 주어 + 没(有) + 在 + 술어(동사) + 목적어

[문제] 我　　在　　没　　电影　　看
[정답] 我　　没　　在　　看　　电影。나는 영화를 보고 있지 않다.
　　　인칭대명사　부사　부사　동사　　명사
　　　　주어　　부사어　　술어　목적어

5 동작의 지속: 동사 + 着

동작이 발생한 후 그 상태가 지속되고 있음을 나타낸다.

(1) 기본 구조

① 주어 + 술어(동사) + 着 + 목적어

[문제] 外面　　着　　雪　　下
[정답] 外面　　下　　着　　雪。밖에 눈이 내리고 있다.
　　　　명사　　동사 + 조사　　명사
　　　　주어　　　술어　　목적어

② 주어 + 술어(동사)1 + 着 + 목적어1 + 동사2 + 목적어2: 동시에 진행되는 동작을 나타
낸다.

[문제] 看　　躺　　她　　着　　电视
[정답] 她　　躺　　着　　看　　电视。그녀는 누워서 TV를 본다.
　　　인칭대명사　동사1　　조사　　동사2　　명사
　　　　주어　　　동사2의 방식　　　　　목적어

(2) 부정문: 주어+ 没(有) + 술어(동사) + 着 + 목적어

[문제] 我　　带着　　没　　词典
[정답] 我　　没　　带着　　词典。나는 사전을 가지고 있지 않다.
　　　인칭대명사　부사　동사+조사　명사
　　　　주어　　부사어　　술어　　목적어

(3) 특징

① 지속상에서는 동량보어와 시량보어가 올 수 없다.

　　回 我等着她半个多小时。(X)

　　回 听着音乐一下。(X)

② 동작이나 상태의 지속을 나타내지 못하는 동사는 '着'와 함께 쓸 수 없다.

6 동작의 임박상

동작, 행위나 상태가 가까운 미래에 일어날 것임을 나타낸다.

(1) 기본 구조

① 주어 + 要/快(要)/就要 + 술어(동사, 형용사) + 목적어 + 了

* '快要……了'는 '要'를 생략한 형태로도 사용할 수 있다.

[문제] 开　　了　　火车　　要
[정답] 火车　　要　　开　　了。기차가 출발하려고 한다.
　　　명사　　（미래）　동사　（미래）
　　　주어　　부사　　술어　　조사

[문제] 天　　了　　黑　　快要
[정답] 天　　快要　　黑　　了。날이 곧 어두워지려고 한다.
　　　명사　　（미래）　동사　（미래）
　　　주어　　부사　　술어　　조사

(2) 시간부사어 사용

'就要……了' 앞에는 '明天(내일)', '马上(바로, 곧)', '十点(10시)' 등과 같은 시간부사어를 함
께 사용할 수 있으나, '快要……了' 앞에는 사용할 수 없다.

[문제] 我们　　毕业　　了　　明年　　就要
[정답] 我们　　明年　　就要　　毕业　　了。우리는 내년에 곧 졸업한다.
　　　인칭대명사　시간명사　부사　　동사　　조사
　　　주어　　　　부사어　　　　술어　　조사

문제 1

看	我	那个	过	电影

_____

문제 분석 동작의 경험을 나타내는 过에 주의하여 문장을 만들어보자.

보다	나	그	~한 적이 있다	영화

我看过那个电影。 나는 그 영화를 본 적이 있다.

단어 看 kàn 통 보다 | 过 guo 조 ~한 적이 있다 | 那个 nàge 대 그, 그것 | 电影 diànyǐng 명 영화

해설

STEP 1　　주어: 인칭대명사는 대부분 주어로 쓰인다.
　　　　　· 我(인칭대명사) → 나

STEP 1　　술어: 동사 看(보다)이 술어가 된다. 过(~한 적이 있다)는 동사 뒤에 쓰여서 과거의 경험을 나타낸다.
　　　　　· 看(동사) + 过(조사) → 보았다, 본 적 있다

STEP 1　　목적어: '지시대명사 + 명사'가 된다.
　　　　　· 那个(지시대명사 + 양사) + 电影(명사) → 그 영화

STEP 1　　　我　　看　过　　那个　　电影。
　　　　　인칭대명사　동사+조사(경험)　지시대명사+명사
　　　　　　주어　　　술어　　　목적어

我儿子　　　要　　　大学了　　　上

_____

🔍 **문제 분석** 要와 了가 있으므로 동작이 곧 발생하려 한다는 의미의 문장으로 만들어보자.

내 아들	~하려고 하다	대학	(어기조사)	다니다

我儿子要上大学了。 내 아들은 곧 대학에 가려고 한다.

단어 儿子 érzi 몡 아들ㅣ 要…了 yào…le 곧 ~하려고 하다(임박)ㅣ上 shàng 동 가다, 다니다ㅣ大学 dàxué 몡 대학

해설 **STEP 1** 주어: 사람명사는 대부분 주어로 쓰인다.
　　　　　　　• 我儿子(인칭대명사 + 사람명사) → 내 아들, 우리 아들

STEP 2 술어: '다니다, (수업을) 받다'라는 뜻을 가진 단어 上이다.
　　　　　　• 上(동사) → 다니다

STEP 3 목적어: 술어의 의미상 '다니는 곳', 즉 大学(대학교)가 된다.
　　　　　　• 大学(명사) → 대학교

STEP 4 '要……了'는 '곧 ~하려고 하다'라는 뜻으로, 要는 술어 바로 앞에, 了는 문장 맨 마지막에 쓴다.
　　　　　　• 我儿子 + 要……了。→ 내 아들은 곧 ~하려고 한다.

STEP 5

我儿子	要	上	大学	了。
인칭대명사+명사	부사	동사	명사	조사
주어	부사어	술어	목적어	

DAY 5

1. 见面　　没　　我和这个朋友　　很久　　了

2. 今天　　出太阳　　终于　　了

3. 吃过　　妻子　　面包　　这个

4. 努力　　在　　学生们　　呢　　学习

5. 玩游戏　　我妹妹　　正在　　上网

DAY 6

1. 里　　没有啤酒　　冰箱　　了

2. 水　　瓶子里的　　变黄　　了

3. 丈夫　　歌儿　　运动　　听着

4. 了　　结婚　　姐姐　　要

5. 就　　了　　学生们　　要　　考试

04 조동사

DAY 7-8

조동사란 동사(구) 앞에 놓여 주관적인 생각(의지, 능력, 의무, 추측) 등을 나타내는 단어를 말한다. 중국어에서 조동사는 '능원동사(能愿动词)'라고 하는데, 한자에서도 알 수 있다시피, '能(~할 수 있다)'류와 '愿(원하다)'류가 조동사에 해당된다.

시크릿 요점정리

1 구조

주어 + 조동사 + 술어(동사) + 목적어

[문제] 他　汉语　说　会
[정답] 他　会　说　汉语。 그는 중국어를 할 줄 안다.
　　　인칭대명사　**조동사**　동사　목적어
　　　　주어　　부사어　술어　목적어

2 부정문

주어 + 不 + 조동사 + 술어(동사) + 목적어

[문제] 我　去　图书馆　不想　学习
[정답] 我　不想　去　图书馆　学习。 나는 도서관에 가서 공부하고 싶지 않다.
　　　인칭대명사　**부사+조동사**　동사 1　목적어1　동사2
　　　　주어　　부사어　　　　술어

3 특징

(1) 조동사는 단독으로 사용 가능하다.

예 A: 你要喝咖啡吗? 너 커피 마실래?
　　B: 要。 마실래.

(2) 일부 조동사는 부사의 수식을 받을 수 있다.

[문제] 一定　你　要　注意
[정답] 你　一定　要　注意。 반드시 주의해야 해.
　　　인칭대명사　부사　조동사　동사
　　　　주어　　부사어　　술어

(3) 조동사는 동작성이 없기에 중첩할 수 없고, 조사 '了', '着', '过'를 사용할 수 없다.

예 你应该告诉我。 넌 반드시 나에게 알려줘야 해. (O)
　　你应该应该告诉我。 (X)
예 我会骑自行车。 나는 자전거를 탈 줄 안다. (O)
　　我会骑过自行车。 (X)

의지	① 要 yào ~하려고 하다(어떤 일에 대한 의지를 나타내며 이미 결정된 상황에서 강한 의지를 나타낸다)
	  예 **我要学打网球。** 나는 테니스를 배울 것이다.
	
	부정은 '不要(~하지 말아라)'가 아닌 '不想(~하고 싶지 않다)'으로 나타낸다.
	  예 **我不想吃面条。** 나는 국수를 먹고 싶지 않다.
	
	② 想 xiǎng ~하고 싶어하다(어떤 일에 대한 바람, 계획, 예정을 나타내며 아직 결정은 하지 않고 생각만
	    하고 있는 상황에서 약한 의지를 나타낸다)
	  예 **我想去中国学汉语。** 나는 중국에 가서 중국어를 배우고 싶다.

능력	① 能 néng ~할 수 있다(선천적인 능력, 습득한 능력, 회복한 능력으로 어떤 일을 할 수 있는 능력을 말한다)
	  예 **你什么时候能来?** 너 언제 올 수 있어?
	
	부정은 不能을 사용한다.
	  예 **我不能完成这份工作。** 나는 이 업무를 완성할 수 없다.
	
	② 会 huì ~할 줄 안다(학습을 통해 어떤 기능을 습득해서 할 수 있음을 말한다)
	  예 **我会说汉语。** 나는 중국어를 할 줄 안다.
	
	부정은 不会를 사용한다.
	  예 **我不会打网球。** 나는 테니스를 칠 줄 모른다.
	
	③ 可以 kěyǐ ~할 수 있다(어떤 일을 할 수 있는 능력이 있음을 말한다)
	  예 **这本书我今天内可以看完。** 이 책은 내가 오늘 안에 다 볼 수 있다.
	
	부정은 不能을 사용한다.
	  예 **这本书我今天内不能看完。** 이 책은 내가 오늘 안에 다 볼 수 없다.

의무	① 得 děi ~해야 한다(주관성이 부가된 강한 의무를 말한다)
	  예 **我得回去。** 나는 돌아가야 한다.
	
	부정은 '不用(~할 필요 없다)' 또는 '不必(~할 필요 없다)'로 나타낸다.
	  예 **你不用这么做。** 너 이렇게 할 필요 없어.
	
	② 要 yào ~해야 한다(주관성이 부가된 강한 의무를 나타낸다)
	  예 **你要小心！** 너 조심해야 해!
	
	부정은 '不用(~할 필요 없다)' 또는 '不必(~할 필요 없다)'로 나타낸다.
	  예 **我们不必坐地铁去。** 우리는 지하철을 타고 갈 필요가 없다.
	
	③ 应该 yīnggāi, 应 yīng, 该 gāi 마땅히 ~해야 한다(사회적인 통념, 상식의 기준에서 의무를 나타낸다)
	  예 **我应该去医院看病。** 나는 병원에 가서 진찰을 받아야 한다.
	
	부정은 '不应该(~해서는 안 된다)', '不该(~해서는 안 된다)'로 나타낸다.
	  예 **你不应该迟到。** 넌 지각해서는 안 된다.

쓰기

허가	① 可以 kěyǐ ~해도 된다(사회적인 통념이나 상식의 기준에서 허가나 허락을 나타낸다)
	
	    圓 您可以先坐下来等一会儿。 일단 앉으셔서 좀 기다리셔도 돼요.
	
	    부정은 주로 '不能(~해서는 안 된다)' 혹은 '不可以(~해서는 안 된다)'를 사용한다.
	
	    圓 这儿不能停车。 여기에는 주차를 해서는 안 됩니다.
	
	② 能 néng ~해도 된다(주로 의문문과 부정문에 많이 사용된다.)
	
	    圓 能不能打开门? 문 열어도 돼요?
	
	    圓 你不能吃甜的。 당신은 단것을 먹어서는 안 됩니다.

추측	① 得 děi, 要 yào 반드시 ~할 것이다(강한 추측을 나타냄)
	
	    圓 他得按时到。 그는 제시간에 도착할 것이다.
	
	    圓 她也要来。 그녀도 반드시 올 것이다.
	
	    부정은 '不会(~일리 없다)'를 사용한다.
	
	    圓 这件事不会对公司有影响的。 이 일이 회사에 영향을 줄 리가 없다.
	
	② 应该 yīnggāi ~할 것이다(사회적인 통념, 상식 수준에서 당연히 그러할 것이라는 추측을 나타냄)
	
	    圓 应该没问题。 분명 문제없을 거예요.
	
	    부정은 不应该, 不该(~일 리 없다)'를 사용한다.
	
	    圓 他不应该那么做。 그가 그렇게 할 리 없어.
	
	③ 会 huì, 能 néng ~일 것이다(실현 가능성이 낮은 추측에 사용되며 숲는 부정문에서, 能은 주로 의문문에서 사용한다)
	
	    圓 她不会走错路。 그녀는 길을 잘못 들었을 리가 없다.
	
	    圓 今天能下雨吗? 오늘 비가 올까?

기타	⑨ 愿意 yuànyì 원하다
	
	    圓 他很不愿意离开中国。 그는 중국을 떠나길 정말로 원치 않는다.
	
	⑩ 敢 gǎn 감히 ~하다, 대담하게 ~하다
	
	    圓 你敢说吗? 너 감히 말할 수 있어?

去长城　　哪个季节　　玩儿　　你想

_____

🔍 **문제 분석** 조동사는 동사 앞에 놓여 부사어 역할을 한다는 것을 기억하자.

만리장성에 가다　　　어느 계절　　　놀다　　　너는 ~하고 싶어하다

你想哪个季节去长城玩儿? 넌 어느 계절에 만리장성에 가서 놀고 싶어?

단어 想 xiǎng 조동 ~하고 싶다 | 哪个 nǎge 대 어느 것 | 季节 jìjié 명 계절 | 长城 Chángchéng 고유 만리장성 | 玩儿 wánr 동 놀다

해설 **STEP 1**　주어 + 조동사: 인칭대명사는 문장에서 주어 역할을 하며, 조동사 '想(~하고 싶다)'은 화자의 의지를 나타내므로 문장 맨 앞에 배열한다.
· 你想(인칭대명사 + 조동사) → 너는 ~하고 싶다

STEP 2　술어: 동작이 발생한 순서대로 나열한다.
· 去长城(만리장성에 가다) + 玩儿(놀다) → 만리장성에 가서 놀다

STEP 3　부사어: '哪个季节(어느 계절)'는 술어 앞에 놓여 부사어 역할을 한다.
· 哪个季节(어느 계절) + 去长城玩儿(만리장성에 가서 놀다) → 어느 계절에 만리장성에 가서 놀아?

STEP 4

你想	哪个季节	去长城	玩儿?
인칭대명사+조동사	의문대명사+양사+명사	동사1+목적어1	동사2
주어+부사어		술어	

문제 2

自己的	健康	老年人	要	关心

🔍 **문제 분석** 조동사의 위치를 생각해 보자.

자신의	건강	노인	~하려고 하다	관심 갖다

老年人要关心自己的健康。 노인은 자신의 건강에 관심을 가져야 한다.

단어 老年人 lǎoniánrén 阌 노인 | 要 yào 조동 ~해야 한다 | 关心 guānxīn 통 관심을 기울이다 | 自己 zìjǐ 때 자신 | 健康 jiànkāng 阌 건강

해설 STEP 1 　주어: 사람명사는 문장에서 거의 주어 역할을 한다.
　　　　　　　　· 老年人(명사) → 노인은

STEP 2 　술어 + 목적어: '关心(관심을 갖다)'는 동사로 술어 자리에 배열하고, 관심을 갖는 대상인 '健康(건강)'을 목적어 자리에 배열한다.
　　　　　　　　· 关心(동사) + 健康(명사)) → 건강에 관심을 갖다

STEP 3 　관형어와 조동사: '自己的(자신의)'는 명사를 꾸며주는 관형어이므로 健康 앞에 배열하고, '要(~해야 한다)'는 조동사이므로 술어 关心 앞에 배열한다.
　　　　　　　　· 自己的(대명사 + 조사) + 健康(명사) → 자신의 건강
　　　　　　　　· 要(조동사) + 关心(동사) → 관심을 가져야 한다

STEP 4

老年人	要	关心	自己的	健康。
명사	조동사	동사	대명사+조사	명사
주어	부사어	술어	관형어+목적어	

DAY 7

1. 现在　　上网　　吗　　了　　可以

———————————————————————————

2. 行李箱　　这儿　　放　　不能

———————————————————————————

3. 去　　应该　　检查　　你　　医院

———————————————————————————

4. 愿意　　她　　报纸　　看

———————————————————————————

5. 常备　　我的包里　　一把伞　　会

———————————————————————————

DAY 8

1. 多喝　　要　　孩子　　牛奶

———————————————————————————

2. 去图书馆　　你　　可以　　借书

———————————————————————————

3. 不能　　吃得　　吃饭时　　太快

———————————————————————————

4. 会　　我　　自行车　　骑

———————————————————————————

5. 相信　　你的话　　我　　敢　　不

———————————————————————————

05 부사어와 보어

DAY 9-10

부사와 보어는 응시자가 어려워하는 유형 중 하나이다. 부사는 동사(형용사)를 수식하기에 술어 앞에 위치한다. 중국어에서 보어는 영어와 완전히 다른 개념으로 술어(동사, 형용사)의 결과, 방향, 상태, 정도, 가능, 수량 등을 보충 설명하기에 반드시 술어 뒤에 위치해야 한다.

시크릿 요점정리

1 부사어

부사어는 용언(동사, 형용사) 앞에서 정도, 방식, 시간, 장소, 상태 등을 수식하는 성분으로, 형용사, 부사, 전치사구(전치사+명사), 시간명사 등이 부사어가 될 수 있다.

① 기본 구조: 주어 + 부사어 + 술어 + 목적어

[문제] 爷爷　　会　　报纸　　看　　每天都

[정답] 爷爷　　每天都　　会　　看　　报纸。할아버지는 매일 신문을 보신다.
　　　　인칭대명사　시간명사+부사　조동사　동사　　명사
　　　　주어　　　　부사어　　　　　　술어　목적어

[문제] 你　　在　　见面　　想　　哪儿

[정답] 你　　想　　在　　哪儿　　见面? 너는 어디에서 만나고 싶은데?
　　　　인칭대명사　조동사　전치사　대명사　　동사
　　　　주어　　　　　부사어　　　　　　　　술어

> **Tip** 부사, 동사, 명사의 '사'는 단어!
> 전치사구의 '구'는 단어+단어!
> 부사어의 '어'는 단어+구!

② 부사어(주로 형용사, 형용사 중첩, 일부 부사) + 地 + 술어

동사를 수식하는 부사어를 만들 때 쓴다. 이때 형용사는 2음절(두 글자) 형용사여야 하며, 1음절(한 글자)일 경우에는 정도부사를 쓰거나, 중첩해서 사용해야 한다.

예 很慢地说 천천히 말하다 (O)
　好好儿地休息 잘 쉬다 (O)

[문제] 认真　　练习　　地　　她们　　了　　一个夏天

[정답] 她们　　认真　　地　　练习　　了　　一个夏天。그녀들은 여름 내내 열심히 연습했다.
　　　　인칭대명사　형용사　地　　동사　조사　　보어
　　　　　　　　　　부사어　　　술어

2 보어

보어는 문장에서 서술어(동사, 형용사) 뒤에 출현하여 결과, 방향, 상태, 정도, 가능, 수량 등을 보충 설명하는 성분이다.

(1) 결과 보어

동사 서술어 뒤에서 동작 또는 행위가 발생한 이후의 결과를 설명하는 성분을 말한다.

① 기본 구조: 주어 + 동사 + 보어 + 목적어

[문제] 你　明白　了　吗　听
[정답] 你　听　明白　了　吗? 너 알아들었어?
　　　인칭대명사　<u>동사</u>　<u>보어</u>　조사　조사
　　　주어　　　술어

② 부정문: 주어 + 没 + 동사 + 보어 + 목적어

[문제] 没　我　看玩　　这本　　书
[정답] 我　没　看完　　这本　　书。 나는 이 책을 다 보지 못했다.
　　　인칭대명사　부사　동사+보어　<u>지시대명사+명사</u>　명사
　　　주어　부사어　술어　　　　목적어

발생하지 않은 상황에서는 不로 부정할 수도 있다.

　예 你不说清楚，我怎么懂? 네가 확실하게 말하지 않는데 내가 어떻게 알아?

③ 了/过의 위치: 주어 + 동사 + 보어 + 了/过 + 목적어

[문제] 已经　我　作业　做完　了
[정답] 我　已经　做完　了　作业。 나는 이미 숙제를 다 했다.
　　　인칭대명사　부사　<u>동사+보어</u>　조사　명사
　　　주어　부사어　　술어　　　목적어

(2) 상태보어

동사 혹은 형용사 서술어 뒤에 쓰여 발생한 혹은 발생 중인 동작, 상태에 대해 평가하거나 묘사하는 성분을 말한다.

① 기본 구조: 주어 + 동사 + 得 + 보어(형용사구)

[문제] 她　说　不错　得　真
[정답] 她　说　得　真　不错。 그녀는 말을 매우 잘한다.
　　　인칭대명사　<u>동사</u>　　　정도부사　형용사
　　　주어　술어　+　　　보어 → '술어(말하다)'한 정도가 '보어(매우 좋다)'함.

목적어의 위치는 술어보다 앞에 위치할 수 있다.

　구조: 주어 + (동사) + 목적어 + 동사 + 得 + 보어
　예 你(写)汉字写得很漂亮。 너 한자를 참 예쁘게 쓰는구나.

　Tip 시험에서 목적어는 주로 동사와 함께 붙어서 나오며 종종 목적어가 없는 형태도 출제된다.

② 부정 형식: 주어 + 동사 + 得 + 不 + 보어(형용사구)

[문제] 我　　画　　不　　得　　好
[정답] 我　　画　　得　　不　　好。 나는 잘 못 그린다.
　　　 인칭대명사　동사　　　　부사　형용사
　　　　 주어　　 술어　 +　　　 보어

(3) 정도보어

사물의 상태나 심리 상태가 도달한 정도를 설명하는 성분이다.

① 기본 구조1: 주어 + 동사 + 得 + 보어(很/要命/不得了/得多)

[문제] 最近　　累　　不得了　　我　　得
[정답] 我　　最近　　累　　得　　不得了。 나는 요즘 너무 피곤하다.
　　　 인칭대명사　명사　형용사　　　형용사
　　　　 주어　　　　 술어　　　　 보어

② 기본 구조2: 주어 + 형용사/심리동사 + 보어(极了/死了/坏了)

[문제] 今天　　死了　　热
[정답] 今天　　热　　死了。 오늘 더워 죽겠다.
　　　 인칭대명사　형용사
　　　　 주어　　　 술어+보어

(4) 가능 보어

동사 뒤에 놓여 어떤 동작의 결과를 만들어 낼 수 있는 능력이나 조건이 있는지를 나타낸다.

① 기본 구조: 주어 + 동사 + 得 + 보어

[문제] 你　　看得懂　　吗　　中文菜单
[정답] 你　　看得懂　　中文菜单　　吗? 너 중국어 메뉴판 볼 수 있어?
　　　 인칭대명사　동사+得+형용사　명사+명사
　　　　 주어　　　　 술어　　　 목적어

② 부정 형식: 주어 + 동사 + 不 + 보어

[문제] 我　　看不清　　字　　黑板上的
[정답] 我　　看不清　　黑板上的　　字。 나는 칠판 위의 글씨가 보이지 않는다.
　　　 인칭대명사　동사+不+형용사　명사+방위사+조사　명사
　　　　 주어　　　　 술어　　　　　 목적어

!Tip 가능보어와 조동사 能의 차이

　　둘 다 어떤 동작의 결과를 만들어 낼 수 있는 능력이나 조건을 갖고 있다는 것을 나타내지만 '불허'의 의미를
　　나타낼 때는 '不能'만 사용이 가능하다.
　예　您能吃完吗? (O) 다 먹을 수 있어?
　　　你吃得完吗? (O) 다 먹을 수 있어?
　예　你现在不能走。 (O) 너는 지금 갈 수 없어. (불허의 의미일 때는 조동사로!)
　　　我吃不完。 (O) 나는 다 먹을 수 없다. (능력, 조건이 없을 때는 가능보어로!)

(5) 시량보어

시량보어란 서술어의 동작, 상태가 지속된 시간의 길이를 설명하는 성분을 말한다.

① 기본 구조: 주어 + 동사 + 보어

[문제] 睡　　我　　昨天晚上　　八个小时　　了

[정답] 我　　昨天晚上　　睡　　了　　八个小时。 나는 어제저녁에 8시간을 잤다.
　　　　인칭대명사　시간명사　　동사　조사　　시량보어
　　　　　주어　　　　　　　　　　술어+보어

(6) 동량보어

동사서술어 뒤에 위치하여 동작이나 행위의 횟수를 나타내는 성분을 말한다.

① 기본 구조: 주어 + 동사 + 보어

[문제] 我　　　两遍　　看了

[정답] 我　　看了　　两遍。 나는 두 번 봤다.
　　　　인칭대명사　동사+조사　수사+양사
　　　　　주어　　　술어+보어

(7) 결과보어

동사서술어 뒤에 동작 발생에 따른 이동 방향을 설명하는 성분이다. 쓰기 1부분에서는 출제되지 않으나 독해나 듣기에서 자주 볼 수 있다.

> 예 她从桥上走下来了。 그녀는 다리에서 걸어 내려왔다.
> 他出去了。 그는 나갔다.

1 3급에 자주 등장하는 결과보어

完 wán 완료, 완성	我已经吃完晚饭了。 나는 이미 저녁밥을 다 먹었다. Wǒ yǐjīng chī wán wǎnfàn le.
好 hǎo 동작의 완성	准备好了吗? 준비 다 됐나요? Zhǔnbèi hǎo le ma?
住 zhù 고정, 정착	你记住了吗? 기억했나요? Nǐ jì zhù le ma?
见 jiàn 대상의 감지	听见了吗? 들었나요? Tīng jiàn le ma?
成 chéng 변화하여 다른 것이 됨	你把这个内容翻译成韩文吧。 이 내용을 한국어로 번역하세요. Nǐ bǎ zhège nèiróng fānyì chéng Hánwén ba.
开 kāi 분리, 이탈	你帮我打开一下窗户。 저 좀 도와서 창문을 열어주세요. Nǐ bāng wǒ dǎ kāi yíxià chuānghu.
在 zài 존재, 위치	请把您的姓名写在这儿。 성함을 여기에다가 쓰세요. Qǐng bǎ nín de xìngmíng xiě zài zhèr.
懂 dǒng 이해	看懂了吗? 보고 이해했나요? Kàn dǒng le ma?
光 guāng 소진되어 없음	那个产品已经卖光了。 그 상품은 이미 다 팔렸다. Nàge chǎnpǐn yǐjīng mài guāng le.
着 zháo 목적의 달성	找着了吗? 찾았나요? Zhǎo zháo le ma?
到 dào 목적의 달성 도달 지점과 시점	我终于买到了那台电脑。 Wǒ zhōngyú mǎi dào le nà tái diànnǎo. 나는 마침내 그 컴퓨터를 샀다. 先走到红绿灯, 到了红绿灯往右拐。 Xiān zǒu dào hónglǜdēng, dào le hónglǜdēng wǎng yòu guǎi. 먼저 신호등까지 가신 뒤 신호등에서 우회전하세요.

272

② 3급에 자주 등장하는 가능보어

동사 + 不了 bùliǎo (양적인 면에서) ~해낼 수 없다	吃不了 chībùliǎo 많아서 못 먹겠다 办不了 bànbùliǎo 너무 많아서 못하겠다
동사 + 不下 búxià (충분한 공간이나 수량이 없어) ~하지 못하다	吃不下 chībuxià 더는 못 먹겠다 坐不下 zuòbuxià 못 앉는다
동사 + 不起 bùqǐ (경제적 여력이 없어서) ~할 수 없다	吃不起 chībuqǐ 비싸서 못 먹는다 买不起 mǎibuqǐ 비싸서 못 산다
동사 + 不惯 búguàn (습관이 되지 않아서) ~할 수 없다	吃不惯 chībuguàn 못 먹겠다 看不惯 kànbuguàn 눈에 거슬린다
동사 + 不到 búdào (기회, 요구, 수준이 되지 않아) ~할 수 없다	吃不到 chībudào 먹을 수 없다 买不到 mǎibudào 살 수 없다
동사 + 不动 búdòng (힘들거나 무거워서) ~할 수 없다	走不动 zǒubudòng 걸을 수가 없다 搬不动 bānbudòng 옮길 수가 없다

一直　　　阴天　　　最近　　　都是

_____

🔍 **문제 분석** 부사어의 위치를 생각해 보자.

| 줄곧 | 흐린 날씨 | 최근 | 모두 ~이다 |

最近一直都是阴天。 **최근 줄곧 흐린 날씨였다.**

단어 **最近** zuìjìn 몡 최근 | **一直** yìzhí 뷔 줄곧, 계속해서 | **阴天** yīntiān 몡 흐린 날씨

해설　STEP 1　　주어: 시간명사는 주어 자리에 위치할 수 있다.
　　　　　　　　・**最近(명사)** → 최근

　　　STEP 2　　부사 + 술어: '**都是(모두~이다)**'는 [부사 + 술어] 구조로 술어 자리에 둔다.
　　　　　　　　・**都是 (부사+술어)** → 모두 ~이다

　　　STEP 3　　목적어: 주어가 어떠한지를 설명하는 '**阴天(흐린 날씨)**'을 목적어 자리에 배열한다.
　　　　　　　　・**阴天 (명사)** → 흐린 날씨

　　　STEP 4　　부사어: '**一直(줄곧)**는 부사로 '都'와 함께 부사어를 이루어 술어 앞에 위치한다.
　　　　　　　　・**一直都(부사어)** → 줄곧 모두

　　　STEP 5　　**最近　　一直　　都是　　阴天。**
　　　　　　　　명사　　부사　부사+동사　명사
　　　　　　　　주어　　　부사어+술어　　목적어

274

得　　　他　　　来　　　很早　　　每天　　　都

_____

🔍 **문제 분석** 상태보어의 구조를 떠올려보자.

| (~하는 정도가) | 그 | 오다 | 이르다 | 매일 | 모두 |

他每天都来得很早。 그는 매일 일찍 온다.

단어 得 de 图 ~하는 정도가(술어 뒤에 쓰여 술어의 정도를 나타냄) | 早 zǎo 웽 (때가) 이르다 | 来 lái 툉 오다 | 都 dōu 뜀 모두 | 每天 měitiān 몡 매일

해설 STEP 1　　　주어: 인칭대명사를 주어 자리에 배열한다.
　　　　　　　　• 他(인칭대명사) → 그

STEP 2　　　술어: 상태보어의 구조에 맞춰 '동사 + 得 + 정도부사 + 형용사'로 배열한다. 제시된 단어로 배열하면 '来 + 得 + 早(온 상태가 이르다, 일찍 온다)'라는 뜻이 된다.
　　　　　　　　• 来(동사) + 得(구조조사) + 很(정도부사) + 早(형용사) → 온 정도가 매우 이르다, 매우 일찍 오다

STEP 3　　　부사어: 시간명사와 부사는 합쳐서 부사어 역할을 한다.
　　　　　　　　• 每天(명사) + 都 (부사) → 매일 모두, 날마다

STEP 4　　　他　　　　每天都　　　来　　得　　很早。
　　　　　　인칭대명사　시간명사+부사　동사　　　정도부사+형용사
　　　　　　주어　　　　부사어　　　　　술어 +보어

쓰기

DAY 9

1. 刷牙 　 你 　 必须 　 每天 　 都

2. 他的 　 成绩 　 快 　 特别 　 提高得

3. 可爱 　 她女儿 　 特别 　 长得

4. 满意 　 地 　 了 　 他 　 笑

5. 这么 　 安静 　 街上 　 怎么

DAY 10

1. 刷牙 　 我马上 　 就 　 去

2. 她突然 　 哭了起来 　 得 　 难过

3. 做的菜 　 张阿姨 　 极了 　 好吃

4. 越来越好 　 变得 　 这个城市的环境 　 了

5. 你 　 冷水 　 洗澡 　 用 　 敢不敢

06 是……的 구문

'是……的' 구문은 화자 혹은 청자가 이미 어떤 동작 또는 행위의 발생 사실을 알고 있는 상황에서 시간, 장소, 방식, 행위자, 대상, 목적, 원인 등 구체적인 사항을 강조할 때 사용하는 문장을 말한다.

시크릿 요점정리

1 이미 발생한 동작, 행위에 대해 서술한다.

'是……的'는 이미 화자 혹은 청자가 발생한 동작, 행위에 대해 알고 있는 상황에서 서술하는 것이므로 완료를 나타내는 '了'를 사용할 수 없다.

例 你是从哪儿来的? 당신은 어디에서 왔나요?

→ '来(오다)'는 이미 발생한 동작이고, 화자는 '从哪儿(어디에서)'을 강조하며 묻는 것이다.

2 기본 형식: 주어 + 是 + 강조하려는(시간 · 장소 · 대상 · 방식 등) + 동사구 + 的

是는 주어 바로 뒤, 즉 강조하려는 내용의 앞에 나오고, 的는 문장 맨 마지막에 온다. 이때 '是'는 생략할 수도 있다.

[문제] 你　怎么　的　是　学校　来
[정답] 你　是　怎么　来　学校　的? 너는 어떻게 학교에 왔니?
　　　 주어　(강조)　　　술어　목적어　(강조)

→ 제시어에 是 이외에 的와 또 다른 동사 来가 있으므로 '是……的' 강조구문임을 알 수 있다. 학교에 온(来学校) 사실은 이미 실현된 동작으로, 말하는 사람과 듣는 사람 모두 알고 있는 사실이며, 학교에 '어떻게(怎么)' 왔는지를 강조하여 묻는 질문이다.

3 부정 형식: 주어 + 不是 + 강조하려는(시간 · 장소 · 대상 · 방식 등) + 的

부정 형식을 만들 때에는 동사 앞에 '不' 를 쓰는 것이 아니라, 是 앞에 '不' 를 쓴다. 부정 형식에서 '是'는 생략할 수 없다.

[문제] 我　从　不是　的　上海　来
[정답] 我　不是　从　上海　来　的。 나는 상해에서 온 것이 아니다.
　　　 명사　(강조)　전치사　명사　동사　(강조)
　　　 주어　　　　전치사구+술어(강조 부분)

→ 상해에서 온 것이 아니라는 사실을 부정하는 것으로 '不'를 '是' 앞에 써주어야 한다.

4 목적어의 위치: 목적어는 '的' 앞 혹은 뒤에 올 수 있지만 인칭대명사인 경우 '的' 앞에 온다.

例 我是去年来北京的。 = 我是去年来的北京。 나는 작년에 베이징에 왔다.

例 这件事是老师告诉我的。(O) 이 일은 선생님이 나에게 알려준 것이다.

　 这件事是老师告诉的我。(X)

문제 1

会议	在上海	是	的	举行

🔍 **문제 분석** 　장소를 강조하는 '是……的' 강조 구문을 만들어보자.

회의	상하이에서	～이다	～의	개최하다

会议是在上海举行的。회의는 상하이에서 열린 것이다.

단어　会议 huìyì 몡 회의 | 在 zài 젠 ～에서 | 上海 Shànghǎi 지명 상하이 | 举行 jǔxíng 통 거행하다

해설　STEP 1　주어: 명사는 문장에서 주어 역할을 한다.
　　　　　　　　• 会议(명사) → 회의는

　　　　STEP 2　술어: 举行은 '거행하다, 열다'라는 뜻을 가진 동사로, 会议와 어울리는 술어가 될 수 있다.
　　　　　　　　• 举行(동사) → 열다, 거행하다

　　　　STEP 3　강조 부분: 회의가 열린 것은 이미 실현된 동작이며 '～에서'로 장소를 강조하는 전치사구를 동사 앞에 배열한다.
　　　　　　　　• 在上海(전치사구) + 举行(동사) → 상하이에서 열리다

　　　　STEP 4　'是……的'는 '～한 것이다'라는 강조 구문으로, 是는 주어 뒤, 강조하려는 내용 앞에 쓰고, 的는 문장 맨 마지막에 쓴다.
　　　　　　　　• 会议 + 是……的。→ 회의는 ～한 것이다.

　　　　STEP 5　**会议　　是　　在上海　　举行　　的。**
　　　　　　　　명사　　(강조)　전치사+명사　　동사　　(강조)
　　　　　　　　주어　　　　　　(강조 부분)　　　술어

278

坐火车　　　小王　　　的　　　去　　　是

_____

🔍 **문제 분석** 수단이나 방식을 강조하는 '是……的' 강조 구문을 만들어보자.

| 기차를 타다 | 샤오왕 | ~의 | 가다 | ~이다 |

小王是坐火车去的。샤오왕은 기차를 타고 갔다.

단어 坐 zuò 동 앉다 | 火车 huǒchē 명 기차 | 去 qù 동 가다

해설 STEP 1　주어: 인명은 문장에서 거의 주어 역할을 한다.
　　　　　　　　· 小王(인명) → 샤오왕은

STEP 2　술어: '坐'와 '去' 모두 동사이지만 '기차를 타다'를 '가는' 방식으로 나타내 坐火车去의 순서로 배열한
　　　　　　다. 또한 발생 순서에 따라 '기차를 타고 간' 것으로 말해도 좋다.
　　　　　　· 坐火车(동사 + 명사) + 去(동사) → 기차를 타고 가다

STEP 3　'是……的'는 '~한 것이다'라는 강조 구문으로, 是는 주어 뒤, 강조하려는 내용 앞에 쓰고, 的는 문
　　　　　　장 맨 마지막에 쓴다.

STEP 4　　小王　　是　　坐　　　火车　　　去　　的。
　　　　　　　명사　(강조)　동사1　명사(동사2의 수단)　동사2　(강조)
　　　　　　　주어　　　　　　(강조 부분)　　　　　　술어

DAY 11

1. 送给　　这个灯是　　别人　　我的

2. 老师要求我们　　词典是　　买的

3. 从　　网上　　衣服　　是　　买　　的

4. 他　　是　　学汉语　　来　　的

5. 是　　遇到　　我们　　在　　的　　上海

DAY 12

1. 作业　　写　　的　　是　　我　　弟弟的

2. 不是　　飞机　　来　　的　　我　　坐

3. 她　　是　　中国　　来　　从　　的

4. 不是　　坐　　我　　的　　出租车　　来

5. 他的衣服　　的　　是　　上网　　买

07 비교문

비교문이란 사물 간의 비교를 나타내는 문장을 가리키며, 3급에서는 사람 혹은 사물의 상태나 성질에 차이가 있음을 나타내는 차등 비교문과 사람이나 사물이 서로 동일하거나 유사함을 나타내는 동등 비교문으로 나눌 수 있다.

시크릿 요점정리

1 차등 비교문

① 기본 형식: A比B + 술어(형용사/동사구) = A는 B보다 ~하다

예 今天　　比　　昨天　　冷。오늘은 어제보다 춥다.
　　주어　전치사　명사　술어

[문제] 比哥哥　　他的　　个子　　矮

[정답] 他的　　个子　　比哥哥　　矮。그의 키는 형보다 작다.
　　인칭대명사+조사 명사　전치사+명사　형용사
　　　주어　　　부사어(전치사구)　술어

② 정도 표현1: A比B + 更/还 + 술어 = A가 B보다 더욱/더 ~하다

비교문에서 대상 간의 차이가 크다는 것을 강조하려면 술어 앞에 정도부사를 사용할 수 있다. 이때 정도부사는 상대적 의미가 있는 更, 还는 쓸 수 있지만, 절대적 의미를 나타내는 非常, 很 등은 쓸 수 없다.

예 今天比昨天更冷。오늘은 어제보다 더 춥다. (O)
　　今天比昨天非常冷。(X)

③ 정도 표현2: A比B + 술어 + 一点儿/一些 = A가 B보다 조금 ~하다

A比B + 술어 + 得多/多了 = A가 B보다 많이 ~하다

A比B + 술어 + 수량사 = A가 B보다 수량사만큼 ~하다

예 今天比昨天冷一点儿。오늘은 어제보다 조금 춥다.
　　今天比昨天冷得多。오늘은 어제보다 많이 춥다.
　　今天比昨天高5度。오늘은 어제보다 5도 높다.

④ 부정 형식1: A没有B + (那么/这么) + 술어 = A가 B보다 (그렇게/이렇게) ~하지 않다

부정은 일반적으로 '没有'를 사용하여 비교 주체가 비교 대상보다 못함을 나타낸다.

예 今天没有昨天(那么/这么)冷。오늘은 어제보다 (그렇게/이렇게) 춥지 않다.

⑤ 부정 형식 2: A不比B + 술어: A는 B보다 못하거나 비슷하다

예 她不比我高。그녀는 나보다 크지 않다. (= 내가 더 크거나 서로 비슷하다)

2 동등 비교문

① 기본 형식: A跟B + 一样: A와 B는 같다

> 例 他的年纪跟你一样。 그의 나이는 너와 같다.

② 부정 형식: A跟B + 不一样: A와 B는 같지 않다

> 例 她长得跟她妹妹不一样。 그녀는 여동생하고 다르게 생겼다.

③ 확장 형식: A跟B + 一样 + 술어(형용사/동사구): A는 B와 같이 ~하다

> → A와 B가 같거나 비슷하면 比를 쓰지 않고 跟…一样을 쓴다.

> 例 今天跟昨天一样冷。 오늘은 어제와 같이 춥다.

感动日记

오늘 새롭게 알게 된 내용, 가장 중요한 핵심내용, 학습 소감과 각오 등을 적어보세요.

문제 1

漂亮	姐姐比	还	妹妹

_____

🔍 **문제 분석** 비교문의 형식을 생각해보자.

예쁘다	언니는 ~보다	더	여동생

姐姐比妹妹还漂亮。 언니가 여동생보다 더 예쁘다.

단어 姐姐 jiějie 몡 누나, 언니 | 比 bǐ 젠 ~보다 | 妹妹 mèimei 몡 여동생 | 还 hái 뷔 더욱 | 漂亮 piàoliang 혱 예쁘다

해설 **STEP 1** 주어 + 전치사: 사람명사와 비교 표지(比)가 같이 붙어 있는 '姐姐比(언니는~보다)'를 문장 맨 앞에 배열한다.
· 姐姐比(사람명사 + 전치사) → 언니는 ~보다

STEP 2 술어: 형용사는 술어 역할을 하며 정도부사는 형용사 앞에 배열한다.
· 还(정도부사) + 漂亮(형용사) → 더 예쁘다

STEP 3 비교 대상: '妹妹(여동생)'는 전치사 '比' 뒤에 오는 비교 대상이다.
· 比(전치사) + 妹妹(사람명사) → 여동생보다

STEP 4

姐姐比	妹妹	还	漂亮。
사람명사+전치사+사람명사		정도부사	형용사
주어+ 부사어(전치사구)			술어

比	他的病	好	前几天	一点儿	了

🔍 **문제 분석** 비교문에서 정도 표현은 어떻게 하는지 생각해보자.

~보다	그의 병	좋다	며칠 전	조금	(어기조사)

他的病比前几天好一点儿了。그의 병은 며칠 전보다 조금 좋아졌다.

단어 病 bìng 몡 병 | 比 bǐ 전 ~보다 | 前几天 qiánjǐtiān 몡 며칠 전 | 好 hǎo 혱 좋다 | 一点儿 yìdiǎnr 양 조금 | 了 le 조 ~했다(술어의 변화를 나타냄)

해설 STEP 1   주어: 주어가 될 수 있는 것을 찾아보면 '他的病(그의 병)'과 '前几天(며칠 전)'인데 주어 자리에는 구체적인 것이 와야 하므로 '그의 병(他的病)'을 주어 자리에 배열한다.
      · 他的病(인칭대명사 + 조사 + 명사) → 그의 병

STEP 2   술어: 형용사 '好(좋다)'를 술어 자리에 배열하고 정도를 나타내는 '一点儿(조금)'은 술어 뒤에 배열한다.
      · 好(형용사) + 一点儿(양사) → 조금 좋다

STEP 3   전치사구: 비교 표지 比는 전치사이므로 뒤에 비교 대상인 명사와 함께 전치사구를 이루며 술어 앞에 위치한다.
      · 比(전치사) + 前几天(명사) + 好(형용사) + 一点儿(양사) → 며칠 전보다 좋아지다

STEP 4   기타성분: 어기조사 了는 문장 끝에 써서 변화를 나타낸다.

STEP 5   他的病   比 前几天   好 一点儿   了。
       인칭대명사+조사+명사   전치사 명사   형용사 양사   조사
          주어   부사어(전치사구)   술어

DAY 13

1. 健康　　比什么　　重要　　都

_____

2. 跟上次　　这次出现的　　问题　　相同

_____

3. 日本人名字　　比　　一点儿　　中国人　　长

_____

4. 一样　　红酒跟　　白酒　　贵

_____

5. 昨天的电影　　今天的　　没有　　有意思

_____

DAY 14

1. 没有　　他　　那么喜欢　　我　　运动

_____

2. 孩子　　上个月　　多少　　高了　　比

_____

3. 黑的帽子　　一样　　漂亮　　红的　　跟

_____

4. 更　　以前的书　　贵　　比　　现在的

_____

5. 广州的天气　　冷　　上海　　不比

_____

08 겸어문

겸어문이란 한 문장에 두 개 이상의 술어가 있고, 첫 번째 술어(동사)의 목적어가 두 번째 술어(동사 혹은 형용사)의 주어를 겸하는 문장을 말한다.

시크릿 요점정리

① **기본 형식: 주어1 + 让(술어1) + 목적어1/주어2 + 술어2 + (목적어2)**

예 她 让 我 转告 你。 그녀가 나보고 너에게 전해 주래.
　　주어1+술어1+목적어/주어2+술어2+목적어2
　　　　　술어1의 목적어가 되면서 뒤의 문장에서 주어가 됨(겸어)

※ 겸어문에서 첫 번째 술어(동사)로는 '请', '叫', '让', '使', '有'가 있는데, '请', '叫', '让' '使'는 겸어에게 '무엇을 시키다'는 의미를 나타내고 '有'는 겸어가 '무엇을 한다, 어떻다'라는 것을 나타낸다.

② **부정 형식1 : 주어1 + 不/没 + 술어('请', '叫', '让', '使') + 목적어1/주어2 + 술어2 + 목적어2**

예 她不让我告诉你。 그녀가 나에게 너한테 말하지 말라고 했어.
예 他没请我吃饭。 그는 나에게 밥을 사지 않았다.

③ **부정 형식2 : 주어1 + 没 + 술어('有') + 목적어1/주어2 + 술어2 + 목적어2**

예 这儿没有人理解你。 여기에 너를 이해하는 사람은 없다.

④ **부사어와 了의 위치: 부사어는 첫 번째 술어 혹은 두 번째 술어 앞에 부사어가 올 수 있으며, '了'는 두 번째 동사 뒤에 사용해야 한다.**

예 我想让他做这个事。 나는 그에게 이 일을 시키고 싶다.
예 老师让我们互相商量。 선생님은 우리에게 서로 상의라고 했다.
예 昨晚我朋友请我看了一场电影。 어제저녁에 내 친구가 나에게 영화를 한 편 보여줬다.

문제 1

很	邻居	这个消息	让	高兴

_____

🔍 **문제 분석** 让을 보고 겸어문의 구조를 생각하면서 풀어보자.
주어1 + 동사1 + 목적어/주어2 + 동사2(혹은 형용사) + 목적어2

매우	이웃	이 소식	~하게 하다	기쁘다

这个消息让邻居很高兴。 그 소식은 이웃을 기분 좋게 만들었다.

단어 这个 zhège 뗴 이것 | 消息 xiāoxi 몡 소식 | 让 ràng 됭 ~하게 만들다 | 邻居 línjū 몡 이웃 | 很 hěn 뛴 매우 | 高兴 gāoxìng 혱 기쁘다

해설 STEP 1 술어: 겸어문에서 술어1은 让으로 '~하게 만들다, ~하게 시키다'라는 사역의 의미가 있다. 두 번째 술어 자리에 오는 것은 형용사 '高兴(즐겁다)'이다.
· 让(동사) + 高兴(형용사) → ~로 하여금 기쁘게 만들다

STEP 2 주어: 두 개의 명사 '消息(소식)'와 '邻居(이웃)'를 의미상 알맞게 배열하면 '消息(소식)'는 주어, '邻居(이웃)'는 겸어가 된다.
· '消息(명사) + 让(동사) + '邻居(명사)' + 高兴(형용사) → 소식은 이웃으로 하여금 즐겁게 만들다

STEP 3 수식어와 부사어: 지시대명사 '这个(이것)'는 '消息(소식)'를 수식하는 관형어이며, 정도부사 '很(매우)'은 형용사 앞에 배열한다.
· 这个(지시대명사) + 消息(명사) → 이 소식
· 很(부사) + 高兴(형용사) → 매우 즐겁다

STEP 4

这个消息	让	邻居	很	高兴。
지시대명사+양사+명사	동사	명사	정도부사	형용사
주어1	술어1	목적어1/주어2		술어2

쓰기

玩	医生	不	让	我	出去

_____

🔍 **문제 분석** 겸어문에서 부사의 위치를 생각해보자.

놀다	의사	(부정부사)	~하게 하다	나	나가다

医生不让我出去玩。 의사 선생님은 나를 놀러 가지 못하게 하였다.

단어 医生 yīshēng 圆 의사 | 让 ràng 圄 ~하게 하다, 시키다 | 出去 chūqù 圄 나가다 | 玩 wán 圄 놀다

해설 **STEP 1** 술어: 겸어문에서 첫 번째 술어는 让이며, 동사 '出去(나가다)'와 '玩(놀다)'을 연동문의 순서, 즉 시간의 발생 순서에 따라 배열한다.
· 让(동사1) + 出去(동사2) + 玩(동사3) → 나가서 놀게 하다

STEP 2 주어: 医生(의사)과 我(나)를 술어의 의미에 맞춰 医生(의사)을 주어 자리에, 我(나)를 겸어 자리에 배열한다.
· 医生(명사) + 让(동사1) + 我(겸어) + 出去(동사2) + 玩(동사3) → 의사 선생님이 나를 나가서 놀게 하다

STEP 3 부사의 위치: 부정부사 '不'는 금지의 의미를 나타내므로 첫 번째 동사 앞에 배열한다.
· 医生(주어1) + 不让(동사1) + 我(목적어1/주어2) + 出去(동사2) + 玩(동사3)

STEP 4

医生	不	让	我	出去	玩。
명사	부사	동사1	인칭대명사	동사2	동사3
주어	부사어	술어	목적어1/주어2(겸어)	술어2	술어3

DAY 15

1. 能　运动　更健康　使人

_____

2. 作业　老师　让　做完　我

_____

3. 这件事　使　一晚上　我　没睡

_____

4. 使　人们的工作　变得　手机　更方便

_____

5. 让　这　很　他　难过

_____

DAY 16

1. 我　担心了　你们　让

_____

2. 爸妈　不太　去国外　我　愿意　让

_____

3. 让　想家了　今晚的　他　月亮

_____

4. 让　想起了　这些照片　以前很多快乐的事　我

_____

5. 我　他家　没　让　他　来

_____

09 '把'구문

'把'구문은 주어가 특정한 대상(명사)에 어떠한 행위(동사)를 가해 '결과 또는 변화가 생겨나도록 만들다'라는 의미를 나타낸다.

시크릿 요점정리

1 기본 형식: 주어 + 把 + 명사 (목적어) + 술어 + 기타성분

중국어의 평서문(주어 + 술어 + 목적어)이 단순 서술을 나타낸다면, '把'구문은 행위자가 대상(목적어)에 동작(동사)을 가하여 어떤 결과 또는 변화가 생겨나도록 만든다는 의미를 나타낸다. 이때 '把'는 전치사이다.

[문제]	把	你	钥匙	这儿	放	吧	
[정답]	你	把	钥匙	放	这儿	吧。	열쇠를 여기에 두어라.

인칭대명사　전치사　명사　　동사　대명사　조사
　주어　　　전치사구　　　술어　목적어

2 '把' 구문의 의미

① **처리(处置)**: 주어가 어떤 동작을 통하여 목적어를 어떻게 '처리'하였는지를 나타낸다. 처리의 의미를 나타내는 '把'구문은 일반적인 평서문(주어 + 술어 + 목적어)으로 변환이 가능하다.

　　我把衣服洗干净了。 나는 옷을 깨끗이 빨았다. ⇒ '把'구문
　　我洗干净了衣服。 나는 옷을 깨끗이 빨았다. ⇒ 평서문

② **변화**: 주어가 어떤 동작을 통하여 목적어를 어떻게 '변화'시켰는지를 나타낸다. 이때 변화는 대부분 사물의 위치가 이동되었거나 사물이 어떤 대상에게 전달되거나 혹은 동작을 통해 사람 혹은 사물에 어떤 변화가 발생함을 나타낸다. 변화의 의미를 나타내는 '把'구문은 일반적인 평서문(주어 + 술어 + 목적어)으로 변환이 불가능하다.

　　我把手机放在桌子上了。 내가 휴대폰을 책상 위에 놓았어. ⇒ '把' 구문 (사물의 위치 이동)
　　我把书借给他了。 나는 책을 그에게 빌려줬다. ⇒ '把' 구문 (대상에게 전달됨)
　　我要把美元换成人民币。 나는 달러를 위안화로 환전하려고 한다.
　　　　　　　　　　　　⇒ '把' 구문 (사물에 변화 발생)
　　我放在桌子上手机。(X) ⇒ (평서문으로 나타낼 수 없음)

※ 일반적으로 동사 뒤의 기타성분이 在/到일 경우에는 사물의 위치가 이동됨을 나타내고, 동사 뒤의 기타성분이 给일 경우 어떤 대상에게 전달됨, 그리고 成일 경우 사물에 변화가 발생함을 나타낸다.

3 특징

① 술어 뒤에 <u>기타성분</u>이 있어야 한다.
└ 동태조사 了·着/동사중첩형/가능보어를 제외한 보어

> 예 我把你说的那本书买了。 나 네가 말한 그 책을 샀어. (동태조사 了)
> 你把护照拿着。 너 여권 들고 있어봐. (동태조사 着)
> 你把黑板擦擦。 네가 칠판 좀 닦아. (동사중첩형)
> 我把这本书看完了。 나는 이 책을 다 봤다. (결과보어)
> 你把那把椅子搬过来。 너 그 의자 좀 이리로 옮겨와. (방향보어)
> 你帮我把自行车修一下。 너 나를 도와서 자전거 좀 고쳐줘. (동량보어)

※ 가능보어는 발생하지 않은 상황에 대한 가능성을 나타내므로 결과를 나타내는 '把' 구문에는 사용할 수 없다.

② 동사의 제한: 처리, 변화의 의미를 나타내지 않는 동사들은 '把'구문에 사용할 수 없다.

> 예 希望(희망하다), 喜欢(좋아하다), 害怕(무서워하다), 记得(기억하다), 看见(보다), 开始(시작하다) 등등

③ 목적어의 제한: 목적어는 화자와 청자가 이미 알고 있는 대상만 출현이 가능하다.

> 예 你把自行车借给我。(O) 너 나에게 자전거 좀 빌려줘.
> 你把一本书借给我。(X) ⇒ 一本书는 화자와 청자가 분명하게 알지 못하는 불특정한 책이므로 틀린 문장이다.

④ 부사어의 위치: 조동사, 부사, 시간명사는 把 앞에 나온다.

> 예 我没把雨伞带来。 나는 우산을 가지고 오지 않았다. (부사)
> 我要把椅子搬到教室里。 나는 의자를 교실로 옮기려고 한다. (조동사)
> 我明天要把这本书还给他。 나는 내일 이 책을 그에게 돌려주려고 한다. (시간명사)

문제 1

把	我	密码	电脑的	了	忘

문제 분석 '把'구문의 기본 형식을 떠올려 보자. 주어 + 把 + 명사(목적어) + 동사(술어) + 기타성분

～을/를	나	비밀번호	컴퓨터의	(어기조사)	잊다

我把电脑的密码忘了。 나는 컴퓨터의 비밀번호를 잊어버렸다.

단어 把 bǎ 젠 ～을,～를 | 密码 mìmǎ 명 비밀번호 | 电脑 diànnǎo 명 컴퓨터 | 忘 wàng 동 잊다

해설 STEP 1 술어: 동사는 문장에서 술어로 쓰인다.
· 忘(동사) → 잊다

STEP 2 주어와 목적어: 주어가 될 수 있는 인칭대명사나 명사를 먼저 찾아보면 '我(나)', '密码(비밀번호)'이다. 술어의 의미에 근거하여 '我(나)'는 주어 자리에, '密码(비밀번호)'는 목적어 자리, 즉 '把' 뒤에 배열한다.
· 我(인칭대명사) + 把密码(전치사 + 명사) + 忘(동사) → 나는 비밀번호를 잊었다

STEP 3 기타성분: '电脑的(컴퓨터의)'는 '密码(비밀번호)'를 수식하는 관형어 자리에, '了(～했다)'는 동사 뒤에 배열한다.
· '电脑的(명사 + 조사) + 密码(명사) → 컴퓨터의 비밀번호
· 忘(동사) + 了(조사) → 잊어버렸다

STEP 4
我	把	电脑的	密码	忘	了。
인칭대명사	전치사	명사+조사	명사	동사	조사
주어		부사어(전치사구)		술어	기타성분

洗　　妈妈　　衣服　　把　　完了

_____

🔍 **문제 분석** '把'구문의 기타성분이 될 수 있는 단어가 무엇인지 생각해보자.

| 씻다 | 엄마 | 옷 | ~을/를 | 다했다 |

妈妈把衣服洗完了。 엄마는 옷을 다 세탁했다.

단어　妈妈 māma 몡 엄마 | 把 bǎ 졘 ~을(를) | 衣服 yīfu 몡 옷 | 都 dōu 묀 모두 | 洗 xǐ 뙹 씻다 | 完 wán 뙹 다하다, 끝내다

해설　**STEP 1**　주어: 명사 '妈妈(엄마)'를 주어 자리에 배열한다.
　　　　　　　• 妈妈(인칭대명사) → 엄마

　　　　　STEP 2　술어: 동사 '洗(세탁하다)'를 술어 자리에 배열한다.
　　　　　　　• 洗(동사) → 세탁하다

　　　　　STEP 3　전치사구: '把'는 전치사로 뒤에 명사(목적어)와 함께 전치사구가 되며 술어 앞에 놓인다.
　　　　　　　• 把(전치사) + 衣服(명사) + 洗(동사) → 옷을 세탁하다

　　　　　STEP 4　보어: 把구문에서 술어 뒤에는 반드시 보어와 같은 기타성분을 써야 한다.
　　　　　　　• 把…… + 洗(동사) + 完了(보어) → ~을 다 세탁했다

　　　　　STEP 5　妈妈　把　衣服　洗　完了。
　　　　　　　　　명사　전치사　명사　동사　형용사
　　　　　　　　　주어　부사어(전치사구)　술어　결과보어

DAY 17

1. 忘　　在办公室　　了　　把帽子　　我

2. 拿　　给我　　请　　把　　菜单

3. 送给　　她决定　　把手机　　弟弟

4. 他　　告诉大家　　把　　不敢　　这件事

5. 不小心　　我　　忘在　　把护照　　出租车上

DAY 18

1. 把行李箱　　能帮我　　上面去　　放到　　你　　吗

2. 别　　事情　　想得　　把　　简单了　　太

3. 你买的　　吃了　　蛋糕　　把　　我

4. 我们　　搬到　　把沙发　　电视对面　　吧

5. 把　　放进　　你的词典　　书包里

10 '被'자 피동문

동작의 대상인 수동자가 주어로 출현하는 문장을 말하며 피동 표지 '被'를 써서 나타낸다.

시크릿 요점정리

1 기본 형식: 주어(수동자) + 被 + 명사(행위자) + 술어(동사) + 기타성분

예 她　被　老师　批评　过。 나는 선생님께 야단맞은 적이 있다.
　　수동자　被　행위자　술어　기타성분

2 특징

① **주어(수동자):** 일반적으로 화자와 청자가 이미 확실히 아는 사람이나 사물이다.

예 她被妈妈打了一顿。 그녀는 엄마에게 한 차례 맞았다. (O)
　　一个孩子被妈妈打了一顿。(X)

② **명사(행위자):** 被 뒤에 오는 행위자는 생략 가능하다.

예 他被自行车撞伤了。 그는 자전거에 다쳤다.
　　他被撞伤了。 그는 자전거에 다쳤다. ⇒ 행위자 생략

③ **술어(동사)**는 단독으로 사용할 수 있고, 뒤에 **기타성분**이 있어야 한다.
　　└ 상조사 了·过,
　　　보어-결과·정도·방향·시량(시간의 양)·동량(동작의 양)

예 我的手机被小偷偷了。 내 휴대전화는 소매치기에 의해서 도둑맞았다. (상조사 了)
　　我的房间被妈妈打扫得很干净。 내 방은 엄마에 의해서 깨끗이 청소되었다. (정도보어)
　　窗户被李明打破了。 창문은 리밍에 의해 깨어졌다. (결과보어)
　　我家的猫被邻居关了一个小时。 우리 집 고양이는 이웃에 의해 한 시간 동안 갇혔다. (시량보어)
　　※ 상조사 '着'는 동작의 결과를 나타내지 않으므로 피동문에 사용할 수 없다.

④ **부사(어)의 위치:** 시간명사, 부사, 조동사는 피동 표지 被 앞에 위치한다.

예 我没被老师批评过。 나는 선생님께 꾸지람을 듣지 않았다. (부사)
　　自行车昨天被9万块卖了。 자전거는 어제 9만 위안에 팔렸다. (시간명사)
　　每个生命都应该被尊重。 모든 생명은 다 존중받아야 한다. (조동사)

> **문제 1**

开走了	我的新车	被	弟弟

🔍 **문제 분석** 피동 표지 被를 사용하여 피동문을 만들어 보자.

운전해서 갔다	나의 새 차	~에 의해	남동생

我的新车被弟弟开走了。나의 새 차는 남동생이 몰고 가버렸다.

단어 新车 xīn chē 새 차 | 被 bèi 囮 ~에 의해 | 开 kāi 囘 운전하다

해설

STEP 1 술어: 동사는 피동문에서 술어 역할을 하며 뒤에 기타성분이 붙는다.
· 开走了(동사 + 동사 + 조사) → 운전해서 갔다

STEP 2 주어: 피동문의 주어 자리에는 수동자가 와야 하므로 '我的新车(나의 새 차)'를 주어 자리에 배열한다.
· 我的新车(인칭대명사 + 조사 + 형용사 + 명사) → 나의 새 차

STEP 3 목적어(행위자): 被 뒤에 행위자 '弟弟(남동생)'를 배열하고 전치사구를 이루므로 술어 앞에 배열한다.
· 被(전치사) + 弟弟(명사) + 开走了(동사 + 동사 + 조사) → 남동생에 의해 몰고 가다

STEP 4

我的新车	被 弟弟	开走了。
<u>인칭대명사+조사+형용사+명사</u>	<u>전치사</u> <u>명사</u>	<u>동사+동사+조사</u>
주어	부사어	술어+기타성분

自行车　　　他　　　后来　　　骑走　　　被　　　了

_____

🔍 **문제 분석** 피동문에서 시간명사의 위치를 생각해보자.

| 자전거 | 그 | 나중에 | 타고 가 | ~에 의해 | (어기조사) |

自行车后来被他骑走了。 자전거는 후에 그가 타고 갔다.

단어 自行车 zìxíngchē 몡 자전거 | 后来 hòulái 몡 그 후, 그 다음 | 骑 qí 동 (동물이나 자전거 등에 다리를 벌리고) 타다

해설 STEP 1 　　　술어: 동사는 피동문에서 술어 역할을 하며 뒤에 기타성분이 붙는다.
　　　　　　　　　　· 骑走(동사 + 동사) → 타고 가다

STEP 2 　　　주어: 피동문의 주어 자리에는 수동자가 와야 하므로 '自行车(자전거)'를 주어 자리에 배열한다.
　　　　　　　　　　· 自行车(명사) → 자전거

STEP 3 　　　목적어(행위자): 被 뒤에 행위자 '他(그)'를 배열하고, 전치사구이므로 술어 앞에 배열한다.
　　　　　　　　　　· 被(전치사) + 他(인칭대명사) + 骑走(동사 + 동사) → 그에 의해 타고 가다

STEP 4 　　　시간명사 및 조사: 시간명사는 被 앞에 배열하고 조사 了는 술어 뒤에 배열한다.
　　　　　　　　　　· 后来(시간명사) + 被(전치사) → 후에 ~에 의해
　　　　　　　　　　· 骑走(동사 + 동사) + 了(조사) → 타고 갔다

STEP 5 　　　**自行车　后来　被　他　　骑走　了。**
　　　　　　　　　명사　　명사　전치사　인칭대명사　동사+동사　조사
　　　　　　　　　주어　　　　　부사어　　　　　　술어+기타성분

쓰기

DAY 19

1. 拿走了　　铅笔　　被　　谁

_____

2. 盘子里的　　小猫吃了　　鱼　　被

_____

3. 他的　　被　　刮跑了　　帽子　　风

_____

4. 牛　　那些草　　被　　吃了　　已经

_____

5. 弟弟　　果汁　　被　　喝完了

_____

DAY 20

1. 被小狗　　蛋糕　　吃了　　盘子里的

_____

2. 事情　　解决了　　被　　已经

_____

3. 那本书　　他　　被　　借走了　　昨天晚上

_____

4. 被　　这件事　　知道了　　后来　　班里的同学

_____

5. 镜子　　打碎了　　被　　我　　不小心

_____

쓰기 제2부분 한자 쓰기
기출문제 탐색전

別（　zháo　）急，慢点儿，我们现在出发也来得及。

❶ 총 5문제 중 첫 번째 문제인 76번 위에는 예제가 제시되어 있다.

❷ 문제는 한 문장으로 이루어지며, 빈칸 위에는 빈칸에 들어갈 한자의 병음이 나와 있다. 빈칸에 들어갈 한자는 앞뒤 글자와 함께 단어를 이루는 글자일 수도 있고, 단독으로 단어가 되는 글자일 수도 있다.

❸ 병음만 보고 문제의 답을 적는 것이 아니라 문장의 내용에도 어울리는 글자여야 한다. 따라서 앞이나 뒤의 글자와 서로 하나의 단어가 되는지까지 파악한 뒤에 적당한 한자를 써야 한다.

❹ 중국어는 간체자(간략화 된 한자)를 쓰므로 번체자(우리나라에서 쓰는 한자)보다는 가급적 간체자를 써야 한다.

❺ 한자는 올바른 필순으로 또박또박 써야 하며, 흘려 쓰거나 못 알아보게 적으면 점수를 얻을 수 없다.

쓰기 제2부분은 76~80번으로 총 5문제로, 빈칸에 알맞은 한자를 써 넣는 것이다. 문제를 푸는데 있어 기본적으로 문장을 해석할 수 있어야 하며, 빈칸 위의 병음을 보고 어떤 한자가 들어가는지 추측하고 스스로 쓸 수 있어야 한다. 한자 쓰기는 중국어 학습자의 입장에서 가장 골치 아픈 문제일 수도 있지만, 한자는 중국어 공부의 첫걸음인 만큼 반드시 넘어야 할 관문이기도 하다.

모범 답안

zháo
别（着）急，慢点儿，我们现在出发也来得及。

❶ 평소에 한자를 외울 때는 글자의 모양과 발음, 성조, 뜻을 함께 외운다.
❷ 스스로 생각해내서 쓸 수 있도록, 눈으로만 보지 말고 반드시 쓰면서 외운다.
❸ 모양이 비슷하게 생긴 한자들은 정확히 구분해서 외워둔다. 비슷하게 생겼어도 뜻은 전혀 다르기 때문에 자칫 실수한다면 점수를 얻을 수 없다.
　　예 回，圆，园，困……
❹ 여러 가지 발음을 가진 한자(多音字)나, 발음이 비슷한 한자들도 구분해서 외우도록 하자.
❺ 평소에 한자를 외울 때 무작정 한자만 외우지 말고 병음을 반드시 같이 외우도록 하자. 정확히 외우지 않으면 비슷하게 발음되는 한자들을 혼동하여 답을 틀리게 쓸 수 있다.

한자의 부수와 의미

DAY 21-22

한자 쓰기의 첫걸음은 부수에 대해 아는 것이다. 비슷한 모양의 한자일지라도 부수가 다르면 전혀 다른 뜻을 가진 한자가 되고, 동일한 부수를 가진 한자들은 의미상 공통점이 있는데 이 부수만 알아도 한자의 대략적인 뜻을 짐작할 수 있기 때문이다. 또한 부수의 뜻을 알고 한자를 익힌다면 무작정 외울 때보다 더 효과적으로 기억할 수 있기 때문이다.

시크릿 요점정리

1 빈출 부수

부수는 중국어로 '偏旁部首(piānpángbùshǒu, 편방부수)'라고 하며 단순히 점이나 선으로 이루어져 있더라도 뜻이 없는 것이 아니라 부수들도 다 뜻이 있다. 즉 부수를 보면 대략 무엇을 나타내는 한자인지를 알 수 있다는 것이다.

빈출 부수	의미(설명)	관련 한자
讠 yánzìpáng [말씀 언]	말과 관련된 한자에 쓰임	词语 cíyǔ 단어 语言 yǔyán 언어 会议 huìyì 회의
氵 sāndiǎnshuǐ [물 수]	물과 관련된 한자에 쓰임	河 hé 강 渴 kě 목이 마르다 游泳 yóuyǒng 수영
辶 guǎngzìpáng [쉬엄쉬엄 갈 착]	걷고 뛰는 것과 관련된 한자에 쓰임	道路 dàolù 도로 近 jìn 가깝다 过去 guòqu 지나가다
忄 shùxīnpáng [마음 심]	마음과 관련된 한자에 쓰임	忙 máng 바쁘다 慢 màn 느리다 热情 rèqíng 열정적이다, 친절하다
土 títǔpáng [흙 토]	흙과 관련된 한자에 쓰임	地方 dìfang 지방, 장소 土地 tǔdì 땅 地图 dìtú 지도
艹 cǎozìtóu [풀 초]	식물과 관련된 한자에 쓰임	菜 cài 야채, 요리 花 huā 꽃 草 cǎo 풀

疒 bìngzìpáng [병들어 기댈 녁]	병들고 아픈 것과 관련된 한자에 쓰임	瘦 shòu 마르다 病 bìng 병 疼 téng 아프다
扌 tíshǒupáng [손 수]	동작과 관련된 한자에 쓰임	打扫 dǎsǎo 청소하다 扔 rēng 버리다 拉 lā 잡아 당기다
口 kǒuzìpáng [입 구]	입과 관련된 한자에 쓰임	叫 jiào 부르다 吃 chī 먹다 吵 chǎo 시끄럽다
饣 shízìpáng [밥 식]	먹는 것과 관련된 한자에 쓰임	饿 è 배고프다 饭 fàn 밥 饮 yǐn 마시다
月 yuèzìpáng [달 월]	신체 부위와 관련된 한자에 쓰임	脸 liǎn 얼굴 腿 tuǐ 다리 胖 pàng 뚱뚱하다
女 nǚzìpáng [여자 녀]	여자와 관련된 한자에 쓰임	妈妈 māmā 엄마 姐姐 jiějiě 언니, 누나 她 tā 그녀
日 rìzìpáng [날 일]	날짜, 시간, 어두움, 밝음과 관련된 한자에 쓰임	明天 míngtiān 내일 晴 qíng 날씨가 맑음 晚 wǎn 늦다
目 mùzìpáng [눈 목]	눈과 관련된 한자에 쓰임	眼睛 yǎnjing 눈 看 kàn 보다 睡 shuì 자다

❷ 모양이 비슷한 부수

한자는 획 하나, 점 하나로 전혀 다른 뜻이 되어버리는 특징이 있기 때문에 모양이 비슷하다고 해서 대충 외우거나, 눈으로만 외우면 절대 안 된다.

부수	훈음	예시
冫	얼음 빙	예 冰箱 bīngxiāng 냉장고 / 冷 lěng 춥다
氵	물 수	예 河 hé 강 / 清楚 qīngchu qīng 맑다, 분명하다
讠	말씀 언	예 讲 jiǎng 이야기하다 / 请 qǐng 청하다

辶	쉬엄쉬엄 갈 착	예 进 jìn 들어가다 / 逛 guàng 돌아다니다, 쇼핑하다
疒	병들어 기댈 녁	예 病 bìng 병 / 疼 téng 아프다
广	집 엄	예 广 guǎng 넓다 / 家庭 jiātíng 가정
目	눈 목	예 眼睛 yǎnjing 눈 / 看 kàn 보다
日	날 일	예 明天 míngtiān 내일 / 昨天 zuótiān 어제
忄	마음 심	예 情况 qíngkuàng 상황 / 心情 xīnqíng 기분, 심정
亻	사람 인	예 什么 shénme 무엇 / 休息 xiūxi 휴식하다
冖	덮을 멱	예 写 xiě 쓰다 / 农业 nóngyè 농업
艹	풀 초	예 草地 cǎodì 잔디, 풀밭 / 茶 chá 차

3 같은 부수로 이루어진 한자와 단어들

같은 부수를 가진 한자들은 그 부수의 뜻을 어느 정도 내포한다는 공통점이 있다. 따라서 부수의 의미를 연상하며 익히면 외우기가 쉬워진다.

부수 변(연관 뜻)	관련 단어
冂 [멀 경 몸] 범위를 나타내는 말로 가까운 곳, 먼 세계 등을 나타냄	上网 shàngwǎng 인터넷하다 以内 yǐnèi ~이내에
阝 [언덕 부] 구역, 지역을 나타냄	邻居 línjū 이웃 都市 dōushì 도시 部 bù 부서, 팀
车 [수레 차] 바퀴, 교통수단과 관련이 있음	火车 huǒchē 기차 自行车 zìxíngchē 자전거 辆 liàng (자동차, 자전거를 세는 양사) 대
夂 [뒤쳐 올 치] 행동과 관련이 있음	散步 sànbù 산책하다 改 gǎi 고치다 放 fàng 놓다 收到 shōudào 받다

心 [마음 심] 심리 · 정서와 관련이 있음	态度 tàidù 태도 着急 zháojí 조급해하다 想 xiǎng 생각하다, 그리워하다
衤 [옷 의] 의복과 관련이 있음	衬衫 chènshān 셔츠 裙子 qúnzi 치마 裤子 kùzi 바지
钅 [편방자 금] 금 · 은 · 금속 · 화폐와 관련이 있음	银行 yínháng 은행 钱 qián 돈 打针 dǎzhēn 주사 맞다 *针 바늘 침
竹 [대 죽] 대나무와 관련이 있음	筷子 kuàizi 젓가락 笔 bǐ 펜
足 [발 족] 발과 관련이 있음	踢足球 tī zúqiú 축구를 하다 跑步 pǎobù 달리다 距离 jùlí 거리
走 [달릴 주] 어떤 장소를 향해 걷고, 달리는 것과 연관이 있음	走路 zǒulù 걸어가다 一起 yìqǐ 함께 越来越 yuèláiyuè 갈수록 *越: 넘어가다
页 [머리 혈] 사람의 머리와 관련이 있음	领导 lǐngdǎo 지도자, 우두머리 颜色 yánsè 색깔 照顾 zhàogù 돌보다
又 [또 우] 손의 행동과 관련이 있음	游戏 yóuxì 게임, 놀이 双 shuāng 켤레, 쌍 取 qǔ 취득하다, 갖다
木 [나무 목] 나무와 관련이 있음	森林 sēnlín 삼림 大树 dàshù 큰 나무

✏️ 한자의 획순

(1) 위에서 아래로 쓴다. (사물이 높은 곳에서 낮은 곳으로 움직인다는 이치)

 sān 셋 삼

(2) 왼쪽에서 오른쪽으로 쓴다. (오른손의 자연스러운 흐름)

 chuān 하천

(3) 가로획을 먼저 쓴다.

 shí 열, 10

(4) 좌우 대칭인 글자는 가운데를 먼저 쓴다.

 shuǐ 물

(5) 안과 밖이 있을 때는 밖을 먼저 쓴다

 tóng 같다

(6) 삐침과 파임이 있을 때는 삐침을 먼저 쓴다.

　*삐침: 왼쪽으로 비스듬하게 내려 쓰는 획

　*파임: 오른쪽으로 비스듬하게 내려 쓰는 획

 fù　아버지

(7) 전체를 수직으로 꿰뚫는 획은 맨 나중에 쓴다.

 zhōng　가운데

(8) 전체를 좌우로 꿰뚫는 획은 맨 나중에 쓴다.

 nǚ　여자

(9) 오른쪽 위의 점은 맨 나중에 쓴다. (마침표를 찍어 마무리한다는 이치)

 quǎn　강아지, 개

(10) 받침은 맨 나중에 쓴다.

 dào　길, 도로

문제 1

好久不见, 你最近（　　mláng　　）什么?

🔍 **문제 분석** máng으로 발음하면서 빈칸에 어울리는 한자를 생각해보자.

오랜만이야. 너 요새 뭐 하느라 (바빠)?

忙

단어 好久不见 hǎo jiǔ bú jiàn 오랜만이다 | 最近 zuìjìn 圆 최근 | 忙 máng 동 바쁘게 ~하다 | 什么 shénme 대 무엇

해설 máng이라는 병음 뒤에 '무엇(什么)'이라는 목적어가 왔으므로 빈칸에 들어갈 품사는 동사다. máng이라고 발음되는 것 중 동사 忙은 '바쁘게 ~하다, ~하느라 바쁘다'라는 뜻으로 알맞은 답이 된다. 사람의 감정과 기분을 나타내는 단어에는 거의 대부분 '忄 (마음 심)'이 들어간다.

문제 2

你大声说行吗? 我一点儿也听不（　　qīng　　）楚。

🔍 **문제 분석** qīng으로 발음되는 한자 중에 뒤의 楚와 어울려 단어를 이루는 글자를 생각해보자.

크게 말해줄래? 하나도 잘 들리지 않아.

清

단어 大声 dàshēng 圆 큰소리 | 说 shuō 동 말하다 | 行 xíng 형 좋다 | 一点儿 yìdiǎnr 양 조금 | 也 yě 부 ~도 | 听 tīng 동 듣다 | 清楚 qīngchu 형 분명하다

해설 쓰기 제2부분은 대부분 단어의 앞 글자나 뒤 글자를 빈칸으로 출제하는 경우가 많다. 빈칸 앞부분을 해석해보면 '나는 조금도 ~하게 듣지 못했다'이므로, 동사 听 뒤에 쓰인 가능보어를 물어보는 문제다. 따라서 빈칸에는 清을 써야 한다. 清楚는 '분명하다, 정확하다'라는 뜻으로 동사 听(듣다)이나 看(보다) 뒤에서 보어로 자주 쓰인다. 한자 清은 '맑다, 분명하다'라는 뜻으로, 부수 氵(물 수)는 3획이라는 점에 주의한다.

DAY 21

1. 你了解中国的（ ^{chá} ）文化吗?

2. 这里的秋天就是这样，去年这个（ ^{shí} ）候也总是阴天。

3. 我早上只吃了半个面包，还不到11点就（ ^è ）了。

4. 这个瓶子的瓶（ ^{kǒu} ）太小了。

5.（ ^{shù} ）上的鸟都飞走了。

DAY 22

1. 下一个节（ ^{mù} ）就是我们班的了，大家准备一下。

2. 你别生气了，对身（ ^{tǐ} ）不好。

3. 已经很晚了，我必须要（ ^{zǒu} ）了，再见。

4. 那条新闻我昨天就在报纸上（ ^{kàn} ）见了。

5. 你渴吗?（ ^{bīng} ）箱里有可乐，你喝吧。

02 발음이 비슷한 한자들

DAY 23-24

중국어에는 발음이 같거나 비슷하지만 모양과 뜻이 완전히 다른 한자들이 많다. 제2부분을 풀 때 단순히 빈칸 위의 병음만 보고 한자를 쓰는 것이 아니라 빈칸 앞뒤의 내용을 파악하여 어울리는 글자를 써야 하는 것도 바로 이런 이유에서다. 따라서 한자를 외울 때는 반드시 발음과 성조에 신경을 써서 외워야 하며, 더불어 뜻도 정확하게 외워야 한다.

시크릿 요점정리

1 발음이 비슷한 한자 문제

[문제] 请问，医(yuàn)在哪儿? 말씀 좀 묻겠습니다. 병원은 어디에 있나요?
[정답] 院

→ 빈칸 뒤에 在哪儿(어디에 있습니까)이라는 말이 있으므로 빈칸에 들어갈 글자는 앞의 医와 합쳐져서 장소를 나타내는 단어가 되어야 한다. 적합한 단어는 医院밖에 없지만, 医院에서 院(yuàn)의 성조를 발음이 비슷한 园(yuán)과 혼동하여 답을 잘못 쓸 수 있으므로 주의해야 한다.

2 발음이 비슷한 3급 중요 한자들

3급은 총 600자이기에 단어가 그렇게 많지 않다. 즉 발음과 성조가 비슷한 한자들도 어느 정도 한정되어 있다는 것이다. 현대한어의 단어들은 대부분 이음절(두 글자) 단어들로 문장이 구성되기 때문에 발음이 비슷한 한자만 외우지 말고 이 한자가 속한 단어들을 외우도록 하자.

bǎo	饱 배부르다	吃饱了。배불리 먹었다.
bào	报 보고하다, 제안하다	报纸 bàozhǐ 신문 报告 bàogào 보고하다 报名 bàomíng 등록하다
dōng	东 동쪽	东边 dōngbian 동쪽 东西 dōngxi 동서[방향]
	冬 겨울	冬天 dōngtiān 겨울
dǒng	懂 알다, 이해하다 (주로 보어로 많이 쓰인다)	听懂了吗? 알아들었나요? 看懂了吗? 알아보았나요?(보고 이해했나요?)

hē	喝 마시다	**你要喝什么?** 당신 무엇을 마실래요? **中国人喜欢喝茶。** 중국사람들은 차 마시는 것을 좋아한다. **단어** 中国人 Zhōngguórén 몡 중국인 | 喜欢 xǐhuan 동 좋아 하다 | 茶 chá 몡 차
hé	和 ~과(와)	**我和他** 나와 그 **汉语和汉字** 중국어와 한자 **단어** 汉语 Hànyǔ 몡 중국어 | 汉字 Hànzì 몡 한자
	河 강	**河上有一条小船。** 강 위에 배 하나가 있다. **단어** 河 hé 몡 강 | 船 chuán 몡 배
jiǔ	久 오래되다	**好久不见。** 오랜만입니다.
jiù	就 바로	**我八点就来了。** 나는 8시에 바로 왔다.
	旧 오래되다. 낡다	**那旧的自行车是你的吗?** 저 낡은 자전거는 네 것이야? **단어** 自行车 zìxíngchē 몡 자전거
kuài	快 빠르다	**坐飞机去最快。** 비행기를 타고 가는 것이 가장 빠르다. **快点儿来吧。** 빨리 좀 와. **단어** 坐 zuò 동 타다 | 飞机 fēijī 몡 비행기 | 去 qù 동 가다 | 最 zuì 뷔 가장, 최고의
	块 ① 흙 ② 덩어리·조각 [조각이나 납작한 물건을 세는 단위] ③ 위안[중국의 화폐 단위]	**这块手表是我的。** 이 손목시계는 내 것이다. **一共三十块。** 모두 30위안입니다. **단어** 手表 shǒubiǎo 몡 손목시계 | 一共 yígòng 뷔 모두
	筷 젓가락	**你的筷子用得真好。** 너 젓가락질 참 잘한다. **단어** 用 yòng 동 쓰다
xīn	心 마음	**担心** dānxīn 걱정하다 **放心** fàngxīn 마음을 놓다 **关心** guānxīn 관심을 기울이다 **小心** xiǎoxīn 조심하다
	新 새롭다	**我要买新的笔记本电脑。** 나는 새 노트북 컴퓨터를 사려고 한다. **단어** 买 mǎi 동 사다 | 笔记本电脑 bǐjìběn diànnǎo 몡 노트 북컴퓨터

xìn	信 믿다	相信 xiāngxìn 믿다 信任 xìnrèn 신임하다 **我相信一切都会好的。** 나는 모든 것이 다 잘 될 것이라고 믿는다. 단어 一切 yíqiè 때 모든 (것)
xiǎng	想 ① ~하고 싶다 ② 생각 하다, 보고 싶다	**我想学汉语。** 나는 중국어를 배우고 싶다. **我很想你。** 나는 당신이 무척 보고 싶다.
xiàng	向 ~을 향해서	**向前开** 앞을 향해서 운전하다 단어 开 kāi 통 운전하다
	像 ~와 같다, 닮다	**我长得像爸爸。** 나는 생김새가 아빠를 닮았다. 단어 长 zhǎng 통 생기다, 자라다
yuán	元 위안[중국의 화폐 단위]	**一共180元。** 모두 180위안입니다. 단어 一共 yígòng 튀 모두
yuǎn	远 멀다	**天安门离这儿远吗?** 천안문은 여기에서 먼가요? 단어 天安门 Tiān'ānmén 고유 천안문	离 lí 전 ~로부터
yuàn	院 정원, 집	院子 yuànzi (담으로 둘러친) 집, 뜰 医院 yīyuàn 병원
	愿 원하다, 바라다	**我愿意去中国留学。** 나는 중국으로 유학 가기를 희망한다. 단어 留学 liúxué 통 유학하다
yuè	越 ① 뛰어넘다 ② 나날이, ~할수록	越来越 yuèláiyuè 더욱더 **她的汉语水平越来越好。** 그녀의 중국어 수준은 날이 갈수록 좋아진다. 단어 水平 shuǐpíng 명 수준
	月 달, 월	**今天几月几号?** 오늘 몇 월 며칠인가요?

문제 1

別担（　xīn　），明天会好的。

🔍 **문제 분석**　빈칸 앞의 글자를 보고 적절한 단어를 유추해보자.

걱정하지 마세요, 내일은 좋을 거예요.

心

단어　别 bié 뭐 ~하지 마세요｜担心 dānxīn 통 걱정하다｜会 huì 조통 ~일 것이다｜好 hǎo 형 좋다

해설　빈칸 앞의 担과 같이 쓰여서 단어를 이루는 한자를 생각해보도록 하자. '내일은 좋을 것'이라고 했으므로 앞 문장에서 '걱정하지 마라'라고 말하는 것이 의미상 자연스럽다. 따라서 빈칸에는 心을 쓴다. 担心은 '걱정하다'라는 뜻인데, 걱정은 마음에서 비롯되는 것이라서 단어에 心(마음)이 들어간다.

문제 2

师傅，在前边的大街（　xiàng　）右开吧。

🔍 **문제 분석**　빈칸 뒤의 방향을 나타내는 글자 右(오른쪽)를 근거로 문제를 풀어보자.

기사님, 앞의 큰길에서 우회전해주세요.

向

단어　师傅 shīfu 명 기사님, 스승｜在 zài 전 ~에서｜前边 qiánbian 명 앞｜大街 dàjiē 명 큰길｜向 xiàng 전 ~을 향해서｜右 yòu 명 우측｜开 kāi 통 운전하다｜吧 ba 조 ~해주세요, ~합시다[명령·제안·청유를 나타냄]

해설　빈칸 뒤에 '오른쪽으로 운전하다(右开)'는 말이 보인다. 즉 빈칸에 알맞은 단어는 방향을 나타내는 전치사 向이라는 것을 알 수 있다. 따라서 빈칸에는 向을 쓴다.

DAY 23

1. 今晚的（ yuè ）亮让他想家了。

2. 今天刮（ dōng ）风，听说下午还会下雨。

3. 中国人的母亲（ hé ）是什么?

4. 小黄（ hé ）小李一起去看电影了。

5. 时间（ jiǔ ）了，大家都会忘记的。

DAY 24

1. 这本是（ jiù ）书，我买一本新的送给你吧。

2. 吃（ bǎo ）了，是不是又该睡觉了?

3. 我每天都看（ bào ），可是没有看到这个新闻。

4. 麦克在中国十年了，现在（ kuài ）子用得非常好。

5. 他的成绩提高得特别（ kuài ）。

314

03 발음이 여러 가지인 한자들: 다음자(多音字)

DAY 25-26

다음자(多音字)란 두 가지 이상의 발음을 가진 한자를 말한다. 다음자는 다른 한자와 합해져서 단어를 이룰 때 단어의 의미에 따라 발음이 달라진다. 쓰기 제2부분은 대개 한 글자보다는 두 글자 이상으로 된 단어의 일부분을 빈칸으로 주기 때문에 다음자가 어렵다는 두려움은 없어도 된다. 다음자의 한 가지 발음만 익혀두었는데 공부하지 않은 발음으로 나왔을 때 답을 연상시키기가 어려우므로, 자주 출제되는 다음자는 미리 공부해두는 것이 좋다.

시크릿 요점정리

1 다음자 문제

다음자는 어법 형태에 따라 단어 속에서 읽히는 발음이 달라진다. 다음자는 문장 속에서 명사도 될 수 있고, 동사나 형용사도 될 수 있다.

예 我觉得这件衣服对你(大^{dà})一点儿。 내 생각에는 이 옷이 너에게 조금 큰 것 같아.
→ 大(dà)는 형용사로 쓰여 문장에서 술어 역할을 한다.

예 (大^{dài})夫，我的病很严重吗? 의사 선생님. 제 병이 심한가요?
→ 大(dài)는 大夫(의사)라는 명사의 일부분이 된다.

2 어법 형태에 따라서 달라지는 3급 주요 다음자

3급에서 자주 출제되는 주요 다음자와 그 쓰임새를 잘 알아두자.

差	chà	差 chà 동 모자라다. 부족하다 예 现在差五分两点。 지금은 2시 5분 전이다.
	chāi	出差 chūchāi 동 출장 가다 예 我去上海出差。 나는 상하이로 출장 간다.
长	cháng	长 cháng 형 길다 예 这个裤子太长了。 이 바지는 너무 길다.
	zhǎng	长 zhǎng 동 생기다. 자라다 예 他长得跟我有点儿像。 그는 생김새가 나랑 조금 닮았다.

发	fā	**发 fā** 동 보내다 예 我给你发了电子邮件。 내가 너에게 이메일을 보냈어.
	fà	**头发 tóufà** 명 머리카락 예 你的头发太长了。 네 머리는 너무 길어.
干	gān	**干净 gānjìng** 형 깨끗하다 예 这个房间很干净。 이 방은 매우 깨끗하다.
	gàn	**干 gàn** 동 하다 예 你干什么? 너 뭐해?
还	hái	① **还是 háishi** 접 ~ 아니면 예 你要喝绿茶还是咖啡? 너 녹차 마실래 아니면 커피 마실래? ② **还是 háishi** 부 ~하는 편이 낫다 예 还是明天去吧。 내일 가는 것이 나아.
	huán	**还 huán** 동 돌려주다 예 我把书还给你。 내가 책을 너에게 돌려줄게.
行	háng	**银行 yínháng** 명 은행 예 我要去银行。 나는 은행에 가려고 한다.
	xíng	① **行 xíng** 형 좋다 예 行, 没问题。 좋아, 문제없어. ② **自行车 zìxíngchē** 명 자전거 예 我买了新的自行车。 나는 새 자전거를 한 대 샀다.
好	hǎo	**好 hǎo** 형 좋다 예 哪个好? 어느 것이 좋은가요?
	hào	**爱好 àihào** 명 취미 예 你的爱好是什么? 너의 취미는 무엇이니?
教	jiāo	**教 jiāo** 동 가르치다 예 我教汉语。 나는 중국어를 가르친다.
	jiào	**教室 jiàoshì** 명 교실 예 教室里有500多个人。 교실 안에는 500여 명의 사람이 있다.
便	biàn	**方便 fāngbiàn** 형 편리하다 예 坐出租车去更方便。 택시를 타고 가는 것이 더 편리하다.
	pián	**便宜 piányi** 형 싸다 예 西红柿很便宜。 토마토는 무척 싸다.

觉	jiào	睡觉 shuìjiào 통 잠을 자다 예 昨天晚上我睡不好觉。 어제저녁에 나는 잠을 잘 못 잤다.
	jué	觉得 juéde 통 ~라고 느끼다/생각하다 예 我觉得这样不太好。 나는 이러는 것이 그다지 좋지 않다고 생각한다.
乐	lè	① 快乐 kuàilè 형 즐겁다 예 周末快乐! 주말 잘 보내! ② 可乐 kělè 명 콜라 예 我买了三瓶可乐。 나는 콜라 세 병을 샀다.
	yuè	音乐 yīnyuè 명 음악 예 你喜欢听什么音乐? 당신은 어떤 음악 듣는 것을 좋아합니까?
了	le	了 le 조 ~했다. ~됐다[동작이나 변화가 완료되었음을 나타냄] 예 我买了一本书。 나는 책 한 권을 샀다.
	liǎo	了解 liǎojiě 통 이해하다. 알다 예 我想了解别的国家的文化。 나는 다른 나라의 문화를 알고 싶다.

你的爱 (^{hào}) 是什么?

🔍 **문제 분석** 빈칸 앞의 단어 '爱'와 함께 쓰여 명사를 나타내는 단어를 생각해 보자.

네 취미는 뭐야?

好

단어 爱好 àihào 圆 취미

해설 빈칸 뒤의 단어 '好'와 함께 쓰여 명사로 사용되는 한자는 바로 취미라는 뜻의 '爱好'이다. '好'는 '좋다'라는 형용사일 때는 3성이지만, 동사로 '좋아하다'의 의미를 나타낼 때는 4성으로 읽는다.

三年不见, 你的头 (^{fà}) 长长了。

🔍 **문제 분석** 빈칸 앞의 头와 단어를 이루며 fà로 발음되는 한자를 생각해보자.

3년 동안 안 만났더니, 너 머리가 많이 길었구나.

发

단어 见 jiàn 圆 보다, 만나다 | 头发 tóufà 圆 머리카락 | 长 zhǎng 圆 자라다 | 长 cháng 圆 길다

해설 빈칸 앞의 글자 头(머리)와 더불어서 명사를 만드는 한자여야 하므로, 빈칸에는 '머리카락'을 뜻하는 发를 써야 한다. 发는 다음자로 두 가지 발음이 있는데, 하나는 fā, 다른 하나는 fà이다. 이 문장에서는 fà라고 읽는다. 다음자는 한자의 모양이 같고 발음은 여러 가지인 한자이며, 발음에 따라 품사가 변하는 특징을 가지고 있다.

DAY 25

1. 你把邮件（ fā　 ）给谁了？

2. 今年冬天你（ hái　 ）是去中国南方旅游吧。

3. 你什么时候去图书馆（ huán　 ）书？

4. 如果方（ biàn　 ），我们一起吃顿午饭怎么样？

5. 这家超市的东西很（ pián　 ）宜，多买点儿。

DAY 26

1. 有时候我（ jué　 ）得离开也是不错的选择。

2. 儿子把自己的衣服洗得很（ gān　 ）净。

3. 祝你生日快（ lè　 ），这是我为你准备的礼物。

4. 别把音（ yuè　 ）开那么大，耳朵都疼了。

5. 在这个世界上最（ liǎo　 ）解我的人就是我妈妈。

모양이 비슷한 한자들 DAY 27-28

많은 학습자들이 처음 한자를 공부할 때 가장 난해하게 느끼는 점은 비슷하게 생긴 한자들일 것이다. 실제로 비슷한 한자는 발음도 비슷하게 나는 경우가 많다. 한자는 점 하나, 획 하나에도 뜻이 아예 달라지므로 모양이 비슷한 한자들을 유의해서 살펴보고 혼동하지 않도록 잘 구분하여 외워두자.

 시크릿 요점정리

1 모양이 비슷한 한자 문제

[문제] 她是你妹妹吗? 长得真(　piào　)亮。 그녀가 네 여동생(언니)이야? 정말 예쁘다.
[정답] 漂

→ 비슷하게 생긴 한자는 발음도 비슷하게 날 수 있는데 이유는 한자의 편방 부수가 같거나 독음(읽는 소리)이 나타내는 한자가 같기 때문이다. 한자는 다르지만 발음이 같은 '票 [piào] 표, 티켓'과 혼동할 수 있다. 그러므로 비슷하게 생긴 한자들은 비교해서 외워두도록 하자.

2 비슷하게 생긴 3급 중요 한자들

비슷하게 생긴 한자들을 비교해서 외워두면 혼동을 줄일 수 있다. 3급에서 자주 출제되는 모양이 비슷한 한자들과 그 쓰임새를 알아두자.

한자	발음	뜻과 쓰임새
白	bái	하얗다, 헛되이 예 白的 흰 것　很白 매우 하얗다　白学了 헛되이 공부했다
日	rì	날짜, 요일 예 今天星期日。 오늘은 일요일이다.
百	bǎi	백, 100 예 一百元 100위안
票	piào	표, 티켓 예 电影票 영화표
漂	piào	예 漂亮 예쁘다
太	tài	매우, 너무 예 太贵了 너무 비싸다
大	dà	크다 예 很大 매우 크다

态	tài	모양. (형)태 📝 **态度** 태도
台	tái	대[가전제품·기기 등을 세는 양사] 📝 **一台洗衣机** 세탁기 한 대
成	chéng	~로 되다 📝 **成为医生** 의사가 되다　　**成功** 성공하다. 이루다
咸	xián	짜다 📝 **这个汤很咸。** 이 국은 무척 짜다.
减	jiǎn	빼다 📝 **减价** 할인하다　　**减肥** 다이어트하다　　**减少** 감소하다
城	chéng	성. 도시 📝 **城市** 도시　　**北京城** 베이징 시가지
午	wǔ	정오, 낮 12시 📝 **上午** 오전　　**中午** 점심. 정오　　**下午** 오후
牛	niú	소 📝 **牛肉** 소고기　　**牛奶** 우유
来	lái	오다 📝 **他来中国。** 그는 중국에 온다.
半	bàn	반. 30분 📝 **现在两点半。** 지금은 2시 30분이다.
米	mǐ	미터. 쌀 📝 **一千米** 1000미터　　**米饭** 쌀밥
菜	cài	채소. 음식 📝 **中国菜** 중국음식
西	xī	서쪽 📝 **西边** 서쪽
四	sì	넷. 4 📝 **四元** 4위안
回	huí	돌아오다 📝 **回国** 귀국하다　　**回来** 돌아오다

好	hǎo	좋다 ㉠ **挺好**! 매우 좋다!
奶	nǎi	우유, 젖 ㉠ **奶奶** 할머니　　**牛奶** 우유
级	jí	등급, 학년 ㉠ **年级** 학년
口	kǒu	입, 출입구 ㉠ **路口** 길목, 입구
只	① zhī	① 마리　　㉠ **一只狗** 강아지 한 마리
	② zhǐ	② 단지, 다만　㉠ **只是** 단지
总	zǒng	항상, 모두 ㉠ **总是** 항상　　**总共** 모두, 합쳐서
请	qǐng	청하다 ㉠ **请进**。들어오세요.
晴	qíng	하늘이 맑다 ㉠ **晴天** 맑은 날씨
清	qīng	깨끗하다, 맑다 ㉠ **清楚** 분명하다, 똑똑하다
情	qíng	감정 ㉠ **爱情** 애정, 사랑　　**心情** 기분, 심정　　**事情** 일
静	jìng	가만히 있다, 고요하다 ㉠ **安静** 조용하다
水	shuǐ	물 ㉠ **喝水** 물을 마시다
冰	bīng	얼음 ㉠ **滑冰** 스케이트를 타다, 얼음을 지치다
永	yǒng	영원히 ㉠ **永远** 영원하다
泳	yǒng	헤엄치다 ㉠ **游泳** 수영하다

蓝	lán	남색의 예 **蓝色** 파란색
篮	lán	바구니 예 **打篮球** 농구하다
园	yuán	밭 예 **花园** 화원
图	tú	그림 예 **图书馆** 도서관　　　**地图** 지도
困	kùn	졸리다, 고생하다 예 **困死了。** 졸려 죽겠다.
因	yīn	~때문에 예 **因为外边下雨，所以我不想出去。** 　　밖에 비가 와서 나는 나가고 싶지 않다.
国	guó	나라 예 **我想去中国旅游。** 나는 중국에 여행 가고 싶다.
买	mǎi	사다 예 **我买了一双鞋。** 나는 신발 한 켤레를 샀다.
卖	mài	팔다 예 **西红柿怎么卖?** 토마토 얼마예요?
问	wèn	묻다 예 **问题** 문제
门	mén	문 예 **开门** 문을 열다
间	jiān	사이, 가운데, 칸(방을 세는 양사) 예 **中间** 중간　　　**房间** 방
简	jiǎn	간단하다 예 **这次数学题很简单。** 이 수학 문제는 매우 간단하다.
天	tiān	하늘, 날 예 **天气** 날씨　　　**明天** 내일
关	guān	닫다, 관계 있다 예 **关门** 문을 닫다　　　**没关系** 상관없다

开	kāi	열다, 시작하다, 켜다 📀 **开始** 시작하다　　　**开空调** 에어컨을 켜다
元	yuán	위안(화폐 단위) 📀 **一共180元。** 모두 180위안입니다.
远	yuǎn	멀다 📀 **大使馆离这儿不远。** 대사관은 여기에서 멀지 않다.
玩	wán	놀다 📀 **开玩笑** 농담하다　　　**玩儿** 놀다
院	yuàn	기관이나 공공 장소 📀 **医院** 병원　　　**电影院** 영화관
完	wán	끝나다, 완성하다 📀 **数学作业做完了吗?** 수학 숙제 다 했니?
干	① gān ② gàn	① 아무것도 없다　📀 **干净** 깨끗하다 ② 하다　📀 **你在干什么呢?** 너 뭐하고 있는 중이야?
千	qiān	천, 1000 📀 **一千米** 1000미터
十	shí	열, 10 📀 **我们班有十个学生。** 우리 반에는 10명의 학생이 있다.
左	zuǒ	좌, 왼쪽 📀 **左边** 왼쪽
右	yòu	우, 오른쪽 📀 **右边** 오른쪽
在	zài	~에 있다, ~에서 📀 **你在哪儿?** 너 어디에 있어? 📀 **我在图书馆学习。** 나는 도서관에서 공부한다.
家	jiā	집 📀 **我家有两口人。** 우리 집은 두 식구입니다.
室	shì	방, 공간 📀 **教室** 교실　　　**办公室** 사무실

空	① kōng ② kòng	① 비어있다. 아무것도 없다　例 **空气** 공기 ② 틈, 짬　例 **你什么时候有空?** 너 언제 시간 있어?
客	kè	손님 例 **客人** 손님　　**不客气** 천만에요
月	yuè	달, 월 例 **上个月** 저번 달　　**这个月** 이번 달　　**下个月** 다음 달
明	míng	밝다, 이해하다 例 **听明白了吗?** (들어서) 이해했나요?
脸	liǎn	얼굴 例 **你今天脸色不太好。** 너 오늘 안색이 별로 좋지 않아.
服	fú	의복, 복무하다 例 **衣服** 옷　　**服务员** 종업원

문제 1

你周末有时间吗? 要不要跟我一起去游（ yǒng ）?

🔍 **문제 분석** 빈칸 앞의 글자와 합쳐져서 '수영하다'라는 의미를 만드는 단어를 생각해보자.

너 주말에 시간 있어? 나랑 같이 수영하러 가지 않을래?

泳

단어 周末 zhōumò 몡 주말 | 时间 shíjiān 몡 시간 | 要 yào 조동 ~하려 하다, ~할 것이다 | 跟 gēn 전 ~와 | 一起 yìqǐ 분 같이 | 游泳 yóuyǒng 동 수영하다

해설 문장의 빈칸 부분을 해석해보면 '나와 함께 ~하러 가다'가 된다. 빈칸 앞의 글자 游(헤엄치다)와 같이 쓰여서 '수영 하다'라는 단어를 만드는 한자는 泳이다. 따라서 빈칸에는 泳을 써야 한다. 부수인 氵(물 수)를 빠뜨리고 永(yǒng 영원하다)으로 잘못 쓰거나 3획인데 2획만 써서 冰(bīng 얼음)으로 잘못 쓰지 않도록 주의한다.

문제 2

这件衣服只有红色的吗? 有没有（ lán ）色?

🔍 **문제 분석** 빈칸 뒤의 글자를 보고 lán으로 발음하는 '색깔'을 유추해보자.

이 옷은 빨간색밖에 없나요? 파란색 있나요?

蓝

단어 件 jiàn 양 벌[옷을 세는 양사] | 衣服 yīfu 몡 옷 | 只 zhǐ 분 단지 | 红色 hóngsè 몡 붉은색 | 蓝色 lánsè 몡 파란색

해설 빈칸 뒤의 글자 色는 색깔을 나타내는 말이다. 색 이름 중 lán으로 발음하는 것은 파란색이므로 빈칸에는 蓝을 써 야 한다. 蓝의 부수는 艹(풀 초)다. 篮(lán 바구니)으로 잘못 쓰지 않도록 주의한다.

DAY **27**

1. 我不明（ ^{bái} ）这句话的意思。

2. 这瓶（ ^{niú} ）奶是上星期日送来的，不新鲜。

3. 铅笔在你的（ ^{yòu} ）脚边。

4. 你的头发（ ^{tài} ）长了，像草一样。

5. 盘子要这样洗才洗得干（ ^{jìng} ）。

DAY **28**

1. 欢迎大家下次再（ ^{lái} ）世界公园玩儿，再见！

2. 你这么聪明，一定没（ ^{wèn} ）题的。

3. 阴（ ^{tiān} ）的晚上可能见不到月亮。

4. 小张，你再往中（ ^{jiān} ）站一点儿。

5. 这条路上小猫小狗多，你（ ^{kāi} ）车慢些。

05 같은 글자가 들어간 단어들

제2부분은 문장 속의 빈칸을 채우는 문제이기 때문에 단어를 많이 알수록 문제를 푸는 데 도움이 된다. 단어는 글자로 이루어지고, 글자의 원래 뜻을 알면 그 글자가 들어간 단어들을 쉽게 이해하고 외울 수 있다. 이번 장에서는 한자 하나로 여러 개의 단어를 외우는 방법에 대해 알아보자.

시크릿 요점정리

1 공통된 한자 유추하기

단어를 외울 때 글자의 뜻만 제대로 알아도 단어의 의미를 유추하고 문제를 풀기가 쉬워진다.

地 dì 땅	**地方** dìfang 장소, 자리 **地点** dìdiǎn 지점, 위치 **地图** dìtú 지도

→ 공통으로 들어가는 글자 地가 '땅'을 의미하므로 地가 들어간 단어들은 모두 땅과 관련된 뜻을 가지고 있음을 알 수 있다.

2 같은 글자가 들어간 3급 중요 단어들

글자의 뜻을 정확히 알고 핵심 한자를 바탕으로 연관된 단어를 함께 외워두면 공통된 글자가 들어간 유의어를 구분하거나 한 글자를 보고 단어의 나머지 부분을 연상하는 능력을 기르는 데 도움이 된다. 3급에서 자주 출제되는 같은 글자를 가진 단어들을 잘 알아두자.

핵심 한자	관련된 뜻	관련 단어
地 dì	땅	**地方** dìfang 장소, 자리 **地点** dìdiǎn 지점, 위치 **地图** dìtú 지도
电 diàn	전기, 전자(를 사용하는 것)	**电脑** diànnǎo 컴퓨터 **电视** diànshì 텔레비전 **电梯** diàntī 엘리베이터 **电影** diànyǐng 영화 **电子邮件** diànzǐ yóujiàn 이메일
同 tóng	같다	**同事** tóngshì (같은 일을 하는) 동료 **同学** tóngxué (같이 배우는) 친구, 급우 **同意** tóngyì 동의하다(의견을 같이 하다)

洗 xǐ	씻다	洗衣机 xǐyījī 세탁기 洗手间 xǐshǒujiān 화장실 洗澡 xǐzǎo 목욕하다
学 xué	배우다	学生 xuésheng 학생 学校 xuéxiào 학교
认 rèn	인식하다	认识 rènshi 알다, 인식하다 认为 rènwéi 여기다 认真 rènzhēn 열심히 하다
生 shēng	나다, 낳다, 생기다	生病 shēngbìng 병이 나다 生气 shēngqì 화내다 生日 shēngrì 출생일
相 xiāng	서로	互相 hùxiāng 서로 相同 xiāngtóng 서로 같다 相信 xiāngxìn 믿다
以 yǐ	～으로써 [시간·공간의 한계·경계를 나타냄]	以后 yǐhòu 이후, 나중 以前 yǐqián 이전, 과거
游 yóu	이리저리 다니다, 놀다	游戏 yóuxì 놀이, 게임 游泳 yóuyǒng 수영하다 旅游 lǚyóu 여행하다
一 yī	하나, 같다, 동일하다	一定 yídìng 분명히, 반드시 一共 yígòng 모두 一会儿 yíhuìr 짧은 시간 一般 yìbān 일반적이다, 보통이다 一边 yìbiān 한쪽, 한편 一样 yíyàng (똑)같다 一起 yìqǐ 같이, 함께 一直 yìzhí 곧장, 계속
新 xīn	새롭다	新闻 xīnwén 뉴스 新鲜 xīnxiān 신선하다
回 huí	(원래대로) 돌(아오)다	回来 huílái 돌아오다 回去 huíqù 돌아가다 回国 huíguó 귀국하다 回答 huídá 대답하다
手 shǒu	손(과 관련된 것)	手机 shǒujī 휴대전화 手表 shǒubiǎo 손목시계

문제 1

我 （　　　）为学好汉语最好去中国学。
　　　　^(rèn)

🔍 **문제 분석**　전체 문장을 해석해보고 빈칸에 알맞은 단어를 유추해보자.

나는 중국어를 잘 배우려면 중국에 가서 배우는 것이 가장 좋다고 생각한다.

认

단어　认为 rènwéi 图 여기다, 생각하다 | 学好 xuéhǎo 图 잘 배우다 | 汉语 Hànyǔ 圀 중국어 | 最好 zuìhǎo 閈 가장 좋은 것은, ~하는 게 제일 좋다 | 去 qù 图 가다 | 中国 Zhōngguó 圀 중국

해설　빈칸 앞뒤의 단어를 보고 금방 알 수 없을 경우에는 문장을 한번 해석해보자. 중국어를 배우는 것에 대한 자신의 생각을 말하고 있으므로, 빈칸에 들어갈 글자는 'rèn+为'의 형태로 '생각하다, 여기다'라는 뜻이 되는 글자여야 한다. 따라서 빈칸에는 认을 쓰면 된다. 认은 '인지하다, 인식하다'라는 뜻으로 为와 같이 쓰여서 '생각하다'라는 뜻이 된다.

문제 2

下课 （　　　）后，你想先去哪儿?
　　　　^(yǐ)

🔍 **문제 분석**　빈칸 뒤의 글자를 보고 시간·공간 등을 나타내는 단어를 생각해보자.

수업 끝난 후에 너는 먼저 어디를 가고 싶어?

以

단어　下课 xiàkè 图 수업이 끝나다 | 以后 yǐhòu 圀 이후 | 想 xiǎng 函图 ~하고 싶다 | 先 xiān 閈 먼저, 우선

해설　동사와 后 사이에서 '~한 후에'라는 뜻을 완성시키는 글자를 생각해보자. 단음절 방위사(방향을 나타내는 단어)나 처소사(장소를 나타내는 단어) 앞에 쓰여 시간·공간의 경계를 나타내는 한자는 以이므로 빈칸에는 以를 써야 한다. yǐ를 yī로 잘못 보고 一를 쓰는 실수를 하지 않도록 주의한다.

DAY 29

1. 遇到问题不要怕，要（ xiāng ）信自己能解决它。

2. 妻子一边看（ diàn ）视，一边笑起来了。

3. 一起工作的人叫（ tóng ）事，一起学习的人呢?

4. （ xǐ ）手间里有一台洗衣机，你用它洗衣服吧。

5. 这个（ xué ）校的学生成绩非常好。

DAY 30

1. 他笑着（ huí ）答了老师说的那个问题。

2. 你真（ shēng ）气了? 这是你的礼物，快看看吧。

3. 你把我的（ shǒu ）机放哪儿了?

4. 你喜欢（ yóu ）泳吗? 真好玩儿。

5. 你在哪儿买到了这么（ xīn ）鲜的水果?

第 一 部 分

第71-75题：

例如：小船 　　上 　　一 　　河 　　条 　　有

河上有一条小船。

71. 别 　　　　把鸡蛋 　　　　椅子上 　　　　放在

72. 变红了 　　　　耳朵 　　　　你的 　　　　怎么

73. 他 　　　　完成了 　　　　很快地 　　　　工作

74. 有 　　　　盘子 　　　　这儿 　　　　三个

75. 这个 　　　　太 　　　　了 　　　　历史题 　　　　难

第 二 部 分

第 76 – 80 题：

例如：没 （ 关 ） 系 ，别难过 ，高兴点儿 。
^{guān}

76. 爸爸为了买它 ，（　　）了近60万块 。
^{huā}

77. 我们只能到前面坐船过河 ，没有其它 （　　）法 。
^{bàn}

78. 这个椅子太 （　　）了 ，坐着很不舒服 。
^{ǎi}

79. 孩子的爱是给爸妈最好的 （　　）物 。
^{lǐ}

80. 这 （　　）山太高了 ，我不想再往上爬了 。
^{zuò}

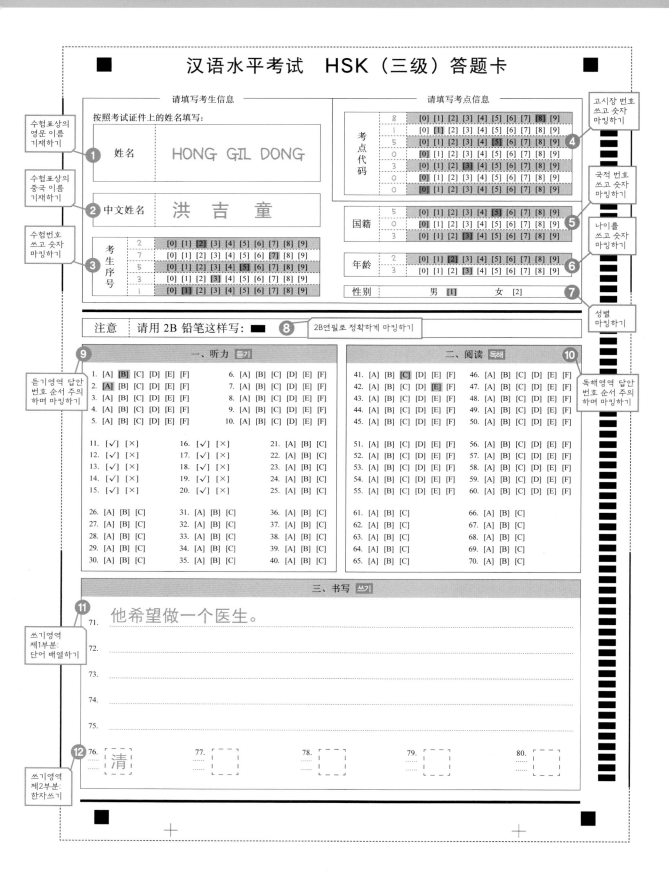

汉语水平考试　HSK（三级）答题卡

请填写考生信息

请填写考点信息

수험표상의 영문 이름 기재하기

① 姓名　HONG GIL DONG

按照考试证件上的姓名填写：

수험표상의 중국 이름 기재하기

② 中文姓名　洪 吉 童

수험번호 쓰고 숫자 마킹하기

③ 考生序号

2　[0] [1] [2] [3] [4] [5] [6] [7] [8] [9]
7　[0] [1] [2] [3] [4] [5] [6] [7] [8] [9]
5　[0] [1] [2] [3] [4] [5] [6] [7] [8] [9]
3　[0] [1] [2] [3] [4] [5] [6] [7] [8] [9]
1　[0] [1] [2] [3] [4] [5] [6] [7] [8] [9]

考点代码

8　[0] [1] [2] [3] [4] [5] [6] [7] [8] [9]
1　[0] [1] [2] [3] [4] [5] [6] [7] [8] [9]
5　[0] [1] [2] [3] [4] [5] [6] [7] [8] [9]
0　[0] [1] [2] [3] [4] [5] [6] [7] [8] [9]
3　[0] [1] [2] [3] [4] [5] [6] [7] [8] [9]
　[0] [1] [2] [3] [4] [5] [6] [7] [8] [9]
0　[0] [1] [2] [3] [4] [5] [6] [7] [8] [9]

④ 고시장 번호 쓰고 숫자 마킹하기

国籍

5　[0] [1] [2] [3] [4] [5] [6] [7] [8] [9]
0　[0] [1] [2] [3] [4] [5] [6] [7] [8] [9]
3　[0] [1] [2] [3] [4] [5] [6] [7] [8] [9]

⑤ 국적 번호 쓰고 숫자 마킹하기

年龄

2　[0] [1] [2] [3] [4] [5] [6] [7] [8] [9]
3　[0] [1] [2] [3] [4] [5] [6] [7] [8] [9]

⑥ 나이를 쓰고 숫자 마킹하기

性别　　　男 [1]　　女 [2]　**⑦**

성별 마킹하기

注意　请用 2B 铅笔这样写：■　**⑧**　2B연필로 정확하게 마킹하기

⑨ 듣기영역 답안 번호 순서 주의하며 마킹하기

一、听力 듣기

1. [A] [B] [C] [D] [E] [F]
2. [A] [B] [C] [D] [E] [F]
3. [A] [B] [C] [D] [E] [F]
4. [A] [B] [C] [D] [E] [F]
5. [A] [B] [C] [D] [E] [F]

6. [A] [B] [C] [D] [E] [F]
7. [A] [B] [C] [D] [E] [F]
8. [A] [B] [C] [D] [E] [F]
9. [A] [B] [C] [D] [E] [F]
10. [A] [B] [C] [D] [E] [F]

11. [√] [×]
12. [√] [×]
13. [√] [×]
14. [√] [×]
15. [√] [×]

16. [√] [×]
17. [√] [×]
18. [√] [×]
19. [√] [×]
20. [√] [×]

21. [A] [B] [C]
22. [A] [B] [C]
23. [A] [B] [C]
24. [A] [B] [C]
25. [A] [B] [C]

26. [A] [B] [C]
27. [A] [B] [C]
28. [A] [B] [C]
29. [A] [B] [C]
30. [A] [B] [C]

31. [A] [B] [C]
32. [A] [B] [C]
33. [A] [B] [C]
34. [A] [B] [C]
35. [A] [B] [C]

36. [A] [B] [C]
37. [A] [B] [C]
38. [A] [B] [C]
39. [A] [B] [C]
40. [A] [B] [C]

二、阅读 독해 **⑩**

41. [A] [B] [C] [D] [E] [F]
42. [A] [B] [C] [D] [E] [F]
43. [A] [B] [C] [D] [E] [F]
44. [A] [B] [C] [D] [E] [F]
45. [A] [B] [C] [D] [E] [F]

46. [A] [B] [C] [D] [E] [F]
47. [A] [B] [C] [D] [E] [F]
48. [A] [B] [C] [D] [E] [F]
49. [A] [B] [C] [D] [E] [F]
50. [A] [B] [C] [D] [E] [F]

51. [A] [B] [C] [D] [E] [F]
52. [A] [B] [C] [D] [E] [F]
53. [A] [B] [C] [D] [E] [F]
54. [A] [B] [C] [D] [E] [F]
55. [A] [B] [C] [D] [E] [F]

56. [A] [B] [C] [D] [E] [F]
57. [A] [B] [C] [D] [E] [F]
58. [A] [B] [C] [D] [E] [F]
59. [A] [B] [C] [D] [E] [F]
60. [A] [B] [C] [D] [E] [F]

61. [A] [B] [C]
62. [A] [B] [C]
63. [A] [B] [C]
64. [A] [B] [C]
65. [A] [B] [C]

66. [A] [B] [C]
67. [A] [B] [C]
68. [A] [B] [C]
69. [A] [B] [C]
70. [A] [B] [C]

독해영역 답안 번호 순서 주의하며 마킹하기

三、书写 쓰기

⑪ 쓰기영역 제1부분: 단어 배열하기

他希望做一个医生。

71.
72.
73.
74.
75.

⑫ 쓰기영역 제2부분: 한자쓰기

76. 清　77.　78.　79.　80.

新 汉 语 水 平 考 试
Chinese Proficiency Test

HSK（三级）成绩报告
HSK (Level 3) Examination Score Report

姓名（Name）：_____

性别（Gender）：_____   国籍（Nationality）：_____

考试时间（Examination Date）：_____ 年（Year）_____ 月（Month）_____ 日（Day）

编号（No.）：_____

	满分（Full Score）	你的分数（Your Score）
听力（Listening）	100	
阅读（Reading）	100	
书写（Writing）	100	
总分（Total Score）	300	

总分180分为合格（Passing Score：180）

主任
Director _____

国家汉办
Hanban
HANBAN

中国 · 北京
Beijing · China

新HSK 3급

정답

듣기 听力

제1부분 대화 듣고 사진 고르기

DAY 1	1. A	2. C	3. B	4. E	5. D
DAY 2	1. B	2. D	3. A	4. C	5. E
DAY 3	1. E	2. A	3. D	4. B	5. C
DAY 4	1. C	2. E	3. A	4. B	5. D
DAY 5	1. E	2. C	3. A	4. B	5. D
DAY 6	1. D	2. E	3. A	4. B	5. C
DAY 7	1. D	2. E	3. B	4. C	5. A
DAY 8	1. A	2. E	3. C	4. B	5. D
DAY 9	1. E	2. A	3. B	4. C	5. D
DAY 10	1. D	2. A	3. B	4. C	5. E

제2부분 단문 듣기

DAY 11	1. X	2. V	3. V	4. V	5. V
DAY 12	1. X	2. V	3. V	4. X	5. X
DAY 13	1. V	2. V	3. V	4. X	5. X
DAY 14	1. X	2. X	3. X	4. V	5. X
DAY 15	1. V	2. X	3. V	4. X	5. V
DAY 16	1. X	2. V	3. X	4. V	5. X
DAY 17	1. V	2. V	3. V	4. V	5. V
DAY 18	1. V	2. V	3. V	4. X	5. V
DAY 19	1. X	2. V	3. V	4. V	5. V
DAY 20	1. V	2. V	3. X	4. X	5. V

제3·4부분 단문·장문 대화 듣기

DAY 21	1. C	2. B	3. B	4. B	5. A
DAY 22	1. A	2. C	3. C	4. B	5. A
DAY 23	1. B	2. A	3. A	4. C	5. A
DAY 24	1. B	2. A	3. C	4. B	5. C
DAY 25	1. C	2. C	3. A	4. B	5. A
DAY 26	1. A	2. B	3. C	4. B	5. A
DAY 27	1. B	2. A	3. A	4. C	5. C
DAY 28	1. C	2. B	3. A	4. A	5. B
DAY 29	1. C	2. C	3. C	4. C	5. C
DAY 30	1. A	2. C	3. B	4. A	5. C

실전 모의고사

제1부분

1. A	2. E	3. C	4. B	5. D
6. A	7. B	8. E	9. C	10. D

제2부분

11. V	12. V	13. V	14. X	15. X
16. V	17. V	18. X	19. X	20. X

제3부분

21. A	22. B	23. A	24. C	25. B
26. B	27. C	28. B	29. C	30. C

제4부분

31. B	32. A	33. B	34. B	35. B
36. B	37. C	38. C	39. A	40. C

독해 阅读

제1부분 보기에서 답 고르기

DAY 1	1. B	2. D	3. A	4. E	5. C
DAY 2	1. A	2. C	3. E	4. D	5. B
DAY 3	1. A	2. D	3. C	4. E	5. B
DAY 4	1. B	2. D	3. E	4. A	5. C
DAY 5	1. C	2. D	3. A	4. E	5. B
DAY 6	1. A	2. D	3. E	4. B	5. C
DAY 7	1. B	2. A	3. E	4. D	5. C
DAY 8	1. B	2. E	3. A	4. C	5. D
DAY 9	1. B	2. E	3. C	4. A	5. D
DAY 10	1. B	2. E	3. A	4. D	5. C

제2부분 빈칸 채우기

DAY 11	1. D	2. B	3. A	4. E	5. C
DAY 12	1. A	2. C	3. D	4. B	5. E
DAY 13	1. E	2. A	3. C	4. D	5. B
DAY 14	1. A	2. D	3. B	4. E	5. C
DAY 15	1. E	2. A	3. C	4. D	5. B
DAY 16	1. A	2. E	3. C	4. D	5. B
DAY 17	1. E	2. A	3. D	4. B	5. C
DAY 18	1. E	2. D	3. A	4. B	5. C
DAY 19	1. A	2. B	3. E	4. D	5. C
DAY 20	1. A	2. C	3. D	4. B	5. E

제3부분 단문 독해

DAY 21	1. A	2. A	3. A	4. C	5. B
DAY 22	1. B	2. B	3. B	4. B	5. A
DAY 23	1. B	2. A	3. C	4. C	5. A
DAY 24	1. C	2. A	3. B	4. A	5. C
DAY 25	1. A	2. B	3. C	4. A	5. A
DAY 26	1. B	2. B	3. A	4. C	5. B
DAY 27	1. B	2. B	3. A	4. A	5. A
DAY 28	1. B	2. C	3. B	4. A	5. A
DAY 29	1. A	2. B	3. B	4. C	5. A
DAY 30	1. C	2. A	3. C	4. C	5. B

실전 모의고사

제1부분
| 41. D | 42. C | 43. A | 44. B | 45. F |
| 46. B | 47. A | 48. D | 49. E | 50. C |

제2부분
| 51. A | 52. F | 53. C | 54. B | 55. D |
| 56. B | 57. F | 58. A | 59. E | 60. C |

제3부분
| 61. A | 62. C | 63. B | 64. B | 65. A |
| 66. B | 67. C | 68. C | 69. A | 70. A |

쓰기 书写

제1부분 단어 배열하기

DAY 1

1. 我打算送她一个生日礼物。
2. 我家的空调花了11000块。
3. 这个城市的变化很大。
4. 桌子上的那本历史书很旧。
5. 那个年轻人工作很努力。

DAY 2

1. 这条白裤子太长了。
2. 这是一个很好的锻炼机会。
3. 她忘了带护照。
4. 叔叔的太阳镜花了800块钱。
5. 她不喜欢用铅笔写字。

DAY 3

1. 黑板上写着他的名字。
2. 请拿个矮一点儿的椅子过来。
3. 盘子上有一条鱼。
4. 这儿有一双筷子。
5. 妈妈每天带小狗去公园散步。

DAY 4

1. 超市里走出来一位老人。
2. 我用铅笔画出来了错的地方。
3. 你能借我看看地图吗?
4. 欢迎你来我们家做客。
5. 冰箱里放着一瓶可乐。

DAY 5

1. 我和这个朋友很久没见面了。
2. 今天终于出太阳了。
3. 妻子吃过这个面包。
4. 学生们在努力学习呢。
5. 我妹妹正在上网玩游戏。

DAY 6

1. 冰箱里没有啤酒了。
2. 瓶子里的水变黄了。
3. 丈夫听着歌儿运动。
4. 姐姐要结婚了。
5. 学生们就要考试了。

DAY 7

1. 现在可以上网了吗?
2. 这儿不能放行李箱。
3. 你应该去医院检查。
4. 她愿意看报纸。
5. 我的包里会常备一把伞。

DAY 8

1. 孩子要多喝牛奶。
2. 你可以去图书馆借书。
3. 吃饭时不能吃得太快。
4. 我会骑自行车。
5. 我不敢相信你的话。

DAY 9

1. 你每天都必须刷牙。
2. 他的成绩提高得特别快。
3. 她女儿长得特别可爱。
4. 他满意地笑了。
5. 街上怎么这么安静?

DAY 10

1. 我马上就去刷牙。
2. 她突然难过得哭了起来。
3. 张阿姨做的菜好吃极了。
4. 这个城市的环境变得越来越好了。
5. 你敢不敢用冷水洗澡?

DAY 11

1. 这个灯是别人送给我的。
2. 词典是老师要求我们买的。
3. 衣服是从网上买的。
4. 他是来学汉语的。
5. 我们是在上海遇到的。

DAY 12

1. 弟弟的作业是我写的。
2. 我不是坐飞机来的。
3. 她是从中国来的。
4. 我不是坐出租车来的。
5. 他的衣服是上网买的。

DAY 13

1. 健康比什么都重要。
2. 这次出现的问题跟上次相同。
3. 日本人名字比中国人长一点儿。
4. 红酒跟白酒一样贵。
5. 昨天的电影没有今天的有意思。

DAY 14

1. 他没有我那么喜欢运动。/ 我没有他那么喜欢运动。
2. 孩子比上个月高了多少?
3. 黑的帽子跟红的一样漂亮。
4. 以前的书比现在的更贵。
5. 广州的天气不比上海冷。

DAY 15

1. 运动能使人更健康。
2. 老师让我做完作业。
3. 这件事使我一晚上没睡。
4. 手机使人们的工作变得更方便。
5. 这让他很难过。

DAY 16

1. 你们让我担心了。/ 我让你们担心了。
2. 爸妈不太愿意让我去国外。
3. 今晚的月亮让他想家了。
4. 这些照片让我想起了以前很多快乐的事。
5. 他没让我来他家。

DAY 17

1. 我把帽子忘在办公室了。
2. 请把菜单拿给我。
3. 她决定把手机送给弟弟。
4. 他不敢把这件事告诉大家。
5. 我不小心把护照忘在出租车上。

DAY 18

1. 你能帮我把行李箱放到上面去吗?
2. 别把事情想得太简单了。
3. 我把你买的蛋糕吃了。
4. 我们把沙发搬到电视对面吧。
5. 把你的词典放进书包里。

DAY 19

1. 铅笔被谁拿走了?
2. 盘子里的鱼被小猫吃了。
3. 他的帽子被风刮跑了。
4. 那些草已经被牛吃了。
5. 果汁被弟弟喝完了。

DAY 20

1. 盘子里的蛋糕被小狗吃了。
2. 事情已经被解决了。
3. 那本书昨天晚上被他借走了。
4. 这件事后来被班里的同学知道了。
5. 镜子不小心被我打碎了。

제2부분 한자 쓰기

DAY 21

1. 茶　2. 时　3. 饿　4. 口　5. 树

DAY 22

1. 目　2. 体　3. 走　4. 看　5. 冰

DAY 23

1. 月　2. 东　3. 河　4. 和　5. 久

DAY 24

1. 旧　2. 饱　3. 报　4. 筷　5. 快

DAY 25

1. 发　2. 还　3. 还　4. 便　5. 便

DAY 26

1. 觉　2. 干　3. 乐　4. 乐　5. 了

DAY 27

1. 白　2. 牛　3. 右　4. 太　5. 净

DAY 28

1. 来　2. 问　3. 天　4. 间　5. 开

DAY 29

1. 相　2. 电　3. 同　4. 洗　5. 学

DAY 30

1. 回　2. 生　3. 手　4. 游　5. 新

실전 모의고사

제1부분

71. 别把鸡蛋放在椅子上。
72. 你的耳朵怎么变红了?
73. 他很快地完成了工作。
74. 这儿有三个盘子。
75. 这个历史题太难了。

제2부분

76. 花
77. 办
78. 矮
79. 礼
80. 座

MEMO

MEMO

무료 MP3 바로 듣기

일단 합격

新HSK
한 권이면 ──── 끝!

진윤영 지음

3급 필수 VOCA
쓰기노트

3급

동양북스

新HSK

한 권이면 ──── 끝!

3급 필수 VOCA 쓰기노트

동양북스

A
B
C
D

0001 ☑	爱 ài	사랑 애	동 사랑하다, 좋아하다	爱
0002	八 bā	여덟 팔	수 8, 여덟	八
0003	爸爸 bàba	아비 파	명 아빠, 아버지	爸爸
0004	杯子 bēizi	잔 배 / 아들 자	명 컵, 잔	杯子
0005	北京 Běijīng	북녘 북 / 서울 경	명 베이징(중국의 수도)	北京
0006	本 běn	근본 본	양 권(책을 세는 단위)	本
0007	不 bù	아닐 부	부 동사·형용사·부사 앞에서 부정을 나타냄	不
0008	不客气 bú kèqi	아닐 불 / 손 객 / 기운 기	천만에요, 별말씀을요	不客气
0009	菜 cài	나물 채	명 요리, 음식, 채소	菜
0010	茶 chá	차 차	명 차	茶
0011	吃 chī	말 더듬을 흘	동 먹다	吃
0012	出租车 chūzūchē	날 출 / 조세 조 / 수레 차	명 택시	出租车
0013	打电话 dǎ diànhuà	칠 타 / 번개 전 / 이야기 화	전화를 걸다	打电话
0014	大 dà	클 대	형 크다, 많다	大
0015	的 de	과녁 적	조 ~한, ~의(관형어 뒤에 사용) 구조조사: 的、地、得	的
0016	点 diǎn	점 점	양 시(시간의 단위) 동 (음식을) 주문하다	点
0017	电脑 diànnǎo	번개 전 / 골 뇌	명 컴퓨터	电脑

0018 ☑	电视 diànshì	번개 전 볼 시	명 텔레비전	电视
0019 ☐	电影 diànyǐng	번개 전 그림자 영	명 영화	电影
0020 ☐	东西 dōngxi	동녘 동 서녘 서	명 물건	东西
0021 ☐	都 dōu	도읍 도	부 모두, 전부	都
0022 ☐	读 dú	읽을 독	동 읽다, 낭독하다	读
0023 ☐	对不起 duìbuqǐ	대할 대 아닐 불 일어날 기	동 미안합니다, 죄송합니다	对不起
0024 ☐	多 duō	많을 다	형 많다 대 얼마나	多
0025 ☐	多少 duōshao	많을 다 적을 소	대 얼마, 몇	多少
0026 ☐	儿子 érzi	아이 아 아들 자	명 아들	儿子
0027 ☐	二 èr	두 이	수 2, 둘	二
0028 ☐	饭店 fàndiàn	밥 반 가게 점	명 호텔, 식당	饭店
0029 ☐	飞机 fēijī	날 비 틀 기	명 비행기	飞机
0030 ☐	分钟 fēnzhōng	나눌 분 쇠북 종	양 분(시간의 양을 세는 단위)	分钟
0031 ☐	高兴 gāoxìng	높을 고 일 흥	형 기쁘다, 즐겁다	高兴
0032 ☐	个 gè	낱 개	양 개, 명(개개의 사람이나 물건을 세는 단위)	个
0033 ☐	工作 gōngzuò	일 공 일할 작	동 일하다 명 직업, 일자리	工作
0034 ☐	狗 gǒu	개 구	명 개(동물)	狗

D
E
F
G

3

H
J
K

0035 ☑	汉语 Hànyǔ	한나라 한 말할 어	명 중국어	汉语
0036 ☐	好 hǎo	좋을 호	형 좋다	好
0037 ☐	号 hào	이름 호	양 번 (차례, 순서를 나타내는 단위)	号
0038 ☐	喝 hē	꾸짖을 갈	동 마시다	喝
0039 ☐	和 hé	화할 화	접 ~과(와) 전 ~과(와)	和
0040 ☐	很 hěn	패려궂을 흔	부 매우, 대단히	很
0041 ☐	后面 hòumiàn	뒤 후 낯 면	명 뒤, 뒤쪽	后面
0042 ☐	回 huí	돌아올 회	동 들어오다, 되돌아가다	回
0043 ☐	会 huì	모일 회	조동 (배워서) ~를 할 수 있다, ~할 것이다	会
0044 ☐	几 jǐ	몇 기	대 몇 수 몇	几
0045 ☐	家 jiā	집 가	명 집, 가정 양 집·회사·공장 등을 세는 단위	家
0046 ☐	叫 jiào	부르짖을 규	동 외치다, 부르다, ~하게 하다	叫
0047 ☐	今天 jīntiān	이제 금 하늘 천	명 오늘	今天
0048 ☐	九 jiǔ	아홉 구	수 9, 아홉	九
0049 ☐	开 kāi	열 개	동 열다, 켜다	开
0050 ☐	看 kàn	볼 간	동 보다	看
0051 ☐	看见 kànjiàn	볼 간 볼 견	동 보다, 보이다	看见

0052 ☑	块 kuài	덩어리 괴	양 덩이, 조각(덩어리로 된 물건을 세는 단위)	块
0053 ☐	来 lái	올 래	동 오다	来
0054 ☐	老师 lǎoshī	늙을 노 스승 사	명 선생님	老师
0055 ☐	了 le	마칠 료	조 동사 또는 형용사 뒤에 쓰여 동작의 완료나 새로운 상황의 출현을 나타냄	了
0056 ☐	冷 lěng	찰 랭	형 춥다, 차다	冷
0057 ☐	里 lǐ	안 리	명 가운데, 안쪽	里
0058 ☐	六 liù	여섯 육	수 6, 여섯	六
0059 ☐	妈妈 māma	어머니 마	명 엄마, 어머니	妈妈
0060 ☐	吗 ma	약 이름 마	조 문장 끝에 쓰여 의문의 어기를 나타냄	吗
0061 ☐	买 mǎi	살 매	동 사다, 구매하다	买
0062 ☐	猫 māo	고양이 묘	명 고양이	猫
0063 ☐	没关系 méi guānxi	빠질 몰 관계할 관 맬 계	괜찮다, 문제 없다	没关系
0064 ☐	没有 méiyǒu	빠질 몰 있을 유	부 ~않다	没有
0065 ☐	米饭 mǐfàn	쌀 미 밥 반	명 쌀밥	米饭
0066 ☐	名字 míngzi	이름 명 글 자	명 이름	名字
0067 ☐	明天 míngtiān	밝을 명 하늘 천	명 내일	明天
0068 ☐	哪 nǎ	어찌 나	대 어느	哪

0069 ☑	哪儿 nǎr	어찌 나 아이 아	대 어디, 어느 곳	哪儿
0070 ☐	那 nà	그 나	대 그(것), 저(것)	那
0071 ☐	呢 ne	소근거릴 니	조 문장 끝에 쓰여 동작·상황의 지속 혹은 강조의 어기를 나타냄	呢
0072 ☐	能 néng	능할 능	조동 ~할 수 있다, ~할 줄 안다	能
0073 ☐	你 nǐ	너 니	대 너, 당신	你
0074 ☐	年 nián	해 년	명 년 양 년, 해	年
0075 ☐	女儿 nǚ'ér	계집 녀 아이 아	명 딸	女儿
0076 ☐	朋友 péngyou	벗 붕 벗 우	명 친구	朋友
0077 ☐	漂亮 piàoliang	떠다닐 표 밝을 량	형 예쁘다, 아름답다	漂亮
0078 ☐	苹果 píngguǒ	사과 평 과실 과	명 사과	苹果
0079 ☐	七 qī	일곱 칠	수 7, 일곱	七
0080 ☐	前面 qiánmiàn	앞 전 낯 면	명 앞쪽, 전면	前面
0081 ☐	钱 qián	돈 전	명 돈, 화폐	钱
0082 ☐	请 qǐng	청할 청	통 청하다, 부탁하다	请
0083 ☐	去 qù	갈 거	통 가다	去
0084 ☐	热 rè	더울 열	형 덥다, 뜨겁다	热
0085 ☐	人 rén	사람 인	명 사람, 인간	人

0086 ☑	认识 rènshi	알 인 알 식	동 알다, 인식하다	认识
0087 ☐	三 sān	석 삼	수 3, 셋	三
0088 ☐	商店 shāngdiàn	장사 상 상점 점	명 상점	商店
0089 ☐	上 shàng	위 상	명 위	上
0090 ☐	上午 shàngwǔ	위 상 낮 오	명 오전	上午
0091 ☐	少 shǎo	적을 소	형 적다	少
0092 ☐	谁 shéi	누구 수	대 누구	谁
0093 ☐	什么 shénme	열 사람 십 작을 마	대 무슨, 무엇	什么
0094 ☐	十 shí	열 십	수 10, 열	十
0095 ☐	时候 shíhou	때 시 기후 후	명 때, 무렵	时候
0096 ☐	是 shì	옳을 시	동 ~이다	是
0097 ☐	书 shū	글 서	명 책	书
0098 ☐	水 shuǐ	물 수	명 물	水
0099 ☐	水果 shuǐguǒ	물 수 열매 과	명 과일	水果
0100 ☐	睡觉 shuìjiào	졸음 수 깨달을 각	동 (잠을) 자다	睡觉
0101 ☐	说 shuō	말씀 설	동 말하다	说
0102 ☐	四 sì	넉 사	수 4, 넷	四

S
T
W
X

0103 ☑	岁 suì	해 세	양 살, 세(나이를 세는 단위)	岁
0104 ☐	他 tā	다를 타	대 그(남자), 그 사람	他
0105 ☐	她 tā	그녀 타	대 그녀, 그 여자	她
0106 ☐	太 tài	클 태	부 대단히, 너무	太
0107 ☐	天气 tiānqì	하늘 천 기운 기	명 날씨, 일기	天气
0108 ☐	听 tīng	들을 청	동 듣다	听
0109 ☐	同学 tóngxué	같을 동 배울 학	명 학우, 동급생	同学
0110 ☐	喂 wèi	먹일 위	감 이봐, 여보세요	喂
0111 ☐	我 wǒ	나 아	대 나, 저	我
0112 ☐	我们 wǒmen	나 아 들 문	대 우리(들)	我们
0113 ☐	五 wǔ	다섯 오	수 5, 다섯	五
0114 ☐	喜欢 xǐhuan	기쁠 희 기쁠 환	동 좋아하다, 호감을 가지다	喜欢
0115 ☐	下 xià	아래 하	명 밑, 아래	下
0116 ☐	下午 xiàwǔ	아래 하 낮 오	명 오후	下午
0117 ☐	下雨 xiàyǔ	아래 하 비 우	동 비가 내리다	下雨
0118 ☐	先生 xiānsheng	먼저 선 날 생	명 선생님, 씨 (성인 남성에 대한 경칭)	先生
0119 ☐	现在 xiànzài	나타날 현 있을 재	명 지금, 현재	现在

X
Y

0120 ☑	想 xiǎng	생각 상	조동 ~하고 싶다, ~하려고 하다	想
0121 ☐	小 xiǎo	작을 소	형 작다	小
0122 ☐	小姐 xiǎojiě	작을 소 누이 저	명 아가씨, 젊은 여자	小姐
0123 ☐	些 xiē	적을 사	양 조금, 약간, 몇	些
0124 ☐	写 xiě	베낄 사	동 글씨를 쓰다	写
0125 ☐	谢谢 xièxie	사례할 사	동 감사합니다, 고맙습니다	谢谢
0126 ☐	星期 xīngqī	별 성 기약할 기	명 요일, 주	星期
0127 ☐	学生 xuésheng	배울 학 날 생	명 학생	学生
0128 ☐	学习 xuéxí	배울 학 익힐 습	동 공부하다, 배우다	学习
0129 ☐	学校 xuéxiào	배울 학 학교 교	명 학교	学校
0130 ☐	一 yī	한 일	수 1, 하나	一
0131 ☐	一点儿 yìdiǎnr	하나 일 점 점 아이 아	수량 조금, 약간	一点儿
0132 ☐	衣服 yīfu	옷 의 옷 복	명 옷, 의복	衣服
0133 ☐	医生 yīshēng	의원 의 날 생	명 의사	医生
0134 ☐	医院 yīyuàn	의원 의 집 원	명 병원	医院
0135 ☐	椅子 yǐzi	의자 의 아들 자	명 의자	椅子
0136 ☐	有 yǒu	있을 유	동 있다, 소유하다	有

Y
Z

0137 ☑	月 yuè	달 월	몡 월, 달	月
0138 ☐	再见 zàijiàn	두 재 볼 견	통 또 뵙겠습니다. 안녕히 계십시오	再见
0139 ☐	在 zài	있을 재	통 ～에 있다, 존재하다 젠 ～에(서)	在
0140 ☐	怎么 zěnme	어찌 즘 작을 마	때 어떻게, 어째서	怎么
0141 ☐	怎么样 zěnmeyàng	어찌 즘 작을 마 모양 양	때 어떠하다	怎么样
0142 ☐	这 zhè	이 저	때 이, 이것	这
0143 ☐	中国 Zhōngguó	가운데 중 나라 국	몡 중국	中国
0144 ☐	中午 zhōngwǔ	가운데 중 낮 오	몡 정오	中午
0145 ☐	住 zhù	살 주	통 살다, 거주하다	住
0146 ☐	桌子 zhuōzi	높을 탁 아들 자	몡 탁자, 테이블	桌子
0147 ☐	字 zì	글자 자	몡 문자, 글자	字
0148 ☐	昨天 zuótiān	어제 작 하늘 천	몡 어제	昨天
0149 ☐	坐 zuò	앉을 좌	통 앉다, (교통 수단을) 타다	坐
0150 ☐	做 zuò	지을 주	통 하다, 만들다	做

A
B
C
D

0151 ☑	吧 ba	아이다툴 파	조 문장 끝에 쓰여, 추측·제안·기대·명령 등의 어기를 나타냄	吧
0152 ☐	白 bái	흰 백	형 하얗다, 밝다	白
0153 ☐	百 bǎi	일백 백	수 100, 백	百
0154 ☐	帮助 bāngzhù	도울 방 도울 조	동 돕다, 도와주다	帮助
0155 ☐	报纸 bàozhǐ	알릴 보 종이 지	명 신문	报纸
0156 ☐	比 bǐ	견줄 비	전 ~에 비해, ~보다	比
0157 ☐	别 bié	나눌 별	부 ~하지 마라	别
0158 ☐	宾馆 bīnguǎn	손님 빈 집 관	명 호텔	宾馆
0159 ☐	长 cháng	길 장	형 (길이·시간 등이) 길다	长
0160 ☐	唱歌 chànggē	부를 창 노래 가	동 노래 부르다	唱歌
0161 ☐	出 chū	날 출	동 나가다, 나오다	出
0162 ☐	穿 chuān	뚫을 천	동 (옷·신발·양말 등을) 입다, 신다	穿
0163 ☐	次 cì	버금 차	양 차례, 번, 회	次
0164 ☐	从 cóng	좇을 종	전 ~부터, ~을 기점으로	从
0165 ☐	错 cuò	어긋날 착	형 틀리다	错
0166 ☐	打篮球 dǎ lánqiú	칠 타 대바구니 람 공 구	농구를 하다	打篮球
0167 ☐	大家 dàjiā	큰 대 집 가	대 모두, 다들	大家

11

0168 ☑	到 dào	이를 도	통 도착하다, 도달하다	到
0169 ☐	得 de	얻을 득	조 동사나 형용사 뒤에 쓰여 결과나 정도를 나타내는 보어와 연결시킴	得
0170 ☐	等 děng	무리 등	통 기다리다	等
0171 ☐	弟弟 dìdi	아우 제	명 남동생	弟弟
0172 ☐	第一 dì-yī	차례 제 한 일	수 제1, 첫번째	第一
0173 ☐	懂 dǒng	심란할 동	통 알다, 이해하다	懂
0174 ☐	对 duì	대할 대	형 맞다, 옳다 전 ~에게, ~에 대하여	对
0175 ☐	房间 fángjiān	방 방 사이 간	명 방	房间
0176 ☐	非常 fēicháng	아닐 비 항상 상	부 대단히, 매우	非常
0177 ☐	服务员 fúwùyuán	옷 복 힘쓸 무 인원 원	명 종업원	服务员
0178 ☐	高 gāo	높을 고	형 높다, (키가) 크다	高
0179 ☐	告诉 gàosu	고할 고 호소할 소	통 말하다, 알리다	告诉
0180 ☐	哥哥 gēge	성씨 가	명 형, 오빠	哥哥
0181 ☐	给 gěi	줄 급	통 ~에게 ~을 주다	给
0182 ☐	公共汽车 gōnggòng qìchē	공평할 공 함께 공 김 기 수레 차	명 버스	公共汽车
0183 ☐	公司 gōngsī	공평할 공 맡을 사	명 회사	公司
0184 ☐	贵 guì	귀할 귀	형 (가격이나 가치가) 높다, 비싸다	贵

G
H
J

0185 ☑	过 guo	지날 과	조 동사 뒤에 쓰여 경험을 나타냄	过
0186 ☐	还 hái	돌아올 환	부 여전히, 아직도	还
0187 ☐	孩子 háizi	어린아이 해 아들 자	명 어린아이, 자녀	孩子
0188 ☐	好吃 hǎochī	좋을 호 말더듬을 흘	형 맛있다	好吃
0189 ☐	黑 hēi	검을 흑	형 어둡다, 까맣다	黑
0190 ☐	红 hóng	붉을 홍	형 붉다, 빨갛다	红
0191 ☐	火车站 huǒchēzhàn	불 화 수레 차 역마을 참	명 기차역	火车站
0192 ☐	机场 jīchǎng	틀 기 마당 장	명 공항	机场
0193 ☐	鸡蛋 jīdàn	닭 계 새알 단	명 계란, 달걀	鸡蛋
0194 ☐	件 jiàn	사건 건	양 건, 개, 벌(물건·셔츠·사건 등을 세는 단위)	件
0195 ☐	教室 jiàoshì	가르칠 교 집 실	명 교실	教室
0196 ☐	姐姐 jiějie	누이 저	명 누나, 언니	姐姐
0197 ☐	介绍 jièshào	낄 개 이을 소	동 소개하다	介绍
0198 ☐	进 jìn	나아갈 진	동 (밖에서 안으로) 들다, 나아가다	进
0199 ☐	近 jìn	가까울 근	형 가깝다	近
0200 ☐	就 jiù	이룰 취	부 곧, 바로	就
0201 ☐	觉得 juéde	깨달을 각 얻을 득	동 ~라고 생각하다	觉得

13

K
L
M

0202 ☑	咖啡 kāfēi	커피 가 코 고는 소리 비	명 커피	咖啡
0203 ☐	开始 kāishǐ	열 개 처음 시	동 시작되다, 개시하다	开始
0204 ☐	考试 kǎoshì	생각할 고 시험 시	동 시험을 치다	考试
0205 ☐	可能 kěnéng	옳을 가 능할 능	조동 ~일지도 모른다	可能
0206 ☐	可以 kěyǐ	옳을 가 써 이	조동 ~할 수 있다	可以
0207 ☐	课 kè	공부할 과	명 수업, 강의	课
0208 ☐	快 kuài	쾌할 쾌	형 빠르다	快
0209 ☐	快乐 kuàilè	쾌할 쾌 즐거울 락	형 즐겁다, 행복하다	快乐
0210 ☐	累 lèi	괴롭힐 루	형 지치다, 피곤하다	累
0211 ☐	离 lí	흩어질 리	동 분리하다, 갈라지다	离
0212 ☐	两 liǎng	두 량	수 2, 둘	两
0213 ☐	零 líng	영 령	수 0, 영	零
0214 ☐	路 lù	길 로	명 길, 도로	路
0215 ☐	旅游 lǚyóu	나그네 려 놀 유	동 여행하다, 관광하다	旅游
0216 ☐	卖 mài	팔 매	동 팔다, 판매하다	卖
0217 ☐	慢 màn	게으를 만	형 느리다	慢
0218 ☐	忙 máng	바쁠 망	형 바쁘다	忙

0219 ☑	每 měi	매양 매	때 매, 각, ~마다	每
0220 ☐	妹妹 mèimei	누이 매	명 여동생	妹妹
0221 ☐	门 mén	문 문	명 문, (출)입구	门
0222 ☐	面条儿 miàntiáor	밀가루 면 가지 조 아이 아	명 국수, 면	面条儿
0223 ☐	男 nán	사내 남	형 남자의, 남성의	男
0224 ☐	您 nín	너 님	때 당신('你'의 존칭)	您
0225 ☐	牛奶 niúnǎi	소 우 젖 내	명 우유	牛奶
0226 ☐	女 nǚ	계집 녀	형 여성의, 여자의	女
0227 ☐	旁边 pángbiān	옆 방 가 변	명 옆, 근처	旁边
0228 ☐	跑步 pǎobù	허빌 포 걸을 보	동 달리다	跑步
0229 ☐	便宜 piányi	편할 편 마땅할 의	형 (값이) 싸다	便宜
0230 ☐	票 piào	표 표	명 표, 티켓	票
0231 ☐	妻子 qīzi	아내 처 아들 자	명 아내	妻子
0232 ☐	起床 qǐchuáng	일어날 기 평상 상	동 (잠자리에서) 일어나다	起床
0233 ☐	千 qiān	일천 천	수 1000, 천	千
0234 ☐	铅笔 qiānbǐ	납 연 붓 필	명 연필	铅笔
0235 ☐	晴 qíng	갤 청	형 하늘이 맑다	晴

M
N
P
Q

15

Q
R
T

0236 ☑	去年 qùnián	갈 거 해 년	명 작년	去年
0237 ☐	让 ràng	사양할 양	동 ~하게 하다, 양보하다	让
0238 ☐	日 rì	날 일	양 일(날짜의 단위)	日
0239 ☐	上班 shàngbān	위 상 나눌 반	동 출근하다	上班
0240 ☐	身体 shēntǐ	몸 신 몸 체	명 몸, 신체	身体
0241 ☐	生病 shēngbìng	날 생 병 병	동 병이 나다, 병에 걸리다	生病
0242 ☐	生日 shēngrì	날 생 날 일	명 생일	生日
0243 ☐	时间 shíjiān	때 시 사이 간	명 시간	时间
0244 ☐	事情 shìqing	일 사 뜻 정	명 일, 사건	事情
0245 ☐	手表 shǒubiǎo	손 수 시계 표	명 손목시계	手表
0246 ☐	手机 shǒujī	손 수 틀 기	명 휴대 전화	手机
0247 ☐	说话 shuōhuà	말씀 설 말씀 화	동 말하다, 이야기하다	说话
0248 ☐	送 sòng	보낼 송	동 보내다, 배웅하다	送
0249 ☐	虽然…但是… suīrán…dànshì…	비록 수 그러할 연 다만 단 옳을 시	접 비록 ~하지만 ~하다	虽然…但是…
0250 ☐	它 tā	다를 타	대 그, 그것 (사람 이외의 것을 가리킴)	它
0251 ☐	踢足球 tī zúqiú	찰 척 발 족 공 구	축구를 하다	踢足球
0252 ☐	题 tí	제목 제	명 문제	题

0253 ☑	跳舞 tiàowǔ	뛸 도 춤출 무	동 춤을 추다	跳舞
0254 ☐	外 wài	바깥 외	명 겉, 바깥	外
0255 ☐	完 wán	완전할 완	동 마치다, 끝나다	完
0256 ☐	玩 wán	희롱할 완	동 놀다	玩
0257 ☐	晚上 wǎnshang	늦을 만 위 상	명 저녁	晚上
0258 ☐	往 wǎng	갈 왕	전 ~쪽으로, ~을 향해	往
0259 ☐	为什么 wèi shénme	할 위 열사람 십 작을 마	부 왜, 어째서	为什么
0260 ☐	问 wèn	물을 문	동 묻다, 질문하다	问
0261 ☐	问题 wèntí	물을 문 제목 제	명 문제	问题
0262 ☐	西瓜 xīguā	서녘 서 오이 과	명 수박	西瓜
0263 ☐	希望 xīwàng	바랄 희 바랄 망	동 희망하다, 바라다	希望
0264 ☐	洗 xǐ	씻을 세	동 씻다, 빨다	洗
0265 ☐	小时 xiǎoshí	작을 소 때 시	명 시간	小时
0266 ☐	笑 xiào	웃을 소	동 웃다	笑
0267 ☐	新 xīn	새 신	형 새롭다	新
0268 ☐	姓 xìng	성씨 성	동 성씨가 ~이다	姓
0269 ☐	休息 xiūxi	쉴 휴 쉴 식	동 휴식하다, 쉬다	休息

T W X

X
Y

0270	雪 xuě	눈 설	명 눈	雪
0271	颜色 yánsè	낯 안 빛 색	명 색, 색깔	颜色
0272	眼睛 yǎnjing	눈 안 눈동자 정	명 눈(신체 부위)	眼睛
0273	羊肉 yángròu	양 양 고기 육	명 양고기	羊肉
0274	药 yào	약 약	명 약, 약물	药
0275	要 yào	구할 요	조동 ~할 것이다, ~하려 한다	要
0276	也 yě	어조사 야	부 ~도, 역시	也
0277	一起 yìqǐ	한 일 일어날 기	부 같이, 함께	一起
0278	一下 yíxià	하나 일 아래 하	수량 한 번 ~해보다, 좀~하다	一下
0279	已经 yǐjīng	이미 이 지날 경	부 이미, 벌써	已经
0280	意思 yìsi	뜻 의 생각 사	명 의미, 뜻	意思
0281	因为…所以… yīnwèi…suǒyǐ…	인할 인 할 위 바 소 써 이	접 ~하기 때문에 ~하다	因为…所以…
0282	阴 yīn	그늘 음	형 흐리다	阴
0283	游泳 yóuyǒng	헤엄칠 유 헤엄 영	동 수영하다	游泳
0284	右边 yòubian	오른쪽 우 가 변	명 오른쪽, 우측	右边
0285	鱼 yú	물고기 어	명 물고기	鱼
0286	远 yuǎn	멀 원	형 멀다	远

Y

Z

0287 ☑	运动 yùndòng	옮길 운 움직일 동	통 운동하다 명 운동	运动
0288 ☐	再 zài	두 재	부 다시, 재차, 또	再
0289 ☐	早上 zǎoshang	이를 조 위 상	명 아침	早上
0290 ☐	丈夫 zhàngfu	어른 장 지아비 부	명 남편	丈夫
0291 ☐	找 zhǎo	채울 조	통 찾다, 구하다	找
0292 ☐	着 zhe	붙을 착	조 동사 뒤에 쓰여 진행을 나타냄	着
0293 ☐	真 zhēn	참 진	부 참으로, 진실로	真
0294 ☐	正在 zhèngzài	바를 정 있을 재	부 지금 ~하고 있는 중이다	正在
0295 ☐	只 zhī	외짝 척	양 마리, 쪽, 짝(짐승을 세거나 쌍으로 이루어진 것 중 하나를 세는 단위)	只
0296 ☐	知道 zhīdào	알 지 길 도	통 알다, 이해하다	知道
0297 ☐	准备 zhǔnbèi	준할 준 갖출 비	통 준비하다	准备
0298 ☐	走 zǒu	달릴 주	통 걷다	走
0299 ☐	最 zuì	가장 최	부 가장, 제일	最
0300 ☐	左边 zuǒbian	왼편 좌 측면 변	명 왼쪽, 좌측	左边

A
B

0301 ☑	阿姨 āyí	호칭 옥 이모 이	몡 아주머니, 이모	阿姨
0302 ☐	啊 a	사랑할 아	조 문장 끝에 쓰여 긍정·감탄· 찬탄의 어기를 나타냄	啊
0303 ☐	矮 ǎi	난쟁이 왜	혱 (키가) 작다, 낮다	矮
0304 ☐	爱好 àihào	사랑 애 좋을 호	몡 취미, 애호	爱好
0305 ☐	安静 ānjìng	편안할 안 고요할 정	혱 조용하다, 고요하다	安静
0306 ☐	把 bǎ	잡을 파	젠 ~으로, ~을 가지고	把
0307 ☐	班 bān	나눌 반	몡 반, 학급	班
0308 ☐	搬 bān	옮길 반	됭 옮기다, 운반하다	搬
0309 ☐	办法 bànfǎ	힘들일 판 법 법	몡 방법, 방식	办法
0310 ☐	办公室 bàngōngshì	힘들일 판 공평할 공 집 실	몡 사무실, 부서	办公室
0311 ☐	半 bàn	반 반	쥐 절반, 2분의 1	半
0312 ☐	帮忙 bāngmáng	도울 방 바쁠 망	됭 일(손)을 돕다, 도움을 주다	帮忙
0313 ☐	包 bāo	쌀 포	몡 (싸거나 포장된) 보따리, 가방	包
0314 ☐	饱 bǎo	배부를 포	혱 배부르다	饱
0315 ☐	北方 běifāng	북녘 북 모 방	몡 북방, 북쪽	北方
0316 ☐	被 bèi	이불 피	젠 ~에게 ~을 당하다	被
0317 ☐	鼻子 bízi	코 비 아들 자	몡 코	鼻子

B
C

0318 ☑	比较 bǐjiào	견줄 비 견줄 교	🖺 비교적, 상대적으로	比较
0319 ☐	比赛 bǐsài	견줄 비 굿할 새	🅜 경기, 시합	比赛
0320 ☐	笔记本 bǐjìběn	붓 필 기록할 기 근본 본	🅜 노트, 수첩	笔记本
0321 ☐	必须 bìxū	반드시 필 모름지기 수	🖺 반드시 ~해야 한다, 꼭 ~해야 한다	必须
0322 ☐	变化 biànhuà	변할 변 될 화	🅓 변화하다, 달라지다 🅜 변화	变化
0323 ☐	别人 biérén	나눌 별 사람 인	🅒 타인, 다른 사람	别人
0324 ☐	冰箱 bīngxiāng	얼음 빙 상자 상	🅜 냉장고	冰箱
0325 ☐	不但…而且… búdàn…érqiě…	아닐 부 다만 단 말 이을 이 또 차	🅙 ~할 뿐만 아니라 ~하다	不但…而且…
0326 ☐	菜单 càidān	나물 채 홑 단	🅜 메뉴, 식단	菜单
0327 ☐	参加 cānjiā	참여할 참 더할 가	🅓 참가하다, 가입하다	参加
0328 ☐	草 cǎo	풀 초	🅜 풀	草
0329 ☐	层 céng	층 층	🅨 층, 겹(중첩·누적된 물건을 세는 단위)	层
0330 ☐	差 chà	다를 차	🅓 부족하다, 모자라다 🅗 다르다, 차이가 나다	差
0331 ☐	尝 cháng	맛볼 상	🅓 맛보다, 시험삼아 해 보다	尝
0332 ☐	超市 chāoshì	뛰어넘을 초 저자 시	🅜 슈퍼마켓	超市
0333 ☐	衬衫 chènshān	속옷 츤 적삼 삼	🅜 셔츠, 블라우스	衬衫
0334 ☐	成绩 chéngjì	이룰 성 길쌈할 적	🅜 성적, 점수	成绩

C
D

0335 ☑	城市 chéngshì	재 성 저자 시	몡 도시	城市
0336 ☐	迟到 chídào	늦을 지 이를 도	동 지각하다	迟到
0337 ☐	除了 chúle	덜 제 마칠 료	전 ~을 제외하고	除了
0338 ☐	船 chuán	배 선	몡 배, 선박	船
0339 ☐	春 chūn	봄 춘	몡 봄	春
0340 ☐	词典 cídiǎn	말 사 법 전	몡 사전	词典
0341 ☐	聪明 cōngmíng	귀 밝을 총 밝을 명	혱 똑똑하다, 총명하다	聪明
0342 ☐	打扫 dǎsǎo	칠 타 쓸 소	동 청소하다	打扫
0343 ☐	打算 dǎsuàn	칠 타 셈할 산	동 ~하려고 하다, 계획하다 몡 생각, 계획	打算
0344 ☐	带 dài	띠 대	동 (몸에) 지니다, 휴대하다	带
0345 ☐	担心 dānxīn	멜 담 마음 심	동 염려하다, 걱정하다	担心
0346 ☐	蛋糕 dàngāo	새알 단 떡 고	몡 케이크	蛋糕
0347 ☐	当然 dāngrán	마땅할 당 그러할 연	뷔 당연히, 물론	当然
0348 ☐	地 de	땅 지	조 ~하게(관형어로 쓰이는 단어나 구 뒤에 사용)	地
0349 ☐	灯 dēng	등잔 등	몡 등, 램프	灯
0350 ☐	地方 dìfang	땅 지 장소 방	몡 장소, 곳, 자리	地方
0351 ☐	地铁 dìtiě	땅 지 쇠 철	몡 지하철	地铁

0352 ☑	地图 dìtú	땅 지 그림 도	명 지도	地图
0353 ☐	电梯 diàntī	번개 전 사다리 제	명 엘리베이터	电梯
0354 ☐	电子邮件 diànzǐ yóujiàn	번개 전 아들 자 우편 우 물건 건	명 이메일	电子邮件
0355 ☐	东 dōng	동녘 동	명 동쪽	东
0356 ☐	冬 dōng	겨울 동	명 겨울	冬
0357 ☐	动物 dòngwù	움직일 동 만물 물	명 동물	动物
0358 ☐	短 duǎn	짧을 단	형 짧다	短
0359 ☐	段 duàn	구분 단	양 단락, 토막	段
0360 ☐	锻炼 duànliàn	불릴 단 달굴 련	동 단련하다	锻炼
0361 ☐	多么 duōme	많을 다 작을 마	부 얼마나, 어느 정도	多么
0362 ☐	饿 è	주릴 아	형 배고프다	饿
0363 ☐	耳朵 ěrduo	귀 이 늘어질 타	명 귀	耳朵
0364 ☐	发 fā	필 발	동 보내다, 발생하다	发
0365 ☐	发烧 fāshāo	필 발 불사를 소	동 열이 나다	发烧
0366 ☐	发现 fāxiàn	필 발 나타날 현	동 발견하다, 알아차리다	发现
0367 ☐	方便 fāngbiàn	모 방 편할 편	형 편리하다	方便
0368 ☐	放 fàng	놓을 방	동 놓다, 넣다	放

F
G

0369 ☑	放心 fàngxīn	놓을 방 마음 심	동 마음을 놓다, 안심하다	放心
0370 ☐	分 fēn	나눌 분	동 나누다, 분배하다 명 10분의 1, 분(시간의 단위)	分
0371 ☐	附近 fùjìn	붙을 부 가까울 근	명 부근, 근처	分
0372 ☐	复习 fùxí	다시 부 익힐 습	동 복습하다	复习
0373 ☐	干净 gānjìng	마를 건 깨끗할 정	형 깨끗하다, 청결하다	干净
0374 ☐	感冒 gǎnmào	느낄 감 무릅쓸 모	동 감기에 걸리다	感冒
0375 ☐	感兴趣 gǎn xìngqù	느낄 감 흥미 흥 뜻 취	관심이 있다, 흥미가 있다	感兴趣
0376 ☐	刚才 gāngcái	굳셀 강 재주 재	명 지금 막, 방금	刚才
0377 ☐	个子 gèzi	낱 개 아들 자	명 (사람의) 키, 체격	个子
0378 ☐	根据 gēnjù	뿌리 근 의거할 거	명 근거 전 ~에 의거하여	根据
0379 ☐	跟 gēn	발꿈치 근	전 ~와	跟
0380 ☐	更 gèng	다시 갱	부 더욱, 훨씬	更
0381 ☐	公斤 gōngjīn	공평할 공 근 근	명 킬로그램(kg)	公斤
0382 ☐	公园 gōngyuán	공평할 공 동산 원	명 공원	公园
0383 ☐	故事 gùshi	연고 고 일 사	명 이야기, 옛날 이야기	故事
0384 ☐	刮风 guāfēng	모진바람 괄 바람 풍	동 바람이 불다	刮风
0385 ☐	关 guān	닫길 관	동 닫다, 끄다	关

G
H

0386 ☑	关系 guānxi	관계할 관 맬 계	몡 관계	关系
0387 ☐	关心 guānxīn	관계할 관 마음 심	동 관심을 갖다	关心
0388 ☐	关于 guānyú	관계할 관 어조사 어	전 ~에 관하여	关于
0389 ☐	国家 guójiā	나라 국 집 가	몡 국가, 나라	国家
0390 ☐	过 guò	지날 과	동 지나다, 건너다, 경과하다	过
0391 ☐	过去 guòqù	지날 과 갈 거	몡 과거	过去
0392 ☐	还是 háishi	돌아올 환 옳을 시	분 여전히, 아직도 젭 또는, 아니면	还是
0393 ☐	害怕 hàipà	해할 해 두려워할 파	동 겁내다, 무서워하다	害怕
0394 ☐	黑板 hēibǎn	검을 흑 널빤지 판	몡 칠판	黑板
0395 ☐	后来 hòulái	뒤 후 올 래	몡 그 후, 그 다음	后来
0396 ☐	护照 hùzhào	도울 호 비칠 조	몡 여권	护照
0397 ☐	花 huā	꽃 화	동 쓰다, 소비하다	花
0398 ☐	花 huā	꽃 화	몡 꽃	花
0399 ☐	画 huà	그림 화	동 (그림을) 그리다 몡 그림	画
0400 ☐	坏 huài	무너질 괴	혱 나쁘다	坏
0401 ☐	欢迎 huānyíng	기뻐할 환 마중할 영	동 환영하다, 기쁘게 맞이하다	欢迎
0402 ☐	还 huán	돌아올 환	동 갚다, 반납하다	还

H
J

0403 ☑	环境 huánjìng	고리 환 지경 경	명 환경	环境
0404 ☐	换 huàn	바꿀 환	동 교환하다, 바꾸다	换
0405 ☐	黄河 Huáng Hé	누를 황 물 하	명 황허(강)	黄河
0406 ☐	回答 huídá	돌아올 회 대답할 답	동 대답하다	回答
0407 ☐	会议 huìyì	모일 회 의논할 의	명 회의	会议
0408 ☐	或者 huòzhě	혹 혹 놈 자	접 ~이던가 아니면 ~이다 (선택 관계를 나타냄)	或者
0409 ☐	几乎 jīhū	몇 기 어조사 호	부 거의	几乎
0410 ☐	机会 jīhuì	틀 기 모일 회	명 기회, 시기	机会
0411 ☐	极 jí	극진할 극	부 아주, 극히, 매우	极
0412 ☐	记得 jìde	기록할 기 얻을 득	동 기억하고 있다	记得
0413 ☐	季节 jìjié	계절 계 마디 절	명 계절	季节
0414 ☐	检查 jiǎnchá	검사할 검 조사할 사	동 검사하다, 점검하다	检查
0415 ☐	简单 jiǎndān	간단할 간 홑 단	형 간단하다, 단순하다	简单
0416 ☐	见面 jiànmiàn	볼 견 낯 면	동 만나다, 대면하다	见面
0417 ☐	健康 jiànkāng	튼튼할 건 편안 강	형 건강하다	健康
0418 ☐	讲 jiǎng	외울 강	동 말하다, 설명하다	讲
0419 ☐	教 jiāo	가르칠 교	동 가르치다	教

0420 ☑	角 jiǎo	뿔 각	똉 귀퉁이, 4분의 1	角
0421 ☐	脚 jiǎo	다리 각	똉 발	脚
0422 ☐	接 jiē	이을 접	똥 연결하다, 받다	接
0423 ☐	街道 jiēdào	거리 가 길 도	똉 거리, 큰길	街道
0424 ☐	节目 jiémù	마디 절 눈 목	똉 프로그램, 종목	节目
0425 ☐	节日 jiérì	마디 절 날 일	똉 기념일, 명절	节日
0426 ☐	结婚 jiéhūn	맺을 결 혼인할 혼	똥 결혼하다	结婚
0427 ☐	结束 jiéshù	맺을 결 묶을 속	똥 끝나다, 마치다	结束
0428 ☐	解决 jiějué	풀 해 결단할 결	똥 해결하다	解决
0429 ☐	借 jiè	빌릴 차	똥 빌리다, 빌려주다	借
0430 ☐	经常 jīngcháng	지날 경 항상 상	뮈 언제나, 늘	经常
0431 ☐	经过 jīngguò	지날 경 지날 과	똥 지나다, 경험하다	经过
0432 ☐	经理 jīnglǐ	지날 경 다스릴 리	똉 (기업의) 경영 관리 책임자, 사장	经理
0433 ☐	久 jiǔ	오랠 구	똉 오래다, 시간이 길다	久
0434 ☐	旧 jiù	옛 구	똉 낡다, 옛날의	旧
0435 ☐	句子 jùzi	글귀 구 아들 자	똉 문장	句子
0436 ☐	决定 juédìng	결단할 결 정할 정	똥 결정하다	决定

K
L

0437 ☑	可爱 kě'ài	옳을 가 사랑 애	휑 귀엽다, 사랑스럽다	可爱
0438 ☐	渴 kě	목마를 갈	휑 목마르다, 갈증나다	渴
0439 ☐	刻 kè	새길 각	양 시간에서 '15분'의 양을 나타내는 단위)	刻
0440 ☐	客人 kèrén	손님 객 사람 인	명 손님, 방문객	客人
0441 ☐	空调 kōngtiáo	하늘 공 고를 조	명 에어컨	空调
0442 ☐	口 kǒu	입 구	명 입	口
0443 ☐	哭 kū	울 곡	동 (소리내어) 울다	哭
0444 ☐	裤子 kùzi	바지 고 아들 자	명 바지	裤子
0445 ☐	筷子 kuàizi	젓가락 쾌 아들 자	명 젓가락	筷子
0446 ☐	蓝 lán	남빛, 쪽 람	휑 남색의, 남빛의	蓝
0447 ☐	老 lǎo	늙을 노	휑 늙다, 낡은	老
0448 ☐	离开 líkāi	떠날 리 열 개	동 떠나다, 벗어나다	离开
0449 ☐	礼物 lǐwù	예도 례 물건 물	명 선물	礼物
0450 ☐	历史 lìshǐ	지날 력 사기 사	명 역사	历史
0451 ☐	脸 liǎn	뺨 검	명 얼굴	脸
0452 ☐	练习 liànxí	익힐 련 익힐 습	동 연습하다, 익히다 명 연습 문제, 숙제	练习
0453 ☐	辆 liàng	수레 량	양 대, 량(탈 것을 세는 단위)	辆

0454 ☑	聊天儿 liáotiānr	애오라지 료 하늘 천 아이 아	동 한담하다, 잡담하다	聊天儿
0455 ☐	了解 liǎojiě	마칠 료 풀 해	동 자세하게 알다, 이해하다	了解
0456 ☐	邻居 línjū	이웃 린 살 거	명 이웃집, 이웃 사람	邻居
0457 ☐	留学 liúxué	머무를 류 배울 학	동 유학하다	留学
0458 ☐	楼 lóu	다락 루	명 건물, 빌딩	楼
0459 ☐	绿 lǜ	푸를 록	형 푸르다	绿
0460 ☐	马 mǎ	말 마	명 말	马
0461 ☐	马上 mǎshàng	말 마 위 상	부 곧, 즉시	马上
0462 ☐	满意 mǎnyì	찰 만 뜻 의	동 만족하다	满意
0463 ☐	帽子 màozi	모자 모 아들 자	명 모자	帽子
0464 ☐	米 mǐ	쌀 미	양 미터(m)	米
0465 ☐	面包 miànbāo	밀가루 면 쌀 포	명 빵	面包
0466 ☐	明白 míngbai	밝을 명 흰 백	동 알다, 이해하다 형 분명하다, 명백하다	明白
0467 ☐	拿 ná	잡을 나	동 쥐다, 잡다, 가지다	拿
0468 ☐	奶奶 nǎinai	유모 내	명 할머니	奶奶
0469 ☐	南 nán	남녘 남	명 남쪽	南
0470 ☐	难 nán	어려울 난	형 어렵다, 힘들다	难

N
P
Q

0471	难过 nánguò	어려울 난 지날 과	형 슬프다, 고통스럽다	难过
0472	年级 niánjí	해 년 등급 급	명 학년	年级
0473	年轻 niánqīng	해 년 가벼울 경	형 젊다, 어리다	年轻
0474	鸟 niǎo	새 조	명 새	鸟
0475	努力 nǔlì	힘쓸 노 힘 력	형 노력하다, 열심히 하다	努力
0476	爬山 páshān	긁을 파 뫼 산	동 등산하다, 산을 오르다	爬山
0477	盘子 pánzi	소반 반 아들 자	명 쟁반	盘子
0478	胖 pàng	클 반	형 뚱뚱하다, 살찌다	胖
0479	皮鞋 píxié	가죽 피 신 혜	명 가죽 구두	皮鞋
0480	啤酒 píjiǔ	맥주 비 술 주	명 맥주	啤酒
0481	瓶子 píngzi	병 병 아들 자	명 병	瓶子
0482	其实 qíshí	그 기 열매 실	부 사실은, 실은	其实
0483	其他 qítā	그 기 다를 타	대 기타, 다른 사람(사물), 그 외	其他
0484	奇怪 qíguài	기이할 기 괴이할 괴	형 기이하다, 이상하다	奇怪
0485	骑 qí	말 탈 기	동 (동물이나 자전거 등에) 타다	骑
0486	起飞 qǐfēi	일어날 기 날 비	동 이륙하다	起飞
0487	起来 qǐlái	일어날 기 올 래	동 일어나다, 일어서다	起来

Q
R
S

0488 ☑	清楚 qīngchu	맑을 청 초나라 초	형 분명하다, 뚜렷하다	清楚
0489 ☐	请假 qǐngjià	청할 청 거짓 가	동 휴가를 신청하다	请假
0490 ☐	秋 qiū	가을 추	명 가을	秋
0491 ☐	裙子 qúnzi	치마 군 아들 자	명 치마	裙子
0492 ☐	然后 ránhòu	그럴 연 뒤 후	접 그런 후에, 그 다음에	然后
0493 ☐	热情 rèqíng	더울 열 마음 정	형 열정적이다, 친절하다	热情
0494 ☐	认为 rènwéi	인정할 인 할 위	동 여기다, 생각하다	认为
0495 ☐	认真 rènzhēn	인정할 인 참 진	형 진지하다, 착실하다	认真
0496 ☐	容易 róngyì	얼굴 용 쉬울 이	형 쉽다, 용이하다	容易
0497 ☐	如果 rúguǒ	같을 여 실과 과	접 만약 ~라면	如果
0498 ☐	伞 sǎn	우산 산	명 우산	伞
0499 ☐	上网 shàngwǎng	위 상 그물 망	동 인터넷을 하다	上网
0500 ☐	生气 shēngqì	날 생 기운 기	동 화내다, 성나다	生气
0501 ☐	声音 shēngyīn	소리 성 소리 음	명 소리, 목소리	声音
0502 ☐	世界 shìjiè	인간 세 지경 계	명 세계, 세상	世界
0503 ☐	试 shì	시험 시	동 시험삼아 해 보다, 시험하다	试
0504 ☐	瘦 shòu	여윌 수	형 마르다, 여위다	瘦

S
T

0505 ☑	叔叔 shūshu	아저씨 숙	몡 삼촌, 아저씨	叔叔
0506 ☐	舒服 shūfu	펼 서 옷 복	혱 (몸·마음이) 편안하다, 안락하다	舒服
0507 ☐	树 shù	나무 수	몡 나무, 수목	树
0508 ☐	数学 shùxué	셈 수 배울 학	몡 수학	数学
0509 ☐	刷牙 shuāyá	인쇄할 쇄 어금니 아	동 이를 닦다	刷牙
0510 ☐	双 shuāng	쌍 쌍	양 짝, 켤레, 쌍 (짝을 이룬 물건을 세는 단위)	双
0511 ☐	水平 shuǐpíng	물 수 평평할 평	몡 수준, 능력	水平
0512 ☐	司机 sījī	맡을 사 틀 기	몡 운전사, 기관사	司机
0513 ☐	太阳 tàiyáng	클 태 볕 양	몡 태양, 해	太阳
0514 ☐	特别 tèbié	특히 특 나눌 별	혱 특별하다, 특이하다 뷔 특별히, 아주	特别
0515 ☐	疼 téng	아플 동	혱 아프다	疼
0516 ☐	提高 tígāo	끌 제 높을 고	동 향상시키다, 높이다	提高
0517 ☐	体育 tǐyù	몸 체 기를 육	몡 체육, 스포츠	体育
0518 ☐	甜 tián	달 첨	혱 달다, 달콤하다	甜
0519 ☐	条 tiáo	가지 조	양 줄기, 가닥 (가늘고 긴 것을 세는 단위)	条
0520 ☐	同事 tóngshì	같을 동 일 사	몡 동료	同事
0521 ☐	同意 tóngyì	같을 동 뜻 의	동 동의하다, 찬성하다	同意

0522 ☑	头发 tóufa	머리 두 터럭 발	몡 머리카락	头发
0523 ☐	突然 tūrán	갑자기 돌 그러할 연	형 (상황이) 갑작스럽다, 의외이다	突然
0524 ☐	图书馆 túshūguǎn	그림 도 글 서 집 관	몡 도서관	图书馆
0525 ☐	腿 tuǐ	넓적다리 퇴	몡 다리	腿
0526 ☐	完成 wánchéng	완전할 완 이룰 성	동 완성하다, 끝내다	完成
0527 ☐	碗 wǎn	사발 완	몡 사발, 그릇	碗
0528 ☐	万 wàn	일만 만	수 10000, 만	万
0529 ☐	忘记 wàngjì	잊을 망 기록할 기	동 잊어버리다	忘记
0530 ☐	为 wèi	할 위	전 ~을 위하여, ~에 대해서	为
0531 ☐	为了 wèile	위할 위 마칠 료	전 ~을 위하여	为了
0532 ☐	位 wèi	자리 위	양 명, 분(사람을 공손하게 표현하여 세는 단위)	位
0533 ☐	文化 wénhuà	글월 문 될 화	몡 문화	文化
0534 ☐	西 xī	서녘 서	몡 서쪽	西
0535 ☐	习惯 xíguàn	익힐 습 익숙할 관	동 습관이 되다, 익숙해지다 몡 습관, 버릇	习惯
0536 ☐	洗手间 xǐshǒujiān	씻을 세 손 수 사이 간	몡 화장실	洗手间
0537 ☐	洗澡 xǐzǎo	씻을 세 씻을 조	동 샤워하다, 몸을 씻다	洗澡
0538 ☐	夏 xià	여름 하	몡 여름	夏

T
W
X

33

0539 ☑	先 xiān	먼저 선	閉 우선, 먼저	先
0540 ☐	相信 xiāngxìn	서로 상 믿을 신	图 믿다, 신임하다	相信
0541 ☐	香蕉 xiāngjiāo	향기 향 파초 초	圐 바나나	香蕉
0542 ☐	向 xiàng	향할 향	젠 ~(으)로, ~을 향하여	向
0543 ☐	像 xiàng	형상 상	图 비슷하다, 닮다, ~와 같다	像
0544 ☐	小心 xiǎoxīn	작을 소 마음 심	图 조심하다, 주의하다 圀 조심스럽다, 신중하다	小心
0545 ☐	校长 xiàozhǎng	학교 교 어른 장	圐 교장	校长
0546 ☐	新闻 xīnwén	처음 신 들을 문	圐 뉴스	新闻
0547 ☐	新鲜 xīnxiān	새 신 고울 선	圀 신선하다, 싱싱하다	新鲜
0548 ☐	信用卡 xìnyòngkǎ	믿을 신 쓸 용 음역자 가	圐 신용 카드	信用卡
0549 ☐	行李箱 xínglixiāng	다닐 행 오얏 리 상자 상	圐 여행용 가방, 트렁크	行李箱
0550 ☐	熊猫 xióngmāo	곰 웅 고양이 묘	圐 판다	熊猫
0551 ☐	需要 xūyào	구할 수 요긴할 요	图 필요하다, 요구되다	需要
0552 ☐	选择 xuǎnzé	가릴 선 가릴 택	图 고르다, 선택하다	选择
0553 ☐	要求 yāoqiú	요긴할 요 구할 구	图 요구하다, 요망하다 圐 요구, 요망	要求
0554 ☐	爷爷 yéye	아비 야	圐 할아버지	爷爷
0555 ☐	一般 yìbān	한 일 일반 반	圀 보통이다, 일반적이다	一般

Y

0556 ☑	一边 yìbiān	한 일 가 변	부 ~하면서 ~하다	一边
0557 ☐	一定 yídìng	한 일 정할 정	형 상당한, 꽤 부 반드시, 필히	一定
0558 ☐	一共 yígòng	모든 일 함께 공	부 모두, 전부	一共
0559 ☐	一会儿 yíhuìr	잠시 일 모일 회 아이 아	수량 짧은 순간, 잠깐	一会儿
0560 ☐	一样 yíyàng	한 일 모양 양	형 같다, 동일하다	一样
0561 ☐	一直 yìzhí	한 일 곧을 직	부 계속, 줄곧	一直
0562 ☐	以前 yǐqián	써 이 앞 전	명 이전, 과거	以前
0563 ☐	音乐 yīnyuè	소리 음 노래 악	명 음악	音乐
0564 ☐	银行 yínháng	은 은 다닐 행	명 은행	银行
0565 ☐	饮料 yǐnliào	마실 음 헤아릴 료	명 음료	饮料
0566 ☐	应该 yīnggāi	응당 응 마땅 해	조동 마땅히 ~해야 한다	应该
0567 ☐	影响 yǐngxiǎng	그림자 영 울릴 향	동 영향을 주다(끼치다) 명 영향	影响
0568 ☐	用 yòng	쓸 용	동 쓰다, 사용하다	用
0569 ☐	游戏 yóuxì	놀 유 놀이 희	명 게임, 놀이	游戏
0570 ☐	有名 yǒumíng	있을 유 이름 명	형 유명하다	有名
0571 ☐	又 yòu	또 우	부 또, 다시	又
0572 ☐	遇到 yùdào	만날 우 이를 도	동 만나다, 마주치다	遇到

Y
Z

0573 ☑	元 yuán	으뜸 원	양 위안(중국 화폐 단위)	元
0574 ☐	愿意 yuànyì	원할 원 뜻 의	통 바라다, 희망하다	愿意
0575 ☐	月亮 yuèliang	달 월 밝을 량	명 달	月亮
0576 ☐	越 yuè	넘을 월	부 점점 ~하다	越
0577 ☐	站 zhàn	역마을 참	통 서다, 멈추다	站
0578 ☐	张 zhāng	베풀 장	양 장 (종이나 가죽 등을 세는 단위)	张
0579 ☐	长 zhǎng	길 장	통 자라다, 생기다	长
0580 ☐	着急 zháojí	붙을 착 급할 급	형 조급해하다, 초조해하다	着急
0581 ☐	照顾 zhàogù	비칠 조 돌아볼 고	통 보살피다, 돌보다	照顾
0582 ☐	照片 zhàopiàn	비출 조 조각 편	명 사진	照片
0583 ☐	照相机 zhàoxiàngjī	비출 조 서로 상 틀 기	명 사진기	照相机
0584 ☐	只 zhǐ	다만 지	부 단지, 다만	只
0585 ☐	只有…才… zhǐyǒu…cái…	다만 지 있을 유 재주 재	접 ~해야만 비로소 ~하다	只有…才…
0586 ☐	中间 zhōngjiān	가운데 중 사이 간	명 중간, 가운데	中间
0587 ☐	中文 Zhōngwén	가운데 중 글월 문	명 중국어, 중문	中文
0588 ☐	终于 zhōngyú	마칠 종 어조사 우	부 마침내, 결국	终于
0589 ☐	种 zhǒng	씨 종	양 종류, 부류	种

Z

0590 ☑	重要 zhòngyào	무거울 중 요긴할 요	형 중요하다	重要
0591 ☐	周末 zhōumò	두루 주 끝 말	명 주말	周末
0592 ☐	主要 zhǔyào	주인 주 구할 요	형 주요한, 주된	主要
0593 ☐	注意 zhùyì	주낼 주 뜻 의	동 주의하다, 조심하다	注意
0594 ☐	自己 zìjǐ	스스로 자 몸 기	대 자기, 자신	自己
0595 ☐	自行车 zìxíngchē	스스로 자 갈 행 수레 거	명 자전거	自行车
0596 ☐	总是 zǒngshì	합할 총 옳을 시	부 줄곧, 언제나	总是
0597 ☐	嘴 zuǐ	부리 취	명 입	嘴
0598 ☐	最后 zuìhòu	가장 최 뒤 후	명 최후, 끝	最后
0599 ☐	最近 zuìjìn	가장 최 가까울 근	명 최근, 요즈음	最近
0600 ☐	作业 zuòyè	지을 작 업 업	명 숙제, 과제	作业

① 회사에서 쓰이는 단어들

上班 shàngbān 동 출근하다

下班 xiàbān 동 퇴근하다

工作 gōngzuò 동 일하다

加班 jiābān 동 야근하다

出差 chūchāi 동 출장 가다

开 kāi 동 열다, (회의 등을) 개최하다

会议 huìyì 명 회의

职员 zhíyuán 명 직원

经理 jīnglǐ 명 사장, 지배인, 책임자

同事 tóngshì 명 (직장)동료

张 zhāng 양 장[종이를 세는 양사]

份 fèn 양 부, 벌, 세트[문서, 직무와 관련된 양사]

公司 gōngsī 명 회사

办公室 bàngōngshì 명 사무실

电脑 diànnǎo 명 컴퓨터

打印 dǎyìn 동 인쇄하다, 출력하다

复印 fùyìn 동 복사하다

打电话 dǎ diànhuà 전화 하다

通话中 tōnghuà zhōng 통화 중이다

占线 zhànxiàn 동 통화 중이다

发 fā 동 보내다, 발송하다

电子邮件 diànzǐ yóujiàn 명 이메일

传真 chuánzhēn 명 팩스

电梯 diàntī 명 엘리베이터

材料 cáiliào 명 자료

② 집에서 쓰이는 단어들

인물&일과 관련

爸爸 bàba 명 아빠

妈妈 māma 명 엄마

起床 qǐchuáng 동 일어나다, 기상하다

洗 xǐ 동 씻다

洗脸 xǐliǎn 동 세수하다

刷牙 shuāyá 동 이를 닦다

洗澡 xǐzǎo 동 샤워하다

穿 chuān 동 입다

衣服 yīfu 명 옷

洗衣服 xǐ yīfu 옷을 빨다, 빨래하다

打扫 dǎsǎo 동 청소하다

房间 fángjiān 명 방

打开 dǎkāi 동 열다

窗户 chuānghu 명 창문

看 kàn 동 보다

电视 diànshì 명 텔레비전

看书 kànshū 동 책을 보다

做 zuò 동 하다

作业 zuòyè 명 숙제

玩游戏 wán yóuxì 놀이하다, 게임하다

困 kùn 형 졸리다

累 lèi 형 피곤하다

休息 xiūxi 동 휴식하다

睡觉 shuìjiào 동 잠을 자다

周末 zhōumò 명 주말

식사 관련

早饭 zǎofàn 명 아침밥

晚饭 wǎnfàn 명 저녁밥

饭馆 fànguǎn 명 식당, 음식점

厨房 chúfáng 명 주방

附近 fùjìn 명 근처

吃 chī 동 먹다

喝 hē 동 마시다

饿 è 형 배고프다

饱 bǎo 형 배부르다

음식&맛 관련

包子 bāozi 명 빠오즈, 찐만두

米饭 mǐfàn 명 밥

面条 miàntiáo 명 국수

面包 miànbāo 명 빵

蛋糕 dàngāo 명 케이크

水果 shuǐguǒ 명 과일

苹果 píngguǒ 명 사과

葡萄 pútáo 명 포도

西瓜 xīguā 명 수박

香蕉 xiāngjiāo 명 바나나

牛奶 niúnǎi 명 우유

果汁 guǒzhī 명 주스

茶 chá 명 차

咖啡 kāfēi 명 커피

酸 suān 형 시다

甜 tián 형 달다

苦 kǔ 형 쓰다

辣 là 형 맵다

咸 xián 형 짜다

好吃 hǎochī 형 맛있다

③ **학교에서 쓰이는 단어들**

学生 xuésheng 명 학생

老师 lǎoshī 명 선생님

教授 jiàoshòu 명 교수

校长 xiàozhǎng 명 교장

家长 jiāzhǎng 명 학부모

同学 tóngxué 명 (학교)친구

学校 xuéxiào 명 학교

图书馆 túshūguǎn 명 도서관

宿舍 sùshè 명 기숙사

放假 fàngjià 동 방학하다

暑假 shǔjià 명 여름방학

寒假 hánjià 명 겨울방학

报名 bàomíng 동 신청하다, 등록하다

上课 shàngkè 동 수업하다

下课 xiàkè 동 수업을 마치다

学习 xuéxí 동 공부하다

复习 fùxí 동 복습하다

预习 yùxí 동 예습하다

作业 zuòyè 명 숙제

考试 kǎoshì 동 시험을 보다

成绩 chéngjì 명 성적

及格 jígé 동 합격하다

远 yuǎn 형 멀다

毕业 bìyè 동 졸업하다

留学 liúxué 동 유학하다

④ 날씨에 관한 단어들

天气 tiānqì 명 날씨

暖和 nuǎnhuo 형 따뜻하다

热 rè 형 덥다

凉快 liángkuai 형 시원하다

冷 lěng 형 춥다

下雪 xiàxuě 동 눈이 내리다

下雨 xiàyǔ 동 비가 오다

刮风 guāfēng 동 바람이 불다

蓝天 lántiān 명 푸른 하늘

阴天 yīntiān 명 흐린 날씨, 흐린 하늘

晴天 qíngtiān 명 맑은 날씨

阳光 yángguāng 명 햇빛

季节 jìjié 명 계절

春天 chūntiān 명 봄

夏天 xiàtiān 명 여름

秋天 qiūtiān 명 가을

冬天 dōngtiān 명 겨울

⑤ 건강에 관한 단어들

身体 shēntǐ 명 신체, 몸(건강)

健康 jiànkāng 형 건강(하다)

运动 yùndòng 동 운동(하다)

锻炼 duànliàn 동 단련하다

减肥 jiǎnféi 동 살을 빼다

生病 shēngbìng 동 병이 나다

感冒 gǎnmào 동 감기(에 걸리다)

咳嗽 késou 동 기침하다

头疼 tóuténg 동 머리가 아프다

看病 kànbìng 동 진찰하다

吃药 chīyào 동 약을 먹다

打针 dǎzhēn 동 주사를 놓다/맞다

⑥ 쇼핑에 관한 단어들

품목 관련

衬衫 chènshān 명 셔츠, 와이셔츠

裤子 kùzi 명 바지

帽子 màozi 명 모자

裙子 qúnzi 명 치마

鞋 xié 명 신발

衣服 yīfu 명 옷

行李箱 xínglǐxiāng 명 트렁크, 짐 가방

冰箱 bīngxiāng 명 냉장고

电脑 diànnǎo 명 컴퓨터

电视 diànshì 명 텔레비전

手机 shǒujī 명 휴대전화

手表 shǒubiǎo 명 손목시계

照相机 zhàoxiàngjī 명 사진기

鸡蛋 jīdàn 명 계란

水果 shuǐguǒ 명 과일

기타

买 mǎi 동 사다, 구입하다

卖 mài 동 팔다, 판매하다

地方 dìfang 명 장소

超市 chāoshì 명 슈퍼마켓

商店 shāngdiàn 명 상점

层 céng 명 층

电梯 diàntī 명 엘리베이터, 에스컬레이터

附近 fùjìn 명 부근, 근처

出租车 chūzūchē 명 택시

觉得 juéde 동 ~라고 생각하다

认为 rènwéi 동 ~라고 여기다/생각하다

漂亮 piàoliang 형 예쁘다, 아름답다

见面 jiànmiàn 동 만나다

礼物 lǐwù 명 선물

元 yuán 명 위안[중국의 화폐 단위 = 块 kuài]

角 jiǎo 명 쟈오[중국의 화폐 단위 = 毛 máo]

双 shuāng 양 짝, 쌍, 켤레

7 **여행에 관한 단어들**

世界 shìjiè 명 세계

城市 chéngshì 명 도시

地方 dìfang 명 장소

北方 běifāng 명 북부 지역, 북쪽

北京 Běijīng 명 베이징, 북경

宾馆 bīnguǎn 명 호텔

火车站 huǒchēzhàn 명 기차역

机场 jīchǎng 명 공항

地图 dìtú 명 지도

护照 hùzhào 명 여권

照相机 zhàoxiàngjī 명 사진기

季节 jìjié 명 계절

节日 jiérì 명 명절, 기념일

周末 zhōumò 명 주말

时候 shíhou 명 시간, 때

太阳 tàiyáng 명 태양

旅游 lǚyóu 동 여행하다

介绍 jièshào 동 소개하다

选择 xuǎnzé 동 고르다

快乐 kuàilè 형 즐겁다

希望 xīwàng 동 희망하다, 바라다

打算 dǎsuan 동 ~할 계획이다

新鲜 xīnxiān 형 신선하다, 새롭다

除了 chúle 전 ~을 제외하고

玩(儿) wán(r) 동 놀다

比较 bǐjiào 부 비교적

特别 tèbié 부 매우, 특히

文化 wénhuà 명 문화

8 **오락에 관한 단어들**

爱好 àihào 명 취미

经常 jīngcháng 🖫 자주, 항상

上网 shàngwǎng 🖫 인터넷을 하다

唱歌 chànggē 🖫 노래 부르다

跳舞 tiàowǔ 🖫 춤을 추다

跑步 pǎobù 🖫 달리기하다

爬山 páshān 🖫 등산하다

踢足球 tī zúqiú 축구 하다

打篮球 dǎ lánqiú 농구하다

游泳 yóuyǒng 🖫 수영하다

比赛 bǐsài 🖫 경기, 시합

表演 biǎoyǎn 🖫 공연하다

节目 jiémù 🖫 프로그램

电脑 diànnǎo 🖫 컴퓨터

电影 diànyǐng 🖫 영화

体育 tǐyù 🖫 스포츠

新闻 xīnwén 🖫 뉴스

音乐 yīnyuè 🖫 음악

游戏 yóuxì 🖫 오락, 게임

菜单 càidān 🖫 메뉴

服务员 fúwùyuán 🖫 종업원

公园 gōngyuán 🖫 공원

花园 huāyuán 🖫 화원

⑨ 장소에 관한 단어들

장소 관련

公司 gōngsī 🖫 회사

办公室 bàngōngshì 🖫 사무실

宾馆 bīnguǎn 🖫 호텔

房间 fángjiān 🖫 방

餐厅 cāntīng 🖫 (구내)식당

厨房 chúfáng 🖫 주방

饭馆 fànguǎn 🖫 식당, 음식점

超市 chāoshì 🖫 슈퍼마켓

商店 shāngdiàn 🖫 상점

教室 jiàoshì 🖫 교실

宿舍 sùshè 🖫 기숙사

图书馆 túshūguǎn 🖫 도서관

医院 yīyuàn 🖫 병원

银行 yínháng 🖫 은행

机场 jīchǎng 🖫 공항

火车站 huǒchēzhàn 🖫 기차역

公园 gōngyuán 🖫 공원

장소를 암시하는 단어

菜单 càidān 🖫 메뉴

服务员 fúwùyuán 🖫 종업원

电梯 diàntī 🖫 엘리베이터

黑板 hēibǎn 🖫 칠판

护照 hùzhào 🖫 여권

生病 shēngbìng 🖫 병이 나다

检查 jiǎnchá 🖫 검사하다

⑩ 교통에 관한 단어들

自行车 zìxíngchē 🖫 자전거

公共汽车 gōnggòng qìchē 명 버스

出租车 chūzūchē 명 택시

地铁 dìtiě 명 지하철

火车 huǒchē 명 기차

飞机 fēijī 명 비행기

船 chuán 명 배

打车 dǎchē 동 택시를 타다

骑车 qíchē 동 (말·자전거·오토바이 등을) 타다

堵车 dǔchē 동 차가 막히다, 교통체증이 되다

坐 zuò 동 타다

怎么 zěnme 대 어떻게[수단·방법을 묻는 말]

⑪ 감정을 표현하는 단어들

放心 fàngxīn 동 마음을 놓다, 안심하다

高兴 gāoxìng 형 기쁘다, 즐겁다

害怕 hàipà 동 무서워하다

快乐 kuàilè 형 즐겁다, 유쾌하다

累 lèi 형 피곤하다, 힘들다

满意 mǎnyì 형 만족하다

难过 nánguò 형 괴롭다, 슬프다

奇怪 qíguài 형 이상하다

认真 rènzhēn 형 진지하다, 열심히 하다

生气 shēngqì 동 화내다

喜欢 xǐhuan 동 좋아하다

相信 xiāngxìn 동 믿다

谢谢 xièxie 동 감사하다

愿意 yuànyì 조동 원하다

着急 zháojí 형 급하다, 조급하다

热情 rèqíng 형 친절하다, 열정적이다

了解 liǎojiě 동 알다, 이해하다

忘记 wàngjì 동 잊어버리다

没关系 méiguānxi 괜찮다, 상관없다

非常 fēicháng 부 매우, 대단히

其实 qíshí 부 사실은

特别 tèbié 부 매우, 특히

有意思 yǒuyìsi 형 재미있다

笑 xiào 동 웃다

哭 kū 동 울다

难 nán 형 어렵다

⑫ 의견 제시, 명령과 관계된 단어들

必须 bìxū 조동 반드시/꼭 ~해야 한다

应该 yīnggāi 조동 마땅히 ~해야 한다

还是 háishi 부 ~하는 편이 (더) 좋다

觉得 juéde 동 느끼다, 생각하다

认为 rènwéi 동 ~라고 생각하다

希望 xīwàng 동 희망하다, 바라다

想 xiǎng 조동 ~라고 생각하다, ~하고 싶다

一般 yìbān 형 보통이다

总是 zǒngshì 부 항상, 늘

比较 bǐjiào 부 비교적

请 qǐng 동 ~해주세요[공손한 표현]

让 ràng 동 ~하게 만들다/시키다

使 shǐ 동 ~하도록 시키다

别 bié 튄 ~하지 마라

吧 ba 조 ~하죠[가늠·추측], ~합시다[권고]

怎么样 zěnmeyàng 대 (~하는 것) 어때?

为了 wèile 전 ~을 위해서

为什么 wèishénme 대 왜, 어째서

重要 zhòngyào 형 중요하다

⑬ 직업과 직업에 관련된 표현

직업	관련 단어 & 표현	직업	관련 단어 & 표현
职业 zhíyè 명 직업	工作 gōngzuò 동 일하다 参加面试 cānjiā miànshì 면접에 참가하다 找工作 zhǎo gōngzuò 구직하다	律师 lǜshī 명 변호사	法律 fǎlǜ 명 법률, 형법
医生 yīshēng 명 의사 (= 大夫 dàifu) 护士 hùshi 명 간호사	打针 dǎzhēn 동 주사를 놓다 吃药 chīyào 동 약을 먹다 休息 xiūxi 동 휴식하다 发烧 fāshāo 동 열이 나다 感冒 gǎnmào 동 감기에 걸리다 头疼 tóuténg 동 머리가 아프다	校长 xiàozhǎng 명 교장 教授 jiàoshòu 명 교수 老师 lǎoshī 명 선생님 研究生 yánjiūshēng 명 대학원생 学生 xuésheng 명 학생	学校 xuéxiào 명 학교 做作业 zuò zuòyè 숙제를 하다 考试 kǎoshì 명 시험을 치다 上课 shàngkè 동 수업하다 下课 xiàkè 동 수업이 끝나다 报名 bàomíng 동 등록하다 放假 fàngjià 동 방학하다
运动员 yùndòngyuán 명 운동선수	参加比赛 cānjiā bǐsài 경기에 참가하다 打篮球 dǎ lánqiú 농구하다 踢足球 tī zúqiú 축구를 하다 打网球 dǎ wǎngqiú 테니스를 하다 打羽毛球 dǎ yǔmáoqiú 배드민턴을 하다	导游 dǎoyóu 명 가이드	旅游 lǚyóu 여행하다 大家请注意。 모두 주의하세요. * 注意 zhùyì 동 주의하다 这里是 + [장소] 여기는 [장소]입니다 玩得很愉快。 매우 재미있게 놀았다. * 玩 wán 동 놀다	愉快 yúkuài 형 기쁘다
售货员 shòuhuòyuán 명 판매원 服务员 fúwùyuán 명 종업원	一共30块钱。 모두 30원입니다. * 一共 yígòng 튄 모두 你要买什么? 무엇을 사려고 하세요? 热情 rèqíng 형 친절하다	司机 sījī 명 기사	你要去哪儿? 어디 가시려고 하나요?
演员 yǎnyuán 명 배우	京剧 jīngjù 명 경극 电影 diànyǐng 명 영화 表演 biǎoyǎn 동 연기하다 演出 yǎnchū 동 공연하다	职员 zhíyuán 명 직원 经理 jīnglǐ 명 사장 老板 lǎobǎn 명 사장 秘书 mìshū 명 비서	公司 gōngsī 명 회사 复印 fùyìn 동 복사하다 打印 dǎyìn 동 인쇄를 하다 材料 cáiliào 명 자료 开会 kāihuì 동 회의를 열다 出差 chūchāi 동 출장 가다 请假 qǐngjià 동 휴가를 신청하다 迟到 chídào 동 지각하다 同事 tóngshì 명 직장동료
记者 jìzhě 명 기자 作家 zuòjiā 명 작가	我们什么时候可以见到您的作品呢? 우리는 언제 당신의 작품을 만나볼 수 있나요? * 作品 zuòpǐn 명 작품		

① **병렬관계** 두 개 이상의 단어나 문장을 연결해서 동시에 일어나는 일을 묘사하거나 혹은 한 가지 사물에 대해 묘사하는 것을 말한다.

❶ **A 和 B :** A와 B[대등한 구조를 연결함]
  A hé B

  예 我和他一起去百货商场买东西。
    나는 그와 함께 백화점에 가서 물건을 산다.

❷ **既（又）A 又B :** A이기도 하고 B이기도 하다[형용사적인 말을 나타냄]
  jì (yòu) A yòu B

  예 这个照相机既便宜又好看。
    이 사진기는 싸면서도 예쁘다.

❸ **一边 A 一边 B :** A하면서 B하다[동작을 나타냄]
  yìbiān A yìbiān B

  예 他一边吃饭，一边看报纸。
    그는 밥을 먹으면서 신문을 본다.

② **점층관계** 앞의 내용 이외에 뒤에 무엇이 더 있다는 의미로, 상태나 상황이 점차 심화 · 발전됨을 나타낸다.
'~일 뿐만 아니라 ~도'라고 해석된다.

❶ **不但（不仅）A 而且（并且/甚至/还/也）B :** A일 뿐만 아니라 게다가 B하다
  búdàn (bùjǐn) A érqiě (bìngqiě/shènzhì/hái/yě) B

  예 他不但会说英语，而且会说汉语。
    그는 영어를 할 뿐만 아니라 중국어도 할 줄 안다.

  예 不但他会说英语，而且他妈妈也会说英语。
    그가 영어를 할 뿐만 아니라 그의 엄마도 영어를 할 줄 안다.
    → 각기 다른 주어가 2개 나올 때는 不但을 맨 앞에 써야 한다.

❷ **连 A 都（也）B :** 심지어 A조차도 B한다
  lián A dōu (yě) B

  예 他连这个字都不会写。
    그는 이 글자조차도 쓸 줄 모른다.

③ **인과관계** 인과관계는 원인과 결과를 나타내는 말로 '~하기 때문에 ~하다'라고 해석이 된다.

因为 A 所以 B : A하기 때문에 B하다
yīnwèi A suǒyǐ B

  예 因为天安门很有名，所以有很多外国人。
    천안문은 유명해서 외국인들이 많다.
    → 因为와 所以는 하나를 생략하기도 한다.

④ **가정관계** 가정관계란 가정, 즉 어떠한 가설과 그에 따른 결과·추론을 나타내며 '~하면 ~할 것이다'라고 해석이 된다.

如果（要是）A 就（那么）B : 만약 A하면 바로 B하다
rúguǒ (yàoshì) A jiù (nàme) B

> 예 如果我有很多钱，就不干这个工作。
> 만약 내가 돈이 많다면 이 일을 하지 않을 것이다.

⑤ **전환관계** 전환관계란 앞 문장의 내용과 뒤 문장의 내용이 '전환', 즉 '바뀐다'라는 뜻으로, '비록 ~일지라도 그러나 ~하다'라는 의미로 해석이 된다. 뒤의 문장에는 앞의 문장과 반대되거나 또 다른 사실이 나온다.

虽然 A 但是（然而/却）B : 비록 A하지만 그러나 B하다
suīrán A dànshì (rán'ér/què) B

> 예 房子虽然旧了点儿，但是很干净。
> 방은 비록 조금 낡았지만 그래도 깨끗하다.

⑥ **선택관계** 선택관계란 말 그대로 둘 이상의 선택사항 중 어느 하나만 존재할 수 있음을 나타내며, '~ 아니면 ~'라고 해석된다. 평서문과 의문문에서 쓰는 말이 서로 다르므로 주의하자.

❶ **A 或者 B** : A 아니면 B이다[평서문]
A huòzhě B

> 예 你给我打电话或者发电子邮件都可以。
> 당신은 나에게 전화를 하거나, 혹은 이메일을 보내도 괜찮아요.

❷ **A 还是 B** : A입니까 아니면 B입니까?[의문문]
A háishi B

> 예 你要喝茶还是喝咖啡？
> 당신 차 마실래요, 아니면 커피 마실래요?

⑦ **연속관계** 연속관계란 '~하고(한 뒤) ~하다'라는 뜻으로 동작의 순서를 말해주는 문장이다.

先 A 然后 B : 먼저 A 하고 그런 뒤에 B하다
xiān A ránhòu B

> 예 现在才5点，来得及。我们先吃饭，然后去看电影吧。
> 지금은 겨우 5시여서 늦지 않았으니, 우리 먼저 밥 먹고 그런 다음 영화를 보자.

MEMO

MEMO

외국어 출판 40년의 신뢰
외국어 전문 출판 그룹
동양북스가 만드는 책은 다릅니다.

40년의 쉼 없는 노력과 도전으로 책 만들기에 최선을 다해온 동양북스는
오늘도 미래의 가치에 투자하고 있습니다.
대한민국의 내일을 생각하는 도전 정신과 믿음으로 최선을 다하겠습니다.

동양북스

📖 동양북스 추천 교재

일본어 교재의 최강자, 동양북스 추천 교재

회화 코스북

일본어뱅크 다이스키
STEP 1·2·3·4·5·6·7·8

일본어뱅크
좋아요 일본어 1·2·3·4·5·6

일본어뱅크 도모다찌
STEP 1·2·3

분야서

일본어뱅크
좋아요 일본어 독해 STEP 1·2

일본어뱅크
일본어 작문 초급

일본어뱅크
사진과 함께하는
일본 문화

일본어뱅크
항공 서비스 일본어

일본어뱅크
가장 쉬운 독학
일본어 현지회화

수험서

일취월장 JPT
독해·청해

일취월장 JPT
실전 모의고사 500·700

일단 합격하고 오겠습니다
JLPT 일본어능력시험
N1·N2·N3·N4·N5

일단 합격하고 오겠습니다
JLPT 일본어능력시험
실전모의고사 N1·N2·N3·N4/5

단어·한자

특허받은
일본어 한자 암기박사

일본어 상용한자 2136
이거 하나면 끝!

일본어뱅크
좋아요 일본어 한자

가장 쉬운 독학
일본어 단어장

일단 합격하고 오겠습니다
JLPT 일본어능력시험
단어장 N1·N2·N3

중국어 교재의 최강자, 동양북스 추천 교재

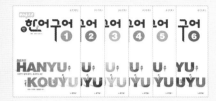

중국어뱅크 북경대학 신한어구어
1·2·3·4·5·6

중국어뱅크 스마트중국어
STEP 1·2·3·4

중국어뱅크 집중중국어
STEP 1·2·3·4

중국어뱅크
뉴! 버전업 사진으로
보고 배우는 중국문화

중국어뱅크
문화중국어 1·2

중국어뱅크
관광 중국어 1·2

중국어뱅크
여행실무 중국어

중국어뱅크
호텔 중국어

중국어뱅크
판매 중국어

중국어뱅크
항공 실무 중국어

정반합 新HSK
1급·2급·3급·4급·5급·6급

일단 합격 新HSK 한 권이면 끝
3급·4급·5급·6급

버전업! 新HSK
VOCA 5급·6급

가장 쉬운 독학
중국어 단어장

중국어뱅크
중국어 간체자 1000

특허받은
중국어 한자 암기박사

📖 동양북스 추천 교재

중고급 학습

첫걸음 끝내고 보는
프랑스어
중고급의 모든 것

첫걸음 끝내고 보는
스페인어
중고급의 모든 것

첫걸음 끝내고 보는
독일어
중고급의 모든 것

첫걸음 끝내고 보는
태국어
중고급의 모든 것

첫걸음 끝내고 보는
베트남어
중고급의 모든 것

단어장

버전업! 가장 쉬운
프랑스어 단어장

버전업! 가장 쉬운
스페인어 단어장

버전업! 가장 쉬운
독일어 단어장

가장 쉬운 독학
베트남어 단어장

여행 회화

NEW 후다닥
여행 중국어

NEW 후다닥
여행 일본어

NEW 후다닥
여행 영어

NEW 후다닥
여행 독일어

NEW 후다닥
여행 프랑스어

NEW 후다닥
여행 스페인어

NEW 후다닥
여행 베트남어

NEW 후다닥
여행 태국어

수험서 · 교재

한 권으로 끝내는 DELE
어휘 · 쓰기 · 관용구편 (B2~C1)

수능 기초 베트남어
한 권이면 끝!

버전업!
스마트 프랑스어

일단 합격하고 오겠습니다
독일어능력시험
A1 · A2 · B1 · B2

일단 합격

新HSK 3급

한 권이면 ——끝!

★ 십수 년 경력의 HSK 인기 강사가 新HSK 출제 요강 및 최신 기출문제를 완벽 분석!

★ 영역별 출제 유형을 총망라한 국내 유일의 핵심 비법 전수!

★ 맞춤형 학습 플랜으로, 가장 쉽고 빠른 新HSK 정복!

★ 배운 비법을 적용하여 스스로 점검할 수 있는 영역별 실전 모의고사 수록!

★ 3급 VOCA 단어 600개 완벽 정리한 단어장 제공!

값 16,000원

9 791157 686230 13720
ISBN 979-11-5768-623-0

무료 MP3 바로 듣기

무료 동영상 바로 보기

일단 합격

新HSK
한 권이면 ──끝!

진윤영 지음

해설서

HSK 최신
경향 반영!

시크릿 비법으로
고득점 공략

3급

비법서

해설서

mp3 음원

3급 필수 voca

동양북스

새로운 도서,
다양한 자료
동양북스
홈페이지에서
만나보세요!

www.dongyangbooks.com
m.dongyangbooks.com

홈페이지 도서 자료실에서 학습자료 및 MP3 무료 다운로드

PC

❶ 홈페이지 접속 후 도서 자료실 클릭
❷ 하단 검색 창에 검색어 입력
❸ MP3, 정답과 해설, 부가자료 등 첨부파일 다운로드
 * 원하는 자료가 없는 경우 '요청하기' 클릭!

MOBILE

* 반드시 '인터넷, Safari, Chrome' App을 이용하여 홈페이지에 접속해주세요. (네이버,
 다음 App 이용 시 첨부파일의 확장자명이 변경되어 저장되는 오류가 발생할 수 있습니다.)

❶ 홈페이지 접속 후 ☰ 터치

❷ 도서 자료실 터치

❸ 하단 검색창에 검색어 입력
❹ MP3, 정답과 해설, 부가자료 등 첨부파일 다운로드
 * 압축 해제 방법은 '다운로드 Tip' 참고

가장 쉬운 독학
일본어 첫걸음
14,000원

버전업! 굿모닝
독학 일본어 첫걸음
14,500원

일단 합격하고 오겠습니다
JLPT 일본어능력시험 N3
26,000원

일본어 100문장 암기하고
왕초보 탈출하기
13,500원

가장 쉬운 독학
중국어 첫걸음
14,000원

가장 쉬운 중국어
첫걸음의 모든 것
14,500원

일단 합격 新HSK
한 권이면 끝! 4급
24,000원

중국어
지금 시작해
14,500원

영어를 해석하지 않고
읽는 법
15,500원

미국식
영작문 수업
14,500원

세상에서 제일 쉬운
10문장 영어회화
13,500원

영어회화
순간패턴 200
14,500원

가장 쉬운 독학
베트남어 첫걸음
15,000원

가장 쉬운 독학
프랑스어 첫걸음
16,500원

가장 쉬운 독학
스페인어 첫걸음
15,000원

가장 쉬운 독학
독일어 첫걸음
17,000원

동양북스 베스트 도서

THE
GOAL 1
22,000원

인스타
브레인
15,000원

직장인, 100만 원으로
주식투자 하기
17,500원

당신의 어린 시절이
울고 있다
13,800원

놀면서 스마트해지는 두뇌 자극
플레이북 딴짓거리 EASY
12,500원

죽기 전까지
병원 갈 일 없는 스트레칭
13,500원

가장 쉬운 독학
이세돌 바둑 첫걸음
16,500원

누가 봐도 괜찮은 손글씨 쓰는
법을 하나씩 하나씩 알기 쉽게
13,500원

가장 쉬운 초등 필수 파닉스
하루 한 장의 기적
14,000원

가장 쉬운 알파벳 쓰기
하루 한 장의 기적
12,000원

가장 쉬운 영어 발음기호
하루 한 장의 기적
12,500원

가장 쉬운 초등한자 따라쓰기
하루 한 장의 기적
9,500원

세상에서 제일 쉬운
엄마표 생활영어
12,500원

세상에서 제일 쉬운
엄마표 영어놀이
13,500원

창의쑥쑥 환이맘의
엄마표 놀이육아
14,500원

동양북스
www.dongyangbooks.com
m.dongyangbooks.com

최|신|개|정

일단 합격

新HSK
한 권이면 ──── 끝!

진윤영 지음

해설서

3급

동양북스

일단 합격

新HSK 3급

한 권이면 ──끝! 해설서

개정 2쇄 발행 | 2021년 11월 5일

지은이 | 진윤영
발행인 | 김태웅
기획 편집 | 신효정, 양수아
디자인 | 남은혜, 신효선
마케팅 | 나재승
제 작 | 현대순

발행처 | (주)동양북스
등 록 | 제 2014-000055호
주 소 | 서울시 마포구 동교로22길 14 (04030)
구입 문의 | 전화 (02)337-1737 팩스 (02)334-6624
내용 문의 | 전화 (02)337-1762 dybooks2@gmail.com

목차

듣기 听力

제1부분 대화 듣고 사진 고르기
시크릿 기출 테스트 해설 ·· 6

제2부분 단문 듣기
시크릿 기출 테스트 해설 ·· 26

제3·4부분 단문·장문 대화 듣기
시크릿 기출 테스트 해설 ·· 42

실전 모의고사 ·· 62

독해 阅读

제1부분 보기에서 답 고르기
시크릿 기출 테스트 해설 ·· 80

제2부분 빈칸 채우기
시크릿 기출 테스트 해설 ·· 95

제3부분 단문 독해
시크릿 기출 테스트 해설 ·· 110

실전 모의고사 ·· 134

쓰기 书写

제1부분 단어 배열하기
시크릿 기출 테스트 해설 ·· 148

제2부분 한자 쓰기
시크릿 기출 테스트 해설 ·· 188

실전 모의고사 ·· 201

듣기 해설

제1부분 대화 듣고 사진 고르기
시크릿 기출 테스트 해설

제2부분 단문 듣기
시크릿 기출 테스트 해설

제3·4부분 단문·장문 대화 듣기
시크릿 기출 테스트 해설

실전 모의고사

听力

제1부분 대화 듣고 사진 고르기

MP3 바로 듣기

시크릿 기출 테스트

✓ 정답	1. A	2. C	3. B	4. E	5. D

A 　　B 　　C

D 　　E

▶ 01-03-1

01
p. 26

女 : 十三床的病人今天好些了吧?
男 : 好多了, 下个星期应该可以出院了。

여 : 13번 침대 환자 오늘 많이 좋아졌나요?
남 : 많이 좋아졌어요. 다음 주면 퇴원할 수 있을 거예요.

해설　남녀 대화 속의 단어 '病人(환자)'과 '出院(퇴원하다)'을 근거로 남자와 여자의 직업은 의사라고 유추할 수 있다. 따라서 정답은 두 의사가 대화하고 있는 A다.

단어　床 chuáng 몡 침대 | 病人 bìngrén 몡 환자 | 些 xiē 양 조금 | 下个星期 xià ge xīngqī 다음주 | 应该 yīnggāi 조동 ~일 것이다 | 可以 kěyǐ 조동 ~해도 된다 | 出院 chūyuàn 통 퇴원하다

▶ 01-03-2

02
p. 26

男 : 这两个人是谁?
女 : 是我姐姐和她的一个朋友, 左边那个穿裙子、长头发的是我姐姐。

남 : 이 둘은 누구야?
여 : 우리 언니와 언니 친구야. 왼쪽에 치마 입고 머리 긴 사람이 우리 언니야.

해설　누구인지 묻는 말에 여자는 자신의 언니에 대해서 설명해주고 있다. 치마를 입고 머리가 긴 여자(穿裙子、长头发的)라고 묘사한 모습대로 나와 있는 C가 정답이다.

단어　谁 shéi 때 누구 | 姐姐 jiějie 몡 누나, 언니 | 朋友 péngyou 몡 친구 | 左边 zuǒbian 몡 왼쪽 | 穿 chuān 통 입다 | 裙子 qúnzi 몡 치마 | 长 cháng 혱 길다 | 头发 tóufà 몡 머리카락

6

03

p. 26

女: 先生，这是<u>菜单</u>。前面几个都是我们店很<u>有名的菜</u>。

男: 好的，我先看一下，一会儿再叫你。

여: 선생님. 여기 <u>메뉴판</u>입니다. 앞에 몇 개 모두 저희 가게의 <u>유명한 음식</u>이에요.

남: 알겠습니다. 먼저 보고 조금 있다가 다시 당신을 부를게요.

해설 여자의 말 속 '菜单(메뉴판)'과 '有名的菜(유명한 음식)'를 근거로 여자의 직업이 종업원임을 알 수 있다. 따라서 여자 종업원 그림이 나온 B가 정답이다.

단어 先生 xiānsheng 몡 선생님, 씨(성인 남자에 대한 호칭) | 菜单 càidān 몡 메뉴 | 前面 qiánmian 몡 앞, 앞쪽 | 几 jǐ 囨 몇 | 有名 yǒumíng 혱 유명하다 | 菜 cài 몡 음식, 요리 | 先 xiān 囝 먼저 | 看 kàn 통 보다 | 一下 yíxià 얭 좀 ~하다(시도의 의미나 가벼운 어감을 나타냄) | 一会儿 yíhuìr 얭 잠시, 잠깐 | 再 zài 囝 또, 다시 | 叫 jiào 통 부르다

04

p. 26

男: 快点儿，<u>司机</u>已经在楼下等我们了。

女: 好的，你先下去吧，你让<u>司机</u>再等我五分钟。

남: 빨리 해. <u>기사님</u>이 이미 밑에서 우리를 기다리고 있어.

여: 알겠어. 너 먼저 내려가. <u>기사님</u>에게 나 5분만 더 기다려달라고 해줘.

해설 대화에서 남녀가 말한 '司机(기사)'를 근거로, 택시 기사로 보이는 인물이 나온 E가 정답이다.

단어 快 kuài 혱 빠르다 | 点儿 diǎnr 얭 조금 | 司机 sījī 몡 운전사 | 已经…了 yǐjīng…le 囝 이미, 벌써 ~이다 | 楼下 lóuxià 몡 건물의 아래층, 일층 | 等 děng 통 기다리다 | 先 xiān 囝 먼저 | 下去 xiàqù 내려가다 | 吧 ba 조 ~해라(명령) | 让 ràng 통 ~하라고 시키다, 만들다 | 再 zài 囝 또, 다시 | 分钟 fēnzhōng 몡 분

05

p. 26

女: 他<u>鼻子小小的，真可爱</u>，有一岁了吗?

男: 没有，<u>才八个月</u>。

여: <u>코가 작고 정말 귀여워</u>. 1살 됐어?

남: 아니. <u>겨우 8개월</u> 됐어.

해설 여자의 말 속, '鼻子小小的，真可爱(코가 작고 귀엽다)'를 근거로 인물을 묘사하는 상황임을 알 수 있고, 남자의 말 속 '才八个月(겨우 8개월이다)'를 근거로 아기가 나온 D가 정답이다.

단어 鼻子 bízi 몡 코 | 小 xiǎo 혱 작다 | 真 zhēn 囝 정말로, 참으로 | 可爱 kě'ài 혱 귀엽다 | 岁 suì 몡 살, 나이 | 才 cái 囝 비로소, 그제서야

A

B

C

D

E

▶ 01-04-1

01

p. 27

女: 你哭了?
男: 没有啊，刚才刮风的时候，<u>眼睛里好像进东西了。</u>

여 : 너 울었어?
남 : 아니, 방금 바람 불 때 <u>눈에 아무래도 뭐가 들어간 것 같아.</u>

해설　남자의 말 속 '眼睛里好像进东西了(눈에 아무래도 뭐가 들어간 것 같다)'를 근거로 눈살을 찡그리고 있는 남자의 모습인 B가 정답이다.

단어　哭 kū 圄 울다 | 刚才 gāngcái 團 방금 | 刮风 guāfēng 圄 바람이 불다 | 时候 shíhou 圈 때, 무렵 | 眼睛 yǎnjing 圈 눈 | 里 lǐ 圈 안, 속 | 好像 hǎoxiàng 團 마치 ~인 것 같다 | 进 jìn 圄 들어가다 | 东西 dōngxi 圈 물건

▶ 01-04-2

02

p. 27

男: 你看你，<u>眼睛都哭红了</u>，告诉爸爸怎么了。
女: 爸爸，我很<u>难过</u>。

남 : 너 봐봐, <u>울어서 눈이 다 빨갛잖아.</u> 아빠한테 왜 그런지 말해봐.
여 : 아빠, 저 <u>속상해요.</u>

해설　남자의 말 속 '眼睛都哭红了(울어서 눈이 다 빨갛다)'와 여자아이가 '很难过(속상하다)'라고 말한 것을 근거로 여자아이가 울고 있는 D가 정답이다.

단어　看 kàn 圄 보다 | 眼睛 yǎnjing 圈 눈 | 哭 kū 圄 울다 | 红 hóng 圈 붉다 | 告诉 gàosu 圄 알려주다 | 怎么了 zěnme le 무슨 일이야? 어떻게 된 거야? | 难过 nánguò 圈 슬프다

03

p. 27

女: 大家都<u>明白</u>了吗? 有什么<u>不懂的</u>可以问我。

男: <u>老师</u>,我这个地方还是不太懂,您再给我讲讲吧。

여: 모두들 다 <u>이해했나요? 모르는 것은</u> 나한테 물어보면 돼요.

남: <u>선생님</u>, 저 이 부분을 아직도 잘 모르겠어요. 저에게 다시 한번 설명해주세요.

해설 여자의 말 속 '明白(이해하다)', '不懂的(알지 못하는 것)'와 남자가 '老师(선생님)'라고 호칭하는 것을 근거로 여자 선생님의 모습이 보이는 A가 정답이다.

단어 大家 dàjiā 데 모두, 여러분 | 都 dōu 뷔 모두 | 明白 míngbai 통 이해하다, 알다 | 懂 dǒng 통 알다, 이해하다 | 可以 kěyǐ 조동 ~해도 된다 | 问 wèn 통 물어보다 | 老师 lǎoshī 명 선생님 | 地方 dìfang 명 부분 | 还是 háishi 뷔 여전히, 그래도 | 不太 bútài 그다지, 별로 | 再 zài 뷔 또, 다시 | 给 gěi 전 ~에게 | 讲 jiǎng 통 설명하다, 이야기하다 | 吧 ba 조 ~해주세요(부탁이나 요청의 어기)

04

p. 27

男: 小姐,您是八一八<u>房间</u>。这是<u>房卡</u>,请拿好。

女: 谢谢,请问电梯在哪儿?

남: 손님, 818호 객실이에요. 여기 룸 카드예요. 잘 받으세요.

여: 감사합니다. 엘리베이터는 어디에 있나요?

해설 남자의 말 속 '房间(방)', '房卡(룸 카드)'를 근거로 남자의 직업은 호텔에서 근무하는 종업원임을 알 수 있다. 따라서 정답은 C다.

단어 小姐 xiǎojie 명 아가씨 | 房间 fángjiān 명 방, 객실 | 房卡 fángkǎ 명 (호텔의) 룸 카드 | 拿好 ná hǎo 잘 챙기다 | 电梯 diàntī 명 엘리베이터 | 哪儿 nǎr 데 어디

05

p. 27

女: 你<u>鼻子</u>不舒服? 是不是<u>感冒</u>了?

男: 可能是吧,昨天下午出去,穿得有点儿少。

여: 너 코가 불편한 거야? 감기 걸린 거 아냐?

남: 그런 것 같아. 어제 오후에 나갈 때 옷을 얇게 입었거든.

해설 여자의 말 속 '鼻子(코)'와 '感冒(감기 걸리다)'를 근거로 코를 풀고 있는 남자 그림인 E가 정답이다.

단어 鼻子 bízi 명 코 | 舒服 shūfu 형 편안하다 | 感冒 gǎnmào 통 감기에 걸리다 | 可能 kěnéng 뷔 아마도 | 吧 ba 조 문장 끝에 쓰여 추측의 어기를 나타냄 | 昨天 zuótiān 명 어제 | 下午 xiàwǔ 명 오후 | 出去 chūqù 통 나가다 | 穿 chuān 통 입다 | 有点儿 yǒudiǎnr 뷔 조금 | 少 shǎo 형 적다

DAY 3

| ✓ 정답 | 1. E | 2. A | 3. D | 4. B | 5. C |

A

B

C

D

E

▶ 01-07-1

01

p. 34

女 : 我来介绍一下，这是新来的李经理。
男 : 李经理，您好！欢迎来我们公司工作。

여 : 제가 소개할게요. 여기는 새로 온 리 팀장이에요.
남 : 리 팀장님, 안녕하세요! 저희 회사에서 일하시게 된 걸 환영합니다.

해설 여자의 말 속 '介绍一下(소개하다)'를 근거로 누군가를 소개하고 있는 그림을 골라야 한다. 또한 남자의 말 속 '欢迎来我们公司工作(우리 회사에서 일하게 된 걸 환영한다)'를 근거로 첫 만남이라는 것을 알 수 있으므로 정답은 E다.

단어 来 lái 통 다른 동사 앞에 쓰여 어떤 일을 하려는 것을 나타냄 | 介绍 jièshào 통 소개하다 | 一下 yíxià 쭁 좀 ~하다(시도의 의미나 가벼운 어감을 나타냄) | 经理 jīnglǐ 명 사장, 팀장 | 欢迎 huānyíng 통 환영하다 | 公司 gōngsī 명 회사 | 工作 gōngzuò 통 일하다

▶ 01-07-2

02

p. 34

男 : 最近天气真冷，孩子们都不愿意起床了。
女 : 对，我每天早上都要叫冬冬好几次。

남 : 요즘 날씨가 너무 추워서 아이들도 일어나길 싫어해.
여 : 맞아. 내가 매일 아침마다 동동을 여러 번 깨워야 해.

해설 남자의 말 속 '孩子们都不愿意起床了(아이들이 일어나길 싫어한다)'와 여자의 말 속 '叫冬冬好几次(동동을 여러 번 부르다)'를 근거로 아이를 깨우는 그림인 A가 정답이다.

단어 最近 zuìjìn 명 최근 | 天气 tiānqì 명 날씨 | 真 zhēn 뷔 정말로, 참으로 | 冷 lěng 형 춥다 | 孩子 háizi 명 아이 | 愿意 yuànyì 조동 원하다 | 起床 qǐchuáng 통 일어나다 | 每天 měitiān 명 매일 | 要 yào 조동 ~해야 한다 | 叫 jiào 통 부르다, 깨우다 | 好几次 hǎo jǐ cì 여러 번, 수차례

10

03
p. 34

女：爸爸，你看我打扫得干净吧？
男：非常干净，你做得很好！

여 : 아빠, 보세요, 제가 청소를 깨끗이 했죠?
남 : 매우 깨끗하구나, 잘했어!

해설 여자의 말 속 '打扫得干净(깨끗하게 청소하다)'를 근거로 청소를 하고 있는 여자아이 그림인 D가 정답이다.

단어 看 kàn 동 보다 | 打扫 dǎsǎo 동 청소하다 | 得 de 조 ~한 정도가(술어 뒤에서 정도를 나타내는 보어를 연결) | 干净 gānjìng 형 깨끗하다 | 吧 ba 조 ~하지?(문장 끝에 쓰여 동의나 추측의 어기를 나타냄) | 非常 fēicháng 부 매우 | 做 zuò 동 하다

04
p. 34

男：你还在写作业？我以为你早写完了呢。
女：我有几道题不会做，你帮我看看？

남 : 너 아직도 숙제하고 있어? 나는 네가 벌써 다 끝낸 줄 알았지.
여 : 나 못 푸는 문제가 몇 개 있는데 너 나 좀 도와줄래?

해설 남자의 말 속 '写作业(숙제하다)'와 여자의 말 속 '题(문제)'를 근거로 숙제하고 있는 그림인 B가 정답이다.

단어 还 hái 부 아직도, 여전히 | 在 zài 부 ~하고 있는 중이다 | 写作业 xiě zuòyè 숙제하다 | 以为 yǐwéi ~라고 생각하다 | 早 zǎo 형 진작, 벌써 | 写 xiě 동 쓰다 | 完 wán 동 마치다, 완성하다(동사 뒤에 보어로 쓰여 완료를 나타냄) | 了 le 조 ~했다(완료를 나타냄) | 呢 ne 조 (평서문 끝에 써서 사실을 확인하는 어기를 나타냄) | 几 jǐ 수 몇 | 道 dào 양 문제를 세는 단위 | 题 tí 명 문제, 문항 | 会 huì 조동 ~할 줄 알다 | 帮 bāng 동 돕다

05
p. 34

女：我给你发的传真，你收到了吗？
男：还没呢。我刚才太忙了，现在去看。

여 : 제가 보낸 팩스 받으셨어요?
남 : 아직이요. 제가 방금 너무 바빠서요. 지금 보러 갈게요.

해설 여자의 말 속 '发的传真(보낸 팩스)'과 남자의 말 속 '我刚才太忙了(제가 방금 너무 바빠서요)'를 근거로 팩스기와 함께 남자가 업무하고 있는 그림인 C가 정답이다.

단어 给 gěi 전 ~에게 | 发 fā 동 보내다 | 传真 chuánzhēn 명 팩스 | 收到 shōudào 동 받다 | 还没 háiméi 아직 ~하지 않았다 | 呢 ne 조 (평서문 끝에 써서 사실을 확인하는 어기를 나타냄) | 刚才 gāngcái 부 방금 | 太…了 tài…le 너무 ~하다 | 忙 máng 형 바쁘다 | 现在 xiànzài 명 지금

A

B

C

D

E

▶ 01-08-1

01

p. 35

男：我这是第一次听小高唱歌，他唱得真不错。	남 : 저 이번에 처음으로 샤오가오가 <u>노래하는</u> 걸 들었는데, 노래를 정말 잘 부르네요.
女：<u>唱歌</u>和跳舞，他都是高水平。	여 : 그는 <u>노래</u>와 춤 모두 수준급이에요.

해설   남자와 여자의 말 속 '唱歌(노래 부르다)'를 근거로 정답은 C다.

단어   第一次 dì yī cì 몡 최초, 맨 처음으로 | 听 tīng 동 듣다 | 唱歌 chànggē 동 노래를 부르다 | 唱 chàng 동 노래하다 | 得 de 조 ~한 정도가(술어 뒤에서 정도를 나타내는 보어를 연결) | 真 zhēn 뷔 정말로, 참으로 | 不错 búcuò 혱 괜찮다, 좋다 | 和 hé 젭 ~와 | 跳舞 tiàowǔ 동 춤추다 | 水平 shuǐpíng 몡 수준

▶ 01-08-2

02

p. 35

女：我把需要注意的问题，都写在邮件里了。	여 : 주의해야 할 문제는 제가 <u>이메일</u>에 다 썼어요.
男：好的，<u>我现在就看</u>。	남 : 알겠어요. <u>지금 바로 볼게요.</u>

해설   여자가 '邮件(이메일)'에 주의해야 할 문제를 썼다고 하자 남자가 '바로 본다(现在就看)'고 하였으므로 이메일을 보기 위해 컴퓨터 앞에 앉아있는 남자의 모습인 E가 정답이다.

단어   把 bǎ 젠 ~을, ~를(목적어를 동사 앞으로 끌어내어 처리나 변화를 나타냄) | 需要 xūyào 동 필요하다 | 注意 zhùyì 동 주의하다 | 问题 wèntí 몡 문제 | 写 xiě 동 쓰다 | 邮件 yóujiàn 몡 이메일

03
p. 35

男：要练多久才能<u>画</u>得像你这么好?
女：这不是时间的问题，主要是要有兴趣。

남 : 얼마나 오래 연습을 해야 <u>너처럼 이렇게 잘 그릴 수 있을까?</u>
여 : 이건 시간의 문제가 아니야. 흥미가 있는지가 관건이지.

해설　남자의 말 속 '画(그리다)'를 근거로 그림을 그리고 있는 남녀의 모습인 A가 정답이다.

단어　要 yào 조동 ~해야 한다 | 练 liàn 동 연습하다 | 多久 duōjiǔ 때 얼마 동안 | 才 cái 부 비로소, 그제서야 | 能 néng 조동 ~할 수 있다 | 画 huà 동 그리다. 긋다 | 得 de 조 ~한 정도가(술어 뒤에서 정도를 나타내는 보어를 연결) | 像 xiàng 동 닮다. 비슷하다 | 这么 zhème 때 이렇게 | 好 hǎo 형 훌륭하다 | 时间 shíjiān 명 시간 | 问题 wèntí 명 문제 | 主要 zhǔyào 형 주요한 | 兴趣 xìngqù 명 흥미

04
p. 35

女：<u>面条儿好了</u>，你让姐姐下来一起吃饭。
男：好的，我去叫她。

여 : <u>국수가 다 되었으니</u> 누나 보고 내려와서 같이 밥 먹자고 해.
남 : 알겠어요. 제가 누나 부를게요.

해설　'面条儿好了(국수가 다 되었다)'라는 말을 근거로 요리를 하고 있는 동작이 나온 B가 정답임을 알 수 있다.

단어　面条儿 miàntiáor 명 국수 | 让 ràng 동 ~하라고 시키다. 만들다 | 姐姐 jiějie 명 누나, 언니 | 叫 jiào 동 부르다

05
p. 35

男：你爬那么高做什么?　小心点儿！
女：没关系，<u>厨房的灯坏了，我换个新的。</u>

남 : 너 그렇게 높이 올라가서 뭐 하는 거야? 조심해!
여 : 괜찮아. <u>주방의 등이 고장 나서 새것으로 바꾸려고.</u>

해설　여자의 말 속 '厨房的灯坏了，我换个新的(주방의 등이 고장 나서 새것으로 바꾼다)'라는 말을 근거로 여자가 전구를 교체하려는 동작이 나온 D가 정답이다.

단어　爬 pá 동 오르다 | 那么 nàme 때 그렇게, 저렇게나 | 小心 xiǎoxīn 동 조심하다 | 点儿 diǎnr 양 조금 | 厨房 chúfáng 명 주방 | 灯 dēng 명 형광등 | 坏 huài 형 고장 나다. 못쓰게 되다 | 换 huàn 동 바꾸다 | 新 xīn 형 새롭다. 새것이다

✔ 정답	1. E	2. C	3. A	4. B	5. D

A  B  C

D  E

▶ 01-11-1

01
p. 42

女: <u>这双鞋怎么样？</u> 穿着舒服吗？
男: 其他都还可以，就是有点儿高，<u>走路不太习惯</u>。

여 : <u>이 신발은 어때?</u> 신었을 때 편해?
남 : 다른 건 다 괜찮은데 조금 높네. <u>걸을 때 불편해</u>.

해설 여자의 말 속 '这双鞋怎么样(이 신발은 어때)'과 남자의 말 속 '走路不太习惯(걸을 때 불편하다)'을 근거로 남자와 여자는 현재 신발을 보면서 이야기하고 있음을 알 수 있다. 따라서 이와 관련된 동작을 하고 있는 E가 정답이다.

단어 双 shuāng 양 짝, 쌍 | 鞋 xié 명 신발 | 怎么样 zěnmeyàng 대 어떠하다 | 穿 chuān 동 입다, 신다 | 着 zhe 조 ~한 채로 (동작이나 상태의 진행, 지속) | 舒服 shūfu 형 편안하다 | 其他 qítā 대 기타 | 都 dōu 부 모두 | 还可以 háikěyǐ 그런대로 괜찮다 | 就是 jiùshì 부 확실히(확고한 어기를 나타냄) | 有点儿 yǒudiǎnr 부 조금 | 高 gāo 형 높다 | 走路 zǒulù 동 걷다 | 不太 bútài 그다지, 별로 | 习惯 xíguàn 동 습관이 되다

▶ 01-11-1

02
p. 42

男: 小李，早！你每天都来锻炼吗？
女: 没有，我只有周末的时候才出来跑跑步。

남 : 샤오리, 좋은 아침이야! 너 매일 와서 <u>운동해</u>?
여 : 아니, 나 주말에만 나와서 <u>뛰는 거야</u>.

해설 남자의 말 속 '锻炼(운동하다)'과 여자의 말 속 '跑跑步(뛰다)'라는 말을 근거로 남녀가 함께 운동을 하고 있는 그림인 C가 정답이다.

단어 每天 měitiān 명 매일 | 都 dōu 부 모두 | 锻炼 duànliàn 동 단련하다, 운동하다 | 只有…才… zhǐyǒu…cái… 접 단지 ~해야만 비로소 ~하다 | 周末 zhōumò 명 주말 | 的时候 deshíhou ~할 때 | 出来 chūlái 동 나오다 | 跑步 pǎobù 동 달리다, 뛰다

▶ 01-11-3

03

p. 42

| 女 : 你们一家人都喜欢足球吗? | 여 : 너희 가족 모두 축구 좋아해? |
| 男 : 是的，我们几乎每个周末都去踢球。 | 남 : 응. 우리는 거의 매일 주말마다 축구 하러 가. |

해설 여자와 남자의 말 속 '足球(축구)'와 '踢球(축구 하다)'를 근거로, 축구를 하고 있는 그림인 A가 정답이다.

단어 一家人 yìjiārén 몝 한 집안 식구 | 喜欢 xǐhuan 됭 좋아하다 | 足球 zúqiú 몝 축구 | 几乎 jīhū 본 거의 | 踢球 tī qiú 됭 공을 차다

▶ 01-11-4

04

p. 42

| 男 : 听说你最近对中国音乐很感兴趣。 | 남 : 듣자 하니 너 요즘 중국 음악에 관심 있다면서. |
| 女 : 是啊，我几乎每天都会听两三个小时。 | 여 : 맞아, 나 거의 매일 2, 3시간씩 들어. |

해설 남자의 말 속 '对中国音乐很感兴趣(중국 음악에 관심 있다)'와 여자의 말 속 '听(듣다)'을 근거로 음악을 듣고 있는 동작을 나타내는 B가 정답이다.

단어 听说 tīngshuō 듣자 하니 | 最近 zuìjìn 몝 최근 | 对 duì 졘 ~에 대해 | 感兴趣 gǎn xìngqù 됭 흥미를 느끼다 | 音乐 yīnyuè 몝 음악 | | 几乎 jīhū 본 거의 | 听 tīng 됭 듣다 | 小时 xiǎoshí 몝 시간

▶ 01-11-5

05

p. 42

| 女 : 这家饭店的环境真不错，很安静。 | 여 : 이 레스토랑의 환경은 정말 좋은 것 같아. 조용하고. |
| 男 : 对，这儿的菜也好吃极了，我经常和同事来。 | 남 : 맞아, 여기 음식도 무척 맛있어. 나 자주 동료랑 와. |

해설 여자의 말 속 '饭店(레스토랑)'과 남자의 말 속 '菜(음식)'를 근거로 레스토랑에서 식사를 하고 있는 그림인 D가 정답이다.

단어 家 jiā 몝 가게를 세는 양사 | 饭店 fàndiàn 몝 식당 | 环境 huánjìng 몝 환경 | 不错 búcuò 혬 괜찮다. 좋다 | 安静 ānjìng 혬 조용하다 | 菜 cài 몝 음식. 요리 | 好吃 hǎochī 혬 맛있다 | 极了 jíle (형용사 뒤에 보어로 쓰여) 매우 ~하다 | 经常 jīngcháng 본 자주, 종종 | 和 hé 졘 ~와 | 同事 tóngshì 몝 직장 동료

DAY 6

✓ 정답	1. D	2. E	3. A	4. B	5. C

A

B

C

D

E

▶ 01-12-1

01

p. 43

男：终于可以休息了！爬了一上午，我的脚都疼了。

女：那先坐着休息一会儿。

남 : 마침내 쉴 수 있네! 오전 내내 등산했더니 다리가 다 아파.

남 : 그럼 먼저 앉아서 좀 쉬어.

해설　남자의 말 속 '爬了一上午(오전 내내 등산했다)'와 남자와 여자의 말 속 '休息(쉬다)'를 근거로 등산 중에 쉬고 있는 그림인 D가 정답이다.

단어　终于 zhōngyú 閉 결국, 마침내 | 可以 kěyǐ 조동 ~해도 된다 | 休息 xiūxi 동 휴식하다, 쉬다 | 爬 pá 동 오르다 | 脚 jiǎo 명 발 | 疼 téng 형 아프다 | 那 nà 젭 그러면 | 先 xiān 閉 먼저 | 坐 zuò 동 앉다 | 着 zhe 조 ~한 채로 (동작이나 상태의 진행, 지속) | 一会儿 yíhuìr 양 잠시, 잠깐

▶ 01-12-2

02

p. 43

女：你的篮球打得真好！能教教我吗?

男：当然可以。

여 : 너 농구 굉장히 잘하는구나! 나 좀 가르쳐줄 수 있어?

남 : 당연하지.

해설　여자의 말 속 '篮球(농구)'를 근거로 농구하는 동작을 나타내는 E가 정답이다.

단어　篮球 lánqiú 명 농구 | 打 dǎ 동 치다, 때리다 | 得 de 조 ~한 정도개(술어 뒤에서 정도를 나타내는 보어를 연결) | 真 zhēn 閉 정말로, 참으로 | 能 néng 조동 ~할 수 있다 | 教 jiāo 동 가르치다 | 当然 dāngrán 형 당연하다 | 可以 kěyǐ 동 된다, 가능하다

16

03

p. 43

男：今天来动物园的人真多，我都站半个小时了，还没买到票。

女：可能是因为新来了两只大熊猫，大家都想看看。

남 : 오늘 동물원에 온 사람들이 정말 많네. 나 벌써 30분째 서 있는데 아직 표를 못 샀어.

여 : 아마 새로 온 판다 두 마리 때문일 거야. 모두 보고 싶어 하거든.

해설 남자의 말 속 '动物园(동물원)'과 줄 서는 동작을 연상시킬 수 있는 '站(서다)', '买票(표를 사다)'를 근거로 동물원 매표소 앞에 줄을 서고 있는 A가 정답이다.

단어 动物园 dòngwùyuán 몡 동물원 | 站 zhàn 동 서다 | 小时 xiǎoshí 몡 시간 | 还没 háiméi 아직 ~하지 않았다 | 到 dào (동사 뒤에 쓰여 보어로) 해내다. 목적을 달성하다 | 票 piào 몡 표 | 可能 kěnéng 부 아마도 | 因为 yīnwèi 접 ~때문에 | 只 zhī 양 마리(동물을 세는 단위) | 熊猫 xióngmāo 몡 판다

04

p. 43

女：能把我们都照进去吗？

男：没问题，小雪你再往中间点儿。

여 : 우리 모두 다 들어가게 찍을 수 있어?

남 : 문제없어, 샤오쉐. 네가 가운데로 좀 와.

해설 여자의 말 속 '照(사진을 찍다)'와 남자의 말 속 '再往中间点儿(가운데로 오다)'을 근거로 사진을 찍고 있음을 알 수 있다. 따라서 정답은 B다.

단어 能 néng 조동 ~할 수 있다 | 把 bǎ 전 ~을, ~를(목적어를 동사 앞으로 끌어내어 처리나 변화를 나타냄) | 照 zhào 몡 사진 | 进去 jìnqù 동 들어가다 | 再 zài 부 또, 다시 | 往 wǎng 전 ~을 향하여 | 中间 zhōngjiān 몡 가운데, 중간 | 点儿 diǎnr 양 조금

05

p. 43

男：你们这是要搬家吗？

女：是的，还住在附近，就在七号楼，欢迎你来我们新家玩儿。

남 : 너희 이거 이사하려고 하는 거야?

여 : 응. 그래도 근처에 살아. 바로 7동이야. 우리 새집에 놀러 오는 거 환영해.

해설 남자의 말 속 '搬家(이사하다)'를 근거로 이사를 하고 있음을 유추할 수 있는 C가 정답이다.

단어 要 yào 조동 ~하려고 하다 | 搬家 bānjiā 동 이사하다 | 还 hái 부 아직도, 여전히 | 住在 zhùzài ~에 살다 | 附近 fùjìn 몡 부근, 근처 | 就 jiù 부 바로 | 在 zài 전 ~에, ~에서 | 楼 lóu 몡 동, (건물의) 층 | 欢迎 huānyíng 동 환영하다

1. D 2. E 3. B 4. C 5. A

A  B  C

D  E

01
p. 50

女: 快看，树上是不是有只鸟？
男: 还真的有，它的嘴真长！

여 : 빨리 봐, 나무 위에 새 한 마리가 있지 않아?
남 : 정말 있네. 부리가 정말 길다!

해설 여자의 말 속 '有只鸟(새 한 마리가 있다)'를 근거로 새 그림인 D가 정답이다.

단어 树 shù 몡 나무 | 只 zhī 양 마리(동물을 세는 단위) | 鸟 niǎo 몡 새 | 还 hái 뮈 의외로(의외의 의미를 지닌 부사나 '真'과 같은 부사를 수반하여 의외라는 어감을 더욱 두드러지게 함) | 嘴 zuǐ 몡 입. 부리 | 长 cháng 혱 길다

02
p. 50

男: 这件衬衫怎么样？
女: 看起来比刚才那件好，你去试试吧。

남 : 이 셔츠는 어때?
남 : 아까 것보다 좋아 보이네. 가서 입어봐.

해설 남자의 말 속 '衬衫(셔츠)'와 옷을 나타내는 단위인 '件(벌)'을 근거로 정답은 E다.

단어 件 jiàn 양 벌(옷을 세는 양사) | 衬衫 chènshān 몡 셔츠, 블라우스 | 怎么样 zěnmeyàng 떼 어떠하다 | 看起来 kànqǐlái 보아하니, 보기에 | 比 bǐ 젠 ~보다 | 刚才 gāngcái 뮈 방금 | 试 shì 동 시도하다. 시험 삼아 해 보다

03

p. 50

女：你学会用筷子了？
男：是的，一个中国朋友教我的，我练习了好几
遍才学会。

여 : 너 젓가락질 할 줄 아네?
남 : 응. 한 중국인 친구가 나에게 가르쳐줬어. 여러 번 연
습하고 나서야 할 줄 알게 되었어.

해설 여자의 말 속 '用筷子(젓가락을 사용하다)'를 근거로 젓가락 그림은 B가 정답이다.

단어 学会 xuéhuì 图 배워서 ~할 줄 알다 | 用 yòng 图 사용하다 | 筷子 kuàizi 圀 젓가락 | 教 jiāo 图 가르치다 | 练习 liànxí 图 연
습하다 | 好几 hǎojǐ 꽤, 여러 | 遍 biàn 앵 번 | 才 cái 图 비로소, 그제서야

04

p. 50

男：冰箱里还有地方放这些鸡蛋和羊肉吗？
女：等一下，我打开看看，应该可以。

남 : 냉장고 안에 이 계란들과 양고기 넣을 자리가 있어?
여 : 잠시만. 내가 열어서 볼게. 분명 될 거야.

해설 남자의 말 속 '冰箱(냉장고)'을 근거로 정답은 C다.

단어 冰箱 bīngxiāng 圀 냉장고 | 还 hái 图 아직도, 여전히 | 地方 dìfang 圀 장소, 곳 | 放 fàng 图 놓다 | 这些 zhèxiē 떼 이것들
| 鸡蛋 jīdàn 圀 계란 | 和 hé 젭 ~과(와) | 羊肉 yángròu 圀 양고기 | 打开 dǎkāi 图 열다 | 应该 yīnggāi 조图 ~일 것이다 |
可以 kěyǐ 图 ~할 수 있다

05

p. 50

女：下雨了，我们等一会儿再回家吧。
男：我带着伞呢，现在走吧。

여 : 비 온다. 우리 좀 더 기다렸다가 집에 가자.
남 : 나 우산 있어. 지금 가자.

해설 여자의 말 속 '下雨(비 오다)'와 남자의 말 속 '伞(우산)'을 근거로 정답은 A다.

단어 下雨 xiàyǔ 图 비가 오다 | 了 le 조 ~로 되었다(변화를 나타냄) | 等 děng 图 기다리다 | 一会儿 yíhuìr 앵 잠시, 잠깐 | 再 zài
图 또, 다시 | 回家 huíjiā 图 집에 가다 | 带 dài 图 가져가다, 지니다 | 着 zhe 조 ~해 있다(동작이나 상태의 진행, 지속) | 伞 sǎn
圀 우산 | 呢 ne 조 (평서문 끝에 써서 사실을 확인하는 어기, 상대방이 믿도록 하거나 사태나 상황의 단정을 나타냄) | 现在 xiànzài
圀 지금 | 走 zǒu 图 가다, 걷다

✓ 정답	1. A	2. E	3. C	4. B	5. D

A

B

C

D

E

▶ 01-16-1

01
p. 51

男 : 快来吃水果。
女 : 我刚才吃了几块西瓜，现在不想吃了。

남 : 빨리 와서 <u>과일</u> 먹어.
여 : 나 방금 수박 몇 조각 먹어서 지금은 먹고 싶지 않아.

해설　남자의 말 속 '水果(과일)'를 근거로 정답은 A다.

단어　水果 shuǐguǒ 몡 과일 | 刚才 gāngcái 閈 방금 | 几 jǐ 囹 몇 | 块 kuài 앵 덩이, 조각 | 西瓜 xīguā 몡 수박

▶ 01-16-2

02
p. 51

女 : 这么多东西，一次能搬完吗?
男 : 没问题，我找了搬家公司，会来一辆大车。

여 : 이렇게나 많은 물건을 한 번에 옮길 수 있어?
남 : 문제없어. 나 <u>이삿짐센터</u> 찾았어. 큰 대형차 한 대가 올 거야.

해설　여자의 말 속 '这么多东西(이렇게나 많은 물건)', '搬(옮기다)'과 남자의 말 속 '搬家公司(이삿짐센터)'를 근거로 정답은 E다.

단어　这么 zhème 떼 이렇게 | 次 cì 앵 번, 횟수 | 能 néng 조동 ~할 수 있다 | 搬 bān 됭 운반하다, 옮기다 | 完 wán 됭 끝내다 | 找 zhǎo 됭 찾다 | 搬家公司 bānjiā gōngsī 몡 이삿짐센터 | 会 huì 조동 ~일 것이다 | 来 lái 됭 오다 | 辆 liàng 앵 대(차량 등을 세는 단위)

20

03

p. 51

男: 你妹妹去哪儿了?
女: 她在洗手间给小狗洗澡呢。

남 : 네 여동생 어디 갔어?
여 : 화장실에서 <u>강아지 목욕시키고</u> 있어.

해설 여자의 말 속 '给小狗洗澡(강아지에게 목욕을 시키다)'라는 말을 근거로 정답은 C다.

단어 妹妹 mèimei 명 여동생 | 洗手间 xǐshǒujiān 명 화장실 | 给 gěi 전 ~에게 | 小狗 xiǎogǒu 명 강아지 | 洗澡 xǐzǎo 동 샤워하다 | 呢 ne 조 (동작이나 상태의 진행이나 지속을 나타냄)

04

p. 51

女: 这家饭店什么菜最好吃?
男: 只听说这儿的鱼做得不错，别的不太了解。

여 : 이 식당은 무슨 <u>음식</u>이 가장 맛있어?
남 : 여기 <u>생선</u>을 잘한다는 것만 들었어. 다른 건 잘 몰라.

해설 여자의 말 속 '菜(음식)'와 남자의 말 속 '鱼(생선)'를 근거로 정답은 B다.

단어 家 jiā 양 가게를 세는 양사 | 饭店 fàndiàn 명 식당 | 菜 cài 명 음식, 요리 | 最 zuì 부 가장, 제일 | 好吃 hǎochī 형 맛있다 | 只 zhǐ 부 단지, 오로지 | 听说 tīngshuō 듣자 하니 | 鱼 yú 명 물고기, 생선 | 做 zuò 동 하다 | 得 de 조 ~한 정도가(술어 뒤에서 정도를 나타내는 보어를 연결) | 不错 búcuò 형 괜찮다, 좋다 | 别的 biéde 대 다른 것 | 不太 bútài 그다지, 별로 | 了解 liǎojiě 동 알다, 이해하다

05

p. 51

男: 这马虽然长得矮，但是跑得很快。
女: 是吗? 那我们来比一比，看谁的马能跑第一。

남 : 이 <u>말</u>은 비록 작지만 굉장히 빨리 뛰어.
여 : 정말? 그럼 우리 한번 겨뤄보자. 누구의 <u>말</u>이 1등으로 달릴 수 있는지.

해설 남자와 여자의 말 속 '马(말)'를 근거로 정답은 D다.

단어 马 mǎ 명 말 | 虽然…但是… suīrán…dànshì… 접 비록 ~할지라도 그러나 ~하다 | 长 cháng 동 자라다, 생기다 | 得 de 조 ~한 정도가(술어 뒤에서 정도를 나타내는 보어를 연결) | 矮 ǎi 형 (키가) 작다 | 跑 pǎo 동 달리다 | 比 bǐ 동 겨루다 | 第一 dìyī 수 제1, 첫째

A

B

C

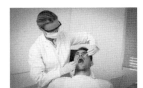

D

E

▶ 01-19-1

01

p. 58

女：看，我妈爸上个月去旅游的照片。

男：他们看起来真年轻。

여 : 봐, 우리 엄마 아빠의 저번 달 여행 사진이야.

남 : 굉장히 젊어 보이신다.

해설   여자의 말 속 '旅游的照片(여행 사진)'을 근거로 여행지 배경에 인물이 나온 E가 정답이다.

단어   上个月 shàng ge yuè 저번 달 | 旅游 lǚyóu 동 여행하다 | 照片 zhàopiàn 명 사진 | 看起来 kànqǐlái 보아하니, 보기에 |
年轻 niánqīng 형 젊다

▶ 01-19-2

02

p. 58

男：我的照相机坏了，上次我们去北京旅游时拍
的照片都没了。

女：没关系，我这儿有，一会儿发给你。

남 : 나 사진기가 고장 났어. 저번에 우리 베이징 여행 갔
을 때 사진이 모두 없어졌어.

여 : 괜찮아. 나한테 있어. 이따가 보내줄게.

해설   남자의 말 속 '去北京旅游的时候的照片(베이징 여행 갔을 때 사진)'을 근거로 베이징을 상징하는 그림인 A가 정답이다.

단어   照相机 zhàoxiàngjī 명 사진기 | 坏 huài 형 고장 나다, 못쓰게 되다 | 上次 shàngcì 지난번, 저번 | 北京 Běijīng 지명 베이징
| 旅游 lǚyóu 동 여행하다 | 时 shí 명 때, 무렵 | 照片 zhàopiàn 명 사진 | 一会儿 yíhuìr 양 곧, 잠시 | 发 fā 동 보내다, 발송
하다

03
p. 58

女：您好！我们几点能上飞机？
男：不好意思，还要再等一会儿。

여 : 안녕하세요! 저희 몇 시에 <u>비행기</u> 탈 수 있나요?
남 : 죄송합니다. 아직 좀 더 기다리셔야 해요.

해설 여자의 말 속 '上飞机(비행기를 타다)'를 근거로 비행기를 탈 수 있는 공항 그림인 B가 정답이다.

단어 能 néng 조동 ~할 수 있다 | 上 shàng 동 (탈 것 따위에) 오르다 | 飞机 fēijī 명 비행기 | 还 hái 부 아직도, 여전히 | 要 yào 조동 ~해야 한다 | 再 zài 부 또, 다시 | 等 děng 동 기다리다 | 一会儿 yíhuìr 양 잠시, 잠깐

04
p. 58

男：<u>医生</u>，我右边最里边的<u>牙疼</u>。
女：别动，我给你<u>检查</u>一下。

남 : <u>의사 선생님</u>. 저 오른쪽 가장 안쪽의 <u>이가 아파요</u>.
여 : 움직이지 마세요, 제가 <u>검사해</u> 드릴게요.

해설 남자의 말 속 '医生(의사 선생님)', '牙疼(이가 아프다)'과 여자의 말 속 '检查(검사하다)'를 근거로 치과 병원 그림인 C가 정답이다.

단어 医生 yīshēng 명 의사 | 右边 yòubian 명 오른쪽 | 最 zuì 부 가장, 제일 | 里边 lǐbian 명 안쪽. 내부 | 牙 yá 명 치아 | 疼 téng 형 아프다 | 别 bié 부 ~하지 마라 | 动 dòng 동 움직이다 | 检查 jiǎnchá 동 검사하다 | 一下 yíxià 양 좀 ~하다

05
p. 58

女：<u>服务员</u>，我可以<u>试一下这双皮鞋</u>吗？
男：当然，您穿多大号的？

여 : <u>저기요</u>. 제가 <u>이 구두를 신어볼</u> 수 있을까요?
남 : 당연하죠, 사이즈 몇 신으세요?

해설 여자의 말 속 '服务员(종업원)'과 '试一下这双皮鞋(이 구두를 신어보다)'를 근거로 이 대화의 배경은 상점임을 알 수 있다. 따라서 정답은 D다.

단어 服务员 fúwùyuán 명 종업원 | 可以 kěyǐ 조동 ~할 수 있다 | 试 shì 시도하다 | 一下 yíxià 양 좀 ~하다 | 双 shuāng 양 짝, 쌍 | 皮鞋 píxié 명 구두 | 穿 chuān 동 입다. 신다 | 多大 duōdà 얼마 | 号 hào 명 사이즈

✓ 정답	1. D	2. A	3. B	4. C	5. E

A 　　　B 　　　C

D 　　　E

▶ 01-20-1

01

p. 59

男: 你看，这里很漂亮吧？ 风景非常美。
女: 是的，这里是哪儿啊？

남 : 봐봐, 여기 예쁘지? 풍경이 매우 아름다워.
여 : 그렇네, 여기는 어디야?

해설 남자의 말 속 '这里很漂亮吧(이곳은 매우 예쁘다)'와 '风景非常美(풍경이 매우 아름답다)'를 근거로 아름다운 풍경이 있는 D가 정답이다.

단어 漂亮 piàoliang 형 예쁘다 | 风景 fēngjǐng 명 경치, 풍경 | 美 měi 형 아름답다 | 哪儿 nǎr 대 어디

▶ 01-20-2

02

p. 59

女: 下车吧，我们到了，这就是我的公司。
男: 这么快就到了？ 我以为很远呢。

여 : 내리자. 우리 다 왔어. 여기가 내 회사야.
남 : 이렇게나 빨리 도착했어? 나는 먼 줄 알았어.

해설 여자의 말 속 '这就是我的公司(여기가 바로 나의 회사이다)'를 근거로 회사로 보이는 건물 그림인 A가 정답이다.

단어 下车 xiàchē 동 하차하다, 차에서 내리다 | 到 dào 동 도착하다 | 这么 zhème 대 이렇게 | 以为 yǐwéi 동 ～라고 생각하다(주관적인 생각), 알다 | 远 yuǎn 형 멀다 | 呢 ne 조 (평서문 끝에 써서 사실을 확인하는 어기를 나타냄)

03

p. 59

男：雪下得真大，你看你头发都变白了。
女：你还笑我，你也一样。

남 : 눈이 정말 많이 오네. 네 머리가 모두 하얘졌어.
여 : 너 날 비웃는 거야. 너도 똑같아.

해설　남자의 말 속 '雪下得真大(눈이 정말 많이 오다)'를 근거로 눈이 많이 오는 사진인 B가 정답이다.

단어　雪 xuě 명 눈 | 下 xià 동 내리다 | 得 de 조 ~한 정도가(술어 뒤에서 정도를 나타내는 보어를 연결) | 头发 tóufa 명 머리카락 | 变 biàn 동 변하다, 바뀌다 | 白 bái 형 하얗다, 희다 | 还 hái 부 조차, 까지도 | 笑 xiào 동 비웃다 | 也 부 ~도, 역시 | 一样 yíyàng ~와 같다

04

p. 59

男：你记得这个体育馆吗?
女：当然了，过去我和我哥哥常常来这里打篮球。

남 : 너 이 체육관 기억해?
여 : 당연하지. 옛날에 나랑 우리 오빠랑 자주 여기 와서 농구 했어.

해설　남자의 말 속 '体育馆(체육관)'과 여자의 말 속 '打篮球(농구를 하다)'를 근거로 정답은 C다.

단어　记得 jìde 동 기억하다 | 体育馆 tǐyùguǎn 명 체육관 | 过去 guòqù 명 과거, 예전 | 和 hé 접 ~과(와) | 打篮球 dǎ lánqiú 동 농구를 하다

05

p. 59

女：你最喜欢哪个季节?
男：夏天，因为可以去河边游泳。

여 : 넌 어떤 계절을 가장 좋아해?
남 : 여름. 왜냐면 강에 가서 수영할 수 있잖아.

해설　여자의 말 속 '季节(계절)'와 남자의 말 속 '夏天(여름)', '去河边游泳(강에 가서 수영하다)'을 근거로 정답은 E다.

단어　最 zuì 부 가장, 제일 | 喜欢 xǐhuan 동 좋아하다 | 哪个 nǎge 대 어느 (것) | 季节 jìjié 명 계절 | 夏天 xiàtiān 명 여름 | 因为 yīnwèi 접 ~때문에 | 可以 kěyǐ 조동 ~할 수 있다 | 河边 hébiān 명 강가, 강변 | 游泳 yóuyǒng 동 수영하다

听力 제2부분 **단문 듣기**   시크릿 기출 테스트

DAY 11 ✓ 정답 1. X 2. ✓ 3. ✓ 4. ✓ 5. ✓

▶ 02-04-1

01
p. 66

我们买个新的空调吧，现在用的这个还是我们结婚的时候买的，已经用了好几年了，太旧了。

우리 새 에어컨 사자. 지금 쓰는 이건 우리 결혼할 때 산 것인데, 벌써 사용한 지 몇 년이나 돼서 너무 낡았어.

★ 他们现在用的空调坏了。

★ 그들이 현재 사용하는 에어컨은 고장 났다. (×)

해설 에어컨 설명에 관한 내용 '已经用了好几年了, 太旧了(벌써 몇 년을 써서 너무 낡았어)'와 ★표 문장의 서술어 부분의 '坏(고장 나다)'는 서로 일치하지 않으므로 정답은 ×다.

단어 买 mǎi 图 사다 | 空调 kōngtiáo 명 에어컨 | 吧 ba 조 ~하자(청유, 제의) | 用 yòng 图 사용하다 | 结婚 jiéhūn 图 결혼하다 | 时候 shíhou 명 때, 무렵 | 已经 yǐjīng 児 이미, 벌써 | 好几 hǎojǐ 꽤, 여러 | 旧 jiù 형 낡다, 오래되다 | 坏 huài 형 고장 나다, 망가지다

▶ 02-04-2

02
p. 66

王阿姨是我的邻居，她对人热情，也很关心我，总能帮我解决一些问题，我们关系非常好。

왕 아주머니는 나의 이웃으로, 사람들에게 친절하며 나에게도 많은 관심을 주신다. 항상 내가 문제들을 해결할 수 있도록 도와주셔서 우리의 관계는 매우 좋다.

★ 王阿姨很热情。

★ 왕 아주머니는 친절하다. (✓)

해설 왕 아주머니에 대한 내용 중 '对人热情(사람에게 친절하다)'은 ★표 문장의 술어 부분인 '热情(친절하다)'과 완벽히 일치하므로 정답은 ✓다.

단어 阿姨 āyí 명 아주머니 | 邻居 línjū 명 이웃 | 对 duì 전 ~에 대하여 | 热情 rèqíng 형 친절하다 | 也 yě 児 ~도, 역시 | 关心 guānxīn 图 관심을 기울이다 | 总 zǒng 児 항상 | 能 néng 조동 ~할 수 있다 | 帮 bāng 图 돕다 | 解决 jiějué 图 해결하다 | 一些 yìxiē 양 약간, 조금 | 问题 wèntí 명 문제 | 关系 guānxi 명 관계

▶ 02-04-3

03
p. 66

这个房子真的很不错，房子后边还有一个小花园，像您这么喜欢小动物，有个花园就很方便。

이 집은 정말 괜찮아요. 집 뒤에 작은 꽃밭도 있는데, 당신처럼 동물을 좋아하시면 꽃밭이 있는 게 매우 편리해요.

★ 花园不大。

★ 꽃밭은 크지 않다. (✓)

해설 녹음 지문의 '有一个小花园(작은 꽃밭이 있다)'을 근거로 꽃밭은 크지 않음을 알 수 있다. 그러나 ★표 문장의 서술어 부분은 '不大(크지 않다)'라고 하였으므로 정답은 ✓다.

단어 房子 fángzi 명 집 | 不错 búcuò 형 괜찮다, 좋다 | 后边 hòubian 명 뒤쪽 | 花园 huāyuán 명 화원, 꽃밭 | 像 xiàng 图 마치 ~과 같다 | 这么 zhème 데 이렇게, 이와 같은 | 喜欢 xǐhuan 图 좋아하다 | 动物 dòngwù 명 동물 | 方便 fāngbiàn 형 편리하다

04

p. 66

去中国留学不但能提高汉语水平，你还可以有很多机会认识中国朋友。

중국으로 유학 가는 것은 중국어 실력을 향상시킬 수 있을 뿐만 아니라, 중국 친구를 알게 될 많은 기회도 생길 수 있을 것이다.

★ 去中国留学可以提高汉语水平。

★ 중국으로 유학을 가는 것은 중국어 실력을 향상시킬 수 있다. (✓)

해설 　중국으로 유학을 가는 것은 '能提高汉语水平(중국어 실력을 향상시킬 수 있다)'고 하였으므로 ★표 문장과 완벽히 일치한다. 지문의 조동사는 '能'이고 ★표 문장에선 '可以'이지만, 모두 '~할 수 있다'는 뜻이므로 같은 내용을 나타낸다.

단어 　留学 liúxué 图 유학하다 | 不但…还… búdàn…hái… 젭 ~뿐만 아니라 또~ | 能 néng 조동 ~할 수 있다 | 提高 tígāo 图 끌어올리다, 향상시키다 | 汉语 Hànyǔ 고유 중국어 | 水平 shuǐpíng 명 수준 | 可以 kěyǐ 조동 ~할 수 있다 | 机会 jīhuì 명 기회 | 认识 rènshi 图 알다

05

p. 66

女儿小的时候总是和这只狗一起玩，还经常给它洗澡。现在女儿长大了，狗也老了。

딸이 어렸을 때 항상 이 강아지와 함께 놀았고, 자주 강아지 목욕도 시켜 주었다. 지금은 딸도 컸고 강아지도 늙었다.

★ 那只狗老了。

★ 그 강아지는 늙었다. (✓)

해설 　★표 문장의 주어와 서술어 부분 모두 녹음 지문의 '狗也老了(강아지도 늙었다)'와 완벽히 일치하므로 정답은 ✓다.

단어 　女儿 nǚ'ér 명 딸 | 小 xiǎo 형 (나이가) 어리다 | 时候 shíhòu 명 때, 무렵 | 总是 zǒngshì 분 항상, 늘 | 和 hé 전 ~과(와) | 只 zhī 양 마리(동물을 세는 단위) | 狗 gǒu 명 개, 강아지 | 一起 yìqǐ 분 같이, 더불어 | 玩 wán 图 놀다 | 还 hái 분 게다가, 그리고 | 经常 jīngcháng 분 자주, 종종 | 洗澡 xǐzǎo 图 샤워하다 | 长大 zhǎngdà 图 자라다, 성장하다 | 了 le 조 ~로 되었다(변화를 나타냄) | 也 yě 분 ~도, 역시 | 老 lǎo 형 늙다

DAY 12

✓ 정답	1. X	2. ✓	3. ✓	4. X	5. X

01

p. 66

那个行李箱比较大，能放很多东西，颜色也很好看，就是有点儿贵，要一千块了，如果能便宜点儿就好了。

그 트렁크는 비교적 커서 많은 물건을 넣을 수 있고 색깔도 예쁘지만, 조금 비싸다. 1,000위안이나 되는데, 조금만 더 저렴하면 좋겠다.

★ 那个行李箱不贵。

★ 그 트렁크는 비싸지 않다. (X)

해설 　그 트렁크는 '就是有点儿贵，要一千块了(조금 비싸며 1,000위안이나 된다)'라고 하였지만 ★표 문장에서는 '不贵(비싸지 않다)'라고 하였으므로 서술어 부분이 일치하지 않는다. 따라서 정답은 X다.

단어 　行李箱 xínglǐxiāng 명 트렁크, 짐 가방 | 比较 bǐjiào 분 비교적 | 大 dà 형 크다 | 能 néng 조동 ~할 수 있다 | 放 fàng 图 놓다 | 颜色 yánsè 명 색깔 | 也 yě 분 ~도, 역시 | 好看 hǎokàn 형 예쁘다 | 就 jiù 분 단지, 다만 | 有点儿 yǒudiǎnr 분 조금 | 贵 guì 형 비싸다 | 一千 yìqiān 쉬 1,000 | 块 kuài 양 위안 | 如果 rúguǒ 젭 만약 | 便宜 piányi 형 싸다 | 点儿 diǎnr 양 조금

02

p. 66

这只猫长得真快啊！我记得去年冬天来你家玩儿的时候它还很小，<u>才几个月的时间就长这么大了。</u>

★ 那只猫大了很多。

이 고양이는 정말 빨리 자라는구나! 내 기억에 작년 겨울 너희 집에 놀러 왔을 때만 해도 아직 작았는데, <u>몇 개월 만에 벌써 이렇게나 컸네.</u>

★ 그 고양이는 많이 컸다. (✓)

해설 고양이에 대한 내용 중 '才几个月的时间就长这么大了(몇 개월 만에 벌써 이렇게나 커졌다)'를 근거로 이 고양이는 많이 컸음을 알 수 있다. 따라서 녹음 지문과 ★표 문장은 서로 일치한다.

단어 只 zhī 양 마리(동물을 세는 단위) | 猫 māo 명 고양이 | 长 zhǎng 동 자라다, 생기다 | 得 de 조 ~한 정도가(술어 뒤에서 정도를 나타내는 보어를 연결) | 记得 jìde 동 기억하다 | 去年 qùnián 명 작년 | 冬天 dōngtiān 명 겨울 | 玩儿 wánr 동 놀다 | 时候 shíhou 명 때, 무렵 | 还 hái 부 아직도, 여전히 | 才 cái 부 겨우 | 时间 shíjiān 명 시간 | 就 jiù 부 바로, 벌써 | 这么 zhème 대 이렇게 | 大 dà 형 크다

03

p. 66

刚才那个题是关于数学的，<u>比较简单，</u>大家都回答对了。

★ 那个题不难。

방금 그 문제는 수학에 관한 것인데, <u>비교적 간단해서</u> 모두 맞게 대답했다.

★ 그 문제는 어렵지 않다. (✓)

해설 녹음 지문의 '比较简单(비교적 간단하다)'과 ★표 문장의 '不难(어렵지 않다)'은 같은 의미이므로 서로 일치한다.

단어 刚才 gāngcái 명 방금 | 题 tí 명 문제 | 关于 guānyú 전 ~에 관하여 | 数学 shùxué 명 수학 | 比较 bǐjiào 부 비교적 | 简单 jiǎndān 형 간단하다 | 回答 huídá 동 대답하다 | 难 nán 형 어렵다

04

p. 66

<u>女儿最喜欢的动物是大熊猫，</u>她觉得大熊猫特别可爱。每次我们带她去动物园，走的时候她都要去和大熊猫说再见。

★ 女儿害怕大熊猫。

<u>딸이 가장 좋아하는 동물은 판다인데,</u> 딸은 판다가 매우 귀엽다고 생각한다. 매번 우리가 딸을 데리고 동물원에 가면, 집에 갈 때마다 딸은 꼭 판다와 작별 인사를 해야만 한다.

★ 딸은 판다를 무서워한다. (×)

해설 녹음 지문의 '最喜欢的动物是大熊猫(가장 좋아하는 동물은 판다이다)'와 ★표 문장의 '害怕(무서워하다)'는 서로 상반된 의미이다. 따라서 정답은 ×다.

단어 女儿 nǚ'ér 명 딸 | 最 zuì 부 가장, 제일 | 喜欢 xǐhuan 동 좋아하다 | 动物 dòngwù 명 동물 | 大熊猫 dàxióngmāo 명 판다 | 特别 tèbié 부 특히 | 可爱 kě'ài 형 귀엽다 | 每次 měicì 매번 | 带 dài 동 이끌다, 데리다 | 动物园 dòngwùyuán 명 동물원 | 走 zǒu 동 떠나다, 가다 | 时候 shíhou 명 때, 무렵 | 害怕 hàipà 동 무서워하다

05

p. 66

我很小的时候，爸妈就出国了，一直都是爷爷奶奶在照顾我，<u>他们对我的影响最大。</u>

★ 哥哥对说话人的影响最大。

내가 아주 어렸을 때 아빠와 엄마는 외국에 나가셔서 줄곧 할아버지와 할머니께서 나를 돌봐주셨는데, <u>할아버지와 할머니는 나에게 가장 큰 영향을 끼치셨다.</u>

★ 화자에 대한 형(오빠)의 영향이 가장 크다. (×)

해설　녹음 지문에서 나에 대한 영향이 큰 사람은 '爷爷奶奶(할아버지 할머니)'인데 ★표 문장의 주어는 '哥哥(형, 오빠)'로 서로 일치하지 않는다. 따라서 정답은 ×다.

단어　时候 shíhou 몡 때, 무렵 | 就 jiù 閉 곧, 바로 | 出国 chūguó 동 출국하다 | 了 le 조 ~했다(완료를 나타냄) | 一直 yìzhí 閉 줄곧, 계속해서 | 照顾 zhàogù 동 돌보다 | 对 duì 젠 ~에 대하여 | 影响 yǐngxiǎng 몡 영향 | 说话人 shuōhuàrén 몡 말하는 사람, 화자

DAY 13

| ✓ 정답 | 1. ✓ | 2. ✓ | 3. ✓ | 4. ✗ | 5. ✗ |

▶ 02-09-1

01

p. 70

我的猫在哪儿都能睡觉，有时在我的帽子里，有时在我的包里，我经常找不到它。

나의 고양이는 어디에서나 잠을 잘 수 있다. 어떤 때는 내 모자 안, 어떤 때는 내 가방 안에 있어서, 나는 종종 고양이를 못 찾는다.

★ 说话人的猫有时候会在包里睡觉。

★ 화자의 고양이는 간혹 가방 안에서 잔다. (✓)

해설　나의 고양이는 '有时在我的包里(가끔은 나의 가방 안에서)' 잠을 자므로 ★표 문장의 내용과 서로 일치한다.

단어　猫 māo 몡 고양이 | 在 zài 젠 ~에, ~에서 | 能 néng 조동 ~할 수 있다 | 睡觉 shuìjiào 동 자다 | 有时 yǒushí 閉 때로는, 어떤 때, 간혹 | 帽子 màozi 몡 모자 | 包 bāo 몡 가방 | 经常 jīngcháng 閉 자주, 종종 | 找不到 zhǎobudào 찾을 수 없다

▶ 02-09-2

02

p. 70

他从小就喜欢画画儿，而且特别喜欢画小动物，他画的狗、猫、鸟几乎跟真的一样。

그는 어렸을 때부터 그림 그리는 것을 좋아했는데, 동물을 그리는 것을 특히 좋아했다. 그가 그린 강아지, 고양이, 새는 거의 진짜와 똑같았다.

★ 他爱画小动物。

★ 그는 동물을 그리는 것을 좋아한다. (✓)

해설　그가 그리기 좋아하는 대상은 '小动物(동물)'로 이는 ★표 문장의 대상과 서로 일치하므로 정답은 ✓다.

단어　从 cóng 젠 ~로부터 | 喜欢 xǐhuan 동 좋아하다 | 画 huà 동 (그림을) 그리다 | 画儿 huàr 몡 그림 | 而且 érqiě 접 게다가, 뿐만 아니라 | 特别 tèbié 閉 특히 | 动物 dòngwù 몡 동물 | 狗 gǒu 몡 개, 강아지 | 猫 māo 몡 고양이 | 鸟 niǎo 몡 새 | 几乎 jīhū 閉 거의 | 跟…一样 gēn…yíyàng ~과 같다

▶ 02-09-3

03

p. 70

我们家旁边有个公园，公园后面是一条小河。小时候，爷爷奶奶经常带我去河边的草地上玩儿。

우리 집 옆에는 공원이 하나 있고, 공원 뒤에는 작은 강이다. 어렸을 때 할아버지 할머니는 자주 나를 데리고 강가의 풀밭으로 놀러 가셨다.

★ 说话人家在公园附近。

★ 화자의 집은 공원 근처에 있다. (✓)

해설　녹음 지문의 '我们家旁边有个公园(우리 집 옆에 공원이 하나 있다)'이라는 것은 화자(说话人)의 집이 '公园附近(공원 근처)'이라는 것과 같은 의미이므로 정답은 ✓다.

단어　旁边 pángbiān 몡 옆, 옆쪽 | 公园 gōngyuán 몡 공원 | 后面 hòumiàn 몡 뒤, 뒤쪽 | 条 tiáo 양 강을 세는 단위 | 河 hé 몡 강 | 经常 jīngcháng 閉 자주, 종종 | 带 dài 동 이끌다, 데리다 | 河边 hébiān 몡 강가, 강변 | 草地上 cǎodì 몡 풀밭 | 玩儿 wánr 동 놀다 | 附近 fùjìn 몡 부근, 근처

04

p. 70

过去，他喜欢每天早上起床后，一边吃早饭，一边看报纸。现在，他没有这个习惯了，因为太忙了，没时间了。

옛날에 그는 매일 아침에 일어난 후에 아침을 먹으면서 신문을 보는 것을 좋아했다. 지금은 이런 습관이 없어졌는데 너무 바빠서 시간이 없기 때문이다.

★ 他喜欢喝牛奶。

★ 그는 우유 마시는 것을 좋아한다. (×)

해설 그가 과거에 좋아했던 대상은 '一边吃早饭, 一边看报纸(아침을 먹으면서 신문을 보는 것)'인데 ★표 문장의 좋아하는 대상은 '喝牛奶(우유 마시다)'이므로 서로 일치하지 않는다. 또한 과거의 이러한 습관이 현재는 없어졌다고 했으므로 정답은 ×다.

단어 过去 guòqù 몡 과거, 옛날 | 喜欢 xǐhuan 통 좋아하다 | 起床 qǐchuáng 통 일어나다 | 后 hòu 몡 후 | 一边…一边… yìbiān…yìbiān… ~하면서 ~하다 | 报纸 bàozhǐ 몡 신문 | 习惯 xíguàn 몡 습관 | 因为 yīnwèi 젭 ~때문에 | 喝 hē 통 마시다 | 牛奶 niúnǎi 몡 우유

05

p. 70

你妈晚上和朋友们在外面吃饭，所以我们要自己做饭了，让我看看冰箱里有什么吃的。

네 엄마가 저녁에 친구들과 밖에서 밥을 먹는다고 하니. 우리가 직접 밥을 해야겠어. 냉장고 안에 먹을 것이 뭐가 있는지 좀 볼게.

★ 妈妈晚上在家吃饭。

★ 엄마는 저녁에 집에서 밥을 먹는다. (×)

해설 녹음 지문에서 엄마는 '在外面吃饭(밖에서 밥을 먹는다)'이라고 하였지만 ★표 문장의 전치사 대상은 '家(집)'이므로 대상이 일치하지 않는다. 따라서 정답은 ×다.

단어 在 zài 젠 ~에, ~에서 | 外面 wàimiàn 몡 밖 | 所以 suǒyǐ 젭 그래서, 그러니까 | 自己 zìjǐ 떼 자신 | 做饭 zuòfàn 통 밥하다 | 让 ràng 통 ~하라고 시키다, 만들다 | | 冰箱 bīngxiāng 몡 냉장고

DAY 14

| ✓ 정답 | 1. × | 2. × | 3. × | 4. ✓ | 5. × |

01

p. 70

我二零零九年参加工作，在银行工作了两年以后，才来到这家公司。

나는 2009년에 일을 시작해 은행에서 2년 일한 후에야 이 회사로 왔다.

★ 说话人在银行工作。

★ 화자는 은행에서 일한다. (×)

해설 화자는 '在银行工作了两年以后, 才来到这家公司(은행에서 2년 일한 후에야 이 회사로 왔다)'라고 하였으므로 현재 일하는 곳은 '이 회사'이다. 그러나 ★표 문장의 일하는 곳, 즉 전치사의 대상은 '银行(은행)'이므로 녹음 지문과 ★표 문장은 서로 일치하지 않는다.

단어 参加 cānjiā 통 참가하다 | 工作 gōngzuò 몡통 일, 일하다 | 在 zài 젠 ~에, ~에서 | 银行 yínháng 몡 은행 | 以后 yǐhòu 몡 이후 | 才 cái 튄 비로소, 그제서야 | 家 jiā 앵 가정·가게·기업 등을 세는 단위 | 公司 gōngsī 몡 회사

02

p. 70

您先看看这种颜色的怎么样？这种手机很便宜，只要一千多块钱，现在买很合适。

이런 색상은 어떤지 먼저 보시겠어요? 이 휴대폰은 저렴해요. 천 위안 남짓이면 되니 지금 사는 게 적당하죠.

★ 他们在买空调。

★ 그들은 에어컨을 사고 있다. (×)

해설 　녹음 지문에서 언급된 대상은 '手机(휴대폰)'이지만 ★표 문장의 구매 대상은 '空调(에어컨)'이므로 서로 일치하지 않는다.

단어 　颜色 yánsè 뗑 색깔 | 怎么样 zěnmeyàng 떼 어떠하다 | 手机 shǒujī 뗑 휴대폰 | 便宜 piányi 뼝 싸다 | 只 zhǐ 唱 단지, 오로지 | 合适 héshì 뼝 적합하다 | 在 zài 唱 ~하고 있는 중이다 | 空调 kōngtiáo 뗑 에어컨

03

p. 70

我的邻居周叔叔是做新闻工作的，我很喜欢和他聊天儿，因为每次从他那里都能听到不少新鲜事。

나의 이웃인 저우 아저씨는 뉴스 일을 하는 사람이다. 나는 아저씨와 이야기하는 것을 좋아하는데 매번 그에게서 새로운 사건들을 많이 들을 수 있기 때문이다.

★ 叔叔在饭店工作。

★ 아저씨는 호텔에서 일한다. (×)

해설 　녹음 지문의 '做新闻工作(뉴스 일을 하다)'를 근거로 아저씨는 방송국에서 일한다는 것을 알 수 있다. 그러나 ★표 문장의 일하는 곳은 '饭店(호텔)'이므로 전치사의 대상이 일치하지 않는다.

단어 　邻居 línjū 뗑 이웃 | 周 Zhōu 뗑 저우, 주[성(姓)] | 叔叔 shūshu 뗑 숙부, 아저씨 | 做 zuò 동 하다 | 新闻 xīnwén 뗑 뉴스 | 工作 gōngzuò 동뗑 일, 일하다 | 聊天儿 liáotiān(r) 동 잡담하다 | 因为 yīnwèi 젭 ~때문에 | 从 cóng 젠 ~부터 | 新鲜 xīnxiān 뼝 신선하다 | 事 shì 뗑 사건, 일 | 饭店 fàndiàn 뗑 호텔

04

p. 70

关于这次的考试成绩，我已经给大家发电子邮件了。有问题的同学可以问我。

이번 시험 성적에 관해 나는 이미 여러분에게 메일을 보냈어요. 문제가 있는 학생은 나한테 물어보면 돼요.

★ 说话人给大家发邮件了。

★ 화자는 모두에게 메일을 보냈다. (✓)

해설 　화자는 성적에 관해서 '给大家发电子邮件了(모두에게 메일을 보냈다)'고 하였으므로 ★표 문장의 대상과 술어 부분이 녹음 지문과 일치한다는 것을 알 수 있다.

단어 　关于 guānyú 젠 ~에 관하여 | 考试 kǎoshì 뗑 시험 | 成绩 chéngjì 뗑 성적 | 已经 yǐjīng 唱 이미, 벌써 | 给 gěi 젠 ~에게 | 发 fā 동 (메일, 문서 등을) 보내다, 발송하다 | 电子邮件 diànziyóujiàn 뗑 이메일(전자 우편) | 问题 wèntí 뗑 문제 | 同学 tóngxué 뗑 교사가 학생을 부를 때 쓰는 말, 학우 | 可以 kěyǐ 조동 ~해도 좋다 | 问 wèn 동 물어보다

05

p. 70

小夏，你下午没其他事吧？跟我去机场接几位从北京来的客人。

샤오샤. 너 오후에 다른 일 없지? 나랑 같이 베이징에서 오는 손님 몇 분 마중하러 공항에 가자.

★ 小夏下午要去北京。

★ 샤오샤는 오후에 베이징에 가려고 한다. (×)

해설 　녹음 지문의 '北京(베이징)'은 손님을 수식하는 단어이지 샤오샤가 가려고 하는 장소는 아니므로 정답은 ×다.

단어 　下午 xiàwǔ 뗑 오후 | 其他 qítā 떼 기타 | 事 shì 뗑 일 | 吧 ba 조 ~이다(확신에 찬 추측) | 跟 gēn 젠 ~과(와) | 机场 jīchǎng 뗑 공항 | 接 jiē 동 받다, 마중하다 | 位 wèi 양 분(사람을 세는 단위) | 北京 Běijīng 지명 베이징 | 客人 kèrén 뗑 손님

▶ 02-14-1

01

p. 75

明天晚上有几个客人要来玩儿，我看冰箱里没什么东西了，今天下班以后我们一起去超市买点儿吧。

내일 저녁에 손님 몇 분이 놀러 올 건데, 냉장고에 먹을 것도 없는 것 같아. 오늘 퇴근한 뒤에 우리 같이 슈퍼마켓에 가서 좀 사자.

★ 明天晚上有客人来。

★ 내일 저녁에 손님이 온다. (√)

해설   손님이 오는 시간에 관해 녹음 지문과 ★표 문장의 시간명사가 모두 '明天晚上(내일 저녁)'으로 서로 일치한다.

단어   明天 míngtiān 명 내일 | 晚上 wǎnshang 명 저녁 | 几 jǐ 주 몇 | 客人 kèrén 명 손님 | 要 yào 조동 ~할 것이다 | 冰箱 bīngxiāng 명 냉장고 | 下班 xiàbān 동 퇴근하다 | 以后 yǐhòu 명 이후 | 一起 yìqǐ 부 같이, 더불어 | 超市 chāoshì 명 슈퍼마켓

▶ 02-14-2

02

p. 75

我现在正在开会，不太方便说话，等会议一结束，我就给你打电话，好吗?

내가 지금 회의 중이어서 말하기가 좀 곤란해. 회의 끝나자마자 바로 전화할게. 알았지?

★ 会议已经结束了。

★ 회의는 이미 끝났다. (✕)

해설   녹음 지문은 '正在开会(회의 중이다)'로 현재 진행 중임을 나타내는 부사가 쓰였지만 ★표 문장의 부사와 술어는 '已经结束了(이미 끝났다)'이므로 서로 일치하지 않는다.

단어   正在 zhèngzài 부 ~하고 있는 중이다 | 开会 kāihuì 동 회의를 열다 | 不太 bútài 그다지, 별로 | 方便 fāngbiàn 형 편리하다 | 会议 huìyì 명 회의 | 一…就… yì…jiù… ~하자마자 바로 ~하다 | 结束 jiéshù 동 끝나다 | 打电话 dǎ diànhuà 동 전화하다 | 已经 yǐjīng 부 이미, 벌써 | 结束 jiéshù 동 끝나다

▶ 02-14-3

03

p. 75

张先生，请您先看一下这上面的要求，如果您都同意的话，请在最下面写上您的名字。

장 선생님, 여기 위쪽의 요구 사항을 먼저 봐주세요. 만약 동의하시면 가장 아래쪽에 선생님의 성함을 써 주세요.

★ 张先生还没写名字。

★ 장 선생님은 아직 이름을 쓰지 않았다. (√)

해설   녹음에서 언급한 바와 같이 성함을 쓰는 것은 '如果您都同意的话(당신이 동의한다면)'라는 가정의 상황이므로 아직 이름을 쓰지 않았다는 것을 알 수 있다. ★표 문장의 부사 '还没(아직 ~하지 않다)' 역시 발생하지 않은 사건을 나타내므로 서로 일치한다.

단어   先生 xiānsheng 명 선생님, 씨(성인 남자에 대한 존칭) | 先 xiān 부 먼저 | 要求 yāoqiú 명 요구, 요망 | 如果 rúguǒ 접 만약 | 同意 tóngyì 동 동의하다 | 的话 dehuà 만약에, ~라고 한다면 | 写 xiě 동 쓰다 | 名字 míngzi 명 이름 | 还没 háiméi 아직 ~하지 않았다

04
p. 75

姐姐结婚后变得非常忙，她白天上班，晚上回家还要照顾孩子，但她说不觉得累。

★ 姐姐现在没有工作。

언니는 결혼 후에 매우 바빠졌다. 낮에는 출근하고 저녁에는 집에 와서 아이도 돌봐야 하지만, 힘들지 않다고 말한다.

★ 언니는 현재 일이 없다. (✕)

해설　녹음 지문의 '白天上班(낮에는 출근한다)'을 통해 언니는 일을 하고 있다는 것을 알 수 있다. 그러나 ★표 문장에는 '没有工作(일이 없다)'라고 하였으므로 서로 일치하지 않는다.

단어　结婚 jiéhūn 图 결혼하다 | 变 biàn 图 변하다, 바뀌다 | 得 de 조 ~한 정도가(술어 뒤에서 정도를 나타내는 보어를 연결) | 忙 máng 형 바쁘다 | 白天 báitiān 명 낮 | 上班 shàngbān 图 출근하다 | 晚上 wǎnshang 명 저녁 | 回家 huíjiā 图 집에 가다 | 还 hái 뷔 또, 더 | 照顾 zhàogù 图 돌보다 | 孩子 háizi 명 아이 | 但 dàn 젭 그러나, 그렇지만 | 说 shuō 图 말하다 | 觉得 juéde 图 ~라고 생각하다 | 累 lèi 형 피곤하다, 힘들다 | 工作 gōngzuò 명 일, 직업

05
p. 75

我上午突然有事，所以没去参加会议，经理在会上说什么了？

★ 说话人没参加会议。

나 오전에 갑자기 일이 있어서 회의에 참가하지 못했어. 팀장님이 회의에서 뭐라고 했어?

★ 화자는 회의에 참가하지 않았다. (✓)

해설　녹음 지문과 ★표 문장의 '没参加会议(회의에 참가하지 않았다)'가 서로 일치하므로 정답은 ✓다.

단어　上午 shàngwǔ 명 오전 | 突然 tūrán 뷔 갑자기, 돌연히 | 所以 suǒyǐ 젭 그리하여 | 参加 cānjiā 图 참가하다 | 会议 huìyì 명 회의 | 经理 jīnglǐ 명 팀장 | 会 huì 명 모임, 회의

DAY 16　✔ 정답　1. ✕　2. ✕　3. ✕　4. ✓　5. ✕

01
p. 75

五月是花开的季节，这个时候山上一定很漂亮。如果你不忙，我们周六去爬山吧。

★ 说话人想周日去爬山。

5월은 꽃 피는 계절이어서 이 무렵엔 산이 분명 예쁠 거야. 만약 너 바쁘지 않으면 우리 토요일에 등산 가자.

★ 화자는 일요일에 등산하러 가고 싶어 한다. (✕)

해설　화자는 상대방에게 '周六去爬山吧(토요일에 등산 가자)'라고 제안하였지만 ★표 문장에 시간명사가 周日(일요일)이므로 서로 일치하지 않는다.

단어　花 huā 명 꽃 | 开 kāi 图 피다 | 季节 jìjié 명 계절 | 时候 shíhou 명 때, 무렵 | 一定 yídìng 뷔 꼭, 반드시 | 漂亮 piàoliang 형 예쁘다 | 如果 rúguǒ 젭 만약 | 忙 máng 형 바쁘다 | 周六 zhōuliù 명 토요일 | 爬山 páshān 图 등산하다 | 吧 ba 조 ~합시다 (제안) | 想 xiǎng 조동 ~하고 싶다 | 周日 zhōurì 명 일요일

02

p. 75

同学们，如果谁还要借书或者还书的话，请在这周五前去图书馆。<u>从下个星期开始，图书馆就不开门了。</u>

★ 图书馆已经关门了。

학생 여러분, 만약 책을 빌리거나 책을 반납해야 한다면 이번 주 금요일 전에 도서관에 가세요. <u>다음 주부터 도서관이 문을 열지 않아요.</u>

★ 도서관은 이미 문을 닫았다. (×)

해설 도서관이 문을 열지 않는 시점은 '下个星期(다음 주)'이지만 ★표 문장에는 '已经(이미)'이라고 하였으므로 부사 때문에 녹음 지문과 일치하지 않는다. 따라서 정답은 ×다.

단어 同学 tóngxué 몡 학우, 교사가 학생을 부를 때 쓰는 말 | 如果 rúguǒ 졥 만약 | 谁 shéi 떼 누구 | 还 hái 뷔 아직도, 여전히 | 要 yào 조동 ~하려고 하다 | 借 jiè 통 빌리다 | 书 shū 몡 책 | 或者 huòzhě 졥 혹은, 또는 | 还 huán 통 돌려주다 | 的话 dehuà ~라고 한다면 | 图书馆 túshūguǎn 몡 도서관 | 从 cóng 젼 ~부터 | 开始 kāishǐ 통 시작하다 | 下个星期 xià ge xīngqī 다음 주 | 就 jiù 뷔 곧, 즉시 | 开门 kāimén 통 문을 열다 | 已经 yǐjīng 뷔 이미 | 关门 guānmén 통 문을 닫다

03

p. 75

<u>昨天晚上雨下得很大，</u>城市的街道像被洗过一样，变得非常干净。

★ 昨天晚上没下大雨。

어제저녁에 비가 많이 와서 도시의 거리가 마치 씻겨진 것처럼 매우 깨끗해졌다.

★ 어제저녁에 비가 많이 오지 않았다. (×)

해설 녹음 지문과 ★표 문장에서 '비가 많이 내리다'라는 뜻으로 '雨下得很大'와 '下大雨'로 나타냈지만 ★표 문장 서술어 앞에 부정부사 '没(~하지 않았다)'가 있으므로 정답은 ×다.

단어 雨 yǔ 몡 비 | 下 xià 통 내리다 | 得 de 조 ~한 정도가(술어 뒤에서 정도를 나타내는 보어를 연결) | 城市 chéngshì 몡 도시 | 街道 jiēdào 몡 거리 | 像…一样 xiàng…yíyàng 마치 ~과 같이 | 被 bèi 젼 ~에 의하여(피동을 나타냄) | 洗 xǐ 통 씻다 | 过 guo 조 ~한 적이 있다 | 变 biàn 통 변하다, 바뀌다 | 干净 gānjìng 형 깨끗하다

04

p. 75

<u>明天早上公司有一个很重要的会议，我一早就要过去，</u>你送儿子去学校吧。

★ 说话人明天早上要开会。

내일 아침 회사에 중요한 회의가 있어서 아침 일찍부터 가야 해요. 당신이 아들을 학교에 데려다줘요.

★ 화자는 내일 아침에 회의를 해야 한다. (✓)

해설 '明天早上公司有一个很重要的会议(내일 아침 회사에 중요한 회의가 있다)'는 말은 ★표 문장의 시간명사와도 일치하고, 서술어 부분 '要开会(회의해야 한다)'도 같은 의미이므로 정답은 ✓다.

단어 公司 gōngsī 몡 회사 | 重要 zhòngyào 형 중요하다 | 会议 huìyì 몡 회의 | 一…就… yī…jiù… ~하자마자 바로 ~하다 | 早 zǎo 형 (때가) 이르다, 빠르다 | 要 yào 조동 ~해야 한다 | 过去 guòqu 통 가다 | 送 sòng 통 보내다 | 儿子 érzi 몡 아들 | 学校 xuéxiào 몡 학교 | 开会 kāihuì 통 회의를 열다

05

p. 75

上周我从学校图书馆里借了一本书。现在已经看完了，<u>我打算明天去把它还了。</u>

저번 주에 나는 학교 도서관에서 책 한 권을 빌렸다. 이제다 봤으니 <u>나는 내일 이것을 반납할 계획이다.</u>

★ 说话人已经把书还了。

★ 화자는 이미 책을 반납했다. (×)

해설 녹음 지문 속 화자는 '打算明天去把它还了(내일 이것을 반납할 계획이다)'라고 했지만 ★표 문장의 부사는 '已经(이미)'이므로 시간이 일치하지 않는다. 따라서 정답은 ×다.

단어 上周 shàngzhōu 몡 지난 주 | 从 cóng 젠 ~부터 | 学校 xuéxiào 몡 학교 | 图书馆 túshūguǎn 몡 도서관 | 借 jiè 통 빌리다 | 本 běn 양 권(책을 세는 양사) | 书 shū 몡 책 | 现在 xiànzài 몡 지금 | 已经 yǐjīng 뷔 이미 | 完 wán 통 마치다, 완성하다(동사 뒤에 보어로 쓰여 완료를 나타냄) | 打算 dǎsuàn 통 ~할 계획이다, 생각이다 | 把 bǎ 젠 ~을, ~를(목적어를 동사 앞으로 끌어내어 처리나 변화를 나타냄) | 它 tā 떼 그것(사람 이외의 것을 나타냄) | 还 huán 통 돌려주다

DAY 17

✓ 정답   1. ✓   2. ✓   3. ✗   4. ✓   5. ✓

01

p. 80

数学老师的字写得太小了，黑板上的那些题我都看不清楚，<u>下次上课我必须往前面坐。</u>

수학 선생님이 글씨를 너무 작게 쓰셔서 난 칠판 위의 문제들이 잘 보이지 않는다. <u>다음번 수업에 나는 기필코 앞쪽에 앉을 것이다.</u>

★ 说话人决定以后往前坐。

★ 화자는 나중에 앞에 가서 앉기로 결정했다. (✓)

해설 '下次上课我必须往前面坐(다음번 수업에 나는 반드시 앞쪽에 앉을 것이다)'는 ★표 문장의 '决定以后往前坐(나중에 앞에 가서 앉기로 결정했다)'와 의미가 일치하므로 정답은 ✓다.

단어 数学 shùxué 몡 수학 | 老师 lǎoshī 몡 선생님 | 字 zì 몡 글자 | 写 xiě 통 쓰다 | 得 de 조 ~한 정도가(술어 뒤에서 정도를 나타내는 보어를 연결) | 小 xiǎo 혱 작다 | 黑板 hēibǎn 몡 칠판 | 那些 nàxiē 떼 그것들 | 题 tí 몡 문제 | 都 dōu 뷔 모두 | 清楚 qīngchu 혱 분명하다 | 下次 xiàcì 몡 다음번 | 上课 shàngkè 통 수업하다 | 必须 bìxū 뷔 반드시 | 往 wǎng 젠 ~을 향하여 | 决定 juédìng 통 결정하다

02

p. 80

看足球比赛的主要有两种人：一种是懂足球、爱足球的；<u>一种是见别人看也跟着看的。</u>

축구 시합을 보는 사람은 주로 두 종류이다. 한 종류는 축구를 알고 축구를 좋아하는 것이고, <u>다른 종류는 다른 사람이 보는 것을 보고 따라서 보는 것이다.</u>

★ 有些看足球赛的人不懂足球。

★ 축구 시합을 보는 어떤 사람들은 축구를 모른다. (✓)

해설 '见别人看也跟着看的(다른 사람이 보는 것을 보고 따라서 보는 것이다)'는 ★표 문장의 '不懂足球(축구를 모른다)'라는 상황을 유추할 수 있으므로 정답은 ✓다.

단어 足球 zúqiú 몡 축구 | 比赛 bǐsài 몡 경기, 시합 | 主要 zhǔyào 혱 주요한, 주된 | 懂 dǒng 통 알다, 이해하다 | 爱 ài 통 ~하길 좋아하다 | 见 jiàn 통 보다 | 别人 biérén 몡 남, 타인 | 也 yě 뷔 ~도, 역시 | 跟着 gēnzhe 젠 ~을 따라서

▶ 02-19-3

03
p. 80

如果你要去的地方不太远, 可以骑自行车去, 很方便, 而且也能运动运动。

만약 당신이 가려고 하는 곳이 멀지 않다면 자전거를 타고 가도 된다. 편리하고 또한 운동도 할 수 있다.

★ 说话人认为可以坐地铁去。

★ 화자는 지하철을 타도 된다고 생각한다. (×)

해설 녹음 지문 속 화자의 제안은 '可以骑自行车去(자전거를 타고 가도 된다)'이지 ★표 문장의 '坐地铁(지하철을 타다)'가 아니므로 정답은 ×다.

단어 如果 rúguǒ 젭 만약 | 地方 dìfang 몡 장소, 곳 | 不太 bútài 그다지, 별로 | 远 yuǎn 혱 멀다 | 可以 kěyǐ 조동 ~할 수 있다 | 骑 qí 동 타다 | 自行车 zìxíngchē 몡 자전거 | 方便 fāngbiàn 혱 편리하다 | 而且 érqiě 젭 게다가, 뿐만 아니라 | 也 yě 뷔 ~도, 역시 | 能 néng 조동 ~할 수 있다 | 运动 yùndòng 동 운동하다 | 地铁 dìtiě 몡 지하철

▶ 02-19-4

04
p. 80

小青是我最好的朋友, 不只是因为我们从小就认识, 更重要的是我们爱好也一样, 都喜欢音乐。

샤오칭이 나의 가장 친한 친구인 것은, 단순히 우리가 어렸을 때부터 알고 지냈기 때문만이 아니다. 더 중요한 것은 우리는 취미도 같고, 둘 다 음악을 좋아한다는 것이다.

★ 说话人和小青关系很好。

★ 화자와 샤오칭의 관계는 좋다. (✓)

해설 '小青是我最好的朋友(샤오칭은 나의 가장 친한 친구이다)'를 미루어 샤오칭과 나의 관계는 좋다는 것을 유추할 수 있으므로 정답은 ✓다.

단어 最 zuì 뷔 가장, 제일 | 不只 bùzhǐ 젭 ~뿐만 아니라 | 因为 yīnwèi 젭 ~때문에 | 认识 rènshi 동 알다 | 更 gèng 뷔 더욱 | 重要 zhòngyào 혱 중요하다 | 一样 yíyàng 혱 같다 | 喜欢 xǐhuan 동 좋아하다 | 音乐 yīnyuè 몡 음악 | 和 hé 젭 ~과(와) | 关系 guānxi 몡 관계

▶ 02-19-5

05
p. 80

同学们, 我刚才讲的都懂了吗? 如果有什么不懂的或者不同意的, 欢迎大家下课后来找我。

여러분, 제가 방금 말한 것 다 이해했나요? 만약 이해가 안 가거나 동의하지 않는다면 수업 끝나고 저를 찾아와도 좋아요.

★ 说话人正在上课。

★ 화자는 수업을 하고 있다. (✓)

해설 녹음 속 '同学们(학우들), 我刚才讲的都懂了吗(제가 방금 말한 것 모두 이해했나요)' 그리고 '下课(수업이 끝나다)'라는 단어를 근거로 화자는 현재 수업을 하고 있음을 알 수 있다. 따라서 정답은 ✓다.

단어 刚才 gāngcái 뷔 방금 | 讲 jiǎng 동 말하다, 이야기하다 | 懂 dǒng 동 알다, 이해하다 | 如果 rúguǒ 젭 만약 | 或者 huòzhě 젭 혹은, 또는 | 同意 tóngyì 동 동의하다 | 欢迎 huānyíng 동 환영하다 | 下课 xiàkè 동 수업을 마치다 | 找 zhǎo 동 찾다 | 正在 zhèngzài 뷔 ~하고 있는 중이다 | 上课 shàngkè 동 수업하다

▶ 02-20-1

01

p. 80

早上我在电子信箱里看到了我的成绩单，**我的成 绩比过去有了很大的提高**。今天一天我都很高 兴。

아침에 나는 이메일로 내 성적표를 보았다. <u>나의 성적은 옛날보다 많이 향상되어서</u> 오늘 하루 내내 기뻤다.

★ 说话人的成绩不错。

★ 화자의 성적은 좋다. (✓)

해설   '我的成绩比过去有了很大的提高(나의 성적은 옛날보다 많이 향상되었다)'를 근거로 나의 성적이 좋다는 것을 유추할 수 있다. 따라서 정답은 ✓다.

단어   电子信箱 diànzǐ xìnxiāng 이메일, 전자 우편함 | 成绩单 chéngjìdān 몡 성적표 | 成绩 chéngjì 몡 성적 | 比 bǐ 젠 ~보다 | 过去 guòqù 몡 과거 | 了 le 조 ~로 되었다(변화를 나타냄) | 提高 tígāo 동 향상하다 | 高兴 gāoxìng 혱 기쁘다, 즐겁다

▶ 02-20-2

02

p. 80

<u>这次比赛的新要求</u>和需要注意的一些问题网上都 有，你上网看一下，回去跟同学们也说一下。

<u>이번 시합의 새로운 요구</u>와 주의해야 할 몇 가지 문제들 이 인터넷에 다 있으니 네가 인터넷으로 좀 봐. 돌아가서 친구들에게도 말해주고.

★ 比赛要求有变化。

★ 시합의 요구에는 변화가 있다. (✓)

해설   '这次比赛的新要求(이번 시합의 새로운 요구)'를 근거로 ★ 표 질문의 시합의 요구에 '有变化(변화가 있다)'라는 내용을 유추할 수 있으므로 정답은 ✓다.

단어   这次 zhècì 때 이번 | 比赛 bǐsài 몡 경기, 시합 | 要求 yāoqiú 몡 요구 | 需要 xūyào 동 필요하다 | 注意 zhùyì 동 주의하다 | 一些 yìxiē 앵 약간, 조금 | 问题 wèntí 몡 문제 | 上网 shàngwǎng 동 인터넷을 하다 | 变化 biànhuà 몡 변화

▶ 02-20-3

03

p. 80

你看看这个题，开始大家以为很容易，没想到， <u>到下课也没做出来</u>。

너 이 문제 좀 봐봐. 처음에는 다들 쉬운 줄 알았는데 뜻 밖에도 <u>수업이 끝날 때까지 풀지 못했어.</u>

★ 这个题很难。

★ 이 문제는 어렵다. (✓)

해설   처음에는 쉽다고 생각했지만 '到下课也没做出来(수업이 끝날 때까지 풀지 못했어)'를 근거로 문제가 어려웠음을 유추할 수 있다. 따라서 정답은 ✓다.

단어   题 tí 몡 문제 | 开始 kāishǐ 몡 처음, 시작(의 단계) | 以为 yǐwéi 동 생각하다, 알다(주관적으로 추측한 결과가 사실과 일치하지 않음) | 容易 róngyì 혱 쉽다 | 没想到 méixiǎngdào 생각지 못하다, 뜻밖이다 | 到 dào 젠 ~까지

▶ 02-20-4

04
p. 80

我有一条小狗，和它在一起的时间越久，我越觉得它很聪明、可爱。

★ 说话人不喜欢小狗。

나에게는 강아지 한 마리가 있는데 강아지와 함께한 시간이 길어질수록 나는 강아지가 똑똑하고 귀엽다고 생각한다.

★ 화자는 강아지를 싫어한다. (×)

해설 녹음 지문 속 화자의 견해는 '我越觉得它很聪明、可爱(나는 강아지가 똑똑하고 귀엽다고 생각한다)'이므로 ★표 문장의 不喜欢(좋아하지 않는다)과 일치하지 않는다. 따라서 정답은 ×다.

단어 条 tiáo 양 마리(물고기, 개 등과 같이 가늘고 긴 것을 셀 때 쓰는 양사) | 小狗 xiǎogǒu 명 강아지 | 越…越… yuè … yuè … ~할수록 ~하다 | 久 jiǔ 형 오래되다, (시간이) 길다 | 觉得 juéde 동 느끼다, 생각하다 | 聪明 cōngming 형 똑똑하다, 총명하다 | 可爱 kě'ài 형 귀엽다

▶ 02-20-5

05
p. 80

有些人不喜欢吃蛋糕，是因为太甜了；有些人不喜欢吃蛋糕，是因为害怕长胖。但小孩子看见蛋糕是不会客气的，他们认为蛋糕越甜越好吃。

★ 小孩子爱吃蛋糕。

어떤 사람들은 케이크 먹는 것을 좋아하지 않는데, 너무 달다는 것 때문이고, 어떤 사람들이 케이크 먹는 것을 좋아하지 않는 것은 살이 찔까 두려워서이다. 하지만 어린 아이들은 케이크를 보면 사양하지 않는데, 아이들은 케이크가 달수록 더 맛있다고 생각한다.

★ 아이들은 케이크 먹는 것을 좋아한다. (✓)

해설 '小孩子看见蛋糕是不会客气的(아이들은 케이크를 보면 사양하지 않는다)'를 근거로 아이들은 케이크를 좋아한다는 것을 유추할 수 있으므로 정답은 ✓다.

단어 有些 yǒuxiē 대 일부, 어떤 | 蛋糕 dàngāo 명 케이크 | 因为 yīnwèi 접 ~때문에 | 甜 tián 형 달다 | 害怕 hàipà 동 무서워하다 | 长胖 zhǎngpàng 동 살찌다 | 但 dàn 접 그러나, 그렇지만 | 客气 kèqi 동 사양하다 | 认为 rènwéi 동 여기다, ~라고 생각하다 | 越…越… yuè … yuè … ~할수록 ~하다 | 好吃 hǎochī 형 맛있다

DAY 19

✓ 정답	1. ×	2. ✓	3. ×	4. ✓	5. ✓

▶ 02-25-1

01
p. 87

张先生，你的腿没有什么大问题，只是运动过多，以后注意锻炼的时间不要太长。

★ 张先生锻炼得太少了。

장 선생님, 선생님 다리에 별 큰 문제는 없습니다. 다만 운동을 지나치게 많이 한 것이니 앞으로 너무 오랫동안 운동하지 않도록 주의하세요.

★ 장 선생님은 너무 적게 운동한다. (×)

해설 '运动过多(운동을 너무 많이 하다)'는 ★표 문장의 '锻炼得太少(너무 적게 운동하다)'와 정반대이므로 정답은 ×다.

단어 腿 tuǐ 명 다리 | 问题 wèntí 명 문제 | 只是 zhǐshì 부 다만, 오직 | 过多 guòduō 과다하다, 지나치게 많다 | 注意 zhùyì 동 주의하다 | 锻炼 duànliàn 동 단련하다, 운동하다 | 时间 shíjiān 명 시간

02
p. 87

人们越来越离不开手机。现在的手机不但能打电话、上网，还可以用来开关空调和电灯。

사람들은 점점 더 휴대전화와 떼려야 뗄 수 없다. 현재의 휴대전화는 전화, 인터넷뿐만 아니라 에어컨과 전등을 켜고 끄는 데도 사용된다.

★ 手机对生活的影响非常大。

★ 휴대전화가 생활에 미치는 영향은 매우 크다. (✓)

해설 '不但能打电话、上网，还可以用来开关空调和电灯(전화, 인터넷뿐만 아니라 에어컨과 전등을 켜고 끄는 데도 사용된다)'에 근거하면 휴대전화의 쓰임은 생활 깊숙이 관여하고 있으므로 영향이 매우 크다는 것을 유추할 수 있다. 따라서 정답은 ✓다.

단어 越来越 yuèláiyuè 图 갈수록 | 离不开 líbukāi 떨어질 수 없다 | 手机 shǒujī 몡 휴대전화 | 不但…还… búdàn…hái… 젭 ~뿐만 아니라 ~도 | 能 néng 조통 ~할 수 있다 | 打电话 dǎ diànhuà 통 전화하다 | 上网 shàngwǎng 통 인터넷을 하다 | 可以 kěyǐ 조통 ~할 수 있다 | 用来 yònglái 통 ~에 쓰이다 | 开关 kāi guān (전기 설비 등의 전원을) 켜고 끄다 | 空调 kōngtiáo 몡 에어컨 | 电灯 diàndēng 몡 전등 | 对 duì 젠 ~에 대하여 | 生活 shēnghuó 몡 생활 | 影响 yīngxiǎng 몡 영향

03
p. 87

黄河是中国第二大长河，长五千四百多千米。它从西向东，经过很多个城市。

황허강은 중국에서 두 번째로 긴 강으로 길이가 5천4백여 킬로미터다. 황허강은 서쪽에서 동쪽으로 많은 도시를 거쳐 간다.

★ 黄河只经过一个城市。

★ 황허강은 도시 하나만 거쳐 간다. (×)

해설 '经过很多个城市(많은 도시를 거쳐 간다)'는 ★표 문장의 '只经过一个城市(하나의 도시만 거쳐 간다)'와 일치하지 않으므로 정답은 ×다.

단어 黄河 Huánghé 고유 황허강 | 长 cháng 혱 길다 | 河 hé 몡 강 | 长 cháng 혱 길이 | 多 duō 주 (수량사 뒤에 쓰여) ~여, 남짓 | 千米 qiānmǐ 양 킬로미터(㎞) | 向 xiàng 젠 ~을 향해서 | 经过 jīngguò 통 거치다, 지나가다 | 城市 chéngshì 몡 도시 | 只 zhǐ 图 단지, 오로지

04
p. 87

服务员，我们这儿少了一双筷子和一个碗，还有，把菜单也拿过来，我们要再点两个菜。

여기요. 저희 젓가락 한 벌과 그릇 하나가 부족해요. 그리고 메뉴판도 주세요. 저희 음식 두 개 더 시키려고요.

★ 他们还要点菜。

★ 그들은 음식을 더 주문하려고 한다. (✓)

해설 '我们要再点两个菜(저희 음식 두 개 더 시키려고요)'와 ★표 문장의 '还要点菜(음식을 더 주문하다)'는 서로 일치하므로 정답은 ✓다.

단어 服务员 fúwùyuán 몡 종업원 | 少 shǎo 혱 부족하다, 모자라다 | 双 shuāng 양 짝, 쌍 | 筷子 kuàizi 몡 젓가락 | 碗 wǎn 양 그릇, 공기 | 还有 háiyǒu 젭 그리고, 또 | 把 bǎ 젠 ~을, ~를(목적어를 동사 앞으로 끌어내어 처리나 변화를 나타냄) | 菜单 càidān 몡 메뉴판 | 拿 ná 통 집다, 가지다 | 再 zài 图 또, 다시 | 点 diǎn 통 주문하다 | 菜 cài 몡 요리, 음식

▶ 02-25-5

05

p. 87

除了记得带护照外，大家还要注意，<u>考试时只能用铅笔答题</u>，听明白了吗?

여권을 챙기는 것 외에도, <u>시험 때 연필로만 답안을 작성할 수 있다</u>는 것을 주의해야 해요. 알겠나요?

★ 考试时要带铅笔。

★ 시험 때 연필을 챙겨야 한다. (✓)

해설 '考试时只能用铅笔答题(시험 때 연필로만 답안을 작성할 수 있다)'는 연필이 반드시 필요하다는 의미이다. 따라서 ★표 문장의 '要带铅笔(연필을 챙겨야 한다)'는 녹음 지문의 의미와 일치한다.

단어 除了…外 chúle… wài ~이외에 | 记得 jìde 통 기억하다 | 带 dài 통 가져가다, 지니다 | 护照 hùzhào 명 여권 | 注意 zhùyì 통 주의하다 | 考试 kǎoshì 명통 시험(을 보다) | 时 shí 명 때, 시기 | 只 zhǐ 튀 단지, 오로지 | 用 yòng 통 사용하다 | 铅笔 qiānbǐ 명 연필 | 答题 dátí 통 시험 문제에 답하다, 문제를 풀다, 해답을 쓰다 | 明白 míngbai 통 이해하다, 알다

DAY 20

✔ 정답	1. ✓	2. ✓	3. ✗	4. ✗	5. ✓

▶ 02-26-1

01

p. 87

<u>老师说话的时候，你要人认真听</u>，不要老是"一个耳朵进，一个耳朵出。"

<u>선생님이 말씀하실 때 넌 열심히 들어야 해.</u> 항상 '한 귀로 듣고 한 귀로 흘리지' 말고.

★ 要认真听老师说的话。

★ 선생님의 말씀을 열심히 들어야 한다. (✓)

해설 화자의 견해는 '老师说话的时候，你要人认真听(선생님이 말씀하실 때 넌 열심히 들어야 해)'이므로 ★표 문장의 견해와 서로 일치한다. 따라서 정답은 ✓다.

단어 老师 lǎoshī 명 선생님 | 说话 shuōhuà 통 말하다 | 时候 shíhou 명 때, 무렵 | 要 yào 조동 ~해야 한다 | 认真 rènzhēn 형 열심히 하다, 성실하다 | 不要 búyào ~하지 말아라 | 老是 lǎoshi 튀 언제나, 늘 | 一个耳朵进，一个耳朵出 yí ge ěrduo jìn, yí ge ěrduo chū 한 귀로 듣고 한 귀로 흘리다[속담]

▶ 02-26-2

02

p. 87

太好了！他几乎不敢相信这是真的。<u>医生说他很快就能像以前一样打篮球了。</u>

너무 잘됐다! 그는 이게 진짜라는 것을 거의 믿지 못했거든. <u>의사 선생님이 그가 금방 예전처럼 농구를 할 수 있다고 말씀하셨어.</u>

★ 他现在还不能打篮球。

★ 그는 현재 농구를 할 수 없다. (✓)

해설 '医生说他很快就能像以前一样打篮球了(의사 선생님이 그가 금방 예전처럼 농구를 할 수 있다고 말씀하셨어)'를 근거로 그는 현재 ★표 문장의 '不能打篮球(농구를 할 수 없다)'인 것으로 유추할 수 있다. 따라서 정답은 ✓다.

단어 几乎 jīhū 튀 거의 | 敢 gǎn 조동 감히 ~하다 | 相信 xiāngxìn 통 믿다 | 医生 yīshēng 명 의사 | 说 shuō 통 말하다 | 就 jiù 튀 곧, 즉시 | 能 néng 조동 ~할 수 있다 | 像…一样 xiàng…yíyàng ~과 같이 | 以前 yǐqián 명 이전, 예전 | 打篮球 dǎ lánqiú 통 농구를 하다

03
p. 87

客人马上就要来了，<u>你去告诉王小姐先把房间里的空调打开，今天太热了</u>。

★ 房间里很冷。

손님이 금방 오실 것이니, 당신은 미스 왕에게 가서 먼저 방 안의 에어컨을 켜두라고 알려주세요. 오늘 너무 더워요.

★ 방이 춥다. (×)

해설 '把房间里的空调打开，今天太热了(방 안의 에어컨을 켜두라고 알려주세요. 오늘 너무 더워요)'를 근거로 ★표 문장의 '很冷(춥다)'은 지문과 일치하지 않는다는 것을 알 수 있다.

단어 客人 kèrén 몡 손님 | 马上 mǎshàng 뮈 곧, 바로 | 就要…了 jiù yào…le 곧 ~일 것이다 | 告诉 gàosu 동 알리다. 말하다 | 把 bǎ 젠 ~을, ~를(목적어를 동사 앞으로 끌어내어 처리나 변화를 나타냄) | 房间 fángjiān 몡 방 | 空调 kōngtiáo 몡 에어컨 | 打开 dǎkāi 동 (스위치 따위를) 켜다. 틀다 | 热 rè 혱 덥다 | 冷 lěng 혱 춥다

04
p. 87

<u>把电视声音关小点儿</u>，<u>你弟弟明天考试，正在复习呢</u>，别影响他。

★ 弟弟正在看电视。

텔레비전 소리 좀 작게 줄여. 네 동생이 내일 시험이라 복습하고 있잖아. 남동생에게 영향을 주지 마.

★ 남동생은 TV를 보고 있다. (×)

해설 '你弟弟明天考试，正在复习呢(네 동생 내일 시험이어서 복습하고 있잖아)'를 근거로 남동생은 공부를 하고 있다는 것을 알 수 있다. 따라서 정답은 ×다.

단어 把 bǎ 젠 ~을, ~를(목적어를 동사 앞으로 끌어내어 처리나 변화를 나타냄) | 电视 diànshì 몡 텔레비전 | 声音 shēngyīn 몡 소리 | 关 guān 동 끄다 | 小 xiǎo 혱 작다 | 点儿 diǎnr 양 조금 | 考试 kǎoshì 몡 시험 | 正在 zhèngzài 뮈 ~하고 있는 중이다 | 复习 fùxí 동 복습하다 | 别 bié 뮈 ~ 하지 마라 | 影响 yǐngxiǎng 동 영향을 미치다

05
p. 87

小李，请你跟司机说一声，我把手机忘在房间里了，得回去拿。<u>你让他在楼下再等我几分钟</u>，我马上就回来。

★ 司机已经到了。

샤오리, 기사님에게 내가 휴대전화를 집에다 두고 와서 가지러 가야 한다고 얘기 좀 해줘. 기사님에게 밑에서 몇 분만 더 기다리면 내가 금방 온다고 해줘.

★ 기사님은 이미 도착했다. (✓)

해설 '你让他在楼下再等我几分钟(기사님에게 밑에서 몇 분만 더 기다리게 해줘)'를 근거로 기사님은 이미 도착했다는 것을 유추할 수 있다. 따라서 정답은 ✓다.

단어 跟 gēn 젠 ~에게, ~과 | 司机 sījī 몡 운전사 | 把 bǎ 젠 ~을, ~를(목적어를 동사 앞으로 끌어내어 처리나 변화를 나타냄) | 手机 shǒujī 몡 휴대전화 | 忘 wàng 동 잊어버리다 | 房间 fángjiān 몡 방 | 得 děi 조동 ~해야 한다 | 拿 ná 동 쥐다. 잡다. 가지다 | 让 ràng 동 ~하라고 시키다. 만들다 | 楼下 lóuxià 몡 건물의 아래층, 일층 | 等 děng 동 기다리다 | 分钟 fēnzhōng 몡 분 | 马上 mǎshàng 뮈 곧, 바로 | 到 dào 동 도착하다

听力

MP3 바로 듣기

 DAY 21

✓ 정답	1. C	2. B	3. B	4. B	5. A

▶ 03-05-1

01

p. 96

A 叔叔	B 丈夫	C 爷爷	A 숙부	B 남편	**C 할아버지**

男：你怎么哭了？出什么事了？
女：我爷爷生病住院了，我很担心他。

남 : 너 왜 울어? 무슨 일 생겼어?
여 : 우리 할아버지가 병원에 입원하셨어. 할아버지가 걱정돼.

问：女的在担心谁？

질문 : 여자는 누구를 걱정하고 있는가?

해설 여자의 말 속 '我爷爷生病住院了(우리 할아버지가 병원에 입원하셨어)'를 근거로 여자가 걱정하는 대상은 할아버지임을 알 수 있다. 따라서 정답은 C다.

단어 叔叔 shūshu 몡 숙부, 아저씨 | 丈夫 zhàngfu 몡 남편 | 爷爷 yéye 몡 할아버지 | 怎么 zěnme 떼 어째서, 왜 | 哭 kū 통 울다 | 出事 chū shì 통 사고가 발생하다 | 生病 shēngbìng 통 아프다 | 住院 zhùyuàn 통 병원에 입원하다 | 担心 dānxīn 통 걱정하다 | 在 zài 븟 ~하고 있는 중이다 | 谁 shéi 떼 누구

▶ 03-05-2

02

p. 96

A 父母	B 客人	C 老师	A 부모	**B 손님**	C 선생님

女：您昨天下午去哪儿了？
男：我和几个客人去了趟长城，然后就回公司了，有什么事吗？

여 : 어제 오후에 어디 가셨어요?
남 : 몇 분의 손님과 만리장성에 갔다가 회사로 돌아왔어요. 무슨 일 있나요?

问：男的和谁去的长城？

질문 : 남자는 누구와 만리장성에 갔는가?

해설 남자의 말 속 '我和几个客人去了趟长城(몇 분의 손님과 함께 만리장성에 갔다)'을 근거로 정답은 B다.

단어 父母 fùmǔ 몡 부모 | 客人 kèrén 몡 손님 | 老师 lǎoshī 몡 선생님 | 昨天 zuótiān 몡 어제 | 下午 xiàwǔ 몡 오후 | 和 hé 젭 ~과(와) | 趟 tàng 양 번, 차례, 회 | 长城 ChángChéng 고유 만리장성 | 然后 ránhòu 젭 그런 후에 | 就 jiù 븟 곧, 바로 | 回 huí 통 돌아오다 | 公司 gōngsī 몡 회사

▶ 03-05-3

03

p. 96

A 服务员	B 李教授	C 马经理	A 직원	**B 리 교수**	C 마 팀장

男：校长，您找我？
女：对。我这儿有点儿东西，请你帮我给李教授送过去。

남 : 교장 선생님, 저 찾으셨어요?
여 : 맞아요. 여기 이 물건들을 나 대신 리 교수에게 전해주세요.

问：这里的东西要送给谁？

질문 : 이곳의 물건은 누구에게 주려고 하는가?

해설 여자는 남자에게 '帮我给李教授送过去(자신을 도와 물건들을 리 교수에게 보내주다)'라고 하였으므로 정답은 B다.

단어 服务员 fúwùyuán 몡 종업원 | 教授 jiàoshòu 몡 교수 | 经理 jīnglǐ 몡 팀장, 사장 | 校长 xiàozhǎng 몡 교장 | 找 zhǎo 동 찾다 | 对 duì 혱 맞다 | 这儿 zhèr 대 여기 | 点儿 diǎnr 몡 약간 | 东西 dōngxi 몡 물건 | 帮 bāng 동 돕다 | 给 gěi 전 ~에게 | 送 sòng 동 보내다 | 过去 guòqu 건너가다

▶ 03-05-4

04

p. 96

A 医生	B 银行职员	C 运动员	A 의사	**B 은행 직원**	C 운동선수

女：你姐姐也是医生吗?
男：不是，她在银行工作。

여 : 너의 누나도 의사니?
남 : 아니, 누나는 은행에서 일해.

问：男的的姐姐是做什么的?

질문: 남자의 누나는 직업이 무엇인가?

해설 보기 지문에 모두 직업이 나열되어 있으므로 직업을 묻는 문제임을 유추할 수 있다. 남자의 말 속 '她在银行工作(누나는 은행에서 일해)'를 근거로 정답은 B임을 알 수 있다. A도 언급되었으나 여자가 질문한 내용이지 실제 남자의 누나 직업이 아니므로 답이 될 수 없다.

단어 医生 yīshēng 몡 의사 | 银行 yínháng 몡 은행 | 职员 zhíyuán 몡 직원 | 运动员 yùndòngyuán 몡 운동선수 | 姐姐 jiějie 몡 누나 | 也 yě 뮈 ~도, 역시 | 在 zài 전 ~에서 | 工作 gōngzuò 동 일하다

▶ 03-05-5

05

p. 96

A 同事	B 同学	C 同屋	**A 동료**	B 동창	C 룸메이트

男：小李，你看了我给你发的电子邮件吗?
女：还没呢，我上午一直开会，没时间看。

남 : 샤오리, 제가 당신에게 보낸 메일 봤나요?
여 : 아직 못 봤어요. 오전 내내 회의해서, 볼 시간이 없었어요.

问：他们最可能是什么关系?

질문: 그들은 무슨 관계인가?

해설 남녀 대화의 단어를 듣고 직업을 유추하는 문제이다. '电子邮件(메일)'과 '开会(회의를 하다)'라는 단어를 근거로 남녀의 관계는 직장의 동료임을 알 수 있다.

단어 同事 tóngshì 몡 동료 | 同学 tóngxué 몡 동창, 학우 | 同屋 tóngwū 몡 룸메이트 | 给 gěi 전 ~에게 | 发 fā 동 보내다 | 电子邮件 diànzǐyóujiàn 몡 이메일 | 还 hái 뮈 아직 | 上午 shàngwǔ 몡 오전 | 一直 yìzhí 뮈 줄곧, 계속 | 开会 kāihuì 동 회의를 열다 | 时间 shíjiān 몡 시간 | 最 zuì 뮈 가장 | 可能 kěnéng 뮈 아마도 | 关系 guānxi 몡 관계

DAY 22

✓ 정답	1. A	2. C	3. C	4. B	5. A

▶ 03-06-1

01

p. 96

A 夫妻	B 男女朋友	C 师生	**A 부부**	B 남자친구와 여자친구	C 교사와 학생

男：孩子们都睡觉了吗?
女：还没有，等我讲故事呢。
男：这边的事情一办完我就回去。
女：好的，听说北京这两天很冷，你别感冒了。

남 : 아이들 다 자요?
여 : 아직이요. 제가 이야기 해주길 기다리고 있어요.
남 : 이쪽 일 마무리되자마자 바로 갈게요.
여 : 알겠어요. 듣자 하니 베이징이 요 며칠 춥다고 하니 감기 걸리지 말아요.

问：他们最可能是什么关系?

질문: 그들은 무슨 관계일 가능성이 가장 높은가?

해설 남자의 말 속 '孩子们都睡觉了吗(아이들은 모두 자나요?)'와 '这边的事情一办完我就回去(이쪽 일 마무리되자마자 바로 갈게요)'를 근거로 남자와 여자의 관계는 A임을 알 수 있다.

단어 夫妻 fūqī 圆 부부 | 男(女)朋友 nán(nǚ)péngyou 圆 남(여)자친구, 연인 | 师生 shīshēng 圆 선생과 학생 | 孩子 háizi 圆 아이 | 睡觉 shuìjiào 용 자다 | 等 děng 용 기다리다 | 讲 jiǎng 용 말하다, 이야기하다 | 故事 gùshi 圆 이야기 | 事情 shìqing 圆 일 | 一…就 yī…jiù ~하자 곧, ~하자마자 | 办 bàn 용 처리하다 | 完 wán 용 끝내다 | 回去 huíqù 용 되돌아가다 | 听说 tīngshuō 듣자 하니 | 这两天 zhè liǎngtiān 요 며칠 | 冷 lěng 휑 춥다 | 别 bié 뵌 ~하지 마라 | 感冒 gǎnmào 용 감기에 걸리다

▶ 03-06-2

02

p. 96

A 同事	B 夫妻	C 邻居	A 동료	B 부부	**C 이웃**

女: 给你介绍一下，这是我的同事小王。
男: 不用了，我们早就认识了。
女: 奇怪，你们怎么认识的?
男: 我早上在公园跑步的时候经常遇到她，没想到她是你同事。

여: 당신에게 소개할게요. 이쪽은 내 동료 샤오왕이에요.
남: 할 필요 없어요. 우리 벌써 알아요.
여: 이상하네요. 둘이 어떻게 알아요?
남: 제가 아침에 공원에서 뛸 때마다 그녀를 자주 만났는데, 그녀가 당신의 동료일 줄은 생각지도 못했네요.

问: 男的和小王是什么关系?	질문: 남자와 샤오왕은 무슨 관계인가?

해설 여자가 남자에게 자신의 동료 샤오왕을 소개하자 남자가 '我早上在公园跑步的时候经常遇到她(제가 아침에 공원에서 뛸 때마다 그녀를 자주 만난다)'라고 하였으므로 남자와 샤오왕은 사는 곳이 가까운 이웃이라는 것을 유추할 수 있다. 따라서 정답은 C다. A는 여자와 샤오왕의 관계이므로 답이 될 수 없다.

단어 同事 tóngshì 圆 동료 | 夫妻 fūqī 圆 부부 | 邻居 línjū 圆 이웃 | 给 gěi 쩐 ~에게 | 介绍 jièshào 용 소개하다 | 一下 yíxià 좀 한번 ~하다, 좀 ~하다(시도의 의미나 가벼운 어감을 나타냄) | 早就 zǎojiù 뵌 일찍이, 진작 | 认识 rènshi 용 알다 | 奇怪 qíguài 휑 기이하다, 이상하다 | 怎么 zěnme 떼 왜,어째서 | 早上 zǎoshang 圆 아침 | 在 zài 쩐 ~에, ~에서 | 公园 gōngyuán 圆 공원 | 跑步 pǎobù 용 달리다 | 的时候 deshíhou ~할 때 | 经常 jīngcháng 뵌 자주, 종종 | 遇到 yùdào 용 만나다 | 没想到 méixiǎngdào 생각지 못하다, 뜻밖이다 | 和 hé 쩝 ~과(와)

▶ 03-06-3

03

p. 96

A 老师	B 朋友	C 邻居	A 선생님	B 친구	**C 이웃**

男: 这个箱子坏了。
女: 是吗? 那您小心点。先放桌子上吧。
男: 这里面是什么?
女: 是几个杯子。以前邻居家的阿姨送给我的。

남: 이 상자 망가졌어요.
여: 그래요? 그럼 조심하세요. 일단 책상 위에 올려놓으세요.
남: 이 안에는 뭐예요?
여: 컵 몇 개예요. 예전 이웃집 아주머니께서 저한테 주신 거예요.

问: 杯子是谁送的?	질문: 컵은 누가 준 것인가?

해설 여자는 남자에게 상자 안의 물건이 컵이라고 알려주면서 '以前邻居家的阿姨送给我的(예전 이웃집 아주머니가 나에게 준 것)'라고 하였으므로 정답은 C다.

단어 邻居 línjū 圆 이웃 | 箱子 xiāngzi 圆 상자 | 坏 huài 휑 망가지다 | 先 xiān 뵌 먼저 | 放 fàng 용 놓다 | 桌子 zhuōzi 圆 탁자, 책상 | 杯子 bēizi 圆 컵 | 以前 yǐqián 圆 이전 | 阿姨 āyí 圆 아주머니 | 送 sòng 용 주다, 보내다

04

p. 96

| A 夫妻 | B 同学 | C 师生 | A 부부 | **B 학교 친구** | C 교사와 학생 |

女：刚才跟你说话的那个女孩儿是谁呀？
男：我的大学同学，你认识她？
女：不认识。但是好像在哪儿见过。
男：那你可能在我大学同学照片上见过吧。

여 : 방금 너랑 얘기한 여자아이는 누구야？
남 : 나의 대학 동기야. 너 걔 알아？
여 : 몰라. 그런데 어디에서 본 적 있는 것 같아.
남 : 그럼 아마도 우리 대학교 동기 사진에서 보았을 거야.

问：那个女孩儿和男的是什么关系？

질문: 그 여자아이와 남자는 무슨 관계인가？

해설 여자아이가 누구인지 묻자 남자는 '我的大学同学(나의 대학 동기이다)'라고 하였으므로 정답은 B다.

단어 夫妻 fūqī 명 부부 | 同学 tóngxué 명 동창, 학우 | 师生 shīshēng 명 선생과 학생 | 刚才 gāngcái 분 방금 | 跟 gēn 전 ~과(와) | 说话 shuōhuà 통 말하다 | 认识 rènshi 통 알다 | 但是 dànshì 접 그러나 | 好像 hǎoxiàng 분 마치 ~과 같다 | 照片 zhàopiàn 명 사진

05

p. 96

| A 服务员 | B 售货员 | C 护士 | **A 종업원** | B 판매원 | C 간호사 |

男：小姐，这是您的房卡，请拿好。
女：谢谢，我的行李箱呢？
男：我们一会儿就会给您送过去。
女：谢谢。

남 : 손님, 여기 룸 카드입니다. 잘 챙기세요.
여 : 감사합니다. 제 짐 가방은요？
남 : 저희가 잠시 후에 가져다드리겠습니다.
여 : 감사합니다.

问：男的最可能是做什么的？

질문: 남자는 무슨 일을 하는 사람일 가능성이 큰가？

해설 남자의 말 속 '这是您的房卡(당신의 룸 카드입니다)'와 가방을 묻는 여자의 말에 '我们一会儿就会给您送过去(저희가 잠시 후에 가져다드릴 거예요.)'라고 대답한 말을 근거로 대화가 발생한 장소는 호텔이며, 남자의 직업으로 유추할 수 있는 것은 A임을 알 수 있다.

단어 服务员 fúwùyuán 명 종업원 | 售货员 shòuhuòyuán 명 판매원 | 护士 hùshi 명 간호사 | 小姐 xiǎojie 명 아가씨 | 房卡 fángkǎ 명 룸 카드 | 拿 ná 통 쥐다, 잡다 | 行李箱 xínglǐxiāng 명 짐 가방 | 一会儿 yíhuìr 명 곧, 짧은 사이 | 就 jiù 곧, 바로 | 会 huì 조통 ~일 것이다 | 给 gěi 전 ~에게 | 送 sòng 통 보내다 | 过去 guòqu 지나가다 | 麻烦 máfan 통 귀찮다, 번거롭게 하다 | 不客气 búkèqi 천만에요

DAY **23**

| ✓ 정답 | 1. B | 2. A | 3. A | 4. C | 5. A |

01

p. 106

| A 星期一 | B 星期五 | C 星期日 | A 월요일 | **B 금요일** | C 일요일 |

男：你下星期哪天有时间？我们一起去游泳吧。
女：好啊，除了星期五，其他时间都可以。

남 : 너 다음주에 언제 시간 있어？ 우리 같이 수영하러 가자.
여 : 좋아. 금요일 빼고 다른 시간은 다 괜찮아.

问：女的下周哪天没时间？

질문: 여자는 다음주에 언제 시간이 없는가？

해설 수영 가자는 남자의 제안에 여자는 '除了星期五，其他时间都可以(금요일 빼고 다른 시간은 다 괜찮아)'라고 하였으므로 여자가 시간이 없는 요일은 금요일임을 알 수 있다. 따라서 정답은 B이다.

단어 星期一 xīngqīyī 명 월요일 | 星期五 xīngqīwǔ 명 금요일 | 星期日 xīngqīrì 명 일요일 | 下星期 xiàxīngqī 명 다음주 | 哪天 nǎtiān 어느날 | 时间 shíjiān 명 시간 | 一起 yìqǐ 부 같이, 더불어 | 游泳 yóuyǒng 동 수영하다 | 除了 chúle 전 ~을 제외하고 | 其他 qítā 대 기타 | 可以 kěyǐ 형 괜찮다, 좋다 | 下周 xiàzhōu 명 다음주

▶ 03-11-2

02

p. 106

A 东边	B 西边	C 南边	A 동쪽	B 서쪽	C 남쪽

女：你好！请问世纪公园离这儿有多远？
男：不远了，你向东再走五百米就到了。

여 : 안녕하세요! 죄송한데 세기 공원은 여기에서 얼마나 먼가요?
남 : 멀지 않아요. 동쪽으로 500미터만 더 가시면 바로 도착해요.

问：女的应该往哪边走？

질문: 여자는 어디쪽으로 가야 하는가?

해설 보기에 방향이 나열되어 있으므로 방향과 관련된 질문이 나온다는 것을 알 수 있다. 공원이 얼마나 먼지 묻는 여자의 말에 남자는 '你向东再走五百米就到了(동쪽으로 500미터만 더 가시면 바로 도착해요)'라고 하였으므로 여자가 가야 할 방향은 동쪽임을 알 수 있다. 따라서 정답은 A이다.

단어 东边 dōngbian 명 동쪽 | 西边 xībian 명 서쪽 | 南边 nánbian 명 남쪽 | 请问 qǐngwèn 말씀 좀 묻겠습니다 | 世纪公园 Shìjì Gōngyuán 고유 세기공원(상하이에 있는 공원) | 离 lí 전 ~로부터 | 这儿 zhèr 대 여기 | 有多远 yǒu duō yuǎn 얼마나 먼가요? | 向 xiàng 전 ~을 향해서 | 东 dōng 명 동쪽 | 再 zài 부 또, 다시 | 走 zǒu 동 가다 | 五百 wǔbǎi 수 500 | 米 mǐ 양 미터 | 就…了 jiù…le 바로 ~하다 | 到 dào 동 도착하다 | 应该 yīnggāi 조동 마땅히 ~해야 한다 | 往 wǎng 전 ~을 향하여 | 哪边 nǎbiān 대 어디, 어느 쪽

▶ 03-11-3

03

p. 106

A 29元	B 39元	C 59元	A 29위안	B 39 위안	C 59 위안

男：这个水果盘怎么卖？
女：二十九一个，今天买的话还会送五双筷子。

남 : 이 과일 쟁반 얼마예요?
여 : 1개에 29위안이에요. 오늘 사면 젓가락 5벌을 더 드려요.

问：那个盘子多少钱？

질문: 그 쟁반은 얼마인가?

해설 과일 쟁반이 얼마인지 묻는 남자의 말에 여자가 '二十九一个(1개에 29위안이에요)'이라고 하였으므로 정답은 A다.

단어 元 yuán 양 위안(중국 화폐 단위) | 水果 shuǐguǒ 과일 | 怎么卖 zěnme mài 얼마인가요? | 买 mǎi 동 사다 | 的话 dehuà 만약에, ~라고 한다면 | 还 hái 부 아직도, 여전히 | 会 huì 조동 ~일 것이다 | 送 sòng 동 주다 | 双 shuāng 양 쌍, 벌 | 筷子 kuàizi 명 젓가락 | 盘子 pánzi 명 쟁반, 접시

▶ 03-11-4

04

p. 106

A 医院里	B 街道上	C 教室里	A 병원 안	B 거리	C 교실 안

女：黑板上的句子大家都会了吗？
男：老师，您能再讲一下"师傅"这个词吗？我还不太明白。

여 : 칠판 위의 문장 모두들 할 수 있나요?
남 : 선생님, 다시 한번 '사부' 이 단어에 대해서 설명해 주실 수 있나요? 저는 아직도 잘 모르겠어요.

问：他们最有可能在哪儿？

질문: 그들은 어디에 있을 가능성이 큰가?

해설 여자와 남자의 말 속 '黑板(칠판)', '老师(선생님)', '讲(설명하다)'를 근거로 대화가 이뤄지는 장소는 교실이라는 것을 알 수 있다. 따라서 정답은 C다.

단어 医院 yīyuàn 圀 병원 | 街道 jiēdào 圀 거리 | 教室 jiàoshì 圀 교실 | 黑板 hēibǎn 圀 칠판 | 句子 jùzi 圀 문장 | 会 huì 区통 ~할 줄 안다 | 老师 lǎoshī 圀 선생님 | 能 néng 区통 ~할 수 있다 | 再 zài 囝 또, 다시 | 讲 jiǎng 통 말하다, 이야기하다, 설명하다, 강의하다 | 一下 yíxià 囵 한번 ~하다(시도의 의미나 가벼운 어감을 나타냄) | 师傅 shīfu 圀 스승 | 词 cí 圀 단어 | 还 hái 囝 아직도, 여전히 | 不太 bútài 그다지, 별로 | 明白 míngbai 통 이해하다, 알다

03-11-5

05
p.106

A 9点45分　　B 10点15分　　C 10点30分　　　A 9시 45분　　B 10시 15분　　C 10시 30분

男: 现在几点了?　　　　　　　　　　　　　　남 : 지금 몇 시야?
女: 现在差一刻十点，怎么了?　　　　　　　여 : 지금 10시 15분 전이야. 왜?

问: 现在几点?　　　　　　　　　　　　　　　질문: 현재 몇 시인가?

해설 보기를 보고 시간을 묻는 문제임을 유추할 수 있다. 여자의 말 속 '现在差一刻十点(지금 10시 15분 전이야)'을 근거로 지금 시간은 9시 45분임을 알 수 있다. 따라서 정답은 A다.

단어 点 diǎn 圀 (시의) 시 | 分 fēn 圀 (시간의) 분 | 现在 xiànzài 圀 지금 | 几 jǐ 줌 몇 | 差 chà 통 모자르다 | 一刻 yíkè 圀 15분 | 十 shí 줌 10 | 怎么了 zěnme le 무슨 일이야? 어떻게 된 거야?

DAY 24

✓ 정답　　1. B　　2. A　　3. C　　4. B　　5. C

03-12-1

01
p.106

A 商店　　　B 飞机上　　　C 火车里　　　A 상점　　　B 비행기 안　　　C 기차 안

男: 喂，你上飞机了吗?　　　　　　　　　　남 : 여보세요. 너 비행기 탔어?
女: 已经上了，马上就要起飞了。　　　　　여 : 이미 탔어. 곧 이륙해.
男: 好的，那你下飞机后记得给我打电话。　남 : 좋아. 그럼 비행기에서 내리면 잊지 말고 나에게 전화해.
女: 好的，再见。　　　　　　　　　　　　여 : 알겠어. 안녕.

问: 女的现在在哪儿?　　　　　　　　　　　질문: 여자는 현재 어디에 있는가?

해설 비행기를 탔는지 묻는 말에 여자는 '已经上了，马上就要起飞了(이미 탔어, 곧 이륙해)'라고 하였으므로 현재 여자는 비행기 안에 있다는 것을 알 수 있다. 따라서 정답은 B다.

단어 商店 shāngdiàn 圀 상점 | 飞机 fēijī 圀 비행기 | 火车 huǒchē 圀 기차 | 喂 wéi 킴 여보세요 | 上飞机 shàng fēijī 비행기 타다 | 已经 yǐjīng 囝 이미, 벌써 | 马上 mǎshàng 囝 곧, 바로 | 就要…了 jiù yào…le 곧 ~일 것이다 | 起飞 qǐfēi 통 이륙하다 | 下飞机 xià fēijī 비행기에서 내리다 | 后 hòu 圀 후, 뒤 | 记得 jìde 통 기억하다 | 给 gěi 전 ~에게 | 打电话 dǎ diànhuà 전화하다

듣기 제3·4부분　47

02

p. 106

| A 宾馆 | B 图书馆 | C 办公室 | **A 호텔** | B 도서관 | C 사무실 |

男：您好，有什么可以帮您？
女：请问明天还有房间吗？
男：只有一个双人间了。
女：好吧，我就要这间吧。

남 : 안녕하세요, 무엇을 도와드릴까요?
여 : 실례지만 내일 객실이 있나요?
남 : 트윈룸 하나 있어요.
여 : 좋아요, 제가 이 방으로 할게요.

问：他们很可能在哪儿？

질문: 그들은 어디에 있을 가능성이 큰가?

해설 남자와 여자의 대화 속 '房间(객실)', '双人间(트윈룸)', 방을 세는 양사 '间(칸)' 등을 미루어 대화의 발생 장소는 A임을 알 수 있다.

단어 宾馆 bīnguǎn 몡 호텔 | 图书馆 túshūguǎn 몡 도서관 | 办公室 bàngōngshì 몡 사무실 | 可以 kěyǐ 조동 ~할 수 있다 | 帮 bāng 통 돕다 | 明天 míngtiān 몡 내일 | 房间 fángjiān 몡 방 | 只 zhǐ 뷔 단지 | 双人间 shuāngrénjiān 트윈룸 | 要 yào 통 원하다, 필요하다 | 间 jiān 양 칸(방을 세는 양사)

03

p. 106

| A 明天中午 | B 后天晚上 | C 下个星期 | A 내일 정오 | B 모레 저녁 | **C 다음주** |

女：你的脚怎么样了？
男：快好了，谢谢您的关心。
女：会不会影响你参加下周五的比赛？
男：医生说没关系。

여 : 발 좀 어때?
남 : 곧 괜찮아질 거예요. 관심 가져주셔서 감사해요.
여 : 다음주 금요일의 시합 참가에 영향을 주는 거 아니니?
남 : 의사 선생님이 문제없대요.

问：比赛什么时候举行？

질문: 시합은 언제 개최되나?

해설 여자의 말 속 '会不会影响你参加下周五的比赛(다음주 금요일의 시합 참가에 영향을 주는 거 아니니?)'를 근거로 시합은 다음주에 개최됨을 알 수 있다. 따라서 정답은 C다.

단어 中午 zhōngwǔ 몡 낮, 대낮 | 后天 hòutiān 몡 모레 | 晚上 wǎnshang 몡 저녁 | 下个星期 xiàge xīngqī 다음주 | 脚 jiǎo 몡 발 | 快…了 kuài…le 곧 ~일 것이다 | 关心 guānxīn 몡 관심을 기울이다 | 会 huì 조동 ~일 것이다 | 影响 yǐngxiǎng 통 영향을 미치다 | 参加 cānjiā 통 참가하다 | 下周五 xiàzhōuwǔ 다음주 금요일 | 比赛 bǐsài 몡 경기, 시합 | 医生 yīshēng 몡 의사 | 说 shuō 통 말하다 | 什么时候 shénme shíhou 때 언제 | 举行 jǔxíng 통 거행하다

04

p. 106

| A 七半 | B 七点半 | C 八点半 | A 7시 | **B 7시 반** | C 8시 반 |

男：电影几点开始啊？
女：七点半，怎么了？
男：现在七点，我想买瓶饮料，还有时间吧？
女：有，我们去对面的商店买吧。

남 : 영화 몇 시에 시작해?
여 : 7시 반, 왜?
남 : 지금 7시인데, 나 음료수 사고 싶어. 아직 시간 있지?
여 : 있어. 우리 맞은편 상점에 가서 사자.

问：电影几点开始？

질문: 영화는 몇 시에 시작하는가?

해설 영화 시작 시간을 묻는 남자의 말에 여자가 '七点半(7시 30분)'이라고 하였으므로 정답은 B다. 남자가 말한 '七点(7시)'는 현재 시간이므로 혼동해서는 안 된다.

단어 半 bàn 반, 30분 | 电影 diànyǐng 몡 영화 | 开始 kāishǐ 통 시작하다 | 想 xiǎng 조동 ~하고 싶다 | 买 mǎi 통 사다 | 瓶 píng 양 병 | 饮料 yǐnliào 몡 음료 | 还 hái 뷔 또, 그리고 | 时间 shíjiān 몡 시간 | 吧 ba 조 ~이다(추측의 어기를 나타냄) | 对面 duìmiàn 맞은편 | 商店 shāngdiàn 몡 상점

05
p.106

A 上午两点半 B 东门 C 下午两点半	A 오전 2시 30분 B 동문 **C 오후 2시 반**
男: 我们今天下午两点半在东门见, 对吗? 女: 时间不变, 可是, 地点变了。 男: 是吗? 那我们在哪儿见? 女: 不是东门, 是西门, 快去准备一下吧。	남: 우리 오늘 오후 2시 반에 동문에서 보기로 한 거 맞지? 여: 시간은 안 바뀌었어. 그런데 장소가 바뀌었어. 남: 그래? 그럼 우리 어디에서 만나? 여: 동문이 아니고 서문이야. 빨리 가서 준비하자.
问: 他们几点集合?	질문: 그들은 몇 시에 모이나?

해설 남자가 '我们今天下午两点半在东门见(우리 오늘 오후 2시에 동문에서 만나자?)'라고 질문하는 말에 여자가 '时间不变 (시간은 변하지 않았다)'이라고 하였으므로 모이는 시간은 그대로 오후 2시 반이다. 따라서 정답은 C다.

단어 半 bàn ㈜ 반, 30분 | 在 zài 전 ~에서 | 见 jiàn 용 만나다 | 时间 shíjiān 명 시간 | 变 biàn 용 바뀌다, 변하다 | 可是 kěshì 집 그러나 | 地点 dìdiǎn 명 장소, 위치 | 准备 zhǔnbèi 용 준비하다 | 集合 jíhé 용 집합하다 | 上午 shàngwǔ 명 오전 | 下午 xiàwǔ 명 오후

DAY 25

✓ 정답	1. C	2. C	3. A	4. B	5. A

01
p.111

A 害怕了 B 加班了 C 发烧了	A 무서워서 B 야근을 해서 **C 열이 나서**
男: 一共几个人去唱歌呀? 女: 就我们四个人, 小张发烧了, 不去了。	남: 모두 몇 명이 노래 부르러 가는 거야? 여: 우리 넷이서만. 샤오장은 열이 나서 안 가.
问: 小张为什么不去唱歌?	질문: 샤오장은 왜 노래를 부르러 가지 않는가?

해설 샤오장이 노래를 부르러 가지 않는 이유는 여자의 말 속에 있다. '小张发烧了, 不去了(샤오장은 열이 나서 안 간다)'를 근거로 정답은 C다.

단어 害怕 hàipà 용 무서워하다 | 加班 jiābān 용 초과 근무하다, 야근하다 | 发烧 fāshāo 용 열이 나다 | 一共 yígòng 用 전부, 합계 | 唱歌 chànggē 용 노래 부르다 | 就 jiù 用 단지, 오로지 | 为什么 wèishénme 대 왜, 어째서

02
p.111

A 很渴 B 哭了 C 感冒了	A 목이 마르다 B 울었다 **C 감기에 걸렸다**
女: 已经七点半了, 再不起床就迟到了。 男: 我感冒了, 不想去上班了, 已经请过假了。	여: 벌써 7시 반이에요. 일어나지 않으면 지각해요. 남: 나 감기 걸려서 출근하고 싶지 않아요. 이미 휴가 냈어요.
问: 男的怎么了?	질문: 남자는 왜 그런가?

해설 일어나라는 여자의 말에 남자는 '我感冒了(감기에 걸렸다)'라고 하였으므로 정답은 C다.

단어 渴 kě 형 목마르다 | 哭 kū 용 울다 | 感冒 gǎnmào 용 감기에 걸리다 | 已经 yǐjīng 用 이미, 벌써 | 再不 zài bù 더 이상 ~하지 않으면 | 起床 qǐchuáng 용 일어나다 | 就 jiù 用 바로 | 迟到 chídào 용 지각하다 | 上班 shàngbān 용 출근하다 | 请假 qǐngjià 용 휴가를 내다

03
p. 111

A 车门没开
B 在等妹妹
C 手机不见了

A 차 문이 열려있지 않아서
B 여동생을 기다리느라
C 휴대전화가 보이지 않아서

男：你们怎么都在这儿站着不上车？
女：车门没开，也找不到司机，只能等着。

남 : 너희 왜 모두 차를 안 타고 여기에 서 있는 거야?
여 : 차 문도 안 열렸고, 기사님도 찾을 수가 없어서 기다리고 있어.

问：他们为什么不上车？

질문: 그들은 왜 차에 타지 않는가?

해설 차를 타지 않는 이유에 대해 묻는 남자의 질문에 여자는 '车门没开，也找不到司机(차 문도 안 열렸고, 기사님도 찾을 수가 없다)'라고 하였으므로 정답은 A다.

단어 门 mén 명 문 | 开 kāi 통 열리다 | 等 děng 통 기다리다 | 怎么 zěnme 대 왜, 어째서 | 站 zhàn 통 서다 | 着 zhe 조 ~한 채로(동작이나 상태의 진행, 지속) | 上车 shàngchē 통 차를 타다 | 找不到 zhǎobudào 찾을 수 없다 | 司机 sījī 명 운전사 | 为什么 wèishénme 대 왜, 어째서

04
p. 111

A 票不见了
B 要离开那儿了
C 腿不舒服

A 표가 보이지 않아서
B 그곳을 떠나야 해서
C 다리가 불편해서

女：你怎么了？鼻子红红的，哭了？
男：明天就要离开这里了，有点儿难过。

여 : 너 왜 그래? 코가 빨개, 울었어?
남 : 내일이면 여기를 떠나야 해서 조금 슬퍼.

问：男的为什么难过？

질문: 남자는 왜 슬퍼하는가?

해설 남자는 '明天就要离开这里了，有点儿难过(내일이면 여기를 떠나야 해서 조금 슬프다)'라고 하였으므로 정답은 B다.

단어 票 piào 명 표, 티켓 | 不见 bújiàn 보이지 않다 | 离开 líkāi 통 떠나다 | 腿 tuǐ 명 다리 | 舒服 shūfu 형 편안하다 | 鼻子 bízi 명 코 | 红 hóng 형 붉다 | 哭 kū 통 울다 | 就要…了 jiù yào…le 곧 ~일 것이다 | 有点儿 yǒudiǎnr 부 조금 | 难过 nánguò 형 슬프다, 괴롭다

05
p. 111

A 第一次游泳
B 没吃药
C 最近很忙

A 처음으로 수영을 해서
B 약을 먹지 않아서
C 최근 매우 바빠서

男：这是我第一次下水，我有点儿害怕。
女：没事，你慢慢地向前游就可以了，有我在呢。

남 : 나 처음으로 물에 들어가는 거여서 조금 무서워.
여 : 괜찮아. 천천히 앞으로 헤엄치면 돼. 내가 있잖아.

问：男的为什么害怕？

질문: 남자는 왜 두려워하는가?

해설 남자의 말 '这是我第一次下水，我有点儿害怕(나 처음으로 물에 들어가는 거여서 조금 무서워)'를 근거로 남자가 두려워하는 이유는 처음 수영을 하기 때문임을 알 수 있다. 따라서 정답은 A다.

단어 第一次 dìyīcì 최초, 맨 처음으로 | 游泳 yóuyǒng 통 수영하다 | 药 yào 명 약 | 最近 zuìjìn 명 최근 | 忙 máng 형 바쁘다 | 下水 xiàshuǐ 물에 들어가다 | 有点儿 yǒudiǎnr 부 조금 | 害怕 hàipà 통 무서워하다 | 慢慢地 mànmànde 천천히 | 向 xiàng 전 ~을 향해서 | 前 qián 명 앞 | 游 yóu 통 헤엄치다 | 可以 kěyǐ 형 괜찮다, 좋다

▶ 03-17-1

01

p. 111

A 耳朵进水了
B 感冒了
C 想去医院了

A 귀에 물이 들어갔다
B 감기에 걸렸다
C 병원에 가고 싶어 한다

男: 怎么了?
女: 刚才游泳时，耳朵进水了。
男: 现在好些了吗?
女: 没事，别担心。

남 : 왜 그래?
여 : 방금 수영할 때 귀에 물이 들어갔어.
남 : 지금은 괜찮아졌어?
여 : 괜찮아, 걱정 마.

问: 女的怎么了?

질문: 여자는 왜 그러는가?

해설 왜 그런지 묻는 남자의 말에 여자는 '刚才游泳时，耳朵进水了(방금 수영할 때 귀에 물이 들어갔어)'라고 하였으므로 정답은 A다.

단어 耳朵 ěrduo 몡 귀 | 感冒 gǎnmào 동 감기에 걸리다 | 想 xiǎng 조동 ～하고 싶다 | 医院 yīyuàn 몡 병원 | 刚才 gāngcái 뮈 방금 | 游泳 yóuyǒng 동 수영하다 | 别 bié 뮈 ～하지 마라 | 担心 dānxīn 동 걱정하다

▶ 03-17-2

02

p. 111

A 起晚了
B 对历史没兴趣
C 没好好复习

A 늦게 일어나서
B 역사에 관심이 없어서
C 복습을 잘 하지 않아서

女: 别难过了，考试成绩不是最重要的。
男: 但是我考得太差了。
女: 你已经努力了，你的问题是你对历史没兴趣。
男: 是，如果我喜欢历史跟我喜欢音乐一样该多好。

여 : 속상해하지 마. 시험 성적이 가장 중요한 것은 아니야.
남 : 그렇지만 나 시험을 너무 못 봤어.
여 : 너 이미 노력했어. 너의 문제는 네가 역사에 관심이 없다는 거야.
남 : 그래, 만약 내가 음악을 좋아하는 만큼 역사를 좋아한다면 얼마나 좋을까?

问: 他的历史成绩为什么不好?

질문: 남자의 역사 성적은 왜 좋지 않은가?

해설 여자가 남자를 위로해 주면서 '你的问题是你对历史没兴趣(너의 문제는 네가 역사에 관심이 없다는 거야.)'라고 한 말을 근거로 남자의 역사 성적이 좋지 않은 이유는 관심이 없기 때문이다. 따라서 정답은 B다.

단어 起 qǐ 동 일어나다 | 对 duì 젠 ～에 대하여 | 历史 lìshǐ 몡 역사 | 兴趣 xìngqù 몡 흥미 | 复习 fùxí 복습하다 | 别 bié 뮈 ～하지 마라 | 难过 nánguò 혱 슬프다 | 考试 kǎoshì 몡 시험 | 成绩 chéngjì 몡 성적 | 重要 zhòngyào 혱 중요하다 | 但是 dànshì 젭 그러나, 그렇지만 | 考 kǎo 동 시험을 치르다 | 差 chà 혱 모자르다 | 努力 nǔlì 혱 노력하다 | 问题 wèntí 몡 문제 | 如果 rúguǒ 젭 만약 | 喜欢 xǐhuan 동 좋아하다 | 跟…一样 gēn…yíyàng ～과 같다 | 音乐 yīnyuè 몡 음악 | 该 gāi 뮈 얼마나

03

p. 111

| A 下雪了 | B 下雨了 | C 在刮风 | A 눈이 온다 | B 비가 온다 | **C 바람이 불고 있다** |

男：你还有多久下班？
女：一刻钟吧。怎么了？
男：外面在刮大风，可能会下雨，我去接你吧。
女：不用，我带伞了，自己坐地铁回去就可以。

남：얼마나 있어야 퇴근해요？
여：15분이요. 왜요？
남：밖에 바람이 많이 불어서 아마도 비가 올 것 같아요. 내가 데리러 갈게요.
여：괜찮아요, 우산 가져왔어요. 지하철 타고 가면 돼요.

问：现在天气怎么样？

질문：지금 날씨는 어떠한가？

해설 남자가 여자에게 '外面在刮大风，可能会下雨(밖에 바람이 많이 불어서 아마도 비가 올 것 같아요)'라고 하였으므로 현재 날씨는 C다. B는 남자의 예상일 뿐이고, 현재 날씨가 아니므로 답이 될 수 없다.

단어 下雪 xiàxuě 통 눈이 오다 | 下雨 xiàyǔ 통 비가 오다 | 刮风 guāfēng 바람이 불다 | 多久 duōjiǔ 얼마 동안 | 下班 xiàbān 통 퇴근하다 | 一刻钟 yíkèzhōng 15분 | 可能 kěnéng 부 아마도 | 会 huì 조동 ~일 것이다 | 接 jiē 통 마중하다 | 不用 búyòng ~할 필요 없다 | 带 dài 통 가져가다, 지니다 | 伞 sǎn 우산 | 自己 zìjǐ 대 자신 | 坐 zuò 통 (교통수단을) 타다 | 地铁 dìtiě 명 지하철 | 回去 huíqù 통 되돌아가다 | 就 jiù 부 곧, 즉시 | 可以 kěyǐ 형 괜찮다, 좋다 | 天气 tiānqì 명 날씨

04

p. 111

A 想喝果汁	A 주스를 마시고 싶어서
B 不爱喝甜的	**B 단것을 마시기 좋아하지 않아서**
C 觉得太贵	C 너무 비싸다고 생각해서

女：服务员，除了咖啡和茶，你们还有什么饮料？
男：我们的奶茶不错，您可以尝尝。
女：我不太想喝甜的，还是给我来杯茶吧。
男：好的。

여：여기요, 커피와 차 말고 또 어떤 음료가 있나요？
남：저희 밀크티가 괜찮아요. 한번 먹어보세요.
여：단것은 별로 마시고 싶지 않으니, 그냥 차 한 잔 주세요.
남：알겠습니다.

问：女的为什么不想喝奶茶？

질문：여자는 왜 밀크티를 마시고 싶지 않은가？

해설 밀크티를 권하는 남자의 말에 여자는 '我不太想喝甜的(단것은 별로 마시고 싶지 않다)'라고 하였으므로 정답은 B다.

단어 想 xiǎng 조동 ~하고 싶다 | 喝 hē 통 마시다 | 果汁 guǒzhī 명 과일 주스 | 甜 tián 형 달다 | 觉得 juéde 통 느끼다, 생각하다 | 贵 guì 형 비싸다 | 服务员 fúwùyuán 명 종업원 | 除了 chúle 전 ~을 제외하고 | 饮料 yǐnliào 명 음료수 | 奶茶 nǎichá 명 밀크티 | 不错 búcuò 형 괜찮다, 좋다 | 可以 kěyǐ 조동 ~해도 된다 | 尝 cháng 통 맛보다 | 不太 bútài 그다지, 별로 | 还是…吧 háishi…ba ~하는 편이 (더) 좋다 | 杯 bēi 양 잔

05

p. 111

A 没带伞	**A 우산을 가져 오지 않았다**
B 鼻子不舒服	B 코가 불편하다
C 没坐出租车	C 택시를 타지 않았다

男: 你怎么还不走？没带伞吗？ 女: 是的，没想到突然下这么大的雨。 男: 没事，我带了，我们一起走吧。 女: 太好了，谢谢。	남 : 왜 아직도 안 갔어요? 우산 안 가져 왔어요? 여 : 네. 갑자기 이렇게 비가 많이 올 줄은 생각지도 못했어요. 남 : 괜찮아요, 내가 가져왔어요. 우리 같이 갑시다. 여 : 너무 잘 됐네요. 감사합니다.
问: 女的怎么了?	질문: 여자는 왜 그러는가?

해설 남자의 '没带伞吗?(우산 안 가져왔어요?)'라는 질문에 여자는 맞다고 하였으므로 정답은 A다. B와 C는 녹음에서 언급되지 않았으므로 답이 될 수 없다.

단어 带 dài 통 지니다, 가지다 | 伞 sǎn 명 우산 | 鼻子 bízi 명 코 | 舒服 shūfu 형 편안하다 | 出租车 chūzūchē 명 택시 | 怎么 zěnme 때 왜, 어째서 | 还 hái 분 아직도, 여전히 | 走 zǒu 통 가다 | 没想到 méixiǎngdào 생각지 못하다, 뜻밖이다 | 突然 tūrán 분 갑자기, 돌연히 | 下大雨 xià dàyǔ 큰비가 내리다 | 这么 zhème 때 이렇게 | 一起 yìqǐ 분 같이, 더불어

DAY 27

p. 118

✓ 정답	1. B	2. A	3. A	4. C	5. C

▶ 03-21-1

01

A 超市	B 眼镜店	C 加油站	A 슈퍼	**B 안경점**	C 주유소

男: 你好，请问一下，附近有眼镜店吗？ 女: 好像银行对面有一个。	남 : 안녕하세요. 말씀 좀 여쭐게요. 근처에 안경점이 있나요? 여 : 아마 은행 맞은편에 하나 있을 거예요.
问: 男的在找什么?	질문: 남자는 무엇을 찾고 있는가?

해설 남자가 여자에게 '附近有眼镜店吗?(근처에 안경점이 있나요?)'라고 질문하였으므로 남자가 찾고 있는 대상은 안경점이다. 따라서 정답은 B다.

단어 超市 chāoshì 명 슈퍼마켓 | 眼镜店 yǎnjìngdiàn 명 안경점 | 加油站 jiāyóuzhàn 명 주유소 | 附近 fùjìn 명 부근, 근처 | 好像 hǎoxiàng 분 마치 ～인 것 같다 | 银行 yínháng 명 은행 | 对面 duìmiàn 명 맞은편, 건너편 | 找 zhǎo 통 찾다

▶ 03-21-2

02

A 嘴	B 鼻子	C 眼睛	**A 입**	B 코	C 눈

女: 这是你儿子？他长得跟你真像啊。 男: 对，但是他的嘴更像他妈妈。	여 : 당신 아들이에요? 당신과 정말 많이 닮았네요. 남 : 맞아요. 그렇지만 얘 입은 엄마를 더 많이 닮았어요.
问: 儿子哪里长得像妈妈?	질문: 아들의 어디가 엄마와 닮았는가?

해설 아들이 남자와 닮았다고 하는 여자의 말에 남자는 '他的嘴更像他妈妈(얘 입은 엄마를 더 많이 닮았어요)'라고 하였으므로 정답은 A다.

단어 嘴 zuǐ 명 입 | 鼻子 bízi 명 코 | 眼睛 yǎnjing 명 눈 | 儿子 érzi 명 아들 | 长 zhǎng 통 자라다, 생기다 | 得 de 조 ～한 정도가 (술어 뒤에서 정도를 나타내는 보어를 연결) | 跟 gēn 전 ～과(와) | 真 zhēn 분 확실히, 참으로 | 像 xiàng 통 닮다, 비슷하다 | 但是 dànshì 접 그러나, 그렇지만 | 更 gèng 분 더욱

03

p. 118

| A 节目单 | B 电脑 | C 电子邮箱 | A 프로그램 표 | B 컴퓨터 | C 이메일 우편함 |

男：下周音乐会的节目单做好了吗?
女：做好了，已经发到您的电子邮箱里了。

남 : 다음 주 음악회 프로그램 표는 다 만들었나요?
여 : 다 만들었어요. 이미 이메일로 보내드렸어요.

问：他们在说什么?

질문 : 그들은 무엇에 대해 이야기하고 있는가?

해설 남자가 여자에게 '下周音乐会的节目单做好了吗(다음 주 음악회 프로그램 표는 다 만들었나요?)'라고 물었고 여자가 이에 대해 대답을 하고 있으므로 이들의 대화 주제는 프로그램 표이다. 따라서 정답은 A다.

단어 节目单 jiémùdān 圆 프로그램 표 | 电脑 diànnǎo 圆 컴퓨터 | 电子邮箱 diànzǐ yóuxiāng 이메일 우편함 | 下周 xiàzhōu 圆 다음 주 | 音乐会 yīnyuèhuì 圆 음악회 | 发 fā 图 보내다 | 在 zài 图 ~하고 있는 중이다 | 说 shuō 图 말하다

04

p. 118

| A 借书 | B 查词典 | C 看报纸 | A 책을 빌렸다 | B 사전을 찾았다 | C 신문을 봤다 |

女：爸，字典在这儿呢，您找字典做什么?
男：我刚才看报纸有个字不认识，想查查这个字怎么读。

여 : 아빠, 사전 여기 있어요. 사전은 왜 찾으시는 거예요?
남 : 내가 방금 신문을 봤는데 모르는 글자가 있어서. 이 글자 어떻게 읽는지 찾아보려고.

问：男的刚才做什么了?

질문 : 남자는 방금 무엇을 했는가?

해설 자전을 왜 찾는지 묻는 물음에 남자가 대답한 '我刚才看报纸有个字不认识(내가 방금 신문을 봤는데 모르는 글자가 있어서)'를 근거로 남자가 '방금' 한 행동은 보기 C와 일치한다. 질문에 쓰인 시간부사 刚才에 주의해야 하며, 사전을 찾은 건 신문을 본 다음이므로 B는 답이 될 수 없다.

단어 借 jiè 图 빌리다 | 书 shū 圆 책 | 查 chá 图 검색하다, 찾다 | 词典 cídiǎn 圆 사전 | 报纸 bàozhǐ 圆 신문 | 字典 zìdiǎn 圆 자전 | 找 zhǎo 图 찾다 | 做 zuò 图 하다 | 刚才 gāngcái 图 방금 | 字 zì 圆 글자 | 认识 rènshi 图 (글, 길 따위를) 알다, 인식하다 | 想 xiǎng 조동 ~하고 싶다 | 读 dú 图 읽다

05

p. 118

A 带护照	A 여권을 챙긴다
B 检查一下	B 한번 검사한다
C 用小行李箱	C 작은 짐 가방을 사용한다

男：这个行李箱太大，换那个小点儿的吧。
女：我要带好几件衣服，还有电脑，就用这个吧。

남 : 이 짐 가방은 너무 커. 저 작은 걸로 바꿔.
여 : 나 옷을 여러 벌 가져가야 하고 컴퓨터도 있으니 그냥 이거 쓸게.

问：男的让女的做什么?

질문 : 남자는 여자에게 무엇을 하라고 했는가?

해설 남자가 여자에게 '这个行李箱太大，换那个小点儿的吧(이 짐 가방은 너무 크니 저기 작은 것으로 바꿔라)'라고 하였으므로 정답은 C다.

단어 带 dài 图 지니다 | 护照 hùzhào 圆 여권 | 检查 jiǎnchá 图 검사하다 | 一下 yíxià 圆 한번 ~하다(시도의 의미나 가벼운 어감을 나타냄) | 行李箱 xínglǐxiāng 圆 트렁크, 짐 가방 | 换 huàn 图 바꾸다 | 小 xiǎo 圆 작다 | 点儿 diǎnr 圆 조금 | 件 jiàn 圆 벌(옷을 세는 양사) | 衣服 yīfu 圆 옷 | 还有 háiyǒu 圈 그리고, 또 | 电脑 diànnǎo 圆 컴퓨터 | 用 yòng 图 사용하다 | 让 ràng 图 ~하라고 시키다. 만들다 | 做 zuò 图 하다

▶ 03-22-1

01

p. 118

A 买衣服	A 옷을 산다
B 去医院检查	B 병원에 검사하러 간다
C 出去旅游	**C 여행을 간다**

男: 听说你们办公室的人要出去旅游?

女: 是, 前段时间非常忙, 现在终于可以出去玩了。

男: 打算去什么地方?

女: 还没决定呢。

남 : 듣자 하니 당신 사무실 사람들 여행 간다면서요?

여 : 네, 한동안 배우 바빴는데 지금은 마침내 놀러 나갈 수 있게 되었어요.

남 : 어디 갈 계획이에요?

여 : 아직 안 정했어요.

问: 女的要做什么?

질문: 여자는 무엇을 하려 하는가?

해설 남자의 '你们办公室的人要出去旅游(당신 사무실 사람들 여행 간다면서요?)'라는 질문에 여자는 '现在终于可以出去玩了(지금은 마침내 나가서 놀 수 있게 되었어요)'라고 하였으므로 정답은 C다.

단어 买 mǎi 图 사다 | 衣服 yīfu 圆 옷 | 医院 yīyuàn 圆 병원 | 检查 jiǎnchá 图 검사하다 | 旅游 lǚyóu 圆 여행 | 听说 tīngshuō 图 듣자 하니 | 办公室 bàngōngshì 圆 사무실 | 前段时间 qiánduàn shíjiān 얼마 동안, 그동안 | 终于 zhōngyú 團 결국, 마침내 | 可以 kěyǐ 조동 ~할 수 있다 | 打算 dǎsuàn 图 ~할 계획이다, 생각이다 | 地方 dìfang 圆 장소, 곳 | 还没…呢 háiméi…ne 아직 ~하지 않다 | 决定 juédìng 图 결정하다

▶ 03-22-2

02

p. 118

| A 啤酒 | B 绿茶 | C 牛肉 | A 맥주 | **B 녹차** | C 소고기 |

女: 这绿茶真好喝。

男: 是吧? 这是今年春天的新茶。

女: 你是在哪儿买的?

男: 有一个朋友去黄山给我带的。

여 : 이 녹차 정말 맛있다.

남 : 그치? 이거 올봄 신상 차야.

여 : 너 이거 어디에서 샀어?

남 : 한 친구가 황산을 갔는데 나에게 가져다 줬어.

问: 他们在聊什么?

질문: 그들은 무엇에 대해 이야기하고 있는가?

해설 여자와 남자 대화 속의 '绿茶(녹차)'와 '新茶(신상 차)'를 근거로 대화의 주제는 B임을 알 수 있다.

단어 啤酒 píjiǔ 圆 맥주 | 绿茶 lǜchá 圆 녹차 | 牛肉 niúròu 圆 소고기 | 好喝 hǎohē 圆 맛있다 | 春天 chūntiān 圆 봄 | 黄山 Huángshān 고유 황산 | 给 gěi 图 주다 | 带 dài 图 지니다 | 聊 liáo 图 이야기하다

▶ 03-22-3

03

p. 118

| A 羊肉 | B 面条 | C 饺子 | **A 양고기** | B 국수 | C 교자만두 |

男: 菜单给您, 您要吃什么?

女: 能不能给我推荐你们饭店的特色菜?

男: 我们饭店的羊肉特别有名, 要不要来一盘?

女: 好, 来一盘吧, 还有来两瓶啤酒。

남 : 여기 메뉴판이요. 무엇을 드시겠어요?

여 : 저에게 이곳의 특색 요리를 소개해 주실 수 있나요?

남 : 저희 가게는 양고기가 매우 유명해요. 한 판 드셔보시겠어요?

여 : 네, 한 판 주세요. 그리고 맥주 2병도 주세요.

问: 这家饭馆什么很有名?

질문: 이 식당은 무엇이 유명한가?

특색 요리를 소개해 달라는 여자의 부탁에 남자가 '我们饭店的羊肉特别有名(저희 가게는 양고기가 매우 유명해요)'라고 하였으므로 정답은 A다.

단어 **羊肉** yángròu 몡 양고기 | **面条** miàntiáo 몡 국수 | **饺子** jiǎozi 몡 교자만두 | **菜单** càidān 몡 메뉴 | **给** gěi 동 주다 | **吃** chī 동 먹다 | **能** néng 조동 ~할 수 있다 | **饭店** fàndiàn 몡 식당 | **特色** tèsè 몡 특색 있다 | **菜** cài 몡 음식, 요리 | **特别** tèbié 뮈 특히 | **有名** yǒumíng 혱 유명하다 | **来** lái 동 (어떤 동작이나 행동을) 하다[구체적인 동사를 대신함] | **盘** pán 맹 판 | **瓶** píng 맹 병 | **啤酒** píjiǔ 몡 맥주 | **家** jiā 점포 등을 세는 단위 | **饭馆** fànguǎn 몡 식당

▶ 03-22-4

04
p. 118

| A 洗盘子 | B 看菜单 | C 去洗手间 | A 쟁반을 씻는다 | B 메뉴판을 본다 | C 화장실에 간다 |

女: 你怎么突然搬出来这么多盘子?
男: 明天家里不是来客人吗? 这些盘子好久没用了, 我先洗洗。
女: 有几个同事不能来了, 不用洗这么多。
男: 没事, 我都洗了吧。

여: 어떻게 갑자기 이렇게 많은 쟁반을 가져왔어요?
남: 내일 집에 손님이 오지 않아요? 이 쟁반들 오랫동안 안 썼으니 내가 일단 씻을게요.
여: 동료 몇 명은 못 온다니 이렇게 많이 씻을 필요 없어요.
남: 괜찮아요, 내가 모두 씻을게요.

问: 男的想做什么?   질문: 남자는 무엇을 하려고 하는가?

해설 남자가 쟁반을 가져와서 '这些盘子好久没用了, 我先洗洗(이 쟁반들 오랫동안 쓰지 않았으니 내가 일단 씻을게요)'라고 하였으므로 남자가 하고자 하는 것은 쟁반을 씻는 것이므로 정답은 A다.

단어 **洗** xǐ 동 씻다 | **盘子** pánzi 몡 쟁반, 접시 | **菜单** càidān 몡 메뉴 | **洗手间** xǐshǒujiān 몡 화장실 | **突然** tūrán 뮈 갑자기, 돌연히 | **搬** bān 동 옮기다 | **这么** zhème 대 이렇게 | **客人** kèrén 몡 손님 | **不用** búyòng ~할 필요 없다

▶ 03-22-5

05
p. 118

A 去跳舞	A 춤추러 가자고
B 多照照片	**B 사진을 많이 찍으라고**
C 帮忙搬家	C 이사하는 것을 도우라고

男: 今天的电影见面会结束了吗?
女: 还没有, 大家都特别热情, 现在还在这儿做游戏呢。
男: 你记得多照几张照片!
女: 好的, 没问题。

남: 오늘 영화 팬 미팅 끝났어?
여: 아직이야, 모두 열정적이야. 지금도 아직 여기에서 게임하고 있어.
남: 사진 많이 찍는 거 잊지 말고!
여: 알겠어, 문제없어.

问: 男的让女的做什么?   질문: 남자는 여자에게 무엇을 하라고 했는가?

해설 남자가 여자에게 '你记得多照几张照片(사진 많이 찍는 거 기억해)'라고 하였으므로 정답은 B다.

단어 **跳舞** tiàowǔ 동 춤을 추다 | **照** zhào 동 사진을 찍다 | **照片** zhàopiàn 몡 사진 | **帮忙** bāngmáng 동 도움을 주다, 일(손)을 돕다 | **搬家** bānjiā 동 이사하다 | **电影** diànyǐng 몡 영화 | **见面会** jiànmiànhuì 몡 기자회견, 팬 미팅 | **结束** jiéshù 동 끝나다 | **特别** tèbié 뮈 특별히 | **热情** rèqíng 혱 친절하다, 열정적이다 | **游戏** yóuxì 몡 오락, 게임 | **记得** jìde 동 기억하다 | **让** ràng 동 ~하라고 시키다, 만들다

▶ 03-26-1

01
p. 124

A 去出差了	A 출장 갔다
B 已经上班了	B 이미 출근했다
C 还没来	**C 아직 오지 않았다**

男 : 丽丽怎么还没来?

女 : 现在是下班时间，人比较多，再等十分钟吧。

남 : 리리는 왜 아직도 안 온거야?

여 : 지금 퇴근 시간이어서 사람이 비교적 많을 거야. 10분 더 기다려보자.

问 : 关于丽丽，可以知道什么?

질문 : 리리에 관하여 알 수 있는 것은?

해설 남자가 '丽丽怎么还没来?(리리는 왜 아직도 안 온거야?)'라고 묻자 여자가 '再等十分钟吧(10분 더 기다리자)'라고 하였으므로 리리는 아직 오지 않았음을 알 수 있다. 따라서 정답은 C다.

단어 出差 chūchāi 통 출장 가다 | 已经 yǐjing 뿐 이미, 벌써 | 上班 shàngbān 통 출근하다 | 比较 bǐjiào 뿐 비교적 | 等 děng 통 기다리다 | 分钟 fēnzhōng 명 분 | 关于 guānyú 전 ~에 관하여 | 知道 zhīdào 통 알다

▶ 03-26-2

02
p. 124

A 要去锻炼	A 운동을 가려 한다
B 打算请假	B 휴가를 내려 한다
C 找到工作了	**C 직장을 구했다**

女 : 上海银行刚才打电话过来，让我下周去上班。

男 : 太好了，真为你高兴。

여 : 상하이 은행에서 방금 전화 왔는데 나보고 다음 주부터 출근하래.

남 : 너무 잘 됐다. 정말 기쁘다.

问 : 关于女的，可以知道什么?

질문 : 여자에 관해서 알 수 있는 것은?

해설 여자가 남자에게 상하이 은행에서 전화가 왔다며 '让我下周去上班(나보고 다음 주부터 출근하래)'이라고 한 말을 근거로 여자는 상하이 은행에 취직되었음을 알 수 있다. 따라서 정답은 C다.

단어 锻炼 duànliàn 통 단련하다, 운동하다 | 打算 dǎsuàn 통 ~할 계획이다. 생각이다 | 请假 qǐngjià 통 휴가를 내다 | 找到 zhǎodào 통 찾다. 찾아내다 | 工作 gōngzuò 명 직업, 일 | 上海 Shànghǎi 지명 상하이 | 银行 yínháng 명 은행 | 刚才 gāngcái 뿐 방금 | 打电话 dǎ diànhuà 통 전화하다 | 让 ràng 통 ~하라고 시키다. 만들다 | 为 wèi 전 ~때문에 | 高兴 gāoxìng 형 기쁘다, 즐겁다

▶ 03-26-3

03
p. 124

A 别开灯	A 불을 켜지 말라
B 先写作业	B 우선 숙제를 한다
C 查词典	**C 사전을 찾아본다**

男 : 我发现这个字有好几个读音，在这儿应该读什么?

女 : 我也不知道，还是查查词典吧。

남 : 내가 이 글자에 여러 가지 독음이 있다는 것을 알게 됐어. 여기에서는 무엇으로 읽어야 하지?

여 : 나도 잘 모르겠어. 그냥 사전 찾아봐.

问 : 女的认为应该怎么做?

질문 : 여자는 어떻게 해야 한다고 생각하는가?

해설 남자가 여자에게 글자의 독음을 묻자 여자가 '还是查查词典吧(그냥 사전 찾아봐)'라고 하였으므로 정답은 C다.

단어 开灯 kāi dēng 전등을 켜다 | 先 xiān 閉 먼저 | 写 xiě 图 쓰다 | 作业 zuòyè 闿 숙제 | 查 chá 图 찾다 | 词典 cídiǎn 闿 사전 | 发现 fāxiàn 图 발견하다, 알아차리다 | 字 zi 闿 글자 | 读音 dúyīn 闿 발음, 독음 | 应该 yīnggāi 图 마땅히 ~해야 한다 | 读 dú 图 읽다 | 认为 rènwéi 图 여기다, ~라고 생각하다

▶ 03-26-4

04 p. 124

A 生病了	A 아프다
B 不爱读书	B 공부하는 것을 좋아하지 않는다
C 休息时间少了	**C 휴식 시간이 적어졌다**

女：你一边上班一边学习，忙得过来吗？	여 : 너 출근하면서 공부하는 거 너무 바쁘지 않아?
男：虽然休息的时间少了，但是能学到很多东西。	남 : 비록 휴식 시간이 적어졌지만 많은 걸 배울 수 있어.

问：关于男的可以知道什么？	질문: 남자에 관해서 알 수 있는 것은?

해설 출근하면서 공부하는 것이 바쁘지 않냐고 묻는 여자의 말에 남자는 '虽然休息的时间少了(비록 휴식 시간이 적어졌지만)' 이라고 하였으므로 정답은 C다.

단어 生病 shēngbìng 图 병이 나다 | 读书 dúshū 图 공부하다 | 休息 xiūxi 图 휴식하다, 쉬다 | 时间 shíjiān 闿 시간 | 一边…一边 yìbiān…yìbiān… 图 ~하면서 ~하다 | 上班 shàngbān 图 출근하다 | 学习 xuéxí 图 공부하다 | 忙 máng 图 바쁘다 | 得 de 图 동사와 보어의 가운데 쓰여 가능을 나타냄 | 过来 guòlái 图 동사 뒤에 쓰여 시간·능력·수량이 충분함을 나타냄(주로 '得'나 '不'와 함께 쓰임) | 虽然…但是… suīrán…dànshì… 图 비록 ~할지라도 그러나 ~하다 | 学到 xuédào 图 습득하다

▶ 03-26-5

05 p. 124

A 没吃饱	A 배불리 먹지 않았다
B 想看电影	B 영화를 보고 싶다
C 不想去公园	**C 공원에 가고 싶지 않다**

男：今晚吃得有点儿多，等会儿去公园走走怎么样？	남 : 오늘 저녁에 좀 많이 먹었으니 조금 있다가 공원에 가서 걷는 게 어때?
女：我不去了，六点半的时候有我喜欢的电视节目。	여 : 난 안 갈래. 6시 반에 내가 좋아하는 TV 프로그램 한단 말이야.

问：关于女的，可以知道什么？	질문: 여자에 관해서 알 수 있는 것은?

해설 공원에 가서 걷자는 말에 여자는 '我不去了，六点半的时候有我喜欢的电视节目(6시 반에 내가 좋아하는 TV 프로그램 한단 말이야)'라고 하였으므로 남자의 제안을 거절하고 있음을 알 수 있다. 따라서 정답은 C다.

단어 饱 bǎo 图 배부르다 | 电影 diànyǐng 闿 영화 | 公园 gōngyuán 闿 공원 | 今晚 jīnwǎn 闿 오늘 밤(저녁) | 有点儿 yǒudiǎnr 閉 조금 | 等会儿 děnghuìr 조금 있다가, 이따가 | 时候 shíhou 闿 때, 무렵 | 电视 diànshì 闿 텔레비전 | 节目 jiémù 闿 프로그램

▶ 03-27-1

01

p. 124

A 呀疼	**A 이가 아프다**
B 参加面试了	B 면접에 참가했다
C 找邻居帮忙	C 이웃에게 도와 달라고 한다

男：这个苹果你吃吧。	남 : 이 사과 너 먹어.
女：这个是你最爱吃的水果吗？今天怎么不吃了？	여 : 이거 네가 제일 좋아하는 과일 아니야? 오늘 왜 안 먹어?
男：我的牙现在喝水都疼，吃药也不见得好。	남 : 나 이가 지금 물만 마셔도 아파. 약을 먹어도 효과가 없어.
女：那你应该去医院看看。	여 : 그럼 병원에 가서 진찰받아봐.

| 问：关于男的可以知道什么？ | 질문: 남자에 관해서 알 수 있는 것은? |

해설　사과를 왜 먹지 않는지 묻는 여자의 질문에 남자는 '我的牙现在喝水都疼(나 이가 지금 물만 마셔도 아파)'라고 하였으므로 남자는 이가 아프다는 것을 알 수 있다. 따라서 정답은 A다.

단어　牙 yá 몡 치아 | 疼 téng 혱 아프다 | 参加 cānjiā 동 참가하다 | 面试 miànshì 몡 면접 | 找 zhǎo 동 찾다 | 邻居 línjū 몡 이웃 | 帮忙 bāngmáng 동 돕다 | 苹果 píngguǒ 몡 사과 | 水果 shuǐguǒ 몡 과일 | 药 yào 몡 약 | 也 yě 뷔 ~도, 역시 | 不见得 bújiàndé 반드시 ~한 것은 아니다 | 应该 yīnggāi 조동 마땅히 ~해야 한다 | 医院 yīyuàn 몡 병원

▶ 03-27-2

02

p. 124

| A 太旧了 | B 容易坏 | C 有点儿小 | A 너무 오래됐다 | B 쉽게 망가진다 | **C 좀 작다** |

女：这辆车你没开多久吧？怎么就要换新的了？	여 : 이 차 너 얼마 운전 안 하지 않았어? 왜 새것으로 바꾸려고 하는 거야?
男：有了孩子后，觉得车有点儿小。	남 : 아이가 있고 난 후에는 차가 좀 작은 것 같아서.
女：那你想换什么样的？	여 : 그럼 어떤 걸로 바꾸고 싶은데?
男：还没决定呢，最近正在看。	남 : 아직 결정 못 했어. 요즘 보고 있어.

| 问：男的认为自己现在的车怎么样？ | 질문: 남자는 현재 자신의 차가 어떠하다고 생각하는가? |

해설　차를 바꾸는 이유에 대해 묻는 여자의 말에 남자가 '有了孩子后，觉得车有点儿小(아이가 있고 난 후에는 차가 좀 작은 것 같다)'고 하였으므로 정답은 C다.

단어　旧 jiù 혱 낡다, 오래되다 | 容易 róngyì 혱 쉽다, ~하기 용이하다 | 坏 huài 혱 고장 나다 | 有点儿 yǒudiǎnr 뷔 조금 | 小 xiǎo 혱 작다 | 辆 liàng 양 대(차량 등을 세는 단위) | 车 chē 몡 차 | 开 kāi 동 운전하다 | 换 huàn 동 바꾸다 | 新 xīn 혱 새롭다, 새것이다 | 孩子 háizi 몡 아이 | 觉得 juéde 동 느끼다, 생각하다 | 什么样 shénmeyàng 때 어떠한 | 决定 juédìng 동 결정하다 | 正在 zhèngzài 뷔 ~하고 있는 중이다 | 认为 rènwéi 동 여기다, ~라고 생각하다 | 自己 zìjǐ 때 자신

03

p. 124

A 腿疼	A 다리가 아프다
B 在问路	**B 길을 묻고 있다**
C 想坐船	C 배를 타고 싶어 한다

男：请问，这附近有公共汽车站吗?	남 : 말씀 좀 여쭐게요. <u>이 근처에 버스 정류장이 있나요?</u>
女：有，<u>你一直往南走，会经过一个路口，然后在往东走就到了。</u>	여 : 있어요. <u>남쪽으로 쭉 가면 갈림길 하나 지날 거예요. 그다음에 동쪽으로 가면 바로 도착해요.</u>
男：离这儿远吗?	남 : 여기에서 먼가요?
女：很近，也就十分钟。	여 : 가까워요. 10분이면 돼요.

问: 关于男的，可以知道什么?	질문: 남자에 관해서 알 수 있는 것은?

해설 남자가 여자에게 '这附近有公共汽车站吗?(이 근처에 버스 정류장이 있나요?)'라고 물었고 여자가 길 안내를 하고 있으므로(你一直往南走，会经过一个路口，然后在往东走就到了) 남자는 현재 길을 묻고 있다는 것을 알 수 있다. 따라서 정답은 B다.

단어 腿 tuǐ 몡 다리 | 疼 téng 톙 아프다 | 问路 wènlù 길을 묻다 | 想 xiǎng 조동 ~하고 싶다 | 坐 zuò 동 (교통수단을) 타다 | 船 chuán 몡 배, 선박 | 附近 fùjìn 몡 부근, 근처 | 公共汽车站 gōnggòng qìchēzhàn 버스 정류장 | 一直 yìzhí 閉 줄곧, 계속해서 | 往 wǎng 젠 ~을 향하여 | 南 nán 몡 남쪽 | 走 zǒu 동 가다 | 会 huì 조동 ~일 것이다 | 经过 jīngguò 동 지나다, 통과하다 | 路口 lùkǒu 몡 갈림길, 길목 | 然后 ránhòu 젭 그런 뒤에, 그리고 나서 | 东 dōng 몡 동쪽 | 到 dào 동 도착하다 | 离 lí 젠 ~로부터 | 远 yuǎn 톙 멀다 | 近 jìn 톙 가깝다 | 分钟 fēnzhōng 몡 분

04

p. 124

A 教历史	**A 역사를 가르친다**
B 变化很大	B 변화가 크다
C 在买筷子	C 젓가락을 사고 있다

女：我刚才在银行门口遇到张老师了。	여 : 나 방금 은행 입구에서 장 선생님을 만났어.
男：他最近怎么样?	남 : 선생님 요즘 어떠셔?
女：没什么变化，<u>现在还教一年级历史课呢。</u>	여 : 별다른 변화 없어. <u>요즘도 여전히 1학년 역사 과목을 가르치고 계셔.</u>
男：是吗? 他的身体一直都很不错。	남 : 그래? 선생님 건강은 줄곧 괜찮구나.

问: 关于张老师，可以知道什么?	질문: 장 선생님에 관하여 알 수 있는 것은?

해설 여자의 장 선생님에 관한 설명 중 '现在还教一年级历史课呢(요즘도 여전히 1학년 역사 과목을 가르치셔)'라는 말을 근거로 정답이 A임을 알 수 있다.

단어 教 jiāo 동 가르치다 | 历史 lìshǐ 몡 역사 | 变化 biànhuà 몡 변화 | 筷子 kuàizi 몡 젓가락 | 刚才 gāngcái 閉 방금 | 门口 ménkǒu 몡 입구 | 遇到 yùdào 동 만나다 | 还 hái 閉 아직도, 여전히 | 年级 niánjí 몡 학년 | 课 kè 몡 수업 | 一直 yìzhí 閉 줄곧, 계속해서 | 不错 búcuò 톙 괜찮다, 좋다

05

p. 124

A 住在五层
B 西瓜不新鲜
C 已经搬家了

A 5층에 산다
B 수박이 신선하지 않다
C 이미 이사했다

男: 你搬家的事情解决了吗? 后来怎么样?
女: 解决了, 还要多谢你给我介绍搬家公司。
男: 别客气, 应该的。
女: 有时间到我的新家来坐坐。

남 : 너 이사하는 일은 해결됐어? 나중에 어떻게 됐어?
여 : 해결됐어. 나한테 이삿짐센터 소개해준 것도 고마워.
남 : 아니야, 당연한 거지.
여 : 시간 있을 때 새로 이사한 우리 집에 놀러 와.

问: 女的是什么意思?

질문: 여자의 말 뜻은?

해설 이사에 대한 남자의 질문에 여자는 '解决了(해결됐어)'라고 했고 남자에게 '有时间到我的新家来坐坐(시간 있으면 새로 이사한 우리 집에 놀러 와)'라고 하였으므로 여자는 이미 이사했음을 알 수 있다. 따라서 정답은 C다.

단어 住 zhù 툉 살다, 묵다 | 层 céng 툉 층 | 西瓜 xīguā 뗑 수박 | 新鲜 xīnxiān 톙 신선하다 | 搬家 bānjiā 툉 이사하다 | 事情 shìqing 뗑 일 | 解决 jiějué 툉 해결하다 | 后来 hòulái 뗑 그 후, 그 다음 | 介绍 jièshào 툉 소개하다 | 公司 gōngsī 뗑 회사 | 应该的 yīnggāide 마땅한 것, 당연히 해야 하는 것

실전 모의고사

제1부분

✓ 정답	1. A	2. E	3. C	4. B	5. D
	6. A	7. B	8. E	9. C	10. D

A

B

C

D

E

F

▶ 실전 모의고사 01번

01

p. 125

女: 这个教室里的人比较少，很安静，我们在这里学习怎么样？

男: 好的，这里比图书馆安静多了。

여 : 이 교실에는 사람이 비교적 적어서 조용해. 우리 여기에서 공부하는 게 어때?

남 : 좋아. 여기가 도서관보다 훨씬 더 조용하다.

해설 여자의 말 속 '这个教室(이 교실)'와 남자의 말 속 '这里(이곳)'는 모두 교실을 말하는 것이므로 교실 그림인 A가 정답이다.

단어 教室 jiàoshì 몡 교실 | 安静 ānjìng 혱 조용하다 | 这里 zhèlǐ 떼 이곳, 여기 | 学习 xuéxí 됭 공부하다 | 比 bǐ 쩐 ~보다 | 图书馆 túshūguǎn 몡 도서관

▶ 실전 모의고사 02번

02

p. 125

男: 这条鱼看起来不太新鲜，你是在哪儿买的？

女: 就是路口我们常去的那家超市，我还买了一斤苹果。

남 : 이 생선은 보아하니 그다지 신선하지 않은데, 너 어디에서 산 거야?

여 : 바로 길목에 있는 우리가 자주 가는 그 슈퍼마켓인데, 나 사과도 한 근 샀어.

해설 남자가 '这条鱼(이 생선)'라고 가리키며 생선을 어디에서 샀는지 여자에게 묻고 있는 내용이다. '超市(슈퍼마켓)'라고 대답하며 '苹果(사과)'라는 단어도 언급되었지만, 보기에서 사과나 쇼핑 관련 그림은 볼 수 없으므로, 생선 요리 그림인 E가 정답이 된다.

단어 条 tiáo 양 가늘고 긴 것을 세는 단위 | 鱼 yú 몡 물고기, 생선 | 看起来 kànqǐlái 보아하니, 보기에 | 不太 bútài 그다지, 별로 | 新鲜 xīnxiān 혱 신선하다 | 是…的 shì…de ~이다(이미 발생한 동작의 시간 · 장소 · 방식 등을 강조) | 在 zài 쩐 ~에, ~에서 | 哪儿 nǎr 떼 어디 | 买 mǎi 됭 사다 | 就是 jiùshì 바로 ~이다 | 路口 lùkǒu 몡 갈림길, 길목 | 常 cháng 뷔 자주 | 家 jiā 양 집 · 상점 · 회사 등을 세는 단위 | 超市 chāoshì 몡 슈퍼마켓 | 斤 jīn 양 근(약 500그램) | 苹果 píngguǒ 몡 사과

03

p. 125

女：都九点一刻了，你怎么还不起床?

男：星期天又不上班，你也不让我多睡一会儿?

여 : 벌써 9시 15분이야, 왜 아직도 안 일어나?

남 : 일요일에 출근도 하지 않는데 좀 더 자게 해주지 않을래?

해설 여자는 '怎么还不起床?(어째서 아직도 일어나지 않는 거야?)'이라고 늦잠 자는 남자를 깨우고 있고, 남자는 '星期天又不上班(일요일에 출근도 하지 않으니)'이라는 이유를 대며 더 자고 싶다는 말을 하고 있다. 따라서 이 대화 내용에 어울리는 그림은 자고 있는 남자를 깨우는 모습인 C이다.

단어 都…了 dōu…le 벌써 ~하다 | 一刻 yíkè 15분 | 怎么 zěnme 때 왜, 어째서 | 还 hái 뷔 아직도, 여전히 | 起床 qǐchuáng 동 일어나다 | 星期天 xīngqītiān 명 일요일 | 又 yòu 뷔 ~도 (또한)[부정문이나 반어문에 쓰여 어기를 강하게 함] | 上班 shàngbān 동 출근하다 | 让 ràng 동 ~하게 만들다, 시키다 | 睡 shuì 동 자다 | 一会儿 yíhuìr 양 잠시, 잠깐

04

p. 125

男：你看，天还没黑，月亮已经出来了。

女：是啊，今天的月亮看起来像圆圆的盘子。

남 : 봐봐, 날이 아직 저물지 않았는데 달이 벌써 나왔어.

여 : 그렇네, 오늘 달은 둥그런 쟁반 같이 보이네.

해설 남자와 여자의 대화 주제는 '月亮(달)'이므로 정답은 B다.

단어 还没 hái méi 아직 ~하지 않았다 | 黑 hēi 형 어둡다 | 月亮 yuèliang 명 달 | 看起来 kàn qǐlái 보아하니, 보기에 | 像 xiàng 동 닮다, 비슷하다 | 圆 yuán 형 둥글다 | 盘子 pánzi 명 쟁반, 접시

05

p. 125

女：我穿这条裙子怎么样? 好不好看?

男：好看是好看，但会不会有些短?

여 : 나 이 치마 입으니 어때? 예뻐?

남 : 예쁘긴 예쁜데, 근데 좀 짧지 않을까?

해설 여자가 '穿这条裙子怎么样(이 치마 입으니 어때?)'이라고 남자의 의견을 묻고, 남자도 이 치마에 대해 의견을 말하고 있다. 따라서 이 대화의 화제는 '치마'라는 사물이므로 치마를 입은 모습의 여자가 있는 D가 정답이 된다.

단어 穿 chuān 동 입다, 신다 | 条 tiáo 양 벌(옷, 하의를 세는 양사) | 裙子 qúnzi 명 치마 | 是 shì 동 '是'의 앞뒤에 같은 명사·형용사·동사를 사용하여 양보를 나타냄 ['虽然'에 상당함] | 但 dàn 접 그러나, 그렇지만 | 会 huì 조동 ~일 것이다 | 有些 yǒuxiē 뷔 조금, 약간 | 短 duǎn 형 짧다

A

B

C

D

E

▶ 실전 모의고사 06번

06
p. 126

男: 你是怎么瘦下来的?

女: 跑步，从去年秋天开始我每天都去跑两三次。

남: 너 어떻게 살 뺀 거야?

여: 달리기. 작년 가을부터 시작해서 날마다 두세 번씩 달리기를 했어.

해설 어떻게 살이 빠졌냐는 남자의 물음에 여자는 바로 '跑步(달리기)'라고 대답했다. 따라서 조깅을 하고 있는 동작이 대화 내용과 일치하므로 보기 A가 정답이다.

단어 瘦 shòu 혱 살이 빠지다, 마르다 | 跑步 pǎobù 몡통 달리기, 달리다 | 从 cóng 젠 ~부터 | 秋天 qiūtiān 몡 가을 | 开始 kāishǐ 통 시작하다 | 跑 pǎo 통 달리다 | 次 cì 양 번

▶ 실전 모의고사 07번

07
p. 126

女: 走了这么久还没到，是在这条街的吗?

男: 过了红绿灯就是，你看见了吗? 那就是友谊宾馆。

여: 이렇게 오래 걸었는데 아직도 도착 못 했네. 이 거리에 있는 거니?

남: 신호등을 지나면 바로 있어. 보이지? 저게 바로 프렌드십 호텔이야.

해설 여자는 오래 걸었으며 '是在这条街的吗?(이 거리에 있는 거니?)'라는 말로 보아 어떤 목적지를 찾아가고 있는 중이라는 것을 알 수 있다. 이에 남자의 마지막 말인 '那就是友谊宾馆(저게 바로 프렌드십 호텔이야)'에서 이들의 목적지는 '호텔'이라는 것도 알 수 있다. 따라서 이 대화에 어울리는 그림은 호텔로 보이는 건물 사진인 B이다.

단어 久 jiǔ 혱 오래되다 | 到 dào 통 도착하다 | 条 tiáo 양 갈래(가늘고 긴 것을 세는 단위) | 街 jiē 몡 길 | 过 guò 통 건너다 | 红绿灯 hónglǜdēng 몡 신호등 | 看见 kànjiàn 통 보이다 | 友谊 yǒuyì 몡 우정 | 宾馆 bīnguǎn 몡 호텔 | 友谊宾馆 Yǒuyì Bīnguǎn 프렌드십 호텔(Friendship Hotel, 세계 호텔 체인의 일종)

08

p. 126

男：没想到北方空气这么冷。

女：是啊，每年都这样，你应该多穿点儿，别生病了。

남 : 북쪽의 공기가 <u>이렇게 추울 줄은</u> 생각지도 못했어.

여 : 그래, 해마다 이렇지. <u>좀 더 따뜻하게 입어.</u> 병나지 않게.

해설 남자가 '这么冷(이렇게 춥다)'이라는 것을 생각하지 못했다고 말하자, 여자는 추워하는 사람에게 흔히 말하는, '应该多穿点儿(좀 더 따뜻하게 입어야 한다)'이라는 말을 하는 것으로 보아 남자는 추위를 느끼고 있다는 것을 알 수 있다. 따라서 추워서 옷을 여미고 있는 모습의 E가 이 대화에 어울리는 정답이 된다.

단어 没想到 méixiǎngdào 생각지 못하다. 뜻밖이다 | 北方 běifāng 명 북쪽, 북부 지역 | 空气 kōngqì 명 공기 | 这么 zhème 대 이렇게 | 冷 lěng 형 춥다 | 应该 yīnggāi 조동 ~해야 한다 | 穿 chuān 동 입다. 신다 | 点儿 diǎnr 양 조금 | 别 bié 부 ~하지 마라 | 生病 shēngbìng 동 아프다

09

p. 126

女：你的护照呢？不会又没带吧？

男：我记得早上放包里了，我再找找。

여 : <u>네 여권은?</u> 또 안 가져온 건 아니겠지?

남 : 내 기억으론 아침에 가방 안에 넣었는데. 다시 찾아볼게.

해설 여자의 첫마디인 '你的护照呢？(네 여권은?)'에서 바로 여권이 화제라는 것을 알 수 있다. 또한 '没带(가지지 않았다)', '放包里了(가방 안에 넣었다)', '找找(찾아본다)'의 대상 모두 '여권'이라는 것을 알 수 있다. 따라서 정답은 C이다.

단어 护照 hùzhào 명 여권 | 呢 ne 조 전후의 문맥과 관계없이 사용될 경우, 보통 장소를 찾는 의미를 지님 | 会 huì 조동 ~일 것이다 | 又 yòu 부 또 | 带 dài 동 가지다. 지니다 | 记得 jìde 동 기억하다 | 放 fàng 동 놓다. 넣다 | 包 bāo 명 가방 | 找 zhǎo 동 찾다

10

p. 126

男：你的作业写完了吗？我有一个选择题不会，想问问你。

女：好的，哪一个题？

남 : 너 숙제 다 했어? 나 객관식 한 문제를 못 하겠는데. 너한테 좀 물어보고 싶어.

여 : 좋아. 어느 문제야?

해설 남자는 여자의 숙제(你的作业)를 언급하며, 어떤 문제를 못 풀겠다며(我有一个选择题不会) 여자에게 가르쳐달라(想问问你)는 의사를 나타내고 있다. 따라서 보기 중 공부와 관련된 공간에서 남녀가 함께 문제를 푸는 동작의 모습인 D가 대화 내용과 일치한다.

단어 作业 zuòyè 명 숙제 | 写 xiě 동 쓰다 | 完 wán (동사 뒤에 쓰여) 완료를 나타냄 | 选择 xuǎnzé 동 선택하다 | 题 tí 명 문제 | 想 xiǎng 조동 ~하고 싶다 | 问 wèn 동 묻다. 물어보다

| ✓ 정답 | 11. ✓ | 12. ✓ | 13. ✓ | 14. ✕ | 15. ✕ |
| | 16. ✓ | 17. ✓ | 18. ✕ | 19. ✕ | 20. ✕ |

▶ 실전 모의고사 11번

11
p. 127

最近奶奶病了，妈妈一直在医院里照顾她，几乎每天都休息不好，一个月下来，瘦了不少。

★ 奶奶生病了。

최근에 할머니께서 병이 나셔서 엄마가 계속 병원에서 할머니를 돌보셔서 거의 매일 제대로 쉬실 수가 없다. 한 달 동안 계속되니, 살이 많이 빠지셨다.

★ 할머니는 병이 나셨다. (✓)

해설 첫마디에서 '最近奶奶病了(최근 할머니께서 병이 나셨다)'라고 분명히 언급했고, 녹음 내용은 주로 어머니에 관한 것이다. 시간 관련 명사 最近이 있어도 ★표 문장과 일치하는 내용이므로 정답은 ✓이다.

단어 病 bìng 통 병이 나다 | 一直 yìzhí 튀 줄곧, 계속해서 | 医院 yīyuàn 명 병원 | 照顾 zhàogù 통 돌보다 | 几乎 jīhū 튀 거의 | 休息 xiūxi 통 휴식하다, 쉬다 | 下来 xiàlái 통 (일정한 기간이) 지나다, 끝나다 | 瘦 shòu 형 마르다 | 生病 shēngbìng 통 병이 나다

▶ 실전 모의고사 12번

12
p. 127

昨天踢足球的时候认识了一个新朋友，他很年轻，也很热情，球踢得也不错。

★ 他新认识的朋友很热情。

어제 축구를 할 때 새 친구를 한 명 알게 되었는데, 그는 젊고 친절하며, 축구도 잘한다.

★ 그가 새로이 알게 된 친구는 매우 친절하다. (✓)

해설 ★표 문장의 서술어 부분(很热情)과 녹음에서 인물에 대한 서술어 부분(也很热情)이 완벽히 일치하므로 정답은 ✓이다.

단어 踢足球 tī zúqiú 통 축구를 하다 | 时候 shíhou 명 때, 무렵 | 认识 rènshi 통 알다 | 年轻 niánqīng 형 젊다 | 热情 rèqíng 형 친절하다, 열정적이다 | 球 qiú 명 공 | 踢 tī 통 차다, 발길질하다 | 得 de 조 ~한 정도가(술어 뒤에 써서 정도를 나타내는 보어를 연결) | 不错 búcuò 형 괜찮다, 좋다

▶ 실전 모의고사 13번

13
p. 127

有的人喜欢音乐，有的人喜欢体育运动，我的爱好很简单，那就是读书， 在图书馆里安静地坐一天，我也不觉得累。

★ 说话人的爱好是读书。

어떤 사람들은 음악을 좋아하고, 어떤 사람들은 스포츠를 좋아한다. 내 취미는 단순한데, 그것은 바로 독서이다. 도서관에서 조용하게 온종일 앉아있어도 나는 힘들다고 생각하지 않는다.

★ 화자의 취미는 독서이다. (✓)

해설 ★표 문장의 서술어 부분(是读书)과 녹음 속 '我的爱好…那就是读书(내 취미는…그것은 바로 독서이다)'는 완벽히 일치하므로 정답은 ✓이다.

단어 有的人 yǒuderén 어떤 사람 | 喜欢 xǐhuan 통 좋아하다 | 音乐 yīnyuè 명 음악 | 体育 tǐyù 명 체육 | 运动 yùndòng 명 운동 | 爱好 àihào 명 취미 | 简单 jiǎndān 형 간단하다 | 读书 dúshū 통 책을 읽다 | 图书馆 túshūguǎn 명 도서관 | 安静 ānjìng 형 조용하다 | 地 de (형용사 혹은 일부 양사 뒤에 놓여) ~하게 | 坐 zuò 통 앉다 | 一天 yìtiān 명 하루 | 累 lèi 형 피곤하다, 힘들다

14
p. 127

这几天去上海的人太多了，<u>不但火车票没有了</u>，机票也卖完了，我只能<u>选择坐船去了</u>。

★ 说话人买到了火车票。

요 며칠 상하이로 가는 사람이 너무 많아서 <u>기차표도 없을 뿐만 아니라, 비행기표도 다 팔렸다. 나는 어쩔 수 없이 배를 타고 가는 것을 선택했다.</u>

★ 화자는 기차표를 샀다. (×)

해설 녹음에서 '不但火车票没有了(기차표도 없을 뿐만 아니라)'라고 했으며 비행기표도 다 팔리고 없어서 결국 배 타는 것을 선택했다(选择坐船去)고 했으므로 ★표 문장의 '买到了火车票'라는 것은 일치하지 않는다. 따라서 정답은 ×이다.

단어 这几天 zhè jǐtiān 요즘, 요 며칠 | 上海 Shànghǎi 지명 상하이 | 不但 búdàn 접 ~뿐만 아니라 | 火车票 huǒchēpiào 명 기차표 | 机票 jīpiào 명 비행기표 | 卖 mài 동 팔다 | 选择 xuǎnzé 동 선택하다 | 坐 zuò 동 (교통수단을) 타다 | 船 chuán 명 배, 선박

15
p. 127

这几个月，小李练习游泳非常努力，成绩提高得很快，所以<u>我决定这次的比赛让小李去参加</u>。

★ 说话人打算不让小李参加比赛。

요 몇 달간 샤오리는 수영 연습을 매우 열심히 해서 성적이 무척 빨리 향상됐다. 그래서 <u>나는 이번 경기에 샤오리를 참가시키기로 결정했다.</u>

★ 화자는 샤오리가 경기에 참여하지 않도록 할 계획이다. (×)

해설 녹음 마지막 부분에서 이번 경기에 '샤오리를 참가시키기로(让小李去参加)' 결정했다고 하였는데 ★표 문장에서는 경기에 참여하지 않도록 할(不让小李参加比赛) 계획이라고 했다. 즉 부정부사 不로 인해 내용이 상반되므로 정답은 ×이다.

단어 练习 liànxí 동 연습하다 | 游泳 yóuyǒng 동 수영하다 | 努力 nǔlì 형 노력하다 | 成绩 chéngjì 명 성적 | 提高 tígāo 동 향상되다, 오르다 | 得 de 조 ~한 정도개(술어 뒤에 써서 정도를 나타내는 보어를 연결) | 所以 suǒyǐ 접 그리하여 | 决定 juédìng 동 결정하다 | 这次 zhècì 대 이번 | 比赛 bǐsài 명 경기, 시합 | 让 ràng 동 ~하라고 시키다, 만들다 | 参加 cānjiā 동 참가하다 | 打算 dǎsuàn 동 ~할 계획이다

16
p. 127

<u>中文名字是姓在前，名在后</u>，就像我叫张小杨，张是姓，小杨是名。大家了解了吗?

★ 说话人在聊名字。

<u>중국어 이름은 성이 앞에 있고, 이름은 뒤에 있어요.</u> 제가 장샤오양이라고 불리는 것처럼, 장은 성, 샤오양은 이름이에요. 여러분 이해하셨나요?

★ 화자는 이름에 대해 이야기하고 있다. (✓)

해설 첫마디에서 말한대로 '中文名字(중국어 이름)'에 대해 이야기하고 있는 내용이기 때문에 정답은 ✓이다.

단어 中文 Zhōngwén 명 중국어 | 名字 míngzi 명 이름 | 姓 xìng 명 성, 성씨 | 在 zài 동 ~에 있다 | 前 qián 명 앞 | 名 míng 명 이름 | 后 hòu 명 뒤 | 像 xiàng 부 마치 | 叫 jiào 동 ~라고 부르다 | 了解 liǎojiě 동 자세히 알다 | 聊 liáo 동 이야기하다

17
p. 127

我明白您的意思，但是这件事情我要先问问经理，然后再告诉您。

당신의 뜻은 이해했지만, 이 일은 제가 <u>우선 팀장님께 좀 여쭤봐야 해요.</u> 그런 다음에 다시 알려드릴게요.

★ 说话人现在不能做决定。

★ 화자는 현재 결정을 할 수 없다. (✓)

해설 　이 일에 대해 화자는 '要先问问经理(우선 팀장에게 좀 여쭤봐야 한다)'라고 하며 나중에 알려주겠다고 한 것으로 보아 현재 결정을 할 수 없다는 것을 알 수 있다. 따라서 정답은 ✓이다.

단어 　明白 míngbai 동 이해하다, 알다 | 意思 yìsi 명 의미, 뜻 | 但是 dànshì 접 그러나, 그렇지만 | 件 jiàn 양 벌, 건(옷이나 일, 사건 등을 세는 양사) | 事情 shìqing 명 일 | 经理 jīnglǐ 명 사장, 팀장 | 然后 ránhòu 접 그런 후에 | 告诉 gàosu 알려주다 | 做 zuò 동 하다 | 决定 juédìng 명 결정

18
p. 127

这个句子里有个字你写错了，鼻子的鼻上面是一个自，不是白。

이 문장 속의 <u>한 글자를 네가 틀리게 썼어.</u> 鼻子의 鼻 위에는 自이지, 白가 아니야.

★ 那个字写对了。

★ 그 글자는 맞게 썼다. (×)

해설 　화자가 글자에 대해 '写错了(틀리게 썼다)'라고 말했고 ★표 문장은 '写对了(맞게 썼다)'로 서술어 부분이 일치하지 않는다. 따라서 정답 역시 ×이다.

단어 　句子 jùzi 명 문장 | 字 zì 명 글자 | 写 xiě 동 쓰다 | 错 cuò 형 틀리다, 맞지 않다 | 鼻子 bízi 명 코 | 自 zì 대 자신 | 白 bái 형 하얗다, 희다 | 对 duì 형 맞다, 옳다

19
p. 127

我觉得每个季节都有它自己的颜色，春天是绿色，夏天是蓝色，秋天是黄色，冬天是白色。虽然这些季节的颜色不一样，但都非常漂亮。

나는 계절마다 그것만의 색깔이 있다고 생각한다. 봄은 녹색, 여름은 파란색, 가을은 노란색, 겨울은 흰색이다. 비록 이 계절들의 색깔은 다르지만 <u>모두 다 매우 아름답다.</u>

★ 说话人认为春天最漂亮。

★ 화자는 봄이 가장 아름답다고 생각한다. (×)

해설 　계절마다 서로 다른 색깔이 있지만, 마지막 문장에서 '但都非常漂亮(모두 매우 아름답다)'이라고 했다. ★표 문장은 '봄이 가장 아름답다(最漂亮)'로 녹음에 나온 계절, 즉 주어 부분이 일치하지 않으므로 정답은 ×이다.

단어 　觉得 juéde 동 느끼다, 생각하다 | 季节 jìjié 명 계절 | 它 tā 대 그것, 저것(사람 이외의 것을 나타냄) | 自己 zìjǐ 대 자신 | 颜色 yánsè 명 색깔 | 春节 chūnjié 명 설, 춘절 | 绿色 lǜsè 명 녹색 | 夏天 xiàtiān 명 여름 | 蓝色 lánsè 명 파란색 | 秋天 qiūtiān 명 가을 | 黄色 huángsè 명 노란색 | 冬天 dōngtiān 명 겨울 | 白色 báisè 명 흰색 | 虽然…但… suīrán…dàn… 접 비록 ~할지라도 그러나 ~하다 | 一样 yíyàng 형 같다 | 认为 rènwéi 동 여기다, ~라고 생각하다 | 最 zuì 부 가장, 제일

20

p. 127

不要在<u>生气的时候做</u>重要的决定，因为这时候做 出的决定常常是错的。

화가 나있을 때 중요한 결정을 내리지 마라. 왜냐하면 이 때 내린 결정은 종종 틀린 것이기 때문이다.

★ 生气时做的决定一般是对的。

★ 화가 날 때 내린 결정은 보통 옳은 것이다. (×)

해설 녹음에서 말한 '이때 내린 결정'은 즉 '生气时做的决定(화날 때 내린 결정)'이다. 이에 대한 서술어 부분은 녹음에서는 '是 错的(틀린 것)'라고 했고 ★표 문장에서는 '对的(옳은 것)'로 서로 일치하지 않으므로 정답은 ×이다.

단어 不要 búyào ~하지 말아라 | 生气 shēngqì 图 화내다 | 时候 shíhou 阌 때, 무렵 | 做 zuò 图 하다 | 重要 zhòngyào 图 중 요하다 | 决定 juédìng 阌 결정 | 因为 yīnwèi 젭 ~때문에 | 这时候 zhè shíhou 이때 | 错 cuò 图 틀리다, 맞지 않다 | 一般 yìbān 图 보통이다, 일반적이다 | 对 duì 图 맞다, 옳다

제3부분

✔ 정답				
21. A	22. B	23. A	24. C	25. B
26. B	27. C	28. B	29. C	30. C

21

p. 128

A 不想吃蛋糕
B 蛋糕不好吃
C 想吃包子

A 케이크를 먹고 싶지 않다
B 케이크는 맛이 없다
C 빠오즈(만두)를 먹고 싶다

女：冰箱里的<u>蛋糕</u>怎么没吃完呢？吃饱了吗？
男：<u>不想吃了</u>，刚才吃了很多米饭。

여 : 냉장고 안의 케이크 왜 다 안 먹은 거야? 배불러?
남 : 먹고 싶지 않아, 좀 전에 밥을 많이 먹었어.

问：男的是什么意思？

질문: 남자는 무슨 뜻인가?

해설 여자가 '蛋糕怎么没吃完(케이크를 왜 다 안 먹었는지)'이라고 묻자, 남자는 바로 '不想吃了(먹고 싶지 않다)'라고 대답했 으므로 생략된 대상은 蛋糕이다. 즉 남자는 케이크를 먹고 싶지 않다는 뜻이므로 정답은 A이다.

단어 蛋糕 dàngāo 阌 케이크 | 包子 bāozi 阌 (소가 든) 찐빵, 바오쯔 | 冰箱 bīngxiāng 阌 냉장고 | 饱 bǎo 图 배부르다 | 刚才 gāngcái 囝 방금 | 米饭 mǐfàn 阌 밥, 쌀밥

22

p. 128

A 筷子　　　B 盘子　　　C 杯子

A 젓가락　　**B 접시**　　C 컵

男：<u>这两个盘子</u>，你觉得哪个更漂亮？
女：都很漂亮，但我更喜欢右边这个。

남 : 이 두 접시 중에 너는 어떤 것이 더 예쁜 것 같아?
여 : 다 예쁜데, 나는 오른쪽의 이것이 훨씬 좋아.

问：他们在看什么？

질문: 그들은 무엇을 보고 있는가?

해설 남자의 첫마디에서 '这两个盘子(이 두 접시)'라고 화제가 등장했다. 이에 대해 여자와 의견을 나누고 있으므로 그들이 보 고 있는 대상은 접시라는 것을 알 수 있다. 따라서 정답은 B이다.

단어 筷子 kuàizi 阌 젓가락 | 盘子 pánzi 阌 쟁반, 접시 | 杯子 bēizi 阌 잔, 컵 | 觉得 juéde 图 느끼다, 생각하다 | 右边 yòubian 阌 오른쪽

23

p. 128

| A 留学 | B 睡觉 | C 学汉语 | **A 유학** | B 잠을 잔다 | C 중국어를 배운다 |

女 : 想好去哪个国家学习了吗?

男 : 我还没决定, 主要是我爸妈不愿意让我去国外。

여 : 어느 나라에 가서 공부할지 생각했어?

남 : 아직 결정 못 했어. 중요한 건 우리 아빠, 엄마는 내가 외국에 가는 걸 원치 않으신다는 거야.

问 : **男的想要做什么?**

질문 : 남자는 무엇을 하려고 하는가?

해설   여자는 남자에게 '去哪个国家学习(어느 나라에 가서 공부할지)'를 결정했는지 묻고 있다. 이는 남자가 곧 '유학'을 가는 것으로 판단할 수 있다. 따라서 정답은 A이다.

단어   留学 liúxué 통 유학하다 | 睡觉 shuìjiào 통 자다 | 汉语 Hànyǔ 명 중국어 | 国家 guójiā 명 국가 | 学习 xuéxí 통 공부하다 | 决定 juédìng 통 결정하다 | 主要 zhǔyào 형 주요한, 주된 | 愿意 yuànyì 통 원하다 | 让 ràng ~하라고 시키다, 만들다 | 国外 guówài 명 국외

24

p. 128

| A 电影院 | B 商店 | C 公司 | A 영화관 | B 상점 | **C 회사** |

男 : 小李, 你告诉办公室里的其他人明天下午的会议必须都参加, 不能请假。

女 : 好的, 经理, 我知道了。

남 : 샤오리, 사무실에 있는 다른 사람들에게 내일 오후 회의에 반드시 모두 참석해야 하며 휴가를 낼 수 없다고 알려주세요.

여 : 네, 팀장님, 알겠습니다.

问 : 他们最可能在哪儿?

질문 : 그들은 어디에 있을 가능성이 가장 큰가?

해설   보기 유형을 먼저 보았다면 관련된 장소를 물을 것이라고 짐작할 수 있다. 남녀의 대화 속에 등장한 '办公室(사무실)', '会议(회의)', '请假(휴가를 내다)', 직급을 나타내는 '经理(팀장님)' 모두 다 회사에서 언급되는 단어들이다. 따라서 정답은 C이다.

단어   电影院 diànyǐngyuàn 명 영화관 | 商店 shāngdiàn 명 상점 | 公司 gōngsī 명 회사 | 告诉 gàosu 통 알려주다 | 办公室 bàngōngshì 명 사무실 | 其他 qítā 대 기타 | 会议 huìyì 명 회의 | 必须 bìxū 부 반드시 | 参加 cānjiā 통 참가하다 | 请假 qǐngjià 통 휴가를 신청하다 | 经理 jīnglǐ 명 사장, 팀장 | 知道 zhīdào 통 알다 | 可能 kěnéng 형 가능하다

25

p. 128

| A 7:40 | B 9:30 | C 10:15 | A 7:40 | **B 9:30** | C 10:15 |

女 : 几点了? 今天的会议几点开始?

男 : 现在是九点一刻, 再有十分钟开始。

여 : 몇 시예요? 오늘 회의는 몇 시에 시작해요?

남 : 지금 9시 15분인데, 10분 더 있으면 시작해요.

问 : 会议几点开始?

질문 : 회의는 몇 시에 시작하는가?

해설   여자의 말은 질문과 같은 것을 묻고 있다. 남자는 '现在是九点一刻, 再有十分钟开始(지금 9시 15분인데, 10분 더 있으면 시작한다)'라고 대답했으므로 회의 시작 시간은 9시 30분 내외라는 것을 알 수 있다. 따라서 정답은 B이다.

단어   会议 huìyì 명 회의 | 开始 kāishǐ 통 시작하다 | 一刻 yíkè 15분 | 分钟 fēnzhōng 명 분

26

p. 128

A 想搬家
B 结婚了
C 爱吃面包

A 이사를 하고 싶다
B 결혼했다
C 빵을 먹기 좋아한다

男: 你和你丈夫是怎么认识的？
女: 是别人介绍的，我有个朋友是他的邻居。

남 : 당신과 남편은 어떻게 알게 되었어요?
여 : 다른 사람이 소개해줬어요. 내 친구 중 하나가 그의 이웃이에요.

问: 关于女的可以知道什么？

질문: 여자에 관해 알 수 있는 것은?

해설 남자의 첫마디에서 '你和你丈夫(당신과 남편)'라고 말한 것을 근거로 여자는 이미 결혼을 했다는 것을 판단할 수 있다. 따라서 정답은 B이다.

단어 搬家 bānjiā 图 이사하다 | 结婚 jiéhūn 图 결혼하다 | 爱 ài 图 ~하길 좋아하다 | 面包 miànbāo 图 빵 | 丈夫 zhàngfu 图 남편 | 认识 rènshi 图 알다 | 别人 biéren 回 남, 타인 | 介绍 jièshào 图 소개하다 | 邻居 línjū 图 이웃 | 关于 guānyú 전 ~에 관하여

27

p. 128

A 校长　　　B 医生　　　C 司机

A 교장　　　B 의사　　　**C 운전사**

女: 飞机一小时后起飞，您能再开快一点儿吗？
男: 别担心，我们离机场已经很近了。

여 : 비행기가 한 시간 뒤에 이륙하는데 좀 더 빨리 운전하실 수 있나요?
남 : 걱정 마세요, 우린 공항으로부터 이미 가까워요.

问: 男的最可能是做什么的？

질문: 남자는 무슨 일을 하는 사람일 가능성이 큰가?

해설 질문은 남자의 직업을 묻고 있다. 여자가 남자에게 '能再快开一点儿吗?(좀 더 빨리 운전할 수 있나요?)'라며 비행기가 곧 이륙하니 빨리 운전해줄 것을 요청하고 있다. 이를 근거로 남자는 운전사라는 것을 알 수 있으므로 정답은 C이다.

단어 校长 xiàozhǎng 图 교장 | 医生 yīshēng 图 의사 | 司机 sījī 图 운전사 | 飞机 fēijī 图 비행기 | 小时 xiǎoshí 图 시간 | 起飞 qǐfēi 图 이륙하다 | 能 néng 조동 ~할 수 있다 | 快 kuài 圈 빠르다 | 开 kāi 图 운전하다 | 一点儿 yìdiǎnr 囵 조금 | 别 bié 图 ~하지 마라 | 担心 dānxīn 图 걱정하다 | 离 lí 전 ~로부터 | 机场 jīchǎng 图 공항 | 近 jìn 圈 가깝다

28

p. 128

A 努力学习
B 认真看题
C 经常锻炼

A 열심히 공부한다
B 문제를 진지하게 본다
C 자주 운동한다

男: 考试的时候要认真写，看清楚题的要求。
女: 知道了，我以后会注意的。

남 : 시험을 칠 때는 진지하게 해야 해, 문제의 요구를 분명히 보고.
여 : 알겠어요, 앞으로 주의할게요.

问: 男的希望女的怎么样？

질문: 남자는 여자가 어떻길 바라는가?

해설 남자는 여자가 어떤 행동을 하길 바라는지 묻고 있다. 시험을 칠 때 진지하게 작성해야 한다고 하며 '看清楚题的要求(문제의 요구를 분명히 보라)'라고 구체적으로 당부했다. 따라서 이와 같은 의미로 볼 수 있는 B가 정답이다.

단어 努力 nǔlì 图 노력하다 | 认真 rènzhēn 圈 열심히 하다, 성실하다 | 题 tí 图 문제 | 经常 jīngcháng 图 자주, 종종 | 锻炼 duànliàn 图 단련하다, 운동하다 | 考试 kǎoshì 图 시험 | 时候 shíhou 图 때, 무렵 | 要 yào 조동 ~해야 한다 | 写 xiě 图 쓰다 | 清楚 qīngchu 圈 명확하다 | 要求 yāoqiú 图 요구 | 知道 zhīdào 图 알다 | 以后 yǐhòu 图 이후 | 会…的 huì…de 조동 ~일 것이다 | 注意 zhùyì 图 주의하다 | 希望 xīwàng 图 희망하다

29

p. 128

A 手机
B 笔记本电脑
C 故事书

A 휴대전화
B 노트북 컴퓨터
C 이야기책

女：明天是妹妹的生日，你准备礼物了吗？
男：她喜欢看书，我准备送她一本叫《月亮先生》的故事书。

여 : 내일은 여동생의 생일인데, 너 선물 준비했어?
남 : 여동생은 책 보는 것을 좋아해서 난 「달님 아저씨」라고 하는 이야기책을 선물로 준비했어.

问：男的准备了什么礼物？

질문: 남자는 무슨 선물을 준비했는가?

해설 남자는 여동생이 독서(看书)를 좋아해 이야기책(故事书)을 선물로 준비했다고 말했다. 따라서 정답은 C이다.

단어 手机 shǒujī 몡 휴대전화 | 笔记本电脑 bǐjìběn diànnǎo 몡 노트북 컴퓨터 | 故事书 gùshi shū 몡 이야기책 | 生日 shēngrì 몡 생일 | 准备 zhǔnbèi 동 준비하다 | 礼物 lǐwù 몡 선물 | 喜欢 xǐhuan 동 좋아하다 | 看书 kànshū 책을 보다 | 送 sòng 동 주다 | 本 běn 양 권(책을 세는 양사) | 叫 jiào 동 ~라고 부르다 | 先生 xiānsheng 몡 선생님, 씨(성인 남자를 부르는 호칭)

30

p. 128

A 发烧了
B 声音很小
C 牙疼

A 열이 난다
B 목소리가 작다
C 이가 아프다

男：我的牙还是很疼，中午吃了药也没什么用。
女：那我们一会儿去医院检查一下吧。

남 : 나 이가 아직도 아파. 점심 때 약을 먹었는데도 아무 소용이 없네.
여 : 그럼 우리 이따가 병원에 가서 검사 좀 해보자.

问：男的怎么了？

질문: 남자는 왜 그러는가?

해설 남자의 첫마디 말인 '我的牙还是很疼(내 이가 아직도 아프다)'과 보기 C의 牙疼(이가 아프다)은 수식하는 부사의 차이만 있을 뿐 같은 의미를 나타낸다. 따라서 정답은 C이다.

단어 发烧 fāshāo 동 열이 나다 | 声音 shēngyīn 몡 목소리 | 牙 yá 몡 치아 | 疼 téng 형 아프다 | 还是 háishi 뷔 여전히, 그래도 | 中午 zhōngwǔ 몡 낮, 정오(낮 12시 전후) | 了 le 조 ~했다(완료를 나타냄) | 药 yào 몡 약 | 没什么 méi shénme 아무것도 없다 | 用 yòng 몡 쓸모, 효용 | 一会儿 yíhuìr 곧, 잠시 | 医院 yīyuàn 몡 병원 | 检查 jiǎnchá 동 검사하다 | 一下 yíxià 양 좀 ~하다(시도의 의미나 가벼운 어감을 나타냄)

✓ 정답	31. B	32. A	33. B	34. B	35. B
	36. B	37. C	38. C	39. A	40. C

▶ 실전 모의고사 31번

31
p. 129

A 腿疼	A 다리가 아프다
B 有点儿渴	**B 목이 조금 마르다**
C 很累	C 피곤하다

男：走了这么久，累了吧？	남 : 이렇게 오래 걸으니 피곤하지?
女：不累，就是有点儿渴。	여 : 안 피곤해. 그저 목이 조금 마를 뿐이야.
男：前边那条街上有个咖啡馆，我们去喝点儿东西吧。	남 : 앞쪽의 저 길에 커피숍이 있으니, 우리 뭐 좀 마시러 가자.
女：好的。	여 : 좋아.

问：女的怎么了？	질문: 여자는 어떠한가?

해설 '累了吧?(피곤하지?)'라고 상태를 물어보는 남자의 말에 여자는 '就是有点儿渴(그저 목이 조금 마를 뿐)'라고 대답했다. 따라서 정답은 B이다.

단어 腿 tuǐ 몡 다리 | 疼 téng 혱 아프다 | 有点儿 yǒudiǎnr 튀 조금 | 渴 kě 혱 목마르다, 절실하다 | 累 lèi 혱 피곤하다, 힘들다 | 走 zǒu 동 걷다 | 久 jiǔ 혱 오래되다 | 条 tiáo 양 갈래(가늘고 긴 것을 세는 단위) | 街 jiē 몡 거리 | 咖啡馆 kāfēiguǎn 몡 커피숍

▶ 실전 모의고사 32번

32
p. 129

A 银行	**A 은행**
B 邮局	B 우체국
C 宾馆	C 호텔

女：我给大家介绍一下，这位是新来的同事，他以前在北京银行工作。	여 : 여러분께 소개 좀 해드릴게요, 이분은 새로 온 동료로 이전에 베이징은행에서 일했어요.
男：大家好，我姓马，叫马中，中间的中。	남 : 안녕하세요, 성은 마이고, 마중(Ma Zhong)이라고 해요. 중간 중이고요.
女：欢迎你来我们公司工作。	여 : 우리 회사에 와서 근무하게 된 것을 환영해요.
男：我也很高兴认识大家。	남 : 저도 여러분을 알게 되어 기뻐요.

问：男的以前在哪儿工作？	질문: 남자는 이전에 어디에서 일했는가?

해설 여자가 남자를 소개할 때 한 말은 '他以前在北京银行工作(그는 이전에 베이징은행에서 일했다)'이다. 이 말 속의 단어 그대로 그가 이전에 일한 곳은 은행이므로 정답은 A이다.

단어 银行 yínháng 몡 은행 | 邮局 yóujú 몡 우체국 | 宾馆 bīnguǎn 몡 호텔 | 给 gěi 전 ~에게 | 介绍 jièshào 동 소개하다 | 一下 yíxià 양 좀 ~하다(시도의 의미나 가벼운 어감을 나타냄) | 位 wèi 양 분(사람을 세는 단위) | 同事 tóngshì 몡 직장 동료 | 以前 yǐqián 몡 이전, 예전 | 北京 Běijīng 지명 베이징 | 工作 gōngzuò 동 일하다 | 姓 xìng 몡 성, 성씨 | 叫 jiào 동 부르다 | 中间 zhōngjiān 몡 중간 | 欢迎 huānyíng 동 환영하다 | 高兴 gāoxìng 혱 기쁘다, 즐겁다 | 认识 rènshi 동 알다

33

p. 129

A 是男的送给女的
B 女的自己做的
C 不太好看

A 남자가 여자에게 선물한 것이다
B 여자가 직접 만들었다
C 그다지 예쁘지 않다

男：这条红裙子真漂亮。
女：谢谢，我打算结婚那天就穿它。
男：多少钱买的？一定很贵吧？
女：不是买的，是我自己做的。

남 : 이 빨간 치마 정말 예쁘다.
여 : 고마워. 나 결혼하는 날 이걸 입을 계획이야.
남 : 얼마에 샀어? 분명히 비싸겠지?
여 : 산 게 아니라, 내가 직접 만든 거야.

问：关于那条裙子可以知道什么？

질문: 그 치마에 관해 알 수 있는 것은?

해설 남자가 치마의 가격을 물었을 때 여자는 '不是买的，是我自己做的(산 게 아니라, 내가 직접 만든 거야)'라고 했다. 따라서 정답은 B이다. 남자의 첫마디에서 치마가 예쁘다고 했으므로 C는 답이 될 수 없다.

단어 送 sòng 图 주다 | 自己 zìjǐ 데 자신 | 做 zuò 图 만들다 | 好看 hǎokàn 형 예쁘다 | 条 tiáo 양 벌 (옷, 하의를 세는 양사) | 红 hóng 형 붉다 | 裙子 qúnzi 명 치마 | 打算 dǎsuàn 图 ~할 계획이다 | 结婚 jiéhūn 图 결혼하다 | 穿 chuān 图 입다, 신다 | 多少钱 duōshao qián (금액이) 얼마, 얼마예요? | 买 mǎi 图 사다 | 一定 yídìng 图 꼭, 반드시 | 贵 guì 형 비싸다

34

p. 129

A 买蛋糕
B 订飞机票
C 坐船

A 케이크를 산다
B 비행기표를 예약한다
C 배를 탄다

女：船票买好了吗？
男：没有，坐船过去要四个小时，太慢了。
女：那我们还是坐飞机吧，你去买两张机票，
　　明天上午的。
男：好的，我现在就去。

여 : 배표는 샀어?
남 : 아니, 배 타고 가면 네 시간이 걸려. 너무 느려.
여 : 그럼 우리 비행기를 타는 게 낫겠어. 네가 가서 비행기표 두 장을 사. 내일 오전 것으로.
남 : 알았어. 내가 지금 바로 갈게.

问：男的去做什么？

질문: 남자는 무엇을 하러 가는가?

해설 녹음 중간 부분에서 여자는 남자에게 '你去买两张机票(네가 가서 비행기표 두 장을 사)'라고 했고, 이 말을 들은 남자도 곧 '我现在就去(내가 지금 바로 갈게)'라고 대답했다. 따라서 다음에 남자가 할 동작은 비행기표를 예약하러 가는 것이므로 정답은 B이다. 처음에 배는 너무 느려서 배표를 사지 않았다고 했으므로 C는 답이 될 수 없다.

단어 蛋糕 dàngāo 명 케이크 | 订 dìng 图 예약하다 | 飞机 fēijī 명 비행기 | 坐 zuò 图 (교통수단을) 타다 | 船 chuán 명 배, 선박 | 船票 chuánpiào 명 배표 | 过去 guòqù 图 건너가다, 지나가다 | 要 yào 图 필요하다 | 小时 xiǎoshí 명 시간 | 慢 màn 형 늦다 | 还是 háishi 图 ~하는 편이 좋다(주로 문장 끝에 吧와 함께 쓰임) | 张 zhāng 양 장(종이, 가죽 등 넓은 표면을 가진 것을 세는 양사) | 机票 jīpiào 명 비행기표

35

p. 129

A 加班了
B 同学来了
C 害怕迟到

A 초과 근무를 했다
B 동창이 왔다
C 지각할까 봐 무서워했다

男：你昨天没休息好？
女：有点儿，你怎么知道的？
男：你的眼睛快和熊猫的一样了。
女：是吗？ 昨天我同学来了，我们聊天很晚才睡。

남 : 너 어제 잘 못 쉬었어?
여 : 약간, 너 어떻게 알았어?
남 : 네 눈이 곧 판다 눈이랑 같아지겠어.
여 : 그래? 어제 내 동창이 와서 늦게까지 수다 떨다 잤어.

问：女的为什么睡得很晚？

질문: 여자는 왜 늦게 잤는가?

해설 남자는 여자의 눈을 보고 밤잠을 잘 못 잔 것을 알아채고 이유를 묻자 여자는 '同学来了(동창이 왔다)'라고 대답했고, 친구와 수다를 떨다 잤다고 늦게 잔 이유를 덧붙였다. 따라서 보기에서 늦게 잔 이유가 될 수 있는 것은 '학교 친구가 왔다'이므로 정답은 B이다.

단어 加班 jiābān 图 초과 근무하다, 야근하다 | 同学 tóngxué 멸 학우, 동창 | 害怕 hàipà 图 무서워하다 | 迟到 chídào 图 지각하다 | 休息 xiūxi 图 쉬다 | 有点儿 yǒudiǎnr 囝 조금 | 眼睛 yǎnjing 멸 눈 | 熊猫 xióngmāo 멸 판다 | 一样 yíyàng 혤 같다 | 聊天 liáotiān 图 수다를 떨다, 잡담하다 | 才 cái 囝 비로소, 그제서야 | 睡 shuì 图 자다 | 为什么 wèishénme 때 왜, 어째서 | 得 de 图 ~한 정도[술어 뒤에 써서 정도를 나타내는 보어를 연결]

36

p. 129

A 回答错了
B 认错人了
C 忘带手机了

A 잘못 대답했다
B 사람을 잘못 알아봤다
C 휴대폰 챙기는 것을 잊었다

女：刚才你去公园了吗？
男：没有啊，我一直在办公室里。
女：那我看错了，我看见有一个人和你长得很像。
男：是吗？

여 : 방금 너 공원에 갔었어?
남 : 아니, 나 줄곧 사무실에 있었어.
여 : 그럼 내가 잘못 봤구나, 너와 비슷하게 닮은 어떤 사람을 보았어.
남 : 그래?

问：关于女的可以知道什么？

질문: 여자에 관해 알 수 있는 것은?

해설 녹음 중간 부분에서 여자가 '我看见有一个人和你长得很像(너와 비슷하게 닮은 어떤 사람을 보았어)'이라고 한 말을 근거로 사람을 잘못 알아보았다는 것을 알 수 있다. 따라서 정답은 B이다.

단어 回答 huídá 图 대답하다 | 错 cuò 혤 틀리다, 맞지 않다 | 认错 rèncuò 图 (주로 사람을) 잘못 보다 | 忘 wàng 图 잊다 | 带 dài 图 지니다, 휴대하다 | 手机 shǒujī 멸 휴대전화 | 刚才 gāngcái 囝 방금 | 公园 gōngyuán 멸 공원 | 一直 yìzhí 囝 줄곧, 계속해서 | 办公室 bàngōngshì 멸 사무실 | 长 zhǎng 图 자라다, 생기다 | 得 de 图 ~한 정도[술어 뒤에 써서 정도를 나타내는 보어를 연결] | 像 xiàng 图 닮다, 비슷하다

37

p. 129

A 没带钱了	A 돈을 안 가져왔다
B 客人要来了	B 손님이 올 것이다
C 小狗不见了	**C 강아지가 안 보인다**

男：你在找什么？	남 : 너 뭐 찾고 있어?
女：<u>我的小狗不见了</u>，我下班后发现它不在家。	여 : <u>우리 강아지가 안 보여.</u> 내가 퇴근하고 나서 강아지가 집에 없다는 걸 알았어.
男：别着急，我刚才经过河边时，看到你的狗了。	남 : 조급해하지 마. 내가 방금 강변을 지나올 때 너의 강아지를 봤어.
女：太好了，谢谢你。	여 : 다행이다. 고마워.

问：女的为什么着急？	질문: 여자는 왜 조급해했는가?

해설 녹음 첫 부분에서 남자가 여자에게 무엇을 찾느냐고 묻자, 여자는 '小狗不见了(강아지가 안 보여)'라고 대답했다. 남자는 방금 강아지를 보았다며 조급해하지 말라고 안심시켰다. 따라서 여자가 조급해한 이유는 강아지가 보이지 않았기 때문이므로 정답은 C이다.

단어 钱 qián 圐 돈 | 客人 kèrén 圐 손님 | 小狗 xiǎogǒu 圐 강아지 | 不见 bújiàn 보이지 않다 | 在 zài 圐 ~하고 있는 중이다 | 找 zhǎo 圐 찾다 | 下班 xiàbān 圐 퇴근하다 | 发现 fāxiàn 圐 발견하다, 알아차리다 | 别 bié 圐 ~하지 마라 | 着急 zháojí 圐 조급해하다 | 刚才 gāngcái 圐 방금 | 经过 jīngguò 圐 지나가다, 통과하다 | 河边 hébiān 圐 강가, 강변 | 时 shí 圐 때 | 看到 kàndao 圐 보다, 눈에 닿다

38

p. 129

A 没几个人参加	A 몇 명 참여하지 않았다
B 太长了	B 너무 길었다
C 非常好	**C 아주 좋았다**

女：衣服我来洗吧。	여 : 옷은 내가 빨게.
男：没关系，就一件衬衫，我自己洗吧。	남 : 괜찮아. 겨우 셔츠 한 벌인데 내가 직접 빨게.
女：<u>今天的会议开得怎么样了？</u>	여 : <u>오늘 회의는 어땠어?</u>
男：<u>好极了</u>，我们的那些要求经理都同意了。	남 : <u>아주 좋았어.</u> 우리 요구 사항들을 팀장님께서 모두 동의하셨어.

问：今天的会议开得怎么样了？	질문: 오늘 회의는 어땠는가?

해설 여자가 '今天的会议开得怎么样了?(오늘 회의는 어땠어?)'라고 묻자, '好极了(더할 나위 없이 좋다)'라고 대답했다. 보기에서 非常好가 이와 가장 유사한 표현이므로 정답은 C가 된다.

단어 参加 cānjiā 圐 참가하다 | 长 cháng 圐 길다 | 衣服 yīfu 圐 옷 | 来 lái 동사 앞에 놓여 어떤 일을 하려고 하는 적극성을 나타냄 | 洗 xǐ 圐 씻다 | 就 jiù 圐 단지, 겨우 | 件 jiàn 圐 벌(옷을 세는 양사) | 衬衫 chènshān 圐 셔츠, 블라우스 | 自己 zìjǐ 圐 자신 | 会议 huìyì 圐 회의 | 开 kāi 圐 (모임, 회의 등을) 개최하다, 거행하다 | 极了 jíle (형용사 뒤에 보어로 쓰여) 매우 ~하다 | 要求 yāoqiú 圐 요구 | 经理 jīnglǐ 圐 사장, 팀장 | 同意 tóngyì 圐 동의하다

39

p. 129

A 天阴了
B 天晴了
C 下雪了

A 흐려졌다
B 맑아졌다
C 눈이 내린다

女：奇怪，天怎么阴了？刚才还是晴天呢。

男：这里的天气变化大，可能要下雨了。你带伞了吗？

女：没，你有几把伞？有多的可以借我一把吗？明天还你。

男：没问题，我给你找找。

问：现在天气怎么样？

여 : 이상하네, 날이 어째서 흐려졌지? 방금까지만 해도 맑았는데.

남 : 여기 날씨는 변화가 심해. 아마 비가 올 것 같은데. 너 우산 가져왔니?

여 : 아니, 너 우산 몇 개 있어? 많으면 나한테 하나 빌려줄 수 있어? 내일 돌려줄게.

남 : 문제없어, 내가 찾아서 줄게.

질문: 현재 날씨는 어떠한가?

해설 '현재'의 날씨를 묻고 있으므로 시간부사에 주의해야 한다. 여자는 '天怎么阴了?(날이 어째서 흐려졌지?)'라며 방금까지 맑았다가 갑자기 흐려진 날씨에 의아해하고 있다. 따라서 지금은 날씨가 흐려진 것으로 판단할 수 있다. 따라서 정답은 A 이다.

단어 阴 yīn 웹 흐리다 | 晴 qíng 웹 맑다, 개다 | 下雪 xiàxuě 통 눈 오다 | 奇怪 qíguài 웹 기이하다, 이상하다 | 刚才 gāngcái 녯 방금 | 还是 háishi 녯 여전히 | 晴天 qíngtiān 날씨가 맑다 | 呢 ne 区 진행의 어감을 강조 | 变化 biànhuà 웹 변화 | 可能 kěnéng 녯 아마도 | 要…了 yào…le 곧 ~하려 한다 | 下雨 xiàyǔ 통 비가 오다 | 带 dài 통 가져가다, 지니다 | 伞 sǎn 웹 우산 | 把 bǎ 양 개, 자루(손잡이가 있는 물건 따위를 셀 때 쓰는 단위) | 借 jiè 통 빌리다 | 还 huán 통 돌려주다 | 给 gěi 전 ~에게 | 找 zhǎo 통 찾다

40

p. 129

A 很老
B 很奇怪
C 更可爱

A 늙었다
B 이상하다
C 훨씬 귀엽다

男：你头发怎么这么短了？

女：夏天太热了，短点儿更舒服。

男：其实我觉得你短发看着更年轻也更可爱。

女：真的吗？谢谢。

问：男的觉得女的短发怎么样？

남 : 너 머리카락이 어째서 이렇게 짧아졌어?

여 : 여름엔 너무 더워서, 좀 짧은 게 훨씬 편해.

남 : 사실 내 생각에도 넌 짧은 머리가 훨씬 어려 보이고 더 귀여운 것 같아.

여 : 정말? 고마워.

질문: 남자는 여자의 짧은 머리가 어떻다고 생각하는가?

해설 여자의 짧아진 머리를 보고 남자는 '其实我觉得你短发看着更年轻也更可爱(내 생각에도 넌 짧은 머리가 훨씬 어려 보이고 더 귀여운 것 같아)'라고 의견을 말했다. 따라서 정답은 C이다.

단어 老 lǎo 웹 늙다 | 奇怪 qíguài 웹 기이하다, 이상하다 | 可爱 kě'ài 웹 귀엽다 | 头发 tóufà 웹 머리카락 | 短 duǎn 웹 짧다 | 夏天 xiàtiān 웹 여름 | 热 rè 웹 덥다 | 点儿 diǎnr 양 조금 | 更 gèng 녯 더욱 | 舒服 shūfu 웹 편안하다 | 其实 qíshí 녯 사실은 | 觉得 juéde 통 느끼다, 생각하다 | 着 zhe 区 ~한 채로(동작이나 상태의 진행, 지속) | 年轻 niánqīng 웹 젊다

독해 해설

제1부분 보기에서 답 고르기

시크릿 기출 테스트 해설

제2부분 빈칸 채우기

시크릿 기출 테스트 해설

제3부분 단문 독해

시크릿 기출 테스트 해설

실전 모의고사

DAY 1 ✓ 정답 　　1. B 　　2. D 　　3. A 　　4. E 　　5. C

[01-05]

A 姐姐，这个词是什么意思？	A 언니, 이 단어는 무슨 뜻이야?
B 我穿这双皮鞋怎么样？	B 나 이 구두 신으면 어때？
C 那是叔叔去年送给我的生日礼物。	C 그건 삼촌이 작년에 나에게 주신 생일 선물이야.
D 他们的中文怎么样？	D 그들의 중국어는 어때？
E 我要带我女儿去公园，她想看熊猫。	E 나는 내 딸을 데리고 공원에 갈 거야. 딸이 판다를 보고 싶어 해.

단어 姐姐 jiějie 圐 누나, 언니 | 词 cí 圐 단어 | 意思 yìsi 圐 의미, 뜻 | 穿 chuān 圐 입다, 신다 | 双 shuāng 圐 짝, 쌍 | 皮鞋 píxié 圐 (가죽) 구두 | 怎么样 zěnmeyàng 때 어떠하다 | 叔叔 shūshu 圐 숙부, 아저씨 | 去年 qùnián 圐 작년 | 送给 sònggěi 圐 주다, 선사하다 | 生日 shēngrì 圐 생일 | 礼物 lǐwù 圐 선물 | 中文 Zhōngwén 圐 중국어 | 要 yào 조동 ~하려고 하다 | 带 dài 圐 이끌다, 데리다 | 女儿 nǚ'ér 圐 딸 | 公园 gōngyuán 圐 공원 | 想 xiǎng 圐 ~하고 싶다 | 熊猫 xióngmāo 圐 판다

01 　我还是觉得刚才试的那双好。　　　　나는 그래도 방금 신어본 그게 좋은 것 같아. (**B**)

p. 140 　**해설** '试的那双'에서 '试'는 '시도하다'라는 뜻으로 보통 옷, 신발 등을 '착용해보다'의 의미로 잘 쓰인다. 이것의 대상이 되는 双은 쌍을 이룬 것을 세는 단위로 보기 중의 '皮鞋(구두)'라는 명사를 가리키고 있다. 따라서 구두를 신어보고서 상대방에게 의견을 묻고 있는 B가 정답이다.

　단어 还是 háishi 圉 여전히, 그래도 | 觉得 juéde 圐 느끼다, 생각하다 | 刚才 gāngcái 圉 방금 | 试 shì 圐 시도하다

02 　除了丽丽以外，其他人都很好。　　　　리리를 제외하고 다른 사람들은 모두 좋아. (**D**)

p. 140 　**해설** '其他人都很好(다른 사람들은 모두 좋다)'라고 무엇이 좋은지에 대한 설명은 없지만, 어떤지를 묻는 말에 대한 대답임은 알 수 있다. 보기에서 정도나 상태에 대한 물음으로 보이는 他们的中文怎么样？(그들의 중국어는 어때?)이 바로 문제 문장에 대한 질문이 되므로 정답은 D다.

　단어 除了…以外 chúle…yǐwài ~이외에도 | 其他 qítā 때 기타 | 都 dōu 圉 모두

03 　我也不知道，你去查一下字典吧。　　　　나도 모르겠어, 네가 사전 한번 찾아봐. (**A**)

p. 140 　**해설** 모른다고 대답하며 '字典(사전)'을 찾아보라고 했으므로, 단어(词)의 뜻을 묻고 있는 말에 대한 대답임을 알 수 있다. 따라서 정답은 A이다.

　단어 知道 zhīdào 圐 알다 | 查 chá 圐 찾아보다 | 一下 yíxià 圐 좀 ~하다(시도의 의미나 가벼운 어감을 나타냄) | 字典 zìdiǎn 圐 자전, 옥편, 사전 | 吧 ba 조 ~하라, ~하자(명령, 제의, 청유 등의 어기를 나타냄)

04 你打算这个周末做什么？　　　　　　　　　　이번 주말에 뭐 할 거야? (**E**)

p. 140　해설　打算…做什么？라고 무엇을 할 것인지 묻고 있으므로, 보기에서 딸을 데리고 '去公园(공원에 간다)'이라는 구체적인 행동을 말한 것이 이에 대응하는 대답이 될 수 있다. 따라서 정답은 E다.

단어　打算 dǎsuàn 图 ~할 계획이다, 생각이다 | 周末 zhōumò 圐 주말 | 做 zuò 图 하다

---

05 你的帽子是在哪儿买的？真漂亮。　　　　네 모자는 어디에서 산 거야? 정말 예쁘다. (**C**)

p. 140　해설　'어디'에서 산 것이라고 구체적인 장소를 언급한 말은 보기에서 찾을 수 없다. 하지만 '那是…礼物(그것은 ~ 선물이야)'라고 출처에 대해 설명하는 C가 제3의 대답으로 표현하고 있음을 알 수 있다. 따라서 정답은 C다.

단어　帽子 màozi 圐 모자 | 是…的 shì…de ~이다[이미 발생한 동작의 시간·장소·방식 등을 강조] | 在 zài 젠 ~에, ~에서 | 买 mǎi 图 사다 | 真 zhēn 튄 확실히, 참으로 | 漂亮 piàoliang 톙 예쁘다

 | ✓ 정답 | 1. A | 2. C | 3. E | 4. D | 5. B

[01-05]

A 是工作还是读书，我真不知道应该选择什么。	A 일을 할지 아니면 공부를 할지, 나는 정말 무엇을 선택해야 할지 모르겠어.
B 太甜了，我害怕长胖。	B 너무 달아, 살찔까 무서워.
C 这个面包好吃极了，你是在哪儿买的？	C 이 빵 아주 맛있네, 어디에서 산 거야?
D 你妹妹也爱看体育节目？	D 네 여동생도 스포츠 프로그램을 즐겨보니?
E 是我们邻居家的小孩子。	E 우리 이웃집 꼬마야.

단어　工作 gōngzuò 图 일하다 | 还是 háishi 젭 또는, 아니면 | 读书 dúshū 图 공부하다 | 真 zhēn 튄 확실히, 참으로 | 知道 zhīdào 图 알다 | 应该 yīnggāi 조동 마땅히 ~해야 한다 | 选择 xuǎnzé 图 선택하다 | 太…了 tài…le 너무 ~하다 | 甜 tián 톙 달다 | 害怕 hàipà 图 무서워하다 | 长胖 zhǎngpàng 图 살찌다 | 面包 miànbāo 圐 빵 | 好吃 hǎochī 톙 맛있다 | 极了 jíle (주로 형용사 뒤에 쓰여) 몹시, 극히 | 买 mǎi 图 사다 | 妹妹 mèimei 圐 여동생 | 爱 ài 图 ~하길 좋아하다 | 体育 tǐyù 圐 체육 | 节目 jiémù 圐 프로그램 | 邻居 línjū 圐 이웃 | 小孩子 xiǎoháizi 圐 아이, 꼬마

 你在想什么呢？　　　　　　　　　　너 뭐 생각하고 있는 거야? (**A**)

p. 140　해설　무엇을 생각하냐는 물음에 직접적으로 '무엇'을 생각한다는 대답은 보기 중에 없지만, '工作还是读书(일 아니면 공부)'에서 무엇을 선택해야 할지 모르겠다고 하는 말이 고민을 하고 있다는 말로 보인다. 따라서 문제 문장에 대한 대답이 될 수 있는 A가 정답이다.

단어　在 zài 튄 ~하고 있는 중이다 | 想 xiǎng 图 생각하다 | 呢 ne 조 진행이나 지속의 어감을 강조

是我自己做的，从电视上学的。　　　　내가 직접 만든 건데 TV에서 배운 거야. (**C**)

p. 140　**해설**　TV에서 배워 직접 만들었다고 강조하고 있으므로 어떤 대상에 관한 질문의 답이라는 것을 알 수 있다. 보기에서 '面包…是在哪儿买的?(빵은 어디에서 산 거야?)'라고 빵을 산 장소를 묻는 말에 대해서 구체적인 장소로 대답하지는 않았지만, 제3의 대답 표현이 되므로 C가 정답이다.

　　단어　**是…的** shì…de ~이대[이미 발생한 동작의 시간·장소·방식 등을 강조] | **自己** zìjǐ 때 자신 | **做** zuò 통 하다 | **从** cóng 전 ~부터 | **电视** diànshì 명 텔레비전 | **学** xué 통 배우다

03

外面是谁在唱歌啊？你认识吗？　　　　바깥에 누가 노래를 부르고 있는 거야? 너 알아? (**E**)

p. 140　**해설**　노래를 부르는 사람이 누구인지 묻고 있으므로, 인물을 언급하여 대답하는 문장이 답이 될 수 있다. '是…小孩子(~꼬마야)'라고 대답하는 E가 정답이다.

　　단어　**外面** wàimiàn 명 밖 | **在** zài 부 ~하고 있는 중이다 | **唱歌** chànggē 통 노래 부르다 | **啊** a 조 문장 끝에 쓰여 의문을 나타냄 | **认识** rènshi 통 알다

04

是啊，特别是足球比赛，她喜欢踢足球。　　　　그래. 특히 축구 경기. 그녀는 축구 하는 걸 좋아해. (**D**)

p. 140　**해설**　어떤 물음에 대해 '是啊(그래)'라고 긍정의 대답을 하고 있다. 그리고 '特别是足球比赛(특히 축구 경기)'라고 구체적인 종류를 말한 것을 근거로 보기의 '爱看体育节目?(스포츠 프로그램을 즐겨봐?)'라는 물음에 대답한 것임을 알 수 있다. 또한 그녀라고 말한 것은 你妹妹(여동생)를 가리킨다. 따라서 정답은 D이다.

　　단어　**啊** a 갑 문장 끝에 쓰여 감탄·찬탄을 나타냄 | **特别** tèbié 부 특히, 특별히 | **足球** zúqiú 명 축구 | **比赛** bǐsài 명 경기, 시합 | **喜欢** xǐhuan 통 좋아하다 | **踢足球** tī zúqiú 축구를 하다

05

你怎么吃得这么少？　　　　어째서 이렇게 조금 먹는 거야? (**B**)

p. 140　**해설**　怎么(어째서, 왜)를 써서 적게 먹는 이유에 대해서 묻고 있다. 보기 중 太甜了(너무 달다)라고 하며, '害怕长胖(살찔까 무섭다)'이라고 한 것은 맛이 단 이것을 먹고 살찔까 무섭다는 의미이므로 답은 B가 된다.

　　단어　**怎么** zěnme 때 왜, 어째서 | **得** de 조 ~한 정도가[술어 뒤에 정도를 나타내는 보어를 연결] | **这么** zhème 때 이렇게 | **少** shǎo 형 적다

[01-05]

A 我先来吧，我叫谢阳，爱好是踢足球，很高兴认识大家。 B 你看，几百年前的一个盘子、花瓶，卖几千块钱。 C 是，她笑的时候特别可爱，眼睛像月牙一样。 D 我做面条了，这碗给你。 E 谢谢你把我送到机场。	A 제가 먼저 하죠. 저는 시에양이라고 하고 취미는 축구예요. 여러분을 알게 되어 반가워요. B 봐, 몇백 년 전의 쟁반, 꽃병이 몇천 위안에 팔려. C 그래, 그녀는 웃을 때 특히 귀여워. 눈이 마치 초승달 같아. D 내가 국수를 만들었어. 이거 줄게. E 공항까지 데려다 주셔서 감사합니다.

단어 先 xiān 男 먼저 | 来 lái 동 동사 앞에 놓여 어떤 일을 하려고 하는 적극성을 나타냄 | 吧 ba 조 문장 끝에 쓰여 동의나 승낙의 어기를 나타냄 | 叫 jiào 동 부르다 | 爱好 àihào 명 취미 | 踢足球 tī zúqiú 동 축구를 하다 | 百 bǎi 수 백, 100 | 前 qián 명 전 | 盘子 pánzi 명 쟁반, 접시 | 花瓶 huāpíng 명 꽃병 | 卖 mài 동 팔다 | 千 qiān 수 천, 1000 | 块 kuài 양 위안(중국 화폐 단위) | 钱 qián 명 돈 | 笑 xiào 동 웃다 | 时候 shíhou 명 때, 무렵 | 特别 tèbié 男 특히, 특별히 | 可爱 kě'ài 형 귀엽다 | 眼睛 yǎnjing 명 눈 | 像…一样 xiàng…yíyàng 마치 ~과(와) 같다 | 月牙 yuèyá 명 초승달 | 面条 miàntiáo 명 국수 | 碗 wǎn 양 그릇, 공기 | 给 gěi 동 주다 | 把 bǎ 전 ~을, ~를(목적어를 동사 앞으로 끌어내어 처리나 변화를 나타냄) | 送 sòng 동 배웅하다, 바래다 주다 | 机场 jīchǎng 명 공항

 01　今天第一次见面，每个同学都介绍一下自己。　오늘 처음 만났으니, 학생들 모두 자기소개를 해요. (**A**)

p. 144

해설 자기소개를 할 것을 제안하고 있으므로 이름과 취미를 말하며 자기소개를 하는 내용이 답이 된다. 즉 '我先来吧'에서 생략된 목적어는 '介绍(소개하기)'라는 것을 알 수 있다. 따라서 답은 A이다.

단어 第一次 dìyīcì 명 최초, 맨 처음으로 | 见面 jiànmiàn 동 만나다 | 每 měi 대 매, 마다 | 同学 tóngxué 명 학우, 동창 | 介绍 jièshào 동 소개하다 | 一下 yíxià 양 좀 ~하다(시도의 의미나 가벼운 어감을 나타냄) | 自己 zìjǐ 대 자신

02　看起来很好吃，那我先尝尝。　맛있어 보여. 그럼 나 먼저 먹어볼게. (**D**)

p. 144

해설 '我我先尝尝(나 먼저 먹어볼게)'이라고 했으므로, 그 대상은 음식일 것이다. 국수를 만들었다며 건네주는 '这碗'이 바로 같이 지칭하는 대상이므로 정답은 D이다.

단어 看起来 kànqǐlái 보아하니, 보기에 | 好吃 hǎochī 형 맛있다 | 那 nà 접 그러면 | 先 xiān 男 먼저 | 尝 cháng 동 맛보다

03　刚才回答问题的那个女孩儿真漂亮。　방금 질문에 대답한 그 여자애 정말 예쁘다. (**C**)

p. 144

해설 어떤 인물을 지칭하며 '真漂亮(정말 예쁘다)'이라고 하자 상대방도 어떤 인물에 대해 '她…特别可爱(그녀는…특히 귀여워)'라며 동의어 표현으로 대답했다. 따라서 C가 정답이라는 것을 알 수 있다.

단어 刚才 gāngcái 男 방금 | 回答 huídá 동 대답하다 | 问题 wèntí 명 문제 | 女孩儿 nǚháir 명 여자아이 | 真 zhēn 男 확실히, 참으로 | 漂亮 piàoliang 형 예쁘다

04 不客气，欢迎下次再来北京。　　　　별말씀을요, 다음에 또 베이징에 오시는 것을 환영합니다.
　　　　　　　　　　　　　　　　　　　　　　　(**E**)
p. 144

해설 不客气(별말씀을요)라고 대답한 것을 근거로 '감사' 표현이 있는 내용이 대응되는 것을 알 수 있다. 즉 문제 문장은 공항
까지 데려다 주어서 감사하다는 인사에 대한 대답이다. 따라서 정답은 타다.

단어 不客气 búkèqi 천만에요 | 欢迎 huānyíng 图 환영하다 | 下次 xiàcì 图 다음번 | 再 zài 图 또, 다시 | 北京 Běijīng [지명] 베이
징

---

05 是啊，越旧的东西越贵。　　　　　그래. 오래된 물건일수록 비싸. (**B**)

p. 144
해설 우선 '是啊(그래)'로 동의를 나타내면서 오래될수록 비싸다는 의견을 말하고 있으므로, 보기에서 공통된 화제를 언급하는
내용을 찾으면 된다. '越旧(오래될수록)'는 '几百年前(몇백 년 전)'이라는 유사 표현으로, 또한 '贵(비싸다)'는 '几千块钱(몇
천 위안)'이라고 말한 B가 공통된 의미라는 것을 알 수 있다.

단어 越…越… yuè…yuè… ~할수록 ~하다 | 旧 jiù 图 낡다. 오래되다 | 东西 dōngxi 图 물건 | 贵 guì 图 비싸다

DAY 4　　✓ 정답　　1. B　　2. D　　3. E　　4. A　　5. C

[01–05]

A 这种苹果真甜啊！	A 이런 종류의 사과는 정말 달구나!
B 你以前来过这个城市吗？	B 너 전에 이 도시에 와본 적 있어?
C 你的舞跳得真好，学了多久了？	C 너 춤을 정말 잘 춘다. 얼마나 배웠어?
D 好的，但我只有这一张100块的了，给您。	D 네, 그런데 전 이 100위안짜리밖에 없어요, 여기 있습니다.
E 上海银行刚才打电话过来，让我下周去上班。	E 상하이은행에서 방금 전화가 왔는데, 나더러 다음 주에 출근 하라네.

단어 种 zhǒng 양 종류 | 苹果 píngguǒ 图 사과 | 真 zhēn 图 확실히, 참으로 | 甜 tián 图 달다 | 以前 yǐqián 图 이전, 예전 | 过 guo 图 ~한
적이 있다 | 城市 chéngshì 图 도시 | 舞 wǔ 图 춤 | 跳 tiào 图 춤추다 | 得 de 图 ~한 정도가(술어 뒤에 써서 정도를 나타내는 보어를 연결) |
多久 duōjiǔ 데 얼마 동안 | 但 dàn 图 그러나, 그렇지만 | 只 zhǐ 图 단지, 겨우 | 张 zhāng 양(종이, 가죽 등 넓은 표면을 가진 것을 세는 양사)
| 块 kuài 양 위안(중국 화폐 단위) | 给 gěi 图 주다 | 上海 Shànghǎi [지명] 상하이 | 银行 yínháng 图 은행 | 刚才 gāngcái 图 방금 | 打电
话过来 dǎ diànhuà guòlái 전화가 걸려오다 | 让 ràng 图 ~하라고 시키다, 만들다 | 下周 xiàzhōu 图 다음 주 | 上班 shàngbān 图 출근
하다

---

01 对，去年秋天我和妻子一起来过这儿。　　맞아, 작년 가을에 아내와 함께 여기에 왔어. (**B**)

p. 144
해설 对(맞아)라고 동의하며 '来过这儿(여기에 왔었다)'이라고 했으므로 '여기'라는 장소를 언급하거나 지칭하는 곳을 찾으면
된다. 장소를 언급한 보기 가운데 '这个城市(이 도시)'가 바로 这儿(여기)이 나타내는 곳이므로 답은 B이다.

단어 对 duì 图 맞다, 옳다 | 去年 qùnián 图 작년 | 秋天 qiūtiān 图 가을 | 和 hé 집 ~과(와) | 妻子 qīzi 图 아내 | 一起 yìqǐ 图 같
이, 더불어

02 水果一共是17元8角，您拿好。　　　　　　　　과일은 모두 17.8위안이에요. 받으세요. (**D**)

p. 144

해설 과일의 금액을 말하면서 건네주고 있으므로, 우선적으로 화폐와 관련된 보기가 대응될 확률이 높다. 보기 가운데 只有这一张100块的了(이 100위안짜리밖에 없다)고 한 것에서 这一张100块가 바로 100위안짜리 지폐라는 것을 알 수 있고, 문제 문장에 대답하는 문장이 되므로 답은 D이다.

단어 水果 shuǐguǒ 명 과일 | 一共 yígòng 부 전부, 합계 | 元 yuán 양 위안(중국 화폐 단위) | 角 jiǎo 양 쟈오(중국 화폐 단위) | 拿 ná 동 가지다, 쥐다

---

03 能找到那么好的工作，真为你高兴。　　　　　이렇게 좋은 일자리를 찾다니. 정말 기쁘구나. (**E**)

p. 144

해설 상대방이 '工作(일자리)'를 찾았다는 말에 기뻐하고 있다. 보기에서 上海银行(상하이은행)에서 전화가 와서 본인에게 上班(출근하다)라고 한 것은 의미상 공통된 화제에 대해 이야기하고 있으므로 정답은 E다.

단어 能 néng 조동 ~할 수 있다 | 找到 zhǎodào 동 찾다, 찾아내다 | 那么 nàme 대 그렇게, 저렇게 | 工作 gōngzuò 명 일, 직업 | 真 zhēn 부 확실히, 참으로 | 为 wèi 전 ~때문에

---

04 这么好吃，下次多买几个。　　　　　　　　　이렇게 맛있는데. 다음엔 몇 개 더 사. (**A**)

p. 144

해설 '多买几个(더 많이 사)'라고 끝맺을 뿐 목적어는 생략되어 있다. 앞 절의 好吃(맛있다)를 근거로 목적어는 음식이라는 것을 알 수 있다. 보기에서 '这种苹果(이런 사과)'가 '真甜(정말 달다)'이라고 한 것에서 지칭하는 대상은 같은 사과이므로 정답은 A다.

단어 这么 zhème 대 이렇게 | 好吃 hǎochī 형 맛있다 | 下次 xiàcì 명 다음 번 | 买 mǎi 동 사다

---

05 我从7岁就开始学，一直到现在。　　　　　　나는 일곱 살 때부터 배우기 시작했어. 지금까지 쭉. (**C**)

p. 144

해설 '从7岁就开始学(일곱살 때부터 배우기 시작했다)'라고 했지만 대상인 목적어는 생략되어 알 수 없다. 하지만 学了多久了?(얼마나 배웠어?)라고 한 보기 문장이 서로 공통된 화제, 즉 舞跳(춤)에 대해 이야기하는 것임을 파악할 수 있으므로 정답은 C다.

단어 从…开始 cóng…kāishǐ ~에서 시작하다 | 岁 suì 명 나이, 세 | 就 jiù 부 바로 | 一直 yìzhí 부 줄곧, 계속해서 | 到 dào 전 ~까지 | 现在 xiànzài 명 지금

정답 1. C 2. D 3. A 4. E 5. B

[01–05]

A 对，明天第一天上班，要早点儿睡，明天一定不能迟到。
B 你的脸怎么这么红啊？是生病了？
C 所以很多年轻人选择离开家去那儿工作。
D 我也不知道为什么，我从小就害怕这种小动物。
E 小李怎么突然决定学音乐了？

A 맞아. 내일 첫 출근이어서 좀 일찍 자려고 해. 내일 반드시 지각하면 안 되거든.
B 얼굴이 왜 이렇게 빨개? 아픈 거야?
C 그래서 많은 젊은이가 집을 떠나 그곳에 가서 일하는 것을 선택해.
D 나도 이유는 모르는데, 어려서부터 이런 작은 동물을 무서워했어.
E 샤오리는 어째서 갑자기 음악을 공부하기로 결정한 거야?

단어 第一天 diyītiān 첫날 | 上班 shàngbān 图 출근하다 | 要 yào 조동 ~해야 한다 | 早 zǎo 톙 이르다, 일찍이다 | 点儿 diǎnr 영 조금 | 睡 shuì 图 자다 | 一定 yídìng 틘 꼭, 반드시 | 不能 bùnéng ~해서는 안 된다 | 迟到 chídào 图 지각하다 | 脸 liǎn 톙 얼굴 | 怎么 zěnme 데 왜, 어째서 | 这么 zhème 데 이렇게 | 红 hóng 톙 붉다 | 生病 shēngbìng 图 병이 나다 | 所以 suǒyǐ 젭 그리하여 | 年轻人 niánqīngrén 톙 젊은이 | 选择 xuǎnzé 图 선택하다 | 离开 líkāi 图 떠나다 | 工作 gōngzuò 图 일하다 | 为什么 wèishénme 데 왜, 어째서 | 从 cóng 젠 ~부터 | 小 xiǎo 톙 어리다 | 就 jiù 틘 바로 | 害怕 hàipà 图 무서워하다 | 种 zhǒng 영 종류 | 动物 dòngwù 톙 동물 | 突然 tūrán 틘 갑자기, 돌연히 | 决定 juédìng 图 결정하다 | 音乐 yīnyuè 톙 음악

---

01 大城市一般机会比较多。　　　대도시는 보통 기회가 비교적 많아. (**C**)

p. 151 **해설** '大城市(대도시)'가 화제로 간주되며 '机会(기회)'가 많다는 의견을 진술하고 있다. 이는 보기 가운데 '所以…选择…去那儿工作(그래서 ~ 그곳에 가서 일하는 것을 선택한다)'의 원인이 되는 내용이며 那儿(그곳)은 바로 大城市(대도시)를 지칭한다. 따라서 정답은 C다.

단어 大城市 dàchéngshì 톙 대도시 | 一般 yìbān 톙 보통이다, 일반적이다 | 机会 jīhuì 톙 기회 | 比较 bǐjiào 틘 비교적

---

02 你不喜欢猫？它们多么可爱啊！　　　넌 고양이 싫어해? 고양이들이 얼마나 귀여운데! (**D**)

p. 151 **해설** 고양이가 귀엽다는 의견을 말했으므로, 대답으로 호응할 수 있는 것을 보기에서 찾으면 된다. '不知道为什么(왜인지는 모르겠다)'로 다른 의견을 보이며, 고양이를 小动物(작은 동물)로 지칭하여 공통 화제인 것을 확인할 수 있는 D가 답이 된다.

단어 喜欢 xǐhuan 图 좋아하다 | 猫 māo 톙 고양이 | 它 tā 데 그것, 저것(사람 이외의 것을 나타냄) | 多么 duōme 틘 얼마나 | 可爱 kě'ài 톙 귀엽다

---

03 现在才9点，你要睡了？　　　이제 겨우 아홉 시인데, 자려고? (**A**)

p. 151 **해설** 잠자기엔 아직 시간이 이르다는 숨은 뜻이 있다. 睡(잠자다)가 공통된 키워드로 언급된 것을 근거로 답이 A라는 것을 쉽게 찾을 수 있다. 또한 일찍 자려는 이유를 직접적으로 설명하고 있다.

단어 现在 xiànzài 톙 지금 | 才 cái 틘 비로소, 그제서야 | 点 diǎn 영 시 | 要 yào 조동 ~하려고 하다

86

04 这一点都不奇怪，唱歌一直是他最大的爱好。

p. 151

이건 조금도 이상하지 않아. 노래하는 건 줄곧 그의 가장 큰 취미였어. (E)

해설 '唱歌…是…最大的爱好(노래가 가장 큰 취미)'라는 것과 공통된 화제가 되는 '音乐(음악)'를 근거로 답이 E라는 것을 쉽게 찾을 수 있다. 무엇보다 음악을 배우기로 결정한 것의 이유가 되는 내용이므로 E가 답으로 호응한다.

단어 一点都 yìdiǎndōu 조금도 | 奇怪 qíguài 형 이상하다 | 唱歌 chànggē 통 노래 부르다 | 一直 yìzhí 부 줄곧, 계속해서 | 最 zuì 부 가장 | 爱好 àihào 명 취미

---

05 没有，我刚才喝了一点儿啤酒。

p. 151

아니, 나 방금 맥주를 조금 마셨어. (B)

해설 일단 '没有(아니)'라고 상대방과 다른 의견을 제시하고 있으며, 맥주를 조금 마셨다고 했다. 이는 '脸怎么这么红?(얼굴이 왜 이렇게 빨개?)'과 같이 이유를 묻는 말에 인과 관계의 의미가 성립할 수 있으므로 정답은 B다.

단어 刚才 gāngcái 부 방금 | 喝 hē 통 마시다 | 一点儿 yìdiǎnr 양 조금 | 啤酒 píjiǔ 명 맥주

✓ 정답   1. A   2. D   3. E   4. B   5. C

[01-05]

A 不好说，都十年多了，你的变化太大了。
B 这个办法听上去很简单。
C 好的，如果我没什么事，我一定去。
D 好的，其实我不那么累，就是有点儿渴。
E 因为我喜欢出国旅游，每到一个国家都会买一张。

A 글쎄. 벌써 10년이나 더 되었으니, 네가 너무 많이 변했어.
B 이 방법은 듣기엔 매우 간단해.
C 좋아. 내가 별일 없으면 꼭 갈게.
D 좋아. 사실 나는 그렇게 피곤하지는 않고 목이 조금 마를 뿐이야.
E 왜냐하면 내가 외국 여행을 좋아해서, 한 나라에 갈 때마다 한 장씩 사.

단어 不好说 bùhǎoshuō 말하기 어렵다 | 都 dōu 부 이미, 벌써 | 多 duō 수 남짓. 여(*十年多 10년여) | 变化 biànhuà 명 변화 | 太 tài 부 지나치게, 매우 | 办法 bànfǎ 명 방법 | 听上去 tīngshàngqù 듣고 보니, 듣기에 | 简单 jiǎndān 형 간단하다 | 如果 rúguǒ 접 만약 | 一定 yídìng 부 꼭, 반드시 | 其实 qíshí 부 사실은 | 那么 nàme 대 그렇게 | 累 lèi 형 피곤하다, 힘들다 | 有点儿 yǒudiǎnr 부 조금 | 渴 kě 형 목마르다 | 因为 yīnwèi 접 ~때문에 | 喜欢 xǐhuan 통 좋아하다 | 出国 chūguó 통 출국하다 | 旅游 lǚyóu 명통 여행(하다) | 国家 guójiā 명 국가 | 会 huì 조통 ~일 것이다 | 张 zhāng 양 장(종이, 가죽 등 넓은 표면을 가진 것을 세는 양사)

---

01 你觉得王阿姨还能认出我吗？

p. 151

네 생각엔 왕 아주머니가 여전히 나를 알아보실 수 있을 것 같아? (A)

해설 '你觉得…?(네 생각에는)'로 상대방의 의견을 묻고 있다. 자신의 의견을 진술하는 표현을 찾으면 되는데, '不好说(글쎄)'라는 회의적인 의견과 '你的变化太大了(네가 너무 많이 변했어)'가 바로 '能认出我吗?(나를 알아볼 수 있을까?)'의 대답으로 호응하는 것을 알 수 있다. 따라서 답은 A다.

단어 觉得 juéde 통 느끼다, 생각하다 | 阿姨 āyí 명 아주머니 | 还 hái 부 아직도, 여전히 | 能 néng 조통 ~할 수 있다 | 认出 rènchū 통 분별하다

02　我们爬了一个小时的山了，休息一下吧。　우리 산을 한 시간 동안 올랐으니 좀 쉬자. (D)

p. 151

해설　등산 중에 쉬자는 의견을 제시하고 있다. '好的(좋다)'라고 동의를 나타낸 것이 답의 후보가 될 수 있는데, 보기 D에서 '有点儿渴(조금 목마르다)'라고 한 것과 산을 오르는 것은 의미상 서로 연관성이 있으므로 정답은 D가 된다.

단어　爬山 páshān 동 등산하다 | 小时 xiǎoshí 명 시간(시간의 단위) | 休息 xiūxi 동 휴식하다, 쉬다 | 一下 yíxià 양 좀 ~하다(시도의 의미나 가벼운 어감을 나타냄) | 吧 ba 조 ~하자(제의)

03　你怎么有这么多地图?　너 어째서 지도가 이렇게 많이 있어? (E)

p. 151

해설　지도가 많은 이유를 묻고 있다. 이유를 나타내는 표현 '因为(왜냐하면)'를 쓰면서 동시에 양사 '张(장)'으로 지도를 지칭하며 나라마다 한 장씩 산다고 한 보기 E가 지도가 많은 이유가 되므로 정답이 된다.

단어　怎么 zěnme 대 왜, 어째서 | 这么 zhème 대 이렇게 | 地图 dìtú 명 지도

04　我同意，咱们试试吧。　동의해. 우리 한번 해보자. (B)

p. 151

해설　상대방에 동의한다는 의견을 나타내고 있다. 보기 가운데 '这个办法…很简单(이 방법은… 간단하다)'라고 진술하는 의견과 문제 문장의 '试试吧(한번 해보자)'는 의미상 공통 화제인 것으로 간주되므로 정답은 B다.

단어　同意 tóngyì 동 동의하다 | 试 shì 동 시험 삼아 해 보다 | 吧 ba 조 ~하자(제의)

05　这个周末大家都去看电影，你和我们一起去?　이번 주말에 모두 영화 보러 가는데, 너 우리랑 같이 갈래? (C)

p. 151

해설　영화 보러 같이 갈 것인지 상대방의 의견을 묻고 있다. 이에 대답으로 호응하는 문장은 好的로 동의를 나타내며, '如果我没什么事, 我一定去(별일 없으면 꼭 가겠다)'고 대답하는 내용으로 C가 정답이다.

단어　周末 zhōumò 명 주말 | 电影 diànyǐng 명 영화 | 和 hé 접 ~과(와) | 一起 yìqǐ 부 같이, 더불어

DAY 7

| ✓ 정답 | 1. B | 2. A | 3. E | 4. D | 5. C |

[01-05]

A 别担心，我每半个小时就会休息一下。
B 你到底去不去？快决定吧。
C 没关系，但我希望下次不会遇到这样的事情。
D 我刚才在电梯门口见了王经理。
E 我可以和你们一起聊天儿吗？

A 걱정하지 마, 난 30분마다 쉴 거야.
B 너 도대체 갈 거야 안 갈 거야? 어서 결정해.
C 괜찮아, 하지만 다음에는 이런 일이 일어나지 않으면 좋겠어.
D 방금 엘리베이터 입구에서 왕 팀장님을 보았어요.
E 너희들과 같이 이야기해도 될까?

단어 别 bié 🔺 ~하지 마라 | 担心 dānxīn 🔺 걱정하다 | 每 měi 🔺 매 | 半个小时 bàn ge xiǎoshí 30분(1시간의 절반) | 就 jiù 🔺 바로 | 会 huì 🔺 ~할 것이다 | 休息 xiūxi 🔺 휴식하다, 쉬다 | 一下 yíxià 🔺 좀 ~하다 | 到底 dàodǐ 🔺 도대체 | 快 kuài 🔺 어서, 빨리 | 决定 juédìng 🔺 결정하다 | 吧 ba 🔺 ~하라(명령의 어기) | 但 dàn 🔺 그러나, 그렇지만 | 希望 xīwàng 🔺 희망하다 | 下次 xiàcì 🔺 다음 번 | 遇到 yùdào 🔺 만나다 | 这样 zhèyàng 🔺 이렇게, 이러한 | 事情 shìqing 🔺 일 | 刚才 gāngcái 🔺 방금 | 在 zài 🔺 ~에, ~에서 | 电梯 diàntī 🔺 엘리베이터 | 门口 ménkǒu 🔺 입구 | 经理 jīnglǐ 🔺 사장, 팀장 | 可以 kěyǐ 🔺 ~해도 좋다 | 和 hé 🔺 ~과(와) | 一起 yìqǐ 🔺 같이, 더불어 | 聊天儿 liáotiān(r) 🔺 잡담하다, 수다 떨다

01

再给我几分钟让我想想。

생각 좀 하게 나에게 몇 분만 더 줘. (**B**)

p. 157

해설 상대방에게 생각할 시간을 달라고 요청하고 있다. 이와 의미상 호응을 이루는 문장은 갈지 안 갈지 '快决定吧(어서 결정해)'라고 명령하는 B가 정답이다.

단어 再 zài 🔺 또, 다시 | 给 gěi 🔺 주다 | 几 jǐ 🔺 몇 | 分钟 fēnzhōng 🔺 분 | 让 ràng 🔺 ~하라고 시키다, 만들다 | 想 xiǎng 🔺 생각하다

02

别玩儿电脑了，时间太长对眼睛不好。

컴퓨터 그만해. 시간이 너무 길면 눈에 좋지 않아. (**A**)

p. 157

해설 컴퓨터를 오래 하면 '对眼睛不好(눈에 좋지 않다)'고 걱정하면서 别(~하지 마라)라는 금지의 표현을 쓰고 있다. 이에 대하여 '别担心(걱정하지 마)'라고 대답하며, 30분마다 쉬겠다고 말한 A가 정답이다.

단어 玩儿 wánr 🔺 놀다 | 电脑 diànnǎo 🔺 컴퓨터 | 时间 shíjiān 🔺 시간 | 太 tài 🔺 지나치게, 매우 | 长 cháng 🔺 길다 | 对 duì 🔺 ~에 대하여 | 眼睛 yǎnjing 🔺 눈

03

欢迎，我们在说20号去哪里春游。

환영해. 우리 20일에 어디로 봄놀이 갈지 이야기하고 있어. (**E**)

p. 157

해설 '欢迎(환영한다)'으로 수용을 나타내며 '我们在说(우리는 이야기 중)'이라고 설명을 덧붙였다. 이에 대응되는 것은 허락의 여부나 요구, 요청 등의 표현이라는 것을 알 수 있다. 따라서 '我可以和你们一起聊天儿吗？(너희들과 함께 이야기해도 될까?)'라고 허락을 요청하는 E가 답이 된다.

단어 欢迎 huānyíng 🔺 환영하다 | 在 zài 🔺 ~하고 있는 중이다 | 号 hào 🔺 일, 날 | 哪里 nǎlǐ 🔺 어디 | 春游 chūnyóu 🔺 봄놀이

독해 제1부분 **89**

04

p. 157

他让我告诉你，两点半在公司的会议室开会。

그가 2시 반에 회사 회의실에서 회의한다고 당신에게 알려주라고 했어요. (**D**)

해설 상대방에게 '他让我告诉你(그가 나더러 당신에게 알려주라)'라고 명령한 내용을 전달하고 있다. 회사에서 있을 수 있는 대화 내용인 것을 근거로 하여 '그'라고 지칭하는 대상은 '王经理(왕 팀장)'임을 알 수 있다. 따라서 정답은 D다.

단어 告诉 gàosu 图 알려주다 | 两 liǎng ④ 둘, 2 | 点 diǎn 웹 시 | 公司 gōngsī 웹 회사 | 会议室 huìyìshì 웹 회의실 | 开会 kāihuì 图 회의를 열다

05

p. 157

对不起，是我的错，你别生气了。

미안해. 내 잘못이니 화내지 말아. (**C**)

해설 잘못을 인정하며 对不起(미안하다)라고 사과하고 있다. 이에 호응하는 대답 표현인 '没关系(괜찮다)'만 보고서도 답은 C라는 것을 쉽게 알 수 있다. 또한 '这样的事情(이러한 일)'이 없길 바란다고 말한 것에서 상대의 잘못이 의미상 공통 화제가 된다는 것도 알 수 있다.

단어 对不起 duìbuqǐ 미안합니다. 죄송합니다 | 错 cuò 웹 틀리다, 맞지 않다 | 生气 shēngqì 图 화내다

DAY 8

✔ 정답   1. B   2. E   3. A   4. C   5. D

[01-05]

A 你别担心了。
B 奶奶带了很多东西，你去楼下帮她拿一下。
C 我可以去吗? 我已经一个星期没打篮球了。
D 我知道你最近很忙，可是你能不能帮我一个忙?
E 我的作业早就完成了。

A 걱정하지 마세요.
B 할머니가 물건을 많이 들었으니, 네가 아래층으로 가서 드는 것 좀 도와드려.
C 저 가도 돼요? 농구 안 한 지 벌써 일주일이나 되었어요.
D 네가 요즘 바쁘다는 건 알지만, 나 좀 도와줄 수 있겠니?
E 나는 숙제를 일찌감치 끝냈다.

단어 别 bié 圉 ~하지 마라 | 担心 dānxīn 图 걱정하다 | 奶奶 nǎinai 웹 할머니 | 带 dài 图 가져가다, 지니다 | 东西 dōngxi 웹 물건 | 楼下 lóuxià 웹 일층, 아래층 | 帮 bāng 图 돕다 | 拿 ná 图 쥐다, 잡다, 가지다 | 一下 yíxià 웹 좀 ~하다(시도의 의미나 가벼운 어감을 나타냄) | 可以 kěyǐ 조동 ~해도 좋다 | 已经 yǐjīng 圉 이미, 벌써 | 星期 xīngqī 웹 주, 요일 | 打篮球 dǎ lánqiú 농구를 하다 | 知道 zhīdào 图 알다 | 最近 zuìjìn 웹 최근 | 忙 máng 웹 바쁘다 | 可是 kěshì 쩹 그러나 | 帮忙 bāngmáng 图 일을 돕다. 거들어주다 | 作业 zuòyè 웹 숙제, 과제 | 早就 zǎojiù 圉 훨씬 전에, 일찍이 | 完成 wánchéng 图 완성하다

01

p. 157

好的，我马上下去接她。

알겠어. 내가 금방 내려가 그녀를 맞이할게. (**B**)

해설 好的(좋아)라고 대답하며 '我马上下去(곧 내려가겠다)'고 했으므로, 대응하는 문장은 내려가라고 요청하거나 명령하는 문장이 될 수 있다. 보기 가운데 할머니가 물건을 들었으니 '去楼下帮她拿(아래층으로 가서 대신 들어드려라)'라고 명령한 B가 답이다.

단어 好的 hǎo de 좋다 | 马上 mǎshàng 圉 곧, 바로 | 下去 xiàqù 내려가다 | 接 jiē 图 받다, 마중하다

02

p. 157

你最好再检查一下，看还有没有问题。

문제가 더 없는지 다시 한번 검사해보는 것이 좋겠어.
(E)

해설 문제가 있는지 없는지 '再检查一下(다시 한번 살펴보라)'라고 권유하고 있다. 이는 의미상 보기 E에서 '作业早就完成了 (숙제를 다 마쳤다)'에 대한 대답으로 적절하다. 또한 동사 检查(검사하다)의 목적어로 作业(숙제)가 호응하므로 정답은 E 다.

단어 最好 zuìhǎo 🔵 ~하는 것이 가장 좋다 | 再 zài 🔵 다시 | 检查 jiǎnchá 🔵 검사하다, 점검하다 | 还 hái 🔵 또, 더 | 问题 wèntí 🔵 문제

03

p. 157

孩子已经18岁了，知道怎么照顾自己。

아이가 벌써 열여덟 살이니, 어떻게 자기를 돌봐야 하는지
알아요. (A)

해설 아이에 대해 이제 '怎么照顾自己(어떻게 자기를 돌봐야 하는지)'를 아는 나이라고 말한 것은 걱정 안 해도 된다는 뉘앙스를 나타낸다. 따라서 A의 '你别担心了(걱정하지 말아요)'와 의미상 연결된다. 즉 문제와 보기는 묻고 답하는 문장이 아니라 공통된 화제로 이어지는 관계로 답은 A다.

단어 孩子 háizi 🔵 아이 | 已经…了 yǐjīng…le 이미, 벌써 ~이다 | 岁 suì 🔵 나이, 세 | 怎么 zěnme 🔵 왜, 어째서 | 照顾 zhàogù 🔵 돌보다 | 自己 zìjǐ 🔵 자신

04

p. 157

你可以去，不过只能打一个小时。

가도 좋아, 하지만 한 시간만 해야(쳐야) 해. (C)

해설 상대방에게 가도 된다고 허락을 나타내고 있다. 이에 대응되는 것은 '可以去吗?(가도 돼요?)'라고 허락을 요청하는 표현인 C가 정답이다. 또한 C에서 말한 '篮球(농구)'는 문제 문장의 동사 打와 호응하는 목적어이면서 공통적으로 지칭하는 대상이기도 하다.

단어 不过 búguò 🔵 그러나 | 只 zhǐ 🔵 다만, 단지, 오직 | 能 néng 🔵 ~할 수 있다 | 打 dǎ 🔵 (놀이, 운동을) 하다 | 小时 xiǎoshí 🔵 시간(시간 단위)

05

p. 157

你忘了？我们是好朋友，不用那么客气，说吧。

잊었어？ 우린 친구인데 그렇게 예의 차릴 필요 없어, 말해
봐. (D)

해설 친구에게 그렇게 예의 차리지 않아도 된다고 하며 말해보라고 했다. 이를 근거로 말을 꺼내기 어려워하는 분위기나 조심스럽게 부탁하는 내용이 어울린다는 것을 알 수 있다. 보기의 '能不能帮我一个忙?(나 좀 도와줄 수 있겠니?)'으로 요청하는 D가 의미상 호응하여 정답이 된다.

단어 忘 wàng 🔵 잊어버리다 | 好朋友 hǎopéngyou 좋은 친구 | 不用 búyòng ~할 필요 없다 | 那么 nàme 🔵 그렇게, 저렇게 | 客气 kèqi 🔵 예의가 바르다 | 吧 ba 🔵 ~하자(청유, 제의의 어기를 나타냄)

[01-05]

A 那个出租车司机服务真好。	A 그 택시 기사님의 서비스는 참 좋다.
B 小李不喝啤酒，我们要几瓶饮料吧。	B 샤오리는 맥주를 안 마셔요. 우리 음료수 몇 병 주세요.
C 这是他搬走以后我们第一次见面。	C 이는 그가 이사 간 이후 우리가 처음 만난 것이다.
D 这附近有家饭馆儿，羊肉做得很不错。	D 이 근처에 어떤 식당이 하나 있는데, 양고기를 정말 괜찮게 해요.
E 妈妈，生日快乐！这是我送给您的礼物。	E 어머니, 생신 축하합니다! 이건 제가 드리는 선물이에요.

단어　出租车 chūzūchē 명 택시 | 司机 sījī 명 운전사 | 服务 fúwù 명 서비스 | 真 zhēn 부 확실히, 참으로 | 喝 hē 동 마시다 | 啤酒 píjiǔ 명 맥주 | 要 yào 동 원하다 | 几 jǐ 수 몇 | 瓶 píng 양 병 | 饮料 yǐnliào 명 음료수 | 吧 ba 조 ~해주세요(청유) | 搬走 bānzǒu 동 이사 가다 | 以后 yǐhòu 명 이후 | 第一次 dìyīcì 최초, 맨 처음으로 | 见面 jiànmiàn 동 만나다 | 附近 fùjìn 명 부근, 근처 | 家 jiā 양 점포 등을 세는 단위 | 饭馆儿 fànguǎn(r) 명 식당 | 羊肉 yángròu 명 양고기 | 做 zuò 동 하다 | 得 de 조 ~한 정도가(술어 뒤에 써서 정도를 나타내는 보어를 연결) | 不错 búcuò 형 괜찮다, 좋다 | 生日快乐 shēngrì kuàilè 생일 축하해요 | 送给 sònggěi 주다 | 礼物 lǐwù 명 선물

01

p. 161

好，我让服务员把菜单拿过来。　　좋아요, 종업원에게 메뉴판을 가져다 달라고 할게요. (**B**)

해설　'我让服务员把菜单拿过来(종업원에게 메뉴판을 가져다 달라고 하겠다)'라는 말을 근거로 음식 주문과 관련된 화제인 것을 유추할 수 있다. 즉 '要几瓶饮料吧(음료수 몇 병 주세요)'라는 말 같은 상황에서 쓰인 것이므로 정답은 B다.

단어　让 ràng 동 ~하라고 시키다, 만들다 | 服务员 fúwùyuán 명 종업원 | 把 bǎ 전 ~을, ~를 | 菜单 càidān 명 메뉴 | 拿过来 náguòlái 가지고 오다

02

p. 161

谢谢，你快来吃蛋糕吧，我给你大一块儿。　　고마워. 어서 와서 케이크를 먹으렴. 너에게 큰 조각을 줄게. (**E**)

해설　고맙다고 말하면서, '蛋糕(케이크)'가 등장한 것으로 보아 생일과 같은 기쁜 일을 축하하는 상황일 것으로 추측할 수 있다. 따라서 어머니의 생신을 축하한다고 말하는 E가 답이 된다.

단어　快 kuài 부 빨리, 어서 | 蛋糕 dàngāo 명 케이크 | 吧 ba 조 ~하라, ~하자(명령, 제의의 어기를 나타냄) | 给 gěi 동 주다 | 大 dà 형 크다 | 一块儿 yíkuàir 조각

03

p. 161

我昨天晚上在街上遇到以前的邻居老张了。　　나는 어제저녁에 길에서 예전 이웃인 라오장을 만났어. (**C**)

해설　'以前的邻居(예전 이웃)'이었던 사람을 '遇到(우연히 만났다)'라고 하였다. 이웃인데 지금이 아니라 예전이라면 '이사'를 한 상황임을 유추할 수 있다. C에서 '搬走以后(이사 간 이후)'라고 하였고, '见面(만났다)'과 '遇到'가 이로써 같은 의미라는 것을 알 수 있으므로 정답은 C다.

단어　昨天 zuótiān 명 어제 | 晚上 wǎnshang 명 저녁 | 在 zài 전 ~에, ~에서 | 街上 jiēshang 명 거리 | 遇到 yùdào 동 만나다 | 以前 yǐqián 명 이전, 예전 | 邻居 línjū 명 이웃

04

p. 161

小李总是先帮助、关心别人。

샤오리는 항상 먼저 다른 사람을 돕고, 관심을 기울입니다. (**A**)

해설 비록 B에서 '小李(샤오리)'가 등장했지만 문제와 전혀 매칭되지 않는 보기이므로 정답이 아니다. '帮助、关心别人(타인을 돕고 관심을 갖는다)'이라는 것은 인물의 성품에 대한 평가이다. 보기의 '服务真好(서비스가 좋다)'라고 직업 정신이나 태도가 좋다는 의미를 나타내는 A가 정답이다.

단어 总是 zǒngshì 閉 항상, 늘 | 先 xiān 閉 먼저 | 帮助 bāngzhù 툉 돕다 | 关心 guānxīn 툉 관심을 기울이다 | 别人 biérén 명 남, 타인

05

p. 161

我相信你一定会喜欢吃的。

나는 당신이 분명 먹기 좋아할 것이라고 믿어요. (**D**)

해설 '相信…会喜欢吃的(먹기 좋아할 것이라고 믿는다)'라는 말은 아직 '먹기 전'이라는 것을 유추할 수 있다. 보기 가운데 '这附近有家饭馆儿，羊肉做得很不错(이 근처에 식당이 있는데, 양고기를 괜찮게 해요)'라는 말을 단서로 곧 식당에 가서 양고기를 먹게 될 상황으로 볼 수 있다. 따라서 정답은 D다.

단어 相信 xiāngxìn 툉 믿다 | 一定 yídìng 閉 꼭, 반드시 | 会…的 huì…de ~일 것이다 | 喜欢 xǐhuan 툉 좋아하다

✔ **정답** 1. B   2. E   3. A   4. D   5. C

[01-05]

A 大家都向我这儿看，来，笑一笑，一二三。
B 那也不用着急，你先拿着用。
C 关老师要说一下明天考试的事情。
D 同学们，我在黑板上画了个世界地图。
E 每天晚上，哥哥都会在楼下的公园里教我。

A 모두 제 쪽을 향해 보세요, 자, 웃으세요, 하나, 둘, 셋.
B 그것도 서두를 필요 없어, 너 먼저 갖다 써.
C 관 선생님께서 내일 시험 치는 것에 대해 말씀하실 거예요.
D 학생 여러분, 제가 칠판에 세계 지도 하나를 그렸어요.
E 매일 저녁 오빠가 건물 아래에 있는 공원에서 나에게 가르쳐 줄 거야.

단어 大家 dàjiā 데 모두, 여러분 | 都 dōu 閉 모두 | 向 xiàng 젠 ~을 향해서 | 来 lái 다른 사람을 부르거나 재촉함(상투어) | 笑 xiào 툉 웃다 | 不用 búyòng ~할 필요 없다 | 着急 zháojí 툉 조급해하다 | 先 xiān 閉 먼저 | 拿 ná 툉 쥐다, 잡다, 가지다 | 着 zhe 죄 ~한 채로(동작이나 상태의 진행, 지속) | 用 yòng 툉 사용하다 | 关 Guān 명 관[성(姓)] | 老师 lǎoshī 명 선생님 | 要 yào 죄툉 ~하려고 하다 | 一下 yíxià 양 좀 ~하다(시도의 의미나 가벼운 어감을 나타냄) | 明天 míngtiān 명 내일 | 考试 kǎoshì 명툉 시험, 시험 치다 | 事情 shìqing 명 일 | 同学 tóngxué 명 학우 | 黑板 hēibǎn 명 칠판 | 画 huà 툉 그리다, 긋다 | 世界地图 shìjiè dìtú 명 세계 지도 | 每天 měitiān 명 매일 | 晚上 wǎnshang 명 저녁 | 哥哥 gēge 명 형, 오빠 | 会 huì 죄툉 ~할 것이다 | 楼下 lóuxià 명 일층, 아래층 | 公园 gōngyuán 명 공원 | 里 lǐ 명 안 | 教 jiāo 툉 가르치다

01

p. 161

中国有句话叫"有借有还，再借不难"。

중국에는 '빌린 것이 있으면 갚는 것이 있어야, 다시 빌리는 것이 어렵지 않다'라는 말이 있어. (B)

해설 빌리거나 빌려줄 때의 신용의 중요성을 인용하고 있다. 이는 보기에서 '你先拿着用(너 먼저 가져다 써)'이라고 흔쾌히 한 말과 의미상 관련이 있다. 따라서 대답으로도 호응한다는 것을 파악할 수 있다. 또한 앞 절의 '那也不用着急(그것 또한 마음 졸일 필요 없다)' 역시 같은 맥락의 상황임을 유추할 수 있다. 따라서 정답은 B다.

단어 中国 Zhōngguó 몡 중국 | 句 jù 얭 마디(말을 세는 양사) | 话 huà 몡 말 | 叫 jiào 됭 부르다 | 借 jiè 됭 빌리다 | 还 huán 됭 돌려주다 | 再 zài 뷘 또, 다시 | 难 nán 혱 어렵다

02

p. 161

最近我学习打网球。

요즘 나 테니스 배워. (E)

해설 '学习打网球(테니스를 배운다)'를 근거로 보기 E에서 '哥哥…教我(오빠가 ~ 나에게 가르쳐준다)'라고 부연 설명을 하고 있으므로 정답은 E다.

단어 最近 zuìjìn 몡 최근 | 学习 xuéxí 됭 공부하다 | 打网球 dǎ wǎngqiú 테니스를 하다

03

p. 161

他在给别人照相呢。

그는 다른 사람에게 사진을 찍어주고 있다. (A)

해설 사진을 찍어주고 있다는 상황을 진술하고 있다. '向我这儿看, … 笑一笑, 一二三(여기를 보세요, …웃으세요, 하나, 둘, 셋)'은 보통 사진 찍는 사람이 하는 말이므로 문제 문장은 이 모습을 설명하는 문장이 된다. 따라서 정답은 A다.

단어 在…呢 zài…ne ~하고 있는 중이다 | 给 gěi 됭 주다 | 别人 biérén 몡 남, 타인 | 照相 zhàoxiàng 됭 사진을 찍다

04

p. 161

你们看，我们国家在这儿，中国在我们东边。

여러분 보세요, 우리나라는 여기 있어요, 중국은 우리 동쪽에 있어요. (D)

해설 같이 무엇을 보면서 나라의 위치를 설명하고 있는 모습으로 보여진다. 보기에서 '同学们(학생 여러분)'이라고 호칭하며 '世界地图(세계 지도)'를 언급한 문장이 문제 문장의 앞에 나온다는 것을 유추할 수 있다. 따라서 정답은 D다.

단어 国家 guójiā 몡 국가 | 在 zài 젼 ~에, ~에서 | 这儿 zhèr 떼 여기 | 东边 dōngbiān 몡 동쪽

05

p. 161

同学们注意一下，运动会结束以后，请大家先回教室。

학생 여러분 주목하세요, 운동회가 끝난 뒤 모두 우선 교실로 돌아가세요. (C)

해설 학생들에게 우선 교실로 가라고 당부하고 있다. 답으로 대응되는 문장은 학교에서 있을 법한 상황으로 유추할 수 있다. 보기에서 '老师(선생님)'가 '考试(시험)'에 대해 말씀하신다는 것이 의미상 연관성이 있으므로 정답은 C다.

단어 注意 zhùyì 됭 주의하다 | 运动会 yùndònghuì 몡 운동회 | 结束 jiéshù 됭 끝나다 | 以后 yǐhòu 몡 이후 | 请 qǐng 됭 청하다, 초청하다 | 回 huí 됭 돌아오다, 돌아가다 | 教室 jiàoshì 몡 교실

제2부분 빈칸 채우기

DAY 11.

✓ 정답   1. D   2. B   3. A   4. E   5. C

[01–05]

A 文化	B 环境
C 国家	D 礼物
E 电梯	

A 문화	B 환경
C 국가	D 선물
E 엘리베이터	

단어 文化 wénhuà 몡 문화 | 环境 huánjìng 몡 환경 | 国家 guójiā 몡 국가 | 礼物 lǐwù 몡 선물 | 电梯 diàntī 몡 엘리베이터

01
p. 169

这是我为你准备的生日（   　），希望你喜欢。

이건 내가 너를 위해 준비한 생일 (**D 선물**)이야. 마음에 들었으면 좋겠다.

해설 빈칸 앞의 단어는 '生日(생일)'이며, 생일이라는 명사의 수식을 받을 수 있는 단어는 의미상 D '선물'이라는 명사가 적절하다. '生日礼物(생일 선물)'로 흔히 결합해 쓰이는 합성어이기도 하다.

단어 为 wèi 젠 ~을 위해서, ~때문에 | 准备 zhǔnbèi 동 준비하다 | 生日 shēngrì 몡 생일 | 希望 xīwàng 동 희망하다, 바라다 | 喜欢 xǐhuan 동 좋아하다, 마음에 들다

02
p. 169

我非常喜欢新公司的工作（   　）。

나는 새 회사의 업무 (**B 환경**)을 매우 좋아한다.

해설 빈칸 앞의 단어는 '일, 업무, 직업, 노동'이라는 의미의 명사 '工作'이다. 이 명사의 수식을 받을 수 있는 단어는 보기 중 B '환경'이 문맥상 가장 적절하다.

단어 非常 fēicháng 믜 매우 | 新 xīn 혱 새롭다, 새것이다 | 公司 gōngsī 몡 회사 | 工作 gōngzuò 몡 일, 업무

03
p. 169

这个节目主要是讲中国茶（   　）的。

이 프로그램은 주로 중국의 차 (**A 문화**)를 이야기하는 것이다.

해설 빈칸 앞에 명사 '茶(차)'의 수식을 받으면서 동사 '讲(이야기하다, 해설하다)'의 목적어가 되는 A '文化(문화)'가 정답이다.

단어 节目 jiémù 몡 프로그램 | 主要 zhǔyào 믜 주로, 대부분 | 讲 jiǎng 동 말하다, 이야기하다 | 中国 Zhōngguó 몡 중국 | 茶 chá 몡 차

p. 169

04 ( )坏了，我是爬楼梯上来的，走得脚都疼了。

(**E 엘리베이터**)가 고장 나서 계단으로 올라왔더니, 걸어서 발도 아파.

해설 빈칸 뒤에 '고장 나다'라는 뜻의 형용사 '坏'가 있고, 문맥에 근거하여 빈칸에 들어갈 단어를 찾으면 명사 E '엘리베이터'가 정답이다.

단어 坏 huài 웹 고장 나다, 못쓰게 되다 | 是…的 shì…de ~이다(이미 발생한 동작의 시간·장소·방식 등을 강조) | 爬 pá 롱 오르다 | 楼梯 lóutī 웹 계단 | 走 zǒu 롱 걷다 | 得 de 图 ~한 정도개(술어 뒤에 써서 정도를 나타내는 보어를 연결) | 脚 jiǎo 웹 발 | 疼 téng 웹 아프다

---

p. 169

05 你想去哪个( )旅游?

너는 어느 (**C 나라**)에 가서 여행하고 싶어?

해설 빈칸 앞에 '哪个'는 [의문대명사 + 양사]의 구조로 빈칸에는 명사가 올 수 있는데, '어느, 어떤'이라는 뜻의 수식을 받는 C '나라, 국가'가 정답이다.

단어 想 xiǎng 롱 ~하고 싶다 | 哪个 nǎge 때 어느 것 | 旅游 lǚyóu 롱 여행하다

DAY 12

✓ 정답   1. A   2. C   3. D   4. B   5. E

[01-05]

A 附近	B 自行车	A 부근	B 자전거
C 旁边	D 脸	C 옆	D 얼굴
E 超市		E 슈퍼마켓	

단어 附近 fùjìn 웹 부근, 근처 | 自行车 zìxíngchē 웹 자전거 | 旁边 pángbiān 웹 옆, 옆쪽 | 脸 liǎn 웹 얼굴 | 超市 chāoshì 웹 슈퍼마켓

---

p. 169

01
A: 新闻说过两年我们家的( )有地铁要经过。
B: 那到时候出门方便多了。

A : 뉴스에서 2년 뒤 우리 집 (**A 부근**)에 지하철이 지나갈 것이라네요.
B : 그럼 그때가 되면 외출하기에 아주 편해지겠다.

해설 빈칸에 들어갈 단어의 품사는 '我们家的(우리 집의)'라는 관형어의 수식을 받는 명사이다. 문맥에 근거하여 보기에서 가장 적절한 의미의 명사는 A '부근'이다.

단어 新闻 xīnwén 웹 뉴스 | 过 guò 롱 지나다, 경과하다 | 两 liǎng 주 둘, 2 | 年 nián 웹 해, 년 | 地铁 dìtiě 웹 지하철 | 要 yào 롱 ~할 것이다 | 经过 jīngguò 롱 통과하다, 지나다 | 那 nà 젭 그러면 | 到时候 dàoshíhou 그때 가서, 그때 되면 | 出门 chūmén 롱 외출하다, 나가다 | 方便 fāngbiàn 웹 편리하다

02

p. 169

A: 站在你妹妹(　　　)的人是谁?

B: 是她的男朋友，他们这个月28号就结婚。

A : 네 여동생 (**C 옆**)에 서있는 사람은 누구니?

B : 그녀의 남자친구야. 그들은 이번 달 28일에 결혼해.

해설　빈칸에는 그 앞의 '站在你妹妹(네 여동생 ~에 서있다)'와 함께 관형어를 이루어 빈칸 뒤의 '的人(~한 사람)'을 수식할 수 있는 명사가 올 수 있다. 의미상 방위 명사인 C '旁边(옆)'이 정답이다.

단어　站 zhàn 통 서다 | 在 zài 전 ~에 | 妹妹 mèimei 명 여동생 | 谁 shéi, shuí 대 누구 | 男朋友 nánpéngyou 명 남자친구 | 묵 hào 명 일, 날 | 就 jiù 부 바로 | 结婚 jiéhūn 통 결혼하다

03

p. 169

A: 是这个人吗?

B: 不太像，(　　　)要再长点儿，眼睛再小点儿。

A : 이 사람이니?

B : 별로 안 닮았어. (**D 얼굴**)이 좀 더 길어야 하고, 눈도 좀 더 작아.

해설　'이 사람'과 닮지 않았다고 말하며, 빈칸 뒤에 '要再长点儿(좀 더 길어야 한다)'의 의미를 근거로 정답은 '脸(얼굴)'이라는 명사가 된다는 것을 알 수 있다.

단어　不太 bútài 그다지, 별로 | 像 xiàng 통 닮다, 비슷하다 | 要 yào 통 요점, 관건 | 再 zài 부 더, 그리고 | 长 cháng 형 길다 | 点儿 diǎnr 양 조금 | 眼睛 yǎnjing 명 눈 | 小 xiǎo 형 작다

04

p. 169

A: 你什么时候学会骑(　　　)了?

B: 8岁的时候。那时同学们都会骑自行车，我也跟着他们学会了。

A : 너 언제 (**B 자전거**) 배웠어?

B : 8살 때. 그때 친구들이 다 자전거를 탈 수 있었는데 나도 그들을 따라 배웠어.

해설　빈칸 앞에 '배워서 할 수 있다'는 뜻의 学会를 근거로 빈칸에는 명사 목적어가 올 수 있는데, 문맥상 B '자전거'가 정답이 된다.

단어　什么时候 shénme shíhou 언제 | 学会 xuéhuì 통 배워서 ~할 줄 알다 | 骑 qí 통 타다 | 岁 suì 명 나이, 세 | 时候 shíhou 명 때, 무렵 | 那时 nàshí 그때 | 同学 tóngxué 명 학우 | 都 dōu 부 모두 | 会 huì 조동 (배워서) ~할 수 있다 | 自行车 zìxíngchē 명 자전거 | 跟着 gēnzhe ~을 따라서

05

p. 169

A: 去火车站的路上有(　　　)吗? 我想买点儿饮料。

B: 火车站附近有一家，去那儿买吧。

A : 기차역으로 가는 길에 (**E 슈퍼마켓**)이 있니? 음료수 좀 사려고.

B : 기차역 근처에 한 군데 있어, 거기 가서 사.

해설　빈칸 앞에 동사 有를 근거로 빈칸에는 명사 목적어가 올 수 있는데, 뒤의 문맥상 E '超市(슈퍼마켓)'가 적절하다. 또한 상대방이 '附近有一家(근처에 한 곳 있어)'라고 대답한 것에서 양사 家의 수식을 받는 장소명사가 정답이라는 것도 알 수 있다.

단어　火车站 huǒchēzhàn 명 기차역 | 路上 lùshang 명 도중 | 想 xiǎng 조동 ~하려 한다 | 买 mǎi 통 사다 | 饮料 yǐnliào 명 음료수 | 附近 fùjìn 명 부근, 근처 | 家 jiā 양 집·상점·회사 등을 세는 단위 | 那儿 nàr 대 거기 | 吧 ba 조 ~하라, ~하자(명령, 제안의 어기를 나타냄)

[01–05]

A 满意	B 了解	A 만족하다	B 알다
C 拿	D 有名	C 가지다	D 유명하다
E 难过		E 괴롭다	

단어 **满意** mǎnyì 휑 만족하다, 만족스럽다 | **了解** liǎojiě 통 잘 알다 | **拿** ná 통 쥐다, 집다, 가지다 | **有名** yǒumíng 휑 유명하다 | **难过** nánguò 휑 슬프다

01

p. 179

晚上我看到关于交通事故的新闻时，我非常
（　　）。

저녁에 교통사고에 관한 뉴스를 보았을 때, 난 무척 (**E 괴로웠다**).

해설 빈칸 앞에 정도부사 非常과 빈칸 뒤에 아무 단어도 없으므로, 빈칸에 들어갈 단어의 품사는 형용사이다. '关于交通事故的新闻(교통사고에 관한 뉴스)'을 보았다는 내용에 미루어 의미상 적절한 형용사는 '괴롭다, 힘들다'는 뜻의 E다.

단어 **晚上** wǎnshang 휑 저녁 | **看到** kàndao 통 보다, 눈에 닿다 | **关于** guānyú 전 ~에 관하여 | **交通事故** jiāotōng shìgù 휑 교통사고 | **新闻** xīnwén 휑 뉴스 | **时** shí 휑 때, 시기 | **非常** fēicháng 휑 매우

02

p. 179

如果您对这个房子不太（　　），我可以带您去
看其他的。

만약 이 집에 그다지 (**A 만족하지**) 않으신다면 제가 다른 집을 보여드리겠습니다.

해설 빈칸 앞에 부사 不太가 있고, 앞 부분 '对这个房子(이 집에 대하여)'와 의미상 호응을 이루는 단어를 보기에서 찾으면 정답은 A '满意(만족하다)'이다.

단어 **如果** rúguǒ 접 만약 | **对** duì 전 ~에 대하여 | **房子** fángzi 휑 집 | **不太** bútài 그다지, 별로 | **可以** kěyǐ 조통 ~해도 좋다 | **带** dài 통 인솔하다, 이끌다 | **其他** qítā 때 기타

03

p. 179

我把香蕉放在冰箱里了，你要吃的话自己
（　　）。

내가 바나나를 냉장고 안에 두었으니, 너 먹으려면 직접 (**C 가져가**).

해설 빈칸 앞의 自己는 앞뒤 문맥상 '직접, 스스로'라는 뜻으로 쓰였으므로 품사는 부사이다. 따라서 빈칸에 올 단어의 품사는 부사의 수식을 받는 동사인 것을 알 수 있다. 보기 중 의미상 적절한 동사는 '(손으로) 들다, 가지다'라는 뜻인 C 拿이다.

단어 **把** bǎ 전 ~을, ~를(목적어를 동사 앞으로 끌어내어 처리나 변화를 나타냄) | **香蕉** xiāngjiāo 휑 바나나 | **放** fàng 통 놓다 | **冰箱** bīngxiāng 휑 냉장고 | **要** yào 통 원하다 | **的话** dehuà 만약에, ~라고 한다면 | **自己** zìjǐ 때 자신

04

p. 179

这家奶茶店非常（　　　），但上午不开门，我们只能下午去。

이 밀크티(milk tea) 가게는 매우 (**D 유명해**), 근데 오전에는 문을 안 열어서 우린 오후에 갈 수 밖에 없어.

해설 앞 절의 주어는 店이고 이를 서술하는 부분은 정도부사 非常과 빈칸으로 되어 있다. 따라서 빈칸에 들어갈 단어의 품사는 형용사이다. 뒤 절의 문맥에 근거해서도 답은 D라는 것을 알 수 있다.

단어 家 jiā 양 점포 등을 세는 단위 | 奶茶店 nǎichádiàn 명 밀크 티(milk tea) 가게 | 但 dàn 접 그러나, 그렇지만 | 上午 shàngwǔ 명 오전 | 开门 kāimén 문을 열다 | 只 zhǐ 부 다만, 단지, 오직 | 能 néng 조동 ~할 수 있다 | 下午 xiàwǔ 명 오후

05

p. 179

我们做同事已经十年多了，我很（　　　）他。

우리가 동료가 된지 벌써 십여 년이 되었어. 난 그를 잘 (**B 알아**).

해설 빈칸 앞에 정도부사 很이 있고, 뒤에 목적어로 인칭대명사 他를 갖는다. 앞 절의 내용을 근거로 빈칸에는 정도부사의 수식을 받을 수 있는 심리동사 了解(알다, 이해하다)가 들어갈 수 있다.

단어 做 zuò 동 하다 | 同事 tóngshì 명 직장 동료 | 已经…了 yǐjīng…le 이미, 벌써 ~이다 | 多 duō 수 (수량사 뒤에 쓰여) ~여, 남짓

DAY 14

✓ 정답   1. A   2. D   3. B   4. E   5. C

[01-05]

A 担心	B 热情	A 걱정하다	B 친절하다
C 一样	D 画	C 같다	D 그리다
E 重要		E 중요하다	

단어 担心 dānxīn 동 걱정하다 | 热情 rèqíng 형 친절하다, 열정적이다 | 一样 yíyàng 형 같다 | 画 huà 동 그리다, 긋다 | 重要 zhòngyào 형 중요하다

01

p. 179

A : 爸，您别（　　　）了，我们老师也一起去。
B : 那我就放心了，到了记得给我打电话。

A : 아빠, (**A 걱정하지**) 마세요, 우리 선생님도 함께 가세요.
B : 그럼 마음 놓을게, 도착하면 잊지 말고 나한테 전화해.

해설 빈칸 앞에 '~하지 말라'는 금지를 나타내는 부사 别이 있으므로, 빈칸에는 동사가 온다. 대화에서 A의 말을 듣고 아빠가 '放心(마음을 놓겠다, 안심하다)'이라고 대답한 내용으로 미루어 빈칸에 들어갈 동사는 A 担心이다.

단어 爸 bà 명 아빠 | 别 bié 부 ~하지 마라 | 老师 lǎoshī 명 선생님 | 也 yě 부 ~도, 역시 | 一起 yìqǐ 부 같이, 더불어 | 那 nà 접 그러면 | 就…了 jiù…le 바로 ~하다 | 放心 fàngxīn 동 마음을 놓다 | 到 dào 동 도착하다 | 记得 jìde 동 기억하다 | 给 gěi 전 ~에게 | 打电话 dǎ diànhuà 전화하다

02 p. 179

A : 你（　　　）的是什么?

B : 大熊猫，它在爬山，你看不懂?

A : 네가 (**D 그린**) 것은 무엇이니?

B : 판다, 판다가 산을 오르고 있는데, 너 못 알아보겠어?

해설　빈칸 뒷부분에 술어(是)와 목적어(什么)가 있으므로 '你（　　）的'는 주어 역할을 한다. 따라서 빈칸에 들어갈 단어의 품사는 동사이다. '네가 ~한 것은 무엇이니?'라는 물음에 상대방이 '大熊猫(판다)'라고 답한 내용으로 보아 정답은 '그리다'라는 뜻의 D 画이다.

단어　大熊猫 dàxióngmāo 몡 판다 | 在 zài 뵘 ~하고 있는 중이다 | 爬山 páshān 통 등산하다 | 看不懂 kànbudǒng 알아볼 수 없다

03 p. 179

A : 你跟同事们的关系怎么样?

B : 关系很好，他们都很（　　　），也很关心我。

A : 너와 동료들의 관계는 어때?

B : 관계가 아주 좋아, 그들 모두 (**B 친절해**), 또 나한테 관심 가져주고.

해설　빈칸 앞에 정도부사 很이 있고, 빈칸 뒤에 목적어가 없으므로 빈칸에 들어갈 단어의 품사는 형용사이다. 대화의 문맥상 적절한 형용사는 B 热情이다.

단어　跟 gēn 젠 ~과(와) | 同事 tóngshì 몡 동료 | 关系 guānxi 몡 관계 | 怎么样 zěnmeyàng 떼 어떠하다 | 都 dōu 뵘 모두 | 关心 guānxīn 통 관심을 기울이다

04 p. 179

A : 你怎么走来走去的?

B : 我有一件很（　　　）的事情要告诉你，但不知道应该怎么跟你说。

A : 너 어째서 왔다갔다 하는 거니?

B : 나 너한테 말해야 할 매우 (**E 중요한**) 일이 하나 있는데, 너한테 어떻게 말해야 할지 모르겠어.

해설　빈칸에 들어갈 단어는 정도부사 很과 함께 '일'이라는 뜻의 명사 事情을 수식하는 관형어로 쓰였다. 따라서 빈칸에 들어갈 단어의 품사는 형용사임을 알 수 있다. 빈칸 뒷부분에서 설명하고 있는 내용의 의미를 근거로 정답은 E가 된다.

단어　怎么 zěnme 떼 왜, 어째서 | 走来走去 zǒulái zǒuqù 돌아다니다 | 件 jiàn 양 건(옷이나 일, 사건 등을 세는 양사) | 事情 shìqing 몡 일 | 要 yào 통 ~하고 싶다 | 告诉 gàosu 통 알려주다 | 但 dàn 젭 그러나, 그렇지만 | 应该 yīnggāi 조통 마땅히 ~해야 한다

05 p. 179

A : 妈妈，太阳和月亮（　　　）大吗?

B : 当然不是，太阳比月亮更大。

A : 엄마, 태양은 달이랑 (**C 똑같이**) 커요?

B : 물론 아니란다. 태양이 달보다 훨씬 커.

해설　빈칸 앞에 주어(太阳)가 있고, 빈칸 뒤에 형용사 술어(大)가 있는 것으로 보아 빈칸에 들어갈 단어는 부사어로 쓰였다. '太阳(태양)'에 대해 비교 대상 '달(月亮)'로써 설명하는 대화 내용에 근거해 정답은 '같다'라는 뜻의 형용사 C 一样이다.

단어　太阳 tàiyáng 몡 태양 | 和 hé 젠 ~과(와) | 月亮 yuèliang 몡 달 | 当然 dāngrán 형 당연하다 | 比 bǐ 젠 ~보다 | 更 gèng 뵘 더욱

✓ 정답	1. E	2. A	3. C	4. D	5. B

[01-05]

A 台	B 件	A 대[기계]	B 벌, 부[옷, 서류]
C 遍	D 段	C 번[처음~끝]	D 단락, 동안
E 块		E 덩이, 위안[화폐]	

단어 台 tái 양 대(기계, 전자제품 등을 세는 단위) | 件 jiàn 양 벌(일, 옷을 세는 양사) | 遍 biàn 양 번, 차례, 회(처음부터 끝까지) | 段 duàn 양 동안, 단락, 구간(사물이나 시간 따위의 한 구분) | 块 kuài 양 덩이, 조각, 위안(화폐 단위)

01

p. 185

我不太饿，出门前吃了(   )巧克力蛋糕。

나는 별로 배가 고프지 않아. 외출하기 전에 초콜릿 케이크(**E 한 조각**)을 먹었어.

해설 빈칸 앞에 吃와 완료를 나타내는 상조사 了가 있고, 빈칸 뒤에는 목적어로 쓰인 명사만 있다. 이를 근거로 빈칸에는 '蛋糕(케이크)'와 같이 덩어리 형태로 된 것을 나타내는 양사 块가 들어간다는 것을 알 수 있다. 따라서 정답은 E다.

단어 不太 bútài 그다지, 별로 | 饿 è 형 배고프다 | 出门 chūmén 동 외출하다, 나가다 | 前 qián 명 전 | 巧克力蛋糕 qiǎokèlì dàngāo 명 초콜릿 케이크

02

p. 185

这(   )笔记本电脑的价格是2500元。

이 (**A (대)**) 노트북 컴퓨터의 가격은 2500위안이다.

해설 빈칸 앞 지시대명사 这가 있고, 빈칸 뒤에 '电脑(컴퓨터)'라는 명사가 있는 것을 근거로, 빈칸에는 전자제품과 같은 기계에 쓰는 양사가 들어간다. 따라서 정답은 A 台이다.

단어 笔记本电脑 bǐjìběn diànnǎo 명 노트북 컴퓨터 | 价格 jiàgé 명 가격 | 元 yuán 양 위안(중국 화폐 단위)

03

p. 185

写完作业要检查一(   )，注意别写错字。

숙제를 다 하고 검사를 한 (**C 번**) 해야 해. 글자 틀리게 쓰지 않도록 조심하고.

해설 빈칸 앞에 '검사하다'라는 뜻의 동사 检查와 수사 一가 있는 것으로 보아 빈칸에는 동작의 양을 나타내는 동량사가 들어간다. 作业(숙제)를 앞에서부터 끝까지 한번 검사하라는 의미에 맞게 빈칸에 적절한 양사는 C 遍이다.

단어 写 xiě 동 쓰다 | 完 wán (동사 뒤에 쓰여) 완료를 나타냄 | 作业 zuòyè 명 숙제 | 要 yào 조동 ~해야 한다 | 检查 jiǎnchá 동 검사하다 | 注意 zhùyì 동 주의하다 | 别 bié 부 ~하지 마라 | 错 cuò 형 틀리다, 맞지 않다 | 字 zì 명 글자

p. 185

04 经过这(　　)时间的努力，她的汉语水平终于提高了。

그 (**D 동안**)의 노력을 통해, 그녀의 중국어 수준은 마침내 향상되었다.

해설 빈칸 앞에 지시대명사 这가 있고 빈칸 뒤에 명사 时间이 있는 것으로 보아 빈칸에는 시간과 관련된 양사가 온다는 것을 알 수 있다. 따라서 단락이나 구간, 시간 등을 나타내는 D 段이 정답이다. 这段时间的努力는 '이런 한동안의 시간의 노력'으로 직역할 수도 있으나 자연스러운 우리말 표현에 맞게 '그 동안의 노력'으로 해석하였다.

단어 经过 jīngguò 젠 ~을 거쳐 | 时间 shíjiān 몡 시간 | 努力 nǔlì 몡 노력 | 汉语 Hànyǔ 몡 중국어 | 水平 shuǐpíng 몡 수준 | 终于 zhōngyú 뿐 결국, 마침내 | 提高 tígāo 통 향상하다

p. 185

05 去年春天打折的时候我给他买了几(　　)衣服。

작년 봄 세일할 때 나는 그에게 옷 몇 (**B 벌**)을 사주었다.

해설 빈칸 앞의 수사 几와 뒤의 명사 衣服가 있는 것을 근거로, 빈칸에 들어갈 단어는 옷을 세는 양사 件이다. 따라서 정답은 B이다.

단어 去年 qùnián 몡 작년 | 春天 chūntiān 몡 봄 | 打折 dǎzhé 통 할인하다 | 时候 shíhou 몡 무렵, 때 | 给 gěi 젠 ~에게, ~을 위하여 | 买 mǎi 통 사다 | 几 jǐ 준 몇 | 衣服 yīfu 몡 옷

DAY 16

✔ 정답	1. A	2. E	3. C	4. D	5. B

[01-05]

A 位	B 些	A 분[사람]	B 조금
C 本	D 趟	C 권[책]	D 번[왕복]
E 只		E 마리[동물]	

단어 位 wèi 양 분(사람을 세는 단위) | 些 xiē 양 조금, 몇 | 本 běn 양 권(책을 세는 양사) | 趟 tàng 양 차례, 번 | 只 zhǐ 양 마리(동물을 세는 단위), 쪽, 짝(쌍을 이루는 것 중 하나)

p. 185

01 A: 小红，这是一(　　)姓李的先生让我给你的。
B: 好的，谢谢你。

A : 샤오훙, 이건 성이 '리'인 남성(**A 분**)이 당신에게 주라고 한 것이에요.
B : 알겠어요, 고마워요.

해설 빈칸 앞의 수사 一와 빈칸 뒤에 명사 先生(성인 남자)이 있으므로, 빈칸에는 사람의 존칭인 '분'이라는 뜻의 양사 位가 들어간다. 따라서 정답은 A다.

단어 姓 xìng 몡 성, 성씨 | 先生 xiānsheng 몡 선생님, 씨 | 让 ràng 통 ~하라고 시키다, 만들다 | 给 gěi 통 주다 | 好的 hǎo de 좋다

02

p. 185

A : 树上那（　　　）鸟真漂亮啊！
B : 它的嘴和腿怎么都是红色的？我还是第一次见。

A : 나무 위에 저 (**E 한 마리**) 새는 진짜 예쁘구나!
B : 새의 입과 다리는 어떻게 다 빨간 것일까? 난 처음 보네.

해설 빈칸 앞에 지시대명사 那와 빈칸 뒤 명사 '鸟(새)'가 있으므로, 빈칸에는 동물을 세는 양사가 들어간다. 따라서 정답은 E 只다.

단어 树 shù 圆 나무 | 鸟 niǎo 圆 새 | 真 zhēn 囝 확실히, 참으로 | 漂亮 piàoliang 圈 예쁘다 | 啊 a 囼 문장 끝에 쓰여 감탄·찬탄을 나타냄 | 嘴 zuǐ 圆 입 | 和 hé 圂 ~과(와) | 腿 tuǐ 圆 다리 | 怎么 zěnme 똅 왜, 어째서 | 都 dōu 囝 모두 | 红色 hóngsè 圆 빨간색 | 还是 háishi 囝 (의외라는 어감을 두드러지게 함) | 第一次 dìyīcì 圆 최초, 맨 처음으로

03

p. 185

A : 这（　　　）小说很有意思，你也看看吧。
B : 我不太喜欢看爱情小说。

A : 이 (**C 한 권의**) 소설 아주 재미있어, 너도 봐봐.
B : 나는 연애 소설 보는 건 그다지 좋아하지 않아.

해설 빈칸 앞에 지시대명사 这와 빈칸 뒤 명사 '小说(소설)'가 있으므로, 빈칸에는 책을 나타내는 양사 本이 들어간다. 따라서 정답은 C다.

단어 小说 xiǎoshuō 圆 소설 | 有意思 yǒuyìsi 圈 재미있다 | 也 yě 囝 ~도, 역시 | 吧 ba 囼 ~하라(명령), ~하자(제의) | 不太 bútài 그다지, 별로 | 喜欢 xǐhuan 됭 좋아하다 | 爱情 àiqíng 圆 남녀 간의 사랑, 애정

04

p. 185

A : 怎么这么晚了？银行人多吗？
B : 不是，我们刚才去了（　　　）超市，买鱼了。

A : 어째서 이렇게 늦었어? 은행에 사람이 많아?
B : 아니. 우리 방금 마트에 (**D 한 번**) 갔다 왔어. 생선 샀어.

해설 빈칸 앞에 동사 술어 去와 완료를 나타내는 상조사 了가 있고, 빈칸 뒤에는 장소명사 超市가 있다. 따라서 빈칸에는 동작의 양을 나타내는 동량사가 들어간다. 정답은 '갔다 왔다'는 왕복의 의미인 D 趟이다.

단어 这么 zhème 똅 이렇게 | 晚 wǎn 圈 늦다 | 银行 yínháng 圆 은행 | 刚才 gāngcái 囝 방금 | 超市 chāoshì 圆 슈퍼마켓 | 买 mǎi 됭 사다 | 鱼 yú 圆 물고기, 생선

05

p. 185

A : 咱们这（　　　）家具都旧了，这次我们换新的吧。
B : 只用了两年了嘛，还是下次再换吧。

A : 우리 이 가구(**B 들**) 모두 오래됐으니, 이번에 우리 새 것으로 바꾸자.
B : 겨우 2년밖에 안 썼잖아. 나중에 다시 바꾸는 게 좋겠어.

해설 빈칸 앞에 지시대명사 这와 빈칸 뒤 명사 '家具(가구)'가 있으므로 빈칸에는 양사가 들어간다. 보기 중 부정량(不定量)의 단위에 쓰는 양사 些 즉, B가 정답이다.

단어 家具 jiājù 圆 가구 | 旧 jiù 圈 낡다, 오래되다 | 这次 zhècì 똅 이번 | 换 huàn 됭 바꾸다 | 新 xīn 圈 새롭다, 새것이다 | 用 yòng 됭 사용하다 | 两 liǎng 둘, 2 | 年 nián 圆 해, 년 | 嘛 ma 囼 ~이다(문장 맨 마지막에 쓰여 당연함을 나타냄) | 还是 háishi 囝 ~하는 편이 좋다(주로 문장 끝에 吧와 함께 쓰여) | 下次 xiàcì 圆 다음 번 | 再 zài 囝 또, 다시 | 换 huàn 됭 바꾸다

[01-05]

A 总是	B 对	A 늘, 항상	B ~에 대하여
C 真	D 已经	C 정말	D 벌써
E 在		E ~에서	

단어 总是 zǒngshì ⏺ 항상, 늘 | 对 duì ⏺ ~에 대하여 | 真 zhēn ⏺ 확실히, 참으로 | 已经 yǐjīng ⏺ 이미, 벌써 | 在 zài ⏺ ~에, ~에서

01

同学们( )超市进行了调查.

학생들은 슈퍼마켓(**E 에서**) 조사를 진행하였다.

p. 196

해설 빈칸 뒤에 장소명사 超市와 함께 동사 술어(进行)도 있는 것을 근거로, 빈칸에는 '~에서'라는 뜻의 전치사가 들어가는 것을 알 수 있다. 따라서 정답은 E 在다.

단어 同学 tóngxué ⏺ 학우 | 超市 chāoshì ⏺ 슈퍼마켓 | 进行 jìnxíng ⏺ 진행하다 | 调查 diàochá ⏺ 조사

02

走路的时候注意脚下, 别( )玩手机.

길을 걸을 때 발 밑을 조심해. (**A 늘**) 휴대폰만 하지 말고.

p. 196

해설 빈칸 앞에는 금지를 나타내는 别가 있고, 빈칸 뒤에 동사 술어(玩)가 있다. 앞뒤 문맥을 고려해 빈칸에는 '늘, 줄곧'이라는 부사 总是가 들어가는 것이 적합하다. 따라서 정답은 A다.

단어 走路 zǒulù ⏺ 걷다 | 时候 shíhou ⏺ 때, 무렵 | 注意 zhùyì ⏺ 주의하다 | 脚 jiǎo ⏺ 발 | 别 bié ⏺ ~하지 마라 | 玩 wán ⏺ 놀이하다 | 手机 shǒujī ⏺ 휴대전화

03

我( )适应了这里的气候.

나는 (**D 벌써**) 이곳의 기후에 적응했다.

p. 196

해설 빈칸 앞의 인칭대명사가 주어에 해당하고 빈칸 뒤의 适应은 동사이므로, 빈칸에 들어갈 단어의 품사는 부사이다. 의미상 빈칸에 적절한 부사는 '이미, 벌써'라는 뜻의 D 已经이 정답이다.

단어 适应 shìyìng ⏺ 적응하다 | 这里 zhèlǐ ⏺ 이곳, 여기 | 气候 qìhòu ⏺ 기후

04

老师( )我们要求非常严格.

선생님은 우리들(**B 에 대해**) 요구가 상당히 엄격하다.

p. 196

해설 빈칸 앞의 老师가 주어이고, 술어는 빈칸 뒤의 要求非常严格이다. 술어 부분이 '요구가 상당히 엄격하다'로 해석되어 주술술어문 형태라는 것을 알 수 있다. 따라서 빈칸에는 전치사가 들어가 我们과 함께 전치사구 역할을 한다. 따라서 '~에 대하여'라는 뜻인 B가 정답이다.

단어 老师 lǎoshī ⏺ 선생님 | 要求 yāoqiú ⏺ 요구하다 | 非常 fēicháng ⏺ 매우 | 严格 yángé ⏺ 엄격하다

05 奶奶做的饺子(　　)香。 할머니가 만든 만두는 (**C 정말**) 맛있다.

p. 196

해설 빈칸 뒤에 술어 香만 있고, 빈칸 앞은 모두 주어에 해당된다. 따라서 빈칸에 들어갈 단어의 품사는 부사이다. 의미상 빈칸에 적절한 부사는 '정말, 참으로'라는 뜻의 C 真이 정답이다.

단어 奶奶 nǎinai 몡 할머니 | 做 zuò 통 하다 | 得 de 조 ~한 정도가(술어 뒤에 써서 정도를 나타내는 보어를 연결) | 饺子 jiǎozi 몡 교자만두 | 香 xiāng 혱 향기롭다, 맛있다

 DAY 18 ✓ 정답　1. E　2. D　3. A　4. B　5. C

[01–05]

A 终于	B 关于	A 드디어	B ~에 관하여
C 被	D 才	C ~에 의해[피동 표지]	D 겨우, 비로소
E 一定		E 꼭	

단어 终于 zhōngyú 뷔 결국, 마침내 | 关于 guānyú 전 ~에 관하여 | 被 bèi 전 ~에 의하여(피동을 나타냄) | 才 cái 뷔 비로소, 그제서야 | 一定 yídìng 뷔 꼭, 반드시

01 A : 如果你的成绩提高了，我给你买照相机。　A : 만약 네 성적이 오르면, 내가 카메라를 사줄게.
B : 那我(　　)努力啊！　B : 그럼 저 (**E 꼭**) 노력할게요!

p. 196

해설 빈칸 앞의 我는 주어, 빈칸 뒤의 努力는 동사로 쓰였으므로, 의미상 빈칸에는 '반드시, 꼭'이라는 뜻의 부사가 들어간다. 따라서 정답은 E 一定이다.

단어 如果 rúguǒ 젭 만약 | 成绩 chéngjì 몡 성적 | 提高 tígāo 통 향상하다 | 给 gěi 전 ~에게, ~을 위하여 | 买 mǎi 통 사다 | 照相机 zhàoxiàngjī 몡 사진기 | 那 nà 젭 그러면 | 努力 nǔlì 통 노력하다 | 啊 a 조 문장 끝에 쓰여 감탄·찬탄을 나타냄

02 A : 等刘阿姨回来了，你把机票给她。　A : 리우 아주머니께서 돌아오시면 네가 비행기표를 그녀에게 전해줘.
B : 她去外地了，下个星期(　　)回来。　B : 그녀는 외지로 가셨어요, 다음 주(**D 에야**) 돌아와요.

p. 196

해설 빈칸 앞에 시간명사가 있고, 빈칸 뒤에 동사가 있다. 따라서 빈칸에 들어갈 단어는 부사라는 것을 알 수 있다. 의미상 어느 시점(下个星期)에 이르러서 비로소 동작(回来)이 발생하게 된다는 것을 나타내는 부사 D 才가 정답이 된다.

단어 等 děng 통 기다리다 | 回来 huílái 통 돌아오다 | 把 bǎ 전 ~을, ~를(목적어를 동사 앞으로 끌어내어 처리나 변화를 나타냄) | 机票 jīpiào 몡 비행기표 | 给 gěi 통 주다 | 外地 wàidì 몡 외지 | 下个星期 xiàge xīngqī 다음 주

03
p. 196

A : (　　　)把厨房打扫得干净了，累吧？
B : 没有，不过我得去洗个澡。

A : (**A 드디어**) 주방을 깨끗하게 청소했구나. 힘들지?
B : 아니, 근데 나 목욕 좀 하러 가야겠어.

해설 빈칸 뒷부분은 전치사 把와 동사 打扫가 있다. 따라서 빈칸에 들어갈 단어는 부사라는 것을 알 수 있다. 대화의 문맥상 빈칸에는 '마침내, 드디어'라는 뜻의 终于가 의미상 적절하다. 따라서 정답은 A다.

단어 厨房 chúfáng 몡 주방 | 打扫 dǎsǎo 동 청소하다 | 得 de 조 ~한 정도가(술어 뒤에 써서 정도를 나타내는 보어를 연결) | 干净 gānjìng 혱 깨끗하다 | 累 lèi 혱 피곤하다. 힘들다 | 不过 búguò 접 그러나 | 得 děi 조동 ~해야 한다 | 洗澡 xǐzǎo 동 목욕하다

04
p. 196

A : 这个电视节目是(　　　)什么的？
B : 主要是讲中国文化的。

A : 이 텔레비전 프로그램은 무엇(**B 에 관한**) 것이야？
B : 주로 중국 문화를 해설하는 것이야.

해설 빈칸 앞뒤에서 是…的로 술어를 강조하고 있으며, 빈칸 뒤에는 의문대명사 什么가 있다. 이 프로그램에 대해 질문하자 중국 문화 해설이라고 대답한 것으로 보아, 빈칸에는 '~에 관한'이라는 전치사가 들어가 필요하다. 따라서 정답은 B다.

단어 电视 diànshì 몡 텔레비전 | 节目 jiémù 몡 프로그램 | 主要 zhǔyào 부 주로, 대부분 | 讲 jiǎng 동 말하다. 이야기하다 | 中国 Zhōngguó 몡 중국 | 文化 wénhuà 몡 문화

05
p. 196

A : 怎么这么早就起来了？
B : 我(　　　)外面的声音吵醒了。

A : 어째서 이렇게 일찍 일어났어？
B : 나 바깥의 소리 (**C 때문에**) 시끄러워 깼어.

해설 빈칸 앞의 我는 주어, 빈칸 뒷부분에 술어 吵가 있다. 빈칸 바로 뒤의 外面的声音은 '바깥의 소리' 즉 목적어로 쓰여 '내가 소리에 의해 깼다'는 피동의 의미가 되므로 被가 필요하다. 따라서 정답은 C다.

단어 怎么 zěnme 때 왜, 어째서 | 这么 zhème 때 이렇게 | 早 zǎo 혱 이르다. 일찍이다 | 就…了 jiù…le 바로 ~하다 | 起来 qǐlái 동 일어나다 | 外面 wàimiàn 몡 밖 | 声音 shēngyīn 몡 소리 | 吵醒 chǎoxǐng 동 시끄러워 깨다

DAY 19

✓ 정답	1. A	2. B	3. E	4. D	5. C

[01–05]

A 不但	B 虽然	A ~할 뿐만 아니라	B 비록 ~지만
C 还是	D 所以	C 아니면	D 그러므로
E 只有		E ~해야만	

단어 不但 búdàn 접 ~뿐만 아니라 | 虽然 suīrán 접 비록 ~할지라도 | 还是 háishi 접 ~아니면 | 所以 suǒyǐ 접 그리하여 | 只有 zhǐyǒu 접 오직 ~해야만 ~하다(뒤에 才와 호응하여)

01

p. 201

今天的苹果(   )很便宜，而且买一斤送一斤。

오늘 사과는 저렴할 (**A 뿐만 아니라**) 게다가 한 근을 사면 한 근을 더 준다.

해설　빈칸 앞은 苹果는 주어이고, 빈칸 뒷부분의 술어는 '값이 싸다'와 '买一送一(하나 사면 하나 증정)'로 점층하는 의미임을 알 수 있다. 따라서 빈칸에는 而且와 호응하여 점층을 나타내는 접속사 不但이 들어간다. 따라서 정답은 A다.

단어　今天 jīntiān 몡 오늘 | 苹果 píngguǒ 몡 사과 | 便宜 piányi 혱 싸다 | 而且 érqiě 젭 게다가, 뿐만 아니라 | 买 mǎi 동 사다 | 斤 jīn 양 근(약 500g) | 送 sòng 동 주다

02

p. 201

图书馆里(   )人很多，但是很安静。

도서관 안에 (**B 비록**) 사람은 많지만, 매우 조용하다.

해설　빈칸 뒷부분의 술어는 '사람이 많다'와 '조용하다'로 상반되는 의미이다. 따라서 빈칸 뒤의 접속사 '但是(하지만)'와 호응하면서 전환 관계를 나타내는 접속사인 虽然 즉, B가 정답이다.

단어　图书馆 túshūguǎn 몡 도서관 | 里 lǐ 몡 안 | 但是 dànshì 젭 그러나, 그렇지만 | 安静 ānjìng 혱 조용하다

03

p. 201

有些药(   )医院才有，在药店买不到。

어떤 약은 병원(**E 에만**) 있고, 약국에서는 구입할 수 없다.

해설　빈칸 뒷부분에서 '병원에 있고, 약국에서 살 수 없다'는 의미를 나타내고 있다. 또한 뒤의 才와 호응하면서 '오직 ~ (해)야만'으로 성립되어야 하는 조건을 강조하는 접속사 只有가 답이 된다.

단어　有些 yǒuxiē 때 일부, 어떤 것 | 药 yào 몡 약 | 医院 yīyuàn 몡 병원 | 才 cái 부 비로소, 그제서야 | 在 zài 전 ~에, ~에서 | 药店 yàodiàn 몡 약국 | 买不到 mǎibudào 살 수 없다

04

p. 201

因为爷爷身体不好，(   )我们不放心他一个人在家里。

할아버지 건강이 좋지 않으시기 때문에, (**D 그래서**) 우리는 할아버지 혼자 집에 계시는 것이 마음이 놓이지 않는다.

해설　빈칸 앞에서 원인을 이끄는 因为와 함께 '할아버지 건강이 좋지 않다'고 하였고, 뒤 절의 의미로 보아 빈칸에는 因为와 함께 인과 관계를 나타내는 접속사 所以가 들어간다. 따라서 정답은 D이다.

단어　因为 yīnwèi 젭 ~때문에 | 爷爷 yéye 몡 할아버지 | 身体 shēntǐ 몡 신체 | 放心 fàngxīn 동 마음을 놓다, 안심하다

05

p. 201

你想吃米饭(   )面条?

너 밥 먹을래 (**C 아니면**) 면을 먹을래?

해설　동사 吃의 목적어 米饭과 面条, 즉 두 대상 사이에 빈칸이 있으므로 선택을 나타내는 접속사를 찾으면 된다. 의문문에 사용되는 접속사인 C 还是가 정답이다.

단어　想 xiǎng 조동 ~하고 싶다, ~하려 하다 | 米饭 mǐfàn 몡 밥, 쌀 | 面条 miàntiáo 몡 국수

✓ 정답	1. A	2. C	3. D	4. B	5. E

[01-05]

A 然后　　　　　B 又
C 而且　　　　　D 或者
E 如果

A 그리고 나서　　　B 또
C 또한　　　　　　　D 혹은
E 만약

단어 然后 ránhòu 졥 그런 후에 | 又 yòu 툇 또 | 而且 érqiě 졥 게다가, 뿐만 아니라 | 或者 huòzhě 졥 혹은, 또는 | 如果 rúguǒ 졥 만약

01

p. 201

A: 请问，这附近有公共汽车站吗?

B: 有，你先一直往南走，(　　　　)再经过一个路口就到了。

A: 말씀 좀 여쭐게요, 이 근처에 버스정류장이 있나요?

B: 네, 우선 남쪽으로 쭉 가세요. (**A 그리고 나서**) 길목 하나를 지나면 도착할 거예요.

해설 빈칸 앞과 뒤는 방향과 장소를 언급하며 길을 찾는 경로를 설명하는 내용이다. 빈칸에는 앞쪽의 접속사 先과 호응하면서 동작의 선후 관계를 나타내는 접속사 然后가 들어간다. 따라서 정답은 A이다.

단어 请问 qǐngwèn 말씀 좀 묻겠습니다 | 附近 fùjìn 부근, 근처 | 公共汽车站 gōnggòng qìchēzhàn 버스정류장 | 先 xiān 툇 먼저 | 一直 yìzhí 툇 줄곧, 계속해서 | 往 wǎng 젼 ~을 향하여 | 南 nán 뮝 남쪽, 남방 | 走 zǒu 둉 걷다 | 再 zài 툇 또, 다시 | 经过 jīngguò 둉 지나다, 통과하다 | 路口 lùkǒu 뮝 갈림길, 길목 | 就…了 jiù…le 바로 ~하다 | 到 dào 둉 도착하다

02

p. 201

A: 我想明年去北京玩儿，哪个季节去比较好呢?

B: 秋天吧，那时候不仅不冷也不热，(　　　　)晴天多。

A: 나는 내년에 베이징에 놀러 가고 싶은데, 어느 계절에 가는 것이 비교적 좋을까?

B: 가을이 좋지, 그때는 춥지도 덥지도 않을뿐더러, (**C 또**) 맑은 날도 많으니.

해설 빈칸 앞에서는 '不冷也不热(춥지도 덥지도 않다)'라고 했고, 빈칸 뒤에서는 '晴天多(맑은 날이 많다)'라고 했으므로 의미가 점층하고 있음을 알 수 있다. 따라서 빈칸에는 不仅과 호응하여 점층을 나타내는 접속사 而且가 들어간다. 따라서 정답은 C다.

단어 想 xiǎng 둉 바라다 | 明年 míngnián 뮝 내년 | 北京 Běijīng 지명 베이징 | 玩儿 wánr 둉 놀다 | 季节 jìjié 뮝 계절 | 比较 bǐjiào 툇 비교적 | 呢 ne 졳 의문문 끝에 쓰여 강조를 나타냄 | 秋天 qiūtiān 뮝 가을 | 那时候 nà shíhou 그때 | 不仅 bùjǐn 졥 ~일 뿐만 아니라 | 冷 lěng 휑 춥다 | 热 rè 휑 덥다 | 也 yě 툇 ~도, 역시 | 晴天 qíngtiān 뮝 맑은 날씨

03

p. 201

A: 我妈妈过生日了，我送她什么礼物好呢?

B: 给她买件衬衫，(　　　　)买个帽子吧。

A: 우리 엄마 생일인데, 엄마에게 무슨 선물을 드리면 좋을까?

B: 엄마에게 셔츠 (**D 혹은**) 모자를 사드려.

해설 빈칸 앞과 뒤에서 각각 '买件衬衫(셔츠를 산다)'과 '买个帽子(모자를 산다)'로 대구를 이루고 있으므로, 대상의 선택과 관련있다는 것을 알 수 있다. 의문조사나 의문대명사가 없으므로 평서문에 쓰는 선택 관계 접속사인 D 或者가 정답이다.

단어 过 guò 둉 지내다, 보내다 | 生日 shēngri 뮝 생일 | 送 sòng 둉 주다 | 礼物 lǐwù 뮝 선물 | 给 gěi 젼 ~에게, ~을 위해 | 买 mǎi 둉 사다 | 件 jiàn 띵 벌(옷을 세는 양사) | 衬衫 chènshān 뮝 셔츠, 블라우스 | 帽子 màozi 뮝 모자

04

p. 201

A: 这个季节的西瓜（　　　）大又甜。
B: 是啊，而且很便宜。

A: 이 계절의 수박은 크고 (**B 또**) 달아.
B: 맞아. 게다가 값도 싸지.

해설 주어인 西瓜에 대해서 '~大又甜'으로 '크다, 또 달다'로 형용하고 있다. 즉 甜 앞에 쓰인 又를 근거로 두 가지 상태가 동시에 존재한다는 것을 나타내고 있으므로 빈칸에 들어갈 답은 B 又이다.

단어 季节 jìjié 몡 계절 | 西瓜 xīguā 몡 수박 | 又 yòu 뷘 또 | 甜 tián 혱 달다 | 而且 érqiě 젭 게다가, 뿐만 아니라 | 便宜 piányi 혱 싸다

05

p. 201

A: 这个周六大家都去唱歌，你要不要和我们一起去？
B: 好的，（　　　）我没什么事情，我一定去。

A: 이번 주 토요일에 모두 노래 부르러 가, 너 우리와 함께 가지 않을래?
B: 좋아. (**E 만약에**) 내가 별일 없으면 꼭 갈게.

해설 빈칸 뒤의 절은 '내가 별일이 없다, 나는 꼭 간다'라는 의미이므로, 빈칸에는 문맥상 '별일 없으면'이라는 가정을 나타내는 접속사가 들어간다. 따라서 정답은 E 如果이다.

단어 这个周六 zhège zhōuliù 이번 토요일 | 大家 dàjiā 떼 모두 | 唱歌 chànggē 동 노래 부르다 | 要 yào 조동 ~하려 한다 | 和 hé 젠 ~과(와) | 一起 yìqǐ 뷘 같이, 더불어 | 好的 hǎo de 좋아 | 没什么 méi shénme 아무것도 아니다 | 事情 shìqing 몡 일 | 一定 yídìng 뷘 꼭, 반드시

DAY 21 ✓ 정답 1. A 2. A 3. A 4. C 5. B

01

p. 208

我和丈夫很少一起看电视，因为我喜欢看一些文化节目，但我丈夫说这个没有意思，他只对体育感兴趣。

나와 남편은 함께 TV를 보는 일이 드물다. 왜냐하면 나는 문화 프로그램을 보는 것을 좋아하지만 내 남편은 이것이 재미없다고 하기 때문이다. 그는 스포츠에만 관심이 있다.

★ 她丈夫：

A 只喜欢体育节目
B 经常上网
C 不喜欢看电视

★ 그녀의 남편은：

A 스포츠 프로그램만 좋아한다
B 자주 인터넷을 한다
C TV 보는 것을 좋아하지 않는다

해설 키워드인 '남편(丈夫)'에 대해서 함께 TV를 많이 보지 않는다(很少一起看电视)고 하였지, TV 보는 것을 좋아하지 않는다고는 볼 수 없으므로 C는 답이 될 수 없다. B도 언급하지 않은 내용이므로 답이 아니다. 마지막 문장에서 스포츠에만 관심이 있다고 한 말은 A와 같은 의미이므로 정답은 A이다.

단어 和 hé 쩝 ～과(와) | 丈夫 zhàngfu 명 남편 | 少 shǎo 형 적다 | 一起 yìqǐ 부 같이, 더불어 | 电视 diànshì 명 텔레비전 | 因为 yīnwèi 쩝 ～때문에 | 喜欢 xǐhuan 동 좋아하다 | 一些 yìxiē 양 약간, 조금 | 文化 wénhuà 명 문화 | 节目 jiémù 명 프로그램 | 没有意思 méiyǒu yìsi 재미없다 | 只 zhǐ 부 단지, 다만 | 对 duì 젠 ～에 대하여 | 体育 tǐyù 명 체육 | 感兴趣 gǎn xìngqù 흥미를 느끼다 | 经常 jīngcháng 부 자주, 종종 | 上网 shàngwǎng 동 인터넷을 하다

02

p. 208

我从来没有看过这种花草，但我朋友说这种花草在南方是很常见的，只有北方很少见。

나는 지금까지 이런 화초를 본 적이 없지만, 내 친구가 말하길 이런 화초는 남쪽에서는 아주 흔히 보는 것이고 북쪽에서는 매우 드물다고 했다.

★ 那种花草：

A 在南方很多
B 颜色很漂亮
C 只有在北方

★ 그런 종류의 화초는：

A 남쪽에 많다
B 색깔이 예쁘다
C 북쪽에만 있다

해설 키워드인 '화초(花草)'에 대해 주로 언급한 것은 이 화초가 어느 지역에서 볼 수 있는지에 관한 내용이다. 남쪽에서는 흔하고(常见) 북쪽에서는 드물다(少见)는 내용으로 C는 일치하지 않고, A가 같은 의미이므로 정답이 된다. 색깔은 언급하지 않았으므로 B도 답이 아니다.

단어 从来 cónglái 부 지금까지, 여태껏 | 没有 méiyǒu 부 ～않다, ～이 아니다 | 过 guo 조 ～한 적이 있다 | 种 zhǒng 양 종류 | 花草 huācǎo 명 화초 | 但 dàn 쩝 그러나, 그렇지만 | 朋友 péngyou 명 친구 | 在 zài 젠 ～에, ～에서 | 南方 nánfāng 명 남방, 남쪽 | 常见 chángjiàn 형 흔히 보는, 흔한 | 只有 zhǐyǒu 부 오직, 오로지 | 北方 běifāng 북방, 북쪽 | 少 shǎo 형 적다 | 颜色 yánsè 명 색깔 | 漂亮 piàoliang 형 예쁘다

03
p. 208

酒店"试睡员"是一个新鲜的工作。试睡员需要住进一家酒店，认真了解那里的服务和环境，然后写出来发到网上，方便其他人选择酒店。

호텔 '코노소어(*connoisseur 전문가, 감정가)'는 신선한 직업이다. 코노소어는 어떤 호텔에 투숙하여 그곳의 서비스와 환경에 대해 자세히 알아보고, 나중에 인터넷에 글을 써서 다른 사람들이 호텔 선택을 편리하게 할 수 있도록 해야 한다.

★ "试睡员"工作：

A 比较新鲜
B 要求很高
C 很不容易

★ '코노소어'라는 직업은:

A 비교적 신선하다
B 요구가 높다
C 쉽지 않다

해설 ┃ 키워드인 '试睡员(코노소어)'이라는 직업에 대한 설명을 살펴보면, 첫 문장에서 '신선한 직업'이라고 했다. 이는 A와 일치하므로 정답은 A이다. 글은 이 직업의 종사자가 하는 일을 설명했을 뿐 특별히 이 직업의 '요구(要求)'가 높다고 볼 수 없는 내용이고, 일이 쉬운지 어려운지 판단할 수 없으므로 B와 C도 답이 될 수 없다.

단어 ┃ 酒店 jiǔdiàn 명 호텔 | 试睡员 shìshuìyuán 명 코노소어, 투숙 체험사(호텔에 투숙하면서 서비스·쾌적도·가격·음식 등을 직접 체험하여 소비자가 참고하게끔 보고서를 작성하는 신종 직업) | 新鲜 xīnxiān 형 신선하다 | 工作 gōngzuò 명 직업, 일 | 需要 xūyào 필요하다 | 住 zhù 살다, 묵다 | 进 jìn 들어가다 | 家 jiā 양 점포 등을 세는 단위 | 认真 rènzhēn 형 열심히 하다, 성실하다 | 了解 liǎojiě 통 알다, 이해하다 | 那里 nàlǐ 대 그곳, 저곳 | 服务 fúwù 명 서비스 | 和 hé ~과(와) | 环境 huánjìng 명 환경 | 然后 ránhòu 접 그런 후에 | 写 xiě 통 쓰다 | 出来 chūlái 동사 뒤에 쓰여, 동작이 완성되거나 실현된 것을 나타냄 | 发到 fādào ~로 보내다 | 网上 wǎngshàng 인터넷 | 方便 fāngbiàn 형 편리하다 | 其他 qítā 대 기타 | 选择 xuǎnzé 통 선택하다 | 比较 bǐjiào 부 비교적 | 要求 yāoqiú 명 요구 | 容易 róngyì 형 쉽다

04
p. 208

弟弟上午去参加比赛了，现在才回来。他正在洗澡，叫我们先吃饭，不用等他。

동생은 오전에 대회에 나갔다가 이제야 돌아왔어. 그는 지금 목욕하고 있어서 우리에게 먼저 밥 먹으라고 했으니, 그를 기다릴 필요가 없어.

★ 关于弟弟，可以知道：

A 要参加比赛
B 头有点儿疼
C 在洗澡

★ 동생에 관해 알 수 있는 것은:

A 대회에 참가해야 한다
B 머리가 조금 아프다
C 목욕하고 있다

해설 ┃ 동생이 '오전에 대회에 참가했었다(上午去参加比赛了)'고 했으므로 A와는 시점이 일치하지 않고, B도 언급하지 않은 내용이므로 답이 될 수 없다. C는 완벽히 일치하는 내용이므로 정답은 C이다.

단어 ┃ 弟弟 dìdi 명 남동생 | 上午 shàngwǔ 명 오전 | 参加 cānjiā 통 참가하다 | 比赛 bǐsài 명 경기, 시합 | 现在 xiànzài 명 지금 | 才 cái 부 비로소, 그제서야 | 回来 huílái 통 돌아오다 | 正在 zhèngzài 부 ~하고 있는 중이다 | 洗澡 xǐzǎo 통 샤워하다 | 叫 jiào 통 ~하라고 시키다 | 先 xiān 부 먼저 | 不用 búyòng ~할 필요 없다 | 等 děng 통 기다리다 | 关于 guānyú 전 ~에 관하여 | 可以 kěyǐ ~할 수 있다 | 知道 zhīdào 통 알다 | 要 yào 조동 ~하려고 하다 | 头疼 tóuténg 머리가 아프다 | 有点儿 yǒudiǎnr 부 조금

奶奶，您要讲的故事我知道，是一只小鸟没见过妈妈鸟，所以很努力去找妈妈……，这个故事您已经讲过好几次了。

할머니, 할머니께서 하시려는 이야기는 제가 알아요, 엄마 새를 본 적이 없는 아기 새라서 열심히 엄마를 찾아가고 있는데…… 이 이야기는 벌써 몇 번이나 하셨어요.

★ 奶奶要讲的故事：

A 没意思
B 以前也讲过
C 关于成功的

★ 할머니가 하려는 이야기는:

A 재미없다
B 전에도 말씀하신 적이 있다
C 성공에 관한 것이다

> **해설** 키워드인 할머니의 '이야기(故事)'는 '아기 새(小鸟)'에 관한 것이므로 C는 일치하지 않는다. 재미가 있는지 없는지도 판단할 수 없기 때문에 A도 답이 될 수 없다. 마지막 문장의 讲过好几次를 근거로 정답은 B라는 것을 알 수 있다.

> **단어** 奶奶 nǎinai 몡 할머니 | 要 yào 조통 ~하려고 하다 | 讲 jiǎng 통 말하다, 이야기하다 | 故事 gùshi 몡 이야기 | 只 zhī 양 마리(동물을 세는 단위) | 鸟 niǎo 몡 새 | 所以 suǒyǐ 젭 그리하여 | 努力 nǔlì 凰 열심히 | 找 zhǎo 통 찾다 | 已经 yǐjīng 凰 이미, 벌써 | 好几次 hǎo jǐ cì 여러 번 | 没意思 méi yìsi 재미없다 | 以前 yǐqián 몡 이전, 예전 | 也 yě 凰 ~도, 역시 | 过 guo 조 ~한 적이 있다 | 成功 chénggōng 몡 성공

DAY 22

✓ 정답   1. B   2. B   3. B   4. B   5. A

张律师，这个问题能这么快就被解决，主要是有你的帮助，非常感谢您。

장 변호사, 이 문제가 이렇게 빨리 해결될 수 있었던 것은 당신의 도움이 있었기 때문이라는 것이 커요, 대단히 감사합니다.

★ 这个问题：

A 张律师不懂
B 已经解决了
C 很麻烦

★ 이 문제는:

A 장 변호사는 알지 못한다
B 이미 해결했다
C 매우 번거롭다

> **해설** 키워드인 '이 문제(这个问题)'는 장 변호사의 도움 덕분에 빨리 해결되었음을 알 수 있다. 따라서 A는 사실과 다른 내용으로 볼 수 있으며, C도 언급한 내용이 아니므로 답이 될 수 없다. 따라서 정답은 글의 내용과 일치하는 B이다.

> **단어** 律师 lǜshī 몡 변호사 | 问题 wèntí 몡 문제 | 能 néng 조통 ~할 수 있다 | 这么 zhème 떼 이렇게 | 被 bèi 젠 ~에 의하여(피동을 나타냄) | 解决 jiějué 통 해결하다 | 主要 zhǔyào 凰 주로, 대부분 | 帮助 bāngzhù 몡 도움 | 非常 fēicháng 凰 매우 | 感谢 gǎnxiè 통 감사하다 | 懂 dǒng 통 알다, 이해하다 | 已经 yǐjīng 凰 이미, 벌써 | 麻烦 máfan 혱 번거롭다

02

p. 209

我家的猫和这只特别像，也是咖啡色的，很漂亮，但我家的猫的鼻子是黑的。

우리 집 고양이는 이 고양이와 특히 닮았다. 갈색이고 아주 예쁘지만 우리 집 고양이의 코는 검다.

★ 说话人的猫：

A 很胖了
B 鼻子是黑色的
C 不爱吃鱼

★ 말하는 사람의 고양이는：

A 살이 쪘다
B 코는 검은색이다
C 생선을 좋아하지 않는다

해설 문제에서 묻고 있는 고양이는 화자의 고양이로 즉 '우리 집 고양이(我家的猫)'이다. 다른 고양이와 비교하고 있지만, 보기 A와 C는 언급하지 않은 내용이므로 답이 될 수 없다. B가 마지막 문장(鼻子是黑的)과 일치하므로 정답이다.

단어 猫 māo 몡 고양이 | 和 hé 젠 ~과(와) | 特别 tèbié 혱 특별하다, 특이하다 | 像 xiàng 동 닮다, 비슷하다 | 咖啡色 kāfēisè 몡 커피색, 갈색 | 漂亮 piàoliang 혱 예쁘다 | 但 dàn 젭 그러나, 그렇지만 | 鼻子 bízi 몡 코 | 黑 hēi 혱 검다 | 胖 pàng 혱 뚱뚱하다 | 爱 ài 동 ~하기를 좋아하다 | 鱼 yú 몡 물고기, 생선

03

p. 209

我自己很喜欢音乐，所以在女儿很小的时候就让她学习音乐。她在这样的环境中长大，对唱歌、跳舞也都很感兴趣。

나는 음악을 무척 좋아해서 딸이 아주 어렸을 때 음악을 배우게 했다. 그녀는 이런 환경에서 자라서 노래와 춤에도 관심이 매우 많다.

★ 关于他的女儿，可以知道：

A 很聪明
B 爱好唱歌
C 是教历史的

★ 그의 딸에 관해 알 수 있는 것은：

A 매우 똑똑하다
B 노래하는 것을 매우 좋아한다
C 역사를 가르친다

해설 키워드인 '그의 딸(他的女儿)'에 대한 설명을 살펴보면, 음악을 배웠다고 했으므로 C는 일치하지 않는 내용이고, A도 판단할 수 없는 내용이므로 답이 될 수 없다. 노래와 춤에 관심이 많다는 말은 B와 같은 의미라고 볼 수 있으므로 정답은 B이다.

단어 自己 zìjǐ 떼 자신 | 喜欢 xǐhuan 동 좋아하다 | 音乐 yīnyuè 몡 음악 | 所以 suǒyǐ 젭 그리하여 | 女儿 nǚ'ér 몡 딸 | 小的时候 xiǎo de shíhou 어렸을 때 | 就 jiù 튀 바로 | 让 ràng 동 ~하라고 시키다, 만들다 | 学习 xuéxí 동 공부하다 | 在 zài 젠 ~에, ~에서 | 这样 zhèyàng 떼 이와 같다 | 环境 huánjìng 몡 환경 | 长大 zhǎngdà 동 자라다, 성장하다 | 对 duì 젠 ~에 대하여 | 唱歌 chànggē 동 노래 부르다 | 跳舞 tiàowǔ 동 춤추다 | 感兴趣 gǎn xìngqù 흥미를 느끼다 | 关于 guānyú 젠 ~에 관하여 | 可以 kěyǐ 동 ~할 수 있다 | 知道 zhīdào 동 알다 | 聪明 cōngming 혱 똑똑하다, 총명하다 | 爱好 àihào 동 좋아하다 | 教 jiāo 동 가르치다 | 历史 lìshǐ 몡 역사

04

p. 209

奶奶的家有很多花花草草，天气好的时候奶奶把它们搬到外面，刮风下大雨时把它们放到屋里去。

할머니의 집에는 화초가 아주 많다. 날씨가 좋을 때는 할머니가 그것들을 밖으로 옮기고, 바람 불고 비가 많이 올 때는 그것들을 집 안으로 들인다.

★ 关于奶奶的家，可以知道：

A 旁边有一条道路
B 有很多花草
C 离我家很近

★ 할머니 집에 관해 알 수 있는 것은：

A 옆에 도로가 있다
B 화초가 많다
C 우리 집에서 가깝다

키워드인 '할머니의 집(奶奶的家)'에 대해 첫 문장에서 화초가 아주 많다라고 했으므로 정답은 이와 완벽히 일치하는 B라는 것을 알 수 있다. A와 C는 전혀 언급하지 않은 내용이므로 답이 될 수 없다.

단어 **奶奶** nǎinai 圆 할머니 | **花草** huācǎo 圆 화초 | **天气** tiānqì 圆 날씨 | **时候** shíhou 圆 때, 무렵 | **把** bǎ 젠 ~을(를) | **搬到** bāndào 옮기다 | **外面** wàimiàn 圆 밖 | **刮风** guāfēng 圄 바람이 불다 | **下大雨** xià dàyǔ 큰비가 내리다 | **时** shí 圆 때, 시기 | **放到** fàngdào 놓다 | **屋里** wūli 방안, 실내 | **旁边** pángbiān 圆 옆, 옆쪽 | **条** tiáo 얖 가늘고 긴 것을 세는 단위 | **道路** dàolù 圄 도로, 길 | **离** lí 젠 ~로부터 | **近** jìn 囿 가깝다

05

p. 209

这本书跟一般的书不一样，因为它是一本有"声音"的书。孩子们可以一边看一边听，只需要用手点一下书里面的画儿，它就会开始讲故事。

이 책은 보통의 책과는 다른데 이것은 '소리'가 있는 책이기 때문이다. 아이들은 보면서 들을 수 있고, 손으로 책에 있는 그림을 한번 누르기만 하면 이것은 이야기를 말하기 시작할 것이다.

★ 那本书：

A 能发出声音
B 可以画画儿
C 不便宜

★ 그 책은:

A 소리를 낼 수 있다
B 그림을 그릴 수 있다
C 싸지 않다

책의 특별한 기능에 대해 설명하고 있다. 첫 문장에서 '소리가 있는' 책이라고 서술하고 있는데 이는 보기 A의 '소리를 낼 수 있다(能发出声音)'와 일치하므로 정답은 A이다. 손으로 책의 그림(画儿)을 누르면 이야기를 말해준다고 했는데 B의 '可以画画儿(그림을 그릴 수 있다)'는 혼동을 일으키는 함정이며, C는 언급하지 않은 내용이므로 답이 될 수 없다.

단어 **本** běn 얖 권(책을 세는 양사) | **书** shū 圆 책 | **跟** gēn 젭 ~과(와) | **一般** yìbān 囿 보통이다, 일반적이다 | **不一样** bùyíyàng 같지 않다 | **因为** yīnwèi 젭 ~때문에 | **声音** shēngyīn 圆 소리 | **孩子们** háizimen 아이들 | **可以** kěyǐ 조동 ~할 수 있다 | **一边…一边…** yìbiān…yìbiān… ~하면서 ~하다 | **只** zhǐ 囝 단지, 다만 | **需要** xūyào 圄 필요하다 | **用** yòng 圄 사용하다 | **手** shǒu 圆 손 | **点** diǎn 圄 클릭하다, 누르다 | **一下** yíxià 얖 좀 ~하다(시도의 의미나 가벼운 어감을 나타냄) | **里面** lǐmiàn 圆 안, 안쪽 | **画儿** huàr 圆 그림 | **会** huì 조동 ~일 것이다 | **开始** kāishǐ 圄 시작하다 | **讲** jiǎng 圄 말하다, 이야기하다 | **故事** gùshi 圆 이야기 | **能** néng 조동 ~할 수 있다 | **发出** fāchū 圄 (소리 등을) 내다 | **画** huà 圄 그리다 | **便宜** piányi 囿 싸다

 DAY 23

| ✔ 정답 | 1. B | 2. A | 3. C | 4. C | 5. A |

01

p. 213

烦恼时，可以给朋友打电话，和朋友一边喝咖啡一边聊聊天。可以写日记，可以散散步，也可以去旅游。

고민이 있을 때는 친구에게 전화를 걸어 친구와 커피를 마시면서 이야기를 나눌 수 있다. 일기를 쓸 수도 있고, 산책을 할 수도 있으며, 여행을 갈 수도 있다.

★ 这段话主要说什么？

A 人有很多烦恼
B 人烦恼时怎么办
C 我很爱旅游

★ 이 글이 주로 말하고자 하는 것은?

A 사람은 고민이 많다
B 사람은 고민이 있을 때 어떻게 하는가
C 나는 여행을 매우 좋아한다

문제의 형식을 보면 주제를 묻고 있다는 것을 알 수 있다. 이 글은 고민이 있을 때 할 수 있는 심리적 해소 방법으로 여러 가지 예를 들어 설명했다. 따라서 정답은 고민일 때 어떻게 하는가(人烦恼时怎么办)인 B가 된다. 여행은 하나의 방법으로 제시된 것인데 C는 판단할 수 없는 내용이므로 답이 아니고, A 역시 언급하지 않은 내용이므로 답이 아니다.

단어 烦恼 fánnǎo 통 걱정하다, 번뇌하다 | 时 shí 명 때, 시기 | 可以 kěyǐ 조동 ~할 수 있다 | 给 gěi 전 ~에게 | 朋友 péngyou 명 친구 | 打电话 dǎ diànhuà 전화하다 | 和 hé ~과(와) | 一边…一边… yìbiān…yìbiān… ~하면서 ~하다 | 喝 hē 통 마시다 | 咖啡 kāfēi 명 커피 | 聊天 liáotiān 통 이야기하다, 잡담하다 | 写 xiě 통 쓰다 | 日记 rìjì 명 일기 | 散步 sànbù 통 산책하다 | 也 yě 부 ~도, 역시 | 旅游 lǚyóu 명 여행 | 段 duàn 양 단락 | 话 huà 명 말 | 主要 zhǔyào 부 주로, 대부분 | 怎么办 zěnme bàn 어떻게 하나? 어쩌지? | 爱 ài 통 ~하길 좋아하다

02
p. 213

有些人说迟到是一件很小事，晚几分钟也没什么影响，但迟到是一个很不好的习惯。如果你经常迟到，那么你周围的人慢慢地会认为你是一个不认真的人。

어떤 사람들은 지각하는 것은 아주 사소한 일이며, 몇 분 늦어도 별 영향이 없다고 말한다. 하지만, 지각은 매우 좋지 못한 습관이다. 만약 당신이 자주 늦는다면, 당신 주변의 사람들은 서서히 당신이 성실하지 않은 사람이라고 생각할 것이다.

★ 这段话主要想告诉我们：

A 不要经常迟到
B 要早睡早起
C 要认真学习

★ 이 글이 우리에게 주로 말하고자 하는 것은:

A 자주 지각하지 말라
B 일찍 자고 일찍 일어나야 한다
C 열심히 공부해야 한다

해설 이 글은 지각이 매우 좋지 못한 습관(很不好的习惯)이라고 하며 잦은 지각에 대해서는 경고를 내포하며 끝맺었다. 따라서 마지막 문장의 의미에 근거해 이 글의 주제는 A와 일치하므로 정답은 A다. B의 내용까지는 알 수 없는 바이고, C는 언급하지 않았으므로 B, C 모두 답이 아니다.

단어 有些 yǒuxiē 대 일부, 어떤 것 | 迟到 chídào 통 지각하다 | 件 jiàn 양 일, 사건 등을 세는 양사 | 小事 xiǎoshì 명 사소한 일 | 晚 wǎn 형 늦다 | 几 jǐ 수 몇 | 分钟 fēnzhōng 명 분 | 没什么 méi shénme 별 것 아니다 | 影响 yǐngxiǎng 명 영향 | 但 dàn 접 그러나, 그렇지만 | 习惯 xíguàn 명 습관 | 如果 rúguǒ 접 만약 | 经常 jīngcháng 부 자주, 종종 | 那么 nàme 접 그러면 | 周围 zhōuwéi 명 주위 | 慢慢地 mànmàn de 부 천천히 | 会…的 huì…de ~일 것이다(미래의 추측) | 认为 rènwéi 통 여기다, ~라고 생각하다 | 认真 rènzhēn 형 진지하다, 성실하다 | 段 duàn 양 단락 | 话 huà 명 말 | 主要 zhǔyào 형 주요한, 주된 | 想 xiǎng 통 ~하고 싶다 | 告诉 gàosu 통 알려주다 | 不要 bùyào ~하지 마라, ~해서는 안 된다 | 要 yào 조동 ~해야 한다 | 早 zǎo 형 이르다, 일찍이다 | 睡 shuì 통 자다 | 起 qǐ 통 일어나다 | 学习 xuéxí 통 공부하다

03
p. 213

如果一个人自己也不能相信自己，怎么能让别人相信他呢？

만약 어떤 한 사람이 자신도 스스로를 믿을 수 없다면 어떻게 다른 사람으로 하여금 그를 믿게 할 수 있겠는가?

★ 这段话主要说的是：

A 别担心
B 经常去旅行
C 要相信自己

★ 이 글이 주로 말하고자 하는 것은:

A 걱정하지 말라
B 자주 여행을 간다
C 자신을 믿어야 한다

해설 이 글은 스스로를 믿지 못하는데 어떻게 타인에게 믿게 할 수 있겠냐(怎么能让人相信他呢?)고 반문하고 있다. 즉 자신을 믿어야 한다는 C가 이 글의 주제와 일치하는 내용으로 정답이다. A와 B는 언급하지 않은 내용이므로 모두 답이 아니다.

단어 如果 rúguǒ 접 만약 | 自己 zìjǐ 대 자신 | 能 néng 조동 ~할 수 있다 | 相信 xiāngxìn 통 믿다 | 怎么 zěnme 대 왜, 어째서 | 让 ràng 통 ~하라고 시키다, 만들다 | 别人 biérén 명 남, 타인 | 呢 ne 조 의문문 끝에 쓰여 의문의 어기를 강조 | 别 bié 부 ~하지 마라 | 担心 dānxīn 통 걱정하다 | 经常 jīngcháng 부 자주, 종종 | 旅行 lǚxíng 통 여행하다 | 要 yào 조동 ~해야 한다

04

p. 213

有时候，不要对自己要求太高，很多事情我们没办法做到让每个人都满意，所以最重要的是做好自己应该做的。

때때로 자신에게 너무 높게 요구해서는 안 된다. 많은 일들이 우리가 모든 사람을 만족시킬 수는 없으므로, 가장 중요한 것은 자신이 해야 할 것을 잘 하는 것이다.

★ 这段话告诉我们:

A 做事应努力
B 要多关心别人
C 要做好该做的

★ 이 글이 우리에게 말하고자 하는 것은:

A 일을 할 때 노력해야 한다
B 다른 사람에게 많은 관심을 가져야 한다
C 해야 할 것을 잘해야 한다

해설 이 글은 마지막 문장에서 '가장 중요한 것(最重要的)'은 '是做好自己应该做的'로 강조의 용법으로 역설하고 있다. 즉 글이 전달하고자 하는 뜻은 '해야할 것을 잘해야 한다(要做好该做的)'는 C가 일치하는 내용이므로 C가 정답이다. A는 다소 유사한 의미로 보이지만 확대 해석한 것이고, B는 언급하지 않은 내용이므로 모두 답이 아니다.

단어 有时候 yǒushíhou 囝 가끔 | 不要 búyào ~해서는 안 된다 | 对 duì 젠 ~에 대하여 | 要求 yāoqiú 囝 요구 | 太 tài 囝 지나치게, 매우 | 事情 shìqing 囝 일 | 办法 bànfǎ 囝 방법 | 做到 zuòdào 동 해내다 | 让 ràng 동 ~하라고 시키다, 만들다 | 每 měi 때 매, 마다 | 满意 mǎnyì 혱 만족하다 | 所以 suǒyǐ 젭 그리하여 | 最 zuì 囝 가장, 제일 | 重要 zhòngyào 혱 중요하다 | 做好 zuòhǎo 동 해내다, 이루다 | 应该 yīnggāi 조동 마땅히 ~해야 한다 | 做事 zuòshì 일을 하다, 일을 처리하다 | 应 yīng 동 마땅히 ~해야 한다 | 努力 nǔlì 동 열심히 하다, 노력하다 | 关心 guānxīn 동 관심을 갖다 | 该 gāi ~해야 한다

05

p. 213

你眼睛看到的、耳朵听到的有时不一定是真的。所以，除了多看、多听外，更重要的是还要多想一想。

당신이 눈으로 보고 귀로 들은 것은 때때로 반드시 진짜인 것은 아니다. 그래서 많이 보고 많이 듣는 것 말고도 훨씬 더 중요한 것은 더 많이 생각을 해보는 것이다.

★ 这段话告诉我们:

A 遇事要多想想
B 快乐其实很简单
C 不要经常生气

★ 이 글이 우리에게 말하고자 하는 것은:

A 일이 생기면 많이 생각해봐야 한다
B 즐거움은 사실 단순하다
C 화를 자주 내지 말라

해설 이 글 또한 마지막 문장에서 '更重要的(더욱 중요한 것)'로 주제를 역설하고 있다. 보고 듣는 감각에 의한 판단보다 많이 생각해 보는 것(多想一想)의 중요성을 말하고 있기에 이와 같은 의미인 A가 정답이 되며, B와 C는 언급하지 않은 내용이므로 모두 답이 아니다.

단어 眼睛 yǎnjing 囝 눈 | 看到 kàndao 동 보다, 눈에 닿다 | 耳朵 ěrduo 囝 귀 | 听到 tīngdào 동 듣다, 들리다 | 有时 yǒushí 囝 가끔 | 不一定 bùyídìng 囝 반드시 ~한 것은 아니다 | 真 zhēn 혱 진짜이다, 사실이다 | 所以 suǒyǐ 젭 그리하여 | 除了…外 chúle… wài ~이외에 | 更 gèng 囝 더욱 | 重要 zhòngyào 혱 중요하다 | 还 hái 囝 더 | 想 xiǎng 동 생각하다 | 告诉 gàosu 동 알려주다 | 遇事 yùshì 일이 발생하다, 일에 부딪히다 | 要 yào 조동 ~해야 한다 | 快乐 kuàilè 혱 즐겁다, 유쾌하다 | 其实 qíshí 囝 사실은 | 简单 jiǎndān 혱 단순하다, 간단하다 | 生气 shēngqì 동 화내다

116

01

p. 214

人们常说"生命在于运动"。我们应该按时锻炼身体，游泳、打网球、爬山等。运动都很不错。

사람들은 흔히 '생명은 운동에 달려 있다'고 말한다. 우리는 반드시 제때에 신체를 단련하고, 수영, 테니스, 등산 등을 해야 한다. 운동은 모두 다 좋다.

★ 这段话主要谈：

A 游泳的好处
B 要多吃水果
C 应该按时运动

★ 이 글이 주로 이야기하는 것은:

A 수영의 좋은 점
B 과일을 많이 먹어야 한다
C 제때에 운동을 해야 한다

해설 이 글은 운동의 중요성을 말하고, 제때에 운동을 해야 하는데 모든 운동이 다 좋다고 했다. 이를 종합하여 한마디로 말한 주제는 보기 C와 일치하므로 C가 정답이다. 운동의 한 예로 수영을 언급했을 뿐이므로 A는 주제가 될 수 없으며, B는 언급하지 않았으므로 답이 아니다.

단어 常 cháng 튀 종종, 자주 | 生命 shēngmìng 명 생명 | 在于 zàiyú 통 ~에 달려 있다 | 运动 yùndòng 명 운동 | 운동하다 | 应该 yīnggāi 조통 마땅히 ~해야 한다 | 按时 ànshí 제때에, 시간에 맞추어 | 锻炼 duànliàn 통 단련하다, 운동하다 | 身体 shēntǐ 명 신체 | 游泳 yóuyǒng 통 수영하다 | 打网球 dǎ wǎngqiú 테니스를 하다 | 爬山 páshān 등산하다 | 等 děng 조 등, 따위 | 不错 búcuò 형 괜찮다, 좋다 | 段 duàn 양 단락 | 话 huà 명 말 | 主要 zhǔyào 튀 주로, 대부분 | 谈 tán 통 이야기하다 | 好处 hǎochù 명 좋은 점, 장점 | 要 yào 조통 ~해야 한다 | 水果 shuǐguǒ 명 과일

02

p. 214

人一生只有三天：昨天、今天和明天。昨天已经过去了，没法改变，明天还没有来，谁也不清楚。所以，我们只有在今天努力生活才不会后悔。

사람은 일생에 단 세 날만 있다: 어제, 오늘 그리고 내일. 어제는 이미 지나가서 바꿀 수 없고, 내일은 아직 오지 않아서 아무도 모른다. 그래서, 우리는 오늘을 열심히 살아야만 후회가 없을 것이다.

★ 这段话主要想告诉我们：

A 今天最重要
B 要有理想
C 不要经常后悔

★ 이 글이 우리에게 주로 말하고자 하는 것은:

A 오늘이 가장 중요하다
B 꿈이 있어야 한다
C 자주 후회하지 말라

해설 이 글은 마지막 문장에서 '只有在今天努力生活才不会后悔(오늘을 열심히 살아야만 후회가 없을 것)'이라고 단언한 부분이 주제와 밀접하다고 볼 수 있다. 따라서 오늘을 열심히 살아야 한다는 주제와 가장 근접하면서 동시에 그 이유가 되기도 하는 A가 정답이 된다. C는 중심점이 다른 내용이므로 답이 될 수 없으며, B는 언급하지 않은 내용이므로 답이 아니다.

단어 一生 yìshēng 명 일생, 평생 | 只 zhǐ 튀 오직, 오로지 | 天 tiān 명 날, 일 | 昨天 zuótiān 명 어제 | 今天 jīntiān 명 오늘 | 和 hé 접 ~과(와) | 明天 míngtiān 명 내일 | 已经 yǐjīng 튀 이미, 벌써 | 过去 guòqù 통 지나가다 | 没法 méifǎ 방법이 없다 | 改变 gǎibiàn 통 바뀌다, 변하다 | 还 hái 튀 아직 | 谁 shéi, shuí 대 누구 | 清楚 qīngchu 형 명확하다, 분명하다 | 所以 suǒyǐ 접 그리하여 | 只有…才 zhǐyǒu…cái… 오직 ~해야만 비로소 ~하다 | 努力 nǔlì 튀 열심히 | 生活 shēnghuó 통 생활하다 | 不会 búhuì ~할 리가 없다, ~할 가능성이 없다 | 后悔 hòuhuǐ 통 후회하다 | 想 xiǎng 통 ~하고 싶다 | 告诉 gàosu 통 알려주다 | 最 zuì 튀 가장, 제일 | 重要 zhòngyào 형 중요하다 | 理想 lǐxiǎng 명 이상 | 不要 búyào ~하지 마라 | 经常 jīngcháng 튀 자주, 종종

03

p. 214

你从哪里来不重要，重要的是你要到哪里去。要认真工作，看清方向。如果方向不对，做多少努力都没用。

네가 어디서 오는지는 중요하지 않고, 네가 어디로 가려고 하는지가 중요하다. 열심히 일하고 방향을 잘 봐야 한다. 만약 방향이 옳지 않다면, 얼마의 노력을 하더라도 소용 없다.

★ 这段话主要想告诉我们：

★ 이 글이 우리에게 주로 말하고자 하는 것은：

A 要有信心
B 要重视方向
C 不要粗心

A 자신감이 있어야 한다
B 방향을 중시해야 한다
C 부주의해서는 안 된다

해설　이 글은 첫 문장에서 '중요한 것(重要的)'은 '要到哪里去(어디로 가려는 것)'이라고 주제를 나타냈으며, 두 번째 문장에서 '方向(방향)'이라고 명시하며 중요성을 강조했다. 따라서 중심 생각은 보기 B와 일치하므로 B가 정답이 되며, A와 C는 언급하지 않은 내용이므로 모두 답이 아니다.

단어　从 cóng 전 ~부터 | 哪里 nǎlǐ 대 어디 | 到 dào 전 ~에, ~로 | 认真 rènzhēn 형 열심히 하다, 성실하다 | 工作 gōngzuò 동 일하다 | 看清 kànqīng 동 똑똑히 보다 | 方向 fāngxiàng 명 방향 | 如果 rúguǒ 접 만약 | 对 duì 형 맞다, 옳다 | 做 zuò 동 하다 | 多少 duōshao 대 얼마, 몇 | 努力 nǔlì 명 노력 | 没用 méiyòng 쓸모가 없다 | 信心 xìnxīn 명 자신감 | 重视 zhòngshì 동 중시하다 | 不要 búyào ~하지 마라 | 粗心 cūxīn 형 세심하지 못하다, 부주의하다

04

p. 214

如果三分钟看一页，那么半个小时可以看10页。每天看半个小时的书，一个月可以看300多页，这可是一本书呀。

약 3분 동안 한 페이지를 본다면 30분에 10페이지를 볼 수 있다. 매일 30분 동안 책을 읽으면, 한 달에 300여 페이지를 볼 수 있는데, 이는 거의 책 한 권이 되는 것이다.

★ 这段话主要说：

★ 이 글이 주로 말하고자 하는 것은：

A 坚持读书
B 好书不太多
C 身边的图书越来越多

A 독서를 꾸준히 하다
B 좋은 책은 그다지 많지 않다
C 주변의 책들은 점점 많아진다

해설　매일 조금씩 책을 읽다보면 한 달이면 거의 한 권에 달하는 양이 된다고 말하고 있다. 이는 A에서 독서를 '坚持(계속 해나가다)', 즉 독서를 '꾸준히 하다'라고 한 것과 같은 맥락이므로 정답은 A가 된다.

단어　如果 rúguǒ 접 만약 | 分钟 fēnzhōng 명 분 | 页 yè 양 쪽, 페이지 | 那么 nàme 접 그렇다면 | 半个小时 bànge xiǎoshí 30분 | 可以 kěyǐ 조동 ~할 수 있다 | 每天 měitiān 명 매일 | 书 shū 명 책 | 可是 kěshì 접 그러나 | 本 běn 양 권 (책을 세는 양사) | 呀 ya 조 어감을 강조하는 조사 | 坚持 jiānchí 동 견지하다, 고수하다 | 读书 dúshū 동 책을 읽다 | 不太 bútài 그다지, 별로 | 身边 shēnbiān 명 곁 | 图书 túshū 명 도서, 서적 | 越来越 yuèláiyuè 부 갈수록

05

p. 214

咖啡是一种很受年轻人欢迎的饮料，也是除了啤酒和茶以外，人们喝得最多的饮料。

커피는 젊은 층에게 인기가 많은 음료이다. 또한 맥주와 차를 제외하고 사람들이 가장 많이 마시는 음료이기도 하다.

★ 这段话主要介绍的是：

★ 이 글이 주로 설명하고자 하는 것은：

A 季节	B 环境	C 咖啡

A 계절	B 환경	**C 커피**

해설 이 글은 커피가 사람들이 가장 많이 마시는 음료라고 말했다. 보기의 '环境(환경)'이나 '季节(계절)'은 언급되지도 않았고, 관련된 내용도 없으므로 A와 B는 정답이 아니다. 따라서 정답은 주제이자 화제 그 자체인 커피가 정답이다.

단어 咖啡 kāfēi 몡 커피 | 种 zhǒng 양 종류 | 受···欢迎 shòu···huānyíng ~의 환영을 받다 | 年轻人 niánqīngrén 몡 젊은이 | 饮料 yǐnliào 몡 음료수 | 除了···以外 chúle···yǐwài ~이외에도 | 啤酒 píjiǔ 몡 맥주 | 和 hé 젭 ~과(와) | 茶 chá 몡 차 | 喝 hē 통 마시다 | 最 zuì 틘 가장, 제일 | 介绍 jièshào 통 소개하다 | 季节 jìjié 몡 계절 | 环境 huánjìng 몡 환경

DAY 25

✓ 정답   1. A   2. B   3. C   4. A   5. A

01

p. 219

李老师，我是菲菲的妈妈。今天我要给孩子请一天假，她早上起来，突然牙疼，所以我们想带她去医院看看。

리 선생님, 저는 페이페이의 엄마예요. 오늘 제가 아이를 하루 쉬게 하려고요. 아이가 아침에 일어나 갑자기 이가 아프다고 해서 저희가 병원에 데려가 보려고요.

★ 说话人正在:

A 请假
B 找人聊天儿
C 看电影

★ 화자는 지금:

A 휴가를 낸다
B 이야기 나눌 사람을 찾는다
C 영화를 본다

해설 화자는 선생님에게 자신을 학부모라고 소개하며 아이를 병원에 데려가야 하기 때문에 하루 쉬게 하겠다(请一天假)는 의사를 밝히고 있다. 따라서 지금 화자는 휴가를 신청하는 것이므로 정답은 A이다.

단어 老师 lǎoshī 몡 선생님 | 妈妈 māma 몡 엄마 | 今天 jīntiān 몡 오늘 | 要 yào 조동 ~하려 한다 | 给 gěi 젠 ~에게 | 孩子 háizi 몡 아이 | 请假 qǐngjià 통 휴가를 내다 | 起来 qǐlai 통 일어나다 | 突然 tūrán 틘 갑자기, 돌연히 | 疼 yáténg 몡 치통 | 所以 suǒyǐ 젭 그리하여 | 想 xiǎng 조동 ~하려고 하다 | 带 dài 통 이끌다, 데리다 | 医院 yīyuàn 몡 병원 | 说话 shuōhuà 통 말하다 | 正在 zhèngzài 틘 ~하고 있는 중이다 | 找 zhǎo 통 찾다 | 聊天儿 liáotiān(r) 통 잡담하다 | 电影 diànyǐng 몡 영화

02

p. 219

这种蛋糕是用新鲜的牛奶和鸡蛋做的，里面还放了很多水果。我刚才吃了一口，特别好吃，大家过来尝尝吧。

이 케이크는 신선한 우유와 달걀로 만들었으며, 안에는 과일도 많이 넣었어요. 제가 방금 한 입 먹었는데 굉장히 맛있어요. 여러분, 와서 한번 드셔보세요.

★ 根据这段话，可以知道蛋糕:

A 像月亮   B 好吃   C 太甜了

★ 이 글에 근거해 케이크에 관해 알 수 있는 것은:

A 달처럼 생겼다   **B 맛있다**   C 너무 달다

해설 케이크를 만드는 데 우유, 달걀, 과일을 사용했다는 것을 알 수 있지만, 보기 C와 같이 맛이 어떤지는 판단할 수 없다. '特别好吃(굉장히 맛있다)'라고 한 것을 근거로 B가 정답이며, A는 케이크의 모양에 대해서는 말하지 않았으므로 답이 아니다.

단어 种 zhǒng 양 종류 | 蛋糕 dàngāo 몡 케이크 | 是···的 shì···de ~이다(이미 발생한 동작의 시간·장소·방식 등을 강조) | 用 yòng 통 사용하다 | 新鲜 xīnxiān 형 신선하다 | 牛奶 niúnǎi 몡 우유 | 和 hé 젭 ~과(와) | 鸡蛋 jīdàn 몡 계란 | 做 zuò 통 만들다, 하다 | 里面 lǐmiàn 몡 안, 안쪽 | 还 hái 틘 또, 더 | 放 fàng 통 넣다 | 水果 shuǐguǒ 몡 과일 | 刚才 gāngcái 틘 방금 | 口 kǒu 몡 입, 모금 | 特别 tèbié 형 특별하다, 특이하다 | 好吃 hǎochī 형 맛있다 | 大家 dàjiā 데 모두, 여러분 | 过来 guòlái 통 오다 | 尝 cháng 통 맛보다 | 吧 ba 조 ~하세요(권유) | 根据 gēnjù 젠 ~에 근거하여 | 段 duàn 양 단락 | 话 huà 몡 말 | 可以 kěyǐ 조동 ~할 수 있다 | 知道 zhīdào 통 알다 | 像 xiàng 통 닮다, 비슷하다 | 月亮 yuèliang 몡 달 | 太···了 tài···le 너무 ~하다 | 甜 tián 형 달다

03

p. 219

有些女孩儿为了能瘦一点儿，不怎么吃饭，只吃点儿苹果或者香蕉。其实这样不但不一定能瘦下来，而且对身体也不好，很不健康。

어떤 여자아이들은 좀 더 날씬해지기 위해서 밥도 제대로 먹지 않고, 사과나 바나나만 조금씩 먹는다. 사실 이렇게 하면 반드시 살을 뺄 수 있는 것이 아닐 뿐만 아니라 몸에도 좋지 않고, 건강하지도 않다.

★ 根据这段话，可以知道：

★ 이 글에 근거해 알 수 있는 것은:

A 要多吃水果
B 面条不好吃
C 只吃水果不健康

A 과일을 많이 먹어야 한다
B 국수는 맛이 없다
C 과일만 먹으면 건강하지 않다

해설 이 글은 밥은 제대로 먹지 않고 과일만 조금 먹는 다이어트는 효과도 불확실하며 건강에 좋지 않다고 이야기하고 있다. 따라서 이 글의 중심 생각과 일치하는 C가 정답이다. B의 面条는 언급하지 않았고, A는 주제와 일치하지 않으므로 모두 정답이 아니다.

단어 有些 yǒuxiē 대 일부, 어떤 것 | 女孩儿 nǚháir 명 딸 | 为了 wèile 전 ~을 위해서 | 能 néng 조동 ~할 수 있다 | 瘦 shòu 형 마르다 | 一点儿 yìdiǎnr 양 조금 | 不怎么 bùzěnme 그다지, 별로 | 吃饭 chīfàn 동 밥먹다 | 只 zhǐ 부 단지, 오로지 | 点儿 diǎnr 양 조금 | 苹果 píngguǒ 명 사과 | 或者 huòzhě 접 혹은, 또는 | 香蕉 xiāngjiāo 명 바나나 | 其实 qíshí 부 사실은 | 这样 zhèyàng 대 이렇게 | 不但…而且… búdàn …érqiě… 접 ~일 뿐만 아니라 게다가 ~하다 | 不一定 bùyídìng 부 반드시 ~한 것은 아니다 | 瘦下来 shòu xiàlái 살이 빠지다 | 对 duì 전 ~에 대하여 | 身体 shēntǐ 명 신체 | 健康 jiànkāng 형 건강하다 | 根据 gēnjù 전 ~에 근거하여 | 知道 zhīdào 동 알다 | 要 yào 조동 ~해야 한다 | 面条 miàntiáo 명 면, 국수 | 好吃 hǎochī 형 맛있다

04

p. 219

如果一个汉字的左边是"口"，那么这个字可能和"嘴"有关系，像"吃"、"喝"、"唱"等等；如果它左边是"月"，就可能和身体有关系，像"脸"、"腿"、"脚"等等。

만약 한자의 왼쪽이 '口'이라면, 이 글자는 '입'과 관계가 있을 수 있다. '먹다', '마시다', '노래하다' 등과 같다: 만약 한자 왼쪽이 '月'이라면, 아마 신체와 관계가 있을 수 있다. '얼굴', '다리', '발' 등과 같다.

★ 下列哪个汉字可能和"嘴"有关系？

★ 다음 중 어느 한자가 '입'과 관계가 있는가?

A 叫　　　　　B 爱　　　　　C 站

A 부르다　　　B 사랑하다　　　C 서다

해설 단락의 첫 줄의 의미만 파악하면 답을 쉽게 찾을 수 있다. '입'과 관계된 글자는 한자의 왼쪽이 '口'이라고 했으므로, '口'가 있는 한자를 보기에서 찾으면 된다. 따라서 정답은 A이다. 참고로 이 글은 글자를 이루는 부수와 그 한자의 의미가 연관이 있다는 내용으로 부수 '口'와 '月'를 예로 들었으나 B, C의 부수는 모두 글에서 예로 든 부수가 아니므로 답이 될 수 없다.

단어 如果 rúguǒ 접 만약 | 汉字 Hànzì 명 한자 | 左边 zuǒbian 명 왼쪽 | 口 kǒu 명 입 | 那么 nàme 접 그렇다면 | 字 zì 명 글자 | 可能 kěnéng 부 아마도 | 和 hé 전 ~과(와) | 嘴 zuǐ 명 입 | 关系 guānxì 명 관계 | 像 xiàng 동 닮다, 비슷하다 | 喝 hē 동 마시다 | 唱 chàng 동 노래 부르다 | 等等 děngděng 조 기타, 등등 | 月 yuè 명 달, 월 | 就 jiù 부 바로 | 脸 liǎn 명 얼굴 | 腿 tuǐ 명 다리 | 脚 jiǎo 명 발 | 下列 xiàliè 동 다음에 열거하다 | 叫 jiào 동 부르다 | 爱 ài 동 ~하길 좋아하다 | 站 zhàn 동 서다

05

p. 219

这本书我找了很久。可能是因为太老了，书店里找不到，网上也没有卖的。没想到你这里有，能借我看看吗？

이 책은 내가 아주 오랫동안 찾았다. 아마 너무 오래되었기 때문인지 서점에서 찾을 수가 없고, 인터넷에서도 파는 것이 없었다. 너한테 있을 줄은 몰랐는데 내가 좀 볼 수 있게 빌려줄 수 있니?

★ 说话人是什么意思？

A 想借书
B 上会儿网
C 想去图书馆

★ 화자는 무슨 뜻인가?

A 책을 빌리고 싶다
B 잠깐 인터넷을 하다
C 도서관에 가고 싶다

해설 글의 마지막 부분에서 能借我看看吗？(내가 좀 볼 수 있게 빌려줄 수 있니?)라고 한 말에서 화자의 의도를 파악할 수 있다. 즉 빌려서 보고 싶다는 뜻이므로 정답은 A이다.

단어 本 běn 양 권(책을 세는 양사) | 书 shū 명 책 | 久 jiǔ 형 (시간이) 길다, 오래다 | 可能 kěnéng 부 아마도 | 因为 yīnwèi 접 ～때문에 | 太 tài 부 지나치게, 매우 | 老 lǎo 형 오래되다 | 书店 shūdiàn 명 서점 | 里 lǐ 명 안 | 找不到 zhǎobudào 찾을 수 없다 | 网上 wǎngshàng 인터넷 | 卖 mài 동 팔다 | 没想到 méi xiǎngdào 생각지 못하다, 뜻밖이다 | 这里 zhèlǐ 대 이곳, 여기 | 借 jiè 빌리다 | 说话 shuōhuà 동 말하다 | 意思 yìsi 명 의미, 뜻 | 想 xiǎng 조동 ～하고 싶다 | 上网 shàngwǎng 동 인터넷을 하다 | 会儿 huìr 명 잠시 | 图书馆 túshūguǎn 명 도서관

DAY 26

✓ 정답	1. B	2. B	3. A	4. C	5. B

01

p. 220

这块地过去都是草，现在有了树和花儿，夏天一到漂亮极了，有很多人拿着照相机来这里照相。

이 땅은 과거에는 모두 풀이었지만, 지금은 나무와 꽃이 있어 여름이 되면 매우 아름다워져 많은 사람들이 카메라를 가지고 이곳에 와서 사진을 찍는다.

★ 那个地方以前：

A 楼很高
B 草很多
C 很干净

★ 그곳은 예전에:

A 건물이 높았다
B 풀이 매우 많았다
C 깨끗했다

해설 첫머리에서 이 땅의 예전(以前), 즉 과거(过去) 모습을 '都是草(모두 풀이다)'라고 서술한 것으로 보아, 예전에 풀이 매우 많은 곳이었다는 것을 유추할 수 있으므로 정답은 B이다.

단어 块 kuài 양 덩이, 조각 | 地 dì 명 땅, 바닥 | 过去 guòqù 명 과거 | 都 dōu 부 모두 | 草 cǎo 명 풀 | 现在 xiànzài 명 지금 | 树 shù 명 나무 | 和 hé 접 ～과(와) | 花儿 huār 명 꽃 | 夏天 xiàtiān 명 여름 | 到 dào 동 ～에 이르다 | 漂亮 piàoliang 형 예쁘다 | 极了 jíle (형용사 뒤에 보어로 쓰여) 몹시 ～하다 | 拿 ná 동 쥐다, 잡다, 가지다 | 着 zhe 조 ～한 채로(동작이나 상태의 진행, 지속) | 照相机 zhàoxiàngjī 명 사진기 | 这里 zhèlǐ 대 이곳, 여기 | 照相 zhàoxiàng 동 사진을 찍다 | 地方 dìfang 명 장소, 곳 | 以前 yǐqián 명 이전, 예전 | 楼 lóu 명 (다층) 건물 | 干净 gānjìng 형 깨끗하다

02

p. 220

老包是东北人，爱吃米饭。他总是对办公室里的人说，哪个地方的大米没有东北的好吃。

빠오는 둥베이 사람으로 쌀밥을 즐겨 먹는다. 그는 항상 사무실 사람들에게 어떤 곳의 쌀도 둥베이만큼 맛있는 곳은 없다고 말한다.

★ 老包认为：	★ 빠오가 생각하는 바는：
A 东北水很甜	A 둥베이의 물은 달다
B 东北大米最好吃	**B 둥베이의 쌀이 가장 맛있다**
C 东北大米不新鲜	C 둥베이의 쌀은 신선하지 않다

해설 빠오가 항상 사람들에게 '哪个地方的大米没有东北的好吃(어떤 곳의 쌀도 둥베이만큼 맛있는 곳은 없다)'라고 말한다는 것은 그는 둥베이의 쌀이 가장 맛있다고 여기는 것으로 유추할 수 있다. 따라서 정답은 B이다. A의 물(水)이나 C의 신선함(新鲜)은 언급하지 않았으므로 답이 아니다.

단어 东北 dōngběi 명 동북 | 爱 ài 동 ~하길 좋아하다 | 米饭 mǐfàn 명 밥, 쌀밥 | 总是 zǒngshì 부 항상, 늘 | 对 duì 전 ~에 대하여 | 办公室 bàngōngshì 명 사무실 | 里 lǐ 안 | 哪个 nǎge 대 어느 것 | 地方 dìfang 명 지역 | 大米 dàmǐ 명 쌀 | 好吃 hǎochī 형 맛있다 | 认为 rènwéi 동 여기다, ~라고 생각하다 | 水 shuǐ 물 | 甜 tián 형 달다 | 最 zuì 부 가장, 제일 | 新鲜 xīnxiān 형 신선하다

03

p. 220

北京和南京是中国两个特别有名的大城市。像它们的名字中第一个字一样，一个在北方，一个在南方。

베이징과 난징은 중국에서 특히 유명한 두 대도시이다. 그 도시들의 이름 중 첫 글자처럼, 하나는 북쪽에 있고, 하나는 남쪽에 있다.

★ 关于南京，可以知道：	★ 난징에 관해 알 수 있는 것은：
A 在南方	**A 남쪽에 있다**
B 不太有名	B 그다지 유명하지 않다
C 人口少	C 인구가 적다

해설 베이징과 난징에 대해 도시 이름 첫 글자처럼 '一个在北方，一个在南方(하나는 북쪽에 있고, 하나는 남쪽에 있다)'이라고 했으므로 정답은 A라는 것을 쉽게 알 수 있다.

단어 北京 Běijīng 지명 베이징 | 和 hé 접 ~과(와) | 南京 Nánjīng 지명 난징 | 中国 Zhōngguó 명 중국 | 特别 tèbié 부 매우 | 有名 yǒumíng 형 유명하다 | 大城市 dàchéngshì 명 대도시 | 像…一样 xiàng…yíyàng 마치 ~과(와) 같다 | 名字 míngzi 명 이름 | 中 zhōng 명 중 | 第一 dìyī 명 제1, 첫 번째 | 字 zì 명 글자 | 在 zài 동 ~에 있다 | 北方 běifāng 명 북방, 북쪽, 북부 지역 | 南方 nánfāng 명 남방, 남쪽 | 可以 kěyǐ 조동 ~할 수 있다 | 知道 zhīdào 동 알다 | 不太 bútài 그다지, 별로 | 人口 rénkǒu 명 인구 | 少 shǎo 형 적다

04

p. 220

你怎么又忘记了？这药要饭前吃，不能饭后吃，饭后吃会影响药的作用，下次一定要记住。

너 왜 또 잊었어? 이 약은 식전에 먹어야 해. 식후에 먹으면 안 돼. 식후에 먹으면 약의 작용에 영향을 줄 수 있으니 다음번에는 꼭 기억해야 해.

★ 说话人是什么意思？	★ 화자는 무슨 뜻인가？
A 吃饱了	A 배부르다
B 不想刷牙	B 이를 닦기 싫다
C 要饭前吃药	**C 밥 먹기 전에 약을 먹어야 한다**

해설 상대방에게 왜 또 잊었냐고 하며 다음번에는 꼭 기억해야 한다고 한 것은 '这药要饭前吃 (이 약은 식전에 먹어야 한다)'이다. 따라서 정답은 C이며 A와 B는 언급하지 않은 내용이다.

단어 怎么 zěnme 때 어째서, 왜 | 又 yòu 團 또 | 忘记 wàngjì 통 잊어버리다 | 药 yào 명 약 | 要 yào 조동 ~해야 한다 | 饭 fàn 명 밥 | 前 qián 명 앞 | 不能 bùnéng ~해서는 안 된다 | 后 hòu 명 후 | 会…的 huì…de 조동 ~일 것이다 | 影响 yǐngxiǎng 통 영향을 미치다 | 作用 zuòyòng 명 작용, 역할 | 下次 xiàcì 다음번 | 一定 yídìng 팀 꼭, 반드시 | 记住 jìzhù 통 기억하다 | 说话 shuōhuà 통 말하다 | 意思 yìsi 명 의미, 뜻 | 饱 bǎo 형 배부르다 | 想 xiǎng 조동 ~하고 싶다 | 刷牙 shuāyá 통 이를 닦다

05

p. 220

汉语里有句话叫"太阳从西边出来了"，意思是出现了让人觉得不太可能的事情。如果一个人上班总是迟到，但是有一天突然来得很早，你就可以对他说这句话。

중국어에 '해가 서쪽에서 나왔다'라는 말이 있는데, 그다지 가능하지 않다고 생각되는 일이 생겼다는 뜻이다. 만약 어떤 사람이 출근할 때 항상 지각을 하는데 어느 날 갑자기 아주 일찍 왔다면, 그에게 이 말을 할 수 있다.

★ 怎样理解"太阳从西边出来了"的意思？

★ '태양이 서쪽에서 나왔다'의 의미는 어떻게 이해할 수 있는가?

A 生气了
B 出现了不太可能的事
C 可能要下雨

A 화가 났다
B 그다지 가능하지 않은 일이 생겼다
C 아마 비가 올 것이다

해설 '태양이 서쪽에서 나왔다'의 의미(意思)는 '出现了让人觉得不太可能的事情(그다지 가능하지 않다고 생각되는 일이 생겼다)'으로 서술하고 있다. 이와 거의 일치하는 표현인 B가 답이 된다.

단어 汉语 Hànyǔ 명 중국어 | 句 jù 양 마디(말을 세는 양사) | 话 huà 명 말 | 叫 jiào 통 ~라고 하다 | 太阳从西边出来了 tàiyáng cóng xībian chūlaile 해가 서쪽에서 떴다 | 意思 yìsi 명 의미, 뜻 | 出现 chūxiàn 통 출현하다 | 让 ràng 통 ~하라고 시키다, 만들다 | 觉得 juéde 통 느끼다, 생각하다 | 不太 bútài 그다지, 별로 | 可能 kěnéng 형 가능하다 | 事情 shìqing 명 일 | 如果 rúguǒ 접 만약 | 上班 shàngbān 통 출근하다 | 总是 zǒngshì 팀 늘, 항상 | 迟到 chídào 통 지각하다 | 但是 dànshì 접 하지만 | 有一天 yǒuyìtiān 어느 날 | 突然 tūrán 팀 갑자기, 돌연히 | 得 de 조 ~하는 정도가(술어 뒤에 쓰여 정도를 나타내는 보어를 연결) | 可以 kěyǐ 조동 ~할 수 있다 | 对 duì 전 ~에 대하여 | 怎样 zěnyàng 때 어떻게 | 理解 lǐjiě 통 이해하다 | 生气 shēngqì 통 화내다 | 要 yào 조동 ~할 것이다 | 下雨 xiàyǔ 통 비가 오다

 DAY 27

✓ 정답   1. B   2. B   3. A   4. A   5. A

01

p. 224

我虽然大学学的是数学，但一直都对历史很感兴趣，经常去图书馆看一些历史书，所以我知道很多历史故事。

나는 대학에서 공부한 것은 수학이었지만, 항상 역사에 관심이 많았고, 자주 도서관에 가서 역사책을 읽었기 때문에 많은 역사 이야기를 알고 있다.

★ 他为什么知道很多历史故事？

★ 그는 왜 역사 이야기를 많이 아는가?

A 选过历史课
B 经常读历史书
C 经常看历史节目

A 역사 과목을 수강했었다
B 역사책을 자주 읽는다
C 역사 프로그램을 자주 본다

역사 이야기를 많이 안다는 말 바로 앞 절에서 '经常去图书馆看一些历史书(자주 도서관에 가서 역사책을 읽었다)'라고 했으므로 정답은 B라는 것을 알 수 있다. 공부한 것은 수학(学的是数学)이기 때문에 A는 일치하지 않으며, C도 언급되지 않았으므로 역시 답이 아니다.

단어 虽然…但… suīrán…dàn… 쥅 비록 ~할지라도 그러나 ~하다 | 大学 dàxué 쥅 대학교 | 学 xué 쥅 배우다 | 数学 shùxué 쥅 수학 | 一直 yìzhí 쥅 줄곧, 계속해서 | 都 dōu 쥅 모두 | 对 duì 쥅 ~에 대하여 | 历史 lìshǐ 쥅 역사 | 感兴趣 gǎn xìngqù 흥미를 느끼다 | 经常 jīngcháng 쥅 자주, 종종 | 图书馆 túshūguǎn 쥅 도서관 | 一些 yìxiē 쥅 약간, 조금 | 所以 suǒyǐ 쥅 그리하여 | 知道 zhīdào 쥅 알다 | 故事 gùshi 쥅 고사, 이야기 | 为什么 wèishénme 쥅 왜, 어째서 | 选 xuǎn 쥅 고르다, 선택하다 | 过 guo 쥅 ~한 적이 있다 | 课 kè 쥅 수업 | 选课 xuǎn kè 수강 신청을 하다 | 读 dú 쥅 읽다 | 节目 jiémù 쥅 프로그램

02
p. 224

对不起，我可能会迟到几分钟，走到半路我才发现照相机没带，现在回去拿，你如果先到了，就去公园旁边的那个咖啡馆儿等我一会儿。

미안해. 내가 몇 분 늦게 도착할 것 같아. 가는 도중에 카메라를 안 갖고 왔다는 걸 알아서 이제 가지러 가는데 네가 먼저 도착하면 공원 옆에 그 커피숍에 가서 잠깐 기다려줘.

★ 说话人为什么又回去了?	★ 화자는 왜 다시 돌아갔는가?
A 来客人了	A 손님이 왔다
B 忘记带相机	**B 카메라 가져오는 것을 잊었다**
C 一分钱没拿	C 돈을 한 푼도 안 가져왔다

해설 '回去'라고 말한 부분 앞에 그 이유가 나타나 있다. 즉 '走到半路我才发现照相机没带(가는 도중에 카메라를 안 갖고 왔다는 걸 알았다)'고 이유를 밝히고 있으므로 정답은 B라는 것을 알 수 있다.

단어 可能 kěnéng 쥅 아마도 | 会 huì 쥅 ~일 것이다 | 迟到 chídào 쥅 지각하다 | 几 jǐ 쥅 몇 | 分钟 fēnzhōng 쥅 분 | 走到 zǒudào 쥅 가다 | 半路 bànlù 쥅 가는 도중 | 才 cái 쥅 비로소, 그제서야 | 发现 fāxiàn 쥅 발견하다, 알아차리다 | 照相机 zhàoxiàngjī 쥅 사진기 | 带 dài 쥅 지니다, 휴대하다 | 现在 xiànzài 쥅 지금 | 回去 huíqù 쥅 되돌아가다 | 拿 ná 쥅 쥐다, 잡다, 가지다 | 如果 rúguǒ 쥅 만약 | 先 xiān 쥅 먼저 | 到 dào 쥅 도착하다 | 就 jiù 쥅 곧, 즉시 | 公园 gōngyuán 쥅 공원 | 旁边 pángbiān 쥅 옆, 옆쪽 | 咖啡馆儿 kāfēiguǎnr 쥅 커피숍 | 等 děng 쥅 기다리다 | 一会儿 yíhuìr 잠시, 잠깐 동안 | 说话人 shuōhuàrén 쥅 말하는 사람, 화자 | 又 yòu 쥅 또 | 客人 kèrén 쥅 손님 | 忘记 wàngjì 쥅 잊어버리다 | 一分钱 yì fēnqián 돈 한푼

03
p. 224

要想提高汉语水平，其实不难，我认为主要有两点：一是课上要多说多写，不要害怕说错、写错；二是课后多练习，可以多看中文电影，多和中国朋友聊天儿，慢慢地就会越说越好了。

중국어 실력을 높이려면 사실 어렵지 않다. 나는 주로 두 가지가 있다고 생각한다. 첫 번째는 수업 때 많이 말하고 많이 써야 하며, 틀리게 말하고 잘못 쓰는 것을 두려워하지 않아야 한다는 것이다. 두 번째는 수업 후 연습을 많이 하는 것인데, 중국 영화를 많이 봐도 되고, 중국 친구와 이야기를 많이 하는 것이다. 말을 많이 할수록 점점 더 좋아지게 될 것이다.

★ 他认为怎样学好汉语?	★ 그는 어떻게 중국어를 잘할 수 있다고 생각하는가?
A 多说多练	**A 많이 말하고 많이 연습한다**
B 注意查词典	B 사전을 잘 찾아본다
C 去中国留学	C 중국으로 유학을 간다

해설 그가 생각하는 중국어를 잘하는 방법은 '课上要多说多写(수업 때 많이 말하고 많이 쓴다)'와 '课后多练习(수업 후 많이 연습)'인데, 바로 A에서 이 두 가지를 종합하여 말하고 있다. 따라서 정답은 A이다. 사전이나 유학과 같은 내용은 언급되지 않았으므로 B와 C는 답이 될 수 없다.

단어 **要想** yàoxiǎng 图 원하다 | **提高** tígāo 图 끌어올리다 | **汉语** Hànyǔ 圆 중국어 | **水平** shuǐpíng 圆 수준 | **其实** qíshí 图 사실은 | **认为** rènwéi 图 여기다, ~라고 생각하다 | **主要** zhǔyào 图 주로, 대부분 | **两** liǎng 图 둘, 2 | **点** diǎn (관)점, 사물의 방면이나 부분 | **课** kè 圆 수업, 강의 | **要** yào 조图 ~해야 한다 | **写** xiě 图 쓰다 | **不要** búyào ~하지 마라 | **害怕** hàipà 图 무서워하다 | **错** cuò 圆 틀리다, 맞지 않다 | **后** hòu 圆 후 | **练习** liànxí 图 연습하다 | **可以** kěyǐ 조图 ~할 수 있다 | **中文** Zhōngwén 圆 중국어 | **电影** diànyǐng 圆 영화 | **和** hé 젭 ~과(와) | **中国** Zhōngguó 圆 중국 | **朋友** péngyou 圆 친구 | **聊天儿** liáotiān(r) 图 잡담하다 | **慢慢地** mànmànde 图 천천히 | **就** jiù 图 곧, 즉시 | **会** huì 조图 ~일 것이다 | **越…越…** yuè…yuè… ~할수록 ~하다 | **怎样** zěnyàng 때 어떻게 | **学好** xuéhǎo 图 잘 배우다 | **练** liàn 연습하다, 익히다 | **注意** zhùyì 图 주의하다 | **查** chá 图 찾아보다 | **词典** cídiǎn 圆 사전 | **留学** liúxué 图 유학하다

04
p. 224

我昨天晚上加班，困了就喝了一杯咖啡，后来太兴奋了，一个晚上都没睡觉。

나는 어젯밤에 야근이었는데 졸려서 커피 한 잔을 마셨다. 나중에 너무 흥분되어 밤새 잠을 못 잤다.

★ 他为什么太兴奋了?

★ 그는 왜 너무 흥분했는가?

A 喝了咖啡　　B 换了工作　　C 加班了

A 커피를 마셨다　　B 일이 바뀌었다　　B 야근했다

해설 키워드가 되는 '太兴奋了'라고 표현한 말 바로 앞에 '喝了一杯咖啡(커피 한 잔을 마셨다)'라고 했으므로 그가 흥분한 이유는 야근을 할 때 졸려서 마신 커피 때문이라는 것을 알 수 있다. 따라서 정답은 A이다.

단어 **昨天** zuótiān 圆 어제 | **晚上** wǎnshang 圆 저녁, 밤 | **加班** jiābān 图 초과 근무하다, 야근하다 | **困** kùn 圆 졸리다 | **喝** hē 图 마시다 | **杯** bēi 圆 잔 | **咖啡** kāfēi 圆 커피 | **后来** hòulái 그 후, 그다음 | **太…了** tài…le 너무 ~하다 | **兴奋** xīngfèn 图 흥분하다 | **睡觉** shuìjiào 图 잠을 자다 | **为什么** wèishénme 때 왜, 어째서 | **换** huàn 图 바꾸다 | **工作** gōngzuò 圆 일, 업무

05
p. 224

难过的时候可以听听音乐或者找人聊聊天儿，这样可能会让我们忘记那些不快乐的事情。

괴로울 때 음악을 듣거나 혹은 누군가를 찾아가 이야기를 나누어 볼 수 있다. 이렇게 하면 즐겁지 않은 일들을 잊어버리게 할 수도 있다.

★ 怎样可以忘记不快乐的事情?

★ 즐겁지 않은 일은 어떻게 잊을 수 있는가?

A 听听音乐
B 喝啤酒
C 出去散步

A 음악을 듣는다
B 맥주를 마신다
C 나가서 산책한다

해설 '这样可能会让我们忘记那些不快乐的事情(이렇게 하면 즐겁지 않은 일들을 잊게 할 수 있다)'이라고 한 말 바로 앞 부분에 제시된 방법 중 보기 A가 그 중 하나에 해당하므로 정답은 A다. B와 C는 언급된 방법이 아니므로 답이 아니다.

단어 **难过** nánguò 圆 슬프다 | **时候** shíhou 圆 때, 무렵 | **可以** kěyǐ 조图 ~할 수 있다 | **听** tīng 图 듣다 | **音乐** yīnyuè 圆 음악 | **或者** huòzhě 젭 혹은, 또는 | **找** zhǎo 图 찾다 | **聊天儿** liáotiānr 图 잡담하다 | **这样** zhèyàng 때 이렇게 | **可能** kěnéng 图 아마도 | **会** huì 조图 ~일 것이다 | **让** ràng 图 ~하라고 시키다, 만들다 | **忘记** wàngjì 图 잊어버리다 | **那些** nàxiē 때 그것들 | **快乐** kuàilè 圆 즐겁다, 유쾌하다 | **事情** shìqing 圆 일 | **怎样** zěnyàng 때 어떻게 | **喝** hē 图 마시다 | **啤酒** píjiǔ 圆 맥주 | **出去** chūqù 图 나가다 | **散步** sànbù 图 산책하다

01

p. 225

王阿姨不放心16岁的女儿一个人出国留学，所以决定放下工作，跟女儿一起出国。

왕 아주머니는 열여섯 살 딸이 혼자 해외로 유학을 가는 것이 걱정되어 직장을 그만두고 딸과 함께 출국하기로 했다.

★ 王阿姨去国外是为了：

★ 왕 아주머니가 외국으로 가는 목적은：

A 工作　　　B 照顾女儿　　C 读两年书

A 일　　　**B 딸을 돌보는 것**　　C 2년간의 공부

해설 '去国外(외국으로 가다)의 목적'을 묻고 있는데, 문장 끝에 跟女儿一起出国(딸과 함께 출국한다)라는 것으로 딸과 관련이 있음을 추측할 수 있다. 첫머리에서도 '不放心16岁的女儿一个人出国留学(열여섯 살 딸이 혼자 해외로 유학하는 것이 걱정된다)'라고 한 것으로 미루어 정답은 B라는 것을 알 수 있다.

단어 阿姨 āyí 몡 아주머니 | 放心 fàngxīn 동 마음을 놓다, 안심하다 | 岁 suì 몡 나이, 세 | 女儿 nǚ'ér 몡 딸 | 出国 chūguó 동 출국하다 | 留学 liúxué 동 유학하다 | 所以 suǒyǐ 젭 그리하여 | 决定 juédìng 동 결정하다 | 放下 fàngxià 동 내려놓다 | 工作 gōngzuò 몡 일 | 跟 gēn 젭 ~과(와) | 一起 yìqǐ 뷔 같이, 더불어 | 国外 guówài 몡 국외 | 为了 wèile 젠 ~을 위해서 | 照顾 zhàogù 동 돌보다 | 读书 dúshū 동 공부하다 | 两 liǎng 준 둘, 2 | 年 nián 몡 해, 년

02

p. 225

我妻子虽然已经学会了开车，但她害怕自己开车上路，所以现在每天上下班还是我接送她。

나의 아내는 이미 운전을 배워서 할 줄 알지만, 자신이 차를 몰고 길을 나서는 것을 두려워한다. 그래서 현재 매일 출퇴근하면서 아직도 내가 데려오고 데려다준다.

★ 我每天上下班送妻子，是因为妻子：

★ 내가 매일 출퇴근하면서 데려다주는 이유는 아내가：

A 想坐地铁
B 最近没有时间
C 害怕开车

A 지하철을 타고 싶어서
B 요즘 시간이 없어서
C 운전을 무서워해서

해설 '所以…我接送她(그래서~ 내가 데려오고 데려다준다)'라는 절에서 所以가 있는 것으로 보아 이 앞부분에 원인이 되는 내용이 선행한다는 것을 알 수 있다. 즉 아내는 이미 운전할 줄 알지만, '她害怕自己开车(자신이 운전하는 것을 두려워한다)'라고 했으므로 이와 일치하는 C가 정답이다.

단어 妻子 qīzi 몡 아내 | 虽然…但… suīrán…dàn… 젭 비록 ~할지라도 그러나 ~하다 | 已经 yǐjīng 뷔 이미, 벌써 | 学会 xuéhuì 동 배워서 ~할 줄 알다 | 开车 kāichē 동 운전하다 | 害怕 hàipà 동 두려워하다, 무서워하다 | 自己 zìjǐ 떼 자신 | 上路 shànglù 동 길을 나서다, 출발하다 | 所以 suǒyǐ 젭 그리하여 | 现在 xiànzài 몡 현재, 지금 | 每天 měitiān 몡 매일 | 上下班 shàngxiàbān 출퇴근하다 | 还是 háishi 뷔 아직도, 여전히 | 接送 jiēsòng 동 맞이하고 보내다 | 因为 yīnwèi 젭 ~때문에 | 想 xiǎng 조동 ~하고 싶다 | 坐 zuò 동 (교통수단을) 타다 | 地铁 dìtiě 몡 지하철 | 最近 zuìjìn 몡 최근 | 时间 shíjiān 몡 시간

03

p. 225

西瓜的汁儿多，吃的时候小心点儿，要低下头，不要吃得脸上、衣服上都是。还有， 不要一边吃一边说话。

수박은 즙이 많으니까 먹을 때 조심해서 고개를 아래로 숙여야지. 얼굴과 옷에 온통 수박을 묻히며 먹어서는 안 돼. 그리고 먹으면서 말하지 말고.

★ 说话人认为怎样吃西瓜?

★ 화자는 수박을 어떻게 먹어야 한다고 생각하는가?

A 站着
B 低着头
C 跟牛奶一起吃

A 서서
B 고개를 숙이고
C 우유와 함께 먹는다

해설 | 수박을 먹을 때 고개를 아래로 숙여야 하고(要低下头), 먹으면서 말하지 말라(不要一边吃一边说话)고 했다. 따라서 보기 중 低着头(고개를 숙인 채)가 같은 의미이므로 B가 정답이다. 앉거나 서는 동작이라던가 우유와 함께 먹는다는 내용은 언급되지 않았으므로 A와 C는 정답이 아니다.

단어 | 西瓜 xīguā 몡 수박 | 汁儿 zhīr 몡 즙(액) | 时候 shíhou 몡 때 | 小心 xiǎoxīn 동 조심하다 | 点儿 diǎnr 양 조금 | 要 yào 조동 ~해야 한다 | 低头 dītóu 동 고개를 숙이다 | 不要 búyào ~하지 마라 | 得 de 조 ~한 정도가(술어 뒤에 써서 정도를 나타내는 보어를 연결) | 脸 liǎn 몡 얼굴 | 衣服 yīfú 몡 옷 | 还有 háiyǒu 접 그리고, 또 | 一边…一边… yìbiān… yìbiān… 접 ~하면서 ~하다 | 说话 shuōhuà 동 말하다 | 认为 rènwéi 동 여기다, ~라고 생각하다 | 怎样 zěnyàng 대 어떻게 | 站 zhàn 동 서다 | 着 zhe 조 ~한 채로(동작이나 상태의 진행, 지속) | 跟 gēn 전 ~과(와), ~과 | 牛奶 niúnǎi 몡 우유

04

p. 225

王夏在外地上学，所以我们不能经常见面。但每个周末我们都会发电子邮件或者上网聊聊天儿。

왕샤는 외지에서 학교를 다니고 있어서 우리는 자주 만날 수 없다. 하지만 주말마다 우리는 이메일을 보내거나 인터넷으로 이야기를 나눈다.

★ 他们俩怎么联系?

★ 그 둘은 어떻게 연락하는가?

A 上网聊天儿　　　B 写信　　　C 打电话

A 인터넷 채팅　　　B 편지 쓰기　　　C 전화 걸기

해설 | 자주 만날 수 없지만, 이메일을 보내거나 인터넷상에서 이야기를 나눈다(发电子邮件或者上网聊聊天儿)고 했으므로, 그들이 연락하는 방법은 보기 A가 정확히 일치한다. 전자메일을 보낸다고 했으니 B는 답이 아니고, 전화도 언급하지 않았으므로 C도 답이 될 수 없다.

단어 | 在 zài 전 ~에, ~에서 | 外地 wàidì 몡 외지 | 上学 shàngxué 동 등교하다 | 所以 suǒyǐ 접 그리하여 | 经常 jīngcháng 뷔 자주, 종종 | 见面 jiànmiàn 동 만나다 | 但 dàn 접 그러나, 그렇지만 | 每 měi 대 매, 마다 | 周末 zhōumò 몡 주말 | 都 dōu 뷔 모두 | 会 huì 조동 ~일 것이다 | 发 fā 동 보내다 | 电子邮件 diànzǐyóujiàn 몡 이메일 | 或者 huòzhě 접 혹은, 또는 | 上网 shàngwǎng 동 인터넷을 하다 | 聊天儿 liáotiānr 동 잡담하다 | 俩 liǎ 두 사람 | 怎么 zěnme 대 왜, 어째서 | 联系 liánxì 동 연락하다 | 写信 xiěxìn 편지를 쓰다 | 打电话 dǎ diànhuà 전화하다

05

p. 225

没关系，她哭是因为刚才听到一个孩子在唱《月亮船》，这使她突然想起了很多过去的事情。

괜찮아. 그녀가 우는 것은 방금 한 아이가 〈달의 배〉를 부르는 것을 들었기 때문인데, 그녀에게 갑자기 지난 일들이 많이 생각나게 한 거야.

★ 她为什么哭?

A 想起了过去
B 鼻子不舒服
C 不想离开家

★ 그녀는 왜 우는가?

A 과거가 생각나서
B 코가 불편해서
C 집을 떠나고 싶지 않아서

해설   她哭是因为(그녀가 우는 것)'로 시작한 말은 뒷부분에 이유가 나타나 있다. 즉 노래를 듣고 과거의 많은 일들이 생각났다(想起了很多过去的事情)고 했으므로 이와 일치하는 A가 정답이다.

단어   哭 kū 图 울다 | 因为 yīnwèi 젭 ~때문에 | 刚才 gāngcái 图 방금 | 听到 tīngdào 图 듣다, 들리다 | 孩子 háizi 몡 아이 | 在 zài 图 ~하고 있는 중이다 | 唱 chàng 图 노래 부르다 | 月亮 yuèliang 몡 달 | 船 chuán 몡 배 | 使 shǐ ~하게 만들다 | 突然 tūrán 图 갑자기, 돌연히 | 想起 xiǎngqǐ 图 상기하다, 생각해내다 | 过去 guòqù 몡 과거 | 事情 shìqing 몡 일 | 为什么 wèishénme 때 왜, 어째서 | 鼻子 bízi 몡 코 | 舒服 shūfu 阌 편안하다 | 想 xiǎng 조롱 ~하고 싶다 | 离开 líkāi 图 떠나다

DAY 29   ✓ 정답   1. A   2. B   3. B   4. C   5. A

01

p. 230

离开自己习惯的环境，人更容易生病，所以外出旅游时我们要多注意身体，带上一些常用的药。

자신이 익숙한 환경을 벗어나면 사람은 더욱 병에 걸리기 쉬우므로 외지로 여행을 갈 때 우리는 건강에 더 유의하며 자주 쓰는 약을 챙겨야 한다.

★ 旅游时，要:

A 注意身体
B 少喝饮料
C 多带衣服

★ 여행할 때, 해야 하는 것은:

A 건강에 유의한다
B 음료를 적게 마신다
C 옷을 많이 가져간다

해설   질문과 같은 표현이 '旅游时我们要(여행할 때 우리는 ~해야 한다)'라고 뒷부분에 나타나 있다. 즉 건강에 더 유의하고, 자주 쓰는 약을 챙겨야 한다고 했으므로 일치하는 A가 정답이다. 가져갈(带上) 대상은 약이지 옷이 아니므로 C는 정답이 아니다.

단어   离开 líkāi 图 떠나다 | 自己 zìjǐ 때 자신 | 习惯 xíguàn 图 습관이 되다, 익숙해지다 | 环境 huánjìng 몡 환경 | 更 gèng 图 더욱 | 容易 róngyì 阌 ~하기 쉽다 | 生病 shēngbìng 图 병이 나다 | 所以 suǒyǐ 젭 그리하여 | 外出 wàichū 외출하다 | 旅游 lǚyóu 몡 여행 | 时 shí 몡 때, 시기 | 要 yào 조롱 ~해야 한다 | 注意 zhùyì 图 유의하다, 조심하다 | 身体 shēntǐ 몡 건강 | 带 dài 图 지니다 | 一些 yìxiē 약간, 조금 | 常用 chángyòng 늘 쓰다, 일상적으로 사용하다 | 药 yào 몡 약 | 少 shǎo 阌 적다 | 喝 hē 图 마시다 | 饮料 yǐnliào 몡 음료수 | 衣服 yīfu 몡 옷

孩子，别这么难过了。成绩不是最重要的，妈妈更关心的是你从这次比赛中学到了什么。	얘야, 그렇게 속상해하지 마. 성적이 제일 중요한 것은 아니란다. 엄마는 네가 이번 대회에서 무엇을 배웠는지에 더 관심이 가는구나.
★ 妈妈让孩子:	★ 엄마는 아이로 하여금:
A 不要生气 B 别难过 C 快完成作业	A 화내지 말라고 한다 **B 속상해하지 말라고 한다** C 숙제를 빨리 끝내라고 한다

해설 妈妈让孩子라는 겸어문의 형태로 엄마가 아이에게 시키거나 하게 한 동작을 묻고 있다. 첫머리에 아이에게 '别这么难过了(그렇게 속상해하지 마)'라고 했으므로 B가 일치한다.

단어 孩子 háizi 몡 아이 | 别 bié 띰 ~하지 마라 | 这么 zhème 때 이렇게 | 难过 nánguò 혱 슬프다 | 成绩 chéngjì 몡 성적 | 最 zuì 띰 가장, 제일 | 重要 zhòngyào 혱 중요하다 | 更 gèng 띰 더욱 | 关心 guānxīn 동 관심을 기울이다 | 从 cóng 젠 ~부터 | 这次 zhècì 때 이번 | 比赛 bǐsài 몡 경기, 시합 | 中 zhōng 몡 중, 가운데 | 学到 xuédào 동 습득하다 | 让 ràng 동 ~하라고 시키다, 만들다 | 不要 búyào ~하지 말아라 | 生气 shēngqì 동 화내다 | 快 kuài 띰 얼른, 빨리 | 完成 wánchéng 동 완성하다 | 作业 zuòyè 몡 숙제

每年中国都有几十万人出国留学，我希望自己以后也能有机会去留学，这样可以多了解一些国外的文化和特点。	매년 중국에 수십만 명이 해외로 유학을 간다. 나도 나중에 유학을 갈 수 있는 기회가 있어서 외국의 문화와 특징에 대해 더 많이 이해할 수 있었으면 좋겠다.
★ 他希望:	★ 그는 바라는 것은:
A 回家过年 B 有留学的机会 C 提高中文水平	A 집에 가서 설을 보내는 것 **B 유학 기회가 있는 것** C 중국어 실력이 향상되는 것

해설 我希望(나는 희망한다)'의 목적어 부분을 살펴보면, 유학 갈 기회가 있어서(能有机会去留学) 외국의 문화와 특징에 대해 더 많이 이해하는 것이라고 했다. 따라서 이와 일치하는 보기 B가 정답이다.

단어 每年 měinián 띰 매년 | 中国 Zhōngguó 몡 중국 | 万 wàn 주 만 | 出国 chūguó 동 출국하다 | 留学 liúxué 몡 유학 | 希望 xīwàng 동 희망하다 | 自己 zìjǐ 때 자신 | 以后 yǐhòu 몡 이후 | 能 néng 조동 ~할 수 있다 | 机会 jīhuì 몡 기회 | 这样 zhèyàng 때 이렇게 | 可以 kěyǐ 조동 ~할 수 있다 | 了解 liǎojiě 동 자세히 알다 | 一些 yìxiē 양 약간, 조금 | 国外 guówài 몡 국외 | 文化 wénhuà 몡 문화 | 和 hé 접 ~과(와) | 特点 tèdiǎn 몡 특징 | 回家 huíjiā 동 집에 가다 | 过年 guònian 동 설을 쇠다, 새해를 맞다 | 提高 tígāo 동 향상시키다 | 中文 Zhōngwén 몡 중국어 | 水平 shuǐpíng 몡 수준

04

p. 230

姐，花瓶里的水好几天没换了，你打扫房间的时候记得换一下。

누나, 꽃병의 물을 며칠 동안 갈지 않았는데, 누나가 방 청소할 때 잊지 말고 좀 갈아줘.

★ 他让姐姐：

★ 그는 누나에게：

A 忘记过去
B 试试新衬衫
C 给花瓶换水

A 과거를 잊으라고 한다
B 새 셔츠를 입어보라고 한다
C 꽃병에 물을 갈아주라고 한다

해설 他让姐姐라는 겸어문의 형태로 남동생이 누나에게 시키거나 하게 한 동작을 묻고 있다. 뒷부분에서 换一下(좀 갈아줘)라고 한 것은 꽃병의 물(花瓶里的水)을 갈아달라고 한 것으로 일치하는 동사가 있는 C가 정답이다.

단어 姐 jiě 몡 누나, 언니 | 花瓶 huāpíng 몡 꽃병 | 水 shuǐ 몡 물 | 好几 hǎojǐ (꽤) 여러, 몇(양사 또는 시간사 앞에 쓰여 많거나 오래됐음을 나타냄) | 天 tiān 몡 날 | 换 huàn 동 갈다, 바꾸다 | 打扫 dǎsǎo 동 청소하다 | 房间 fángjiān 몡 방 | 时候 shíhou 몡 때, 무렵 | 记得 jìde 동 기억하다 | 一下 yíxià 양 좀 ~하다(시도의 의미나 가벼운 어감을 나타냄) | 让 ràng 동 ~하라고 시키다, 만들다 | 忘记 wàngjì 동 잊어버리다 | 过去 guòqù 몡 과거 | 试 shì 동 시험 삼아 해보다 | 新 xīn 형 새롭다, 새것이다 | 衬衫 chènshān 몡 셔츠, 블라우스 | 给 gěi 전 ~에

05

p. 230

这儿一楼卖鞋，二楼卖衣服，三楼的东西比较多，但那儿主要是卖旅游用的东西，有包也有行李箱。你想买皮鞋的话应该去一楼。

이곳 1층은 신발을 팔고, 2층은 옷을 팔며, 3층은 물건이 비교적 많아. 그런데 주로 여행할 때 쓰는 물건을 팔아서, 가방도 있고 트렁크도 있어. 너 구두 사고 싶다면 1층으로 가야 해.

★ 在二楼可以买到：

★ 2층에서 살 수 있는 것은：

A 裤子　　　B 行李箱　　　C 羊肉

A 바지　　　B 트렁크　　　C 양고기

해설 2층에서 살 수 있는 것을 질문했는데, 첫머리에서 一楼卖鞋, 二楼卖衣服(1층은 신발을 팔고, 2층은 옷을 판다)'라고 했으므로 2층에서 살 수 있는 것은 옷이다. 따라서 보기에서 裤子(바지)가 옷에 해당하므로 정답은 A이다.

단어 楼 lóu 몡 층 | 卖 mài 동 팔다 | 鞋 xié 몡 신발 | 衣服 yīfu 몡 옷 | 东西 dōngxi 몡 물건 | 比较 bǐjiào 부 비교적 | 但 dàn 접 그러나, 그렇지만 | 主要 zhǔyào 부 주로 | 旅游 lǚyóu 몡동 여행(하다) | 用 yòng 동 사용하다 | 包 bāo 몡 가방 | 行李箱 xínglǐxiāng 몡 트렁크, 짐 가방 | 想 xiǎng 조동 ~하고 싶다 | 买 mǎi 동 사다 | 皮鞋 píxié 몡 가죽 신발, 구두 | 的话 dehuà ~하다면, ~이면 | 应该 yīnggāi 조동 마땅히 ~해야 한다 | 在 zài 전 ~에, ~에서 | 可以 kěyǐ 동 ~할 수 있다 | 买到 mǎidào 동 사들이다 | 裤子 kùzi 몡 바지 | 羊肉 yángròu 몡 양고기

DAY 30

01

p. 231

不同的季节可以用不同的颜色来表示，我们用白色表示冬天，那夏天呢？

각 계절은 서로 다른 색으로 나타낼 수 있는데, 우리는 흰색으로 겨울을 나타낼 수 있다. 그렇다면 여름은?

★ 白色常被用来表示：

★ 흰색이 자주 사용되어 나타내는 것:

A 春天	B 夏天	C 冬天
A 봄	B 여름	**C 겨울**

해설 '白色常被用来表示 :'라는 질문은 흰색은 주로 무슨 계절을 나타내는 데 사용되느냐는 뜻이다. '我们用白色表示冬天(우리는 흰색으로 겨울을 나타낼 수 있다)'고 말했으므로 정답은 C이다.

단어 同 tóng 혱 같다 | 季节 jìjié 몡 계절 | 可以 kěyǐ 조동 ~할 수 있다 | 用 yòng 동 사용하다 | 颜色 yánsè 몡 색깔 | 表示 biǎoshì 동 나타내다, 의미하다 | 白色 báisè 몡 흰색 | 冬天 dōngtiān 몡 겨울 | 那 nà 젭 그러면 | 夏天 xiàtiān 몡 여름 | 呢 ne 조 문장 끝에 쓰여 의문을 강조 | 常 cháng 윈 종종, 자주 | 被 bèi 젠 ~에 의하여(피동을 나타냄) | 春天 chūntiān 몡 봄

02

p. 231

孩子在学会说话以前，就已经懂得哭和笑，他们借这样的办法来告诉别人自己饿了、生气了、不舒服或者很高兴、很满意。慢慢大一点以后，他们就开始用一些简单的词语来表示自己的意思了。

아이는 말을 배우기도 전에 이미 울고 웃는 것을 알고 있는데, 그들은 이런 방법을 빌려서 다른 사람에게 자신이 배고프다, 화가 났다, 불편하다 혹은 기쁘다, 만족스럽다는 것을 알린다. 천천히 자라면서 그들은 간단한 단어들로 자신의 의사를 나타내기 시작한다.

★ 孩子哭可以表示：

★ 아기 울음이 나타내는 것:

A 很难过	B 很好吃	C 不想玩了
A 괴롭다	B 맛있다	C 놀고 싶지 않다

해설 아이는 말을 배우기 전에 울음과 웃음으로써 의사를 표현한다고 했다. 울음이 나타내는 것은 글에서 언급된 다양한 의사 표현 중 부정적인 감정일 것이다. 보기에서 A와 C가 부정적인 감정인데 글에서 언급한 不舒服와 유사한 很难过가 말을 배우기 전에 울음으로써 나타내는 것으로 파악할 수 있다. 따라서 정답은 A이다.

단어 孩子 háizi 몡 아이 | 在 zài 윈 ~하고 있는 중이다 | 学会 xuéhuì 동 배워서~할 줄 알다 | 说话 shuōhuà 동 말하다 | 以前 yǐqián 윈 이전, 예전 | 就 jiù 윈 바로 | 已经 yǐjīng 윈 이미 | 懂得 dǒngde 동 알다, 이해하다 | 哭 kū 동 울다 | 和 hé 젭 ~과(와) | 笑 xiào 동 웃다 | 借 jiè 동 빌리다 | 这样 zhèyàng 때 이렇게, 이러한 | 办法 bànfǎ 몡 방법 | 告诉 gàosu 동 알려주다 | 别人 biérén 몡 남, 타인 | 自己 zìjǐ 때 자신 | 饿 è 혱 배고프다 | 生气 shēngqì 동 화내다 | 舒服 shūfu 혱 편안하다 | 或者 huòzhě 젭 혹은, 또는 | 高兴 gāoxìng 혱 기쁘다, 즐겁다 | 满意 mǎnyì 혱 만족하다 | 慢慢 mànman 윈 천천히 | 一点 yìdiǎn 양 약간, 조금 | 以后 yǐhòu 몡 이후 | 开始 kāishǐ 동 시작하다 | 用 yòng 동 사용하다 | 一些 yìxiē 양 약간, 조금 | 简单 jiǎndān 혱 간단하다 | 词语 cíyǔ 몡 어휘, 글자 | 表示 biǎoshì 동 나타내다, 의미하다 | 意思 yìsi 몡 의미, 뜻 | 可以 kěyǐ 조동 ~할 수 있다 | 难过 nánguò 혱 슬프다 | 好吃 hǎochī 혱 맛있다 | 想 xiǎng 조동 ~하고 싶다 | 玩 wán 동 놀다

03

p. 231

我是一个小学老师，教学生数学。每次下课前，我会把下次学生要带的东西写在黑板上，但每次上课时，总会有学生忘了拿本子。

나는 초등학교 선생님이고 학생들에게 수학을 가르친다. 매번 수업이 끝나기 전에, 나는 다음번에 학생들이 가지고 와야 할 것을 칠판에 쓴다. 하지만 수업 때마다 공책을 가져오는 것을 잊어버리는 학생들이 꼭 있다.

★ 学生会忘记拿什么?

★ 학생은 무엇을 가져오는 것을 잊는가?

A 画儿	B 铅笔	C 本子

A 그림	B 연필	**C 공책**

해설 학생들이 다음에 가지고 와야 할 것을 칠판에 써준다고 했지만 글의 뒷부분에서 '总会有学生忘了拿本子(공책을 가져오는 것을 잊어버리는 학생들이 꼭 있다)'라고 했으므로 정답은 C이다.

단어 小学 xiǎoxué 圆 초등학교 | 老师 lǎoshī 圆 선생님 | 教 jiāo 圄 가르치다 | 学生 xuésheng 圆 학생 | 数学 shùxué 圆 수학 | 每次 měicì 매번 | 下课 xiàkè 圄 수업을 마치다 | 前 qián 圆 전 | 会 huì 조용 ~할 것이다 | 把 bǎ 전 ~을, ~를(목적어를 동사 앞으로 끌어내어 처리나 변화를 나타냄) | 下次 xiàcì 圆 다음번 | 要 yào 조용 ~해야 한다 | 带 dài 圄 지니다, 휴대하다 | 东西 dōngxi 圆 물건 | 写 xiě 圄 쓰다 | 在…上 zài…shàng ~에, ~안에 | 黑板 hēibǎn 圆 칠판 | 但 dàn 圙 그러나, 그렇지만 | 上课 shàngkè 圄 수업하다 | 时 shí 圆 때, 시기 | 总 zǒng 圄 예외 없이, 반드시 | 忘 wàng 圄 잊어버리다 | 拿 ná 圄 쥐다, 잡다, 가지다 | 本子 běnzi 圆 공책 | 忘记 wàngjì 圄 잊어버리다 | 画儿 huàr 圆 그림 | 铅笔 qiānbǐ 圆 연필

04

p. 231

遇到问题时，聪明的人总是会先看看别人过去是怎么做的。这样不但能学习到别人好的地方，还可以发现需要注意的问题，然后更好地解决它。

문제에 부딪혔을 때 똑똑한 사람은 언제나 다른 사람은 과거에 어떻게 했는지를 먼저 살펴본다. 이렇게 하면 다른 사람의 좋은 것을 배울 수 있을 뿐만 아니라, 주의해야 할 문제를 알아차릴 수도 있다. 그런 뒤 그것을 더 잘 해결한다.

★ 遇到问题时，聪明的人总是:

★ 문제에 부딪혔을 때 똑똑한 사람은 항상:

A 了解情况
B 不害怕出错
C 向别人学习

A 상황을 파악한다
B 잘못되는 것을 두려워하지 않는다
C 다른 사람에게서 배운다

해설 질문과 똑같이 聪明的人总是로 표현된 부분을 살펴보면, 바로 뒤에서 '先看看别人过去是怎么做的(다른 사람은 과거에 어떻게 했는지를 먼저 살펴본다)라고 했다. 따라서 보기 C와 같이 다른 사람을 보고 배운다(向别人学习)라는 의미이므로 정답은 C이다.

단어 遇到 yùdào 圄 만나다 | 问题 wèntí 圆 문제 | 时 shí 圆 때, 시기 | 聪明 cōngming 圈 똑똑하다, 총명하다 | 总是 zǒngshì 圄 항상, 늘 | 会 huì 조용 ~일 것이다 | 先 xiān 圄 먼저 | 别人 biérén 圆 남, 타인 | 过去 guòqù 圆 과거 | 是…的 shì…de ~이다(이미 발생한 동작의 시간·장소·방식 등을 강조) | 怎么 zěnme 圙 왜, 어째서 | 做 zuò 圄 하다 | 这样 zhèyàng 圙 이렇게, 이러한 | 不但…还 búdàn…hái 圙 ~뿐만 아니라 | 能 néng 조용 ~할 수 있다 | 学习 xuéxí 圄 학습하다 | 地方 dìfang 圆 부분 | 可以 kěyǐ 조용 ~할 수 있다 | 发现 fāxiàn 圄 발견하다, 알아차리다 | 需要 xūyào 圄 필요하다 | 注意 zhùyì 圄 주의하다 | 然后 ránhòu 圙 그런 후에 | 更 gèng 圄 더욱 | 地 de (형용사 혹은 일부 양사 뒤에 놓여) ~하게 | 解决 jiějué 圄 해결하다 | 了解 liǎojiě 圄 자세히 알다 | 情况 qíngkuàng 圆 상황 | 害怕 hàipà 圄 두려워하다 | 出错 chūcuò 圄 실수하다 | 向 xiàng 전 ~을, ~로부터

p. 231

你看过《百家姓》这本书吗？它主要介绍了中国人的姓。虽然叫'百家姓'，但其实中国人的姓比书中介绍的更多。	너 「백가성」이 책 본 적 있어? 주로 중국인의 성씨를 소개했어. '백가성'이라고 하지만 사실 중국인의 성씨는 책에서 소개한 것보다 훨씬 많아.
★《百家姓》介绍了:	★「백가성」이 소개한 것은:
A 中国文化 B 中国人的姓 C 哪个姓最多	A 중국 문화 **B 중국인의 성씨** C 어느 성씨가 가장 많은가

해설 이 책이 소개한 내용에 대하여 '主要介绍了中国人的姓(주로 중국인의 성씨를 소개했어)'이라고 명시했다. 따라서 정답은 B이다. 실제로 중국인의 성씨는 책에서 소개한 것보다 훨씬 많다고 덧붙였지만 보기 C의 내용이 이 책에 소개되었다고는 판단할 수 없다.

단어 **过** guo 죄 ~한 적이 있다 | **百家姓** Bǎijiāxìng (서명) 백가성 [성자(姓字)를 모아, '赵钱孙李, 周吴郑王'과 같이 사자구(四字句)로 압운(押韻)하여 엮은 책] | **本** běn 양 권(책을 세는 양사) | **书** shū 명 책 | **主要** zhǔyào 부 주로, 대부분 | **介绍** jièshào 동 소개하다 | **中国人** zhōngguórén 명 중국인 | **姓** xìng 명 성, 성씨 | **虽然…但…** suīrán…dàn… 접 비록 ~할지라도 그러나 ~하다 | **叫** jiào 동 ~라고 하다 | **其实** qíshí 부 사실은 | **比** bǐ 전 ~보다 | **中** zhōng 명 중, 가운데 | **更** gèng 부 더욱 | **中国** Zhōngguó 명 중국 | **文化** wénhuà 명 문화 | **哪个** nǎge 대 어느 것 | **最** zuì 부 가장, 제일

阅读 실전 모의고사

제1부분

✓ 정답	41. D	42. C	43. A	44. B	45. F
	46. B	47. A	48. D	49. E	50. C

[41–45]

A 很简单，你一定拿错了。	A 간단해. 네가 분명 잘못 가져간 거야.
B 是啊，我发现大家现在出门都很少带钱了。	B 맞아. 모두 이제 외출할 때도 돈을 잘 안 갖고 다니더라.
C 人越多越有意思。	C 사람이 많을수록 재미있지.
D 这主要原因是那里的学习环境不错。	D 이건 주로 그곳의 공부 환경이 좋기 때문이야.
E 当然，先坐地铁，再换出租车。	E 물론이지. 우선 지하철을 타고, 다시 택시로 갈아타.
F 你对什么比较感兴趣？	F 너는 무엇에 비교적 관심이 있어?
例如：你知道怎么去那儿吗？（ E ）	예: 너는 그곳에 어떻게 가는지 아니? (E)

단어 简单 jiǎndān 휑 간단하다, 단순하다 | 一定 yídìng 휑 반드시, 필히, 꼭 | 拿 ná 동 (손으로) 가지다, 쥐다, 잡다 | 错 cuò 휑 잘못하다, 틀리다 | 发现 fāxiàn 동 발견하다, 알아차리다 | 出门 chūmén 동 외출하다 | 带 dài 동 (몸에) 휴대하다, 지니다 | 钱 qián 휑 돈 | 越 yuè 뷔 점점 ~하다, ~할수록 ~하다 | 有意思 yǒuyìsi 휑 재미있다 | 主要 zhǔyào 휑 주요한, 주된 | 原因 yuányīn 휑 원인 | 学习 xuéxí 동 공부하다, 배우다 | 环境 huánjìng 휑 환경 | 不错 búcuò 휑 좋다, 알맞다 | 当然 dāngrán 휑 당연하다 | 先 xiān 뷔 먼저 | 坐 zuò 동 (교통수단을) 타다 | 地铁 dìtiě 휑 지하철 | 再 zài 뷔 또, 다시 | 换 huàn 동 바꾸다 | 出租车 chūzūchē 휑 택시 | 对 duì 젠 ~에 대하여 | 比较 bǐjiào 뷔 비교적 | 感兴趣 gǎn xìngqù 흥미를 느끼다

---

41 很多人选择去图书馆学习。   많은 사람들이 도서관에 가서 공부하는 것을 선택해. (D)

p. 232   **해설** 우선 '学习'가 공통적으로 들어간 보기 D를 주목해서 살펴볼 필요가 있다. '去图书馆学习(도서관에 가서 공부하는 것)'과 D의 '(그곳의 공부 환경)'은 공통된 화제를 지칭하고 있으므로 정답은 D이다. 즉 문제 문장에 대해 보기 D에서 사람들이 도서관을 선택하는 '주된 이유(主要原因)'는 '공부 환경이 좋기 때문'이라고 이유를 설명하고 있다.

    단어 选择 xuǎnzé 동 선택하다 | 图书馆 túshūguǎn 휑 도서관

---

42 我的一个邻居星期天也想和我们一起骑车。   우리 이웃 한 사람이 일요일에도 우리와 함께 자전거를 타고 싶어 해. (C)

p. 232   **해설** '邻居(이웃)', '和我们一起(우리와 함께)'라고 사람이 언급되므로 우선 보기 C에서 말한 人이 지칭하는 대상이 누구인지 생각해 볼 수 있는데, '人越多越有意思(사람이 많을수록 더 재미있다)'의 의미는 바로 자전거를 함께 타는 사람이 많을수록 더 재미있다는 것으로 유추할 수 있다. 따라서 정답은 C다.

    단어 邻居 línjū 휑 이웃 | 星期天 xīngqītiān 휑 일요일 | 也 yě 뷔 ~도, 역시 | 想 xiǎng 조동 ~하고 싶다 | 和 hé 젠 ~와 | 一起 yìqǐ 같이, 더불어 | 骑 qí 동 (동물이나 자전거 등에 다리를 벌리고) 타다 | 骑车 qí chē 동 자전거를 타다

134

43

p. 232

回家后，我发现行李箱里的一件白衬衫不是我的。

집에 돌아간 뒤에 트렁크 안의 흰 셔츠가 내 것이 아니란 걸 알았어. (**A**)

해설 셔츠가 내 것이 아니란 것을 알아차렸다고 했고, 보기 A의 뒤 절에는 목적어가 생략되어 있다. 이 의미를 살펴보면 잘못 가져간(拿错了) 대상이 바로 '셔츠'라는 것을 유추할 수 있다. 즉 문제 문장과 보기 A가 공통된 화제에 대해 이야기하고 있는 하나의 연결된 문장인 것이다. 따라서 정답은 A이다.

단어 回家 huíjiā 图 집에 가다 | 后 hòu 명 뒤 | 发现 fāxiàn 图 발견하다. 알아차리다 | 行李箱 xínglǐxiāng 명 트렁크, 짐 가방 | 里 lǐ 명 안 | 的 de 조 ~의 | 件 jiàn 양 벌(옷을 세는 양사) | 白 bái 형 하얗다. 희다 | 衬衫 chènshān 명 셔츠, 블라우스

44

p. 232

还是信用卡方便，商店、宾馆哪儿都能用。

그래도 신용카드가 편해. 상점. 호텔 어디에서든 쓸 수 있어. (**B**)

해설 신용카드의 편의성에 대해 말하고 있으므로, B에서 언급한 '钱(돈)'을 공통된 화제나 같은 범주로 생각해볼 수 있다. B의 내용 역시 카드가 편리하여 '现在出门都很少带钱(이제 외출 시 돈을 잘 갖고 다니지 않음)'에 동의하는 것으로 볼 수 있다. 따라서 정답은 B이다.

단어 还是 háishi 부 여전히, 그래도 | 信用卡 xìnyòngkǎ 명 신용카드 | 方便 fāngbiàn 형 편리하다 | 商店 shāngdiàn 명 상점 | 宾馆 bīnguǎn 명 호텔 | 哪儿 nǎr 대 어디 | 都 dōu 부 모두 | 能 néng 조동 ~할 수 있다 | 用 yòng 图 사용하다

45

p. 232

我喜欢唱歌和跳舞。

나는 노래와 춤추는 것을 좋아해. (**F**)

해설 자신이 좋아하는 것이 무엇인지 말하고 있으므로, 보기 F의 什么를 사용한 물음(무엇에 관심이 있는가)에 대한 대답임을 알 수 있다. 따라서 정답은 F이다.

단어 喜欢 xǐhuan 图 좋아하다 | 唱歌 chànggē 图 노래 부르다 | 和 hé 접 ~과(와) | 跳舞 tiàowǔ 图 춤추다

[46-50]

A 是啊，老师也跟我说过他在学习上的变化。	A 그래. 선생님께서도 그의 학습상의 변화를 나에게 말씀하신 적이 있어.
B 昨天我向小王借了辆自行车。	B 어제 나는 샤오왕에게 자전거 한 대를 빌렸어.
C 里面有个词我也不明白，我先查查词典。	C 그중 한 단어는 나도 모르겠어. 우선 사전을 좀 찾아볼게.
D 夏天白天是时间长，8点天才会黑。	D 여름은 낮 시간이 길어, 여덟 시나 되어야 어두워져.
E 你回来的时候楼下的超市关门了吗?	E 너 돌아올 때 아래층의 슈퍼마켓 문 닫았어?

단어 跟 gēn 전 ~와(과) | 过 guo 조 ~한 적이 있다 | 学习 xuéxí 명 학습. 공부 | 变化 biànhuà 명 변화 | 昨天 zuótiān 명 어제 | 向 xiàng 전 ~을 향해서 | 借 jiè 图 빌리다 | 了 le 조 ~했다(완료를 나타냄) | 辆 liàng 양 대(차량 등을 세는 단위) | 自行车 zìxíngchē 명 자전거 | 里面 lǐmiàn 명 안. 안쪽 | 词 cí 명 단어 | 明白 míngbai 图 알다. 이해하다 | 先 xiān 부 먼저 | 查 chá 图 찾아보다. 조사하다 | 词典 cídiǎn 명 사전 | 夏天 xiàtiān 명 여름 | 白天 báitiān 명 대낮 | 时间 shíjiān 명 시간 | 天 tiān 명 날 | 才 cái 부 비로소. 그제서야 | 会 huì 조동 ~일 것이다 | 黑 hēi 형 어둡다 | 回来 huílái 图 돌아오다 | 时候 shíhou 명 때. 무렵 | 楼下 lóuxià 명 아래층. 일층 | 超市 chāoshì 명 슈퍼마켓 | 关门 guānmén 图 문을 닫다

46

p. 233

我上午记得还给他，他中午要骑。

내가 오전에는 잊지 않고 그에게 돌려줄 거야, 그가 점심 때 타야 하거든. (**B**)

해설 동사 '骑'의 목적어가 생략되어 있다. 骑는 동물이나 자전거, 오토바이 등에 다리를 벌리고 타는 동작을 뜻한다. 보기 B의 '借了辆自行车(자전거 한 대를 빌렸어)'를 근거로 생략된 목적어는 '자전거'이며, 또한 他는 小王을 가리킨다는 것을 알 수 있다. 따라서 정답은 B이며, 이는 문제 문장의 앞에 나오는 말임을 알 수 있다.

단어 上午 shàngwǔ 몡 오전 | 记得 jìde 통 기억하다 | 还给 huángěi 통 ~에게 돌려주다 | 中午 zhōngwǔ 몡 정오(낮 12시 전후) | 要 yào 조동 ~하려 한다, ~해야 한다 | 骑 qí 통 (동물이나 자전거 등에 다리를 벌리고) 타다

47

p. 233

你发现没有？儿子最近学习比以前认真多了。

당신 알아요? 아들이 요즘 공부를 전보다 더 열심히 해요. (**A**)

해설 '아들이 공부를 열심히 한다'는 내용과 의미상 연관된 것을 보기에서 찾아볼 수 있다. 보기 A에서 '他在学习上的变化(그의 학습상의 변화)'라고 언급하였으므로 공통된 화제인 '아들의 공부'로 이야기를 주고 받는 대화로 파악할 수 있다. 따라서 정답은 A이다.

단어 发现 fāxiàn 통 발견하다, 알아차리다 | 儿子 érzi 몡 아들 | 最近 zuìjìn 몡 최근 | 比 bǐ 전 ~보다 | 以前 yǐqián 몡 이전, 예전 | 认真 rènzhēn 혱 열심히 하다, 성실하다

48

p. 233

都7点了，太阳还没下山。

벌써 일곱 시야. 해가 아직 안 졌는데. (**D**)

해설 현재의 시간을 이야기하고 있으므로 똑같이 시간을 언급하는 보기 D를 먼저 살펴볼 필요가 있다. D에서 '8点天才会黑(여덟 시나 되어야 어두워진다)'라고 한 것은 '太阳还没下山(해가 아직 안 졌다)'과 같은 맥락의 이야기를 하는 것으로 파악된다. 따라서 정답은 D이다.

단어 都…了 dōu…le 벌써(이미) ~이다 | 点 diǎn 얭 시 | 太阳 tàiyáng 몡 태양 | 下山 xià shān 통 하산하다, 산을 내려오다

49

p. 233

我没注意，你要买什么东西吗？

신경 안 썼는데. 너 무슨 물건 사야 해? (**E**)

해설 买什么东西는 보기 E에서 언급한 超市(슈퍼마켓)라는 장소와 의미상 연관이 있다. 또한 没注意라는 대답은 '올 때 아래 층의 슈퍼마켓은 문을 닫는지' 묻는 것에 대해 '주의하지 않았기에 알지 못한다'는 뜻이다. 따라서 정답은 E다.

단어 注意 zhùyì 통 주의하다 | 要 yào 조동 ~하려 한다 | 买 mǎi 통 사다 | 东西 dōngxi 몡 물건

50

p. 233

这个句子是什么意思？你能给我讲讲吗？

이 문장은 무슨 뜻이야? 나한테 설명 좀 해줄 수 있어? (**C**)

해설 …是什么意思？라고 뜻이 무엇인지 묻고 있다. 보기 C의 '不明白(알지 못한다)'가 의미상 이에 대응하는 대답이 될 수 있다. 즉 문장의 뜻을 설명해주기 위해 단어의 뜻을 사전에서 찾아보겠다(查查词典)는 것으로 파악할 수 있다. 따라서 정답은 C다.

단어 句子 jùzi 몡 문장 | 意思 yìsi 몡 의미, 뜻 | 能 néng 조동 ~할 수 있다 | 给 gěi 전 ~에게 | 讲 jiǎng 통 설명하다, 이야기하다

[51–55]

A 半	B 聪明	A 절반, 30분	B 똑똑하다
C 哭	D 其它	C 울다	D 기타
E 声音	F 关	E 소리	F 끄다

例如: 他说话的(E)多好听啊！	예: 그가 말하는 (**E 소리**)는 얼마나 듣기 좋은지!

단어   半 bàn ㈜ 반, 절반 | 聪明 cōngming 톙 똑똑하다, 총명하다 | 哭 kū 屠 울다 | 其他 qítā 덴 기타, 다른 사람(사물) | 关 guān 屠 끄다, 닫다

51

p. 234

我们一边喝咖啡一边聊天儿，（ ）个小时很快就过去了。	우리 커피 마시면서 이야기하니, (**A 30분**)이 빠르게 지나가 버렸네.

해설   빈칸 뒤에 양사 个와 명사 小时가 있으므로 빈칸에 들어갈 단어는 수사가 될 수 있는데, 앞뒤의 문맥상 적절한 단어를 보기에서 찾으면 A의 '반, 절반'이라는 뜻의 수사 半이 정답이라는 것을 알 수 있다. 半个小时는 한 시간의 절반 즉, 30분을 뜻한다.

단어   一边…一边… yìbiān…yìbiān… ～하면서 ～하다 | 喝 hē 屠 마시다 | 咖啡 kāfēi 톙 커피 | 聊天(儿) liáotiān(r) 屠 잡담하다 | 半个小时 bàn ge xiǎoshí 30분 | 过去 guòqù 屠 지나가다

52

p. 234

你昨天走的时候是不是忘了（ ）空调?	너 어제 갈 때 에어컨 (**F 끄는**) 것을 잊은 거야?

해설   빈칸 뒤에 명사 空调가 있고, 빈칸 앞에는 '是不是忘了(～를 잊은 거야?)'라고 서술하고 있으므로 빈칸에는 空调를 목적어로 취하는 동사가 온다. 보기에서 '空调(에어컨)'와 호응할 수 있는 동사를 찾으면 '(전원 등을) 끄다'라는 뜻의 关이 적합하다. 따라서 정답은 F이다.

단어   昨天 zuótiān 톙 어제 | 走 zǒu 屠 가다 | 时候 shíhou 톙 때, 무렵 | 忘 wàng 屠 잊다 | 关 guān 屠 끄다, 닫다 | 空调 kōngtiáo 톙 에어컨

53

p. 234

她突然难过得（ ）了起来。	그녀는 갑자기 슬퍼서 (**C 울기**) 시작했다.

해설   빈칸 앞에 难过와 조사 得가 있는 것으로 보아 빈칸 및 뒷부분은 상태보어임을 알 수 있다. 起来라는 방향보어에서 파생된 의미로 '～하기 시작했다'라는 의미를 이루므로 빈칸에 들어갈 알맞은 의미의 동사를 찾으면 된다. 따라서 '울다'라는 뜻의 동사인 C 哭가 정답이다.

단어   突然 tūrán 톙 갑자기, 돌연히 | 难过 nánguò 톙 슬프다 | 得 de 卭 ～하는 정도가(술어 뒤에 쓰여 정도를 나타내는 보어를 연결) | 哭了起来 kūleqǐlái 울기 시작했다

研究发现，多吃鱼让人变得更（　　　）。

연구는 생선을 많이 먹는 것이 사람을 더욱 (**B 똑똑하게**) 만든다고 밝혔다.

해설 빈칸 앞에 정도부사 更이 있으므로 빈칸에는 형용사가 올 수 있다. 보기에서 문맥의 의미상 적절한 형용사를 찾으면 '똑똑하다'란 뜻의 聪明, 즉 B가 답이 된다.

단어 研究 yánjiū 몡 연구 | 发现 fāxiàn 동 나타내다 | 鱼 yú 몡 물고기, 생선 | 让 ràng 동 ~하라고 시키다, 만들다 | 变 biàn 동 변하다 | 得 de 조 ~하는 정도가(술어 뒤에 쓰여 정도를 나타내는 보어를 연결) | 更 gèng 뷔 더욱 | 聪明 cōngming 혱 똑똑하다, 총명하다

这个包只能放个手机，放不下（　　　）东西。

이 가방은 휴대전화 하나만 넣을 수 있네, (**D 다른**) 물건은 넣을 수가 없어.

해설 빈칸 앞에 동사 술어 부분 放不下가 있고 빈칸 뒤에는 명사 목적어 东西가 있다. 따라서 빈칸에는 관형어가 될 수 있는 단어가 올 수 있는데, '단지 ~만 넣을 수 있고, ~는 넣을 수 없다'라는 문맥에 근거하여 '기타, 다른'이라는 뜻의 대명사 其他가 온다. 따라서 정답은 D이다.

단어 包 bāo 몡 가방 | 只 zhǐ 뷔 단지, 오직 | 能 néng 조동 ~할 수 있다 | 放 fàng 동 넣다 | 手机 shǒujī 몡 휴대전화 | 放不下 fàngbuxià 넣을 수 없다 | 其他 qítā 대 기타, 다른 사람(사물) | 东西 dōngxi 몡 물건

[56-60]

A 跟	B 满意
C 突然	D 爱好
E 然后	F 要求

A ~과/와	B 만족하다
C 갑자기	D 취미
E 그런 뒤에	F 요구

例如: A : 你有什么（ D ）?	예: A : 너는 무슨 (**D 취미**)가 있어?
B : 我喜欢运动。	B : 난 운동을 좋아해.

단어 跟 gēn 전접 ~와(과) | 满意 mǎnyì 혱 만족하다 | 突然 tūrán 뷔 갑자기 | 爱好 àihào 몡 취미 | 然后 ránhòu 접 그런 뒤에 | 要求 yāoqiú 몡동 요구(하다)

A: 他回答得怎么样?
B: 很不错，我对他很（　　　）。

A : 그의 대답은 어땠나요?
B : 아주 좋아요, 나는 그에게 (**B 만족해요**).

해설 빈칸 앞에 정도부사 很이 있고, 빈칸 뒤에 목적어가 없으므로 빈칸에 들어갈 단어의 품사는 형용사이다. 대화의 문맥상 적절한 형용사는 '만족하다, 만족스럽다'라는 뜻의 B 满意이다.

단어 回答 huídá 동 대답하다 | 得 de 조 ~하는 정도가(술어 뒤에 쓰여 정도를 나타내는 보어를 연결) | 怎么样 zěnmeyàng 대 어떠하다 | 不错 búcuò 혱 괜찮다, 좋다 | 对 duì 전 ~에 대하여 | 满意 mǎnyì 혱 만족하다, 만족스럽다

57

p. 235

A: 我这次考试考得一般，不太满意。

B: 你对自己的（　　　）太高了，考试当天还发高烧了嘛。

A : 나 이번 시험을 보통으로 봐서 그다지 만족스럽지 않아.

B : 넌 스스로에 대한 (**F 요구**)가 너무 높아. 시험 당일에 고열도 났잖아.

해설 빈칸 뒤에 술어가 있으므로 빈칸은 주어 역할을 한다. 빈칸에 들어갈 단어의 품사는 '对自己的(자신에 대한)'라는 관형어의 수식을 받는 명사이다. 문맥에 근거하여 보기에서 가장 적절한 의미의 명사인 F '요구'이다.

단어 这次 zhècì 데 이번 | 考试 kǎoshì 몡 시험 | 考 kǎo 동 시험을 치르다, 보다 | 得 de 조 ~하는 정도가(술어 뒤에 쓰여 정도를 나타내는 보어를 연결) | 一般 yìbān 톙 보통이다, 일반적이다 | 满意 mǎnyì 톙 만족스럽다 | 对 duì 젠 ~에 대하여 | 自己 zìjǐ 데 자신 | 要求 yāoqiú 몡 요구 | 太…了 tài…le 너무 ~하다 | 当天 dàngtiān 몡 당일, 그날 | 还 hái 뷔 게다가, 더욱 | 发高烧 fā gāoshāo 고열이 나다 | 嘛 ma 조 문장 끝에서 뚜렷한 사실을 강조하는 어기를 나타냄

58

p. 235

A: 我是不是影响你工作了？

B: 没有，我在为上午的事情生气呢，（　　　）你没关系。

A : 내가 네 일에 지장을 준 건 아니야?

B : 아니, 나 오전의 일 때문에 화가 나 있는 거지. 너(**A 와**) 상관없어.

해설 빈칸 뒤에 인칭대명사와 함께 술어 没关系가 있으므로, 빈칸에 들어갈 단어의 품사는 전치사이다. 关系는 주로 대상을 이끄는 전치사 跟과 함께 쓰여 '~와 관계가 있다'라는 뜻을 나타내므로 정답은 A가 된다.

단어 影响 yǐngxiǎng 동 영향을 미치다 | 工作 gōngzuò 몡 일 | 在 zài 뷔 ~하고 있다 | 为 wèi 젠 ~때문에 | 事情 shìqing 몡 일 | 生气 shēngqì 동 화내다 | 呢 ne 조 진행이나 지속의 어감을 강조 | 跟 gēn 젠 ~와(과) | 没关系 méiguānxi 관계가 없다, 문제없다, 괜찮다

59

p. 235

A: 工作终于结束了，我们一起出去吃个饭吧。

B: 好啊，先去吃饭，（　　　）去看个电影，怎么样？

A : 일이 드디어 끝났네. 우리 같이 나가서 밥 먹자.

B : 좋아. 먼저 밥 먹고, (**E 그 다음에**) 영화 보러 가는 게 어때?

해설 빈칸 앞의 절에서 동작의 선후 관계를 나타내는 접속사 先으로 우선하는 동작 吃饭을 이끌고 있다. 빈칸 뒤의 '看个电影'이라는 동작은 先과 호응하여 선후 관계를 나타내는 접속사가 필요하다. 따라서 빈칸에 들어갈 정답은 '그런 다음에'라는 뜻의 접속사 E 然后이다.

단어 工作 gōngzuò 몡 일, 업무 | 终于 zhōngyú 뷔 마침내, 결국 | 结束 jiéshù 동 끝나다, 마치다 | 啊 a 조 문장 끝에 쓰여 감탄 · 찬탄을 나타냄 | 先 xiān 뷔 먼저, 우선 | 然后 ránhòu 접 그 다음에, 그리고 나서 | 电影 diànyǐng 몡 영화 | 怎么样 zěnmeyàng 데 어떻다, 어떠하다

60 p. 235

A: 车怎么（　　　　）不走了?
B: 路中间跑来一只猫，我们让它先过去吧。

A : 차가 왜 (**C 갑자기**) 안 가?
B : 길 가운데로 고양이 한 마리가 달려왔어, 우리 고양이 먼저 지나가게 하자.

해설　빈칸 뒤에 술어 不走了가 있고, 빈칸 앞에는 车가 주어 역할을 하고 있다. 따라서 빈칸에는 부사어가 들어갈 수 있다. '차는 어째서 ~ 가지 않는가?'라는 문맥상 빈칸에 들어갈 단어는 '갑자기'라는 뜻의 부사이다. 따라서 정답은 C이다.

단어　车 chē 몡 차 | 怎么 zěnme 때 어떻게, 어째서, 왜 | 突然 tūrán 튄 갑자기, 돌연히 | 走 zǒu 가다 | 路 lù 몡 길 | 中间 zhōngjiān 몡 가운데, 중간 | 跑来 pǎolái 동 달려오다 | 只 zhī 몡 마리(동물을 세는 단위) | 猫 māo 몡 고양이 | 让 ràng 동 ~하라고 시키다, 만들다 | 它 tā 때 그, 그것(사람 이외의 것을 나타냄) | 先 xiān 튄 먼저 | 过去 guòqù 동 지나가다 | 吧 ba 조 ~하자(제의)

제3부분

✓ 정답	61. A	62. C	63. B	64. B	65. A
	66. B	67. C	68. C	69. A	70. A

---

61 p. 236

每次经过他家门口的时候，我几乎都能看到他的那只小猫在树上睡觉。

그의 집 앞을 지날 때마다 나는 그의 새끼 고양이가 나무 위에서 자는 것을 거의 볼 수 있었다.

★ 那只猫经常在哪儿睡觉?

★ 그 고양이는 자주 어디에서 자는가?

A 树上　　B 椅子上　　C 办公室

A 나무 위　　B 의자 위　　C 사무실

해설　키워드인 '그 고양이(那只猫)'에 대해 자주 어디에서 자는지 자는 장소에 대해 물었다. 마지막 부분에서 거의 늘 '在树上睡觉(나무 위에서 자는 것)'을 볼 수 있었다라고 했으므로 정답은 A이다.

단어　每次 měicì 매번 | 经过 jīngguò 동 (장소, 시간 등을) 지나가다, 통과하다 | 门口 ménkǒu 몡 입구 | 时候 shíhou 몡 때, 무렵 | 几乎 jīhū 튄 거의 | 都 dōu 튄 모두 | 能 néng 조동 ~할 수 있다 | 看到 kàndao 동 보이다 | 只 zhī 양 마리(동물을 세는 단위) | 小猫 xiǎomāo 새끼 고양이 | 树 shù 몡 나무 | 睡觉 shuìjiào 동 자다 | 经常 jīngcháng 튄 자주, 종종 | 椅子 yǐzi 몡 의자 | 办公室 bàngōngshì 몡 사무실

---

62 p. 236

熊猫电影院是我们市非常有名的一家电影院，很多人都喜欢来这里看电影，周末经常买不到票。

판다 영화관은 우리 시에서 아주 유명한 영화관으로, 많은 사람들이 이곳에 와서 영화 보는 것을 좋아해서 주말에는 자주 표를 살 수 없다.

★ 那家电影院:

★ 그 영화관은:

A 比较大
B 里面住着三只熊猫
C 周末买票不容易

A 꽤 크다
B 안에 세 마리 판다가 살고 있다
C 주말은 표를 사는 것이 쉽지 않다

해설　판다 영화관은 유명해서 사람들이 즐겨 찾기 때문에 '周末经常买不到票(주말에는 자주 표를 살 수 없다)'라고 했다. 이 말은 곧 주말에는 표를 사는 것이 쉽지 않다는 것과 같은 의미이므로 정답은 C가 된다. 영화관의 크기는 알 수 없으므로 A는 답이 아니다.

단어 熊猫 xióngmāo 몡 판다 | 电影院 diànyǐngyuàn 몡 영화관 | 市 shì 몡 시 | 有名 yǒumíng 혱 유명하다 | 家 jiā 양 집·상점·회사 등을 세는 단위 | 电影 diànyǐng 몡 영화 | 周末 zhōumò 몡 주말 | 经常 jīngcháng 凰 자주, 종종 | 买不到 mǎibudào 살 수 없다 | 票 piào 몡 표, 티켓 | 比较 bǐjiào 凰 비교적 | 里面 lǐmiàn 몡 안, 안쪽 | 住 zhù 동 살다 | 着 zhe 조 ~하고 있다, ~해 있다(동작이나 상태의 지속을 나타냄) | 只 zhī 양 마리(동물을 세는 단위) | 容易 róngyì 혱 쉽다

63

p. 236

刷牙看起来是一件小事，但其实也是一件影响健康的"大事"，所以我们每天都应该好好刷牙。

양치질은 보기에는 사소한 일이지만 사실은 건강에 영향을 미치는 '큰일'이기도 하다. 그래서 우리는 매일 이를 잘 닦아야 한다.

★ 这段话主要想告诉我们:

A 饭后要散步
B 刷牙很重要
C 刷牙其实很简单

★ 이 글이 우리에게 주로 말하고자 하는 것은:

A 식사 후 산책을 해야 한다
B 양치질은 중요하다
C 양치질은 사실 간단하다

해설 양치질은 사소해 보이지만 건강과 관련된 '큰일("大事")'이라고 하며 '但其实(하지만 실은)'라는 표현으로 역설하였다. 따라서 보기 B의 刷牙很重要(양치질은 중요하다)는 이 글의 주제와 일맥상통한다고 볼 수 있으므로 정답이다.

단어 刷牙 shuāyá 동 이를 닦다 | 看起来 kànqǐlái 보아하니, 보기에 | 件 jiàn 양 별, 건(옷이나 일, 사건 등을 세는 양사) | 小事 xiǎoshì 몡 사소한 일 | 但 dàn 접 그러나, 그렇지만 | 其实 qíshí 凰 사실은 | 影响 yǐngxiǎng 동 영향을 미치다 | 健康 jiànkāng 몡 건강 | 大事 dàshì 몡 큰일 | 所以 suǒyǐ 접 그리하여 | 每天 měitiān 몡 매일 | 应该 yīnggāi 조동 마땅히 ~해야 한다 | 好好 hǎohǎo 凰 잘, 충분히 | 段 duàn 양 단락(사물의 한 부분) | 话 huà 몡 이야기, 고사 | 主要 zhǔyào 凰 주로 | 想 xiǎng 조동 ~하고 싶다 | 告诉 gàosu 동 알려주다 | 饭 fàn 몡 밥 | 后 hòu 몡 뒤 | 要 yào 조동 ~해야 한다 | 散步 sànbù 동 산책하다 | 重要 zhòngyào 혱 중요하다 | 简单 jiǎndān 혱 간단하다

64

p. 236

我的生日是2月29号，虽然每4年只能过一次，但我还是很高兴。因为每次我的生日那天朋友们都过来为我过生日。

내 생일은 2월 29일인데, 비록 4년마다 한 번밖에 할 수 없지만 그래도 기쁘다. 매번 내 생일날 친구들이 모두 내 생일을 위해서 오기 때문이다.

★ 说话人的生日有什么特别的?

A 和妈妈是一天
B 每4年只有一次
C 能收到一份特别的礼物

★ 화자의 생일은 어떤 특별한 것이 있는가?

A 엄마와 같은 날이다
B 4년마다 단 한 번만 있다
C 특별한 선물을 받을 수 있다

해설 화자의 생일은 4년에 한 번뿐인 2월 29일이라고 했고, 생일에 모든 친구들이 온다고 했다. 每4年只能过一次(4년마다 한 번만 지낼 수 있다)는 B의 每4年只有一次(4년마다 단 한 번만 있다)와 의미상 일치하므로 정답은 B이다. 친구들이 온다고 했을 뿐 선물에 대해선 언급하지 않았으므로 C는 답이 아니다.

단어 生日 shēngrì 몡 생일 | 月 yuè 몡 달, 월 | 号 hào 몡 일, 날 | 虽然…但… suīrán…dàn… 접 비록 ~할지라도 그러나 ~하다 | 每 měi 때 매 | 年 nián 몡 해, 년 | 只 zhī 凰 단지 | 能 néng 조동 ~할 수 있다 | 过 guò 동 보내다 | 次 cì 양 번, 차례, 회 | 还是 háishi 凰 여전히, 그래도 | 因为 yīnwèi 접 왜냐하면 | 每次 měicì 매번 | 过来 guòlái 동 오다 | 为 wèi 전 ~을 위하여 | 特别 tèbié 혱 특별하다, 특이하다 | 和 hé 전 ~와(과) | 一天 yìtiān 몡 같은 날 | 收到 shōudào 동 받다 | 份 fèn 양 선물이나 감정 등을 세는 양사 | 礼物 lǐwù 몡 선물

65

p. 237

你去北京可以看到街道上有很多黄色的自行车，这被人们叫做"小黄车"。这些自行车是公共的，不但方便而且很便宜，一骑才一元钱。

당신이 베이징에 가면 거리에 노란색 자전거가 많이 있는 것을 볼 수 있는데, 이것은 사람들에게 '작은 노란 차'라고 불린다. 이 자전거들은 공공의 것으로, 편리할 뿐만 아니라 값도 싸서, 한 번 타는 데 겨우 1위안이다.

★ "小黄车"：

A 比较便宜
B 容易坏
C 是红色的

★ '작은 노란 차'는:

A 비교적 싸다
B 고장 나기 쉽다
C 빨간색이다

해설 키워드인 '작은 노란 차'에 대해 서술한 부분의 주된 뜻은 '편리하고 싸다'이다. 따라서 정답은 A이다. 고장에 대해서는 알 수 없는 내용이므로 B는 답이 아니고, 이름에서 노란색임을 알 수 있으므로 C 역시 답이 아니다.

단어 北京 Běijīng 지명 베이징 | 可以 kěyǐ 조동 ~할 수 있다 | 看到 kàndao 동 보다 | 街道 jiēdào 명 거리 | 黄色 huángsè 명 노란색 | 自行车 zìxíngchē 명 자전거 | 被 bèi 전 ~에 의하여(피동을 나타냄) | 叫做 jiàozuò 동 (이름이) ~이다, ~라고 부르다 | 公共 gōnggòng 형 공공의, 공용의 | 不但…而且… búdàn…érqiě… 접 ~일 뿐만 아니라 게다가 ~하다 | 方便 fāngbiàn 형 편리하다 | 便宜 piányi 형 싸다 | 骑 qí 동 (동물이나 자전거 등에 다리를 벌리고) 타다 | 才 cái 부 겨우 | 一元钱 yī yuánqián 1위안 | 比较 bǐjiào 부 비교적 | 容易 róngyì 형 ~하기 용이하다 | 坏 huài 형 고장 나다 | 红色 hóngsè 명 빨간색

66

p. 237

今天葡萄一公斤9.50块。左边的9意思是9块，中间的5是五角，右边的0是零分。

오늘 포도 1킬로그램에 9.5위안이에요. 왼쪽의 9는 9위안이라는 것이고, 가운데의 5는 5마오, 오른쪽의 0은 0펀이에요.

★ 这段话最可能发生在：

A 图书馆　　　B 商店　　　C 公园

★ 이 글이 가장 있을 법한 곳은:

A 도서관　　　**B 상점**　　　C 공원

해설 이 글이 어떤 장소에서 있을 수 있는지 내용을 통해 장소를 유추해야 한다. 포도 1킬로그램의 가격을 말하고, 금액의 단위를 설명하고 있으므로 보기 중 적절한 장소는 B 商店(상점)이다.

단어 葡萄 pútáo 명 포도 | 公斤 gōngjīn 양 킬로그램(kg) | 块 kuài 양 위안(중국 화폐 단위) | 左边 zuǒbian 명 왼쪽 | 意思 yìsi 명 의미, 뜻 | 中间 zhōngjiān 명 가운데, 중간 | 角 jiǎo 양 쟈오(중국 화폐 단위) | 右边 yòubian 명 오른쪽 | 零 líng 수 0, 영 | 分 fēn 양 펀(중국 화폐 단위, 1分은 1元의 100분의 1) | 段 duàn 양 단락(사물의 한 부분) | 话 huà 명 이야기, 고사 | 最 zuì 부 가장, 제일 | 可能 kěnéng 형 가능하다 | 发生 fāshēng 동 생기다, 발생하다 | 在 zài 전 ~에, ~에서 | 图书馆 túshūguǎn 명 도서관 | 商店 shāngdiàn 명 상점 | 公园 gōngyuán 명 공원

67

p. 237

如果你经常坐公共汽车或地铁，那你办一张交通卡比较方便。因为只要有这张卡，上下公共汽车或地铁时，刷一次卡就可以了，不用每次购买车票。

당신이 버스나 지하철을 자주 탄다면 교통카드를 발급받는 것이 비교적 편리하다. 이 카드만 있으면 버스나 지하철을 타고 내릴 때, 카드를 한 번만 긁으면 되고 매번 승차권을 구입할 필요가 없기 때문이다.

★ 办交通卡：

A 不用看手表
B 不便宜
C 比较方便

★ 교통카드를 발급하는 것은:

A 시계를 볼 필요가 없다
B 싸지 않다
C 비교적 편리하다

해설 키워드인 '교통카드를 발급하다(办交通卡)'는 첫 번째 문장에서 比较方便이라고 서술했다. 따라서 이와 일치하는 C가 정답이다. 금액에 대해서는 언급하지 않았으므로 B는 답이 아니며, 매번 승차권을 구입할 '필요가 없다'고 하였지 시계를 볼 '필요가 없다'가 아니므로 A 역시 답이 아니다.

단어 如果 rúguǒ 접 만약 | 经常 jīngcháng 부 자주, 종종 | 坐 zuò 동 (교통수단을) 타다 | 公共汽车 gōnggòngqìchē 명 버스 | 或 huò 접 혹은 | 地铁 dìtiě 명 지하철 | 办 bàn 동 마련하다, 구입하다, 처리하다 | 张 zhāng 양 장(종이 등 넓은 표면을 가진 것을 세는 양사) | 交通 jiāotōng 명 교통 | 卡 kǎ 명 카드 | 比较 bǐjiào 부 비교적 | 方便 fāngbiàn 형 편리하다 | 因为 yīnwèi 접 왜냐하면 | 只要 zhǐyào 접 ~하기만 하면 | 上下 shàngxià 명 오르내리다 | 时 shí 명 때 | 刷卡 shuā kǎ 카드를 긁다 | 次 cì 명 번, 회, 차례 | 可以 kěyǐ 형 괜찮다 | 不用 búyòng ~할 필요 없다 | 每次 měicì 매번 | 购买 gòumǎi 동 사다, 구매하다 | 车票 chēpiào 명 차표 | 手表 shǒubiǎo 명 손목시계 | 便宜 piányi 형 싸다

68

p. 237

大家注意，你们把黑板上的7个词汇中选择5个写一段话，最少要写200字，我明天上课之前要检查你们的作业。

여러분 주목하세요. 여러분이 칠판에 있는 7개의 어휘 중 5개를 선택해서 이야기 한 단락을 쓰세요. 적어도 200자는 써야 해요. 내가 내일 수업하기 전에 여러분의 숙제를 검사하겠어요.

★ 说话人打算明天做什么？

★ 화자는 내일 무엇을 할 계획인가?

A 擦黑板
B 参加考试
C 检查作业

A 칠판을 닦는다
B 시험에 참가한다
C 숙제를 검사한다

해설 화자는 칠판에 제시된 단어로 이야기를 쓰라고 했고, 내일 수업 전에 검사한다(明天上课之前要检查)고 했다. 내일의 계획은 바로 숙제 검사이므로 C가 정답이다.

단어 大家 dàjiā 대 모두, 여러분 | 注意 zhùyì 동 주의하다 | 把 bǎ 전 ~을, ~를(목적어를 동사 앞으로 끌어내어 처리나 변화를 나타냄) | 黑板 hēibǎn 명 칠판 | 词汇 cíhuì 명 어휘 | 选择 xuǎnzé 동 선택하다 | 写 xiě 동 쓰다 | 段 duàn 양 단락(사물의 한 부분) | 话 huà 명 이야기, 고사 | 最少 zuìshǎo 부 적어도, 최소한 | 要 yào 조동 ~해야 한다 | 字 zì 명 글자 | 上课 shàngkè 동 수업하다 | 之前 zhīqián 명 이전, ~의 전 | 要 yào 조동 ~하려 한다 | 检查 jiǎnchá 동 검사하다 | 作业 zuòyè 명 숙제 | 打算 dǎsuàn 동 ~할 계획이다, 생각이다 | 做 zuò 동 하다 | 擦 cā 동 (천, 수건 등으로) 닦다 | 参加 cānjiā 동 참가하다 | 考试 kǎoshì 명 시험

69

p. 237

我姐和她的男朋友谈了8年的恋爱，他们关系一直非常好。他们打算今年结婚，我为她真高兴。

우리 언니와 그녀의 남자친구는 8년 동안 연애했고, 그들은 항상 사이가 매우 좋다. 그들은 올해 결혼할 계획이어서, 나는 언니 때문에 정말 기쁘다.

★ 关于说话人的姐姐，可以知道什么？

★ 화자의 언니에 대해 알 수 있는 것은?

A 还没结婚
B 在银行工作
C 跟男朋友的关系不太好

A 아직 결혼하지 않았다
B 은행에서 일한다
C 남자친구와 사이가 별로 좋지 않다

해설 언니는 8년 사귄 남자친구와 올해 결혼할 계획이라고 했다. A의 还没结婚(아직 결혼하지 않았다)이 이와 일치하는 내용이므로 정답이 된다. 언니의 직업은 언급하지 않았으므로 답이 아니며, C는 상반되는 내용이므로 답이 아니다.

단어 姐 jiě 명 언니, 누나 | 和 hé 접 ~과(와) | 男朋友 nánpéngyou 명 남자친구 | 谈恋爱 tán liàn'ài 연애하다 | 关系 guānxi 명 관계 | 一直 yìzhí 부 줄곧, 계속해서 | 非常 fēicháng 부 매우 | 打算 dǎsuàn 동 ~할 생각이다 | 今年 jīnnián 명 올해 | 结婚 jiéhūn 동 결혼하다 | 为 wèi 전 ~때문에 | 真 zhēn 부 확실히, 참으로 | 高兴 gāoxìng 형 기쁘다, 즐겁다 | 关于 guānyú 전 ~에 관하여 | 可以 kěyǐ 조동 ~할 수 있다 | 银行 yínháng 명 은행 | 工作 gōngzuò 동 일하다 | 跟 gēn 접 ~와(과) | 不太 bútài 그다지, 별로 ~하지 않다

70

p. 237

姐，你站到中间去，爸，我看不见您的脸，您站在妈妈的右边，好，我准备照一下，大家笑一笑。

누나, 가운데로 가서 서세요. 아빠, 얼굴이 안 보여요. 엄마의 오른쪽에 서세요. 좋아요. 찍어볼게요. 모두 웃으세요.

★ 说话人正在做什么?

A 照相
B 喝茶
C 看报纸

★ 화자는 무엇을 하고 있는가?

A 사진을 찍는다
B 차를 마신다
C 신문을 본다

해설 마지막 부분에서 화자는 '我准备照一下，大家笑一笑(찍어볼게요, 모두 웃으세요)'라고 한 것으로 보아 현재 사진 찍는 동작을 하고 있는 것으로 파악할 수 있다. 따라서 정답은 A이다.

단어 姐 jiě 몡 언니, 누나 | 站 zhàn 동 서다 | 中间 zhōngjiān 몡 가운데, 중간 | 爸 bà 몡 아빠 | 看不见 kànbujiàn 보이지 않다 | 脸 liǎn 몡 얼굴 | 在 zài 전 ~에, ~에서 | 妈妈 māma 몡 엄마 | 右边 yòubian 몡 오른쪽 | 准备 zhǔnbèi 동 준비하다 | 照 zhào 동 사진 | 一下 yíxià 양 좀 ~하다(시도의 의미나 가벼운 어감을 나타냄) | 大家 dàjiā 대 모두, 여러분 | 笑 xiào 동 웃다 | 正在 zhèngzài 부 ~하고 있는 중이다 | 做 zuò 동 하다 | 照相 zhàoxiàng 동 사진을 찍다 | 喝 hē 동 마시다 | 茶 chá 몡 차 | 报纸 bàozhǐ 몡 신문

144

MEMO

쓰기 해설

제1부분 단어 배열하기
시크릿 기출 테스트 해설

제2부분 한자 쓰기
시크릿 기출 테스트 해설

실전 모의고사

제1부분 **단어 배열하기**

DAY 1

✓ 정답
1. 我打算送她一个生日礼物。
2. 我家的空调花了11000块。
3. 这个城市的变化很大。
4. 桌子上的那本历史书很旧。
5. 那个年轻人工作很努力。

01

p. 247

生日礼物　　我打算　　一个　　送她

我打算送她一个生日礼物。	나는 그녀에게 생일 선물 하나를 보내려고 한다.

해설　① [인칭대명사 + 동사] 구조인 '我打算(나는 ~할 계획이다)'을 문장 맨 앞에 배열한다.

② 동사(술어) '打算(~할 계획이다)'의 목적어는 동사구일 수 있다. 따라서 '送她(그녀에게 보내다)'를 목적어 자리에 배열한다.

③ '送她'의 대상은 명사이므로 '生日礼物(생일 선물)'를 '送她' 뒤의 직접목적어 자리에 배열하고, '一个(한 개)'는 '生日礼物'를 수식하는 것이므로 앞에 배열한다.

④　　我打算　　　　　送她　　　　一个　　　　生日礼物。
　　인칭대명사+동사　동사+인칭대명사　수사+양사　명사+명사

　　주어+술어　　　　　동사구 목적어

단어　打算 dǎsuàn 동 ~할 생각이다 | 送 sòng 동 주다 | 个 gè 양 개 | 生日 shēngrì 명 생일 | 礼物 lǐwù 명 선물

02

p. 247

花了　　11000块　　我家的空调

我家的空调花了11000块。	우리 집의 에어컨은 11000위안이다.

해설　① 단어 뒤에 '了(~했다)'가 있으면 동사이므로 '花了(썼다)'를 술어 자리에 배열한다.

② 술어 '花了(썼다)'의 대상은 돈 혹은 시간이므로 '11000块(11000위안)'를 목적어 자리에 배열한다.

③ 명사인 '我家的空调(우리 집 에어컨)'는 주어 자리에 배열한다.

④　　我家的空调　　　　花了　　　11000块。
　　인칭대명사+명사+조사+명사　동사+조사　수사+명사

　　　　주어　　　　　　술어　　　목적어

단어　空调 kōngtiáo 명 에어컨 | 花 huā 동 (시간, 돈) 쓰다 | 了 le 조 ~했다(완료를 나타냄) | 块 kuài 양 위안[중국 화폐 단위]

03

p. 247

这个城市的　　很　　变化　　大

这个城市的变化很大。　　　　　　　　　　　| 이 도시의 변화는 크다.

해설　① 형용사 '大(크다)'를 술어 자리에 배열한다.

② 정도부사 '很(매우)'은 술어 '大(크다)' 앞에 배열한다.

③ 명사 '变化(변화)'는 주어 자리에 배열하고 수식어 '这个城市的(이 도시의)'를 그 앞에 배열한다.

④　　　这个城市的　　　变化　　　很　　　　大。

　　　지시대명사+명사+조사　　명사　　부사　　형용사

　　　　　주어　　　　　　부사어　　술어

단어　城市 chéngshì 명 도시 | 变化 biànhuà 명 변화

04

p. 247

那本　　桌子上的　　很旧　　历史书

桌子上的那本历史书很旧。　　　　　　　　| 탁자 위의 그 역사책은 매우 낡았다.

해설　① [정도부사 + 형용사] 구조인 '很旧(매우 낡았다)'를 술어 자리에 배열하고 전체 문장 구조가 형용사술어문이라는 것을 인지한다.

② 명사 '历史书(역사책)'는 주어 자리에 배열한다.

③ '桌子上的(탁자 위의)'와 '那本(그 (권))'은 모두 명사를 수식하는 성분으로 '那本'이 '历史书(역사책)'와 관계가 더 긴밀하므로 '桌子上的 + 那本'의 순서로 명사 앞에 배열한다.

④　　　桌子上的　　　　那本　　　　历史书　　　　很旧。

　　　명사+방위사+조사　지시대명사+양사　명사+명사　　부사+형용사

　　　　　관형어　　　　　　주어　　　　술어

단어　桌子 zhuōzi 명 탁자 | 本 běn 양 권(책을 세는 양사) | 旧 jiù 형 낡다, 오래되다 | 历史 lìshǐ 명 역사 | 书 shū 명 책

05

p. 247

那个　　工作　　年轻人　　很努力

那个年轻人工作很努力。　　　　　　　　　| 그 젊은이는 일을 매우 열심히 한다.

해설　① [정도부사 + 형용사] 구조인 '很努力(매우 열심이다)'를 술어 자리에 배열한다.

② '年轻人(젊은이)'을 주어 자리에 배열하고 수식어 '那个(그)'를 앞에 배열하자.

③ '很努力(매우 열심이다)'의 또 다른 주어는 '工作(일)'이며 이 문장은 '工作(주어) + 很努力(술어)'가 서술어 부분을 담당하는 주술서술어문이다.

④　　　那个　　　年轻人　　工作　　　很努力。

　　　지시대명사+양사　명사　　명사　　정도부사+형용사

　　　　　주어　　　　　　서술어(주어+술어)

단어　年轻人 niánqīngrén 명 젊은이 | 努力 nǔlì 형 노력하다 | 工作 gōngzuò 명 직업, 일

01

这条　长　了　白裤子　太

p. 247　　这条白裤子太长了。　　　　　　　　　　　이 하얀색 바지는 너무 길다.

해설　① 형용사 '长(길다)'을 서술어 자리에 배열한다.

② 정도부사 '太(너무)'를 형용사 앞에 배열하고 어기조사 '了'를 형용사 뒤에 배열한다.

③ 명사 '白裤子(흰 바지)'는 주어 자리에 배열하고 [지시대명사 + 양사] 구조인 '这条'를 명사 앞 관형어 자리에 배열한다.

④　　　这条　　　白裤子　　　太　　　长　　　了。
　　지시대명사+양사　형용사+명사　정도부사　형용사　조사
　　　관형어　　　　주어　　　부사어　술어

단어　条 tiáo 양 벌(옷, 하의를 세는 양사) | 白 bái 형 하얗다, 희다 | 裤子 kùzi 명 바지 | 太…了 tài…le 너무 ~하다 | 长 cháng 형 길다

02

这是　锻炼机会　一个　很好的

p. 247　　这是一个很好的锻炼机会。　　　　　　　이것은 단련할 수 있는 매우 좋은 기회이다.

해설　① [지시대명사 + 동사] 구조인 '这是(이것은 ~이다)'를 문장 맨 앞에 배열한다.

② 명사 '锻炼机会(단련할 수 있는 기회)'를 목적어 자리에 배열한다.

③ '一个(한 개)'와 '很好的(매우 좋은)'는 모두 명사를 수식하는 성분으로 일반적으로 [수사 + 양사 + 기타성분] 순으로 명사 앞에 배열한다.

④　　　这是　　　一个　　　很好的　　　锻炼机会。
　　지시대명사+동사　수사+양사　부사+형용사+조사　동사+명사
　　　주어+술어　　　　관형어　　　　목적어

단어　锻炼 duànliàn 동 단련하다 | 机会 jīhuì 명 기회

150

03

p. 247

她	带	忘了	护照

她忘了带护照。	그녀는 여권을 가져오는 것을 잊었다.

해설　① [동사 + 조사] 구조인 '忘了(잊어버리다)'를 술어 자리에 배열한다.

　　　② 술어 '忘了(잊어버리다)'의 목적어 자리에는 동사구가 올 수 있으므로 동사 '带(가져오다)'를 뒤에 쓰고, '带'의 대상인 '护照(여권)'를 그 뒤에 배열한다.

　　　③ 인칭대명사 '她(그녀)'를 주어 자리에 배열한다.

　　　④　　她　　　　忘了　　　带　　护照。

　　　　　인칭대명사　동사+조사　동사　명사

　　　　　　주어　　　　술어　　　목적어(동사구)

단어　忘 wàng 图 잊어버리다 | 了 le 㬈 ~했다(완료를 나타냄) | 带 dài 图 가져가다, 지니다 | 护照 hùzhào 뎽 여권

04

p. 247

花了	叔叔的	800块钱	太阳镜

叔叔的太阳镜花了800块钱。	삼촌의 선글라스는 800위안이다.

해설　① [동사 + 조사] 구조인 '花了(썼다)'를 술어 자리에 배열한다.

　　　② 술어 '花了(썼다)'의 대상은 돈 또는 시간이므로 돈을 나타내는 '800块钱(800위안)'을 목적어 자리에 배열한다.

　　　③ 명사 '太阳镜(선글라스)'을 주어 자리에, 수식어 '叔叔的(삼촌의)'는 명사 앞 관형어 자리에 배열한다.

　　　④　叔叔的　　太阳镜　　　花了　　　800块钱。

　　　　　명사+조사　　명사　　동사+조사　　수사+명사

　　　　　관형어　　　주어　　　술어　　　　목적어

단어　叔叔 shūshu 뎽 숙부, 아저씨 | 太阳镜 tàiyángjìng 뎽 선글라스 | 花 huā 图 (시간, 돈 등을) 쓰다 | 了 le 㬈 ~했다(완료를 나타냄) | 块钱 kuàiqián 뎽 위안(화폐 단위 元의 구어 표현)

05

p. 247

她	用铅笔写字	不	喜欢

她不喜欢用铅笔写字。	그녀는 연필로 글씨 쓰는 것을 좋아하지 않는다.

해설　① 인칭대명사 '她(그녀)'를 주어 자리에 배열한다.

　　　② 동사 '喜欢(좋아하다)'을 술어 자리에 배열한다.

　　　③ 부정부사 '不'는 부사어이므로 술어 앞에 배열하고 동사 '喜欢'의 대상인 동사구 '用铅笔写字(연필로 글씨를 쓰다)'를 목적어 자리에 배열한다.

　　　④　　她　　　不　　　喜欢　　　　用铅笔写字。

　　　　　인칭대명사　부사　　동사　　동사+명사+동사+명사

　　　　　　주어　　부사어　　술어　　　　목적어(동사구)

단어　喜欢 xǐhuan 图 좋아하다 | 用 yòng 图 사용하다 | 铅笔 qiānbǐ 뎽 연필 | 写 xiě 图 쓰다 | 字 zì 뎽 글자

DAY 3

01 写着　　他的　　黑板上　　名字

p. 253　　黑板上写着他的名字。　　｜　칠판 위에 그의 이름이 쓰여있다.

해설　① 동사와 조사가 결합된 '写着(쓰여있다)'를 술어 자리에 배열한다.
② 주어 자리에 장소에 해당하는 '黑板上(칠판 위)'을 배열하여 존현문을 만든다.
③ 술어 '写着(쓰여있다)'의 대상인 '名字(이름)'를 목적어 자리에 배열하고 수식어 '他的(그의)'를 명사 앞에 배열한다.
④　　黑板上　　　　写着　　　　　他的名字。
　　　명사+방위사　동사+조사　인칭대명사+조사+명사
　　　　주어　　　　술어　　　　　　목적어

단어　黑板 hēibǎn 몡 칠판 | 写 xiě 동 쓰다 | 着 zhe 조 ~해 있다(동작이나 상태의 지속을 나타냄) | 名字 míngzi 몡 이름

02 矮一点儿的　　请拿个　　椅子　　过来

p. 253　　请拿个矮一点儿的椅子过来。　　｜　조금 낮은 의자를 하나 가져오세요.

해설　① 요청을 나타내는 '请拿个(가져오세요)'를 문장 맨 앞에 배열한다.
② [동사 + 양사] 구조인 '拿个(가져오다)'의 대상이 되는 명사 '椅子(의자)'를 목적어로 배열한다.
③ '矮一点儿的(조금 낮은)'는 명사를 수식하는 성분이므로 '椅子' 앞에 배열하고, 동사 '过来(오다)'는 동작의 시간 순서에 따라 문장 맨 마지막에 배열한다.
④　　请拿个　　　　矮一点儿的　　　椅子　　　过来。
　　동사+동사+양사　형용사+양사+조사　　명사　　　동사
　　술어1+술어2　　　관형어　　　술어2의 목적어　술어3

단어　请 qǐng 동 청하다 | 拿 ná 동 잡다, 쥐다, 가지다 | 矮 ǎi 혱 (키가) 작다 | 一点儿 yìdiǎnr 앵 조금 | 椅子 yǐzi 몡 의자 | 过来 guòlái 동 오다

03

p. 253

盘子上	有	鱼	一条

盘子上有一条鱼。	쟁반 위에 생선 한 마리가 있다.

해설 ① 동사 '有(있다)'를 술어 자리에 배열한다.

② '一条(한 마리의)'는 명사 '鱼(생선)'를 수식하는 관형어이므로 명사 앞에 배열하며, 비한정 명사는 주어 자리에 배열하지 못하므로 목적어 자리에 배열한다.

③ '盘子上(쟁반 위)'을 주어 자리에 배열하여 존현문을 만든다.

④ 　盘子上　　　有　　　　一条　　　鱼。
　　명사+방위사　　동사　　수사+양사　명사
　　　주어　　　　술어　　　　목적어

단어 盘子 pánzi 몡 쟁반, 접시 | 有 yǒu 통 있다 | 条 tiáo 양 가늘고 긴 것을 세는 단위 | 鱼 yú 몡 물고기, 생선

04

p. 253

这儿	一双	有	筷子

这儿有一双筷子。	여기에 젓가락 한 벌이 있다.

해설 ① 동사 '有(있다)'를 술어 자리에 배열한다.

② '一双(한 쌍)'은 명사 '筷子(젓가락)'를 꾸며주는 수식어이므로 명사 앞에 배열하며, 비한정 명사는 주어 자리에 배열하지 못하므로 목적어 자리에 배열한다.

③ 장소 '这儿(이곳)'을 주어 자리에 배열하여 존현문을 만든다.

④ 　这儿　　　有　　　　一双　　　筷子。
　　지시대명사　　동사　　수사+양사　　명사
　　　주어　　　술어　　　　목적어

단어 这儿 zhèr 때 여기 | 有 yǒu 통 있다 | 双 shuāng 양 짝, 쌍 | 筷子 kuàizi 몡 젓가락

05

p. 253

带	妈妈	小狗	每天	散步	去公园

妈妈每天带小狗去公园散步。	엄마는 매일 강아지를 데리고 공원에 가서 산책을 한다.

해설 ① 명사 '妈妈(엄마)'를 주어 자리에 배열한다.

② 시간명사 '每天(매일)'을 주어 바로 뒤에 배열한다.

③ 둘 이상의 동사가 있는 연동문임을 인지하고, 시간의 순서대로 동사를 배열한다. 즉 산책을 나가는 과정을 생각하면 '강아지를 데리고', '공원에 가야', '산책을 할' 수 있으므로 '带(데려가다)'를 동사1 자리에, '去公园(공원에 가다)'을 동사2 자리에, '散步(산책하다)'를 동사3 자리에 배열한다.

④ '小狗(강아지)'는 '带(데려가다)'의 목적어 자리에 배열한다.

⑤ 妈妈　　每天　　带　　　小狗　　　去公园　　　散步。
　 명사　　명사　　동사1　목적어1　동사2+목적어2　동사3
　 주어　　부사어　　　　　　　　　술어

단어 每天 měitiān 몡 매일 | 带 dài 통 이끌다, 데리다 | 小狗 xiǎogǒu 몡 강아지 | 公园 gōngyuán 몡 공원 | 散步 sànbù 통 산책하다

✓ 정답

1. 超市里走出来一位老人。
2. 我用铅笔画出来了错的地方。
3. 你能借我看看地图吗?
4. 欢迎你来我们家做客。
5. 冰箱里放着一瓶可乐。

01

p. 253

超市里　　走　老人　　一位　　出来

超市里走出来一位老人。	슈퍼에서 한 노인이 걸어 나왔다.

해설 ① 동사 '走(걷다)'를 술어 자리에 배열하고 '出来'를 동사 뒤 보어 자리에 배열한다.

② '一位(한 명)'는 명사 '老人(노인)'을 수식하므로 '一位老人(한 명의 노인)'으로 배열한다. '一位老人'은 비한정 명사구이며 주어 자리에 올 수 없으므로 목적어 자리에 배열한다.

③ 장소 '超市里(슈퍼 안)'를 주어 자리에 배열하여 존현문으로 만든다.

④

超市里	走	出来	一位	老人。
명사+방위사	동사	동사	수사+양사	명사
주어	술어		목적어	

단어 超市 chāoshì 명 슈퍼마켓 | 位 wèi 양 분(사람을 세는 단위) | 老人 lǎorén 명 노인 | 走 zǒu 동 걷다 | 出来 chūlái 동 나오다

02

p. 253

用铅笔　　我　　错的地方　　画出来了

我用铅笔画出来了错的地方。	나는 연필로 틀린 부분을 표시해두었다.

해설 ① 인칭대명사 '我(나)'를 주어 자리에 배열한다.

② 동작이 발생한 순서대로 동사를 나열한다. 연동문의 동사 첫 번째 자리에는 방법, 수단이 오므로 '用铅笔(연필을 사용하여)'를 동사1 자리에, '画出来了(표시해뒀다)'를 동사 2 자리에 배열한다.

③ 명사 '错的地方(틀린 부분)'은 의미에 맞게 동사 2의 목적어 자리에 배열한다.

④

我	用铅笔	画出来了	错的地方。
인칭대명사	동사+명사	동사+동사+조사	형용사+조사+명사
주어	술어1+목적어1	술어2	목적어2

단어 用 yòng 동 사용하다 | 铅笔 qiānbǐ 명 연필 | 画出来 huàchūlái 동 그려내다 | 了 le 조 ~했다(완료를 나타냄) | 错 cuò 형 틀리다, 맞지 않다 | 地方 dìfang 명 곳

03

p. 253

你	借我	看看	能	地图	吗?

你能借我看看地图吗?　　　　　　　　　나에게 지도 좀 빌려줄 수 있어?

해설 ① 인칭대명사 '你(너)'를 주어 자리에 배열한다.

② 시간의 순서에 맞춰 동사를 배열한다. 지도를 빌려야만 볼 수 있으므로 동사 1자리에 '借我(나에게 빌려주다)'를 배열하고 동사 2 자리에 '看看(보다)'을 배열한다.

③ 조동사 '能(~할 수 있다)'은 연동문에서 동사 1 앞에 배열하며, 명사 '地图(지도)'는 동사 2 '看看'의 대상이므로 동사2 목적어 자리에 배열한다.

④ 의문을 나타내는 '吗(~입니까?)'는 문장 맨 마지막에 배열한다.

⑤	你	能	借我	看看	地图	吗?
	인칭대명사	조동사	동사1+목적어1	동사2	목적어2	조사
	주어	부사어		술어+목적어		

단어 能 néng 조동 ~할 수 있다 | 借 jiè 동 빌리다 | 地图 dìtú 명 지도

04

p. 253

你来	做客	欢迎	我们家

欢迎你来我们家做客。　　　　　　　　　우리 집에 손님으로 온 걸 환영해.

해설 ① 동사 '欢迎(환영하다)'은 동사구를 목적어로 가지므로 술어 자리에 배열한다.

② 동사 '欢迎(환영하다)'의 대상인 동사구는 시간 순서에 맞춰 배열한다. 집에 '와서', '손님이 되는' 것이므로 '你来(네가 오다) + 做客(손님이 되다)' 순으로 배열한다.

③ '我们家(우리 집)'는 '你来(네가 오다)'의 목적어 자리에 배열한다.

④	欢迎	你来	我们家	做客。
	동사	인칭대명사+동사1	인칭대명사+명사1	동사2+명사2
	술어		동사구 목적어	

단어 欢迎 huānyíng 동 환영하다 | 做客 zuòkè 동 손님이 되다

05

p. 253

一瓶	冰箱里	可乐	放着

冰箱里放着一瓶可乐。　　　　　　　　　냉장고 안에 콜라 한 병이 놓여있다.

해설 ① 동사와 조사로 결합된 '放着(놓여있다)'를 술어 자리에 배열한다.

② '一瓶(한 병)'은 '可乐(콜라)'를 수식하는 관형어이며, '一瓶可乐(콜라 한 병)'는 비한정 명사로 주어 자리에 놓을 수 없으므로 목적어 자리에 배열한다.

③ '冰箱里(냉장고 안)'을 주어 자리에 배열하여 존현문을 만든다.

④	冰箱里	放着	一瓶可乐。
	명사+방위사	동사+조사	수사+양사+명사
	주어	술어	목적어

단어 冰箱 bīngxiāng 명 냉장고 | 放 fàng 동 놓다 | 着 zhe 조 ~해 있다(동작이나 상태의 지속을 나타냄) | 瓶 píng 양 병 | 可乐 kělè 명 콜라

✔ 정답
1. 我和这个朋友很久没见面了。
2. 今天终于出太阳了。
3. 妻子吃过这个面包。
4. 学生们在努力学习呢。
5. 我妹妹正在上网玩游戏。

01

p. 261

见面　没　我和这个朋友　很久　了

我和这个朋友很久没见面了。 | 나와 이 친구는 오랫동안 만나지 못했다.

해설 ① 인칭대명사와 명사가 있는 '我和这个朋友(나와 이 친구)'를 주어 자리에 배열한다.

② 동사 '见面(만나다)'과 [부사 + 형용사] 구조 '很久(매우 오래되다)' 중 술어가 될 수 있는 것은 주어와 '没'의 의미(~하지 않았다)에 근거해 더 긴밀하게 호응하는 '见面(만나다)'이다.

③ 형용사는 수식의 기능을 하므로 부사어 성분이 될 수 있다. 따라서 '很久'를 '没(~하지 않았다)' 앞에 배열해 '오래 ~하지 않았다'라는 의미가 되도록 배열하고, 변화의 의미를 나타내는 어기조사 '了(~했다)'는 문장 맨 마지막에 배열한다.

④　　　　我和这个朋友　　　　很久　　没　　见面　　了。

인칭대명사+접속사+지시대명사+양사+명사　부사+형용사　부사　동사+명사　조사

주어　　　　　　　　　　부사어　　　　술어

단어 和 hé 젭 ~과(와) | 朋友 péngyou 몡 친구 | 久 jiǔ 혱 오래되다 | 没 méi 뷔 ~하지 않았다 | 见面 jiànmiàn 동 만나다 | 了 le 조 ~했다(변화를 나타냄)

02

p. 261

今天　出太阳　终于　了

今天终于出太阳了。 | 오늘 마침내 해가 나왔다.

해설 ① 시간명사는 문장 맨 앞, 주어 자리에 배열한다.

② [동사 + 명사] 구조인 '出太阳(해가 나오다)'을 [술어 + 목적어] 자리에 배열한다.

③ 부사 '终于(마침내)'는 술어 앞에, 변화의 의미를 나타내는 어기조사 '了(~했다)'는 문장 맨 마지막에 배열한다.

④ 今天　　终于　　出太阳　　了。

명사　　부사　　동사+명사　조사

주어　　부사어　술어+목적어

단어 今天 jīntiān 몡 오늘 | 终于 zhōngyú 뷔 결국, 마침내 | 出 chū 동 나오다 | 太阳 tàiyáng 몡 태양 | 了 le 조 ~했다(변화를 나타냄)

03

p. 261

| 吃过 | 妻子 | 面包 | 这个 |

| 妻子吃过这个面包。 | 아내는 이 빵을 먹어본 적이 있다. |

해설 ① 동사와 조사로 결합된 '吃过(먹어본 적이 있다)'를 술어 자리에 배열한다.

② 술어의 의미에 근거해 먹는 주체인 '妻子(아내)'를 주어 자리에, 먹는 대상인 '面包(빵)'를 목적어 자리에 배열한다.

③ 수식어 '这个(이것)'는 목적어 '面包' 앞 관형어 자리에 배열한다.

④ 妻子　　吃过　　　这个　　面包。
　　명사　　동사+조사　지시대명사+명사
　　주어　　술어　　　　목적어

단어 妻子 qīzi 몡 아내 | 吃 chī 통 먹다 | 过 guo 조 ~한 적이 있다 | 这个 zhège 때 이것 | 面包 miànbāo 몡 빵

04

p. 261

| 努力 | 在 | 学生们 | 呢 | 学习 |

| 学生们在努力学习呢。 | 학생들은 열심히 공부하고 있다. |

해설 ① 명사 '学生们(학생들)'을 주어 자리에 배열하고, 동사 '学习(공부하다)'를 술어 자리에 배열한다.

② '努力(노력하다)'는 술어 '学习(공부하다)'의 상태를 묘사하는 부사어로 사용할 수 있으므로 동사 앞에 배열한다. 위치나 장소 관련 단어가 없으므로 '在'는 동작의 진행(~하고 있는 중이다)을 나타내는 부사임을 인지하고, '努力学习(열심히 공부하다)'의 진행을 나타내도록 '努力(노력하다)' 앞에 배열한다.

③ 진행을 의미하는 어기조사 '呢'를 문장 맨 마지막에 배열한다.

④ 学生们　　在　　努力　　学习　　呢。
　　명사　　부사　형용사　동사　조사
　　주어　　　부사어　　　술어

단어 在 zài 뷔 ~하고 있는 중이다 | 努力 nǔlì 혱 노력하다 | 学习 xuéxí 통 공부하다 | 呢 ne 조 ~하고 있다(진행)

05

p. 261

| 玩游戏 | 我妹妹 | 正在 | 上网 |

| 我妹妹正在上网玩游戏。 | 내 여동생은 인터넷으로 게임을 하고 있는 중이다. |

해설 ① 명사 '我妹妹(내 여동생)'를 주어 자리에 배열한다.

② 2개의 동사는 발생한 순서대로 배열한다. 인터넷을 해야(上网) 게임을 할(玩游戏) 수 있으므로 '上网玩游戏(인터넷으로 게임을 하다)' 순으로 배열한다.

③ 부사 '正在(~하고 있는 중이다)'는 동작의 진행을 나타내므로 술어 앞에 배열한다.

④　　我妹妹　　　正在　　上网　　玩游戏。
　인칭대명사+명사　부사　동사1　동사2+목적어
　　주어　　　　부사어　　　술어

단어 妹妹 mèimei 몡 여동생 | 正在 zhèngzài 뷔 ~하고 있는 중이다 | 上网 shàngwǎng 통 인터넷을 하다 | 玩游戏 wán yóuxì 게임을 하다

✓ 정답

1. 冰箱里没有啤酒了。
2. 瓶子里的水变黄了。
3. 丈夫听着歌儿运动。
4. 姐姐要结婚了。
5. 学生们就要考试了。

01

里　没有啤酒　冰箱　了

p. 261　冰箱里没有啤酒了。　　　　　　　　　　冷장고 안에 맥주가 떨어졌다(없다).

해설　① [동사 + 명사] 구조인 '没有啤酒(맥주가 없다)'를 [술어 + 목적어] 자리에 배열한다.

② 명사 '冰箱(냉장고)'은 방위사 '里(안)'와 함께 주어 자리에 배열한다.

③ 상황의 변화를 나타내는 어기조사 '了'는 문장 맨 마지막에 배열한다.

④　　冰箱里　　　没有啤酒　　　了。

　　명사+방위사　　동사+명사　　조사

　　　주어　　　술어+목적어

단어　冰箱 bīngxiāng 명 냉장고 | 里 lǐ 명 안 | 没有 méiyǒu 동 없다 | 啤酒 píjiǔ 명 맥주 | 了 le 조 ~로 되었다(변화를 나타냄)

02

水　瓶子里的　变黄　了

p. 261　瓶子里的水变黄了。　　　　　　　　　　병 안의 물이 노랗게 변했다.

해설　① 명사 '水(물)'를 주어 자리에 배열하고, '瓶子里的(병 안의)'는 명사를 수식하므로 주어 앞 관형어 자리에 배열한다.

② '变黄(노랗게 변하다)'은 동사에 보어가 결합된 구조이므로 술어 자리에 배열한다.

③ 상황의 변화를 나타내는 어기조사 '了'는 문장 맨 마지막에 배열한다.

④　　瓶子里的　　　水　　　变黄　　　了。

　　명사+방위사+조사　명사　동사+형용사　조사

　　　관형어　　　주어　　　술어

단어　瓶子 píngzi 명 병 | 里 lǐ 명 안 | 的 de 조 ~의 | 水 shuǐ 명 물 | 变 biàn 동 변하다, 바뀌다 | 黄 huáng 형 노랗다 | 了 le 조 ~로 되었다(변화를 나타냄)

03

p. 261

丈夫　歌儿　运动　听着

| 丈夫听着歌儿运动。 | 남편은 노래를 들으면서 운동을 한다. |

해설
① 명사 '丈夫(남편)'를 주어 자리에 배열한다.
② 동사 뒤에 있는 '着'는 동작의 지속을 나타내는데, 뒤에 다른 동사가 와서 동시에 진행되는 동작이 있음을 나타내므로 '听着(들으면서) + 运动(운동하다)' 순으로 배열한다.
③ 명사 '歌儿(노래)'는 听의 대상이므로 '听着' 뒤 목적어 자리에 배열한다.
④ 丈夫　　听着　　歌儿　运动。
　　명사　동사1+조사　명사　동사2
　　주어　 술어1　 목적어1　술어2

단어 丈夫 zhàngfu 몡 남편 | 听 tīng 동 듣다 | 着 zhe 조 ～한 채로(동작이나 상태의 진행, 지속) | 歌儿 gēr 몡 노래 | 运动 yùndòng 동 운동하다

04

p. 261

了　结婚　姐姐　要

| 姐姐要结婚了。 | 언니는 곧 결혼한다. |

해설
① 명사 '姐姐(언니)'를 주어 자리에 배열한다.
② 동사 '结婚(결혼하다)'을 술어 자리에 배열한다.
③ 부사 '要(～할 것이다)'는 '了'와 함께 쓰여 동작, 행위의 상태가 가까운 미래에 일어날 것임을 나타내므로 각각 술어 앞, 문장 맨 마지막에 배열한다.
④ 姐姐　　要　　结婚　　了。
　　명사　(미래)　동사　(미래)
　　주어　부사어　 술어

단어 姐姐 jiějie 몡 누나, 언니 | 要…了 yào… le ～하려고 하다 | 结婚 jiéhūn 동 결혼하다

05

p. 261

就　了　学生们　要　考试

| 学生们就要考试了。 | 학생들은 곧 시험을 본다. |

해설
① 명사 '学生们(학생들)'을 주어 자리에 배열한다.
② 동사 '考试(시험 보다)'를 술어 자리에 배열한다.
③ '就要(바로 ～하려고 하다)'는 부사어로 어기조사 '了'와 함께 동작의 발생이 곧 일어날 것임을 나타내므로 각각 술어 앞과 문장 맨 마지막에 배열한다.
④ 学生们　　就要　考试　　了。
　　명사　　부사　동사　조사
　　주어　　부사어　술어

단어 学生们 xuéshēngmen 학생들 | 就要…了 jiù yào…le 곧, 바로 ～이다 | 考试 kǎoshì 몡동 시험, 시험을 보다

✓ 정답

1. 现在可以上网了吗?
2. 这儿不能放行李箱。
3. 你应该去医院检查。
4. 她愿意看报纸。
5. 我的包里会常备一把伞。

01

p. 267

现在　上网　吗　了　可以

现在可以上网了吗?　　　　　　　　　　지금 인터넷 할 수 있나요?

해설　① 명사 '现在(현재)'를 주어 자리에 배열한다.

② 동사 '上网(인터넷에 접속하다)'을 술어 자리에 배열한다.

③ 조동사 '可以(~할 수 있다)'는 술어 앞에 배열하고, 조사 '了'와 '吗'를 차례로 문장 맨 마지막에 배열한다.

④　现在　　可以　　上网　　了　吗?

　　　명사　조동사　동사+명사　조사　조사

　　　주어　부사어　　술어

단어　现在 xiànzài 명 지금 | 可以 kěyǐ 조동 ~할 수 있다 | 上网 shàngwǎng 동 인터넷을 하다 | 吗 ma 조 ~입니까?

02

p. 267

行李箱　这儿　放　不能

这儿不能放行李箱。　　　　　　　　　여기에 트렁크를 두시면 안 됩니다.

해설　① 동사 '放(놓다)'을 술어 자리에 배열한다.

② 술어의 의미에 따라 放의 대상이 되는 '行李箱(트렁크)'를 목적어 자리에, '这儿(여기)'은 주어 자리에 배열한다.

③ 금지를 나타내는 [부사 + 조동사] 구조인 '不能(~해서는 안 된다)'을 술어 앞에 배열한다.

④　　这儿　　不能　　放　　行李箱。

　　지시대명사　부사+조동사　동사　　명사

　　　주어　　　부사어　　술어　　목적어

단어　行李箱 xínglǐxiāng 명 트렁크, 짐 가방 | 能 néng 조동 ~해도 된다 | 放 fàng 동 놓다 | 这儿 zhèr 대 여기

160

03 去　应该　检查　你　医院

p. 267　你应该去医院检查。　│　너 반드시 병원 가서 검사해야 해.

해설　① 인칭대명사 '你(너)'를 주어 자리에 배열한다.

② 술어가 둘 이상인 연동문이므로 동사를 발생한 순서대로 배열한다. '병원에 가야', '검사를 받을' 수 있으므로 '去(가다) + 检查(검사하다)' 순으로 배열하고 명사 '医院(병원)'은 '去'의 목적어 자리에 배열한다.

③ 의무를 나타내는 조동사 '应该(~해야 한다)'는 술어 앞에 배열한다.

④　你　　应该　　去　　医院　　检查。

　　인칭대명사　조동사　동사1　명사1　동사2

　　주어　　부사어　술어1　목적어1　술어2

단어　应该 yīnggāi [조동] 마땅히 ~해야 한다 | 去 qù [동] 가다 | 医院 yīyuàn [명] 병원 | 检查 jiǎnchá [동] 검사하다

---

04 愿意　她　报纸　看

p. 267　她愿意看报纸。　│　그녀는 신문을 보길 원한다.

해설　① 인칭대명사 '她(그녀)'를 주어 자리에 배열한다.

② 동사 '看(보다)'을 술어 자리에, 명사 '报纸(신문)'를 목적어 자리에 배열한다.

③ 조동사 '愿意(~하길 원하다)'는 술어 앞에 배열한다.

④　她　　愿意　看　　报纸。

　　인칭대명사　조동사　동사　명사

　　주어　　부사어　술어　목적어

단어　愿意 yuànyì [조동] ~하기를 바라다, 원하다 | 看 kàn [동] 보다 | 报纸 bàozhǐ [명] 신문

---

05 常备　我的包里　一把伞　会

p. 267　我的包里会常备一把伞。　│　내 가방에는 항상 우산 한 개를 준비해둔다.

해설　① 동사 '常备(상시 준비하다)'를 술어 자리에 배열한다.

② 술어의 의미에 따라 '준비하다'의 대상이 되는 '一把伞(우산 한 개)'을 명사 자리에, '我的包里(내 가방 안)'는 주어 자리에 배열한다.

③ 실현의 의미를 나타내는 조동사 '会(~일 것이다)'는 술어 앞에 배열한다.

④　　　我的包里　　　会　　常备　　一把伞。

　　인칭대명사+조사+명사+방위사　조동사　동사　수사+양사+명사

　　　　주어　　　　부사어　술어　　목적어

단어　包 bāo [명] 가방 | 里 lǐ [명] 안 | 会 huì [조동] ~일 것이다 | 常备 chángbèi [동] 상비하다, 항상 준비하다 | 把 bǎ [양] 손잡이가 있는 것을 세는 양사 | 伞 sǎn [명] 우산

✓ 정답
1. 孩子要多喝牛奶。
2. 你可以去图书馆借书。
3. 吃饭时不能吃得太快。
4. 我会骑自行车。
5. 我不敢相信你的话。

01

多喝　　要　　孩子　　牛奶

p. 267　　孩子要多喝牛奶。

아이들은 우유를 많이 마셔야 한다.

해설　① [부사 + 동사] 구조인 '多喝(많이 마시다)'를 술어 자리에 배열한다.

② 술어의 의미에 따라 마시는 주체인 '孩子(아이)'를 주어 자리에, 마시는 대상인 '牛奶(우유)'를 목적어 자리에 배열한다.

③ 의무를 나타내는 조동사 '要(~해야 한다)'를 술어 앞에 배열한다.

④ 孩子　　要　　　多喝　　牛奶。
　　명사　 조동사　부사+동사　 명사
　　주어　　 부사어　 술어　　목적어

단어　孩子 háizi 阅 아이 | 要 yào 조통 ~해야 한다 | 多 duō 阅 많다 | 喝 hē 통 마시다 | 牛奶 niúnǎi 阅 우유

02

去图书馆　　你　　可以　　借书

p. 267　　你可以去图书馆借书。

너 도서관에 가서 책을 빌려도 돼.

해설　① 인칭대명사 '你(너)'를 주어 자리에 배열한다.

② 시간의 발생 순서대로 동사를 배열한다. '도서관에 가야(去图书馆)', '책을 빌릴(借书)' 수 있으므로 '去图书馆借书(도서관에 가서 책 빌리다)' 순으로 술어를 배열한다.

③ 허가의 의미를 나타내는 조동사 可以는 첫 번째 동사 앞에 배열한다.

④　　你　　可以　　去图书馆　　　借书。
　 인칭대명사　조동사　동사1+명사1　동사2+명사2
　　　주어　　 부사어　술어1+목적어1　술어2+목적어2

단어　可以 kěyǐ 조통 ~할 수 있다 | 去 qù 통 가다 | 图书馆 túshūguǎn 阅 도서관 | 借 jiè 통 빌리다 | 书 shū 阅 책

03

p. 267

不能　吃得　吃饭时　太快

吃饭时不能吃得太快。	밥을 먹을 때는 너무 빨리 먹어서는 안 된다.

해설　① 시점을 나타내는 '吃饭时(밥 먹을 때)'를 문장 맨 앞에 배열한다.

② 동사에 보어를 연결하는 구조조사가 붙은 '吃得(먹는 상태가)'를 먼저 배열하고, 그 뒤에 먹는 상태를 나타내는 보어 '太快(너무 빠르다)'를 배열하여 '吃得太快'의 [술어 + 보어] 구조로 만든다.

③ '~해서는 안 된다'의 의미를 나타내는 '不能'을 술어 앞에 배열한다.

④　　吃饭时　　　　不能　　　吃得　　　太快。

　　동사+명사+명사　부사+조동사　동사+조사　부사+형용사

　　부사어(시간)　　부사어　　　술어　　　보어

단어　吃饭 chīfàn 통 밥을 먹다 | 时 shí 몡 때 | 不能 bùnéng ~해서는 안 된다 | 吃 chī 통 먹다 | 得 de 조 ~하는 정도가(술어 뒤에 쓰여 술어의 정도를 나타내는 보어를 연결) | 太 tài 뮈 지나치게, 매우 | 快 kuài 혱 빠르다

04

p. 267

会　我　自行车　骑

我会骑自行车。	나는 자전거를 탈 줄 안다.

해설　① 동사 '骑(타다)'를 술어 자리에 배열한다.

② 술어의 의미에 따라 타는 주체인 '我(나)'를 주어 자리에, 타는 대상인 '自行车(자전거)'를 목적어 자리에 배열한다.

③ 능력을 나타내는 조동사 '会(~할 수 있다)'를 동사 앞에 배열한다.

④　　我　　　会　　　骑　　自行车。

　　인칭대명사　조동사　동사　명사

　　주어　　　부사어　술어　목적어

단어　会 huì 조동 (배워서) ~할 수 있다 | 骑 qí 통 타다 | 自行车 zìxíngchē 몡 자전거

05

p. 267

相信　你的话　我　敢　不

我不敢相信你的话。 你的话我不敢相信。	나는 너의 말을 믿을 수가 없다. 너의 말을 나는 믿을 수가 없다. (목적어 '너의 말' 강조)

해설　① 동사 '相信(믿다)'을 술어 자리에 배열한다.

② 술어의 의미에 맞춰 믿는 주체인 '我(나)'를 주어 자리에 배열하고, 믿는 대상인 '你的话(너의 말)'를 목적어 자리에 배열한다.

③ 조동사 '敢(감히 ~하다)'과 부정부사 '不(~하지 않다)'는 모두 부사어인데, '敢'이 수식하는 대상은 술어이므로 相信 앞에, 不는 술어를 전체 부정하므로 조동사 敢보다 앞에 놓아 [부사 + 조동사] 순으로 배열한다.

④　　我　　　不　　　敢　　相信　　你的话。

　　인칭대명사　부사　조동사　동사　인칭대명사+조사+명사

　　주어　　　부사어　　술어　　목적어

단어　敢 gǎn 조동 감히 ~하다 | 相信 xiāngxìn 통 믿다 | 话 huà 몡 말

1. 你每天都必须刷牙。　　　　　　2. 他的成绩提高得特别快。
3. 她女儿长得特别可爱。　　　　　4. 他满意地笑了。
5. 街上怎么这么安静?

01

p. 276

刷牙　你　必须　每天　都

你每天都必须刷牙。 | 너는 매일 반드시 이를 닦아야 한다.

해설 ① 인칭대명사 '你(너)'를 주어 자리에 배열한다.

② 동사 '刷牙(이를 닦다)'를 술어 자리에 배열한다.

③ 시간을 나타내는 '每天(매일)'은 주어 바로 뒤에 배열하고, '都(모두)'는 '每天'의 범위를 나타내므로 '每天' 뒤에 배열하고, 부사 '必须(반드시)'가 수식하는 것은 술어이므로 술어 앞에 배열한다.

④ 　　你　　每天　都　必须　　刷牙。
　　인칭대명사　명사　부사　부사　동사+명사
　　　주어　　　　부사어　　　술어

단어 每天 měitiān 圆 매일 | 都 dōu 뎀 모두 | 必须 bìxū 뎀 반드시 | 刷牙 shuāyá 통 이를 닦다

02

p. 276

他的　成绩　快　特别　提高得

他的成绩提高得特别快。 | 그의 성적은 매우 빨리 향상되었어.

해설 ① [동사 + 구조조사] 구조인 '提高得(향상되는 상태가)'를 술어 자리에 배열한다.

② 구조조사 '得'는 동사(서술어) 뒤에 놓여 보어와 연결해주므로 보어 자리에는 상태를 나타내는 형용사 '快(빠르다)'를 배열한다.

③ 주어 자리에는 명사 '成绩(성적)'를 배열하고 그 앞에는 수식어 '他的(그의)'를 배열한다. '特别(매우)'는 부사이므로 형용사 앞에 배열한다.

④ 　　他的　　成绩　　提高得　　特别　快。
　　인칭대명사+조사　명사　동사+조사　부사　형용사
　　　　　주어　　　　　　술어+보어

단어 成绩 chéngjì 圆 성적 | 提高 tígāo 통 향상하다 | 得 de 젤 ~하는 정도가(술어 뒤에 쓰여 술어의 정도를 나타내는 보어를 연결) | 特别 tèbié 뎀 매우 | 快 kuài 휑 빠르다

03

p. 276

可爱　　她女儿　　特别　　长得

她女儿长得特别可爱。	그녀의 딸은 매우 귀엽게 생겼다.

해설
① 명사 '她女儿(그녀의 딸)'을 주어 자리에 배열한다.

② [동사 + 구조조사] 구조인 '长得(생긴 상태가)'를 술어 자리에 배열한다.

③ 조사 '得' 뒤에는 보어 역할을 할 형용사가 와야 하므로 '可爱(귀엽다)'를 배열하고, 정도부사 '特别(매우)'를 형용사 앞에 배열한다.

④　　她女儿　　　　长得　　特别　可爱。

　　인칭대명사+명사　동사+조사　부사　형용사

　　　　주어　　　　　술어+보어

단어 女儿 nǚ'ér 뗑 딸 | 长 zhǎng 동 자라다, 생기다 | 得 de 조 ~하는 정도가(술어 뒤에 쓰여 술어의 정도를 나타내는 보어를 연결) | 特别 tèbié 뿐 매우 | 可爱 kě'ài 뼹 귀엽다

04

p. 276

满意　地　了　他　笑

他满意地笑了。	그는 만족해하며 웃었다.

해설
① 인칭대명사 '他(그)'를 주어 자리에 배열한다.

② '地(~하게)'는 부사어 표지로 형용사와 함께 쓰여 술어를 수식한다. 따라서 형용사 '满意(만족하다)'와 함께 술어 앞에 배열한다.

③ 동사 '笑(웃다)'를 술어 자리에 배열하고 상황의 발생 또는 변화를 나타내는 了는 문장 맨 마지막에 배열한다.

④　　他　　满意　地　笑　了。

　　인칭대명사　형용사　조사　동사　조사

　　　주어　　　부사어　술어

단어 满意 mǎnyì 뼹 만족하다 | 地 de (형용사 혹은 일부 양사 뒤에 놓여) ~하게 | 笑 xiào 동 웃다 | 了 le 조 ~했다(완료를 나타냄)

05

p. 276

这么　　安静　　街上　　怎么

街上怎么这么安静?	거리가 왜 이렇게 조용하지?

해설
① [명사 + 방위사] 구조인 '街上(거리)'을 주어 자리에 배열한다.

② 형용사 '安静(조용하다)'을 술어 자리에 배열한다.

③ 대명사 '这么(이렇게)'는 상태를 나타내므로 형용사 앞에 배열하고 의문을 나타내는 대명사 '怎么(어째서, 왜)'는 부사어 자리에 배열한다.

④　　街上　　怎么　这么　　安静?

　　명사+방위사　대명사　대명사　　형용사

　　　주어　　　　부사어　　술어

단어 街上 jiēshang 뗑 거리 | 怎么 zěnme 때 왜, 어째서 | 这么 zhème 때 이렇게 | 安静 ānjìng 뼹 조용하다

✓ 정답

1. 我马上就去刷牙。
2. 她突然难过得哭了起来。
3. 张阿姨做的菜好吃极了。
4. 这个城市的环境变得越来越好了。
5. 你敢不敢用冷水洗澡?

01

刷牙　我马上　就　去

p. 276

我马上就去刷牙。

나 바로 이 닦으러 갈 거야.

해설 ① [인칭대명사 + 부사] 구조로 된 '我马上(나는 바로)'을 문장 맨 앞에 배열한다.

② 동사는 동작이 발생할 순서대로 배열한다. 곧 욕실로 '가서(去)', '이를 닦을(刷牙)' 것이므로 '去刷牙(가서 이를 닦다)' 순으로 술어 자리에 배열한다.

③ 부사 '就(바로)'는 동사 앞에 배열한다.

④　　我马上　　　就　　去　　刷牙。

　　인칭대명사+부사　부사　동사1　동사2+명사

　　　　주어+부사어　　　　　술어

단어 马上 mǎshàng 图 곧, 바로 | 就 jiù 图 바로 | 去 qù 图 가다 | 刷牙 shuāyá 图 이를 닦다

02

她突然　　哭了起来　　得　　难过

p. 276

她突然难过得哭了起来。

그녀는 갑자기 속상해서 울기 시작했다.

해설 ① [인칭대명사 + 부사] 구조인 '她突然(그녀는 갑자기)'을 문장 맨 앞에 배열한다.

② 조사 '得'는 형용사 '难过(속상하다)' 뒤에 배열하여 서술어 상태를 만든다.

③ '哭了起来(울기 시작했다)'는 속상한 상태를 묘사해주는 성분이므로 '难过得' 뒤에 배열한다.

④　　她突然　　　难过　　得　　哭了起来。

　　인칭대명사+부사　형용사　조사　동사+조사+동사

　　　　주어+부사어　　　　술어+보어

단어 突然 tūrán 图 갑자기, 돌연히 | 难过 nánguò 图 슬프다 | 得 de 图 ~하는 정도가(술어 뒤에 쓰여 술어의 정도를 나타내는 보어를 연결) | 哭 kū 图 울다 | 起来 qǐlái (보어로 쓰여) ~하기 시작하다

03 做的菜　　张阿姨　　极了　　好吃

p. 276 张阿姨做的菜好吃极了。　　　　　　　　　　장 아주머니가 만든 음식은 굉장히 맛있다.

해설　① 형용사 '好吃(맛있다)'를 술어 자리에 배열한다.

② 명사 '做的菜(만든 음식)'를 주어 자리에 배열하고 그 앞에 수식어가 되도록 사람명사 '张阿姨(장 아주머니가)'를 배열한다.

③ '极了(굉장히 ~하다)'는 사물의 상태가 도달한 정도를 설명하므로 술어 뒤에 배열한다.

④　张阿姨　　　做的菜　　　好吃　　　极了。

　　　명사　　동사+조사+명사　형용사

　　　　관형어+주어　　　술어　　　보어

단어　阿姨 āyí 圀 아주머니 | 做 zuò 圄 만들다, 짓다 | 菜 cài 圀 음식, 요리 | 好吃 hǎochī 圀 맛있다 | 极了 jíle (형용사 뒤에 보어로 쓰여) 굉장히 ~하다

---

04 越来越好　　变得　　这个城市的环境　　了

p. 276 这个城市的环境变得越来越好了。　　　　　　이 도시의 환경은 갈수록 좋게 변하고 있다.

해설　① 명사 '这个城市的环境(이 도시의 환경)'을 주어 자리에 배열한다.

② [동사 + 조사] 구조인 '变得(변한 상태가)'를 술어 자리에 배열한다.

③ '越来越好(갈수록 좋다)'는 변화한 상태를 나타내므로 '变得(변한 상태가)' 뒤에 배열하고, 변화의 의미를 나타내는 조사 '了'는 문장 맨 마지막에 배열한다.

④　　　这个城市的环境　　　变得　　越来越好　　了。

　　지시대명사+양사+명사+조사+명사　동사+조사　부사+형용사　조사

　　　　　　주어　　　　　　　　　술어+보어

단어　城市 chéngshì 圀 도시 | 环境 huánjìng 圀 환경 | 变 biàn 圄 변하다, 바뀌다 | 得 de 조 ~하는 정도가(술어 뒤에 쓰여 술어의 상태를 나타내는 보어를 연결) | 越来越 yuèláiyuè 図 갈수록 | 了 le 조 ~로 되었다(변화를 나타냄)

---

05 你　冷水　洗澡　用　敢不敢

p. 276 你敢不敢用冷水洗澡?　　　　　　　　　　　너 찬물로 샤워할 수 있어?

해설　① 인칭대명사 '你(너)'를 주어 자리에 배열한다.

② '用(사용하다)'은 사용하는 대상 '冷水(찬물)'과 함께 쓰여 '洗澡(샤워하다)'의 방식을 나타내므로 '用冷水洗澡(찬물로 샤워하다)' 순으로 술어 자리에 배열한다.

③ 조동사 '敢不敢(감히 할 수 있는가)'는 문장에서 부사어 역할을 하므로 술어 앞에 배열한다.

④　你　　　　敢不敢　　　用　冷水　洗澡?

　인칭대명사　조동사+부사+조동사　동사1 명사1 동사2

　　주어　　　　부사어　　　술어1+목적어1+술어2

단어　敢 gǎn 조동 감히 ~하다 | 用 yòng 圄 사용하다 | 冷水 lěngshuǐ 圀 찬물 | 洗澡 xǐzǎo 圄 샤워하다

✓ 정답

1. 这个灯是别人送给我的。
2. 词典是老师要求我们买的。
3. 衣服是从网上买的。
4. 他是来学汉语的。
5. 我们是在上海遇到的。

01

p. 280

送给　这个灯是　　别人　我的

这个灯是别人送给我的。　　　　　　　　　　이 등은 다른 사람이 나에게 준 것이다.

해설 ① 동사 '送给(~에게 주다)'를 술어 자리에 배열하고 给의 대상인 '我(나)'가 들어간 '我的'를 뒤에 배열한다.

② 술어 '送给(~에게 주다)'의 주체인 '别人(다른 사람)'을 앞에 배열한다.

③ '这个灯是(이 등은)'를 주어 자리에 배열한다. 이때 '是'는 문장 맨 마지막의 '的'와 함께 '这个灯'에 관한 구체적인 정보 (送의 행위자 정보나 灯의 출처)를 강조하는 것으로 쓰였다.

④　　　这个灯是　　　　　别人　　　送给　　　　我的。

　　　대명사+양사+명사+是　　명사　동사+전치사　인칭대명사+的(강조)

　　　　주어　　　　　　[강조하고자 하는 내용]

단어 灯 dēng 圆 등, 전등 | 是…的 shì…de ~한 것이다(이미 발생한 동작의 시간·장소·방식 등을 강조) | 别人 biérén 圆 남, 타인 | 送给 sònggěi 통 주다

02

p. 280

老师要求我们　　词典是　　买的

词典是老师要求我们买的。　　　　　　　　사전은 선생님이 우리에게 사라고 요구하신 것이다.

해설 ① 명사가 들어간 '词典是(사전은)'를 주어 자리에 배열한다. 이때 '是'는 동사 '买(사다)'가 있는 것을 근거로 술어성 동사 가 아니라 강조 용법이라는 것을 알 수 있다.

② 동사 '买(사다)'가 들어간 '买的(산 것이다)'를 술어 자리에 배열한다.

③ '老师要求我们(선생님이 우리에게 요구하다)'은 사전에 관해서 강조하고자 하는 내용에 해당하므로 술어 앞에 배열한다.

④　词典是　　　　老师要求我们　　　　买的。

　　명사+是　　명사+동사+인칭대명사　동사+的(강조)

　　주어　　　[강조하고자 하는 내용]

단어 词典 cídiǎn 圆 사전 | 是…的 shì…de ~한 것이다(이미 발생한 동작의 시간·장소·방식 등을 강조) | 老师 lǎoshī 圆 선생님 | 要求 yāoqiú 통 요구하다 | 买 mǎi 통 사다

168

p. 280

03 从　网上　衣服　是　买　的

衣服是从网上买的。　　　　　　　　　　　옷은 인터넷에서 산 것이다.

해설 ① 명사 '衣服(옷)'를 주어 자리에 배열한다.

② '是'가 만약 술어라면 주어 衣服에 대응하는 명사 목적어가 필요한데 없으므로 '是'는 술어가 아닌 강조 용법이라는 것을 알 수 있다. 따라서 동사 '买(사다)'를 술어 자리에 배열하고 '是'는 주어 바로 뒤에 배열한다.

③ 전치사 '从(~서부터)'은 명사 '网上(인터넷)'과 함께 전치사구로 동사 앞에 놓여 동작이 발생한 장소를 나타낸다. '的'는 문장 맨 마지막에 배열하여 '是'와 함께 강조구문으로 만든다.

④ 衣服　是　　从　网上　买　　的。
　　명사 +是　전치사 명사　동사 +的(강조)
　　주어　　　　[강조하는 내용]　술어

단어 衣服 yīfu 몡 옷 | 是…的 shì…de ~한 것이다(이미 발생한 동작의 시간·장소·방식 등을 강조) | 从 cóng 젠 ~부터 | 网上 wǎngshàng 인터넷 | 买 mǎi 동 사다

---

04 他　是　学汉语　来　的

他是来学汉语的。　　　　　　　　　　　　그는 중국어를 배우러 온 것이다.

해설 ① 인칭대명사 '他(그)'를 주어 자리에 배열한다.

② 동작이 발생한 순서대로 동작을 나열하면 그 순서는 '来学汉语(와서 중국어를 배우다)'이다.

③ '是'는 주어 뒤에, '的'는 문장 맨 마지막에 배열하여 그가 온 목적을 강조한다.

④ 他　　是　来　　学汉语　　的。
　　인칭대명사 +是　동사1　동사2+명사　+的(강조)
　　주어　　　　술어 [강조하는 내용]

단어 是…的 shì…de ~한 것이다(이미 발생한 동작의 시간·장소·방식 등을 강조) | 来 lái 동 오다 | 学 xué 동 배우다 | 汉语 Hànyǔ 몡 중국어

---

05 是　遇到　我们　在　的　上海

我们是在上海遇到的。　　　　　　　　　　우리는 상하이에서 만난 것이다.

해설 ① 명사 '我们(우리)'을 주어 자리에 배열한다.

② 동사 '遇到(만나다)'를 술어 자리에 배열한다.

③ 전치사 '在(~에서)'는 명사 '上海(상하이)'와 함께 전치사구를 이루어 동사 앞에 배열하고, '是'는 주어 뒤, '的'는 문장 맨 마지막에 놓아 동작이 발생한 장소를 강조한다.

④ 我们　　是　在　上海　遇到　的。
　　인칭대명사 +是　전치사 명사　동사　+的(강조)
　　주어　　　　[강조하는 내용] 술어

단어 是…的 shì…de ~한 것이다(이미 발생한 동작의 시간·장소·방식 등을 강조) | 在 zài 젠 ~에, ~에서 | 上海 Shànghǎi 지명 상하이 | 遇到 yùdào 동 만나다

1. 弟弟的作业是我写的。　　2. 我不是坐飞机来的。
3. 她是从中国来的。　　4. 我不是坐出租车来的。
5. 他的衣服是上网买的。

01

作业　写　的　是　我　弟弟的

p. 280

弟弟的作业是我写的。　　|　남동생의 숙제는 내가 한 것이다.

해설　① '的' 뒤에는 명사가 오므로 '弟弟的(남동생의)' '作业(숙제)'를 차례로 배열한 뒤 주어 자리에 놓는다.

② 술어 자리에 동사 '写(쓰다)'를 배열하고 누가 한 것인지 행위자 '我(나)'를 그 앞에 배열한다.

③ '是'는 주어 뒤, '的'는 문장 맨 마지막에 놓음으로써 동사 앞 행위자를 강조하면 된다.

④　弟弟的　作业　是　我　写　的。
　　명사+조사　명사　+是　인칭대명사　동사　+的(강조)
　　　주어　　　[강조하는 내용]　술어

단어　弟弟 dìdi 뗑 남동생 | 作业 zuòyè 뗑 숙제 | 写作业 xiě zuòyè 숙제하다 | 是…的 shì…de ~한 것이다(이미 발생한 동작의 시간 · 장소 · 방식 등을 강조)

02

不是　飞机　来　的　我　坐

p. 280

我不是坐飞机来的。　　|　나는 비행기 타고 온 것이 아니다.

해설　① 인칭대명사 '我(나)'를 주어 자리에 배열한다.

② 술어는 동작의 순서에 따라 배열한다. 연동문은 [방식 + 동작] 순서이므로 '坐飞机(비행기를 타고) + 来(오다)'의 순서로 배열한다.

③ '不是'는 주어 뒤, '的'는 문장 마지막에 배열하여 '방식'을 부정하는 형식으로 만들면 된다.

④　我　不是　坐　飞机　来　的。
　　인칭대명사　+不是　동사1　명사　동사2　+的(강조)
　　주어　　　　술어1　목적어1　술어

단어　不是…的 búshì…de ~개(이) 아니다 | 坐 zuò 동 (교통수단을) 타다 | 飞机 fēijī 뗑 비행기 | 来 lái 동 오다

03

p. 280

她	是	中国	来	从	的

她是从中国来的。	그녀는 중국에서 왔다.

해설 ① 인칭대명사 '她(그녀)'를 주어 자리에 배열한다.

② 술어 자리에 동사 '来(오다)'를 배열하고 전치사 '从(~로부터)'은 명사 '中国(중국)'와 함께 전치사구를 이루어 술어 앞에 배열한다.

③ '是'는 주어 뒤, '的'는 문장 맨 마지막에 놓아 장소를 강조하는 구문으로 만들어 주면 된다.

④   她   是   从   中国   来   的。

    인칭대명사 +是   전치사 명사 동사 + 的(강조)

    주어   [강조하는 내용] 술어

단어 是…的 shì…de ~한 것이다(이미 발생한 동작의 시간 · 장소 · 방식 등을 강조) | 从 cóng 졘 ~로부터

04

p. 280

不是	坐	我	的	出租车	来

我不是坐出租车来的。	나는 택시를 타고 온 것이 아니다.

해설 ① 인칭대명사 '我(나)'를 주어 자리에 배열한다.

② 술어는 동작의 순서에 따라 배열한다. 연동문은 [방식 + 동작] 순서이므로 '坐出租车(택시를 타고) + 来(오다)'의 순서로 배열한다.

③ '不是'는 주어 뒤, '的'는 문장 마지막에 배열하여 '방식'을 부정하는 형식을 만들면 된다.

④   我   不是   坐   出租车   来   的。

    인칭대명사 +不是 동사1   명사   동사2 +的(강조)

    주어   술어1 목적어1 술어2

단어 不是…的 búshì…de ~개(이) 아니다 | 坐 zuò 图 (교통수단을) 타다 | 出租车 chūzūchē 명 택시 | 来 lái 图 오다

05

p. 280

他的衣服	的	是	上网	买

他的衣服是上网买的。	그의 옷은 인터넷으로 산 것이다.

해설 ① 명사 '他的衣服(그의 옷)'를 주어 자리에 배열한다.

② 동사 '买(사다)'를 술어 자리에 배열하고, 그 앞에 방식인 '上网(인터넷 하다)'을 배열한다.

③ '是'는 주어 뒤, '的'는 문장 맨 마지막에 놓아 방식을 강조하는 구문으로 만들어 주면 된다.

④   他的衣服   是   上网   买   的。

    인칭대명사+조사+명사 +是 동사1   동사2 +的(강조)

    주어   [강조 내용] 술어2

단어 衣服 yīfu 명 옷 | 是…的 shì…de ~한 것이다(이미 발생한 동작의 시간 · 장소 · 방식 등을 강조) | 上网 shàngwǎng 图 인터넷을 하다 | 买 mǎi 图 사다

✔ 정답
1. 健康比什么都重要。
2. 这次出现的问题跟上次相同。
3. 日本人名字比中国人长一点儿。
4. 红酒跟白酒一样贵。
5. 昨天的电影没有今天的有意思。

01

p. 285

健康　　比什么　　重要　　都

健康比什么都重要。
　　　　　　　　　　　　　　　　　　　건강이 무엇보다도 중요하다.

해설 ① 명사 '健康(건강)'을 주어 자리에 배열한다.

② 형용사 '重要(중요하다)'를 술어 자리에 배열한다.

③ 비교 대상이 나와있는 전치사구 '比什么(~보다)'와 사람이나 사물 등을 총괄하는 부사 '都'를 차례로 술어 앞에 배열한다.

④　健康　　　比什么　　　都　　　重要。
　　명사　　전치사+대명사　부사　　형용사
　　주어　　　　부사어　　　　　　술어

단어 健康 jiànkāng 명 건강 | 比 bǐ 전 ~보다 | 什么 shénme 대 무슨, 무엇 | 都 dōu 부 모두 | 重要 zhòngyào 형 중요하다

02

p. 285

跟上次　　这次出现的　　问题　　相同

这次出现的问题跟上次相同。
　　　　　　　　　　　　　　　　　　　이번에 생긴 문제는 지난번과 같다.

해설 ① 명사 '问题(문제)'를 주어 자리에 배열하고 그 앞에 수식어 '这次出现的(이번에 나타난)'를 배열해 관형어로 만들어 준다.

② 형용사 '相同(같다)'을 술어 자리에 배열한다.

③ 동등 비교를 나타내는 전치사구 '跟上次(지난번과)'를 술어 앞에 배열한다.

④　这次出现的　　　问题　　　跟上次　　　相同。
　　명사+동사+조사　　명사　　전치사+명사　　형용사
　　　관형어　　　　　주어　　　부사어　　　　술어

단어 这次 zhècì 대 이번 | 出现 chūxiàn 동 출현하다 | 问题 wèntí 명 문제 | 跟 gēn 전 ~와(과) | 上次 shàngcì 명 지난번, 저번 | 相同 xiāngtóng 형 같다

03

p. 285

| 日本人名字 | 比 | 一点儿 | 中国人 | 长 |

日本人名字比中国人长一点儿。　　　　일본인의 이름은 중국인보다 조금 길다.

해설　① 명사와 명사가 결합한 '日本人名字(일본인의 이름)'를 주어 자리에 배열한다.

② 형용사 '长(길다)'을 술어 자리에 배열하고, 양사 '一点儿(조금)'을 형용사 뒤에 배열해 정도의 차이를 나타내게 한다.

③ 비교를 나타내는 전치사 '比(~보다)'는 비교 대상인 명사 '中国人(중국인)'과 함께 전치사구로 배열한 뒤 술어 앞에 배열한다.

④ 日本人名字　　　比　　中国人　　　长　　　一点儿。
　　명사+명사　　전치사 명사　　형용사　　양사
　　　주어　　　　　부사어　　　　술어

단어　日本人 Rìběnrén 몡 일본인 | 名字 míngzi 몡 이름 | 比 bǐ 전 ~보다 | 中国人 Zhōngguórén 몡 중국인 | 长 cháng 혱 길다 | 一点儿 yìdiǎnr 양 조금

04

p. 285

| 一样 | 红酒跟 | 白酒 | 贵 |

红酒跟白酒一样贵。　　　　와인은 바이주와 똑같이 비싸다.

해설　① [명사 + 전치사] 구조인 '红酒跟(와인과)'를 문장 맨 앞에 배열한다.

② 비교 대상인 '白酒(바이주)'를 '跟' 뒤에 배열한다.

③ 형용사 '贵(비싸다)'를 술어 자리에 배열하고, 형용사 '一样(같다)'을 술어 앞 부사어 자리에 배열한다.

④　红酒跟　　　白酒　　一样　　　贵。
　명사+전치사　　명사　　형용사　　형용사
　　주어 +　　　　부사어　　　　술어

단어　红酒 hóngjiǔ 몡 와인, 붉은 포도주 | 跟 gēn 전 ~와(과) | 白酒 báijiǔ 몡 바이주(배갈: 수수를 원료로 빚은 중국 특산 소주) | 一样 yíyàng 혱 같다 | 贵 guì 혱 비싸다

05

p. 285

| 昨天的电影 | 今天的 | 没有 | 有意思 |

昨天的电影没有今天的有意思。　　　　어제의 영화는 오늘 것만큼 재미있지 않았다.

해설　① 형용사 '有意思(재미있다)'를 술어 자리에 배열한다.

② 관형어와 명사로 결합된 '昨天的电影(어제의 영화)'을 주어 자리에, '今天的(오늘 것)'를 비교 대상 자리에 배열한다.

③ '没有'는 비교문의 부정 형식에 쓰여 주어가 비교 대상보다 못함을 나타낸다. 따라서 비교 대상 앞에 배열한다.

④　昨天的电影　　没有　　今天的　　　有意思。
　명사+조사+명사　동사　명사+조사　　형용사
　　　주어　　　　　부사어　　　　술어

단어　昨天 zuótiān 몡 어제 | 电影 diànyǐng 몡 영화 | 没有 méiyǒu 동 ~만 못하다, ~에 못 미치다 | 今天 jīntiān 몡 오늘 | 有意思 yǒuyìsi 혱 재미있다

✓ 정답	1. 他没有我那么喜欢运动。 / 我没有他那么喜欢运动。
	2. 孩子比上个月高了多少？
	4. 以前的书比现在的更贵。

3. 黑的帽子跟红的一样漂亮。

5. 广州的天气不比上海冷。

01

p. 285

没有　他　那么喜欢　我　运动

他没有我那么喜欢运动。	그는 나만큼 운동을 좋아하지 않는다.
我没有他那么喜欢运动。	나는 그만큼 운동을 좋아하지 않는다.

해설 ① '那么喜欢(그렇게나 좋아하다)' 뒤에 좋아하는 대상인 '运动(운동)'을 배열하고, 운동을 좋아하는 주체인 인칭대명사를 앞에 배열한다.

② '没有'는 비교문에서 부정할 때 쓰인다. 주어와 비교 대상 사이에 배열하여 주어가 비교 대상만 '못하다'라는 의미를 나타낸다. 따라서 '没有(~보다 못하다)' 뒤에 비교 대상이 되는 인칭대명사를 배열한다.

③ 주어가 되는 인칭대명사는 문장 맨 앞 주어 자리에 배열한다.

④
他(我)	没有	我(他)	那么喜欢	运动。
인칭대명사	동사	인칭대명사	대명사+동사	명사
주어		부사어	술어	목적어

단어 没有 méiyǒu 图 ~만큼 하지 않다 | 那么 nàme 때 그렇게나, 저렇게나 | 喜欢 xǐhuan 图 좋아하다 | 运动 yùndòng 명 운동

02

p. 285

孩子　上个月　多少　高了　比

孩子比上个月高了多少？	아이는 지난달보다 얼마나 더 컸어요?

해설 ① 명사 '孩子(아이)'를 주어 자리에 배열한다.

② [형용사 + 조사] 구조인 '高了(컸다)'를 술어 자리에 배열한다. 정도의 차이를 나타내는 '多少(얼마나)'는 술어 뒤에 배열한다.

③ 비교 표지 '比(~보다)' 뒤에 비교 대상인 '上个月'를 배열한 뒤 술어 앞에 배열한다.

④
孩子	比	上个月	高了	多少？
명사	전치사	명사	형용사+조사	대명사
주어	부사어		술어	

단어 孩子 háizi 명 아이 | 比 bǐ 전 ~보다 | 上个月 shàngge yuè 명 지난달 | 高 gāo 형 (키가) 크다, 높다 | 了 le 조 ~로 되었다(변화를 나타냄) | 多少 duōshao 때 얼마, 몇

174

03

p. 285

黑的帽子　一样　漂亮　红的　跟

黑的帽子跟红的一样漂亮。　　　　　　검은 모자가 빨간 것만큼 예쁘다.

해설　① 명사 '黑的帽子(검은 모자)'를 주어 자리에 배열한다.

② 전치사 '跟(~과)' 뒤에 비교 대상인 '红的(빨간 것)'를 배열한다.

③ 형용사 '漂亮(예쁘다)'을 술어 자리에 배열하고, 형용사 '一样(같다)'을 술어 앞 부사어 자리에 배열한다.

④　　黑的帽子　　　跟　　　红的　　　一样　　漂亮。

　　명사+조사+명사　전치사　형용사+조사　형용사　　형용사

　　　　주어　　　　　　부사어　　　　　　　술어

단어　黑 hēi 휑 검다, 까맣다 | 帽子 màozi 뎽 모자 | 跟 gēn 젼 ~와 | 红 hóng 휑 붉다 | 一样 yíàng 휑 같다 | 漂亮 piàoliang 휑 예쁘다

04

p. 285

更　以前的书　贵　比　现在的

以前的书比现在的更贵。　　　　　　예전 책이 지금 것보다 더 비싸다.

해설　① 관형어와 명사가 결합된 '以前的书(예전의 책)'를 주어 자리에 배열한다.

② 전치사 '比(~보다)' 뒤에 비교 대상인 '现在的(현재의 것)'을 배열한다.

③ 형용사 '贵(비싸다)'를 술어 자리에 배열하고 정도부사 '更(더욱)'을 술어 앞에 배열한다.

④　　以前的书　　　比　　　现在的　　　更　　　贵。

　　명사+조사+명사　전치사　명사+조사　부사　　형용사

　　　　주어　　　　　　부사어　　　　　　술어

단어　以前 yǐqián 뎽 이전, 예전 | 书 shū 뎽 책 | 比 bǐ 젼 ~보다 | 现在 xiànzài 뎽 지금 | 更 gèng 쀼 더욱 | 贵 guì 휑 비싸다

05

p. 285

广州的天气　冷　上海　不比

广州的天气不比上海冷。　　　　　　광저우의 날씨는 상해만큼 춥지 않다.

해설　① 명사 '广州的天气(광저우의 날씨)'를 주어 자리에 배열한다.

② '~하지 못하다'라는 의미를 나타내는 '不比'와 비교 대상인 '上海(상하이)'를 주어 뒤 부사어 자리에 배열한다.

③ 술어 자리에 형용사 '冷(춥다)'을 배열한다.

④　广州的天气　　　不比　　　上海　　　冷。

　　명사+조사+명사　부사+전치사　명사　　형용사

　　　　주어　　　　　부사어　　　술어

단어　广州 Guǎngzhōu 지뎽 광저우 | 天气 tiānqì 뎽 날씨 | 不比 bùbǐ ~하지 못하다 | 上海 Shànghǎi 지뎽 상하이 | 冷 lěng 휑 춥다

✓ 정답　　1. 运动能使人更健康。　　　　　2. 老师让我做完作业。
　　　3. 这件事使我一晚上没睡。　　4. 手机使人们的工作变得更方便。
　　　5. 这让他很难过。

01

능　运动　更健康　使人

p. 289

运动能使人更健康。　　　　　　　　　운동은 사람을 더욱 건강하게 만들 수 있다.

해설　① 명사 '运动(운동)'을 주어 자리에 배열한다.

② 사역의 의미를 나타내는 동사 '使(~하게 만들다)'를 첫 번째 술어 자리에 배열하고 형용사가 있는 '更健康(더욱 건강하다)'을 두 번째 술어 자리에 배열한다.

③ 조동사 '能(~할 수 있다)'을 첫 번째 술어 앞에 배열한다.

④ 运动　　能　　　　使人　　　　更健康。
　　명사　조동사　　동사+명사　부사+형용사
　　주어　부사어　술어1+목적어1/주어2　술어2

단어　运动 yùndòng 몡 운동 | 能 néng 조동 ~할 수 있다 | 使 shǐ 동 ~하게 만들다 | 更 gèng 뷔 더욱 | 健康 jiànkāng 혱 건강하다

02

作业　老师　让　做完　我

p. 289

老师让我做完作业。　　　　　　　　　선생님은 나에게 숙제를 다 하라고 했다.

해설　① 사역의 의미를 나타내는 동사 '让(~하게 만들다)'을 첫 번째 술어 자리에, '做完(다 하다)'을 두 번째 술어 자리에 배열한다.

② 술어의 의미에 따라 주어 자리에 '老师(선생님)'를 배열하고 '我(나)'는 첫 번째 술어의 목적어 겸 두 번째 술어의 주어 자리에 배열한다.

③ '作业(숙제)'는 '做完(다 하다)'의 대상이므로 두 번째 술어 뒤 목적어 자리에 배열한다.

④ 老师　　让　　　我　　　　做完　　　作业。
　　명사　　동사　　인칭대명사　동사+동사　명사
　　주어1　술어1　목적어1/주어2　술어2　　목적어2

단어　老师 lǎoshī 몡 선생님 | 让 ràng 동 ~하라고 시키다, 만들다 | 做完 zuòwán 동 다 하다, 끝내다 | 作业 zuòyè 몡 숙제

---

p. 289

03

这件事　　使　　一晚上　　我　　没睡

这件事使我一晚上没睡。　　　　　　　이 일은 나로 하여금 저녁 내내 잠을 못 자게 만들었다.

해설 ① 첫 번째 술어 자리에 사역의 의미를 나타내는 동사 '使(~하게 만들다)'를 배열하고, 두 번째 술어 자리에 '没睡(잠을 자지 못하다)'를 배열한다.

② 술어의 의미에 따라 첫 번째 주어 자리에 '这件事(이 일)'를 배열하고 '我(나)'는 첫 번째 술어의 목적어 겸 두 번째 술어의 주어 자리에 배열한다.

③ 부사 '一晚上(저녁 내내)'이 수식하는 것은 두 번째 술어인 '没睡(잠을 자지 못하다)'이므로 두 번째 술어 앞에 배열한다.

④　　　　这件事　　　　使　　　　我　　　　一晚上　　　没睡。
　　　지시대명사+양사+명사　　동사　　인칭대명사　　수사+명사　부사+동사
　　　　　　　주어1　　　　술어1　목적어1/주어2　　부사어　　술어2

단어 件 jiàn 양 일을 세는 단위 | 事 shì 명 일 | 使 shǐ 동 ~하게 만들다 | 一晚上 yī wǎnshàng 밤새, 저녁 내내 | 睡 shuì 동 자다

04

使　　人们的工作　　变得　　手机　　更方便

p. 289

手机使人们的工作变得更方便。　　　　휴대전화는 사람들의 업무를 더욱 편리하게 만들었다.

해설 ① 첫 번째 술어 자리에 사역의 의미를 나타내는 동사 '使(~하게 만들다)'를 배열하고, 두 번째 술어 자리에 '变得 (~하게 변하다)'를 배열한 뒤 '变得'의 상태를 나타내는 '更方便(더욱 편리하다)'을 그 뒤에 배열한다.

② 술어의 의미에 맞춰 '手机(휴대전화)'를 문장 맨 앞 첫 번째 주어 자리에 배열한다.

③ '人们的工作(사람들의 업무)'를 첫 번째 술어의 목적어 겸 두 번째 술어의 주어 자리에 배열하여 겸어문으로 만든다.

④　手机　　使　　人们的工作　　　变得　　　　更方便。
　　명사　　동사　명사+조사+명사　동사+조사　부사+형용사
　　주어1　술어1　목적어1/주어2　　　　술어2

단어 手机 shǒujī 명 휴대전화 | 使 shǐ 동 ~하게 만들다 | 工作 gōngzuò 명 일 | 变 biàn 동 변하다, 바뀌다 | 得 de 조 ~하는 상태 가(술어 뒤에 쓰여서 술어의 상태를 나타내는 보어를 연결) | 更 gèng 부 더욱 | 方便 fāngbiàn 형 편리하다

05

让　　这　　很　　他　　难过

p. 289

这让他很难过。　　　　　　　　　　　이것은 그로 하여금 속상하게 만들었다.

해설 ① 동사 '让(~하게 만들다)'을 첫 번째 술어 자리에, 형용사 '难过(속상하다)'를 두 번째 술어 자리에 배열한다.

② 술어의 의미에 따라 '这(이것)'는 문장 맨 처음 주어 자리에, '他(그)'를 첫 번째 술어의 목적어이자 두 번째 술어의 주어 자리에 배열하여 겸어문으로 만든다.

③ 정도부사 '很(매우)'을 형용사 앞에 배열한다.

④　　这　　　让　　　他　　　很　　难过。
　　지시대명사　동사　인칭대명사　부사　형용사
　　　주어1　　술어1　목적어1/주어2　부사어　술어2

단어 让 ràng 동 ~하게 만들다 | 难过 nánguò 형 슬프다, 괴롭다

DAY 16

✓ 정답
1. 你们让我担心了。 / 我让你们担心了。
2. 爸妈不太愿意让我去国外。
3. 今晚的月亮让他想家了。
4. 这些照片让我想起了以前很多快乐的事。
5. 他没让我来他家。

01

p. 289

我	担心了	你们	让

你们让我担心了。	너희들은 나를 걱정하게 만들었어.
我让你们担心了。	내가 너희들을 걱정하게 만들었어.

해설　① 동사 '让(~하게 만들다)'을 첫 번째 술어 자리에 배열한다.

② 동사와 조사로 결합된 '担心了(걱정하다)'를 두 번째 술어 자리에 배열한다.

③ 주어로 쓸 인칭대명사를 첫 번째 주어 자리에 배열하고, 다른 인칭대명사는 첫 번째 술어의 목적어이자 두 번째 술어의 주어 자리에 배열하여 겸어문으로 만든다.

④　你们(我)　　让　　我(你们)　　担心了。

　　인칭대명사　동사　　인칭대명사　동사+조사

　　주어1　　술어1　　목적어1/주어2　술어2

단어　让 ràng 图 ~하게 만들다 | 担心 dānxīn 图 걱정하다

02

p. 289

爸妈	不太	去国外	我	愿意	让

爸妈不太愿意让我去国外。	부모님은 나를 해외로 보내는 것을 그다지 원하시지 않는다.

해설　① 동사 '让(~하게 만들다)'을 첫 번째 술어 자리에, '去国外(해외로 가다)'를 두 번째 술어 자리에 배열한다.

② 술어의 의미에 따라 '爸妈(부모님)'를 첫 번째 주어 자리에, '我 (나)'를 첫 번째 술어의 목적어이자 두 번째 술어의 주어 자리에 배열하여 겸어문으로 만든다.

③ 부사 '不太(그다지 ~하지 않다)'와 조동사 '愿意(~하길 원하다)'는 첫 번째 술어 앞 부사어 자리에 배열한다.

④　爸妈　不太　愿意　让　　我　　　去国外。

　　명사　부사　조동사　동사　인칭대명사　동사+명사

　　주어1　부사어　　술어1　목적어1/주어2　술어2

단어　不太 bútài 图 그다지, 별로 | 愿意 yuànyì 조동 ~하길 원하다 | 让 ràng 图 ~하라고 시키다, 만들다 | 国外 guówài 図 국외

03 让　想家了　今晚的　他　月亮

p.289

今晚的月亮让他想家了。 | 오늘 저녁의 달은 그로 하여금 집 생각이 나게 만들었다.

해설 ① 동사 '让(~하게 만들다)'을 첫 번째 술어 자리에 배열하고, '想家了(집 생각이 나다)'를 두 번째 술어 자리에 배열한다.

② 술어의 의미에 따라 '他(그)'를 첫 번째 주어 자리에, '月亮(달)'을 첫 번째 술어의 목적어이자 두 번째 술어의 주어 자리에 배열하여 겸어문으로 만든다.

③ 수식어 '今晚的(오늘 저녁의)'를 '月亮(달)' 앞의 관형어 자리에 배열한다.

④ 　今晚的　月亮　让　　他　　　想家了。
　　명사+조사　명사　동사　인칭대명사　동사+명사+조사
　　　　주어1　　술어1　목적어1/주어2　　술어2

단어 今晚 jīnwǎn 몡 오늘 저녁 | 月亮 yuèliang 몡 달 | 让 ràng 동 ~하게 만들다 | 想 xiǎng 동 생각하다, 그리워하다

---

04 让　想起了　这些照片　以前很多快乐的事　我

p.289

这些照片让我想起了以前很多快乐的事。 | 이 사진들은 나로 하여금 예전의 많은 즐거운 일을 생각나게 하였다.

해설 ① 동사 '让(~하게 만들다)'을 첫 번째 술어 자리에 배열하고, '想起了(생각이 났다)'를 두 번째 술어 자리에 배열한다.

② 술어의 의미에 따라 '这些照片(이 사진들)'를 첫 번째 주어 자리에, '我(나)'를 첫 번째 술어의 목적어이자 두 번째 술어의 주어 자리에 배열하여 겸어문으로 만든다.

③ '以前很多快乐的事(예전의 많은 즐거운 일)'를 '想起了(생각이 나다)'의 목적어 자리에 배열한다.

④ 　这些照片　让　　我　　　想起了　　　　以前很多快乐的事。
　　지시대명사+명사　동사　인칭대명사　동사+동사+조사　명사+부사+형용사+형용사+조사+명사
　　　주어1　　술어1　목적어1/주어2　　술어2　　　　　　목적어2

단어 这些 zhèxiē 떼 이러한, 이런 것들 | 照片 zhàopiàn 몡 사진 | 让 ràng 동 ~하라고 시키다, 만들다 | 想起 xiǎngqǐ 동 떠오르다, 생각나다 | 以前 yǐqián 몡 이전, 예전 | 快乐 kuàilè 혱 즐겁다, 유쾌하다 | 事 shì 몡 일

---

05 我　他家　没　让　他　来

p.289

他没让我来他家。 | 그는 나에게 그의 집에 못 오게 했다.

해설 ① 동사 '让(~하게 만들다)'을 첫 번째 술어 자리에 배열하고, '来(오다)'를 두 번째 술어 자리에 배열한 뒤, '来(오다)'의 목적어인 '他家(그의 집)'를 뒤에 배열한다.

② 인칭대명사 '他(그)'를 첫 번째 주어 자리에, '我(나)'를 첫 번째 술어의 목적어이자 두 번째 술어의 주어 자리에 배열하여 겸어문으로 만든다.

③ 부사 '没(~않다)'를 첫 번째 동사 앞 부사어 자리에 배열한다.

④ 　他　　没　让　　我　　来　　他家。
　　인칭대명사　부사　동사　인칭대명사　동사　인칭대명사+명사
　　주어1　　부사어　술어1　목적어1/주어2　술어2　목적어2

단어 让 ràng 동 ~하라고 시키다, 만들다 | 没 méi 분 ~않다

DAY 17

✓ 정답

1. 我把帽子忘在办公室了。
2. 请把菜单拿给我。
3. 她决定把手机送给弟弟。
4. 他不敢把这件事告诉大家。
5. 我不小心把护照忘在出租车上。

01

忘　在办公室　了　把帽子　我

p. 294　我把帽子忘在办公室了。　　　　　나는 모자를 사무실에 두고 왔다.

해설　① 인칭대명사 '我(나)'를 주어 자리에 배열한다.

② 동사 '忘(잊다)'을 술어 자리에 배열한다.

③ 전치사구 '把帽子(모자를)'를 술어 앞 부사어 자리에 배열하고, '在办公室(사무실에)'는 술어 뒤 기타성분 자리에 배열한다. 조사 '了'는 문장 맨 마지막에 배열한다.

④　　我　　　把帽子　　忘　　在办公室　　了。
　인칭대명사　전치사+명사　동사　전치사+명사　조사
　　주어　　　부사어　　술어　　보어

단어　把 bǎ 전 ~을, ~를(목적어를 동사 앞으로 끌어내어 처리나 변화를 나타냄) | 帽子 màozi 명 모자 | 忘 wàng 동 잊어버리다 | 在 zài 전 ~에, ~에서 | 办公室 bàngōngshì 명 사무실 | 了 le 조 ~했다(완료를 나타냄)

02

拿　给我　请　把　菜单

p. 294　请把菜单拿给我。　　　　　메뉴판을 저에게 주세요.

해설　① 요청을 나타내는 '请(~해 주세요)'을 문장 맨 앞에 배열한다.

② 전치사 '把(~을, ~를)' 뒤에 명사 '菜单(메뉴판)'을 배열하여 전치사구로 만든다.

③ 동사 '拿(집다, 가지다)'를 술어 자리에, '给我(나에게)'를 보어 자리에 배열하여 어떤 동작을 통하여 목적어를 어떻게 '처리'하였는지를 나타내는 '把구문'으로 만든다.

④　请　把　菜单　拿　　给我。
　동사　전치사　명사　동사　동사+인칭대명사
　술어1　부사어　술어2　보어

단어　把 bǎ 전 ~을, ~를 (목적어를 동사 앞으로 끌어내어 처리나 변화를 나타냄) | 菜单 càidān 명 메뉴 | 拿 ná 동 쥐다, 잡다, 가지다 | 给 gěi 동 주다

p. 294

03 送给　　她决定　　把手机　　弟弟

她决定把手机送给弟弟。 | 그녀는 휴대전화를 남동생에게 주기로 결정했다.

해설
① 인칭대명사와 동사가 결합된 '她决定(그녀는 결정했다)'을 문장 맨 앞에 배열한다.

② '决定(결정하다)'은 전치사구를 목적어로 가질 수 있다. 전치사구 '把手机(휴대전화를)'를 술어 '送给(~에게 주다)' 앞에 배열한다.

③ 술어 '送给(~에게 주다)' 뒤에 대상이 되는 '弟弟(남동생)'를 배열한다.

④　　她决定　　　　把手机　　　　送给　　弟弟。
　　인칭대명사+동사　전치사+명사　동사+전치사　명사
　　　주어　　　술어　　　　　목적어

단어 决定 juédìng ⑧ 결정하다 | 把 bǎ ⑳ ~을, ~를(목적어를 동사 앞으로 끌어내어 처리나 변화를 나타냄) | 手机 shǒujī ⑲ 휴대전화 | 送给 sònggěi ⑧ 주다 | 弟弟 dìdi ⑲ 남동생

---

04 他　　告诉大家　　把　　不敢　　这件事

p. 294

他不敢把这件事告诉大家。 | 그는 감히 이 일을 모두에게 알리지 못한다.

해설
① 인칭대명사 '他(그)'를 주어 자리에 배열한다.

② 전치사 '把(~을, ~를)' 뒤에 명사 '这件事(이 일)'를 배열하여 전치사구로 만든다.

③ 동사가 들어간 '告诉大家(모두에게 알려주다)'를 술어 자리에 배열하고 [부사 + 조동사] 구조인 '不敢(감히 ~하지 못하다)'을 '把' 앞에 배열한다.

④　　他　　　不敢　　　把　　　这件事　　　　告诉大家。
　　인칭대명사　부사+조동사　전치사　지시대명사+양사+명사　동사+명사
　　　주어　　　　　부사어　　　　　　　　　술어+목적어

단어 不敢 bùgǎn 감히 ~하지 못하다 | 把 bǎ ⑳ ~을, ~를(목적어를 동사 앞으로 끌어내어 처리나 변화를 나타냄) | 件 jiàn ⑳ 일을 세는 단위 | 事 shì ⑲ 일 | 告诉 gàosu ⑧ 알려주다 | 大家 dàjiā ⑭ 모두, 여러분

---

05 不小心　　我　　忘在　　把护照　　出租车上

p. 296

我不小心把护照忘在出租车上。 | 나는 실수로 여권을 택시에 두고 내렸다.

해설
① 인칭대명사 '我(나)'를 주어 자리에 배열하고 [동사 + 보어] 구조인 '忘在(깜빡하고 ~에 두다)'를 술어 자리에 배열한다.

② 전치사구 '把护照(여권을)'를 술어 '忘在(깜빡하고 ~에 두다)' 앞에 배열하고, 장소를 나타내는 '出租车上(택시에)'을 술어 뒤 기타성분 자리에 배열한다.

③ 부사어로 쓰이도록 '不小心(실수로, 조심하지 않아)'을 '把' 앞에 배열한다.

④　　我　　　不小心　　　把护照　　　忘在　　　出租车上。
　　인칭대명사　부사+동사　전치사+명사　동사+전치사　명사+방위사
　　　주어　　　　부사어　　　　　술어　　　　　보어

단어 小心 xiǎoxīn ⑧ 조심하다 | 把 bǎ ⑳ ~을, ~를(목적어를 동사 앞으로 끌어내어 처리나 변화를 나타냄) | 护照 hùzhào ⑲ 여권 | 忘 wàng ⑧ 잊어버리다 | 出租车 chūzūchē ⑲ 택시

DAY 18

✓ 정답
1. 你能帮我把行李箱放到上面去吗?　2. 别把事情想得太简单了。
3. 我把你买的蛋糕吃了。　4. 我们把沙发搬到电视对面吧。
5. 把你的词典放进书包里。

01

把行李箱　能帮我　上面去　放到　你　吗

p. 294

你能帮我把行李箱放到上面去吗? | 너 나를 도와서 트렁크를 위에 올려다 놓을 수 있어?

해설 ① 인칭대명사 '你(너)'를 주어 자리에 배열하고 [동사 + 보어] 구조인 '放到(~에 놓다)'를 술어 자리에 배열한다.

② 전치사구 '把行李箱(트렁크를)'을 술어 앞 부사어 자리에 배열하고, 방위사에 보어가 결합된 '上面去(위쪽에다)'를 술어 뒤 기타성분 자리에 배열한다.

③ 조동사가 들어간 '能帮我(나를 도와줄 수 있다)'를 '把' 앞에 배열하고, 의문의 어기조사 '吗(~입니까?)'를 맨 마지막에 배열한다.

④　你　　　能帮我　　　把行李箱　　放到　　上面去　吗?

인칭대명사　조동사+동사+대명사　전치사+명사　동사+전치사　방위사+동사　조사

　주어　　　　　　부사어　　　　　　술어　　　보어

단어 能 néng 조동 ~할 수 있다 | 帮 bāng 동 돕다 | 把 bǎ 전 ~을, ~를(목적어를 동사 앞으로 끌어내어 처리나 변화를 나타냄) | 行李箱 xínglǐxiāng 명 트렁크, 짐 가방 | 放到 fàngdào 놓다 | 上面 shàngmiàn 명 위, 위쪽

02

别　事情　想得　把　简单了　太

p. 294

别把事情想得太简单了。 | 일을 너무 간단하게 생각하지 마.

해설 ① 금지를 나타내는 부사 '别(~하지 말아라)'를 문장 맨 앞에 배열한다.

② 동사가 들어간 '想得(생각하는 상태가)'를 술어 자리에 배열하고, '得(~한 상태가)'는 동사 뒤에서 상태를 나타내는 보어를 연결하는 조사로 쓰였으므로 뒤에 형용사 '简单了(간단하다)'를 배열한다.

③ 전치사 '把(~을, ~를)'와 명사 '事情(일)'을 함께 배열하여 전치사구로 만든 뒤 술어 앞에 배열하고, 정도부사 '太(너무)'는 형용사 '简单了(간단하다)' 앞에 배열한다.

④　别　把　事情　想得　太　简单了。

부사　전치사　명사　동사+조사　부사　형용사+조사

　　부사어　　　술어　　　　보어

단어 别 bié 부 ~하지 마라 | 把 bǎ 전 ~을, ~를(목적어를 동사 앞으로 끌어내어 처리나 변화를 나타냄) | 事情 shìqing 명 일 | 想 xiǎng 동 생각하다 | 得 de 조 ~하는 정도가(술어 뒤에 쓰여 술어의 상태를 나타내는 보어를 연결) | 太…了 tài…le 너무 ~하다 | 简单 jiǎndān 형 간단하다

03

p. 294

你买的　吃了　蛋糕　把　我

我把你买的蛋糕吃了。　나는 네가 산 케이크를 먹어버렸어.

해설 ① 인칭대명사 '我(나)'를 주어 자리에 배열한다.

② [동사 + 조사] 구조인 '吃了(먹어버리다)'를 술어 자리에 배열한다. 이때 '了'는 '~해 버리다(掉)'의 의미를 나타낸다.

③ 전치사 '把(~을, ~를)' 뒤에 명사 '蛋糕(케이크)'를 배열하고 그 앞에 수식어 '你买的(네가 산)'를 배열한다.

④　我　　把　　你买的　　蛋糕　吃了。

　　인칭대명사　전치사　인칭대명사+동사+조사　명사　동사+조사

　　주어　　　　　　부사어　　　　　　　술어+기타성분

단어 把 bǎ 젠 ~을, ~를(목적어를 동사 앞으로 끌어내어 처리나 변화를 나타냄) | 买 mǎi 동 사다 | 蛋糕 dàngāo 명 케이크 | 吃 chī 동 먹다 | 了 le 조 ~했다(완료를 나타냄)

04

p. 294

我们　搬到　把沙发　电视对面　吧

我们把沙发搬到电视对面吧。　우리 소파를 TV 맞은편으로 옮기자.

해설 ① 인칭대명사 '我们(우리)'을 주어 자리에, [동사 + 보어] 구조인 '搬到(~로 옮기다)'를 술어 자리에 배열한다.

② 전치사구 '把沙发(소파를)'를 술어 앞 부사어 자리에 배열하고 장소인 '电视对面(TV 맞은편)'을 술어 뒤 기타성분 자리에 배열한다.

③ 제안을 나타내는 '吧(~하자)'를 문장 맨 마지막에 배열한다.

④　我们　　把沙发　　搬到　　电视对面　吧。

　　인칭대명사　전치사+명사　동사+전치사　명사+방위사　조사

　　주어　　　부사어　　　술어　　　보어

단어 把 bǎ 젠 ~을, ~를(목적어를 동사 앞으로 끌어내어 처리나 변화를 나타냄) | 沙发 shāfā 명 소파 | 搬到 bāndào 옮기다 | 电视 diànshì 명 텔레비전 | 对面 duìmiàn 명 맞은편, 건너편 | 吧 ba 조 ~하자(제의)

05

p. 294

把　放进　你的词典　书包里

把你的词典放进书包里。　네 사전을 가방에 넣어.

해설 ① [동사 + 보어] 구조인 '放进(~로 넣다)'을 술어 자리에 배열한다.

② 전치사 '把(~을, ~를)' 뒤에 명사 '你的词典(너의 사전)'을 배열하여 전치사구로 만든 뒤 술어 앞에 배열한다.

③ 장소 '书包里(가방 안)'를 기타성분 자리에 배열한다.

④　把　　你的词典　　放进　　书包里。

　　전치사　인칭대명사+조사+명사　동사+동사　명사+방위사

　　　　　부사어　　　　　　술어　　　보어

단어 把 bǎ 젠 ~을, ~를(목적어를 동사 앞으로 끌어내어 처리나 변화를 나타냄) | 词典 cídiǎn 명 사전 | 放 fàng 동 넣다 | 书包 shūbāo 명 책가방 | 里 lǐ 명 안

1. 铅笔被谁拿走了?　　　　　　　　2. 盘子里的鱼被小猫吃了。

3. 他的帽子被风刮跑了。　　　　　　4. 那些草已经被牛吃了。

5. 果汁被弟弟喝完了。

01

p. 298

拿走了	铅笔	被	谁

铅笔被谁拿走了?	연필을 누가 가져갔어?

해설　① 피동의 의미를 나타내는 전치사 '被(~에 의하여)'에 근거하여 수동자(동작을 받는 사람이나 사물)'인 '铅笔(연필)'를 주어 자리에, '谁(누구)'는 행위자가 되므로 '被' 뒤 명사 자리에 배열한다.

② [동사 + 보어] 구조인 '拿走了(가져갔다)'를 술어 자리에 배열한다.

③ 铅笔　被　谁　　拿走了?

　명사　전치사　대명사　동사+동사+조사

　주어　　부사어　　술어+보어

단어　铅笔 qiānbǐ 명 연필 | 被 bèi 전 ~에 의하여(피동을 나타냄) | 谁 shéi 대 누구 | 拿 ná 동 집다. 쥐다. 가지다

02

p. 298

盘子里的	小猫吃了	鱼	被

盘子里的鱼被小猫吃了。	쟁반 안의 생선은 고양이가 먹어버렸다.

해설　① 행위자(고양이)에 해당하는 명사가 포함된 '小猫吃了(고양이가 먹었다)'를 피동의 의미를 나타내는 전치사 '被(~에 의하여)' 뒤에 배열한다.

② 동작을 받는 수동자 '鱼(생선)'를 주어 자리에 배열한다.

③ 주어 앞 관형어 자리에 '盘子里的(쟁반 안의)'를 배열한다.

④　　盘子里的　　　鱼　被　　小猫吃了。

　명사+방위사+조사　명사　전치사　명사+동사+조사

　　　주어　　　　　　부사어　술어+기타성분

단어　盘子 pánzi 명 쟁반, 접시 | 鱼 yú 명 물고기, 생선 | 被 bèi 전 ~에 의하여(피동을 나타냄) | 小猫 xiǎomāo 명 고양이 | 吃 chī 동 먹다 | 了 le 조 ~했다(완료를 나타냄)

03

p. 298

他的　　被　　刮跑了　　帽子　　风

| 他的帽子被风刮跑了。 | 그의 모자는 바람에 날아가 버렸다. |

해설 ① [동사 + 보어] 구조인 '刮跑了(불어서 날아가 버리다)'를 술어 자리에 배열한다.

② 피동의 의미를 나타내는 전치사 '被(~에 의하여)' 뒤에 행위자인 명사 '风(바람)'을 배열한다.

③ 명사 '帽子(모자)'를 주어 자리에 배열하고, 그 앞에 수식어인 '他的(그의)'를 배열한다.

④　　　他的　　　帽子　　被　　风　　　刮跑了。

　　　인칭대명사+조사　명사　전치사　명사　동사+동사+조사

　　　　주어　　　　　부사어　　술어　　보어

단어 帽子 màozi 몡 모자 | 被 bèi 젠 ~에 의하여(피동을 나타냄) | 风 fēng 몡 바람 | 刮 guā 통 바람이 불다 | 跑 pǎo 통 달아나다. (물체가 원래의 위치에서) 이탈하다. 벗어나다

04

p. 298

牛　　那些草　　被　　吃了　　已经

| 那些草已经被牛吃了。 | 그 풀들은 이미 소가 먹었다. |

해설 ① 피동의 의미를 나타내는 전치사 '被(~에 의하여)' 뒤에 행위자인 명사 '牛(소)'를 배열한다.

② 주어 자리에는 수동자 '那些草(그 풀들)'를 배열한다.

③ 동사 '吃了(먹었다)'는 술어 자리에 배열하고 부사 '已经(이미)'은 피동 표지 '被' 앞에 배열한다.

④　　　那些草　　已经　　被　　牛　　　吃了。

　　　지시대명사+명사　부사　전치사　명사　동사+조사

　　　　주어　　　　부사어　　술어+기타성분

단어 那些 nàxiē 때 그것들 | 草 cǎo 몡 풀 | 已经 yǐjīng 핀 이미, 벌써 | 被 bèi 젠 ~에 의하여(피동을 나타냄) | 牛 niú 몡 소 | 吃 chī 통 먹다

05

p. 298

弟弟　　果汁　　被　　喝完了

| 果汁被弟弟喝完了。 | 과일 주스는 남동생이 다 마셔버렸다. |

해설 ① 피동의 의미를 나타내는 전치사 '被(~에 의하여)' 뒤에 행위자인 명사 '弟弟(남동생)'를 배열한다.

② 주어 자리에는 수동자 '果汁(주스)'를 배열한다.

③ 술어 자리에 '喝完了(다 마셔버렸다)'를 배열한다.

④　果汁　　被　　弟弟　　　喝完了。

　　名사　전치사　명사　동사+동사+조사

　　주어　부사어　　술어　　보어

단어 果汁 guǒzhī 몡 과일 주스 | 被 bèi 젠 ~에 의하여(피동을 나타냄) | 弟弟 dìdi 몡 남동생 | 喝 hē 통 마시다 | 完 wán (동사 뒤에 쓰여) 완료를 나타냄 | 了 le 조 ~했다(완료를 나타냄)

✓ 정답

1. 盘子里的蛋糕被小狗吃了。　　　2. 事情已经被解决了。
3. 那本书昨天晚上被他借走了。　　4. 这件事后来被班里的同学知道了。
5. 镜子不小心被我打碎了。

01

p. 298

被小狗　　蛋糕　　吃了　　盘子里的

盘子里的蛋糕被小狗吃了。

| 쟁반 안의 케이크는 강아지가 먹었다. |

해설 ① 술어 자리에 '吃了(먹었다)'를 배열한다.

② 피동의 의미를 나타내는 '被(~에 의하여)'가 들어간 전치사구 '被小狗(강아지에 의하여)'를 술어 앞에 배열한다.

③ 명사 '蛋糕(케이크)'를 수식어 '盘子里的(쟁반 안의)'와 함께 주어 자리에 배열한다.

④　　盘子里的　　蛋糕　　被小狗　　吃了。

　　명사+방위사+조사　명사　전치사+명사　동사+조사

　　　관형어　　　　주어　　부사어　　술어+기타성분

단어 盘子 pánzi 몡 쟁반, 접시 | 蛋糕 dàngāo 몡 케이크 | 被 bèi 젠 ~에 의하여(피동을 나타냄) | 小狗 xiǎogǒu 몡 강아지 | 吃 chī
동 먹다 | 了 le 조 ~했다(완료를 나타냄)

02

p. 298

事情　　解决了　　被　　已经

事情已经被解决了。

| 일은 이미 해결되었다. |

해설 ① 명사 '事情(일)'을 주어 자리에 배열하고, 동사 '解决了(해결되었다)'를 술어 자리에 배열한다.

② 피동 표지 '被(~에 의하여)'를 술어 앞에 배열한다. '被'는 행위자를 생략하고 동사 바로 앞에 쓰여 피동 의미를 나타내기도 한다.

③ 부사 '已经(이미)'을 피동 표지 '被' 앞에 배열한다.

④ 事情　　已经　　被　　　解决了。

　　명사　　부사　　전치사　　동사+조사

　　주어　　　부사어　　　술어+기타성분

단어 事情 shìqing 몡 일 | 已经 yǐjīng 뷔 이미, 벌써 | 被 bèi 젠 ~에 의하여(피동을 나타냄) | 解决 jiějué 동 해결하다

03

p. 298

| 那本书 | 他 | 被 | 借走了 | 昨天晚上 |

那本书昨天晚上被他借走了。　　　그 책은 어제저녁에 그가 빌려갔다.

해설　① 피동의 의미를 나타내는 전치사 '被(~에 의하여)' 뒤에 행위자인 명사 '他(그)'를 배열한다.

② 수동자가 되는 '那本书(그 책)'를 주어 자리에 배열한다.

③ '借走了(빌려갔다)'를 술어 자리에 배열하고 시간을 나타내는 '昨天晚上(어제저녁)'은 피동 표지 '被' 앞에 배열한다.

④ 　　那本书　　　昨天晚上　　被　　　他　　　借走了。

지시대명사+양사+명사　명사+명사　전치사　인칭대명사　동사+동사+조사

주어　　　　　　　　부사어　　　　　　　술어　보어

단어　本 běn 양 권(책을 세는 양사) | 书 shū 명 책 | 昨天 zuótiān 명 어제 | 晚上 wǎnshang 명 저녁 | 被 bèi 전 ~에 의하여(피동을 나타냄) | 借 jiè 동 빌리다 | 走 zǒu 동 가다

04

p. 298

| 被 | 这件事 | 知道了 | 后来 | 班里的同学 |

这件事后来被班里的同学知道了。　　　이 일은 나중에 반 친구가 알게 되었다.

해설　① 피동의 의미를 나타내는 전치사 '被(~에 의하여)' 뒤에 행위자인 명사 '班里的同学(반 친구)'를 배열한다.

② 명사 '这件事(이 일)'를 주어 자리에 배열한다.

③ 동사 '知道了(알았다)'를 술어 자리에 배열하고, 시간명사 '后来(나중에)'를 피동 표지 '被' 앞에 배열한다.

④ 　　这件事　　后来　　被　　班里的同学　　知道了。

지시대명사+양사+명사　명사　전치사　명사+조사+명사　동사+조사

주어　　　　　　　　부사어　　　　　　술어+기타성분

단어　件 jiàn 양 일을 세는 단위 | 事 shì 명 일 | 后来 hòulái 명 그 후, 그다음 | 被 bèi 전 ~에 의하여(피동을 나타냄) | 班 bān 명 반 | 同学 tóngxué 명 학우, 동창 | 知道 zhīdào 동 알다 | 了 le 조 ~로 되었다(변화를 나타냄)

05

p. 298

| 镜子 | 打碎了 | 被 | 我 | 不小心 |

镜子不小心被我打碎了。　　　거울은 실수로 내가 깨뜨렸다.

해설　① 피동의 의미를 나타내는 전치사 '被(~에 의하여)' 뒤에 행위자인 인칭대명사 '我(나)'를 배열한다.

② 수동자가 되는 명사 '镜子(거울)'를 주어 자리에, 동사 '打碎了(깨졌다)'를 술어 자리에 배열한다.

③ 문맥상 '不小心(조심하지 않아)'은 부사어로 쓰였으므로 피동 표지 '被' 앞에 배열한다.

④ 镜子　　不小心　　被　　　我　　　打碎了。

명사　부사+동사　전치사　인칭대명사　동사+형용사+조사

주어　　　　　부사어　　　　　술어+보어

단어　镜子 jìngzi 명 거울 | 小心 xiǎoxīn 동 조심하다 | 被 bèi 전 ~에 의하여(피동을 나타냄) | 打碎 dǎsuì 동 (때려) 부수다, 깨다 | 了 le 조 ~로 되었다(변화를 나타냄)

DAY 21

✓ 정답　　1. 茶　　　2. 时　　　3. 饿　　　4. 口　　　5. 树

01

p. 309

你了解中国的（ 茶 ）文化吗?
<small>chá</small>

넌 중국의 (**차**) 문화에 대해 알고 있니?

해설　빈칸에 들어갈 단어는 뒤의 '文化(문화)'와 매칭되면서 동시에 'chá'로 발음되는 단어를 써야 한다. 정답은 '茶'로 부수 '艹' 는 식물과 관련된 한자에 사용되며 '茶'는 선진 시기에 채소라는 뜻으로 사용되다 육조 시기 이후에 이것을 마시는 습관 이 유행하게 되었다.

단어　了解 liǎojiě 동 알다, 이해하다 | 茶 chá 명 차 | 文化 wénhuà 명 문화

02

p. 309

这里的秋天就是这样，去年这个（ 时 ）候也总是阴天。
<small>shí</small>

여기의 가을은 이래. 작년 이 (**무렵**)에도 항상 흐렸어.

해설　빈칸 앞의 '去年(작년)'과 뒤의 '候(철, 때)'를 근거로 빈칸에 들어갈 단어는 시간, 시점을 나타내는 단어가 들어가야 한다는 것을 알 수 있다. '时候'는 '시간, 때, 무렵'이라는 뜻을 나타내며 부수 '日'는 날짜나 시간에 관련된 한자에 사용된다.

단어　这里 zhèlǐ 대 이곳, 여기 | 秋天 qiūtiān 명 가을 | 就 jiù 부 바로 | 这样 zhèyàng 대 이와 같다 | 去年 qùnián 명 작년 | 时 候 shíhou 명 때, 무렵 | 也 yě 부 ~도, 역시 | 总是 zǒngshì 부 항상, 늘 | 阴天 yīntiān 흐린 하늘, 흐린 날씨

03

p. 309

我早上只吃了半个面包，还不到11点就（ 饿 ）了。
<small>è</small>

나 아침에 빵 반 개밖에 먹지 않았어, 11시도 안 됐는데 벌써 (**배고파**).

해설　빈칸 앞의 내용 '早上只吃了半个面包(아침에 빵 반 개밖에 먹지 않았다)'를 근거로 빈칸에 들어갈 'è'로 발음되는 한자는 '饿'이다. 부수 '饣'은 먹는 것과 관련된 한자에 사용된다.

단어　早上 zǎoshang 명 아침 | 只 zhǐ 부 단지, 오로지 | 半 bàn 수 반, 절반 | 面包 miànbāo 명 빵 | 还 hái 부 아직 | 到 dào 동 도달하다 | 点 diǎn 양 시 | 就 jiù 부 이미, 벌써 | 饿 è 형 배고프다

04

p. 309

这个瓶子的瓶（ 口 ）太小了。
<small>kǒu</small>

이 병의 병 (**입구**)는 너무 작다.

해설　빈칸에 들어갈 한자는 '瓶(병)'과 함께 쓰여 병의 일부를 나타내는 단어를 나타내야 한다. '口'는 '瓶'과 함께 '병 입구'라는 뜻으로 사용되며 '口'는 중간이 비어 있으므로 모양이 비슷하게 생긴 사물에 '口'를 비유해서 사용하기도 한다.

단어　瓶(子) píng(zi) 명 병 | 口 kǒu 명 (용기 따위의) 주둥이 | 瓶口 píngkǒu 명 병 입구 | 太…了 tài…le 너무 ~하다 | 小 xiǎo 형 작다

05

p. 309

（ 树 ^{shù} ）上的鸟都飞走了。

（ **나무** ）위의 새가 모두 날아갔다.

해설　빈칸 뒤의 방향을 나타내는 '上(위)'을 근거로 빈칸에 들어갈 단어는 명사이면서 '鸟(새)'가 있을 수 있는 장소를 떠올려야 한다. 정답은 나무를 뜻하는 '树'로 부수 '木'은 나무와 관련이 있는 한자에 사용된다.

단어　树 shù 몡 나무 | 鸟 niǎo 몡 새 | 飞 fēi 동 날다 | 走 zǒu 동 가다

| ✓ 정답 | 1. 目 | 2. 体 | 3. 走 | 4. 看 | 5. 冰 |

01

p. 309

下一个节（ 目 ^{mù} ）就是我们班的了，大家准备一下。

다음（ **프로그램** ）은 바로 우리 반이에요. 모두 준비하세요.

해설　빈칸 앞의 '节'와 함께 쓰여 우리 반이 할 수 있는 것(명사)을 생각해보면 '프로그램, 종목'을 의미하는 '节目'가 적절하다. '目'는 그 자체가 부수가 되며 눈을 나타내는 뜻 외에도, 항목, 조목이라는 뜻을 나타낸다.

단어　节目 jiémù 몡 프로그램 | 就 jiù 위 바로 | 班 bān 몡 반 | 大家 dàjiā 때 모두, 여러분 | 准备 zhǔnbèi 동 준비하다 | 一下 yíxià 양 좀 ~하다

02

p. 309

你别生气了，对身（ 体 ^{tǐ} ）不好。

화내지 마. （ **몸** ）에 안 좋아.

해설　빈칸 앞의 '身'과 함께 'tǐ'로 발음되는 한자는 신체, 몸을 나타내는 '体' 밖에 없다. 부수 '亻'은 사람을 뜻한다.

단어　别 bié 위 ~ 하지 마라 | 生气 shēngqì 동 화내다 | 对 duì 전 ~에 대하여 | 身体 shēntǐ 몡 신체

03

p. 309

已经很晚了，我必须要（ 走 ^{zǒu} ）了，再见。

벌써 많이 늦어서 우린 꼭 （ **가야** ）해. 또 만나.

해설　빈칸에 들어갈 단어는 조동사 뒤에 올 수 있는 동사로, 시간이 이미 늦어서 떠나야 한다고 말하므로 정답은 '走'다. '趣', '超' 등과 같이 '走'를 부수로 갖는 한자들은 모두 '달리다, 가다'의 의미를 나타낸다.

단어　已经 yǐjīng 위 이미, 벌써 | 晚 wǎn 형 늦다 | 必须 bìxū 위 반드시 | 要 yào 조동 ~해야 한다 | 走 zǒu 동 가다

p. 309

04

那条新闻我昨天就在报纸上（ 看 ）见了。
_{kàn}

그 뉴스 나도 어제 신문에서 (**봤어**).

해설 보어 '见'과 함께 사용하여 보다라는 의미를 나타내는 한자를 떠올리면 정답은 '看'이다. '看'의 부수는 '目'으로 '눈, 보다'
라는 의미를 나타낸다.

단어 条 tiáo 図 소식, 뉴스 등을 세는 단위 | 新闻 xīnwén 図 뉴스 | 昨天 zuótiān 図 어제 | 报纸 bàozhǐ 図 신문 | 看见 kànjiàn
图 보다

p. 309

05

你渴吗? （ 冰 ）箱里有可乐，你喝吧。
_{bīng}

목 말라? (**냉장고**) 안에 콜라 있어. 너 마셔.

해설 '箱'이라는 글자로 끝나는 단어 중 콜라가 들어있을 수 있는 곳을 떠올리면 '냉장고'로, 빈칸에 들어갈 한자는 '차갑다, 얼
음'을 나타내는 '冰'이다. 부수 'ㆍ' 역시 '얼음, 차갑다'를 의미한다.

단어 渴 kě 图 목마르다 | 冰箱 bīngxiāng 図 냉장고 | 可乐 kělè 図 콜라 | 喝 hē 图 마시다 | 吧 ba 图 ~하라(권유나 명령 등의 어기
를 나타냄)

| ✔ 정답 | 1. 月 | 2. 东 | 3. 河 | 4. 和 | 5. 久 |

p. 314

01

今晚的（ 月 ）亮让他想家了。
_{yuè}

오늘 밤의 (**달**)이 그로 하여금 집을 그리워하게 만들었다.

해설 빈칸 뒤의 '亮'과 함께 '달'의 의미를 나타내는 한자는 '月'이다. '月'는 '달'이라는 의미 외에 부수로 '신체'를 나타내기도 한
다.

단어 今晚 jīnwǎn 図 오늘 밤 | 的 de 图 ~의 | 月亮 yuèliang 図 달 | 让 ràng 图 ~하라고 시키다, 만들다 | 想 xiǎng 图 생각하다 |
家 jiā 図 집

p. 314

02

今天刮（ 东 ）风，听说下午还会下雨。
_{dōng}

오늘 (**동**)풍이 부네. 듣자 하니 오후에는 비도 온다고 하네.

해설 '刮'는 '风'과 함께 '바람이 분다'는 의미를 나타낸다. '风' 앞에 놓여 바람을 수식하며 'dōng'으로 발음되는 한자는 동쪽의
의미를 나타내는 '东'이다.

단어 今天 jīntiān 図 오늘 | 刮风 guāfēng 图 바람이 불다 | 东 dōng 図 동쪽, 동녘 | 听说 tīngshuō 图 듣자 하니 | 下午 xiàwǔ
図 오후 | 还 hái 图 게다가, 더욱 | 会 huì 图图 ~일 것이다 | 下雨 xiàyǔ 图 비가 오다

03

p. 314

中国人的母亲（河）是什么?

_{hé}

중국인들의 큰 (**강**)은 무엇인가요? / 중국인들의 젖줄은 무엇인가요?

해설　빈칸 앞의 '母亲(어머니)'과 함께 단어를 이루는 한자 중 'hé'로 발음되는 것은 '河'이다. 부수 'ㆍㆍㆍ'는 물을 뜻하며 '母亲河'
　　　는 한 민족의 중요한 생활 수단이 되는 큰 강물, 즉 '젖줄'이라는 비유적 의미를 나타내는 합성명사이다.

단어　中国 Zhōngguó 명 중국 | 母亲 mǔqīn 명 모친, 어머니 | 河 hé 명 강

04

p. 314

小黄（和）小李一起去看电影了。

_{hé}

샤오황(**과**) 샤오리는 함께 영화를 보러 갔다.

해설　빈칸 앞 뒤에 있는 인칭명사를 근거로 '～와'라는 의미를 나타내는 '和'가 정답이다. 접속사 '和'는 원래 '의견을 조정하다'
　　　라는 뜻의 동사 의미에서 '조화롭다'는 형용사 의미를 거쳐 접속사 '～과(와)'라는 뜻을 나타낸다.

단어　和 hé 접 ～과(와) | 一起 yìqǐ 부 같이, 더불어 | 电影 diànyǐng 명 영화

05

p. 314

时间（久）了，大家都会忘记的。

_{jiǔ}

시간이 (**오래되면**) 모두 잊을 거야.

해설　빈칸 뒤의 '大家都会忘记的(모두 잊을 것이다)'를 근거로 빈칸에 들어갈 'jiǔ'는 '오래되다'를 의미하는 '久'라는 것을 알
　　　수 있다. '久'의 부수는 'ノ(삐침 별)'이다.

단어　时间 shíjiān 명 시간 | 久 jiǔ 형 오래되다 | 了 le 조 변화 또는 새로운 상황의 출현을 나타냄 | 会…的 huì…de ～일 것이다 (미래
　　　의 추측) | 忘记 wàngjì 동 잊어버리다

DAY 24　　　✓ 정답　　1. 旧　　　2. 饱　　　3. 报　　　4. 筷　　　5. 快

01

p. 314

这本是（旧）书，我买一本新的送给你吧。

_{jiù}

이 책은 (**낡은**) 책이야. 내가 새것으로 한 권 사서 너에게 줄게.

해설　빈칸 뒤의 '新(새것)'과 대응되어 책을 수식할 수 있는 형용사를 떠올리면 정답은 '旧'이다. '旧'의 부수는 '日'다.

단어　这 zhè 대 이 | 本 běn 양 권(책을 세는 양사) | 旧 jiù 형 오래되다 | 书 shū 명 책 | 买 mǎi 동 사다 | 新 xīn 형 새롭다, 새것이다 |
　　　送给 sònggěi 동 주다 | 吧 ba 조 ～하자(제의)

p. 314

02

吃（ 饱 bǎo ）了，是不是又该睡觉了?

(**배불리**) 먹었으니, 또 자야 하는 거 아니야?

해설 동사 '吃' 뒤에 보어로 쓸 수 있는 한자 중 'bǎo'로 발음되는 한자를 떠올리면 '배부르다'라는 의미를 나타내는 한자 '饱'가 정답이다. 부수는 'ㅣ'으로 먹는 것과 관련된 한자에 사용된다.

단어 吃饱了 chībǎole 배부르다 | 又 yòu 囝 또 | 该 gāi 조동 ~해야 한다 | 睡觉 shuìjiào 통 자다

p. 314

03

我每天都看（ 报 bào ），可是没有看到这个新闻。

나는 매일 (**신문**)을 보는데 이 뉴스는 보지 못했다.

해설 지각동사 看의 대상이 되면서, 뒤에 나오는 '新闻(뉴스)'와 관련된 한자를 떠올리면 '신문'이라는 뜻을 나타내는 '报'가 정답임을 알 수 있다. 원래 신문은 '报纸'이지만 동사 '看'과 함께 쓰일 때는 뒤에 종이의 의미를 나타내는 '纸'를 생략한다. 또한 '报'는 동사로서 '보고하다, 제안하다'라는 의미도 갖고 있다.

단어 每天 měitiān 명 매일 | 报 bào 명 신문 | 可是 kěshì 접 그러나 | 新闻 xīnwén 명 뉴스

p. 314

04

麦克在中国十年了，现在（ 筷 kuài ）子用得非常好。

마이크는 중국에 있은 지 10년이 되었다. 지금은 (**젓가락**)을 매우 잘 쓴다.

해설 빈칸 뒤의 '子'는 접미사로 '子'로 끝나는 단어는 모두 명사이며, 주로 일상생활 관련 사물 명사가 많다. 'kuài'로 발음하는 것 중 '用(사용하다)'의 대상이 될 수 있는 명사를 떠올리면 정답은 '筷'이다. 부수는 '竹'로 '대나무'를 의미한다.

단어 在 zài 통 ~에 있다 | 筷子 kuàizi 명 젓가락 | 用 yòng 통 사용하다 | 得 de 조 ~하는 정도가(술어 뒤에 쓰여 정도를 나타내는 보어를 연결) | 非常 fēicháng 囝 매우

p. 314

05

他的成绩提高得特别（ 快 kuài ）。

그의 성적은 매우 (**빠르게**) 향상되었다.

해설 빈칸 앞은 特别로 부사이다. 'kuài'로 발음하면서 부사 뒤에 쓸 수 있는 1음절 단어는 '빠르다'라는 의미를 나타내는 형용사 '快'가 정답임을 알 수 있다.

단어 成绩 chéngjì 명 성적 | 提高 tígāo 통 향상되다 | 得 de 조 ~하는 정도가(술어 뒤에 쓰여 정도를 나타내는 보어를 연결) | 特别 tèbié 囝 매우 | 快 kuài 형 빠르다

✓ 정답 1. 发 2. 还 3. 还 4. 便 5. 便

01

p. 319

你把邮件（ 发 fā ）给谁了?

너 메일을 누구에게 (**보냈어**)?

해설 빈칸 앞에 전치사구 '把邮件(메일을)'이 있으므로 빈칸은 'fā'로 발음되는 동사가 들어간다는 것을 알 수 있다. 앞의 목적어가 邮件(메일)이므로 '보내다'라는 의미의 동사 '发'가 정답이다. 또한 '发'는 다음자로 4성으로 발음하면 '머리카락'이라는 의미를 나타낸다.

단어 把 bǎ 젠 ~을, ~를(목적어를 동사 앞으로 끌어내어 처리나 변화를 나타냄) | 邮件 yóujiàn 몡 메일, 우편물 | 发 fā 동 보내다, 발송하다

02

p. 319

今年冬天你（ 还 hái ）是去中国南方旅游吧。

올해 겨울에 너 (**아무래도**) 중국 남쪽에 가서 여행하는 것이 좋겠다.

해설 빈칸 뒤의 '是'와 함께 쓰여 부사의 의미를 나타내는 단어를 써야 한다. 문장 끝에 吧가 있는 것을 근거로 '~여행하는 것이 더 낫다'의 의미가 되면서 hái로 발음하는 단어인 还是가 문맥상 적절하다. 한자 '还'는 'hái'로 발음되면 부사로 '여전히, 또, 더욱' 이라는 의미를 나타내고 'huán'으로 발음하면 동사로 '돌아가다, 되돌려주다'의 의미를 나타내는 다음자이다.

단어 今年 jīnnián 몡 올해 | 冬天 dōngtiān 몡 겨울 | 还是 háishi 묏 ~하는 편이 좋다(주로 문장 끝에 吧와 함께 쓰여) | 南方 nánfāng 몡 남방, 남쪽 | 旅游 lǚyóu 몡동 여행(하다)

03

p. 319

你什么时候去图书馆（ 还 huán ）书?

너 언제 도서관에 가서 책 (**반납할 거야**)?

해설 뒤의 목적어 '书(책)'을 근거로 빈칸에 들어갈 단어의 품사는 동사임을 알 수 있다. 'huán'으로 발음되며 '돌려주다, 반납하다'의 의미를 나타내는 한자는 '还'이다.

단어 什么时候 shénme shíhou 언제 | 图书馆 túshūguǎn 몡 도서관 | 还 huán 동 반납하다, 되돌려주다 | 书 shū 몡 책

04

p. 319

如果方（ 便 biàn ），我们一起吃顿午饭怎么样?

만약 (**괜찮다면**), 우리 같이 점심 먹는 거 어때?

해설 상대방에게 식사 제안을 하기 위해 앞의 절에서 가정을 나타내고 있다. 따라서 빈칸 앞의 '方'과 함께 쓰여 '(형편에) 알맞다, 편리하다'의 의미를 나타내는 한자를 떠올리면 정답은 '便'이다.

단어 如果 rúguǒ 젭 만약 | 方便 fāngbiàn 형 적당하다, 알맞다, 편리하다 | 一起 yìqǐ 묏 같이, 더불어 | 顿 dùn 양 끼니 | 午饭 wǔfàn 몡 점심 | 怎么样? zěnmeyàng 어때요?

05

p. 319

这家超市的东西很（ 便^{pián} ）宜，多买点儿。

이 슈퍼의 물건은 (**저렴해**), 많이 사.

해설 앞의 주어가 '东西(물건)'인 것에 근거해, 빈칸 뒤의 '宜'와 함께 물건의 가격이 '저렴하다, 싸다'라는 뜻을 나타내는 한자를 떠올리면 정답은 '便'다.

단어 家 jiā 図 점포 등을 세는 단위 | 超市 chāoshì 図 슈퍼마켓 | 东西 dōngxi 図 물건 | 便宜 piányi 図 싸다 | 多 duō 図 많다 | 买 mǎi 图 사다 | 点儿 diǎnr 図 조금

DAY 26

✓ 정답　　1. 觉　　　2. 干　　　3. 乐　　　4. 乐　　　5. 了

01

p. 319

有时候我（ 觉^{jué} ）得离开也是不错的选择。

가끔 나는 떠나는 것도 괜찮은 선택이라고 (**생각한다**).

해설 빈칸 뒤의 '得'와 함께 쓰여서 '~라고 생각하다'라는 뜻으로 견해를 나타내는 동사를 떠올리면 정답은 '觉'다. '觉'는 다음 자로서, 'jué'로 발음하면 '느끼다, 감각'이라는 뜻을 나타내고 'jiào'라고 발음하면 '잠, 수면'이라는 의미를 나타낸다.

단어 有时候 yǒushíhou 図 가끔 | 觉得 juéde 图 느끼다, 생각하다 | 离开 líkāi 图 떠나다 | 也 yě ~도, 역시 | 不错 búcuò 図 괜찮다, 좋다 | 选择 xuǎnzé 図 선택

02

p. 319

儿子把自己的衣服洗得很（ 干^{gān} ）净。

아들은 자신의 옷을 (**깨끗하게**) 빨았다.

해설 빈칸은 정도보어의 일부로 쓰여 형용사임을 알 수 있으며 또 서술하는 대상은 '衣服(옷)'이다. 따라서 빈칸 뒤의 '净'과 함께 '깨끗하다'의 의미를 나타내는 한자 '干'이 정답이다. '干'은 다음자로 'gān'으로 발음하면 '건조하다, 아무것다 없다'는 의미를 나타내고 'gàn'으로 발음하면 '하다'는 의미를 나타낸다.

단어 儿子 érzi 図 아들 | 把 bǎ 젠 ~를(목적어를 동사 앞으로 끌어내어 처리나 변화를 나타냄) | 自己 zìjǐ 때 자신 | 衣服 yīfu 図 옷 | 洗 xǐ 图 씻다 | 得 de 젭 ~하는 정도가(술어 뒤에 쓰여 정도를 나타내는 보어를 연결) | 干净 gānjìng 図 깨끗하다

03

p. 319

祝你生日快（ 乐^{lè} ），这是我为你准备的礼物。

생일 (**축하해요**). 이것은 제가 당신을 위해 준비한 선물이에요.

해설 빈칸 앞의 '快'와 더불어 'lè'로 발음되는 한자를 떠올리면 '즐겁다, 신나다'는 의미를 나타내는 '乐'가 정답이다. '乐'는 다음자로 'yuè'로 발음되면 '음악'의 의미를 나타낸다.

단어 祝 zhù 图 축하하다 | 快乐 kuàilè 図 즐겁다, 기쁘다 | 为 wèi 젠 ~을 위하여 | 准备 zhǔnbèi 图 준비하다 | 礼物 lǐwù 図 선물

04
p. 319

别把音（ 乐 ）开那么大，耳朵都疼了。
[yuè]

（ **음악** ）을 그렇게 크게 틀지 마. 귀가 다 아파.

해설 빈칸 앞의 '音'과 함께 명사로 사용될 수 있는 단어를 떠올리면 음악을 나타내는 한자 '乐'가 정답이 된다.

단어 别 bié ᄝ ~ 하지 마라 | 把 bǎ ᄌ ~을, ~를(목적어를 동사 앞으로 끌어내어 처리나 변화를 나타냄) | 音乐 yīnyuè ᄝ 음악 | 开 kāi ᄝ 켜다 | 那么 nàme ᄃ 그렇게나, 저렇게나 | 耳朵 ěrduo ᄝ 귀 | 疼 téng ᄒ 아프다

05
p. 319

在这个世界上最（ 了 ）解我的人就是我妈妈。
[liǎo]

이 세상에서 가장 나를 （ **이해해주는** ） 사람은 바로 우리 엄마이다.

해설 빈칸 앞에 부사 最와 빈칸 뒷부분의 문맥을 살펴보면, '나를 가장 ~하는 사람은'이라는 의미를 이루고 있다. 따라서 빈칸 뒤의 '解'와 함께 쓰여 'liǎo'로 발음하고 '이해하다'의 의미를 나타내는 한자 '了'가 정답이 된다. '了'는 다음자로 'le'로 발음하면 동작의 완료, 혹은 상태의 변화를 나타내고 'liǎo'로 발음되면 '끝나다, 완결하다, 명백하다, 알고 있다'는 의미를 나타낸다.

단어 世界 shìjiè ᄝ 세계 | 最 zuì ᄝ 가장, 제일 | 了解 liǎojiě ᄝ 알다, 이해하다 | 就 jiù ᄝ 바로

✓ 정답   1. 白   2. 牛   3. 右   4. 太   5. 净

01
p. 327

我不明（ 白 ）这句话的意思。
[bái]

나는 이 말의 뜻을（ **이해하지** ）못하겠어.

해설 빈칸 앞의 '明'과 더불어 뒤의 목적어 '意思(의미, 뜻)'에 어울리는 동사는 '이해하다, 알다'의 의미를 가진 '白'를 써야 한다. 한자 '白'는 숫자 '100'을 의미하는 '百'와 혼동하지 않도록 주의해야 한다.

단어 明白 míngbái ᄝ 알다, 이해하다 | 句 jù ᄋ 마디(말을 세는 양사) | 话 huà ᄝ 말 | 意思 yìsi ᄝ 의미, 뜻

02
p. 327

这瓶（ 牛 ）奶是上星期日送来的，不新鲜。
[niú]

이 （ **우유** ）는 저번 주 일요일에 온 것이야. 신선하지 않아.

해설 빈칸 뒤의 奶와 함께 '这瓶(이 병)'의 수식을 받을 수 있는 명사를 떠올리면 정답은 '牛'이다. '정오'를 의미하는 한자 '午'와 혼동하지 않도록 주의해야 한다.

단어 瓶 píng ᄋ 병 | 牛奶 niúnǎi ᄝ 우유 | 是…的 shì…de ~이다(이미 발생한 동작의 시간·장소·방식 등을 강조) | 上星期日 shàng xīngqīrì 지난 일요일 | 送来 sònglái ᄝ 보내오다 | 新鲜 xīnxiān ᄒ 신선하다

03

p. 327

铅笔在你的 (右^{yòu}) 脚边。

연필은 너의 (**오른**)발 쪽에 있어.

해설　빈칸 앞에 '~에 있다'라는 뜻의 동사 在와 빈칸 뒤의 '脚边(발 쪽)'을 근거로, 빈칸은 장소나 위치와 연관된 단어이다. '脚 (발)'를 수식하면서 장소나 방향을 나타내는 단어를 찾으면 'yòu'로 발음하고 '오른쪽'이라는 뜻인 '右'가 정답이다. 왼쪽의 의미를 나타내는 '左'와 혼동하지 않도록 주의하자.

단어　铅笔 qiānbǐ 몡 연필 | 在 zài 전 ~에, ~에서 | 右 yòu 몡 오른쪽 | 脚 jiǎo 몡 발 | 边 biān ~쪽, ~측

04

p. 327

你的头发 (太^{tài}) 长了, 像草一样。

너 머리가 (**너무**) 길어, 마치 풀 같아.

해설　빈칸 앞의 주어는 머리카락을 뜻하는 头发이다. 형용사 앞에 놓여 정도를 나타내는 부사 중 'tài'로 발음되는 한자를 떠올리면 정답은 '太'다. '크다'의 의미를 나타내는 '大'와 혼동하지 않도록 주의하자.

단어　头发 tóufà 몡 머리카락 | 太…了 tài…le 너무 ~하다 | 长 cháng 혱 길다 | 像…一样 xiàng…yíyàng 마치 ~와 같다 | 草 cǎo 몡 풀

05

p. 327

盘子要这样洗才洗得干 (净^{jìng})。

쟁반은 이렇게 씻어야만 (**깨끗하게**) 씻을 수 있다.

해설　빈칸 앞의 한자 '干'과 함께 쓰여 'jìng'으로 발음하고 '깨끗하다'의 의미를 나타내는 한자는 '净'이다. '조용하다'의 의미를 나타내는 '静'과 혼동하지 않도록 주의하자.

단어　盘子 pánzi 몡 쟁반, 접시 | 要 yào 조동 ~해야 한다 | 这样 zhèyàng 데 이렇게 | 洗 xǐ 동 씻다 | 才 cái 뷔 비로소, 그제서야 | 得 de 조 ~하는 정도가(술어 뒤에 쓰여 정도를 나타내는 보어를 연결) | 干净 gānjìng 혱 깨끗하다

✓ 정답	1. 来	2. 问	3. 天	4. 间	5. 开

01

p. 327

欢迎大家下次再 (来^{lái}) 世界公园玩儿, 再见!

모두 다음에 또 세계공원에 놀러 (**오는**) 것을 환영해요. 또 만나요!

해설　빈칸 앞에 부사가 있고, 뒤에는 장소명사가 있으므로 빈칸에 들어갈 단어의 품사는 동사이다. 'lái'로 발음되는 동사 중 뒤의 장소와 함께 사용할 수 있는 동사는 '오다'라는 뜻을 가진 '来'다. '미터, 쌀'을 뜻하는 '米'와 혼동하지 않도록 주의하자.

단어　欢迎 huānyíng 동 환영하다 | 大家 dàjiā 데 모두, 여러분 | 下次 xiàcì 몡 다음번 | 再 zài 뷔 또, 다시 | 来 lái 동 오다 | 世界公园 Shìjiè Gōngyuán 고유 세계공원(베이징에 있는 중국 국가공인 관광지) | 玩儿 wánr 동 놀다

02

p. 327

你这么聪明，一定没（ 问 ）题的。
wèn

넌 이렇게 똑똑하니 분명 (**문제**)없을 거야.

해설 빈칸 앞에 '없다'라는 뜻의 没가 있는 것에 근거해, 빈칸 뒤의 '题'와 함께 '문제'의 의미를 나타내는 한자를 떠올리면 정답은 '问'이다. '사이' 혹은 '방 한 칸'이라고 할 때의 '间'과 혼동하지 않도록 주의하자.

단어 这么 zhème 때 이렇게 | 聪明 cōngming 형 똑똑하다, 총명하다 | 一定 yídìng 부 꼭, 반드시 | 没问题 méiwèntí 문제없다

03

p. 327

阴（ 天 ）的晚上可能见不到月亮。
tiān

흐린 (**날**)의 저녁에는 아마 달을 볼 수 없을 것이다.

해설 빈칸 앞의 '阴'과 함께 쓰여 날씨와 날을 뜻하는 한자를 떠올리면 정답은 '天'이다. '열다'의 의미를 나타내는 '开'와 혼동하지 않도록 주의하자.

단어 阴天 yīntiān 명 흐린 하늘, 흐린 날씨 | 晚上 wǎnshang 명 저녁 | 可能 kěnéng 부 아마도 | 见不到 jiànbudào 볼 수 없다, 보이지 않는다, 만나볼 수 없다 | 月亮 yuèliang 명 달

04

p. 327

小张，你再往中（ 间 ）站一点儿。
jiān

샤오장, 너 조금만 더 (**가운데**)로 서.

해설 빈칸 앞에 방향이나 위치 앞에 써서 '~을 향하여'라는 뜻의 전치사 往이 있으므로, 빈칸의 단어는 '中'과 함께 방향을 나타내는 한자 '间'이다.

단어 再 zài 부 또, 다시 | 往 wǎng 전 ~을 향하여 | 中间 zhōngjiān 명 가운데, 중간 | 站 zhàn 동 서다 | 一点儿 yìdiǎnr 양 조금

05

p. 327

这条路上小猫小狗多，你（ 开 ）车慢些。
kāi

이 길에는 고양이와 강아지가 많아. (**운전**)을 좀 천천히 해.

해설 빈칸 뒤에 '车(차)'라는 명사가 있으므로 빈칸은 '车'를 목적어로 갖고 kāi로 발음하는 동사가 들어간다. '车'와 함께 쓰여 '운전하다'의 의미를 나타내는 한자는 '开'다.

단어 条 tiáo 양 갈래(길과 같이 가늘고 긴 것을 세는 단위) | 路 lù 명 길 | 小猫 xiǎomāo 명 고양이 | 小狗 xiǎogǒu 명 개, 강아지 | 多 duō 많다 | 开车 kāichē 동 운전하다 | 慢 màn 형 느리다, 천천히 | 些 xiē 양 조금

✓ 정답　　1. 相　　　　2. 电　　　　3. 同　　　　4. 洗　　　　5. 学

01

p. 331

遇到问题不要怕，要（　相　）信自己能解决它。
xiāng

문제에 부딪혔을 때는 두려워하지 말고, 자신이 그것을 해결할 수 있다고 (**믿어야**) 한다.

해설　빈칸 뒤의 '信'과 함께 쓰여 xiāng으로 발음하고 또한 '自己(자신)'라는 목적어를 가지므로, 빈칸은 '믿다'라는 의미를 나타내는 한자는 '相'이다. '相'이 들어갈 한자는 '서로'라는 의미를 나타낸다.

단어　遇到 yùdào 통 만나다 | 问题 wèntí 명 문제 | 不要 búyào ~하지 말아라 | 怕 pà 통 두려워하다 | 要 yào 조통 ~해야 한다 | 相信 xiāngxìn 통 믿다 | 自己 zìjǐ 대 자신 | 能 néng 조통 ~할 수 있다 | 解决 jiějué 통 해결하다

02

p. 331

妻子一边看（　电　）视，一边笑起来了。
diàn

아내는 (**TV**)를 보면서 웃기 시작했다.

해설　빈칸 앞에 동사 看이 있으므로 빈칸은 볼 수 있는 대상 중 '视'와 함께 쓸 수 있는 명사가 들어간다. diàn으로 발음하여 텔레비전을 뜻하는 '电视'이다. 정답인 '电'이 들어간 한자는 모두 '전기'의 의미를 나타낸다.

단어　妻子 qīzi 명 아내 | 一边…一边… yìbiān…yìbiān… 접 ~하면서 ~하다 | 看 kàn 통 보다 | 电视 diànshì 명 텔레비전 | 笑 xiào 통 웃다 | 起来 qǐlai 동사 또는 형용사 뒤에 붙어, 동작이나 상황이 시작되고 또한 계속됨을 나타냄

03

p. 331

一起工作的人叫（　同　）事，一起学习的人呢？
tóng

함께 일하는 사람은 (**동료**)라고 부르는데, 함께 공부하는 사람은요?

해설　빈칸 앞에 '~라고 부른다'라는 뜻의 동사 叫가 있다. 빈칸은 事와 함께 쓰여 '함께 일하는 사람'이라는 뜻을 나타내는 단어이다. 빈칸 앞의 '一起(함께)'라는 의미를 근거로 '같이, 함께'라는 의미의 한자는 '同'이 정답이다.

단어　一起 yìqǐ 부 같이, 더불어 | 工作 gōngzuò 명 일 | 叫 jiào 통 부르다 | 同事 tóngshì 명 직장 동료 | 学习 xuéxí 통 공부하다

04

p. 331

（　洗　）手间里有一台洗衣机，你用它洗衣服吧。
xǐ

(**화장실**) 안에 세탁기 한 대가 있어. 그걸로 빨래해.

해설　빈칸 뒤의 '手间'과 함께 쓰여 단어를 이루는 글자 중 '씻는 공간, 화장실'의 의미를 나타내는 한자를 떠올리면 정답은 '洗'다. '洗'는 '씻다'의 의미를 나타내므로 이 한자가 들어간 단어는 모두 '씻다'의 의미를 나타낸다.

단어　洗手间 xǐshǒujiān 명 화장실 | 台 tái 양 대(기계나 전자제품 등을 세는 단위) | 洗衣机 xǐyījī 명 세탁기 | 用 yòng 통 사용하다 | 洗 xǐ 통 씻다 | 衣服 yīfú 명 옷

05

p. 331

xué

这个 (学) 校的学生成绩非常好。

이 (**학교**)의 학생 성적은 매우 좋다.

해설 빈칸 뒤의 '校'와 함께 '学生(학생)'관 관련된 장소를 떠올리면 학교라는 것을 알 수 있다. 학교는 '배우는' 공간이므로 빈칸에 들어갈 한자는 '学'다.

단어 学校 xuéxiào 몡 학교 | 学生 xuésheng 몡 학생 | 成绩 chéngjì 몡 성적 | 非常 fēicháng 閈 매우, 대단히

 DAY 30

✓ 정답   1. 回   2. 生   3. 手   4. 游   5. 新

01

p. 331

huí

他笑着 (回) 答了老师说的那个问题。

그는 웃으면서 선생님이 말한 그 문제에 (**대답**)했다.

해설 빈칸 뒤의 '答'와 함께 단어를 이루는 것 중 'huí'로 발음되며 문맥에 알맞은 동사는 '回'이다. '回'가 들어간 한자는 모두 '되돌다, 알리다, 보고하다'는 의미를 나타낸다.

단어 笑 xiào 됭 웃다 | 着 zhe 조 ~한 채로(동작이나 상태의 진행, 지속) | 回答 huídá 됭 대답하다 | 老师 lǎoshī 몡 선생님 | 说 shuō 됭 말하다 | 问题 wèntí 몡 문제

02

p. 331

shēng

你真 (生) 气了? 这是你的礼物, 快看看吧。

너 정말 (**화났어**)? 이거 네 선물이야. 어서 봐봐.

해설 빈칸 앞에 '진짜, 정말'이라는 뜻의 부사 真이 있고, 빈칸 뒤에 명사 气가 있으므로 빈칸에 들어갈 단어의 품사는 동사이다. 빈칸 뒤의 '气'와 함께 '화내다'의 의미를 나타내는 한자는 '生'이다. '生'이 들어간 한자는 대부분 '발생하다, 생기다'의 의미를 나타낸다.

단어 真 zhēn 閈 확실히, 참으로 | 生气 shēngqì 됭 화내다 | 礼物 lǐwù 몡 선물

03

p. 331

shǒu

你把我的 (手) 机放哪儿了?

넌 내 (**휴대전화**) 어디에 놨어?

해설 빈칸 뒤의 '기계'를 나타내는 '机'와 함께 쓰여 '휴대전화'의 의미를 나타내는 한자는 '手'이다. 휴대전화는 '손에 갖고 다니는 전화기'이므로 한자 '手'를 쉽게 유추할 수 있다.

단어 把 bǎ 젼 ~을, ~를(목적어를 동사 앞으로 끌어내어 처리나 변화를 나타냄) | 手机 shǒujī 몡 휴대전화 | 放 fàng 됭 놓다 | 哪儿 nǎr 뎨 어디

04

p. 331

你喜欢（ 游 ）泳吗? 真好玩儿。

yóu

너 (**수영**) 좋아해? 정말 재미있어.

해설 빈칸 뒤의 '泳'과 함께 쓰이고 yóu로 발음하는 단어 중 '헤엄치다'의 의미를 나타내는 한자는 '游'이다. 또한 '游'가 들어간 한자는 '헤엄치다'라는 의미 외에 '이리저리 다니다, 떠돌다'는 의미를 나타낸다.

단어 喜欢 xǐhuan 통 좋아하다 | 游泳 yóuyǒng 명통 수영, 수영하다 | 好玩儿 hǎowánr 형 재미있다

05

p. 331

你在哪儿买到了这么（ 新 ）鲜的水果?

xīn

너 어디에서 이렇게 (**싱싱한**) 과일을 샀어?

해설 빈칸 뒤의 '鲜'과 함께 쓰여 '水果(과일)'의 상태를 나타낼 수 있는 형용사를 떠올리면 '신선하다'인 '新鲜'이 있다. 따라서 정답은 발음 xīn의 新이다. '新'이 들어간 단어는 '새로운, 사용하지 않은, 갓, 금방'이라는 의미를 나타낸다.

단어 在 zài 전 ~에, ~에서 | 哪儿 nǎr 대 어디 | 这么 zhème 대 이렇게 | 新鲜 xīnxiān 형 싱싱하다, 신선하다 | 水果 shuǐguǒ 명 과일

실전 모의고사

> ✓ 정답
> 71. 别把鸡蛋放在椅子上。　　72. 你的耳朵怎么变红了？
> 73. 他很快地完成了工作。　　74. 这儿有三个盘子。
> 75. 这个历史题太难了。

71

p. 332

別　把鸡蛋　椅子上　放在

别把鸡蛋放在椅子上。	계란을 의자 위에 두지 마.

해설 ① 금지의 의미를 나타내는 부사 '別(~하지 마라)'를 문장 맨 앞에 배열한다.

② [동사 + 결과보어] 구조인 '放在(~에 놓다)'를 술어 자리에 배열하고, '在' 뒤에는 장소가 와야 하므로 명사에 방위사가 결합된 '椅子上(의자 위)'을 기타성분 자리에 배열한다.

③ [전치사 + 명사] 구조인 '把鸡蛋(계란을)'은 전치사구이므로 술어 앞에 배열한다.

别	把鸡蛋	放在	椅子上
부사	전치사+명사	동사+전치사	명사+방위사
부사어		술어+기타성분	

단어 别 bié ﾐ ~하지 마라 | 把 bǎ ﾐ ~을, ~를(목적어를 동사 앞으로 끌어내어 처리나 변화를 나타냄) | 鸡蛋 jīdàn ﾐ 계란 | 放 fàng ﾐ 놓다 | 椅子 yǐzi ﾐ 의자

72

p. 332

变红了　耳朵　你的　怎么

你的耳朵怎么变红了？	너 귀가 왜 빨갛게 됐어?

해설 ① [동사 + 형용사(보어) + 조사] 구조인 '变红了(빨갛게 변했다)'를 술어 자리에 배열한다.

② 명사 '耳朵(귀)'를 주어 자리에 배열하고 그 앞에 수식어 '你的(너의)'를 배열한다.

③ 대명사 '怎么'는 '어떻게', 즉 '왜'라는 뜻으로 이유를 묻는 말이므로 술어 앞 부사어 자리에 배열한다.

④

你的	耳朵	怎么	变红了？
인칭대명사+조사	명사	대명사	동사+형용사+조사
관형어	주어	부사어	술어

단어 耳朵 ěrduo ﾐ 귀 | 怎么 zěnme ﾐ 어째서, 왜, 어떻게 | 变 biàn ﾐ 변하다, 바뀌다 | 红 hóng ﾐ 붉다

쓰기 실전 모의고사 **201**

73

p. 332

他　　完成了　　很快地　　工作

| 他很快地完成了工作。 | 그는 매우 빨리 업무를 완성했다. |

해설　① 인칭대명사 '他(그)'를 주어 자리에 배열한다.

② 단어 뒤에 '了'가 있다면 그 단어의 품사는 동사일 확률이 높다. [동사 + 조사] 구조인 '完成了(완성하다)'를 술어 자리에 배열한다.

③ 명사 '工作(업무)'는 술어의 대상이므로 목적어 자리에 배열하고, '地'는 부사어 표지이므로 '很快地(매우 빨리)'를 술어 앞에 배열한다.

④　他　　　　　很快地　　　　完成了　　工作。
　　인칭대명사　부사+형용사+조사　동사+조사　명사

　　주어　　　　부사어　　　　술어　　　목적어

단어　工作 gōngzuò 명 일 | 快 kuài 형 빠르다 | 地 de (형용사 혹은 일부 양사 뒤에 놓여) ~하게 | 完成 wánchéng 동 완성하다

74

p. 332

有　　盘子　　这儿　　三个

| 这儿有三个盘子。 | 여기에 쟁반 3개가 있다. |

해설　① 동사 '有(있다)'를 술어 자리에 배열한다.

② '三个(세 개)'는 '盘子(쟁반)'를 수식하는 성분이므로 [수사 + 양사 + 명사] 구조에 따라 '三个盘子(쟁반 3개)'로 붙여서 배열한다.

③ 일반적으로 주어 자리에는 한정적인(특정한) 성분이 오므로 '这儿(여기, 이곳)'을 주어 자리에, 비한정적인 성분인 '三个盘子(쟁반 3개)'를 목적어 자리에 배열하여 존현문으로 만든다.

④　这儿　　有　　　三个　　　盘子。
　　대명사　동사　수사+양사　명사

　　주어　　술어　　목적어

단어　这儿 zhèr 대 여기 | 盘子 pánzi 명 쟁반, 접시

75

p. 332

这个　　太　　了　　历史题　　难

| 这个历史题太难了。 | 이 역사 문제는 너무 어렵다. |

해설　① 지시대명사 '这个(이것)'는 명사를 수식하므로 '历史题(역사 문제)' 앞에 놓아 주어 자리에 배열한다.

② 형용사는 문장에서 술어 역할을 하므로 '难(어렵다)'을 술어 자리에 배열한다.

③ 정도부사 '太(너무)'는 술어 앞에, 조사 '了'는 술어 뒤에 배열한다.

④　这个　　　历史题　　　太　　难　　了。
　　지시대명사　명사+명사　정도부사　형용사　조사

　　주어　　　　　　　　술어

단어　历史 lìshǐ 명 역사 | 题 tí 명 문제 | 太…了 tài…le 너무 ~하다 | 难 nán 형 어렵다

✔ 정답	76. 花	77. 办	78. 矮	79. 礼	80. 座

76

p. 333

爸爸为了买它，（ 花 ）了近60万块。
<small>huā</small>

아빠는 그것을 사기 위해 60만 위안 가까이 (**썼다**).

해설 빈칸 뒤의 조사 '了(~했다)'를 근거로 빈칸에 들어갈 단어의 품사는 동사임을 알 수 있다. 목적어는 '60万块(60만 위안)'로 금액을 뜻하므로 빈칸에 들어갈 단어는 '(돈이나 시간을) 쓰다, 사용하다'라는 의미를 나타내는 '花'임을 알 수 있다. '花'는 동사일 때는 '쓰다, 사용하다'의 의미이지만 명사일 경우에는 '꽃'이라는 완전히 다른 의미를 가지고 있다는 것에 주의하자.

단어 为了 wèile 젠 ~을 위해서 | 买 mǎi 동 사다 | 它 tā 대 그것, 저것(사람 이외의 것을 나타냄) | 花 huā 동 (시간, 돈) 쓰다 | 了 le 조 ~했다(완료를 나타냄) | 近 jìn 형 가깝다, 근접하다 | 万 wàn 준 10000, 만 | 块 kuài 양 위안(중국 화폐 단위)

77

p. 333

我们只能到前面坐船过河，没有其他（ 办 ）法。
<small>bàn</small>

우리 어쩔 수 없이 앞에 가서 배를 타고 강을 건너야 할 것 같아. 다른 (**방법**)이 없어.

해설 동사 '没有(없다)'를 근거로 빈칸에 들어갈 단어는 동사의 목적어가 되는 명사임을 알 수 있다. 빈칸 뒤의 글자 '法'와 함께 단어를 이루는 것 중 'bàn'으로 발음되는 한자는 '办'이다. '办'의 부수는 '力'이다.

단어 只 zhǐ 부 단지, 오로지 | 能 néng 조동 ~할 수 있다 | 到 dào 동 ~로 가다 | 前面 qiánmian 명 앞, 앞쪽 | 坐 zuò 동 (교통수단을) 타다, 앉다 | 船 chuán 명 배, 선박 | 过 guò 동 지나가다, 건너다 | 河 hé 명 강 | 其他 qítā 대 기타 | 办法 bànfǎ 명 방법

78

p. 333

这个椅子太（ 矮 ）了，坐着很不舒服。
<small>ǎi</small>

이 의자는 너무 (**낮아**), 앉았을 때 불편해.

해설 빈칸 앞의 정도부사 '太(너무)'를 근거로 빈칸에 들어갈 단어의 품사는 형용사이다. 의자의 상태를 나타내는 형용사로 적합한 한자는 '낮다'는 의미인 '矮'이며 '矮'의 부수는 '矢(화살 시)'로 벼(禾)를 머리에 이고 있는 여자아이(女)의 키가 화살(矢)만 하다는 의미를 가진 한자이다.

단어 椅子 yǐzi 명 의자 | 太…了 tài…le 너무 ~하다 | 矮 ǎi 형 낮다 | 坐 zuò 동 앉다 | 着 zhe 조 ~한 채로(동작이나 상태의 진행, 지속) | 舒服 shūfu 형 편안하다

孩子的爱是给爸妈最好的（ 礼 lǐ ）物。

아이의 사랑은 부모에게 가장 좋은 (**선물**)이다.

해설 '的(~의)' 뒤에는 명사가 오므로 빈칸에 들어갈 단어의 품사는 명사이다. 빈칸 뒤의 '物'와 함께 단어를 이루는 것 중 'lǐ'로 발음되는 명사는 선물이라는 의미를 가진 한자 '礼'이다.

단어 孩子 háizi 명 아이 | 的 de 조 ~의 | 爱 ài 명 사랑 | 给 gěi 전 ~에게 | 最 zuì 부 가장 | 礼物 lǐwù 명 선물

这（ 座 zuò ）山太高了，我不想再往上爬了。

(**이**) 산은 너무 높아, 나 더 올라가고 싶지 않아.

해설 빈칸 앞의 지시대명사 '这(이, 이것)'와 빈칸 뒤의 명사 '山'을 근거로 빈칸에는 산을 수식할 수 있는 양사가 들어가야 한다. '座'는 산, 교량, 건물처럼 비교적 크고 단단한 것이나 고정된 물체를 세는 단위를 나타낸다.

단어 座 zuò 양 채, 동(건물을 세는 단위) | 山 shān 명 산 | 太…了 tài…le 너무 ~하다 | 高 gāo 형 높다 | 想 xiǎng 조동 ~하고 싶다 | 再 zài 부 또, 다시 | 往 wǎng 전 ~을 향해 | 爬 pá 동 오르다

MEMO

MEMO

MEMO

MEMO

외국어 출판 40년의 신뢰
외국어 전문 출판 그룹
동양북스가 만드는 책은 다릅니다.

40년의 쉼 없는 노력과 도전으로 책 만들기에 최선을 다해온 동양북스는
오늘도 미래의 가치에 투자하고 있습니다.
대한민국의 내일을 생각하는 도전 정신과 믿음으로 최선을 다하겠습니다.

📖 동양북스 추천 교재

일본어 교재의 최강자, 동양북스 추천 교재

회화 코스북

일본어뱅크 다이스키
STEP 1·2·3·4·5·6·7·8

일본어뱅크
좋아요 일본어 1·2·3·4·5·6

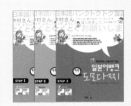

일본어뱅크 도모다찌
STEP 1·2·3

분야서

일본어뱅크
좋아요 일본어 독해 STEP 1·2

일본어뱅크
일본어 작문 초급

일본어뱅크
사진과 함께하는
일본 문화

일본어뱅크
항공 서비스 일본어

가장 쉬운 독학
일본어 현지회화

수험서

일취월장 JPT
독해·청해

일취월장 JPT
실전 모의고사 500·700

일단 합격하고 오겠습니다
JLPT 일본어능력시험
N1·N2·N3·N4·N5

일단 합격하고 오겠습니다
JLPT 일본어능력시험
실전모의고사 N1·N2·N3·N4/5

단어·한자

특허받은
일본어 한자 암기박사

일본어 상용한자 2136
이거 하나면 끝!

일본어뱅크
좋아요 일본어 한자

가장 쉬운 독학
일본어 단어장

일단 합격하고 오겠습니다
JLPT 일본어능력시험
단어장 N1·N2·N3

중국어 교재의 최강자, 동양북스 추천 교재

중국어뱅크 북경대학 신한어구어
1 · 2 · 3 · 4 · 5 · 6

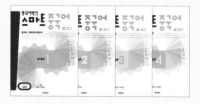

중국어뱅크 스마트중국어
STEP 1 · 2 · 3 · 4

중국어뱅크 집중중국어
STEP 1 · 2 · 3 · 4

중국어뱅크
뉴! 버전업 사진으로
보고 배우는 중국문화

중국어뱅크
문화중국어 1 · 2

중국어뱅크
관광 중국어 1 · 2

중국어뱅크
여행실무 중국어

중국어뱅크
호텔 중국어

중국어뱅크
판매 중국어

중국어뱅크
항공 실무 중국어

정반합 新HSK
1급 · 2급 · 3급 · 4급 · 5급 · 6급

일단 합격 新HSK 한 권이면 끝
3급 · 4급 · 5급 · 6급

버전업! 新HSK
VOCA 5급 · 6급

가장 쉬운 독학
중국어 단어장

중국어뱅크
중국어 간체자 1000

특허받은
중국어 한자 암기박사

📖 동양북스 추천 교재

기타외국어 교재의 최강자, 동양북스 추천 교재

중고급 학습

첫걸음 끝내고 보는
프랑스어
중고급의 모든 것

첫걸음 끝내고 보는
스페인어
중고급의 모든 것

첫걸음 끝내고 보는
독일어
중고급의 모든 것

첫걸음 끝내고 보는
태국어
중고급의 모든 것

첫걸음 끝내고 보는
베트남어
중고급의 모든 것

단어장

버전업! 가장 쉬운
프랑스어 단어장

버전업! 가장 쉬운
스페인어 단어장

버전업! 가장 쉬운
독일어 단어장

가장 쉬운 독학
베트남어 단어장

여행 회화

NEW 후다닥
여행 중국어

NEW 후다닥
여행 일본어

NEW 후다닥
여행 영어

NEW 후다닥
여행 독일어

NEW 후다닥
여행 프랑스어

NEW 후다닥
여행 스페인어

NEW 후다닥
여행 베트남어

NEW 후다닥
여행 태국어

수험서 · 교재

한 권으로 끝내는 DELE
어휘 · 쓰기 · 관용구편 (B2~C1)

수능 기초 베트남어
한 권이면 끝!

버전업!
스마트 프랑스어

일단 합격하고 오겠습니다
독일어능력시험
A1 · A2 · B1 · B2